Galitzin, Nikolai S.

Allgemeine Kriegsgeschichte des Altertums

5. Band

Galitzin, Nikolai S.

Allgemeine Kriegsgeschichte des Altertums

5. Band

Inktank publishing, 2018

www.inktank-publishing.com

ISBN/EAN: 9783747759455

ALLGEMEINE

KRIEGSGESCHICHTE

DES ALTERTHUMS.

HERAUSGEGEBEN UNTER DER REDACTION

DES

FÜRSTEN N. S. GALITZIN.

AUS DEM RUSSISCHEN INS DEUTSCHE ÜBERSETZT

VON

STRECCIUS,

KÖNIGLICH PREUSSISCHEM OBERST UND COMMANDEUR
DES 76. INFANTERIE REGIMENTS.

FÜNFTER BAND.

VON AUGUSTUS BIS ZUM UNTERGANG DES WESTRÖMISCHEN
REICHES.
(30 v. Chr. bis 476 n. Chr.

MIT 2 PORTRAITS UND 10 TAFELN ABBILDUNGEN.

CASSEL. 1878.

VERLAG VON THEODOR KAY

KÖNIGL. HOF-KUNST- UND BUCHHANDLUNG

Les faits passés sont bons pour nourrir l'imagination et meubler la mémoire: c'est un répertoire d'idées que le jugement doit épurer.

Frédéric II.

La tactique, les évolutions, la science de l'officier du génie, de l'officier d'artillerie peuvent s'apprendre dans des traités; mais la connaissance de la grande tactique ne s'acquiert que par l'expérience et par l'étude de l'histoire des campagnes de tous les grands capitaines.

Napoléon I.

Faites la guerre offensive comme Alexandre, Annibal, César, Gustave-Adolphe, Turenne, le prince Eugène et Frédéric; — lisez, relisez l'histoire de leurs 88 campagnes, modèlez-vous sur eux, — c'est le seul moyen de devenir grand capitaine et de surprendre le secret de l'art: votre génie, ainsi éclairé, vous fera rejeter des maximes opposées à celles de ces grands hommes.

Napoléon I.

Wissenschaftliches Streben und wissenschaftliche Erfahrung bilden den Feldherrn, nicht blos eigene Erfahrung; — denn welches Menschenleben ist thatenreich genug, um sie im vollen Maasse zu gewähren? — und wer hatte je Uebung in der schweren Kunst des Feldherrn, ehe er zu dieser erhabenen Stelle gelangte? — sondern Bereicherung des eigenen Wissens durch fremde Erfahrung, durch Kenntniss und Würdigung früherer Nachforschungen, durch Vergleiche berühmter Kriegsthaten und folgenreicher Ereignisse aus der Kriegsgeschichte.

Erzherzog Karl.

Inhaltsverzeichniss.

Allgemeine Kriegsgeschichte des Alterthums.

Vierte Periode. Von Augustus bis zum Untergang des weströmischen Reiches.

I. Abtheilung. Von Augustus bis zu Diocletian (30 v. Chr. — 284 n. Chr.).

XLIX. Kapitel. Militärische Organisation, Einrichtungen und Kriegskunst im römischen Kaiserreich zu dieser Periode (30 v. Chr. — 284 n. Chr.).

Seite
§. 343. Militärische Organisation und Einrichtungen 3
§. 344. Verschiedene Truppengattungen, ihre Anzahl und Bewaffnung . 9
§. 345. Aufstellung, Bewegungs- und Kampfart der Truppen 11
§. 346. Innere Organisation und Geist der Truppen 17
§. 347. Lagerbau, Fortification, Belagerungskunst und Ballistik . . 22
§. 348. Standpunkt der Kriegskunst im Allgemeinen 27
§. 349. Kriegsmacht und Kriegskunst zur See 28

L. Kapitel. Die Völker, mit welchen die Römer in dieser Periode Kriege führten.

§. 350. Die Germanen 29
§. 351. Die Völker Ost-Europas 36
§. 352. Die Juden 38
§. 353. Die Perser und die übrigen Völker Asiens und Afrikas 41

LI. Kapitel. Kurzer geographischer Umriss des römischen Kaiserreichs und der ihm benachbarten Länder in Europa, Asien und Afrika.

I. Das römische Kaiserreich.

§. 354. Besitzungen in Europa 43
§. 355. Besitzungen in Asien 46
§. 356. Besitzungen in Afrika 47

II. Benachbarte Länder.

§. 357. In Europa 47
§. 358. In Asien und Afrika 48

LII. Kapitel. Kurzer historischer Ueberblick der Kriege Roms in dieser Periode.

§. 359. Unter Augustus (30 v. Chr. — 14 n. Chr.) . . . 50
§. 360. Von Augustus bis Nerva (14—96) . . . 54
§. 361. Von Nerva bis Commodus (96—180) . . . 60
§. 362. Von Commodus bis Diocletian (180—284) . . . 64

LIII. Kapitel. Die bemerkenswerthesten Kriege und Feldzüge der Römer während dieser Periode (30 v. Chr. — 284 n. Chr.).

I. Feldzüge des Drusus, Tiberius und Germanicus

§. 363. Die ersten Feldzüge des Drusus und Tiberius in Rhätien (15 v. Chr.) 84
§. 364. Feldzüge des Drusus in Asien (12—9 v. Chr.) 85
§. 365. Feldzüge des Tiberius in Germanien (8—7 v. Chr.) 88

Seite

§. 366. Operationen in Germanien, Pannonien und Dalmatien seit dem J. 6 v. Chr. und Vernichtung der Armee des Varus im Teutoburger Walde im J. 9 n. Chr. 88
§. 367. Feldzüge des Tiberius und dann des Germanicus in Germanien (10—16), und des Letzteren in Asien (17—19) 97

II. Kriege und Feldzüge von Claudius bis zu Trajan (41—98).

§. 368. In Britannien (43—84) 108
§. 369. In Armenien (51—63) 112
§. 370. Der judäische Krieg (66—71) 114
§. 371. Der batavische Krieg (62—70) 119

LIV. Kapitel. Die bemerkenswerthesten Kriege und Feldzüge der Römer während dieser Periode (30 v. Chr. — 284 n. Chr.) (Fortsetzung.)

III. Kriege und Feldzüge Trajan's und Marc Aurel's (98—180).

§. 372. Kriege Trajan's (98—117) 128
§. 373. Kriege Marc Aurel's (161—180) 133

IV. Kriege und Feldzüge unter Commodus und Septimius Severus (182—211).

§. 374. Kriege unter Commodus mit den Daciern, Sarmaten und Britten (182—184) 138
§. 375. Bürgerkrieg (193—197) 138
§. 376. Krieg mit den Parthern (198—200) 143
§. 377. Krieg in Britannien (208—211) 144

LV. Kapitel. Die wichtigsten Kriege und Feldzüge der Römer in dieser Periode. (Schluss.)

V. Kriege und Feldzüge von Caracalla bis zu Diocletian (214—284).

§. 378. Krieg mit den Germanen unter Caracalla (214—215) 147
§. 379. Krieg gegen die Parthen unter Caracalla (216—217) 149
§. 380. Erster Krieg gegen die Perser unter Alexander Severus (229—235) . 150
§. 381. Krieg mit den Germanen unter Maximin (235—236) 153
§. 382. Krieg mit den Persern unter Gordianus (241—243) 154
§. 383. Innere und äussere Kriege von Philippus bis Claudius (249—268) . . 155
§. 384. Feldzüge des Claudius II. (268—270) 161
§. 385. Feldzüge des Aurelianus (270—275) 165
§. 386. Feldzüge des Probus (276—282) 170
§. 387. Feldzüge des Carus (282—283) 174

II. Abtheilung. Von Diocletian bis zum Untergang des weströmischen Reiches (284 — 476 n. Chr.).

LVI. Kapitel. Militärische Organisation, Einrichtungen und Kriegskunst im römischen Reiche während dieser Periode.

§. 388. Militärische Organisation und Einrichtungen 179
§. 389. Verschiedene Truppengattungen, ihre Anzahl und Bewaffnung . 183
§. 390. Aufstellung, Bewegungs- und Kampfart der Truppen 184
§. 391. Innere Organisation und Geist der Truppen 186
§. 392. Lagerkunst, Fortification, Belagerungskunst, Ballistik und Brandgeschosse 190
§. 393. Standpunkt der Kriegskunst im Allgemeinen 192
§. 394. Kriegsmacht und Kriegskunst zur See 192

LVII. Kapitel. Die Völker, gegen welche die Römer in dieser Periode Kriege führten.

§. 395. Die Germanen 194
§. 396. Die Gothen 197

Seite

§. 397. Die Daker 199
§. 398. Die Vandalen 200
§. 399. Die Scythen 202
§. 400. Die Sarmaten 206
§. 401. Slawen oder Slowenen 211
§. 402. Die Hunnen 217
§. 403. Die Perser 219

LVIII. Kapitel. Kurzer historischer Abriss der Kriege der Römer während dieser Periode.

§. 404. Kriege unter Diocletian und Constantin d. Gr. 284—337 . 221
§. 405. Kriege von Constantin d. Gr. bis zu Julian 337—361 227
§. 406. Kriege von Julian bis zu Theodosius d. Gr. 361—379 231
§. 407. Kriege und Feldzüge Theodosius d. Gr. 379—395 235
§. 408. Kriege von Theodosius d. Gr. bis zum Untergange des weströmischen Reiches (395—476) 237

LIX. Kapitel. Die wichtigsten Kriege und Feldzüge der Römer in dieser Periode.

§. 409. Kriege unter Diocletian (284—305) 253
§. 410. Kriege unter Constantin d. Gr. (306—337) 258
§. 411. Kriege und Feldzüge Julian's (356—363). Erster Feldzug (356) . 268
§. 412 Zweiter Feldzug Julian's (357) 269
§. 413. Dritter Feldzug Julian's (358) 272
§. 414. Vierter Feldzug Julian's (359) 273
§. 415. Fünfter Feldzug Julian's (361) 274
§. 416. Krieg mit den Persern (362—363) 275
§. 417. Kriege und Feldzüge Valentinian's I. Erster Krieg (366) 286
§. 418. Zweiter Krieg Valentinian's I. (367) 287
§. 419. Dritter Krieg Valentinian's I. (368—369) 288
§. 420. Vierter Krieg Valentinian's I. (370—371) 289

LX. Kapitel. Die wichtigsten Kriege und Feldzüge der Römer in dieser Periode. (Schluss.)

§. 421. Kriege und Feldzüge Theodosius d. Gr. (379—395) . . 292
§. 422. Feldzüge des Stilicho und Alarich (395—408) 299
§. 423. Letzte Feldzüge Alarich's (408—410) 306
§. 424. Feldzüge des Aëtius (425—432) 308
§. 425. Feldzüge des Aëtius und Attila (451—454) . 313
§. 426. Feldzüge Ricimer's (457—472) . 320
§. 427. Feldzüge Odoaker's (476—480) . 325

LXI. Kapitel. Allgemeiner Ueberblick über die römische Kriegsgeschichte von Augustus bis 476 n. Chr.

I. Die römische Welt, Christenthum und Barbaren in kriegerischer Hinsicht.

§. 428. Die römische Welt 327
§. 429. Christenthum 330
§. 430. Barbaren . . . . [illegible]
§. 431. Einfluss dieser drei Elemente zusammengenommen [illegible]

II. Militärische Organisation, Kriegskunst und Kriege.

§. 432. Militärische Organisation des Staates, der Armeen und Truppen 341
§. 433. Kriegskunst . 347
§. 434. Kriege . . . 350

Seite

III. Die hervorragendsten und bedeutendsten Heerführer dieser Periode.

§. 435. Augustus 353
§. 436. Hermann oder Arminius und Civilis 355
§. 437. Tiberius 361
§. 338. Drusus und Germanicus 362
§. 439. Vespasian und Titus 363
§. 440. Trajan 367
§. 441. Marcus Aurelius 369
§. 442. Diocletian 371
§. 443. Constantin der Grosse 375
§. 444. Julian 379
§. 445. Theodosius der Grosse 382
§. 446. Stilchio, Aëtius und Ricimer 384
§. 447. Alarich 389
§. 448. Attila 302
§. 449. Odoaker 395

LXII. Kapitel. Allgemeiner Ueberblick über die Kriegsgeschichte des Alterthums.

I. Militärische Organisation und Einrichtungen.

§. 450. Militärische Einrichtungen 398
§. 451. Militärische Ausbildung 404
§. 452. Bewaffnung 407
§. 453. Verschiedene Truppengattungen 411
§. 454. Innere Organisation der Truppen. Unterhalt 414
§. 455. Befehlsführung, Disciplin, Belohnungen und Strafen. Geist der Truppen 464

LXIII. Kapitel. Allgemeiner Ueberblick über die Kriegsgeschichte des Alterthums. (Fortsetzung.)

II. Kriegskunst.

§. 456. Taktik 482
§. 457. Lagerkunst 504
§. 458. Befestigungskunst 507
§. 459. Belagerungskunst 510
§. 460. Ballistik 519
§. 461. Strategie 523

LXIV. Kapitel. Allgemeiner Ueberblick über die Kriegsgeschichte des Alterthums. (Schluss.

III. Kriegswissenschaft.

§. 462. Taktik 543
§. 463. Lagerkunst 548
§. 464. Fortification 549
§. 465. Belagerungskunst 550
§. 466. Ballistik 550
§. 467. Strategie 552
§. 468. Die Werke des Frontinus und Polyänus 553
§. 469. Das Werk des Vegetius 557
§. 470. Das Werk Onosander's 561

ALLGEMEINE

KRIEGSGESCHICHTE

DES ALTERTHUMS.

VIERTE PERIODE.

VON AUGUSTUS BIS ZUM UNTERGANG DES WESTRÖMISCHEN REICHES.

(30 v. Chr.—476 n. Chr.)

I. Abtheilung.

Von Augustus bis zu Diocletian.

(30 v. Chr.—284 n. Chr.)

Neunundvierzigstes Kapitel.

Militärische Organisation, Einrichtungen und Kriegskunst im römischen Kaiserreich zu dieser Periode.

(30 v. Chr.—284 n. Chr.)

§. 343. *Militärische Organisation und Einrichtungen.* — §. 344. *Verschiedene Truppengattungen, ihre Anzahl und Bewaffnung.* — §. 345. *Aufstellung, Bewegungs- und Kampfart der Truppen.* — §. 346. *Innere Organisation und Geist der Truppen.* — §. 347. *Lagerbau, Fortification, Belagerungskunst und Ballistik.* — §. 348. *Standpunkt der Kriegskunst im Allgemeinen.* — § 349. *Kriegsmacht und Kriegskunst zur See.*

---

§. 343.

Militärische Organisation und Einrichtungen.

Mit der Alleinherrschaft des Cäsar Octavianus Augustus*) beginnt eine neue Ordnung der Dinge. Indem er die römische Republik in eine Monarchie, wenn auch noch mit republikanischen Formen, verwandelte, gab Augustus ihr eine neue den Umständen entsprechende kriegerische Organisation. Zur Festhaltung und Sicherung der obersten, durch Gewalt der Waffen errungenen, Gewalt, sowie zur Aufrechthaltung von Ruhe und Ordnung im Innern und zum Schutz des Staates nach Aussen, errichtete er ein stehendes Heer, das zu Kriegs- wie zu Friedens-Zeit vorhanden und theils aus den vom Bürgerkriege übrig gebliebenen, theils aus neu ausgehobenen Truppen zusammengesetzt war. Bei den aus dem

*) Seit dem J. 27 erhielt durch Senatsbeschluss Cäsar Octavianus den Ehren Beinamen Augustus (Erhabener — Majestät), der zeitweilig erneut wurde und auf seine Nachfolger überging.

1*

Bürgerkriege übrig gebliebenen Truppen (45 Legionen und 15000 Mann Cavallerie) entliess er alle Freigelassenen, Sklaven und dergleichen Leute; die freiwillig Eingetretenen, die anmassenden Veteranen und *evocati*, 120000 Mann an der Zahl, siedelte er auf den ihnen geschenkten Ländereien und in 28 Colonien in Italien an. Die dann übrig bleibenden Truppen complettirte er vermittelst einer sorgfältigen im ganzen Reiche vorgenommenen Aushebung und formirte 25 volle Legionen und eine unbestimmte Zahl von Hülfstruppen zu Fuss und zu Pferde (*auxiliares cohortes atque vexillae*). Die Legionen waren nur aus römischen Bürgern zusammengesetzt, wurden in die angrenzenden, dem Augustus unmittelbar untergebenen Provinzen (*provinciae principis*)*) vertheilt und dort in ständigen Lagern (*castra stativa*) untergebracht, deren wichtigste die am Rhein, der Donau und dem Euphrat waren (*castra aut legiones Germanicae, Illyricae et Syricae*). Diese Art der Vertheilung und Unterbringung der Legionen hatte zum Zweck: 1) den Schutz der Grenzen des Reichs gegen die Barbaren, d. h. die Völkerschaften Germaniens, Mittelasiens und Nordafricas, und 2) die Fernhaltung der Soldaten von Luxus, Verweichlichung, Corruption, von den Intriguen und Emeuten der Hauptstadt und der Städte überhaupt. Die Hülfstruppen wurden von den Rom unterworfenen Provinzen Europas, Asiens und Africas gestellt und in denselben entsprechend vertheilt **). Für den inneren Wachtdienst in Italien waren 6 städtische Cohorten (*cohortes urbanae*) in Rom und 7 Cohorten (*vigiles*) in den anderen Städten bestimmt. Ausserdem bildete Augustus für die Sicherheit der Hauptstadt und zur Sicherung der obersten Gewalt im Besondern 10 prätorianische Cohorten (*cohortes praetorianae*), jede zu 1000 Mann. Sie wurden in Etrurien, Umbrien, Latium und den ältesten römischen Ansiedelungen in Italien ausgehoben und bildeten die besondre hoch angesehene Leibwache (Garde) des Augustus. Von diesen standen 3 Cohorten in Rom, die andern 7 in den wichtigsten umliegenden Städten. Die Totalsumme aller dieser verschiedenen Truppen belief sich, nach annähernder Schätzung, auf über 300000 Mann.

Seit der Zeit leisteten bei der Aushebung die Truppen einen Eid des folgenden Inhalts: im Namen des Kaisers schwöre ich, dass ich ihm unbedingt gehorchen, niemals die Fahne verlassen und meines Lebens für den Kaiser und Staat nicht schonen werde. Die Dauer der Dienstzeit bestimmte Augustus in den prätorianischen Cohorten anfänglich auf 12, später auf 16 Jahre, — in

*) In Hispanien 3, in Gallien 8, in Illyrien, an der Donau, in Pannonien, in Mysien, Aegypten und dem übrigen Africa je 2, in Syrien 4.

**) So befanden sich in Mauretanien die Truppen des Königs Juba, in Thracien die der dortigen Fürsten, welche den Römern tributpflichtig waren u. s. w.

den Legionen erst auf 15, später auf 20 Jahre, und zum Ersatz für die Ausgedienten und aus dem Dienst Scheidenden ordnete er eine alle 3 Jahre auszuführende sorgfältige Aushebung an. Die Rechte und Vorrechte der Soldaten beschränkte er erheblich, da sie sich während der Bürgerkriege ungebührlich erweitert hatten. Den Unterhalt des Heeres stellte er ganz sicher und hielt sich in dieser Hinsicht vollkommen unabhängig vom Senate, indem er ausser dem früheren Staatsschatze (*aerarium*), über welchen er nur vermittelst des Senates verfügen durfte, noch einen eignen Kriegsschatz (*aerarium militare aut fiscus*) stiftete, den er ganz nach eigner Willkür verausgaben konnte, und in welchen sowohl alle bereits vordem zur Erhaltung der Truppen bestimmten Einkünfte, wie auch alle im Laufe der Zeit neu auferlegten Steuern und Abgaben flossen. In seiner Würde als Imperator, d. h. als oberster Kriegsherr der gesammten bewaffneten Macht des Staates, befehligte er unbeschränkt über sie und regierte in gleicher Weise die mächtigsten Provinzen des Reiches, in welchen die Legionen dislocirt waren: indem er über den Schatz verfügte, aus dem der Unterhalt des Heeres bestritten wurde, war er der unbeschränkte Herrscher über das Reich, und seine Gewalt gründete sich ganz und gar auf das Heer.

Die ausgezeichneten persönlichen Eigenschaften des Augustus, seine Mässigung, seine Regenten-Weisheit und Befähigung waren die Ursachen, dass im Verlaufe seiner 44jährigen friedlichen, glücklichen und glänzenden Regierung die militärische Organisation, welche er dem römischen Staate gegeben hatte, sich für diesen erspriesslich erwies, indem sie Ruhe und Ordnung im Innern und Schutz nach Aussen gewährleistete und damit zugleich die oberste Gewalt schützte, welche (d. h. Augustus sie (die militärischen Kräfte niemals zum Schlechten missbrauchte. Allein in der Entfremdung des Heeres vom Volke, zu welcher die ersten Anfänge gelegt waren, in der ungenügenden Begrenzung der Stellung, welche Augustus zum Staate einnahm, und endlich in dem Umstande, dass der Nutzen dieser neuen Militär-Organisation für den Staat gänzlich von den persönlichen Eigenschaften und Gaben des Regenten dieses Letzteren abhing, — lag bereits der Keim zu vielem Uebel und Elend, welches die Zukunft brachte. War der Regent maasslos, unfähig oder schwach, so musste die ungeheure auf das Heer gegründete Macht desselben nothwendiger Weise zu unbeschränkter militärischer Gewaltherrschaft des Regenten selber oder der Armee führen, wie es in der That schon bei den ersten Nachfolgern des Augustus geschah. Der Hass des Volkes und die häufigen Verschwörungen, welche durch die Gewaltherrschaft und Grausamkeit solcher Herrscher, wie Tiberius, Caligula, Claudius und Domitian hervorgerufen wurden, zwangen diese im Heere ihre Stütze zu suchen und zu dem Zwecke demselben auf alle Weise zu schmeicheln, es mit Nachsicht zu behandeln und aufs Neue dessen Rechte und Vorrechte zu vermehren.

Schon 9 Jahre nach des Augustus Tode (im J. 23 n. Chr.) zog Tiberius, sein erster Nachfolger, der den Einwohnern Roms nicht traute, den Bitten seines Günstlings Aelius Sejanus nachgebend, alle 10 prätorianischen Cohorten in einem stehenden Lager (*castra praetoriana*) vor der *porta Viminalis* von Rom zusammen. Von da an werden die Prätorianer eine Drohung, Schreck und Plage für den Staat. In dem Gefühl ihrer Unentbehrlichkeit für die Imperatoren und dem Volke furchtbar, rissen sie einen ungesetzlichen und entscheidenden Einfluss auf die Staats-Angelegenheiten an sich: durch die Ermordung des Caligula und die, zum ersten Mal vorkommende, Ausrufung des Claudius zum Imperator eigneten sie sich das Recht an, mit dieser Würde nach ihrem Belieben zu schalten. Nach dem Erlöschen des cäsarischen Geschlechtes durch den Tod Nero's (68 n. Chr.) folgten ihrem Beispiele auch die Legionen, indem sie ihre beliebten Feldherren zu Imperatoren auszurufen begannen. So wurden nach Nero's Tode in weniger als 2 Jahren durch das Heer 4 Imperatoren: Galba, Otho, Vitellius und Vespasian (68—69) ausgerufen. Und mit Ausnahme der 11 Jahre friedlicher und glücklicher Regierung des Vespasian und Titus (69—81) ist die ganze Periode vom Tode des Augustus bis zu Nerva (14—96) ausgefüllt von den Schrecken militärischer Gewaltherrschaft. In dieser Zeit wurden in Folge des Verfalls des kriegerischen Geistes im Volke und der sich immer steigernden Forderung nach Vermehrung der Truppenzahl, theils wegen der inneren Unruhen und Bürgerkriege, theils wegen des Schutzes der Grenzen gegen die Barbaren, von Neuem Freigelassene, Sklaven, Verbrecher, sogar Räuber und ähnliches Gesindel in die Legionen aufgenommen. Die Legionen rekrutirten sich bereits in den Provinzen, in welchen sie in ständigen Lagern standen. Die Dienstzeit wurde fortwährend verlängert. Tiberius und Claudius wollten die Krieger überhaupt nicht aus dem Dienste entlassen, was der Grund zu furchtbaren Empörungen wurde, dann aber erhielt dies Imdienstbehalten im Laufe der Zeit gesetzliche Kraft. Die Folge davon war die sich stets erweiternde Kluft zwischen Volk und Heer. Das Volk wurde vollkommen unfähig zum Kriegsdienste und zum Kriege, das Heer aber unterstützte mit den Waffen die Gewaltherrschaft des Regenten, bildete einen Staat im Staate, nährte die tiefste Verachtung gegen die Bürger und Alles, was nicht dem Kriegerstande angehörte, und ergab sich allen möglichen Lastern und Unordnungen.

In dem Verlaufe der 85jährigen milden, glücklichen und ruhmreichen Regierungsperiode der Nerva, Trajan, Hadrian, Antoninus und Marc Aurel (96—181) wurde die Macht des Heeres eingeschränkt, diesen

Unordnungen gesteuert, Zucht und Ordnung in demselben wieder hergestellt und dauernd aufrecht erhalten. Allein der sittliche Verfall des Volkes und Heeres, eine Folge der allgemeinen alles Maass überschreitenden Ausdehnung des Luxus, der Verweichlichung und Corruption, sowie der vorhergegangenen häufigen und schweren Unruhen, Bürgerkriege und Umwälzungen, hatte bereits solche Fortschritte gemacht, dass die militärische Organisation und Einrichtungen des römischen Staates rasch ihrem Verfalle zueilten, trotz aller Bemühungen der weisen Kaiser zu ihrer Aufrechterhaltung. Schon zur Zeit des Augustus waren Beispiele vorgekommen, dass römische Bürger sich verstümmelten (meistens indem sie den Daumen der rechten Hand abhieben), um sich der Last des Militärdienstes zu entziehen, was Augustus indessen auf's Strengste bestrafte. Aber zu dieser Zeit flössten der Militär-Dienst und -Stand den römischen Bürgern, ja selbst den Tributpflichtigen und Bundesgenossen Roms solchen unüberwindlichen Widerwillen ein, dass die Selbstverstümmelung, um demselben zu entgehen, sich allgemein und dauernd einbürgerte. Indessen begann nun schon in Ost- und Mittel-Europa die grosse Bewegung der Völker nach Westen und Süden. Die Germanen, welche bis zu Domitian's Regierung (81—96) sich nur defensiv verhalten hatten, fingen jetzt an gegen die römischen Besitzungen angriffsweise vorzugehen, und im Orient wurden die römischen Grenzen von den schrecklichen Parthern immer näher bedrängt. Unter diesen misslichen Umständen waren die Kaiser gezwungen, in noch höherem Maasse wie sonst die Armee durch Aushebungen aus dem niedrigsten und gemeinsten Pöbel vollzählig zu machen und endlich — Söldlinge aus den Barbaren in Dienst zu nehmen. Marc Aurel (161—180) war der Erste, welcher Barbaren-Söldner im römischen Heere in Dienst nahm. Diese Maassregel war in ihren Folgen verderblich und von wesentlichstem Einflusse auf das Schicksal des Reiches; es gab aber kein anderes Mittel zur Rettung des Staates, und man musste nothwendiger Weise zu demselben schreiten. Es war gefährlich, im Dienste des Staates halbwilde, an zügellose Freiheit gewöhnte und nur aus Habgier dienende Soldaten anzustellen; aber immerhin war es noch besser diese, als die verweichlichten, schlaffen und feigen Römer im Heere zu haben.

Die 105jährige Periode vom Tode Marc Aurel's bis zu Diocletian (180—285) ist denkwürdig durch die uneingeschränkte und furchtbare Gewaltherrschaft des Heeres. Schon bei dem ersten Nachfolger Marc Aurel's, Commodus, erlangten die Prätorianer und neben ihnen die Legionen eine Macht und einen Einfluss, welche, rasch anwachsend, den höchsten Grad erreichten: Prätorianer und Legionen machten fortwährend Empörungen, riefen ihre Lieblinge zu Kaisern aus oder auch diejenigen, welche ihnen das meiste Geld oder die freigebigsten Geschenke gaben, oder die ihnen am meisten schmeichelten oder am nachsichtigsten waren. So wurden Commodus, Caracalla, Heliogabalus und andere diesen ähnliche Scheusale von ihnen proclamirt. Gleich den ersten Nachfolgern des Augustus waren auch diese, indem sie durch ihre Willkür und Grausamkeit den Hass des Volkes auf sich zogen, genöthigt sich auf das Heer zu stützen, und deshalb erweiterten sie die Rechte und Vorrechte der Soldaten unaufhörlich und leisteten deren Eigenwillen und schrecklichen Ausschreitungen allen Vorschub. Diejenigen Imperatoren dagegen, welche ihre Habgier nicht gehörig befriedigten oder Ordnung bei ihnen herzustellen suchten, wurden von ihnen abgesetzt und ermordet. So fielen ihnen Pertinax, Probus und die besserer Zeiten und der wärmsten Theilnahme würdigen Alexander Severus und Aurelian zum Opfer.

In dieser Zeit der grausamsten Eigenmächtigkeit und Willkür des Heeres, der inneren Unruhen, Bürgerkriege, Umwälzungen und des Angriffs der Germanen und Perser von aussen, welche Letztere an die Stelle der Parther getreten waren, gerieth die militärische Macht des Staates gänzlich in Verfall. Durch die Ertheilung des römischen Bürgerrechts an alle römische Unterthanen (behufs grösseren Ertrages der Steuern) gab Caracalla diesen Einrichtungen einen entscheidenden Stoss. Von dieser Zeit an wurden Bürger wie Heer Rom gänzlich fremd und waren nur noch dem Namen nach Römer. Die Truppenaushebung erfolgte in den Provinzen durch Legaten, Proconsuln u. s. w. unter den äussersten Missbräuchen und Ungerechtigkeiten. Die Zusammensetzung des Heeres wurde eine immer schlechtere, es kamen mehr und mehr Barbaren, besonders Germanen hinein. Die Kluft zwischen dem Heere und dem von diesem bedrückten Volke riss immer weiter, Rechte und Privilegien der Krieger erreichten die höchste Ausdehnung. Der mächtigste und schädlichste Theil des Heeres, die Prätorianer, wurde durch Septimius Severus refomirt, indem er an ihrer Stelle aus den auserlesensten Kriegern aller Legionen eine neue viermal so starke (40000 Mann) Leibwache bildete. Alexander Severus, unter dem sich bei den Römern besonders die Hinneigung zu allem Griechischen entwickelte, bildete auf den Rath des Julius Africanus aus 6 Legionen eine Phalanx nach Art der früheren grossen macedonischen und aus den Veteranen eine Schaar der Chrysaspiden (Goldschildner) und der Argyraspiden (Silberschildner), gleichfalls nach dem Muster der Macedonier. Aber nach seinem Tode wurden diese Einrichtungen wieder aufgehoben.

§. 341.

Verschiedene Truppengattungen, ihre Anzahl und Bewaffnung.

Unter Augustus und seinen ersten Nachfolgern waren die Truppen ebenso bewaffnet und theilten sich nach ihrer Bewaffnung ganz so ein, wie zur Zeit der Bürgerkriege. Aber das Schwert wurde allmälig immer weniger, die Lanze dagegen, der Speer und der Wurfspiess immer mehr die gebräuchliche Waffe. In der Periode von Nerva bis zu Commodus gab es bei der Legion 2 Arten schweres oder Legions-Fussvolk und eben so viel leichtes Fussvolk. Das schwere Fussvolk der ersten Kategorie (den alten *principes* entsprechend) war mit Schwert und langer schwerer Lanze (*pilum*) bewaffnet, trug Helm, Panzer und Schild, das der zweiten Kategorie (den alten *hastati* entsprechend) führte dieselben Waffen, nur mit dem Unterschiede, dass die Lanze (*spiculum*, *lancea*) leichter war. Die beiden Arten des leichten Fussvolks (den alten *rorarii* und *accensi* entsprechend) waren mit Wurfspiessen und Speeren bewaffnet. Caracalla und Alexander Severus bewaffneten, den Griechen nachahmend, die Legionen nach Art der macedonischen Phalanx: doch besteht diese Art der Bewaffnung nur unter ihnen. Ueberhaupt wird in der Periode von Commodus bis zu Diocletian die Bewaffnung immer leichter, denn die weniger kräftigen und verweichlichten Krieger fanden sie schon zu schwer. Die früheren schweren Helme werden durch den leichteren griechischen Helm ersetzt, die Erzpanzer durch leichte lederne, oder leinene oder baumwollene durchsteppte u. s. w. Die Länge der Lanze wird noch vergrössert, die Anzahl der Handwurfwaffen vermehrt, und wie das schwere, so zerfiel besonders das leichte Fussvolk in viele Arten, welche sich nach ihrer Hauptwaffe benannten. So z. B. gab es Lanzenträger (*lancearii*), Schildträger (*scutarii*), Bogenschützen (*sagittarii*), Wurfspeerschleuderer (*jaculatores*), Tragulaschleuderer (*tragulatores*, nach einer besonderen Art Wurfspiess, der *tragula* *)), Steinschleuderer (*ballistarii*), welche aus Handballisten Steine schleuderten u. s. w.

Die Reiterei war: 1) Legions-, 2) Hülfs-, 3) von unterworfenen Völkern gestellte und 4) Mieths- oder Söldnerreiterei. Die Legionsreiterei ward durch Augustus wiederhergestellt, aber nur dem Namen nach, denn sie war nicht mehr aus der Klasse der römischen Ritter zusammengesetzt, sondern in derselben Weise wie das Legionsfussvolk gebildet. Seit der Zeit des Caracalla hörte jeder Unterschied zwischen der Legions- und der Hülfsreiterei auf: die hispanische, gallische, thracische, asiatische

*) *Tragüla*, ein Wurfspiess der Gallier oder Hispanier mit einem Schwungriemen, vermittelst dessen er wieder zurückgezogen werden konnte.
Anmerk. d. Uebers.

und africanische oder numidische, die germanische Miethscavallerie u. a. bildeten zur Zeit des Kaiserreichs überhaupt den grössten und besten Theil der Cavallerie in den römischen Armeen. Der Bewaffnung nach gab es schwere und leichte Reiterei. Die schwere (*clybanarii, cataphracti*) war wie früher nach Art der griechischen Kataphrakten bewaffnet, die Reiter vom Kopf zur Zehe und selbst die Pferde mit Panzer bedeckt. Die leichte Cavallerie war vorzugsweise mit Wurf- oder Fernwaffen ausgerüstet.

Ausser Fussvolk und Reiterei erscheinen in dem sonst unveränderten Bestande der römischen Armeen jener Zeit auch Kriegswurfgeschütze: *onagri**) und kleine Handballisten. Unter Augustus wurden diese Wurfmaschinen den Legionen nur zum Gebrauch in ihren ständigen Lagern beigegeben. Aber nach Augustus nahmen die Legionen, wenn sie aus dem Lager ins Feld rückten, nicht selten die kleineren zum Transport geeigneteren Maschinen mit sich. Im Lauf der Zeit verbreitete sich dieser Gebrauch mehr und mehr und wurde allgemein, namentlich zur Zeit Trajan's und in der Periode von ihm bis zu Diocletian. Jede Maschine (Geschütz) wurde transportirt: der *onager* auf einem mit zwei Ochsen bespannten Wagen, die Handballiste auf einem mit einem Pferde bespannten Gefährt, und zu jedem Geschütz gehörten 11 Mann Bedienung. Sie schleuderten grosse Pfeile, Steine, Bleikugeln und andere Körper und schwere Gegenstände, einzeln oder in ganzen Bündeln oder Haufen, horizontal oder hauptsächlich im Bogen auf eine Entfernung von 3—400 Schritt, nach Angabe der alten Schriftsteller mit ausserordentlicher Gewalt; ihrer Construction und Transportfähigkeit nach waren sie aber sehr unbehülflich und schwerbeweglich.

Endlich brachten die Römer zu jener Periode, ausser dem Fussvolk, der Cavallerie und den Wurfgeschützen, in ihren Feldschlachten auch Elephanten zur Verwendung, aber ziemlich selten und fast ausschliesslich nur in Asien und Africa. Caracalla liess in dem Kriege gegen die Parther sogar abgerichtete wilde Thiere in der Schlacht los; Andere bedienten sich zu gleichem Zwecke ungeheurer Hunde u. s. w. Aber diese der Kriegskunst unwürdigen Mittel zur Niederwerfung des Feindes beweisen nur den Unverstand und die Feigheit derer, welche zu ihnen griffen, und zeugen noch beredter für den Verfall der Römer und der römischen Kriegskunst.

Die Verhältnisszahl zwischen Fussvolk, Reiterei und Wurfgeschützen in der Zusammensetzung der römischen Legionen und Armeen änderte sich zu dieser Zeit insofern, als mit dem zunehmenden Leichterwerden

*) Der *onager* und die *ballista* warfen Steine, die *catapulta* mehr Pfeile; doch wird dieser Unterschied später nicht mehr genau festgehalten. Anmerk. d. Uebers.

der Bewaffnung sowie der vermehrten Anwendung von Wurfmaschinen und Geschützen die Zahl der schweren Truppen überhaupt und des schweren Fussvolks im Besondren abnahm, die der Reiterei dagegen, des leichten Fussvolks und der leichten Truppen überhaupt zunahm, so dass schliesslich die leichten Truppen, Reiterei und, wie schon bemerkt, die Geschütze die Hauptstärke der Legionen und Armeen ausmachten.

Der Gesammtetat der Legion, als taktische Einheit der Armee, war während dieser ganzen Periode fast immer derselbe, nämlich unter Augustus 5000 Mann schweres, 1000 Mann leichtes Fussvolk und 300 Reiter; und bei seinen Nachfolgern 6100 Mann (bisweilen auch 6650 Mann) schweres Fussvolk und 132 (bisweilen sogar 462) Mann Cavallerie, im Allgemeinen also durchschnittlich 6300 bis 7000 Mann, nach Augustus waren jedoch die Legionen selten ganz vollzählig. Was übrigens die Anzahl der Legionen bei den Armeen und die numerische Stärke dieser Letzteren überhaupt anbelangt, so überschritt die erstere niemals 8—10 Legionen, die letztere 50—60000 Mann, häufig aber, besonders in der letzten Zeit, waren sie weit geringer.

Feldzeichen und Militärmusik waren die nämlichen wie vordem, mit dem kleinen Unterschiede jedoch, dass 1) über dem Adler bei jeder Legion das Bildniss (*imago*) des Kaisers mit seinem Namen auf dem Schafte durch den *imaginarius* (*imaginifer*) getragen wurde; 2) seit Trajan's Zeit Fahnen in Gebrauch kamen mit grossen Stucken Zeug, welche in Gestalt von Drachen (*draco*) ausgeschnitten waren, weshalb die sie tragenden Krieger auch *draconarii* hiessen, und 3) ausser den früheren Drommeten und Hörnern in dieser Zeit auch eine Flöte von besonderer Construction, mit Kupfer belegt, in die römische Militärmusik eingeführt wurde und vielfach in Gebrauch war.

§. 345.

Aufstellung, Bewegungs- und Kampfart der Truppen.

Die Aufstellung, sowie die Art der Bewegung und des Kampfes, auf dem Marsche und in der Schlacht, änderte sich in dieser Periode allmälig mehr und mehr: 1) in Folge der Veränderungen in der militärischen Organisation des Staates, in der Zusammensetzung der Armee und in der Bewaffnung, Eintheilung und taktischen Formation der Truppen, 2) in Folge des sittlichen Verfalls des römischen Volkes und Heeres, und 3) in Folge der Nothwendigkeit, Aufstellung und Kampfart der römischen Truppen der Art der Aufstellung und des Kampfes jener Völker anzupassen, mit welchen die Römer vorzugsweise in dieser Periode Krieg führten, nämlich der Germanen, der vom Osten her nach West und

Süd-Europa vordringenden Völker, der Parther, und dann der Perser. Aufstellung und Kampfweise der Germanen und Parther (s. 32. Kap. §§. 210 und 214) zwangen hauptsächlich die Römer, schon in der Periode von Augustus bis zu Trajan, ihre früher übliche Aufstellung der Legion in folgender Weise zu modificiren:

Behufs Verstärkung der ersten Linie wurde die dritte aufgegeben und die Legion nur in 2 Linien aufgestellt, zu 5 Cohorten in jeder. Um aber für den Nothfall auserlesene und zuverlässige Truppen zu haben, begann man (seit Hadrian) die erste Cohorte aus Kriegern von erprobtem Muthe und Tapferkeit, und zwar in doppelt so starker Anzahl als bei den andern Cohorten, zusammenzusetzen. Jede der letzteren bestand nämlich aus 500—550 Mann Fussvolk und bisweilen bis zu 66 Reitern, die erste Cohorte dagegen aus 1000—1100, sogar bis 1200 M. Fussvolk (weshalb sie auch die Cohorte der Tausend, *cohors milliaria*, hiess) und aus 132 Reitern. Die erste Cohorte wurde in 2 gleiche Hälften und in 10 Centurien getheilt, jede der übrigen in 7 Centurien. Alle Cohorten waren in gleicher Weise, ursprünglich zu 10, später zu 8 Gliedern formirt. In der allgemeinen Schlachtordnung stand die erste Cohorte gewöhnlich auf dem rechten Flügel der ersten Linie, bisweilen auch, je nach Umständen und Erfordern, auf anderen wichtigen Punkten, z. B. auf beiden Flanken der ersten Linie je zur Hälfte getheilt oder in der Mitte dieser Linie oder vor der Front oder hinter der Front der Legion. Die zweite, dritte, vierte und fünfte Cohorte standen links von der ersten nach der Nummer; die dritte, welche sich in der Mitte befand, und die fünfte auf dem linken Flügel der ersten Linie, waren gleich der ersten Cohorte auch aus den auserlesensten tapfersten Kriegern gebildet, die fünfte hatte bisweilen sogar auch dieselbe Kopfstärke wie die erste Cohorte. Die sechste, siebente und achte Cohorte bildeten die zweite Linie und standen auf den Intervallen der ersten. — Diese Zwischenräume zwischen den Cohorten beider Linien waren halb so gross als früher, d. h. sie waren nur gleich der Frontlänge der Cohorten. Die Distance von Linie zu Linie blieb die alte. Auch die Cavallerie theilte und formirte sich wie ehedem, nur mit kleineren Intervallen und Distancen. Dies war die *quincuncialis*, Aufstellung der Legion in Cohorten in 2 Linien; geschlossener und fester bereits, als die in Cohorten in 3 Linien; sie wurde fast immer und mit Erfolg gegen die Germanen und Parther angewendet, deren Formation und Kampfweise sie vorzugsweise angepasst war.

Aber bei der schlechten Zusammensetzung der römischen Heere und den erhöhten Anforderungen gegen die nördlichen und östlichen Völker wurde auch diese Aufstellung bald als nicht genügend und fest geschlossen erkannt, und in Folge dessen führte zuerst Trajan die Aufstellung der Legion in Cohorten in eine Linie ein, die sich der ursprünglichen alten Formation der Legion nach Volksklassen näherte. Nach Arrian's und des Vegetius Beschreibung bestand dieselbe in Folgendem:

Die Legion bestand, wie vordem, aus 10 Cohorten, deren erste aber aus 960 auserlesenen Fusssoldaten bestand, welche in 10 Centurien, und aus 240 Reitern, die in 8 Turmen getheilt waren: die übrigen Cohorten waren je 480 Mann Fussvolk stark und theilten sich in 6 Centurien eine jede. Bei jeder Cohorte gab es 2 Arten Legions- oder schweres und 2 Arten leichtes Fussvolk, von welchen oben die Rede war (s. §. 344). Das schwere oder Legionsfussvolk stellt sich, nach Arrian, in 8, nach Vegetius in 6 Gliedern auf: in den 4 oder 3 vorderen Gliedern standen die Krieger der ersten oder älteren Klasse, in den 4 oder 3 hinteren Gliedern die der zweiten oder jüngeren Klasse schweren Fussvolks. In der Schlachtordnung nahm jeder Krieger 3 Fuss Breite und 1 Fuss Tiefe ein, die Glieder standen 6 Fuss von einander ab. Hinter dem schweren Fussvolke standen in gleicher Weise 1 oder 2 Glieder der einen, und dahinter 1 Glied der anderen Art des leichten Fussvolks. Alle 10 Cohorten formirten sich in gleicher Weise in einer Linie mit äusserst geringen Intervallen: die erste auf dem rechten, die zehnte auf dem linken Flügel, die fünfte in der Mitte. Hinter der Legion, noch hinter dem leichten Fussvolk, befanden sich die Wurfgeschosse, welche im Bogen warfen, und auf den Flanken der Legion und, wenn der Raum es erlaubte, auch auf dem Zwischenraum der Centurien die Geschütze, welche horizontal schossen. Endlich wurden besondere Corps auserlesener Truppen zu Fuss oder zu Pferde (z. B. Prätorianer u. s. w.), den alten Triariern entsprechend, in einiger Entfernung hinter der Linie der Geschütze, gewöhnlich den Flanken und dem Centrum der Legion gegenüber in grossen Zwischenräumen aufgestellt, um im Fall der Noth die Legionen zwischen sich durch zu lassen oder aufzunehmen. Die Legionscavallerie wurde, nach Vegetius, auf den Flanken der Legion aufgestellt, nach Arrian stellten sich die Bogenschützen zu Pferde hinter dem Fussvolk auf, um über dieses weg zu schiessen, und 4 Turmen der Legionscavallerie auf oder hinter den Flügeln des Fussvolks, 3 Turmen aber in einer Linie hinter dem Fussvolk.

Diese im 2. Jahrh. n. Chr. vollkommen entwickelte Aufstellung der Legion war, wie die Verhältnisse damals lagen, nicht ohne Vorzüge und Verdienste. Dem damaligen Zustande der römischen Armeen genau entsprechend, der Formation und Kampfart der Germanen und orientalischen Völker angepasst, war sie ebenso zur Offensive wie zur Defensive, in ebenem wie in durchschnittenem Terrain, gegen Fussvolk wie Reiterei geeignet, sie konnte sich nach den 2 Klassen schweren Fussvolks bequem in 2 Linien, nach Cohorten leicht in 2 Abtheilungen theilen: die Legionare konnten in derselben, vermöge ihrer Bewaffnung, mit gleicher

Leichtigkeit in geschlossener oder zerstreuter Ordnung kämpfen, und die auserlesenen Truppen des Hintertreffens hinter der Legion waren im Stande, diese bequem während des Kampfes auf allen Punkten zu verstärken und zu unterstützen oder deren Rückzug zu decken. Diese Vorzüge und Eigenschaften der Legionsaufstellung in Cohorten in eine Linie waren bei geschickter Verwendung durch solche Feldherren, wie zu jener Zeit Trajan, Hadrian und viele Andere, von wesentlichem Einflusse auf die Erfolge der römischen Waffen in dieser Periode, wie auf die Siege der Römer über die Germanen und Parther. Trajan und Hadrian speziell zeichneten sich durch geschicktes Anpassen dieser Formation an das Terrain, an die Verhältnisse des Feindes und dessen Kampfart aus und verdankten derselben hauptsächlich die Siege, welche sie über Dacier und Parther erfochten, und dass sie durch die Letzteren nicht einem gleichen Missgeschick wie Crassus und Antonius erlagen.

Im 3. Jahrh. wurde die Aufstellung der Legion nur zeitweilig, unter Caracalla (211—217) und unter Alexander Severus (222—235) vollständig in die der macedonischen Phalanx umgeändert, mit Ausnahme dieser Zeit aber behielt sie ganz dieselbe Form wie im 2. Jahrh. Sie hatte aber nicht mehr die früheren Vorzüge und brachte nicht mehr den Nutzen wie vordem, weil inmitten der Schrecken der soldatischen Gewaltherrschaft jener Zeitepoche die rohe Gewalt über die Kunst siegte und nirgends eine geschickte Verwendung dieser Formation von Folgen begleitet auftritt.

Von den Formationen der Legion war die gebräuchlichste die in Form eines innen hohlen Vierecks (*agmen quadratum*), welche am häufigsten auf dem Marsche, im offnen Terrain in der Nähe des Feindes oder bei plötzlichem Angriff durch den Letzteren, oder zur Vertheidigung gegen überlegene feindliche Kräfte oder zahlreiche Reiterei zur Anwendung kam. Deshalb wurde sie im Orient mehr als sonst wo gebraucht. Nicht selten wurden auch, und oft mit grossem Erfolge, die Formationen in Keil- oder Zangenform benutzt. So z. B. in der Schlacht der Römer unter Vespasian gegen Civilis bei Treviri (h. Trier a/Mosel) im J. 70 n. Chr., wo die zweite Legion, im Keil formirt, den Sieg entschied.

Die Marschbewegungen der Armeen fanden anfänglich mit mehr oder weniger grosser Regelmässigkeit, Ordnung, Vorsicht und Schnelligkeit statt. Von der Ordnung derselben kann des Flavius Josephus Beschreibung der Märsche des Vespasian und Titus mit ihren Heeren eine Vorstellung geben, deren ersterer im J. 67 aus Syrien nach Galiläa, der zweite im J. 70 von Samaria nach Jerusalem ging. Bei Vespasian waren die leichten Truppen, vorzüglich die Hülfs-Bogenschützen, an der Tête voraus, unterstützt durch einen Theil schweres Fussvolk und Cavallerie, um Nachrichten vom Feinde einzuziehen und ihn zuerst festzuhalten, —

hinter ihnen die Arbeiterabtheilungen (gleichsam Pioniere, zur Erbauung des Lagers und Ausbesserung der Wege, — die Bagage der Offiziere unter Bedeckung einer starken Cavallerieabtheilung, — Vespasian selbst mit den Personen seiner Umgebung, — die Wurfgeschütze und zugehörigen Lastthiere, die Hauptmacht der Armee (das Gros), d. h. die Legionen, welche aus der Flanke in 6 Reihen formirt (d. h. in 6gliedrigen Reihen, Marschcolonne) marschirten, — hinter ihnen die Bagage und Wagen, — und endlich die Söldnertruppen, der Vorsicht halber von römischer Infanterie und Cavallerie umgeben. Bei Titus gingen die Hülfstruppen mit den Arbeitern voraus, zur Ausbesserung der Wege, und mit den Offizieren, welche die Oertlichkeit für das Lager auszusuchen und dessen Bau zu beaufsichtigen hatten, — hinter diesen Titus selbst mit auserlesenen Schaaren, — die Legionscavallerie, — die Wurfgeschütze, — die Legionen in 6gliedriger Reihencolonne, ihre Adler und Tribunen an der Tête, ihre Bagage und Fuhrwerk an der Queue, — dann die Miethsvölker und endlich das Corps der Arrièregarde. Im Allgemeinen marschirten die Legionen stets in 6gliedrigen Reihencolonnen, wenn sie nicht im *agmen quadratum* formirt marschirten. Im 3. Jahrh. liess die Regelmässigkeit und Ordnung, die Vorsicht und Schnelligkeit der Marschbewegungen der römischen Armeen mehr und mehr nach. Die Verminderung der Marschgeschwindigkeit hatte in der geringeren Beweglichkeit der Truppen ihren Grund, welche theils eine Folge der Schwächlichkeit und Verweichlichung derselben, theils der Vermehrung der Wurfmaschinen, Trains und Fahrzeuge, theils auch der zunehmenden Verwüstung und Armuth der Länder im Reiche und der dadurch erschwerten Verpflegung der Truppen war.

Die gewöhnliche Schlachtbildung der Armee bestand darin, dass sie sich gleich der Legion in 3, 2 oder 1 Linie formirte, und zwar die Legionen im Centrum, die Hülfscohorten auf den Flügeln, die Hülfsreiterei auf den Flanken, die horizontalschiessenden Wurfgeschütze auf den Flanken und zwischen den Centurien und Cohorten, die im Bogen werfenden dagegen hinter dem Fussvolk, die leichten Truppen im Allgemeinen vor der Front oder auf den Flanken, das leichte Fussvolk insbesondere aber bei allen Abtheilungen des Fussvolks und der Reiterei und bei allen Geschützen, so dass es alle Zwischenräume zwischen denselben ausfüllte. Mitunter wurde der Platz der Legionen in der Schlachtordnung durchs Loos bestimmt, bisweilen stellte man auch die schwächeren Legionen zwischen die stärkeren.

Die Kampfart der Legionen zur Zeit ihrer Aufstellung in Cohorten in 2 Linien war dieselbe wie zur Zeit der Aufstellung in 3 Linien; seit Trajan aber und seit sich die Legion in einer Linie aufstellte, traten einige Aenderungen ein. Die leichten Truppen und die Wurfgeschütze eröffneten den Kampf durch lebhaftes Feuer. Wenn die Linie des schweren Fussvolks herankam, zogen sich die leichten Truppen rasch durch dieselbe zurück, zu welchem Zwecke die geradzahligen Rotten hinter die ungeraden traten, nachher dann ihre Stelle wieder einnehmend. Darauf führte die Linie des schweren Fussvolks den Vorstoss und Angriff mit der blanken Waffe aus, oder erwartete stehenden Fusses in der Defensive den feindlichen Stoss, wobei die vorderen Glieder wie bei der Phalanx dicht aufschlossen und die Lanzen senkten, die hinteren Glieder aber ihre Speere im Bogen warfen. Während dessen unterstützte das hinter dem schweren befindliche leichte Fussvolk das erstere oder deckte die Geschütze durch sein eigenes Wurffeuer. Dasselbe thaten auch die berittenen Bogenschützen, die übrige Cavallerie operirte auf den eigenen und gegen die feindlichen Flanken, welche sie zu umfassen strebte. Der Nutzen und Vorzug dieser Kampfart entsprach den Vortheilen, welche die Aufstellung selbst in eine Linie bot, und welche schon oben erwähnt wurden.

Im 3. Jahrh. bemühte man sich den stets zunehmenden Verfall der sittlichen Kraft der römischen Truppen, wie seiner Zeit bei den Griechen, durch nutzlose taktische Finessen, durch fast ausschliesslich defensives, selten offensives Verhalten im Gefecht, und hauptsächlich durch verstärkte Wirksamkeit der Geschütze und Wurfmaschinen zu ersetzen. In Folge ihrer Feigheit und des Verfalls der Kriegskunst bei ihnen, das Handgemenge mehr als den Tod fürchtend, bemühten sich die Römer auf alle Weise, die Barbaren in gewisser Entfernung zu halten und sie dort zu zerstreuen und zu besiegen, womöglich auf weiteste Schussweite ihrer Geschütze und namentlich der Maschinen, auf welche sie deshalb auch ihre ganze Hoffnung setzten. Ihrer Schwerfälligkeit und Unbehülflichkeit wegen verbreiteten aber diese Geschütze und Maschinen nur Verwirrung und Unordnung in den Rotten, Gliedern und Linien ihrer eigenen Truppen und hielten die Barbaren nicht im mindesten auf, welche, diese Maschinen ebenso wie die römischen Krieger überhaupt verachtend, gleich zu Anfang des Kampfes sich direkt auf dieselben stürzten, sich ihrer ohne Mühe bemächtigten und noch mit mehr Leichtigkeit die römischen Truppen im Handgemenge besiegten, wenn diese sich nicht schon vorher zur Flucht gewendet, vielmehr den Angriff überhaupt abzuwarten gewagt hatten. Im Handgemenge, wo Körperkraft und persönliche Tapferkeit mehr als taktische Kunst den Ausschlag zu geben pflegt, waren natürlicher Weise die Barbaren den römischen Soldaten bedeutend überlegen.

So verlor denn die römische Taktik in dieser Periode allmälig ihren wahren ursprünglichen Charakter und nahm dafür den ihr fremden griechischen an. Bei alledem erhielt sie sich im 1. und 2. Jahrh., Dank den persönlichen Gaben und der Feldherrnkunst einiger Kaiser und Heerführer, wenigstens noch, und nicht ohne Ruhm, kann man hinzusetzen. Aber vom 3. Jahrh. an sank auch sie mit der allmäligen Auflösung des Reiches und Heeres und dessen sittlichem Verfalle immer tiefer und tiefer.

§. 346.

Innere Organisation und Geist der Truppen.

Ganz ebenso ging es mit der inneren Organisation und dem Geist der römischen Truppen und Heere. Die Präcision, Regelmässigkeit, Ordnung und Sorgfalt in allen Theilen der Heereseinrichtungen gerieth allmälig in Unordnung und Verfall, die militärische Disciplin und Subordination, der militärische Geist der Truppen, wie Augustus sie hergestellt und kräftig aufrecht erhalten hatte, wurden schlaffer gehandhabt und mehr und mehr unterdrückt.

So hatte sich die Ranghierarchie im Heere des Augustus noch durch Einfachheit, Zweckmässigkeit und Bestimmtheit ausgezeichnet und fast alle die früheren Grundzüge beibehalten. Nur wurden die Cohorten in den Legionen durch Tribunen, die Legionen durch Legaten, die prätorianischen Cohorten durch zwei prätorianische Präfecten, die Armeen durch kaiserliche oder Consular-Legaten (Statthalter in den kaiserlichen Provinzen) befehligt, denen Gehülfen unter dem Titel Quästoren und Procuratoren beigegeben waren; Augustus selber war, mit dem Titel Imperator (Kaiser), wie schon oben gesagt, der oberste Befehlshaber der gesammten Kriegsmacht des Staates. Aber seit der Zeit Otho's (im J. 86) begannen bereits Legionspräfecten (*praefecti legionibus*) die Legionen zu commandiren, und seit der Zeit des Septimius Severus führten die prätorianischen Präfecten ausser den prätorianischen Cohorten auch die finanziellen und gerichtlichen Angelegenheiten im Staate und waren dadurch in die ersten und wichtigsten Staatsämter gerückt.

Bis zu Diocletian und Constantin d. Gr. blieb die Militärverwaltung im Allgemeinen auf derselben Grundlage, auf welcher Augustus sie eingerichtet hatte. Der Kaiser befehligte das Heer persönlich unter Hülfe und Mitwirkung von zuverlässigen Männern (wie z. B. Agrippa unter Augustus) oder von militärischen Würdenträgern, welche besonderen Einfluss auf die Staatsangelegenheiten erlangt hatten (wie z. B. die Prätorianer-Präfecten zur Zeit des Tiberius und Sejanus), oder von Kriegsräthen und zum Theil auch unter Mitwirkung des Senates.

Die Löhnung wurde den Truppen zu Augustus' Zeit aus dem Kriegs- oder dem eigentlichen kaiserlichen Schatze (*aerarium militare*, *fiscus*, kaiserliche Privatkasse) gezahlt, lediglich nach dem Willen des Kaisers und vollkommen unabhängig vom Senate. Sehr oft, und selbst schon von Augustus an, erhöhten die Kaiser, um sich die Soldaten geneigt zu machen, den Sold, ausserdem gaben sie noch unaufhörlich besondere mehr oder weniger reiche Geldgeschenke (*donativum*). Augustus erhöhte den Sold des Soldaten überhaupt gegen den bei Cäsar üblichen Satz, die Prätorianer erhielten die doppelte Löhnung. Unter Tiberius und Domitian wurde der Sold abermals erhöht, und zwar bekam unter Tiberius: der Fusssoldat 10 röm. Ass (ca. 40 Pf.) täglich, oder 1 Goldstück (*aureus* = 4 Thlr. etwa) monatlich, — der Centurio das Doppelte, — der Reiter und der Prätorianer das Dreifache; unter Domitian erhielten Alle viermal so viel, also der Fusssoldat 4 Goldstücke (16 Thlr.), der Centurio 8 *aureus* (32 Thlr.), der Reiter oder Prätorianer 12 Goldstücke (48 Thlr.) monatlich. Aber auch nach Domitian noch fand eine weitere Solderhöhung statt, welche gegen Ende des 3. Jahrh. ausserordentlich hohe Beträge erreichte. Anfangs wurden, wie früher, für Bekleidung, Waffen, Verpflegung, Zelte u. s. w. grosse Gehaltsabzüge gemacht; später fanden deren keine mehr statt. Wegen der reichen und freigebigen Unterhaltung aus dem Schatze war es den Soldaten verboten, sich mit Ackerbau und Handwerken zu beschäftigen, Handel oder Gewerbe zu treiben. Die Prätorianer indessen, und schliesslich auch die übrigen Soldaten, nahmen sich eigenmächtig das Recht zu solchen Beschäftigungen, namentlich zum Handel, — was offenbar dem militärischen Geiste und der Ordnung sehr schadete. Die Nichtzahlung oder nicht rechtzeitige Zahlung der Löhnung wurde die Ursache zu häufigen Empörungen und grossen Unordnungen im Heere, besonders bei den habgierigen barbarischen Miethstruppen.

Die Verpflegung der Truppen aus Staatsmitteln war sicher gestellt: im Frieden durch Vorrathsmagazine (*horrea*) in den Städten, stehenden Lagern oder Festungen, im Kriege durch Zufuhr, Ankauf und Requisition im Lande, die entweder regelmässig oder ungeregelt und mit Plünderung verbunden war. Es gab hierfür besondere Beamte (*frumentarii* u. s. w.) Die Hausbesitzer in den Quartieren in Städten und Dörfern waren verpflichtet den Soldaten Salz, Essig, Oel und einige andere Artikel zu liefern. Mit dem sich steigernden Luxus, Verweichlichung und den wachsenden Ansprüchen der Truppen einerseits und der Verheerung, Entvölkerung und Verarmung des Staates andererseits wurde die Verpflegung der Soldaten allmälig immer üppiger, aber auch schwieriger. Die Lieferung von Esswaaren und Vorräthen, namentlich an die Prätorianer und Offiziere, fand in immer erhöhtem Maasse statt. Was die Mitnahme von Lebensmitteln durch die Soldaten selbst und die Mitführung beim Heere durch Lastthiere anbelangt, so nahm Letzteres in demselben Maasse zu, wie Ersteres abnahm.

Tross und Bagage, welche mit den Legionen und Armeen mitgeführt wurden, vermehrten sich gleichfalls in demselben Grade, in welchem das von den Kriegern mit sich Getragene sich verminderte, und endlich hatten die römischen Heere mit ihrer ungeheuern Anzahl von Wagen und Bagagen ganz das Maass der Heere der orientalischen Völker erreicht. Damit verringerte sich aber auch nach und nach ihre Beweglichkeit, wie die Schnelligkeit ihrer Märsche und Operationen. Einige Kaiser und Feldherren verminderten die Anzahl der Fahrzeuge und Bagagen bei den Heeren, allein diese Maassregeln waren nur vorübergehende Ausnahmen. Und Tross und Gepäck mussten in der That bei den römischen Heeren ungeheuer sein, denn sie führten auf Lastthieren, Wagen und Schiffen, auf Flüssen oder auf dem Meere mit sich: Lebensmittel, Kleidungsstücke, Waffen, Holz- und Eisenmaterialien und alle Arten Handwerkszeug zur Anfertigung von Kriegsmaschinen, Ausbesserung von Wegen, Ausführung der verschiedensten Belagerungs- und sonstiger Kriegsarbeiten, Feldbrücken (Pontons) besonderer Construction, Zelte, besonders auch colossale Wagen für die Offiziers-Bagage, und überhaupt Alles, was nicht allein für die Kriegführung, sondern auch zur Befriedigung der sinnlichen Genüsse der genusssüchtigen Römer diente oder erforderlich war. Bei den schweren Fahrzeugen befand sich gewöhnlich eine grosse Menge Nichtcombattanten und anderer Personen, Handwerker, Arbeiter, Sklaven und Trossknechte u. s. w.

Die kriegerischen Uebungen der Soldaten, welche Augustus eingesetzt hatte, und die von den besten der Imperatoren in den ersten beiden Jahrhunderten, namentlich von Vespasian, Titus und Antoninus mit grösserer oder geringerer Sorgfalt ergänzt und vervollständigt wurden, kamen vom 3. Jahrh. an in Abnahme, ja sogar in vollkommene Vergessenheit. Unter Augustus und den ersten seiner Nachfolger wurden aus den Rekruten (*tyrones*) besondere Cohorten gebildet und diese nicht weniger als 4 Monate hindurch, bis zur Einstellung in die Legionen, in alledem instruirt, was in früherer Zeit überhaupt alle Bürger, minorenne wie volljährige, geübt hatten. Unter Augustus schon und dann unter Hadrian wurden die früheren Uebungsmärsche der Truppen wenigstens dreimal im Monat mit vollem, bisweilen sogar mit doppeltem Gepäck und im verschiedensten Terrain, wieder eingeführt. Für die taktischen Uebungen ganzer Armeen in grossem Maassstabe existirten in den ersten zwei Jahrhunderten verschiedene Vorschriften und Regeln. Ausserdem wurden in dieser Periode die Soldaten mit allerlei Kriegs- oder Staats-Arbeiten, Befestigung von Lagern und Städten, Bau von Verschanzungslinien, Kriegsstrassen, Brücken, Wasserleitungen, öffentlichen Gebäuden u. dergl. beschäftigt. Unter diesen Arbeiten verdienen in jeder Hinsicht die Kriegs- oder Heerstrassen besondere Aufmerksamkeit, deren dauerhafte und kunstreiche Anlage noch heute gerechte Bewunderung erregt. Zugleich

2*

aber mit diesen nützlichen Beschäftigungen beginnen schon zu Augustus Zeit die öffentlichen Spiele (*ludi circenses*); der Gladiatorenkampf, der Kampf mit wilden Thieren, Gefechte von Schiffen auf dem Wasser (*naumachiae*) u. s. w., grausame, unmenschliche, Rom und den Römern nur zur Unehre gereichende Vergnügungen, welche für die römischen Soldaten nicht allein nutzlos, sondern sogar höchst nachtheilig waren. Nach Antoninus bis zu Diocletian hin wendete die Regierung gar keine Aufmerksamkeit auf Ausbildung der Jugend und der Krieger im Kriegswesen und auf deren Beschäftigung mit militärischen Uebungen oder nützlichen Arbeiten; die Soldaten verbrachten die Zeit in Müssiggang, Unwissenheit und Ausschweifungen, sie dürsteten ganz wie das Volk nach Blut bei den Kampf-Spielen, vor dem Feinde aber ergriffen sie feige die Flucht. Die Versuche einiger Kaiser, die Soldaten zu allgemein nützlichen Arbeiten zu bringen, kosteten ihnen fast immer das Leben. So gebrauchte Probus (276—282) zuerst die Truppen zu Feldarbeiten, indem er die in Gallien und Pannonien stehenden Legionen in den Weinbergen dort pflanzen und arbeiten liess; die Legionen aber empörten sich und erschlugen ihn.

Eigentliche kriegswissenschaftliche Bildung gab es zur Zeit des Kaiserreichs bei den Römern gar nicht. Die praktische Kriegswissenschaft befand sich auf ziemlich hoher, aber wie bei den Griechen in deren letzten Zeiten, grösstentheils falscher Entwicklungsstufe, denn Pedanterie, nutzlose Spitzfindigkeit und Compilatorenwesen waren ihre Grundzüge. Die besten Kriegsschriftsteller dieser Periode waren Griechen: Arrian von Nicomedien, Heerführer unter Hadrian, Onosander, Aelianus, Polyänus u. m. a. Die übrigen römischen Kriegsschriftsteller: Hyginus, Frontinus und viele Andere sind von untergeordneter Bedeutung. Unter den Historikern aber, welche die politische und zugleich die Kriegs-Geschichte Roms geschrieben haben, waren die besten römischen: Titus Livius unter Augustus und Tacitus unter Trajan; die Uebrigen, obgleich auch Römer, stehen doch weit tiefer, wie z. B. Suetonius, Ammianus Marcellinus und einige Andere, oder sie sind Griechen, wie Plutarch von Chäronea, der Zeitgenosse Trajan's, u. A. Auf diese Weise kommt von Werken der Kriegs-Litteratur und von kriegswissenschaftlicher Bildung auf die Römer dieser Periode nur sehr wenig, und die Römer haben während dieser ganzen Zeit nicht einen einzigen Militär-Schriftsteller, der dem Cäsar zur vergleichen, ja der ihm auch nur annähernd nahe gekommen wäre.

Die traurigste Seite aber der römischen Heere jener Zeit und die Hauptursache der Desorganisation und des schlechten Zustandes derselben in allen Theilen und Beziehungen war der allmälige und schliesslich vollkommene Verfall der moralischen Kraft und der kriegerischen

Eigenschaften und Tugenden, des Gehorsams, der Subordination und des militärischen Geistes in ihnen. Die Gründe hierfür waren: 1) der Luxus, die Verweichlichung und Sittenverderbniss, die sich von Rom aus über die Provinzen und das ganze Reich verbreiteten, von den höchsten Classen sich auf die niedrigsten und auf das Heer übertrugen und tiefe Wurzel in demselben schlugen, und 2) die Stellung, welche Augustus sich, seinen Nachfolgern bis zu Diocletian und Constantin d. Gr., dem Heer und dem Volke im Staate gegeben hatte, der zufolge die Kaiser, welche im Heere die Hauptstütze ihrer Macht fanden, demselben auf alle Weise schmeichelten, es verwöhnten und die militärische Ordnung in demselben lockerten, im entgegengesetzten Falle aber dessen Eigenwillen und Frechheit entweder nur auf kurze Zeit bändigten oder selber dabei zum Opfer fielen. Schon zu Augustus' Zeit war die moralische Kraft des Heeres durch die vorhergegangenen Bürgerkriege von Grund aus erschüttert. Aber Augustus that wenigstens Alles, was er vermochte, wenn auch nicht zur Wiederherstellung der früheren militärischen Tugenden im Heere — das wäre unmöglich gewesen —, so doch zur Aufrechthaltung einer straffen Ordnung und eines möglichst guten Geistes im Heere. Und wenn die römischen Truppen unter ihm mit Erfolg, mit Ehre und Ruhm fochten, so verdankten sie dies lediglich ihm selber und seinen verdienstvollen Feldherrn. Das Gleiche gilt vom römischen Heere unter den besten Nachfolgern des Augustus: Vespasian, Titus, Trajan, den Antoninen, Alexander Severus, Aurelian und einigen wenigen anderen Kaisern, welche die Strammheit militärischer Ordnung aufrecht zu erhalten oder sogar wiederherzustellen wussten, obgleich sie die früheren kriegerischen Tugenden und den alten Geist, die für immer verloren gegangen waren, nicht wiederzubringen vermochten. Mit diesen Ausnahmen aber erscheint das römische Heer in sittlicher Beziehung auf dem Gipfel des Verfalls, gleich einem nicht zum Wohle, sondern zum Verderben des Staates erschaffenen Ungeheuer. Die niedrigsten, gemeinsten Triebe und Leidenschaften waren an die Stelle der früheren edlen Gefühle der Ehre, des Ruhms, der Vaterlandsliebe getreten, Gesetzlosigkeit, Willkür, Frechheit, Corruption und Liderlichkeit an die Stelle der früheren straffen Subordination und Disciplin, der strengen kriegerischen Sitten und Tugenden. Und das Uebel, auf kurze Zeit unterdrückt, wuchs dann aufs Neue und erreichte schliesslich eine unglaubliche und erschreckende Höhe. Die Geschichte hatte schon Beispiele von Verderbniss und Verfall der Sitten in anderen Heeren aufzuweisen, so bei den alten Persern, bei den Griechen, aber von solch entsetzlichem Grade der Corruption, wie bei den Römern dieser Periode, gab es noch kein Beispiel, und wird es deren schwerlich je welche geben, denn Schlimmeres als dieses kann man sich nicht vorstellen. Der sittliche Untergang, die Auflösung des römischen Heeres jener Zeit bleibt für alle

Zeit eine lebendige und eindringliche Lehre an die Nachwelt, ebenso wie die sittliche Vollkommenheit desselben in den ersten Anfängen Roms immerdar Gegenstand der Bewunderung und Nachahmung sein wird.

Die Bestrafungen für militärische Verbrechen wurden in dieser Periode immer strenger oder, richtiger gesagt, grausamer. Niemals hatte es bei den Römern eine solche Auswahl von Strafen und namentlich Todesstrafen der Krieger gegeben, und alle diese Strafen und Hinrichtungen waren grösstentheils grausam und qualvoll. Die Soldaten, feige und degenerirt, fürchteten den Tod, aber mehr noch Marter und Folter, und nur durch die Furcht vor diesem konnte man sie noch einigermassen im Zaum halten.

Auf der andern Seite kommen niemals und bei keinem Volke so freigebige, reiche und prachtvolle und dabei zugleich so häufige, ungerechte, unverdiente und beklagenswerthe Belohnungen für wirkliche oder vermeintliche kriegerische Auszeichnungen vor. Kränze werden nicht anders als aus den theuersten Blumen gegeben, — Kronen von kostbaren Metallen, Fahnen und Kleider aus Purpur oder andern werthvollen Stoffen, Waffen mit den reichsten Verzierungen und Edelsteinen u. s. w. Ausserdem wurden als Belohnung die Soldaten von Kriegsarbeiten, von den schweren Pflichten des Dienstes im Lager oder Felde entbunden, erhielten ungeheure Grundstücke oder Landgüter, dem Heere wurden an dem Tage der Ausrufung zum Kaiser oder der Erlangung der Macht durch die Imperatoren, oder in den alle 10 Jahre sich wiederholenden Festtagen der *sacra decennalia*, ihrer 10jährigen Regierung, auch an ihren Geburtstagen oder auch für besonders wichtige Dienste besondere Geldspenden (*donativum*) verabfolgt u. s. w. Aber alle diese wurden weit in den Schatten gestellt durch den Luxus und die Pracht des grossen Triumphs, der übrigens nur noch den Kaisern zuerkannt wurde. Ausserdem war schon zu des Augustus Zeit die sogenannte *apotheosis* eingeführt worden, d. h. die Vergötterung der gestorbenen Kaiser oder ihre Erhebung zum Range der Götter und die Erbauung von Tempeln für sie, — bis zu solchem Grade war der Unverstand der Römer gediehen!

§. 347.

Lagerbau, Fortification, Belagerungskunst und Ballistik.

Bis zur Zeit Gratian's (375—383) pflegten in Kriegszeiten die römischen Heere wie früher jede Nacht in befestigten Lagern zuzubringen. Weil die Römer in dieser Periode in nach dem Terrain sehr verschiedenartigen Ländern der Welt Kriege führten, so war die Anlage und Befestigung dieser Lager weit mannichfaltiger und wurde der Bodengestaltung mehr angepasst, als in früherer Zeit. Es gab Lager von viereckiger, dreieckiger, runder oder halbrunder Form, je nach Zahl der Truppen,

Terrain und Umständen. Nach der Angabe des Hyginus gromaticus (Kriegsfeldmesser), Kriegsschriftstellers zur Zeit der Antonine im 2. Jahrh.) hatte das Lager der römischen Heere zu dieser Zeit eine viereckige Form, deren Grösse von der Stärke der Armee abhing, dessen Tiefe jedoch im Allgemeinen die Breite um $^2/_3$ übertraf, was für die besten Dimensionen des Lagers gehalten wurde. Zwei, der vorderen Front parallele, Strassen: die vordere oder Hauptstrasse *via principalis*) und die hintere (*via quintana*) theilten das Lager der Tiefe nach in 3 ungleiche Theile: die *praetentura* den vorderen), der der grösste und tiefste war, das *praetorium* (den mittleren, weniger tief, und die *retentura* (den hinteren Theil), den kleinsten und wenigst tiefen. Hyginus nimmt an, dass die Armee, welche das von ihm beschriebene Lager bezieht, ungefähr 24000 Mann zu Fuss und 10000 Reiter stark ist, und vertheilt nun diese Truppen in folgender Weise: 30 Cohorten = 3 Legionen, in einiger Entfernung am Wall längs der vorderen Lagerfront, in 2 Linien; längs der rechten und linken Seite in tiefer Formation (Colonnen) in Cohorten nach rechts; und längs der hinteren Front des Lagers in eine Linie; demnächst stellt er in den inneren Raum: 1) in die *praetentura* hinter die Cohorten der vorderen Legion zu beiden Seiten der *via praetoria*, welche diesen Theil der Tiefe nach halbirt, verschiedene Abtheilungen und Schaaren der Hülfscavallerie und einen Theil des leichten Fussvolks, die Lazarethe und die Zelte der Tribunen und Legaten; 2) in das Prätorium in der Mitte, der *via praetoria* gegenüber, das *praetorium* oder Zelt des Feldherrn, vor diesem den Marktplatz mit dem Opferaltar, der Rednerbühne und der Wache, hinter dem Feldherrnzelt das Gefolge des Feldherrn (*statores*), rechts und links die Zelte der zu ihm gehörenden Grade, Prätorianer, Reiterei und Cohorten, die Reiterregimenter (*alae*) und die Hülfscohorten ohne Cavallerie; 3) in die *retentura* zu beiden Seiten der *via decumana*, welche die *retentura* der Tiefe nach halbirt, die Zelte des Quästoren und seiner Beamten, die Zelte der Gesandten, die Hülfscohorten mit und ohne Reiterei und die Fusstruppen der unterworfenen Völker. Auf jede Centurie kamen 10 Zelte, in jedem Zelte lagen 8 Krieger. Die Cohorten stellten die Zelte in 2, und wenn die Oertlichkeit es nicht gestattete, in 3 oder 4 Reihen auf; mit dem Rücken je 2 und 2 gegeneinander. Die Reiterei lagerte ebenso, nur mit grossen Zwischenräumen zwischen ihren Zelten für die Pferde der Offiziere und für Vorräthe.

Es geht hieraus hervor, dass die Eintheilung der Lagerung der Truppen im Lager, wie sie Hyginus beschreibt, lange nicht so regelmässig, bequem und vertheidigungsfähig war, wie jene in den von Polybius beschriebenen Lagern, welchen letzteren daher auch in dieser Hinsicht der entschiedene Vorrang gebührt.

Die Verschanzung des Lagers war dieselbe wie früher, nur die Profile wurden etwas stärker und höher gemacht. Das von Hyginus beschriebene Lager hatte 6 Thore: die *porta praetoria* (das vordere), *decumana* (hintere), rechte und linke *principalis* (Hauptthor) und rechte und linke *quintana* (Hülfsthor). Jedes dieser Thore war durch kleine halbrunde Wälle gedeckt.

Die stehenden Lager wurden so sorgfältig, dauerhaft und stark verschanzt, hatten solche Maasse und Dimensionen, ihre Wälle u. s. w. solche Profile, dass sie mehr oder weniger Festungen glichen. Gleich diesen hatten sie auf dem Hauptwalle Bollwerke oder Thürme und waren mit grossen und kleinen Wurfmaschinen armirt. Ausser diesen kunstreichen Verschanzungen waren sie auch noch durch ihre örtliche Lage auf unzugänglichen Punkten stark. Vespasian und Agricola besonders zeichneten sich aus durch kunstreiche Auswahl des Terrains für solche Lager und Anpassen dieser Lager an die Gestaltung des Terrains. Augustus, die Antonine und andere gleich diesen friedliebende Kaiser, welche mehr auf die Erhaltung als auf die Erweiterung der Grenzen des Reiches bedacht waren, erbauten ständige Lager gewöhnlich an dem diesseitigen Ufer der Flüsse, welche die Grenzen gegen die Barbaren bildeten, wie z. B. auf dem linken Ufer des Rhein, auf dem rechten der Donau, des Euphrat u. s. w. So entstanden im Laufe der Zeit viele Grenzfestungen, überaus wichtige am Rhein, an der Donau und am Euphrat, welche eine überaus grosse Widerstandskraft besassen. Trajan allein erbaute im J. 105 im Kriege gegen die Dacier an der untern Donau seine berühmte steinerne Brücke, welche auf dem gegenüberliegenden linken Ufer durch ein zweifaches befestigtes Lager und durch einen doppelten Brückenkopf gedeckt war. Wären seine Nachfolger seinem Beispiele gefolgt, so würden sie, wie man annehmen muss, mehr Mittel zur Niederhaltung der Barbaren gehabt haben.

Ausser durch stehende Lager wurden die Grenzen des Reiches oft und sorgfältig durch Aufführung von verschanzten Linien, Erdwällen, Steinmauern und Forts geschützt. So erbaute Agricola (78—85) an der äussersten Nordgrenze von römisch Britannien eine Reihe kleiner Festungen. Hadrian verlegte die Grenzen des römischen Britanniens weiter nach Norden und führte einen grossen steinernen Wall oder Mauer (Hadrian's Mauer oder Picten-Wall) von der Mündung des h. Tyne-Flusses in einer Ausdehnung von 112 Kilometern bis zum itunischen (Tanaum?-) Meerbusen (h. Solway-Busen). Unter Antoninus wurde dieser Wall noch weiter nach Norden gelegt, vom Clota-Busen (h. Clyde-Busen) bis zu der Mündung des Taum-Flusses (h. Tay-Fl.), und Septimius Severus erbaute hier eine Mauer. Caracalla aber gab die hier gelegenen Eroberungen auf, und die Hadrians-Mauer wurde aufs Neue die Nordgrenze des römischen Britanniens. Trajan baute an der schmalsten Stelle zwischen Donau und Pontus Euxinus (vom h. Tschernawoda a/Donau bis Kostendsche) einen Wall, dessen Ueberreste noch heute unter dem Namen **Trajan's Wall** erhalten sind. Probus (276—282) erbaute Festungsmauern von Regensburg (*castra Regina*) bis zum Rhein und einen Wall zwischen Donau und Neckar (*Nicer*). Aurelian (270—275) schützte Rom ausser den früheren Mauern noch durch neuere Befestigungen, und so noch vieles Anderes. Ueberhaupt wurde in dieser Periode sehr viel für die Befestigung der Grenzen des römischen Reiches gethan. Für die Fortification war dies sehr vortheilhaft, und obgleich sie, namentlich die Feldbefestigung, seit Cäsar keine besonders wichtigen und bemerkenswerthen Fortschritte gemacht hatte und bei weitem nicht die ungeheuren Maasse der cäsarischen fortificatorischen Arbeiten erreichte, so befand sie sich doch trotz alledem nicht in Verfall, sondern in grosser Entwicklung. Auch die Belagerungskunst wurde durch die Römer in dieser Periode sowohl nach Seite des Angriffs wie der Vertheidigung auf die höchste Stufe ihrer Entwicklung im Alterthum gebracht, wozu besonders die zahlreichen mehr oder weniger wichtigen Belagerungen jener Zeit beitrugen. Die früheren Belagerungsmittel wurden vervollkommnet, verstärkt, vermehrt durch neu erfundene und angewendete und viele derselben zu kolossaler Ausdehnung gebracht. Bei regelmässigen Belagerungen war das hauptsächlichste und am meisten angewendete Mittel, wie früher, **Damm** (*agger*) und **Mauerbrecher** in grösserer und geringerer Anzahl und oft von unglaublichen Grössen und Dimensionen. So kommen bei der Belagerung von Jerusalem durch Titus vier grosse Dämme in Anwendung, und bei Vespasian kommt im judäischen Kriege (67—68) ein Mauerbrecher vor von 50 Fuss Länge mit einem colossalen Kopfe und von schwerem Gewicht am hinteren Ende, der 1500 römische Talente (ca. 1875 Centner) *) schwer war. Zu seiner Fortschaffung wurden 150 Paar Ochsen oder 300 Paar Maulesel gebraucht; um ihn in Thätigkeit zu setzen, waren 1500 Menschen erforderlich.

Die Mineur-Kunst war gleichfalls hoch entwickelt und vielfach in Anwendung. Namentlich sind die Minen-Arbeiten und der unterirdische Krieg bemerkenswerth, welche Titus bei der Belagerung von Jerusalem ausführen liess (70 n. Chr.)

Von den übrigen Belagerungsmitteln jener Zeit sind u. A. zu beachten: die Anwendung von **doppelten Schildkröten** oder **Schilddächern**, eins über dem andern, zur Ersteigung der feindlichen Stadtmauern (solche wurden mit Erfolg bei der Belagerung von Cremona

*) Nach anderer Berechnung 1 röm. Talent 70 deutsche Pfund 1050 Centner immerhin noch ein Gewicht, das die angegebenen Transportmittel nicht unwahrscheinlich macht. Anmerk. d. Uebers.

im J. 69 und an andern Orten angewendet), — und von Seiten der Belagerten das Werfen brennender Stoffe, deren Wirkung sehr heftig war u. s. w. Bei Gelegenheit dieser brennenden Stoffe muss bemerkt werden, dass die Frage: ob und wie Brander im Alterthum in Gebrauch waren, eine besondere Beachtung verdient, im Hinblick auf deren Anwendung in späterer Zeit. Gewiss ist, dass im Alterthum die Griechen, Römer und auch andere Völker Europas, Asiens und Africas bei Belagerung und Vertheidigung von Städten brennende Massen anwendeten, aber woraus diese Brandstoffe bestanden, das ist unbekannt. Schon Thucydides erwähnt, dass in geeigneten Fällen siedendes Oel und Pech angewendet wurde, aber weder aus seinen noch aus späteren Erzählungen geht hervor, ob diese Stoffe durch Entzündung Feuersbrünste hervorbringen sollten. Es ist bekannt, dass zur Zeit Alexander's d. Gr., Hannibal's und Julius Cäsar's brennende Pfeile geschossen wurden, um zu zünden, an deren Spitze brennende Stoffe befestigt waren (in geschmolzenes Fett getauchtes und angezündetes Werg u. dergl.). Die Griechen und Römer nannten diese Brandpfeile *falaricae*. Auch zur Zeit des Kaiserreichs stösst man oft auf Beispiele von der Anwendung, seitens der Belagerer wie der Belagerten, von brennenden Wurfgeschossen, so z. B. bei der Belagerung der Stadt Hathra in Parthien durch Septimius Severus im J. 199, von Aquileja in Italien durch Maximin im J. 237 (in beiden Fällen seitens der Belagerten) u. s. w. Aber was für Stoffe zu diesen Brandpfeilen genommen und wie diese speziell gehandhabt wurden, das ist unbekannt. Ein griechischer Kriegsschriftsteller, Aeneas Tacticus (von welchem nur ein Werk, von Casaubonus herausgegeben, — Casaubonus: commentario poliorcetico, uns erhalten ist) bezeichnet zur Anzündung von Gegenständen eine Mischung von Pech, Schwefel, Werg und Stückchen harzigen Holzes, das angezündet und mittelst Geschützen oder Maschinen (Bogen und Katapulten) fortgeschleudert wurde. Die Gegenstände vor dem Anbrennen durch diese Brandgeschosse zu bewahren, empfiehlt Aeneas Essig und Sand. Andere Kriegsschriftsteller des Alterhums erwähnen brennende Kugeln, Pfeile u. s. w., welche vermittelst Wurfmaschinen in geringer Geschwindigkeit geschossen werden, da bei rascherem Fluge der brennende Stoff hätte verlöschen können.*) So ist es also gewiss, dass im Alterthum, und namentlich zur Zeit des Kaiserreichs, bei Belagerung und Vertheidigung von Städten, festen Plätzen u. s. w. häufig brennende Wurfgeschosse und Vorrichtungen gebraucht wurden, — woraus sie aber bestanden und wie sie angewendet wurden, das ist, wie gesagt, unbekannt.

*) Vergl. hierüber: G. M. Egerstrom, über Erfindung des Pulvers und der Brandstoffe. St. Petersburg 1875.

Ganz besonders kam die ballistische Kunst in dieser Periode sehr zur Anwendung und dadurch zur Entwicklung und Vervollkommnung. Die Zahl der Wurfmaschinen, welche bei Belagerungen gebraucht wurden, wuchs ebenso wie die der in Feldactionen gebrauchten. So führte, nach der Versicherung des Flavius Josephus, Titus bei der Belagerung von Jerusalem 300 Katapulten und 40 Ballisten mit sich. Späterhin scheint die Bezeichnung Katapulta nicht mehr gebräuchlich, dagegen der Name Balliste für alle horizontal schiessenden Geschütze überhaupt angenommen worden zu sein; die vorzugsweise im Bogen werfenden Maschinen erhielten den allgemeinen Namen *Onager*. Uebrigens sind in dieser Hinsicht weder die alten noch die neueren Schriftsteller unter sich einig. Die Construction der Geschütze wurde vervollkommnet. Die Belagerungsgeschütze und ebenso die anderen Belagerungsmaschinen (Widder, bewegliche Sturmdächer, Thürme u. s. w.) wurden an Ort und Stelle und oft in colossalen Dimensionen angefertigt. Die Armeen führten nur das zum Gebrauch dieser Maschinen erforderliche Material (Eisen, Nägel, Taue u. s. w.) mit sich.

§. 348.

Standpunkt der Kriegskunst im Allgemeinen.

Fassen wir alles über den Standpunkt der Taktik, Lagerkunst, Fortification, Poliorcetik und Ballistik bei den Römern jener Periode oben Gesagte zusammen, so muss man zugeben, dass die Kriegskunst im Allgemeinen damals in gewisser Hinsicht nicht in Verfall, sondern sogar höher als vordem entwickelt und vervollkommnet war, und zwar namentlich im 1. und 2. Jahrh. vorzugsweise nach der praktischen, im 3. Jahrh. dagegen nach der theoretischen Seite. Die Erfolge der römischen Waffen in den beiden ersten Jahrhunderten, sowie die grosse Zahl kriegstheoretischer Werke im 3. Jahrh. bezeugen dies hinlänglich. Aber bei dem von Beginn dieser Periode bis zu ihrem Ende hin zunehmenden Verfall der militärischen Organisation des römischen Reiches wie der Organisation und des sittlichen Standpunktes des römischen Heeres verdankten die Römer die Erfolge ihrer Waffen in den ersten beiden Jahrhunderten nicht sowohl der praktischen Vervollkommnung der Kriegskunst, als vielmehr der hohen kriegerischen Begabung und Feldherrnkunst einiger ihrer Kaiser oder Heerführer. Vom 3. Jahrh. an, wo die Desorganisation und moralische Verderbtheit des römischen Heeres ihren Höhepunkt erreichten, war auch die Kriegskunst der Römer bei aller Entwicklung und Vervollkommnung in theoretischer Beziehung nur eine todte, leere und nichtige Form, gleich einem Leibe ohne Seele. Man kann daher von diesem Gesichtspunkte aus mit Recht behaupten, dass in dieser

Periode im Vergleich zu der Zeit der Bürgerkriege und namentlich zu der Blüthezeit der römischen Republik die Kriegskunst sich in allmälig zunehmendem Verfall befand.

§. 349.

Kriegsmacht und Kriegskunst zur See.

Seit Augustus Zeit gehörten zu dem Bestande der römischen Kriegsmacht ausser der Landmacht auch stehende Seestreitkräfte. Mit der Einführung des stehenden Heeres richtete Augustus zugleich auch zwei stehende Flotten ein, deren eine sich gewöhnlich zu Ravenna im adriatischen Meere, die andere zu Misenum im tyrrhenischen Meere (an der Westküste Italiens) befand. Ausserdem wurden die Seekriegsschiffe, welche Augustus in der Schlacht bei Actium erobert hatte, nach Forum Julii (h. Fréjus in der Provence) am Südufer Galliens geschickt, um dieses zu decken und zu sichern; sie bildeten dort später eine dritte stehende Flotte. Auf den wichtigsten Flüssen, Rhein, Donau u. s. w., befanden sich ausserdem noch Stromflottillen. Im Laufe der Zeit ward später die Zahl der Schiffe allmälig vermehrt.

Die besten Schiffe in des Augustus Flotte, ihrer Bauart nach, und welche in der Schlacht bei Actium am meisten zur Erlangung des Sieges beigetragen hatten, waren die liburnischen (Liburni hiess der Küstenstrich von West-Illyrien, d. h. Dalmatien). Deshalb wurden unter Augustus die römischen Kriegsschiffe hauptsächlich nach dem Muster dieser liburnischen höchst sorgsam und kunstvoll gebaut, mit 1, 2 bis 5, bisweilen sogar noch mehr Ruderreihen. Ausser den schweren Seekriegsschiffen gab es noch leichte, welche zur Recognoscirung des Feindes, zu plötzlichen Ueberfällen, zur Wegnahme feindlicher Proviantschiffe gebraucht wurden, und endlich auch Kriegstransportschiffe zur See und auf Flüssen.

Die Schiffsmannschaft und die Marinesoldaten wurden wie früher ausgehoben und eingetheilt. Nero wollte die Seetruppen in der Art wie die Legionen organisiren, kam aber damit nicht zu Stande. Unter Galba forderten sie Durchführung dieser Einrichtung, wurden abschläglich beschieden, empörten sich, und in Folge dessen wurden an einem Tage ihrer 7000 niedergemacht. Ihrer Zusammensetzung nach waren die Seetruppen im Allgemeinen die allerverächtlichsten: man schickte grösstentheils die Verbrecher auf die Flotte (eine Gewohnheit, welche in späterer Zeit auch im westlichen Europa beibehalten wurde, indem man die Verbrecher zur Zwangsarbeit auf die Galeeren schickte).

Kaiserliche Legaten, später auch Präfekten u. s. w., befehligten die Flotten.

Die Taktik zur See blieb dieselbe, wie früher.

Fünfzigstes Kapitel.

Die Völker, mit welchen die Römer in dieser Periode Kriege führten.

§. 350. *Die Germanen.* — §. 351. *Die Völker Ost-Europas.* — §. 352. *Die Juden.* §. 353. *Die Perser und die übrigen Völker Asiens und Africas.*

---

§. 350.
Die Germanen.

Unter allen den Völkern, mit welchen die Römer in dieser Periode Krieg führten, nahmen die Germanen die erste Stelle ein, da sie in fast unaufhörlichen Kriegen gegen Jene ihre Unabhängigkeit vertheidigten, dann das römische Kaiserreich gewaltig bedrängten und zuletzt dessen westliche Hälfte zerstörten.

Die Römer verstanden ihren geographischen Begriffen gemäss unter dem Namen Germania das ganze Gebiet von Nord- und Mittel-Europa zwischen Rhein und Weichsel (Germania Transrhenana und Transvistulana) und von der Donau bis zum Deutschen und Baltischen Meere und sogar alle ihnen unbekannte Länder im Norden, Osten und Süden von diese Meeren, nämlich: das heutige Norwegen, Schweden, Dänemark, Finnland, Esthland, Lievland, Curland, Ost- und West-Preussen und Oesterreich-Ungarn. Das nach ihren Begriffen das eigentliche Germanien bildende Land zwischen Rhein, Donau, Vistula (Weichsel) und den nördlichen Meeren war mit ungeheuren Waldungen und Sümpfen bedeckt, hatte ein feuchtes, kaltes Klima und war eine wilde, rauhe Gegend. Die Römer nannten es Germania, wie man annimmt, deshalb, weil die Bewohner sich Heermannen oder Wehrmannen (Kriegsleute), aber nach ihrem Gotte Teut Teutonen nannten. Sie bestanden aus einer Menge von Stämmen, die aber alle von derselben Abstammung waren und in vielen Zügen einander glichen. Im Allgemeinen ein wildes, rohes Volk, standen sie in staatlicher Hinsicht und an Bildung auf einer niederen Stufe, waren aber hervorragend kriegerisch.

muthig und tapfer. Hoch von Wuchs, kräftig und von starkem Körperbau, ertrugen sie Kälte und Hunger mit Leichtigkeit, Hitze und Durst dagegen nur schlecht. Sie lebten in gesonderten Stämmen, Geschlechtern (Sippen) und Familien, in getrennten Wohnungen, welche mit einander zu Gauen unter der Leitung der Aeltesten (Grau, Grav) verbunden waren. Sie theilten sich in zwei Classen, deren höhere und herrschende das Land allein besass, sich mit dem Kriege befasste, das eigentliche Volk bildete und die allgemeinen oder öffentlichen Angelegenheiten verwaltete; die niedere dagegen befand sich in vollkommenster Abhängigkeit von der ersteren und umfasste alle die auf demselben Boden Lebenden, die nur mit Bearbeitung des Ackers oder groben Arbeiten und der Bedienung der Grundbesitzer betraut waren. Ausserdem gab es noch Sklaven und Kriegsgefangene. Der Krieg war nicht nur die hauptsächlichste und Lieblingsbeschäftigung, sondern eine wahre Leidenschaft der höheren Klasse, ein Mittel zur Erlangung von Reichthum, Macht und Ruhm. Deshalb lagen die Germanen in unaufhörlichen Kriegen untereinander und mit fremden Völkern, und wenn sie Kriege führten, so führten sie Räubereien und Plünderungen aus, was sie durchaus nicht für schimpflich, sondern für eine edle und der Jugend heilsame Beschäftigung und Uebung hielten, oder sie brachten ihre Zeit auf der Jagd, mit Spielen oder mit Nichtsthun hin. Die Bearbeitung der Erde und alle Hausarbeit hielten sie eines Kriegers unwürdig und überliessen sie den Sklaven, Dienern, Greisen und Weibern. Alle der höheren Klasse Angehörenden legten niemals, auch im Frieden nicht, ihre Waffen nieder. Wenn die Jünglinge dieser Klasse volljährig und in einer Volksversammlung für würdig erklärt worden waren der Ehre die Waffen zu führen (wehrhafte), so wurde ihnen inmitten dieser Versammlung unter besonderen Ceremonien feierlich Speer und Schild überreicht, und von diesem Augenblicke an gehörten sie nicht mehr der Familie, sondern dem Gemeinwesen und zählten zu der effectiven allgemeinen Kriegsmacht. Gewöhnlich traten sie freiwillig bei irgend einem von ihnen auserwählten, tapfern und durch Kriegsthaten berühmten Krieger in Dienst, schwuren ihn bis aufs Aeusserste zu schützen, in Gefahren ihn zu retten, mit ihm zusammen im Kampfe zu sterben, und bildeten so seine Schaar, sein Geleit. Der Anführer des Geleits unterhielt sie auf seine Kosten und beschenkte und belohnte die sich Auszeichnenden. Der Krieg diente ihm als Hauptquelle für die hierzu erforderlichen Mittel. Ausserdem leistete die Gemeinde (der Gau) dem Geleitsführer freiwillige Abgaben an Brod und Vieh, bisweilen schickten ihm auch die benachbarten Stämme als Zeichen ihrer Achtung Schlachtrosse, Waffen, Geld u. s. w. Das Geleit bildete ein besonderes Truppencorps, welches seine Rangstufen hatte; der Führer vergab die Offiziersstellen nach der Würdigkeit, was einen

Wetteifer zwischen den Mitgliedern seiner Schaar erregte. Die Führer setzten ihrerseits ihren Ruhm und ihre Ehre darein, die zahlreichste und tapferste Schaar zu haben. In Kriegszeiten wurde gewöhnlich in Volksversammlungen der Heerzog oder Anführer aus den tapfersten Kriegern der obersten Klasse ausgewählt. Aber die Macht der Anführer wie des Geleitsherrn war im Allgemeinen ziemlich eingeschränkt: sie hatten nicht das Recht ihre Zuhörigen zu züchtigen oder mit dem Tode zu bestrafen und beherrschten sie mehr durch die Macht ihres persönlichen Beispiels und Einflusses, als durch eigentliche Gewalt über sie. Dies kam daher, weil die Germanen die persönliche Freiheit über Alles hochschätzten und keine andere Macht anerkannten, ausser dem durch die Priester ihnen verkündeten Willen ihrer Götter. Die Folge davon war aber, dass sie weder militärischen Gehorsam, noch militärische Ordnung kannten. Auch in ihren Heeren oder, richtiger gesagt, in ihren Volksaufgeboten, herrschte eben darum keine regelmässige Organisation. Alle volljährigen, freien und zur Führung der Waffen befähigten Glieder der einzelnen Familien und Sippen zogen in gesonderten Haufen unter Führung ihrer Aeltesten, von ihren Weibern und Kindern begleitet, in den Krieg. In der Schlacht feuerten die Weiber die Kämpfenden an, sorgten für die Verwundeten, schafften die Leichen der Erschlagenen fort, halfen beim Plündern und Beutemachen und nahmen nicht selten noch thätigeren Antheil am Kampfe, indem sie mit den Waffen in der Hand und nicht minder tapfer als die Männer in deren Reihen mit kämpften oder ihre Lager vertheidigten. Aber die Zusammensetzung der germanischen Heere aus vielen gesonderten Geleiten, deren Führer alle nach eigenem Ermessen handelten, war jedem Begriffe von militärischer Einheitlichkeit und Uebereinstimmung entgegen.

Die taktische Formation der Germanen war gleichfalls höchst einfach und unvollkommen. Sie kämpften zum Theil zu Pferde, grösstentheils aber zu Fuss, und obgleich einige der germanischen Stämme als geschickte Reiter bekannt waren und gute Pferde besassen, so bestand doch die Hauptmacht der germanischen Heere im Fussvolk. Deshalb hatten sie auch die Gewohnheit, ihre Reiterei dem Fussvolk beizumischen, d. h. zwischen die Reiter leichte Fusssoldaten zu stellen. Cäsar thut dieses Gebrauchs in seinen Schriften Erwähnung und rühmt ihn. Die germanischen Pferde zeichneten sich weder durch Schönheit noch durch Schnelligkeit aus, waren aber, nach Tacitus' Aussage, sehr stark und kräftig und sehr gut geritten. Die Bewaffnung war höchst einfach und dürftig. Die gewöhnliche Angriffswaffe war die *framea*, ein kurzer Speer mit kleiner schmaler Spitze. Sie wendeten ihn im Handgemenge wie zum Wurf an. Die Reiterei führte nur diese *framea*, das Fussvolk hatte ausserdem noch Wurfspiesse, welche mit grosser Kraft und auf unge heure Entfernungen geschleudert wurden. Die einzige Vertheidigungswaffe der Reiter wie des Fussvolks war ein hölzerner bemalter Schild. Nur sehr wenige der Germanen waren mit Schwertern und langen Lanzen bewaffnet und trugen Helm und Panzer: die übrigen Alle fochten halbnackt oder nur mit einem leichten Oberkleide bedeckt. Deshalb, allerdings auch noch aus anderen Gründen, stand der Schild bei ihnen in grossem Ansehen; es galt für schimpflich ihn wegzuwerfen oder zu verlieren. Als Feldzeichen dienten ihnen rohe Bildnisse von Thieren, die auf Schaften getragen und während des Friedens in heiligen Hainen aufbewahrt wurden, die zu betreten verboten war. Ins Feld zogen die Germanen in nach Sippen oder Familien geordneten Haufen ohne besondere Regelmässigkeit und Ordnung. Voraus gingen gewöhnlich Fusssoldaten, die, sehr rasch im Laufen, aus der gesammten Jugend ausgewählt und vortrefflich darauf eingeübt waren, mit der Reiterei zusammen zu agiren. Jedes Geleit bestand aus 100 solcher Krieger zu Fuss, die deshalb auch den Namen die Hundert trugen. Ausser den Weibern und Kindern folgten dem Heere Wagen mit Provision und aller Habe. Wenn sie zum Kampfe gingen, begeisterten sie sich durch Gesänge von den Thaten ihrer alten Helden und durch die Ermahnung, diesen nachzuahmen. Dieser Gesang diente ihnen auch als Vorbedeutung vom Ausgange des Kampfes: denn die grössere oder geringere Kraft und Volltönigkeit der Stimmen erweckte bei ihnen Hoffnung oder Zweifel. Die Wildheit und Regellosigkeit dieses Gesanges wurde noch dadurch erhöht, dass sie dabei ihre Schilde in eigenthümlicher Weise vor den Mund hielten. Sie kämpften in geschlossenen, gleich tiefen und breiten Haufen ebenso wie sie marschirten, d. h. in Familien und Sippen. Nach des Tacitus Worten war ihre Schlachtordnung keilförmig. In der Schlacht waren sie ungemein tapfer, fochten aber ohne alle Regelmässigkeit und festen Zusammenhang untereinander. Zurückweichen, sogar fliehen, um demnächst wieder anzugreifen, galt bei ihnen nicht für schimpflich, sondern für besonders geschickt. Aber den Schild in der Hand des Feindes lassen, das war die höchste Schande; die von dieser Schande Betroffenen wurden von den religiösen und öffentlichen Versammlungen ausgeschlossen und nahmen sich häufig selbst das Leben, um diese Schmach nicht zu überleben. Die Cavallerie kämpfte zusammen mit dem leichten Fussvolk, mit welchem sie untermischt war, nicht selten sprangen die Reiter vom Pferde, kämpften zu Fusse und warfen sich dann wieder aufs Pferd.

So hatten also die Germanen weder regelmässige Militär-Organisation, noch gute Bewaffnung, noch militärische Ordnung und Disciplin, und dennoch waren sie furchtbare Feinde nicht blos für unentwickelte Völker und ungeordnete Heere, sondern für die Römer selber. Keines der Völker, mit welchen diese Letzteren jemals gekämpft hatten, hatte ihnen so hartnäckig und erfolgreich die Stirn geboten, ihnen so viele schwere Verluste beigebracht. Worin lag dies begründet? In dem ungewöhnlichen kriegerischen Geiste, dem Muth und der Tapferkeit der Germanen, in ihrer hohen sittlichen Kraft, verbunden mit nicht minder grosser körperlicher oder physischer Stärke. In den Fällen, wo sie durch die Römer besiegt wurden, hatte dies seinen Grund in der Ueberlegenheit der Letzteren nach Bewaffnung und Kriegskunst, bisweilen auch in der körperlichen und daraus hervorgehenden geistigen Erschlaffung der Germanen in Folge der grossen Hitze, an welche die Römer weit mehr gewöhnt waren als sie.

Dies waren die hauptsächlichsten und allen Germanen gemeinsamen Züge ihres Gemeinwesens, ihrer Heereseinrichtungen wie ihrer Kampfart im 1. und 2. Jahrh. n. Chr. Aber im Laufe der Zeit hatten sich diese Züge vielfach modificirt. Die Nothwendigkeit, sich gegen die Räubereien ihrer Stammes-Genossen wie gegen die Waffen der Römer zu schützen, veranlasste die germanischen Völker zur Abschliessung von Bündnissen untereinander (schon im 1. Jahrh. n. Chr.), anfänglich einzelne, gesonderte, in vorzugsweise defensiver Absicht, — in der Folge (seit dem 3. Jahrh. n. Chr.) grössere und mächtigere zu vorzugsweise offensiven Zwecken, nämlich zum Einfall in die reichen römischen Provinzen behufs deren Ausplünderung. Von dieser Zeit an vermischten sich die solche Bündnisse abschliessenden Völker und unterordneten sich einem obersten Führer, Herzog oder König (Chuning, Konung). Die Regierung bewahrte ihre früheren Grundzüge, verwandelte sich aber aus einer Familien- und Stammesregierung in eine militärische. Diese Verbündeten und ihre Gebiete wurden in Militärbezirke und Provinzen (Marken) unter Verwaltung der Aeltesten und Fürsten (Gaugrafen, Markgrafen, Fürsten) getheilt, welche die Civil- und besonders die Militärgewalt in sich vereinigten. Die wichtigsten Angelegenheiten der Verbündeten wurden durch Berathung der obersten Führer mit den Aeltesten und Magistratspersonen auf allgemeinen Volksversammlungen entschieden, welche meistens zweimal jährlich, im Frühling und Herbst, abgehalten wurden. Brach ein allgemeiner Volkskrieg aus, so rückten alle volljährigen und waffenfähigen Männer unter Anführung ihrer Aeltesten und Fürsten ins Feld. Dieses allgemeine Aufgebot hiess Heerbann. Zum Anführer desselben wurde für die Dauer des Krieges ein Herzog erwählt, oder aber er stellte sich unter den Oberbefehl des Bundesführers. Handelte es sich aber nur um vereinzelte Kriegsunternehmungen, so zogen nur die durch ihre Tapferkeit und ihre Thaten ausgezeichneten Krieger mit ihren Schaaren oder Geleiten aus. Bisweilen bildete eine Anzahl von Freiwilligen dies Geleit, welche sich zur Ausführung eines Einfalls oder irgend einer anderen vereinzelten kriegerischen Expedition zusammengethan und aus ihrer Mitte einen Führer erwählt hatten, welchem sie sich zu Treue und Gehorsam verpflichteten, während er seinerseits ihren Unterhalt übernahm und mit ihnen die Beute theilte. Durch solche Art von Geleiten wurde sogar der grösste Theil des Weströmischen Reiches erobert.

Die unaufhörlichen Kriege mit den Römern führten mit der Zeit auch in dem Kriegswesen der Germanen eine Menge Aenderungen herbei. Theils durch römische von den Germanen gefangene Krieger, theils durch römische Ueberläufer und Flüchtlinge, theils endlich durch ihre Stammesgenossen, welche in grosser Anzahl im römischen Heere dienten und dann in ihre Heimath zurückkehrten, nahmen die Germanen mehr und mehr von der Bewaffnung, Organisation, Aufstellung und Kampfart der Römerheere an. Grosse Schwerter, lange Lanzen, Helme und Panzer kamen mehr und mehr in Gebrauch bei ihnen. Ausserdem bedienten sie sich grosser zweischneidiger Streitäxte und bei Belagerung und Vertheidigung von Städten auch der Bogen und Pfeile. Die Germanen kämpften, wie vordem, noch grösstentheils zu Fuss, aber die Fürsten, Heerführer und Vornehmen der höheren Klasse zu Pferde. Ihre Schlachtordnung wird regelmässiger und ist in Centrum und Flügel eingetheilt. Beim Angriff auf den Feind zertrümmern sie zuerst dessen Schilde, indem sie ihre Streitäxte mit grosser Geschicklichkeit und Kraft gegen dieselben schleudern, und dann werfen sie sich mit dem Schwert oder der Lanze in der Hand ungestüm auf ihn und erringen im Handgemenge durch ihre ausserordentliche Körperkraft, Gewandheit, Behendigkeit und grossartige Tapferkeit meist rasch und leicht den Sieg. Gleich den Römern der früheren Zeit lagern sie jetzt in befestigten Lagern, in der Nähe von Wasser, sichern die Lagerzugänge durch Verhaue, Zaunpfähle, halb in die Erde eingegrabene Wagenräder u. s. w. Bei Belagerung und Vertheidigung von Städten verfahren sie fast ganz wie die Römer: sie führen, obschon wohl mit weniger Geschick, dieselben Arbeiten aus und wenden dieselben Maschinen zur Zerstörung der Mauern, zum Schleudern von Gegenständen und zum Schutz der Arbeiten an, auch Brandpfeile zur Entzündung der Holzconstructionen, der Belagerungsgeschütze und Maschinen, und zur Bewahrung derselben vor dem Feuer bedeckten sie sie mit Fellen u. s. w. Auf diese Weise fügten sie ihrer alten Ueberlegenheit in sittlicher Beziehung noch das hinzu, was ihnen vordem gemangelt hatte, d. h. bessere Bewaffnung, Formation und sogar militärische Ordnung. Dadurch wuchs ihre Ueberlegenheit über die Römer in demselben Maasse, in welchem die Römer selbst in sittlicher und theilweise auch in taktischer Hinsicht gegen sonst bergab gingen.

Schliesslich ist noch einiger germanischer Stämme Erwähnung zu thun, welche durch irgend welche Besonderheiten in kriegerischer Beziehung oder durch ihre Theilnahme an den Kriegen gegen die Römer vorzugsweise bemerkenswerth sind:

Unter den Stämmen Süd-Germaniens sind dies: 1) die Quaden (welche einen Theil des heutigen Oesterreichs, Mähren und Ost-Böhmen bewohnten), zu dem Bunde der Sueven gehörig, ebenso wie 2) die Marcomannen, ein zahlreiches, mächtiges Volk, zwischen Rhein, Main und mittlerer Donau sesshaft, — und 3) die Alemannen, aus einem Bunde vieler Stämme bestehend, welche von den Quellen der Donau an längs dem Rhein bis zum Main wohnten und ausserordentlich zahlreich waren. Quaden, Marcomannen und Alemannen waren in den Kriegen gegen die Römer vorzugsweise in Thätigkeit, besonders in dem grossen Marcomannenkriege unter Marc Aurel: die Alemannen zerstörten nach Probus' Tode eine Reihe von römischen Festungen zwischen Donau und Rhein und eröffneten dadurch zuerst den Germanen den Weg in das Weströmische Reich.

Von den Völkern West-Germaniens sind es: 1) die Tenchterer, ein sehr zahlreiches und mächtiges Volk, das zum Bunde der Cherusker gehörte; sie bewohnten das rechte Ufer des Unterrheins (zu beiden Seiten der Sieg) und waren seit Alters her berühmt und ausgezeichnet durch ihre Reitkunst und als Cavallerie: nach Tacitus' Worten bildeten die Pferde den Hauptbestandtheil ihrer Habe und Reitübungen den Gegenstand ihrer steten Beschäftigung während ihres ganzen Lebens; 2) die Bructerer, ein sehr starker und kriegerischer Stamm, nördlich der Lippe ansässig zwischen Yssel und Weser; als Verbündete der Cherusker hatten sie den Hauptantheil an der Vernichtung der Legionen des Varus, wurden aber zur Zeit Trajan's selbst durch ihre Nachbarn ausgerottet; — und 3) die Chauken oder Kauken, ein starkes, östlich der Ems längs der Küste des deutschen Meeres bis zur Elbe wohnendes Volk; nach Tacitus Angabe waren sie das edelste Volk unter allen germanischen Stämmen, bewahrten ihre Grösse mehr durch Gerechtigkeit als durch Gewalt, führten keine Raub- und Plünderungszüge aus und suchten keine Gelegenheit zum Kriege, wurden sie aber dazu gezwungen, so verstanden sie tapfer und geschickt zu kämpfen und waren als Fussvolk wie als Reiter gleich gewaltig. Wir bemerken, dass dieses Lob des Tacitus vielleicht darin seinen Grund hat, dass zu Augustus' Zeit die Chauken Feinde der Cherusker und Freunde der Römer waren.

Unter den Stämmen des übrigen Germaniens: 1) die Katten oder Chatten (bei Cäsar — Sueven) lebten um Fulda und Main und waren eines der bedeutendsten, mächtigsten und kriegerischsten Völker Germaniens; ausgezeichnet durch ihre Vollkommenheit im Kriegswesen, ungewöhnliche Militärorganisation und straffe militärische Disciplin und Ordnung, weshalb auch Alle wünschten Chatten in ihrem Dienste zu

3*

haben, welche ausserdem als Hülfsvölker stets mit musterhafter Treue dienten; 2) die Cherusker, zur Zeit ihrer Blüthe im 1. Jahrh. n. Chr., wohnten um den Harz herum, waren durch ihren kriegerischen, tapfern Sinn berühmt und besonders durch ihren Aufstand gegen die Römer unter Anführung ihres Fürsten Hermann oder Arminius und durch Besiegung der Legionen des Varus im Teutoburger Walde; 3) die Marsen (*Marsi*), einige Zeit hindurch ein zahlreiches und mächtiges Volk, zur Zeit des Drusus in der Gegend der Spaltung des Rheinstromes in mehrere Arme ansässig; sie siedelten sich dann auf dem nördlichen Ufer der Lippe an und um die Quellen der Ems; mit den Bructerern und Cheruskern zusammen nehmen sie an der Niederwerfung der Legionen des Varus Theil; und 4) die Sigambrer oder Sicambrer, ein zahlreiches und mächtiges Volk, welches zwischen Sieg und Lippe längs dem Rhein wohnte, mehrmals von Drusus besiegt wurde und im 5. Jahrh. den Hauptbestandtheil des Bundes der Franken bildete.

Die Völker des östlichen Germaniens theilten die Römer in 2 Hauptstämme: Sueven und Vandalen, von denen die Ersteren, wie es scheint, westlich, die Letzteren östlich der Oder wohnten. Zu den Sueven gehörten: die Longobarden, Semnonen und Marsigni, zu den Vandalen: die Rugier, Burgundiones, Lugii und Gothones oder Gothen. Alle diese Völker tauchen in der sogenannten Völkerwanderung auf, die Einen vereinzelt, die Anderen zu mehreren auf einmal. Die bemerkenswerthesten von ihnen Allen sind die Longobarden, der Völkerbund der Vandalen und die Gothen, welche Letzteren im 3. Jahrh. in Westgothen (*Wisigothi*) und Ostgothen (*Ostrogothi*) zerfielen. Unter den einzelnen gothischen Sippen sind die Gepiden bekannt.

Zu den Völkern endlich Nord-Germaniens gehörten: 1) die Cimbren (*Cimbri*), nur noch gering an Zahl, bald ganz mit den Sachsen vermischt, und 2) die Teutonen oder eigentlich mehrere Stämme unter diesem gemeinsamen Namen, welche an der Küste des deutschen Meeres (h. Nordsee) zwischen Elbe und Oder gewohnt zu haben scheinen; 3) die Angeln, welche zu beiden Seiten der Unterelbe wohnten; und 4) die Sachsen (*Saxones*), welche von der Elbemündung längs des Meeres bis zur Trave hin ansässig waren. Alle diese Völker kamen mit den Römern nicht in directe Berührung.

§. 352.

Die Völker Ost-Europas.

Die in Ost-Europa, d. h. östlich der Vistula (Weichsel) und der Germanen und nördlich der unteren Donau, des Schwarzen und Asowschen Meeres und des Kaukasus ansässigen Völker, welche mit den Germanen zugleich an den Kämpfen der Römer und an der Zerstörung des Weströmischen Reiches mehr oder weniger Antheil nahmen, waren den Griechen und Römern wenig bekannt, welche sie im Allgemeinen Scythen oder Sarmaten, und nach ihnen die von denselben bewohnten Gegenden Scythien und Sarmatien nannten.

Seit dem 3. Jahrh. n. Chr. legten die Römer den Namen Sarmaten vorzugsweise den Völkern bei, welche unmittelbar neben den Germanen auf dem Gebiete von der oberen Weichsel und Dnjestr nach Osten bis zum Tanais (Don) wohnten, mit Ausschluss der nördlichen Ufer des Schwarzen und Asowschen Meeres, die zur Zeit der Völkerwanderung den verschiedenen aus Asien nach Europa, von Osten nach Westen, ziehenden Völkern zum zeitweiligen Aufenthaltsorte dienten. Der Unterschied zwischen den Sarmaten und Scythen einerseits und den Germanen andrerseits bestand nach den griechischen und römischen Schriftstellern darin, dass die Ersteren ein Nomadenleben führten, andere Sitten und Gewohnheiten hatten, eine andere Sprache redeten, weite Kleider trugen, stets zu Pferde kämpften, eine vortreffliche leichte Reiterei bildeten und nur mit Wurfgeschossen bewaffnet waren. Die durch ihren Antheil an den Kriegen gegen die Römer bemerkenswerthesten sarmatischen Stämme waren die Alanen, Roxolanen und Jazygen. In den nordwestlichen Theilen Ost-Europas, von der Weichsel längs der Küste des Baltischen Meeres bis zum Niemen-Fluss wohnten die Esthen, neben diesen mehr nach dem Innern des Landes die Finnen, und zwischen beiden Stämmen im Norden und den Sarmaten im Süden von der Weichsel, da wo der Bug in sie mündet, bis zum Niemen und von diesem längs dem Baltischen Meere bis zur Narowa und dem Peipus-See die Wenden oder Venedi. Unter ihnen waren die Esthen ein mehr ackerbautreibendes als kriegerisches Volk, die Finnen dagegen sehr wild, roh und arm. Die Waffe der Ersteren war der Streitkolben, die Anderen gebrauchten nur Bogen und Pfeile zur Jagd. Von den Wenden sagt schon Tacitus, dass sie viele der Gewohnheiten und Untugenden der Sarmaten angenommen haben, gleich ihnen beständig in den Wäldern und Bergen umherstreifend und sich mit Raub und Plünderung befassend, dass aber trotz alledem die Wenden mehr zu den Germanen zu zählen seien, weil sie nicht nomadisiren, sondern in festen Wohnsitzen leben, Schilde tragen, zu Fuss kämpfen und durch Schnelligkeit im Laufe berühmt seien, während die Sarmaten ihr Leben auf den Pferden zubringen. Die neueren Forschungen der historischen Kritik lassen keinen Zweifel[1] daran, dass die Wenden, Sarmaten und überhaupt ein grosser Theil der im westlichen, mittleren und südlichen Theil von Ost-Europa während der ersten 5 Jahrhunderte n. Chr. wohnenden Völker die späteren Slawen waren, welche vom 6. Jahrh. n. Chr. an unter diesem Namen in der Geschichte erscheinen

2) daran, dass in den Verbindungen germanischer und asiatischer Völker, wie Gothen, Hunnen und Anderer, welche die furchtbaren Einfälle in das römische Reich ausführten, sich eine Menge von Völkern sarmatischen und scythischen oder slawischen Stammes befanden, und dass diese Völker mit den Germanen zugleich den grössten Antheil an der Zerstörung des Weströmischen Reiches nahmen, und 3) daran, dass die Verschiedenheiten, welche die griechischen und römischen Schriftsteller zwischen allen Sarmaten und Scythen einerseits und den Germanen andererseits überhaupt fanden, vielleicht nur von dem Theile der Sarmaten und Scythen galten, welche in den weiten Steppengebieten Süd-Russlands nomadisirten, dass aber im Allgemeinen die Sarmaten und Scythen, gleich allen damaligen wilden und halbwilden Völkern Europas, in den Hauptzügen ihres Gemein- und Kriegswesens sich wahrscheinlich nur wenig von den Germanen unterschieden. Zuverlässige Nachrichten über Heereseinrichtung und Kampfart derselben zu jener Zeit giebt es nicht.

§. 352.
Die Juden.

Die Juden nahmen nicht die letzte Stelle unter den Völkern ein, mit welchen die Römer in dieser Periode Krieg führten, sowohl hinsichtlich der Wichtigkeit ihres Krieges gegen sie in den Jahren 66—71 n. Chr., als hinsichtlich ihres Kriegswesens überhaupt. Dieser Krieg, wichtig in religiöser und politischer Beziehung, ist nicht minder bemerkenswerth in kriegerischer. In Bezug auf ihr Kriegswesen zeichneten sich die Juden gegen die anderen Völker dadurch aus, dass sie die von Alters her bestehenden Ordnungen und Gewohnheiten festhielten und jeden griechischen oder römischen Einfluss von sich fernhielten. Deshalb bietet ihr Heerwesen in seinen Hauptgrundlagen fast dieselben Züge dar, wie in der alten Zeit, im Einzelnen jedoch einige durch Zeit und Umstände bedingte Besonderheiten. Inmitten des allgemeinen, durch Fanatismus und Hass gegen die römische Herrschaft mehr als durch die Anhänglichkeit an ihren Glauben und Liebe zur Unabhängigkeit erregten Volksaufstandes, inmitten der heftigsten inneren Zwiste, Bürgerkriege und Empörungen konnten die Juden nicht zu einer geregelten militärischen Organisation gelangen und besassen sie in der That nicht. Alles, was die Waffen zu führen im Stande war, bewaffnete sich wie und womit es gerade ging, verstärkte sich durch alles im Volke noch so sehr Verachtete, Landstreicher, Räuber, Bettler, Deserteurs, fremden Nachbarstämmen Angehörige u. s. w., gesellte sich den verschiedenen Abtheilungen zu, in welche das Volk getheilt war, und eröffnete in gesonderten Banden unter der Anführung von Fanatikern, Zeloten (blinde Eiferer), wie Judas der Galiläer, dessen Sohn Manaim, Eleazar und später Johannes von Giscala,

Simon u. A. einen höchst wirksamen kleinen Krieg, das Land ausplündernd und verheerend, Alles mit Feuer und Schwert verwüstend und weder die Römer noch ihre eigenen Landsleute, weder Geschlecht, noch Alter, noch Stand schonend. Nach Besiegung des Cestius Gallus, römischen Statthalters von Syrien, und dem Abzuge der Römer aus Palästina bemächtigten sich die Zeloten des ganzen Landes und suchten nun den Volksaufstand regelmässiger zu organisiren und auszubilden. Ein Volksrath ernannte für Jerusalem und die verschiedenen Provinzen und Städte Kriegsobersten und beschäftigte sich angelegentlichst mit der Organisation und Verstärkung der Truppen, sowie mit der Befestigung von Jerusalem und anderer Städte. Das Letztere gelang ihm, nicht aber das Erstere, was an der allgemeinen Unordnung und Desorganisation und dem seit undenklicher Zeit den Juden eigenen widerspenstigen, unruhigen und aufrührerischen Geiste scheiterte. Das zum Theil aus Reiterei, grösstentheils aber aus Fussvolk bestehende jüdische Heer, von Fanatismus entflammt, entwickelte eine verzweifelte Tapferkeit, oder richtiger, eine kühne, urtheilslose, verwegene Tapferkeit, aber die Truppen waren sehr schlecht organisirt, ganz ohne militärische Disciplin und Ordnung und ihrer eigensten Natur nach sehr wenig befähigt zu kriegerischen Actionen. Eine in dieser Beziehung bemerkenswerthe Ausnahme machten die Truppen in Galiläa, der Provinz, welche von Flavius Josephus verwaltet wurde, dem Augenzeugen und Theilnehmer an dem Kriege der Juden gegen die Römer; von ihm ist dieser Krieg mit grosser Ausführlichkeit und unzweifelhafter Gewissenhaftigkeit und Wahrheit beschrieben. Er befestigte einen grossen Theil der Städte in Galiläa, brachte in denselben 100000 Mann zusammen, deren eine Hälfte er für Operationen im Felde bestimmte, während die andere Hälfte in Städten und Flecken die Wachen bezog und für die Versorgung der Feldtruppen mit Proviant thätig war. Im Allgemeinen gab er den Truppen römische Kriegsorganisation, indem er vorzugsweise strenge militärische Zucht und Ordnung und zweckmässige kriegerische Uebungen einzuführen trachtete. Zu ersterem Zwecke vermehrte er die Zahl der einzelnen Abtheilungen und der Unterbefehlshaber, zu letzterem unterrichtete er die Soldaten in jeder Art von Formationen und Evolutionen, welche im Kampfe zu Angriff und Vertheidigung erforderlich waren und auf Signale mit den Trompeten ausgeführt wurden. Er fügte mündliche Ermahnungen zur Aufmunterung der Truppen hinzu, um sie von dem Hange zu den den Juden jener Zeit anhaftenden Fehlern: Diebstahl, Plünderung, Räuberei, Gewaltthätigkeit, Betrug u. s. w. abzubringen; er selbst gab das Beispiel eines strengen und mässigen Lebens. Die Vertheidigung der Städte Galiläas, besonders Jotapatas, bewies, dass des Josephus Anstrengungen keine vergeblichen gewesen waren: die Truppen und Einwohner von Jotapata vertheidigten sich ausserordentlich muthig und tapfer, Josephus selbst erschöpfte alle Mittel der Kunst, um den Angriffen Vespasian's mit den verschiedensten Mitteln Widerstand entgegenzusetzen, und nach 48-tägiger Belagerung wurde (im J. 67) die Stadt nur durch List eingenommen.

Die Beschreibung, welche Josephus von der 3 Jahre nachher erfolgenden Belagerung von Jerusalem giebt, enthält interessante Details über die Befestigung dieser Stadt und die sie vertheidigenden Truppen und Einwohner, sowie auch über die Vertheidigung selbst. Wir wollen in Kürze der Hauptsachen Erwähnung thun. Jerusalem war ihrer örtlichen Lage und geschickten Befestigung wegen eine der festesten Städte der Welt. Es bestand aus 4 Theilen: Zion, Akra, dem Tempel (Berg Morijah) und Bezetha, welche auf 6 einzelnen, durch tiefe Thäler von einander getrennten Hügeln lagen. Zion und Bezetha beherrschten den Tempel, der Tempel wiederum Akra. Die Festungswerke bestanden aus einer dreifachen Reihe hoher und dicker Mauern mit Thürmen, deren auf der äusseren Mauer 90, auf der inneren 14, auf der von Zion 60 standen, 200 Ellen von einander entfernt und 50—90 Ellen hoch. Der Tempel von Jerusalem bestand aus einem Complex vieler Gebäude, welche mit grossen bedeckten Gängen oder Gallerien umgeben waren, die ihm zugleich zur Befestigung dienten. Mauern und Thürme waren mit einer grossen Zahl von Wurfgeschützen und Kriegsmaschinen besetzt, welche die Juden theils den Römern weggenommen hatten bei der Besiegung des Cestius Gallus, theils selbst während der Belagerung unter Anleitung von römischen Deserteuren erbaut hatten. Anfangs waren sie noch äusserst unwissend und ungeschickt in dem Gebrauch, im Laufe der Zeit lernten sie es von denselben römischen Ueberläufern. Nach Angabe des Josephus waren an Truppen, Bürgern der Stadt, und Juden überhaupt, welche zum Passah-Feste aus Palästina und fremden Ländern nach Jerusalem gekommen waren, im Ganzen 3000000 Menschen in der Stadt. Unter diesen befanden sich eine Menge raubgieriger Zeloten, gewöhnt zu rauben und plündern. Zu Anfang der Belagerung herrschten in der Stadt zwei einander feindliche Parteien: die des Johannes von Giscala, der 8400 Mann im Tempel hatte, und die Simon's, der 10000 Mann jüdischer und 5000 Mann idumäischer Truppen in Zion oder der obern Stadt hatte. Diese Handvoll wüthender Fanatiker hielt die ganze Stadt in Schrecken und stellte eine bis zum Unglaublichen kühne und verwegene Truppenschaar dar, welche nicht leicht zu besiegen war. Die besten waren die Krieger Simon's, welche sich durch Gehorsam und Ergebenheit gegen ihn und deshalb auch durch grosse Ordnung auszeichneten. Gegen Ende der Belagerung, als der furchtbarste Hunger die Juden aufs Aeusserste erschöpfte und schwächte, kämpften sie indess matter. Was die Vertheidigung selbst nach Seiten der Kunst anbelangt, so sind zu erwähnen: die erfolgreiche Anwendung von Minen zur Zerstörung der römischen Belagerungs-Maschinen und -Arbeiten, eine unterirdische Wasserleitung und Aufführung einer zweiten Mauer durch Johannes von Giskala hinter der Bresche im Hauptwall; ausserdem bestand der Haupt- oder eigentlich einzige Vorzug auf Seite der Juden in der unglaublichen tollkühnen Tapferkeit, mit welcher sie unaufhörlich Ausfälle machten, bei deren einem sie fast sämmtliche römische Belagerungs-Maschinen und Arbeiten zerstörten.

§. 353.

Die Perser und die übrigen Völker Asiens und Afrikas.

Bis zum J. 226 n. Chr. hatten die Römer in Asien fast unaufhörliche und furchtbare Kriege mit den Parthern bestanden. Die militärische Organisation und das Kriegswesen der Letzteren wurde schon im §. 211, Kap. XXXII. 3. Theil, Alterthum, dargestellt. Im J. 226 wurde das weite Parther-Reich durch die Perser zerstört und mit dem persischen Reiche unter der Herrschaft der Sassaniden-Dynastie verschmolzen. Seit dieser Zeit beginnen die fast unaufhörlichen schrecklichen Kriege des ungetheilten und danach des Oströmischen Reiches mit den Persern, Kriege, welche mehrere Jahrhunderte hindurch fortgesetzt werden.

Kriegswesen und militärische Organisation bieten bei den Persern fast dieselben Züge wie bei den alten Persern und zum Theil bei den Parthern. Die Hauptmacht und den besten Theil der persischen Heere bildeten die königlichen Leibwachen und die Schaaren der adligen und reichen persischen Grundbesitzer, welche im Verhältniss zur Grösse ihres Besitzes zum Kriegsdienst verpflichtet waren. Im Falle eines Krieges rüsteten sie eine gewisse Anzahl Krieger aus und stiessen mit ihnen zum Heere. Die reiche, vornehme und stolze oberste Klasse der Perser bewahrte noch die Gewohnheiten der alten Zeit und erhielt in der Jugend eine kriegerische Erziehung, die vielfach an die frühere erinnerte und in verschiedenen körperlichen, kriegerischen und Reitübungen bestand. In den Bestand der persischen Heere traten ausserdem die Truppen der unterworfenen Könige und Völker ein. Die Könige selber befehligten ihre Armeen, oder auch ihre Söhne, denen in solchen Fällen als Rather und Helfer ein erfahrener und geschickter Feldherr beigegeben wurde. Die Unterbefehlshaberstellen wurden an Personen der höchsten Klasse der Perser vergeben. Diese Klasse diente und focht stets zu Pferde, daher bestand die beste und hauptsächlichste Truppengattung in der vortrefflichen Cavallerie, welche zum Theil schwere Panzer Reiter, grösstentheils aber leichte war, auf stattlichen, schnellen Pferden, gleich schrecklich durch die Schnelligkeit ihrer Bewegungen, wie durch die Kraft ihres Stosses.

Das Fussvolk war weit schlechter, obgleich zahlreicher, denn es bestand grösstentheils aus Volksaufgeboten, welche erst frisch ausgehoben, fast unbewaffnet und nur von der Hoffnung auf Plünderung und Beute beseelt waren. Die Hauptwaffe der Perser war die Fernwaffe: Wurfspiess, Bogen und Pfeile, in deren Handhabung sie bedeutende Geschicklichkeit besassen. Sie wendeten auch Streitwagen an (Sichelwagen) und Elephanten mit von Bogenschützen besetzten Thürmen. Nach Lampridius hatte Artaxerxes I. im J. 234 in der Schlacht gegen Alexander Severus in der Mitte von Persien 120000 Mann Reiterei, 1000 Sichelwagen und 700 Elephanten; unter den Erschlagenen fand man allein 10000 Panzer-Reiter (?). Aufstellung und Kampfart waren dieselben wie bei den alten Persern und den Parthern. In Luxus und Ueppigkeit lebend, kriegerischer Tugenden und Ordnung baar, setzten die Perser ihre Hoffnung mehr auf die numerische Ueberlegenheit der Kräfte, als auf Tapferkeit und militärische Subordination und Ordnung, in ihren Gefechten nehmen sie stets zur List ihre Zuflucht. Die Könige und die vornehmen Perser nahmen auch in die Kriegslager allen Luxus ihrer Hofhaltungen mit. Zahlreiche Dienerschaft, eine Menge Pferde und Kameele und ein ungeheurer Wagentross verlangsamte ihre Kriegsmärsche und Operationen, und nicht selten kommt es vor, dass inmitten eines erfolgreichen Feldzuges die persischen Armeen an Hunger leiden oder zu Grunde gehen. Zum Schluss ist noch zu sagen, dass die Perser, obgleich sie ziemlich oft Städte belagerten, dennoch in der Belagerungskunst unerfahren waren, ebenso wie in der Lager- und Feld-Befestigungskunst; die feindlichen Städte nahmen sie meist durch Sturm oder durch plötzlichen Ueberfall oder durch List.

Die andren Völker, mit welchen die Römer in dieser und den folgenden Perioden Kriege führten, sind: in Europa — die Britten oder Britannier und die Caledonier (im heutigen England und Schottland), die Bewohner von Moesien, Thracien und Dacien, — in Asien die Bewohner von Armenien und vom Kaukasus, — und in Afrika die Bewohner von Aethiopien und der Gegenden von Mauretanien und Numidien. Sie stehen nur in zweiter Reihe und sind zum Theil schon früher an ihrer Stelle in kriegerischer Hinsicht abgehandelt.

Einundfünfzigstes Kapitel.

Kurzer geographischer Umriss des römischen Kaiserreichs und der ihm benachbarten Länder in Europa, Asien und Afrika.

I. *Das römische Kaiserreich.* — §. 354. *Besitzungen in Europa.* — §. 355. *Besitzungen in Asien.* — §. 356. *Besitzungen in Afrika.* — II. *Benachbarte Länder.* — §. 357. *In Europa.* — §. 358. *In Asien und Afrika.*

I. Das römische Kaiserreich.

§. 354.

Besitzungen in Europa.

Die Grenzen des römischen Reiches von Augustus bis 176 n. Chr. (fast immer dieselben, nur einige Male auf kurze Zeit verändert) waren in Europa — Rhein und Donau, in Asien — der Euphrat, in Syrien — die Sandwüste, und in Afrika — gleichfalls die Sandwüste. Auf diese Weise umfasste das römische Kaiserreich die besten Gegenden Europas, Asiens und Afrikas um das Mittelländische Meer herum und an den Küsten des Atlantischen Oceans.

Die Besitzungen desselben in Europa waren:

I. Hispania. Grenzen: Pyrenäen, der Ocean, das Mittelländische Meer. Hauptflüsse: Minius (Minho), Durius (Duero), Tagus (Tajo), Anas (Guadiana), Baetis (Guadalquivir) und Iberus (Ebro). Gebirge (ausser den Pyrenäen): Idubeda längs des Iberus und Orospeda (Sierra Morena). Provinzen: 1) Lusitania (h. Portugal): Grenzen: im Norden der Durius, im Süden der Anas. Hauptvölker: Lusitani, Turditani. Hauptstadt Augusta Emerita. — 2) Baetica: Grenzen: im Norden und Westen der Anas, im Osten das Orospeda-Gebirge; Hauptvölker: Turduli und Bastuli: Hauptstädte: Corduba (h. Cordova), Hispalis (h. Sevilla), Gades (h. Cadix), Munda. — 3) Hispania Tarraconensis, welche das ganze übrige Hispanien umschloss; Hauptvölker: Callaeci, Astures, Cantabri, Vascones — im Norden; Celtiberi, Carpetani, Ilergetes — im Innern; Indigetes, Cosetani oder Contestani) u. s. w. — an der Küste des Mittelmeeres; Hauptstädte: Tarraco (Tarragon), Carthago nova (h. Carthagena), Toletum (Toledo), Ilerda (h. Lerida), Saguntum und Numantia (zerstört). Zu Hispanien gehörten die Balearischen Inseln: Major (Majorca) und Minor (Minorca).

II. Gallia Transalpina. Grenzen: nach Nord und West der Ocean, im Osten der Rhein und eine Linie von seiner Quelle bis zur Mündung des Var-Flusses (Varus), im Süden Pyrenäen und Mittelländisches Meer. Hauptflüsse: Garumna (Garonne), Liger (Loire), Sequana (Seine) und Scaldis (Schelde), in den Ocean fliessend: Mosella (Mosel) und Mosa (Maas), in den Rhein mündend; Rhodanus (Rhône) mit Zufluss Arar (Saône), in das Mittelmeer. Gebirge: Pyrenäen, Jura, Alpen, Vogesen (Vogesus), Cevennen (Cebennae, Cevenna mons). 4 Provinzen: 1) Gallia Narbonensis aut Braccata (d. h. mit weiten Hosen bekleidet*)) durch Pyrenäen, Varus-Fluss und die Cevennen begrenzt. Hauptvölker: Allobroges, Volcae, Salyes oder Sallyes. Hauptstädte: Narbo (Narbonne), Tolosa (Toulouse), Nemausus (Nismes), Massilia (Marseille), Vienna (Vienne). — 2) Gallia Lugdunensis aut Celtica. Grenzen: im Süden und Westen Loire, im Norden Seine, im Osten Saône. Hauptvölker: Aedui, Lingones, Parisii, Cenomani, — alle celtischen Ursprungs. Hauptstädte: Lugdunum (Lyon), Lutetia Parisiorum (Paris), Alesia (Alise). — 3) Gallia Aquitanica. Grenzen: im Norden und Osten Loire, im Süden Pyrenäen, im Westen der Ocean. Hauptvölker: Aquitani (hispanischer Stamm), Pictones, Arverni und Andere von celtischem Ursprung. Hauptstädte: Climberris, Burdigalla (Bordeaux). — 4) Gallia Belgica. Grenzen: im Norden und Osten der Rhein, im Süden Rhône bis Lyon, im Westen Saône, so dass sie anfänglich die an den Rhein und Helvetien grenzenden Länder umfasste; in der Folge wurden indessen diese Länder unter dem Namen Germania Superior et Inferior von ihr abgezweigt. Hauptvölker im Norden — die belgischen: Nervii, Bellovaci u. A., und die germanischen: Treviri, Ubii u. s. w.; im Innern — die celtischen: Sequani, Helvetii u. s. w. Hauptstädte: Vesontio (Besançon), Verodunum (Verdun) u. A.; längs dem Rhein im untern Germanien (*inferior*): Colonia Agrippina (Cöln); im obern Germanien (*superior*): Moguntium oder Moguntiacum (Mainz), Argentoratum (Strassburg) u. A.

---

*) Braca (*bracca*), eine Art weiter Pluderhosen, welche nicht blos Hüfte und Schenkel bis unten, sondern auch einen grossen Theil des Leibes bedeckten, ursprünglich von Persern, Indiern, Galliern, Germanen, später auch von den Römern getragen. Anmerk. d. Uebers.

III. Gallia Cisalpina aut Togata, d. h. Toga tragend (h. Lombardei und Piemont). Da ihre Bewohner schon seit Julius Cäsar's Zeit sich der vollen Rechte römischer Bürger erfreuten, so zählte man dieses Land auch ganz zu Italien.

IV. Sicilia, in 2 Provinzen: Syracus und Lilybaeum getheilt.

V. Die Inseln Sardinien und Corsica.

VI. Die britannischen Inseln, von denen nur das heutige England und ein Theil von Süd-Schottland seit Nero's Zeiten in eine römische Provinz verwandelt war, unter dem Namen Britannia romana. Hauptflüsse: Tamesis (Themse) und Sabrina (Severn). Hauptstädte: Eboracum oder Eburacum (York) im Norden und Londinium (London) im Süden. Was Schottland anbetrifft (Britannia barbara aut Caledonia), so vermochten die Römer, obgleich sie öfter in dasselbe eindrangen, doch nie, es vollkommen zu unterwerfen. In Irland dagegen (Hibernia) sind nur römische Kaufleute, niemals römische Legionen eingedrungen.

VII. Die Länder südlich der Donau, von Augustus unterworfen und in römische Provinzen verwandelt, waren: 1) Vindelicia. Grenzen: im Norden die Donau, im Osten der Fluss Aenus (Inn), im Süden Rhaetia, im Westen Helvetien. Hauptvölker: Vindelici, Brigantii u. A. Hauptstädte: Augusta Vindelicorum (Augsburg) und Brigantium (Bregenz). 2) Rhaetia. Grenzen: im Norden Vindelicia, im Osten die Flüsse Inn und Salzach, im Süden die Alpen vom Lago maggiore (Lacus Verbanus) bis Bellinzona, im Westen Helvetia. Hauptvolk: die Rhaeti. Hauptstädte: Curia (Chur), Veldidena (Wilten) und Tridentum (Trient). 3) Noricum. Grenzen: im Norden Donau, im Osten das Cetius-Gebirge (Cahlenberg), im Süden die Julischen Alpen und der Fluss Save (Savus), im Westen der Inn. Hauptvolk: Boii. Städte: Juvavum (Salzburg) und Bojodurum (Passau). 4) Pannonia superior (Ober-Ungarn). Grenzen: im Norden und Osten die Donau, im Westen und Süden Fluss Arabo (Raab) und das Cetiusgebirge (Cahlenberg). Städte: Vindobona (Wien) und Carnutum oder Carnuntum. 5) Pannonia inferior (Unter-Ungarn). Grenzen: im Norden und Osten Raab und Donau, im Süden die Save. Städte: Taurinum oder Taurunum (Belgrad), Mursa (Esseg) und Sirmium. 6) Moesia superior (Ober-Mösien). Grenzen im Norden Donau, im Osten Fluss Cebrus (Ischia), im Süden das Scardus-Gebirge (oder Scodrus), im Westen Pannonien. Städte: Singidunum (Semlin) und Naisus (Nissa, Nisch). 7) Moesia inferior (Unter-Mösien). Grenzen: nördlich die Donau, im Osten Pontus Euxinus (Schwarzes Meer), im Süden Mons Haemus (Balkan), im Westen Mons Cebrus (h. Dinarische Alpen und Gebirge der Herzegowina). Städte Odessus und Tomi.

VIII. Illyricum oder Illyria. Unter diesem Namen verstanden sie überhaupt alle Länder südlich von der mittleren Donau, von Rhaetien an bis einschliesslich des heutigen Dalmatiens. Illyrien aber im engeren Sinne umschloss nur die Länder längs des Adriatischen Meeres von Istrien in Italien bis zum Drinus-Flusse (Drina) und östlich bis zum Savus-Flusse. Städte: Salona, Epidaurus (unweit des heutigen Ragusa) und Scodra (Scutari).

IX. Macedonia. Nördlich bis zum Scodrus-Gebirge, östlich bis zum Aegeischen Meere, südlich bis zum Mons Cambunicus, westlich bis zum Adriatischen Meere. Flüsse: Nestus, Strymon, Haliacmon, ins Aegeische Meer mündend, und Apsus und Aous, zum Adriatischen Meer fliessend. Hauptvölker: im Norden die Paeones, im Süden Pierii und Mygdones. Hauptstädte: Pydna, Pella, Thessalonica (Salonichi), Philippi und viele griechische Colonien, am Westufer Dyrrhachium (Durazzo) und Apollonia.

X. Thracia hatte ursprünglich seine eigenen Könige, die unter Roms Oberhoheit standen, wurde aber unter dem Kaiser Claudius in eine römische Provinz verwandelt. Grenzen: im Norden der Balkan, im Osten und Süden das Meer, im Westen der Nestus-Fluss. — Fluss Hebrus. — Hauptvölker: Triballi, Bessi und Odrysae. Städte: Byzantium, Apollonia, Berrhaea, Perinthus.

XI. Achaja oder Griechenland.

XII. Dacia, das Land der Daces, von Trajan in eine römische Provinz verwandelt (h. Rumänien). Grenzen: im Norden Carpates oder Carpati (h. Karpathen), im Osten der Fluss Hierassus (Pruth), im Süden die Donau, im Westen der Fluss Tibiscus oder Pathissus (h. Theiss). Städte: Ulpia Trajana und Tibiscum.

§. 355.

Besitzungen in Asien.

I. Vorder-, Unter- und Klein-Asien. Provinzen: 1) Asien, 2) Bithynien mit Paphlagonien und einem Theil von Pontus und 3) Cilicien mit Pisidien.

II. Syrien mit Phönicien.

III. Die Insel Cypren.

IV. Die Provinzen, welche anfänglich ihre eigenen, obgleich Rom unterworfenen Könige hatten, im Laufe der Zeit aber zu römischen Provinzen gemacht wurden: 1) Judaea, seit dem J. 44 n. Chr., 2) Commagene, seit dem J. 79 n. Chr. mit Judaea zugleich an Syrien angeschlossen; 3) Cappadocien, seit dem J. 17 und 4) Pontus, seit Nero's Zeit.

V. Die Provinzen, welche zu Anfang des Kaiserreichs noch unabhängig waren, dann aber in römische Provinzen verwandelt wurden: 1) die Inseln Rhodus und Samos, seit dem J. 70, und 2) Lycien, seit dem J. 43.

Armenien und Mesopotamien jenseits des Euphrat wurden durch Trajan zu römischen Provinzen gemacht, bald danach aber durch Hadrian aufgegeben, um die Grenze neuerdings an den Euphrat, d. h. an dessen rechtes Ufer zu verlegen.

§. 356.

Besitzungen in Afrika.

Die römischen Provinzen: I. Aegypten, II. Cyrenaica mit der Insel Creta, III. das eigentliche Afrika, IV. Numidien und V. Mauretanien, das bis zum J. 42 seinen eigenen König hatte, in diesem Jahre aber in zwei römische Provinzen zerlegt wurde: 1) Mauretania Caesarensis zwischen dem Flusse Ampsagus (oder Ampsaga) im Osten und dem Mulucka-Flusse (oder Malva) im Westen, — und Mauretania Tingitana, vom Mulucka-Flusse im Osten bis zum Ocean westlich. Hauptstadt: Tingis.

II. Benachbarte Länder.

§. 357.

In Europa.

1) Germania. Grenzen: im Norden das Meer (Nordsee oder Deutsches Meer), im Osten unbestimmt, obgleich die Römer sie im Allgemeinen bis zur Weichsel ausdehnten, im Süden die Donau, im Westen der Rhein. Hauptflüsse: Donau, Rhein, Albis (Elbe), Visurgis (Weser), Viadrus (Oder) und Vistula (Weichsel), ausser diesen erwähnen die Römer noch oft der Amisia (Ems) und der Lupia oder Lippia (Lippe). Gebirge und Wälder: Hercyniensis oder Hercynia silva, womit alle Waldgebirge bezeichnet wurden, welche im östlichen Germanien lagen (Erzgebirge, Riesengebirge, schlesische Gebirge u. s. w.), Melibocus (Harz), Sudeti*) (Thüringer Wald), Teutoburger Wald in Süd-

*) *Sudeti*, wie *Melibocus* waren in dem Namen der *Hercynia silva* einbegriffen und bezeichneten, Erstere die heutigen West Sudeten nebst Erzgebirge, Letzterer westlichen Thüringer Wald und Erzgebirge. Anmerk. d. Uebers.

Westphalen). Im alten Germanien gab es zur Zeit des römischen Kaiserreichs bis zum J. 476 keine politische Eintheilung, man kann nur die Wohnsitze der Hauptstämme bezeichnen (bereits oben angegeben). Aber zu erwähnen bleibt, dass diese Stämme häufig, besonders seit dem 2. Jahrh., gezwungen waren, ihre Wohnplätze zu wechseln, und dass die Benennungen, welche die Römer einigen Hauptvölkern Germaniens beilegten, oft Bündnisse von mehreren grossen und kleinen Stämmen bezeichneten. Die Hauptvölker im nördlichen Germanien zur Zeit des Augustus waren: die Batavi im heutigen Holland, Frisii im h. Friesland, Bructeri im h. Westphalen, Chauci (*majores et minores*) im Bremischen und Oldenburgischen, Cherusci, ein Bund mehrerer Stämme im h. Braunschweig, und Catti im h. Hessen. Im südlichen Germanien waren es die Hermanduri im h. Franken, Marcomanni im h. Böhmen und Alemanni, gleichfalls ein Bund mehrerer Völker, welche nur im 3. Jahrh. erscheinen. Zur Zeit des Augustus hiessen alle diese Völker Germaniens, besonders des östlichen, welches die Römer ein wenig zu kennen anfingen, bei den Römern mit einem und demselben gemeinsamen Namen Suevi.

Die nördlichen Länder Europas hielten die Römer für Inseln im germanischen Ocean, welche deshalb zu Germanien gehörten. Diese waren: Scandinavia oder Scandia, das heutige Süd-Schweden, Nerigon, h. Norwegen, und Eningia oder auch vielleicht Finingia, h. Finnland. Die nördlichste Insel nannten sie Thule.

Ost-Europa von der Weichsel östlich bis zum Tanais, h. Don, hiess bei den Römern im Allgemeinen Sarmatia. Ausser den der Donau benachbarten Ländern, wie Dacien u. A., kannten sie in gewissem Grade auch die Küsten des Baltischen Meeres in Folge des Handels mit Bernstein, welcher dort von ihnen gesucht wurde.

§. 358.

In Asien und Afrika.

In Asien grenzte das römische Reich an Gross-Armenien, an das parthische Königreich (seit 226 das persische), das sich vom Euphrat bis zum Indus erstreckte, und an die arabische Halbinsel. Ost-Asien oder Indien war durch die Handelsverbindungen bekannt, welche sie seit der Zeit der Eroberung Aegyptens mit demselben unterhielten. Sie theilten es in I. Indien diesseits des Ganges (*India intra Gangem*), d. h. 1) die Länder zwischen Indus und Ganges und 2) die Halbinsel diesseits, vorzugsweise das West-Ufer derselben (Malabar), welche sie ziemlich gut kannten, und II. Indien jenseits des Ganges (*India extra*

Gangem), wozu Serica gehörte, das entfernteste von allen bekannten Ländern. Im Ganzen waren aber alle diese Länder den Römern nur sehr wenig bekannt.

In Afrika endlich grenzte das römische Reich mit Aethiopien im Süden von Aegypten und mit Gaetulia und der libyschen grossen Wüste, südlich von den übrigen westlichen römischen Provinzen in Afrika.

Zweiundfünfzigstes Kapitel.

Kurzer historischer Ueberblick der Kriege Roms in dieser Periode.

§. 359. *Unter Augustus (30 v. Chr.—14 n. Chr.)* — §. 360. *Von Augustus bis Nerva (14—96).* — §. 361. *Von Nerva bis Commodus (96—180).* — §. 362. *Von Commodus bis Diocletian (180—284).*

---

§. 359.

Unter Augustus (30 v. Chr.—14 n. Chr.)

Die Kriege, welche Augustus während seiner 44jährigen gesicherten und friedlichen, für das römische Reich glänzenden und glücklichen Regierung führte, hatten grösstentheils den Grund und Zweck, die Ruhe des Staates im Innern und dessen Schutz nach Aussen zu sichern, und ihr Resultat waren ausserordentlich wichtige Erweiterungen seiner Grenzen. So war für den ersten Zweck die vollkommene Unterwerfung von Nord-Hispanien und West-Gallien (25 v. Chr.) sehr wichtig, für den zweiten der beabsichtigte, wenn auch unausgeführt gebliebene Feldzug gegen die Parther (20 v. Chr.) und der wirklich ausgeführte gegen Armenien im J. 2 v. Chr.). Das Wichtigste aber war die Eroberung der Länder südlich der Donau: Rhaetien, Vindelicia und Noricum in Verbindung mit dem bereits unterworfenen Pannonien und mit Moesien (bis zum J. 15 v. Chr.). Dagegen hatte der Feldzug im Glücklichen Arabien (29 v. Chr.) nur Misserfolg und jener in Aethiopien (24 v. Chr.) nur das Resultat, dass er die Grenzen des Reichs nach dieser Seite hin schützte.

Alle diese Feldzüge zusammen kosteten indessen Rom nicht so viele Opfer und Verluste, wie der Versuch Germanien zu unterwerfen, der zuerst von den beiden Stiefsöhnen des Augustus, Drusus und Tiberius Nero, dann von dem Sohn des Ersteren, Germanicus, unternommen, gänzlich misslang. Es ist schwer zu sagen, ob dies in der That politisch ein Fehler war, denn man kann nicht mit Bestimmtheit feststellen, in wie weit dieses Unternehmen zur Sicherung der Grenzen des römischen Reiches nöthig gewesen sein mag*).

Seit Cäsar's Zeit waren einige germanische Stämme (Ubier, Vangionen, Triboker, Nemeter u. A.) auf das linke Rheinufer übergegangen, hatten sich den Römern unterworfen und vorzugsweise am Ober-Rhein niedergelassen. Seitdem nannten die Römer dieses Rheinufer von Helvetien bis Castra vetera (h. Xanten) das 1. und 2. Germanien (*Germania prima et secunda*). Mit den jenseits des Rhein wohnenden Germanen knüpften sie Handelsverbindungen an, erbauten auf dem linken Ufer Befestigungen, über den Rhein aber zu gehen wagten sie nicht oder, besser gesagt, sie wichen einem Kriege mit den Germanen aus. Dies ermuthigte Letztere und gab ihnen den Gedanken ein, selbst den Rhein zu überschreiten; im J. 16 v. Chr. fiel eine grosse Anzahl von ihnen in Gallien ein. Der dortige Truppenbefehlshaber Lollius wollte den mit Beute beladenen Germanen die Rückkehr über den Rhein abschneiden, wurde aber von ihnen geschlagen und verlor einen Adler. Nun hielt es Augustus für erforderlich, zum Schutze Galliens das auf dem rechten Rheinufer gelegene Germanien zu besetzen, und beauftragte damit den Drusus, welcher mit seinem Bruder Tiberius gemeinschaftlich vordem schon die Völker südlich der Donau besiegt hatte und aus Erfahrung die Art der Kriegführung der Germanen kannte. Das Resultat seiner Feldzüge von 13 bis 9 v. Chr. in Nieder-Germanien (Westphalen, Nieder-Sachsen und Hessen) war dies, dass die Römer zu Lande und zur See bis zur Elbe vordrangen und feste Punkte auf dem rechten Rheinufer erlangten. Im J. 9 v. Chr. starb Drusus, nachdem er den Weg für die zukünftige Eroberung vorgezeichnet hatte, und diesen Weg verfolgten auch die Nachfolger des Drusus im Obercommando über die römischen Truppen in Germanien vom J. 9 v. Chr. bis 4 n. Chr. (im Ganzen während 13 Jahren Tiberius, Domitius Ahenobarbus, Vinicius und nochmals Tiberius. Getreu der alten Politik Roms erklärten sie sich für Verbündete der schwächeren Stämme gegen die stärkeren, und nach und nach wurde dann aus den Bündnissen, welche sie mit den zwischen Rhein und Weser wohnenden Germanen geschlossen hatten, eine dauernde Oberherrschaft über sie. Sie suchten Jene in den römischen Gesetzen, Sitten, Gebräuchen, Ansprüchen, Luxus und Bildung zu unterrichten, erzogen die Jünglinge der Adelsgeschlechter in Rom, verliehen ihnen die Ehrenstellen als Befehlshaber in den römischen Heeren u. s. w. So standen die Dinge, als Quinctilius Varus zum Oberbefehlshaber des römischen Heeres in Germanien ernannt wurde. Er war vorher im Orient gewesen und hatte sich dort an sklavischen Gehorsam bei seinen Untergebenen gewöhnt; nun begann er unüberlegter

*) Heeren.

Weise in gleicher Art gegen die Germanen aufzutreten und öffnete ihnen dadurch die Augen über die wirklichen Absichten die Römer. Von dem Moment an waren die hervorragendsten germanischen Völker entschlossen, sich von den Römern zu befreien. Hierzu wirkte der jugendliche und vornehme Cherusker Hermann oder Arminius vorzugsweise mit, der Sohn Siegmar's, Schwiegersohn des Segest, eines Verbündeten der Römer. Obgleich im römischen Kriegsdienst erzogen und ausgebildet, hatte er doch ein äusserst lebhaftes Gefühl für die Unabhängigkeit der Germanen bewahrt. Aber die Pläne Hermann's und seiner Gesinnungsgenossen zu verwirklichen war nicht leicht, denn Varus hatte ein starkes Heer, und einige bedeutende germanische Geschlechter standen auf seiner Seite. In dieser Verlegenheit griff Hermann zur List, — er lockte Varus und sein Heer im J. 9 n. Chr. in den ausgedehnten, dichten und undurchdringlichen Teutoburger Wald (in der Gegend der heutigen Stadt Detmold). Hier, wo die römischen Legionen des Varus sich weder vorwärts noch rückwärts bewegen konnten, während ein gewaltiger Regen ihnen jede Vorbereitung oder Arbeit unmöglich machte, gingen die bei ihnen befindlichen germanischen Hülfsvölker zu ihren Landsleuten über, und nun fielen alle Germanen mit furchtbarem Ungestüm von allen Seiten über die Römer her und liessen von dem mörderischen Kampfe gegen sie nicht eher ab, bis das ganze Heer des Varus aufgerieben oder gefangen war. Varus stürzte sich in der Verzweiflung in sein Schwert. Die Folge dieses blutigen und entscheidenden Zusammenstosses und der den Römern durch die Germanen beigebrachten Niederlage war die Wegnahme und Zerstörung der ersten von den Römern auf dem rechten Rheinufer aufgeführten Befestigungen, die auf einen Schlag erfolgende Vernichtung der Früchte aller der 22jährigen Anstrengungen der Römer zur Unterwerfung Germaniens und die von den Germanen gewonnene Ueberzeugung, dass die römischen Legionen nicht unüberwindlich seien.

Die Nachricht von der Niederlage und Vernichtung des Varus nebst seinem Heere versetzte Rom in Schrecken, den Augustus aber in solche Betrübniss, dass er ausrief: »Varus, Varus, gieb mir meine Legionen wieder!« (*Quintili Vare, legiones redde!* Sueton). Mit Mühe gelang binnen Kurzem die Aufstellung eines Heeres, mit welchem Tiberius und Germanicus zusammen sich zum Rhein wandten; aber obgleich sie wieder auf dem rechten Rheinufer zu erscheinen vermochten, so geschah dies doch mehr, um daselbst den Stand der Dinge zu erforschen als um die früheren befestigten Positionen wieder zu gewinnen. Seit dieser Zeit beschränkte sich Alles auf unbedeutende Scharmützel auf den rechten Ufer, bis es Germanicus in den Jahren 14—15 n. Chr. endlich bis an die Weser vorzudringen gelang, wobei er sogar bei Idistavisu (h. Minden) einen Sieg über die Germanen erfocht. Aber bei seine

Rückfahrt von dort verlor er durch einen Sturm seine Flotte und einen Theil seiner Armee. Während dessen war Tiberius zu der Ueberzeugung gelangt, dass für Rom unter diesen Umständen die beste Politik darin bestehe, die Germanen ihren beständigen Zwistigkeiten und inneren Fehden zu überlassen, keine Gelegenheit sie zu theilen sich entgehen zu lassen, um so über sie zu herrschen. Und als er nach des Augustus Tode die Regierung übernahm, rief er bald (17 n. Chr.) den Germanicus zurück, theils weil er, argwöhnisch wie er war, Jenen zu mächtig werden zu lassen fürchtete, hauptsächlich aber deshalb, weil er es für klug hielt, von weiteren Kriegen mit den Germanen abzustehen, da ihm diese Kriege bisher nur viele Menschen und Summen gekostet, aber nicht den geringsten Nutzen gebracht hatten. Diese seine Politik erwies sich bald als sehr richtig: Arminius, der der Führer des grossen und mächtigen Bündnisses gegen die Römer geworden war, verwickelte sich in Kriege gegen einen andern germanischen Fürsten, Marbod, welcher die an der Donau ansässigen Germanen unter seiner Führung vereint hatte, besiegte denselben, vertrieb ihn in römisches Gebiet und strebte nach Erlangung der königlichen Macht. Dies erregte im J. 21 einen Aufstand gegen ihn, und in dem Kriege gegen seine Gegner kam er ums Leben.

Solchergestalt wurden also seit dieser Zeit die Germanen gar nicht mehr durch die Römer in Germanien beunruhigt, bald aber begannen sie selber diese in deren eigenen Grenzen anzugreifen.

§. 360.

Von Augustus bis Nerva (14—96).

Die Regierungszeit des Tiberius (14—37) war eine ziemlich ruhige, obgleich die Empörungen der pannonischen und besonders der rheinischen Legionen, welche nur durch Nachgiebigkeit beschwichtigt werden konnten, bereits bewiesen, dass die Legionen sich ihrer Kraft und ihrer Macht, die Imperatoren auf den Thron zu heben, bewusst geworden waren. Aber der Hauptgegenstand des Hasses und Neides des Tiberius war Germanicus, der bei Volk und Heer sich besonderer Liebe erfreute. Deshalb rief ihn Tiberius aus Germanien zurück (im J. 17) und schickte ihn in den Orient, die dort ausgebrochenen Unruhen zu dämpfen. Germanicus stellte mit Glück die Ruhe wieder her und machte erfolgreiche Feldzüge, deren Resultat die Ernennung des Königs von Armenien durch ihn und die Verwandlung von Cappadocien und Commagene in römische Provinzen war (18 n. Chr.); allein im J. 19 ward er auf Befehl des Tiberius vergiftet, seine Wittwe Agrippina aber und seine Kinder wurden verfolgt und getödtet. Danach, im J. 23, vereinte der misstrauische und argwöhnische Tiberius, um eine feste Stütze und Schutz seiner Macht zu haben, alle prätorianischen Cohorten (welche Augustus eingerichtet und mit Ausnahme der drei in Rom stehenden Cohorten, in umliegende Städte gelegt hatte) in einem befestigten Lager vor der porta Viminalis Roms unter dem Befehl ihres Präfekten Aelius Sejanus. Und bald erlangten diese Prätorianer, die keinen äussern Feind sich gegenüber sahen und vor den Thoren Roms üppig und luxuriös lebten, Einfluss auf die Staatsangelegenheiten, und ihr Präfekt wurde der Erste nach dem Kaiser.

Die 4jährige Regierung des Verwandten und Nachfolgers des Tiberius, des halb verrückten und grausamen Cajus Caligula (37—41) war erfüllt von Schrecken und Gräueln jeder Art in Rom und dem Reiche, dagegen durch keine irgend bedeutenderen kriegerischen Ereignisse ausgezeichnet.

Der Onkel und Nachfolger des durch die Prätorianer ermordeten Caligula (41), der 50jährige Claudius, war durch die Prätorianer zum Kaiser ausgerufen worden und gab ihnen wie dem ganzen Heere dafür eine Belohnung, *donativum*, — was für die folgenden Imperatoren nun zur Verpflichtung wurde. Seine 13jährige Regierung (41—54) war ebenfalls voller Greuel und Schandthaten im Innern des Staates, nach aussen war sie nicht ohne Ruhm für die römischen Waffen und nicht ohne Nutzen für das Reich. Mit den Germanen und Parthern kam es nur zu unbedeutenden Scharmützeln an der Grenze, aber die Grenzen des Reiches wurden durch neuen Länderzuwachs erweitert. Mauretanien im J. 42, Lycien 43, Judäa 44 und Thracien 47 werden zu römischen Provinzen gemacht. Im Osten befestigten römische Legionen die Grenzen des Reiches, Parther und Armenier werden gezwungen, bei ihren inneren Streitigkeiten die Vermittelung Roms eintreten zu lassen. Im J. 43 begann Plautius die Unterwerfung Britanniens (wohin Claudius selbst sich auch begeben hatte), Ostorius Scapula setzte dieselbe mit Glück und erfolgreich fort.

Unter der Regierung Nero's (54—68), des Nachfolgers des Claudius und letzten Kaisers aus dem Geschlechte Cäsar's, wurde der Krieg in Britannien fortgesetzt, ein grosser Theil durch Suetonius Paulinus unterworfen und in eine römische Provinz verwandelt. In Armenien führte der tapfere Corbulo mit Glück Krieg gegen die Parther, und seit dem J. 66 ward ein ebenso glücklicher Krieg in Judäa geführt. Aber die wahnsinnige, gräuelvolle und unerträgliche Tyrannei Nero's erregte endlich die Unzufriedenheit der höchsten wie der niedersten Offiziere des Heeres in den verschiedenen Theilen des Staates, und diese ging von ihnen auch auf die unter ihren Befehlen stehenden Truppen über. Sulpicius Galba, einer der ausgezeichnetsten Legaten jener Zeit, der Hispanien verwaltete, sich aber bereits in vorgerücktem Alter befand, verweigerte Nero den Gehorsam, als er hörte, dass dieser ihn zum Tode verurtheilt habe und sah, dass dies bei seinen Truppen Missvergnügen erweckte. Zu gleicher Zeit hatte Julius Vindex, aus Aquitanien stammend, in Gallien einen Aufstand erregt und sich für Galba erklärt: mit ihm vereinigte sich auch der Statthalter von Lusitanien, Otho, und am 3. April 68 ernannte sich Galba zum Legaten des Senates und Volkes. Obgleich Vindex durch die rheinischen Legionen besiegt und getödtet wurde, so bewegten dennoch die Verschworenen durch grosse Versprechungen die Prätorianer in Rom zum Abfall von Nero, und nun wagte auch der Senat den Letzteren für einen Feind des Vaterlandes zu erklären und ernannte den von den hispanischen Legionen erwählten Galba zum Kaiser. Nero entzog sich der Rache des Senates und Volkes durch Selbstmord (11. Juli 68); mit ihm erlosch das Haus Cäsar's und begann die Erhebung auf den Thron durch die Truppen! Von diesem Zeitpunkt an wurden binnen kaum 1½ Jahren drei Imperatoren: Galba, Otho und Vitellius durch die Soldaten zu Kaisern ernannt und wieder abgesetzt. Galba zog sich den Hass der Prätorianer und der rheinischen Legionen zu und wurde durch Otho mit Hülfe der Ersteren gestürzt. Zu gleicher Zeit hatten aber die rheinischen Legionen ihren Feldherrn Vitellius zum Kaiser ausgerufen und brachen im Frühjahr 68 über die Alpen nach Italien auf: Otho rückte mit seinen Truppen ihnen entgegen. Am 13. April 69 wurde er in der Schlacht bei Bedriacum unweit Cremona besiegt und kam selbst ums Leben. Kaum aber war Vitellius in Rom eingezogen, so erfuhr er, dass die Legionen des Orients ihren Feldherrn Vespasian zum Imperator ausgerufen hätten. Die moesischen, pannonischen und illyrischen Legionen zogen unter Anführung des Antonius Primus nach Italien. Die rheinischen Legionen des Vitellius zeigten aber, durch das Klima Italiens und das Leben in Rom verweichlicht, in keinem Treffen gegen die Legionen des Primus eine genügende Festigkeit und wurden endlich bei Cremona vollkommen geschlagen. Primus zog nach Rom, bekämpfte und vernichtete daselbst das Heer des Vitellius; dieser selbst wurde getödtet (30. December 69).

Mit Flavius Vespasianus (59 J. alt) bestieg ein neues Geschlecht den römischen Thron, das dem Staate drei Kaiser nach einander gab. Das seit dem Tode des Augustus (14—69) durch unaufhörliche Bürgerkriege, Umwälzungen und die Verschwendung der Kaiser erschöpfte römische Reich erhielt endlich in Vespasian (69—79) und dessen ältestem Sohne Titus (79—81) solche Kaiser, wie sie ihm gerade zu dieser Zeit nöthig waren, um alles während 55 Jahren erduldete Elend wieder gut zu machen. Beide richteten während ihrer weisen Regierung alle Anstrengungen auf Wiederherstellung der Ruhe, Ordnung und des Wohlstandes im Staate und machten sich durch glückliche, ruhmreiche und nutzbringende Kriege nach aussen, besonders in Judäa und Batavia, berühmt.

Vespasianus stellte die zerrütteten Finanzen des Staates vollkommen wieder her, unter Anderm durch die Verwandlung von Rhodus, Samos, Lycien, Achaja (Griechenland), Thracien, Cilicien und Commagene in römische Provinzen. welche der wahnsinnige Nero von der Oberhoheit Roms freigegeben hatte. In kriegerischer Beziehung ward er besonders durch die Eroberung von Jerusalem und Judäa und durch die Niederwerfung des gewaltigen und drohenden Aufstandes der Bataver berühmt.

Der judäische Krieg hatte schon unter Nero begonnen, von 65—66, mit der offenen Empörung der Juden gegen die Römer. Die an der Spitze des Aufstandes stehenden Zeloten hatten sich Jerusalems bemeistert, den römischen Statthalter von Syrien, Cestius Gallus, geschlagen, die römischen Truppen zur Räumung von Judäa gezwungen, sich dieses ganzen Landes bemächtigt, den Aufruhr in regelrechter Weise organisirt und Jerusalem und alle übrigen Städte stark befestigt. Vespasian hatte, die Stelle des Cestius Gallus einnehmend, den Krieg mit den Juden nicht eher begonnen, als bis er ein Heer von 60000 Mann zusammengebracht und es in genügender Weise zu dem Kriege gerüstet hatte, der ebenso schwierig, als wichtig war. Im Frühjahr 67 eröffnete er ihn, indem er in Galiläa einrückte, welches durch den Historiker Flavius Josephus so vortrefflich vertheidigt wurde, dass dessen Einnahme dem Vespasian ein ganzes Jahr kostete. Während dessen wurde Galiläa verwüstet, die Bewohner in den Schlachten niedergemacht oder in die Sklaverei verkauft, Josephus aber rettete sein Leben und seine Freiheit und befand sich später bei der Armee des Vespasian und Titus. Im J. 68 rückte Vespasian in Judäa erst nach Wegnahme aller festen Punkte am Wege nach Jerusalem ein. Als er sich dieser Stadt näherte, erkannte er, dass er sie nicht werde einnehmen können, ehe er nicht alle befestigten Punkte in ihrer Umgebung in seinen Besitz gebracht habe. Aber gerade als er sich mit der Ausführung dieses Planes beschäftigte, kam die Nachricht von dem Sturze Nero's und der Thronbesteigung Galba's, wodurch in den Kriegsoperationen ein Stillstand bis zu dem Momente entstand, wo Vespasian selber zum Kaiser ausgerufen wurde. Während dieses Stillstandes brach unter den aufrührerischen Juden eine solche Uneinigkeit aus, dass in Jerusalem selbst es zu wilden Fehden zwischen den Parteien des Johannes von Giscala und Simon's kam. Als aber Titus, der Sohn Vespasian's, der nach diesem den Oberbefehl über das Heer angetreten hatte, aus Samaria mit bedeutender Macht wiederum gegen Jerusalem aufbrach, machte die gemeinsame Gefahr die dort einander befehdenden Juden rasch wieder einig. Trotzdem nahm Titus im Mai Bęzetha und die äussere Stadtmauer ein. Nun begann ein fast ununterbrochener, täglicher, hartnäckiger Kampf um die zweite Mauer, und als endlich den Römern eine

Bresche in dieselbe zu legen gelungen war und sie in die Stadt eindrangen, stiessen sie auf solch verzweifelten Widerstand, dass sie dadurch gezwungen wurden, eilends auf demselben Wege zurückzugehen oder, besser gesagt, zu fliehen. Die Juden schlossen sofort die Bresche wieder, und die Belagerung der Stadt war wieder auf der alten Stelle. Den Römern blieb nur übrig, das Ende derselben und des Krieges durch Hungersnoth in Jerusalem abzuwarten. Um dies rascher herbeizuführen, umgab Titus durch grossartige Arbeiten ganz Jerusalem mit einer zusammenhängenden Befestigungslinie von Mauern und Thürmen und schnitt die Stadt von jeder Zufuhr von Lebensmitteln ab. Bald brach in derselben wirklich Hungersnoth aus, welche endlich eine so furchtbare Höhe erreichte, dass die Belagerten nicht nur Leichname, sondern sogar Lebende aufzehrten, sie hielten sich aber hartnäckig und ergaben sich nicht. Als den Römern gelungen war, sich in den Besitz der Feste Antonia und der zweiten Mauer zu setzen, hielten sich die Juden noch auf dem Berge des Tempels und in der Feste Zion, wo Johannes von Giscala resp. Simon befehligten. Die Römer griffen zuerst den Berg des Tempels an, drangen im August bis zum Tempel selbst vor, zündeten ihn an und verwandelten ihn nach einem blutigen während des Brandes stattfindenden Kampfe in einen Trümmerhaufen. Die Vertheidiger, Johannes von Giscala an der Spitze, flohen in die Festung Zion, aber auch diese wurde im September erstürmt und damit der Belagerung ein Ende gemacht. Jerusalem war erobert. Johannes, Simon und die übrigen Führer wurden für des Titus Triumph aufgehoben, mit den andren Gefangenen verfuhr Titus aufs Grausamste. Im folgenden Jahre, 71, unterwarfen die Römer die übrigen noch in der Hand der Juden gebliebenen Städte Judäas, das jüdische Volk wurde seiner politischen Selbständigkeit beraubt, Judäa ganz zur römischen Provinz gemacht.

Der Krieg mit den Batavern begann mit der Thronbesteigung des Vespasian. Der Bataver Civilis, im römischen Kriegsdienst gebildet, machte im J. 69 sich den Krieg zwischen Vespasian und Vitellius zu Nutze, um unter dem Vorwande, die Rechte des Ersteren zu vertheidigen, die Bataver gegen die Römer aufzuwiegeln. Er konnte aber nur bis zum Ende des J. 69 sich mit dem Namen Vespasian's decken, weil nach der Schlacht bei Cremona auch die rheinischen Legionen den Vespasian anerkannten. Nun erhob sich Civilis offen gegen die Römer, und sein Aufstand im Bunde mit den beutegierigen Germanen und den immer zum Aufruhr geneigten Galliern erhielt einen bedrohlichen und gefährlichen Charakter. Aber der von Vespasian entsendete Legat Petilius Cerealis nöthigte durch einen entscheidenden Schlag und vollständigen Sieg bei Trier (70)*) den Civilis und dessen Verbündete dazu, sich mit Verlust

*) Nach Andern bei Xanten (71). Anmerk. d. Uebers.

nach Batavia zurückzuziehen und schloss demnächst mit ihnen einen Frieden, der die früheren Beziehungen zwischen Römern und Batavern herstellte. Damit war der Krieg mit den Batavern rasch, glücklich und erfolgreich beendet, — ein Krieg, der weit wichtiger und gefährlicher gewesen war, als der judäische.

Ausserdem hatte zu Ende der Regierung Vespasian's Julius Agricola*), ein geschickter römischer Feldherr, welchen Jener nach Britannien gesendet hatte, nicht allein das ganze heutige England unterworfen und es mit römischen Sitten und Gewohnheiten bekannt gemacht, sondern war auch in Caledonien (Schottland) eingedrungen und hatte Britannien zur See mit einer Flotte umschifft.

Die kurze Regierung des Titus (79—81) war durch keine Kriege bezeichnet; aber die Kriege und Feldzüge der Römer unter seinem lasterhaften und grausamen Bruder Domitian (81—96) sind in politischer Hinsicht höchst beachtenswerth. Der von Domitian im J. 82 unternommene Feldzug gegen den germanischen Stamm oder besser, Völkerbund, der Katten endete unglücklich, aber unglücklicher, ruhmloser, gefährlicher und verderblicher für den Staat war in seinen Folgen der Krieg Domitian's gegen die Daker oder Dacier (welche das heutige Rumänien bewohnten), die von ihrem geschickten Fürsten Decebalus geführt wurden. Domitian erkaufte mit schwerem Gelde von ihnen Frieden, indem er ihnen jährlichen Tribut zu zahlen versprach, — ein deutliches Zeichen der Ohnmacht, welches die Barbaren zu dem kühnsten Angriff gegen das römische Reich ermuthigte.

Wie der unkluge und misslungene Feldzug Domitian's gegen die Katten den Beweis von dem maasslosen Hochmuth und Dünkel Domitian's, die gleichzeitige Abberufung aber des Agricola, der Britannien unterworfen, den Beweis von seinem Hass gegen diesen gegeben hatte, so bedeckte nun auch der Krieg gegen die Dacier, und zwar noch in erhöhtem Maasse, da er einen Krieg mit deren Nachbarn, den Marcomannen, Quaden und Jazygen (die Letzteren waren slawischen Stammes) nach sich zog, den Domitian und die Römer mit Schande. Dies Alles zusammen gab den internationalen Beziehungen zwischen Römern und Barbaren eine vollkommen neue und entscheidende Wendung, denn von diesem Augenblicke an gingen die Barbaren aus ihrer bisherigen defensiven Haltung zu kühnen Angriffen gegen das römische Reich vor.

Die Rückberufung Agricola's aus Britannien durch Domitian war in ihren Folgen nicht minder wichtig für das römische Reich als der Unfall gegenüber den Katten, Daciern und den andern oben genannten Bar-

*) Schwiegervater des Historikers Tacitus. Anmerk. d. Uebers.

baren. Man muss sagen, dass die Festsetzung der Römer in Britannien schon unter Claudius begonnen hatte, welchem besonders die Waffenerfolge des Ostorius Scapula (wie schon früher bemerkt wurde) zu statten kamen, denn dieser hatte viele britannische Stämme unterworfen und den tapfersten von ihren Führern, Karaktakus, als Gefangenen nach Rom geführt. Aber das römische Joch führte in Britannien bald einen allgemeinen Aufstand herbei, im J. 62, der rasch die ganze Insel ergriff, gerade zu der Zeit, als der römische Feldherr Suetonius Paulinus einen Feldzug gegen die Insel Mona (h. Anglesea) unternahm. Die Empörung der Britten unter der Führung eines Weibes, der Königin Boadicea, war so heftig und gefahrdrohend, dass die Römer überall genöthigt wurden, sich zurückzuziehen, ihre Colonien der Plünderung der Britten zu überlassen, Schutz hinter der Themse zu suchen und sogar London zu verlassen, das schon damals bedeutenden Handel trieb. Erst als die Römer ihre gesammten Kräfte in einer in kriegerischer Hinsicht vortheilhaften Stellung concentrirt hatten, vermochten sie den Britten Widerstand zu leisten und erfochten einen schweren, aber entscheidenden Sieg über sie. Boadicea tödtete sich durch Gift, Suetonius Paulinus aber verfuhr so hart und grausam mit den Besiegten, dass man in Rom es für nöthig hielt, ihn durch den milderen Petronius Turpilianus zu ersetzen. Seitdem ereignete sich in Britannien bis zum Eintreffen des Agricola im J. 78 nichts von Belang. Agricola bemühte sich von vornherein vorzugsweise durch Milde und Gerechtigkeit die Britten zur Annahme römischer Bildung und dadurch zur Unterwerfung unter die römische Herrschaft zu bewegen, und dies gelang ihm während 3 Jahren in solchem Grade, dass die Britten mit Eifer sich die Sprache und die Sitten der Römer anzueignen suchten und bald Britannien, wie Gallien seit Cäsar's Zeit, vollkommen zur römischen Provinz geworden war. Gleichzeitig verbreitete Agricola die römische Herrschaft bis zum Clyde- und Forth-Busen (Glasgow und Edinburgh), und da diese nur 50 Kilometer von einander entfernt lagen, so erbaute er von dem einen Meere zum andern eine ganze Reihe von Befestigungen, um den kriegerischen und räuberischen Bewohnern der schottischen Hochlande (Caledonicus) den Weg zu Einfällen nach Britannien abzuschneiden. Zur selben Zeit liess er seine Flotte die Nordufer von Caledonien umschiffen und überzeugte sich, dass Britannien mit Caledonien eine Insel war. Alle diese Thaten und Erfolge Agricola's erweckten bei Domitian solche Furcht und Hass, dass er sich erst beruhigte, als er ihn nach Rom zurückgerufen und vergiftet hatte. Bald nachher wurde er selber ermordet (18. Septbr. 96), und seine Mörder riefen den 70jährigen Coccejus Nerva zum Kaiser aus.

§. 361.

Von Nerva bis Commodus (96—180).

Mit Nerva beginnt für das römische Reich eine 84 Jahre währende ebenso glückliche Geschichtsperiode, wie es die 44jährige Herrschaft des Augustus gewesen war. Im Verlauf dieser Zeit bestiegen nach einander den römischen Thron fünf Imperatoren, welche sich durch Wohlthaten, weise Regierung und glückliche Staats- wie Kriegs-Actionen und Erfolge auszeichneten. Trotz dessen aber neigte sich im römischen Reiche Alles ersichtlich und schnell dem Verfalle zu, weil die Sitten mehr und mehr sich verschlechterten und an Stelle der Liebe zum Vaterlande der Allen gemeinsame Egoismus, niedrige Gesinnung und äusserste Furchtsamkeit traten.

Die Rasereien der meuterischen Prätorianer, welche den Tod Domitian's durch Ermordungen rächten, bewogen den guten, aber sehr alten, schwachen und kränklichen Nerva, sich durch Adoption einen Mitregenten und Nachfolger in der Person des Feldherrn der rheinischen Legionen, Ulpius Trajanus, aus hispanischem Geschlechte, zu erwählen. Das machte allen Unordnungen in Rom ein Ende: die Prätorianer wagten nicht, sich der wohlthätigen Maassregel Trajan's, nämlich ihrer Entfernung aus Rom und Zutheilung an verschiedene Legionen, zu widersetzen.

Nach Nerva's Tode, am 27. Januar 98, trat Trajan die Regierung an; er war der erste Kaiser nicht italischer Abkunft, gleich gross als Mensch, Herrscher und Feldherr. Während der 20 Jahre seiner Regierung (98—117) führte er, neben weisen und wohlthätigen Regierungsmaassregeln in bürgerlichen und Staatsangelegenheiten, auch bemerkenswerthe glückliche und nutzbringende Kriege mit den Daciern, Parthern und Armeniern und machte Dacien, Mesopotamien, Armenien und einen Theil von Arabien zu römischen Provinzen.

Den ersten Krieg gegen die Dacier unternahm er nothgedrungen, als er ihnen den von Domitian versprochenen Tribut verweigerte. Als sie deswegen in das römische Gebiet einfielen, zog ihnen Trajan im J. 100 über die Donau entgegen, zwang nach 3jährigem Kriege ihren Fürsten Decebalus (im J. 103) Frieden zu schliessen und besetzte eine grosse Anzahl fester Orte in Dacien mit römischen Truppen. Decebalus, der hierin die Absicht Trajan's, Dacien zu unterwerfen, erblickte, begann im J. 105 einen neuen Krieg gegen ihn. Trajan erbaute eine stehende steinerne Brücke über die Donau (in der heutigen kleinen Wallachei) in einer Länge von 3500 Schritten und deckte beide Enden derselben durch starke Festungswerke (die Ueberreste dieser Brücke bestehen an der Donau noch bis auf den heutigen Tag). Darnach wurde Decebalus in Dacien so durch Trajan von allen Seiten in die Enge getrieben, dass er, aus Furcht, lebendig in die Hände der Römer zu fallen, sich im J. 106 selbst entleibte. Die Dacier unterwarfen sich Trajan, welcher ihr Land zur römischen Provinz machte, viele römische Colonien darin anlegte und die allgemeine Anwendung der römischen Sprache und Sitten mit Erfolg einführte. Zur Erinnerung an diese Eroberung Daciens errichtete er zu Rom die unter seinem Namen bekannte Trajans-Säule, welche 120 Fuss hoch war; seine Colossalstatue stand oben auf der Spitze, seine Thaten waren in Reliefs an der Säule dargestellt.

Dieser erste glückliche Krieg gegen die Dacier veranlasste Trajan zu neuen Kriegen, lediglich aus Hang zu Eroberungen und zu kriegerischem Ruhm. Dazu wählte er aber nicht Germanien, sondern den Osten, und den ersten Anlass dazu gaben die inneren Angelegenheiten Armeniens, welches gezwungen war, einen König von den Parthern anzunehmen. Die Geschichte des ersten Feldzugs Trajan's in Asien ist sehr dunkel, weil die späteren Historiographen die Ereignisse des ersten und zweiten Feldzugs durcheinander warfen. Bekannt ist nur, dass Trajan Armenien zur römischen Provinz machte, von da nach Mesopotamien zog und dann nach Rom zurückkehrte, um die zur Fortsetzung des Krieges gegen die Parther erforderlichen Rüstungen vorzunehmen. Im J. 114 erschien er abermals in Asien, und je erfolgreicher seine Kriegsthaten waren, um so weitere Pläne entwarf er. Er unterwarf ganz Mesopotamien, bemächtigte sich der Hauptstadt der Parther, Ktesiphon, machte Assyrien zur römischen Provinz und drang bis zum persischen Meerbusen vor. Ohne Rücksicht darauf, dass diese seine neuen Eroberungen jenseits des Euphrat in seinem Rücken keineswegs gesichert waren, befahl er, in dem Wunsche den Ruhm Alexander's d. Gr. selbst zu übertreffen, dass eine Flotte zum Einfall in Indien vom Meere her ausgerüstet werde. Aber während er sich hierzu anschickte, erhoben sich die unterworfenen Länder hinter ihm, fielen ab, und er sah sich gezwungen umzukehren. In Folge der hierbei erduldeten Mühen und Entbehrungen erkrankte er und starb am 11. August 117 in der cilicischen Stadt Selinus. So hatten seine Eroberungen im Orient dem Reiche keinen dauernden Nutzen gebracht, seine Eroberungen aber in Arabien (im J. 116) hatten sich nur auf dessen nördlichen Theil beschränkt, da das steinige Arabien bereits im J. 107 durch den Legaten Cornelius Palma erobert worden war. Auch das Ost-Ufer des Schwarzen Meeres bis zur Stadt Dioscurias hatte Trajan im J. 114 erobert.

Nach dem Tode Trajan's riefen die Legionen des Ostens seinen von ihm an Kindes Statt angenommenen Verwandten, Aelianus Hadrianus, zum Kaiser aus, welchen auch der Senat anzuerkennen gezwungen wurde. Hadrian (117—138) entfaltete sofort eine andre, friedliebende Politik, schloss Frieden mit den Parthern, indem er ihnen alle von Trajan eroberten Provinzen (Assyrien, Mesopotamien und Armenien) abtrat und das rechte Ufer des Euphrat wieder zur Grenze des römischen Reiches machte. Er wünschte auch Dacien wieder los zu werden, behielt es aber nur deshalb, um die darin angesiedelten römischen Colonien nicht aufzuopfern. Um die militärische Disciplin in der Armee aufrecht zu erhalten, bereiste er persönlich alle Provinzen des Reiches, und überall empfanden die Provinzen seine Festigkeit und Strenge. Er verschönerte nicht allein Rom, sondern auch die Hauptstädte der Provinzen; in Britannien errichtete er den berühmten festen Wall von Meer zu Meer, gegen die Einfälle der caledonischen Bergbewohner. Die Dacien verwüstenden Sarmaten wurden vorzugsweise mit Hülfe der batavischen Hülfstruppen zurückgetrieben und (im J. 120) ein Friede mit ihnen geschlossen. Im J. 134 schlug der Legat Arrian (ein bekannter Kriegsschriftsteller) die in Medien und Cappadocien eingedrungenen Alanen zurück. Während dessen legte Hadrian, in der Absicht Jerusalem aus den Ruinen wieder aufzubauen, dort eine römische Colonie an, welche nach ihm Aelia Hadriana genannt wurde, und erbaute auf dem Berge dem Jupiter Capitolinus einen Tempel. Die über diese Entweihung des ihnen heiligsten Ortes erzürnten Juden erhoben sich (im J. 132) aufs Neue in Palästina unter der Führung eines Betrügers, der sich für den Messias ausgab und sich Bar-Cochcha (Sohn der Sterne) nannte, von den Juden aber in der Folge Bar-Kasba (Sohn der Lüge) genannt wurde. Der daraus hervorgehende hartnäckige und blutige Krieg zwischen Römern und Juden konnte erst nach 3 Jahren (133—135) mit der Besiegung der Letzteren durch Julius Severus beendet werden. Dennoch war auf den Ruinen von Jerusalem bereits eine neue Stadt, Aelia Capitolina genannt, entstanden, und den Juden wurde bei Todesstrafe verboten sich derselben zu nähern.

Hadrian's Nachfolger, der von ihm adoptirte Arrius Antoninus *), mit dem Beinamen Pius (der Fromme) regierte von 138—161 in vollstem Frieden, so dass unter ihm keine grossen Kriege geführt wurden.

Aber bei seinem Nachfolger, dem hinwiederum von Antoninus adoptirten Marcus Aurelius Antoninus, genannt der Philosoph (161—180), der 169 mit seinem Adoptivbruder Commodus Verus **) zusammen regierte, brachen im Norden und Osten die Stürme los, welche sich während Hadrian's und des Antoninus Pius Regierung zusammengezogen hatten. Im Norden begannen die germanischen und slawischen Stämme von der Donau, von denen die mächtigsten und bedeutendsten die germanischen Stämme oder Bündnisse der Marcomannen und Katten waren, Angriffskriege gegen das römische Reich zu

*) Er hiess Titus Aurelius Fulvius. Anmerk. d. Uebers.

**) Er hiess Lucius Verus. Anmerk. d. Uebers.

unternehmen, und im Osten brachen die Parther den Frieden und fingen gleichfalls an dasselbe anzugreifen. Gegen die Letzteren wurden die besten Legionen und Feldherren unter dem Befehl des Lucius Verus geschickt. Verus aber überliess alle Mühe und Ruhm des Krieges seinen Legaten, unter denen sich besonders Avidius Cassius auszeichnete; er selbst (Verus) brachte während der ganzen Dauer des Krieges (162—166) den Sommer in Daphne und den Winter in Laodicea zu und erschien nur zweimal auf kurze Zeit bei dem Heere. Von dem Verlauf des Feldzuges weiss man nichts, als dass sein Resultat den Römern günstig war und dass aus diesem Anlass beide Imperatoren zu Rom den Triumph feierten (im J. 166). Aber die aus Syrien zurückkehrenden Legionen brachten von dort die Pest mit und schleppten sie in die verschiedenen Provinzen des Reiches ein, wo sie viele Jahre wüthete und gleichzeitig mit dem Einfall der Germanen und Slawen über die Donau auftrat. Marc Aurel ging im J. 167 selber mit einem Heere über die Alpen und nahm auch den Lucius Verus mit sich. Während er alle Maassregeln traf zum Schutze von Illyrien, das zur Schutzwehr für Italien diente, bemühte er sich gleichzeitig die Germanen durch Unterhandlungen zur Beendigung ihres Vordringens und zum Frieden zu bewegen, indem er vielen Stämmen der Barbaren sich auf römischem Gebiet anzusiedeln erlaubte und eine Menge der Barbaren in das römische Heer aufnahm. Allein auf der Rückkehr starb in Aquileja im J. 169 Verus an der Pest, wodurch Marc Aurel sich von vieler Unruhe befreit sah. Uebrigens war der von Marc Aurel geschlossene Frieden nicht von langer Dauer. Die Barbaren (mit welchen sich bereits viele andre Stämme, besonders die Quaden, Vandalen und Jazygen vereint hatten), durch die klägliche Lage Roms ermuthigt, begannen erneute Angriffe und Einfälle zu machen, und zwar mit solchem Erfolge, dass sie nach Besiegung der Legaten Marc Aurel's sich Illyriens bemächtigten und Aquileja belagerten. Marc Aurel gerieth in solche Bedrängniss, dass er alle seine und seiner Gattin Schätze und Kostbarkeiten verkaufen musste, um die zur Kriegführung erforderlichen Geldmittel zu erlangen, da er die Unmöglichkeit einsah, dem Staate neue Steuern aufzuerlegen. Im Jahre 172 rückte er mit einem Heere ins Feld, das zum Theil aus Neuausgehobenen bestand, und entsetzte vor allen Dingen Aquileja. Nachdem er dann die Quaden zum Frieden gezwungen, züchtigte er die auf römischem Gebiete angesiedelten Barbaren dafür, dass sie sich mit ihren Stammesgenossen verbündet hatten, und zwang durch einen an der zugefrorenen Donau über die Jazygen erfochtenen Sieg diese zur Herausgabe der römischen Gefangenen und zur Verzichtleistung für immer auf weitere Abtretung römischen Gebietes. Aber noch vor Beendigung dieses Krieges liess sich der Legat Avidius Cassius im Orient, auf die falsche Nachricht von Marc Aurel's Tode, im J. 174 zum Kaiser ausrufen. Marc Aurel wandte sich eilends gegen diesen nach Asien, aber noch bevor er dort eintraf, wurde Avidius Cassius von seinen eignen Soldeten ermordet. Marc Aurel kehrte zur Donau zurück, um den gegen die Barbaren begonnenen Krieg weiter zu führen. Aber trotzdem er viele Siege über sie davontrug, konnte er sie doch nicht zur Unterwerfung nöthigen und starb am 17. März 180, ohne den Krieg beendet zu haben, der ihn fast während seiner ganzen Regierungszeit beschäftigt hatte. Dieser erste Marcomannen-Krieg ist deswegen bemerkenswerth, weil es der erste Angriffskrieg von Barbaren im nördlichen Europa war, und zwar von Barbaren, welche sich zu einem grossen Bunde germanischer und slawischer Stämme unter dem gemeinsamen Namen der Marcomannen (deren ursprünglicher Wohnsitz das spätere Tschechien oder Böhmen war) zusammengeschlossen hatten, und die mit ungeheuren Kräften und aussergewöhnlicher Energie, Kühnheit, ja Verwegenheit zu entscheidenden Operationen vorgingen, so dass schon damals Rom die äusserste Gefahr drohte. Hierbei muss bemerkt werden, dass gleichzeitig, obschon ohne jeglichen Zusammenhang mit diesem Kriege, die Angriffe anderer Barbaren des östlichen Europas, der Bastarnen, Alanen und Anderer auf römisch Dacien begannen, welche von Völkern des nordöstlichen Europas, wahrscheinlich den Gothen, die ihrerseits sich von Norden nach Süden in Bewegung gesetzt hatten, gedrängt gegen Dacien vordrangen. Es waren dies schon die ersten Anzeichen und Anfänge der folgenden grossen Völkerwanderung der im Norden und Osten Europas lebenden Völker.

§. 362.

Von Commodus bis Diocletian (180—284).

Mit dem Tode Marc Aurel's beginnt eine äusserst unruhige und finstere Periode der Geschichte des römischen Reiches, welche 104 Jahre bis zu Diocletian umfasst. Das System der Adoption, welches die Imperatoren seit Nerva befolgt hatten, hatte die Willkür des Heeres gezügelt. Aber Marc Aurel hatte seinen vermeintlichen Sohn (in der That aber einen unehelichen Sohn seiner lüderlichen Gemahlin Faustina) Aurelius Commodus Antoninus zu seinem Nachfolger ernannt, — ein Ungeheuer von Schlechtigkeit, Grausamkeit, Gemeinheit und Lüderlichkeit. Der heilsame Gebrauch der Adoptionen wurde aufgehoben, und Commodus und nach ihm seine Nachfolger begannen wiederum ganz so zu herrschen und zu handeln wie die unwürdigsten Kaiser in der Periode von Augustus bis zu Nerva. Das Heer bekam den Thron wieder in seine Gewalt und gewann von neuem das Recht, gute wie schlechte Kaiser ohne Auswahl, nur von seinen Leidenschaften und Vortheilen, nicht aber von Rücksichten für das Staats- und Gemeinwohl geleitet, auf den Thron zu erheben und wieder herunterzustossen. Dadurch geriethen die Kräfte des Staates in Verfall, und während dessen drangen die germanischen und slawischen Völkerschaften von Norden her und die Parther und bald nachher die Perser des neuen persischen Königreichs der Sassaniden von Osten her gegen seine Grenzen immer beharrlicher und entschiedener vor.

Anfänglich (180—183) liess sich Commodus durch die Rathschläge der Freunde seines Vaters leiten und überliess ihnen die Staatsgeschäfte, gab sich Vergnügungen hin und offenbarte seinen Hang zur Grausamkeit nicht, befleckte auch seine Hände nicht mit Blut. Gleich nachdem er zum Kaiser ausgerufen war, wollte er aus dem Lager seiner an der Donau kriegführenden Truppen nach Rom abreisen, indessen gelang es den Freunden seines Vaters, ihn noch bis zum Abschluss eines günstigen Friedens mit den Barbaren beim Heere zurückzuhalten. Vom J. 183 an ging bei Commodus eine vollständige Aenderung vor, in Folge eines vereinzelten Anschlages auf sein Leben. Furcht und Hass, Feigheit und Grausamkeit beherrschten seinen Geist, und der Präfekt der Prätorianer wurde wieder die wichtigste Person, zuerst Perennis, nach diesem Cleander, deren Ersterer im J. 186 auf Verlangen der britannischen Legionen, der Andere durch den Hass des römischen Pöbels gestürzt wurde. Commodus wurde immer grausamer und zugleich verächtlich durch seine unsinnige Leidenschaft zu den Spielen des Amphitheaters, dem Kampfe der Gladiatoren und wilden Thiere (wobei er selbst aktiv auftrat, da er sich rühmte ein zweiter Herkules zu sein) und die daraus entspringende Verschwendung und Grausamkeit, bis er am letzten Tage des J. 192) ermordet wurde. Die während seiner Regierung an den Grenzen, in Dacien und Britannien, stattfindenden Kämpfe waren durch seine Legaten, die sich noch in den Kriegen Marc Aurel's gebildet hatten, mit Erfolg geführt worden.

Trotz alledem hatte das durch die Kriege und die Pest unter Marc Aurel und die Raserei des Commodus entstandene Elend, obgleich es das Verderben des Staates verursachte, dennoch keineswegs schon den Staat in Ohnmacht versetzt, und zu Ende der Periode der Antonine stand er noch in seiner vollen Macht und in gutem Zustande da. Noch 2 Jahrhunderte hindurch setzte er den heftigen und furchtbaren Angriffen von aussen einen hartnäckigen Widerstand entgegen. Aber von sittlicher Kraft und Grösse war in den Römern nichts mehr vorhanden: sonst hätten sie sich nicht so leicht dem grausamen Joche des Commodus und nach ihm der Prätorianer und Cohorten gebeugt.

Nach der Ermordung des Commodus erwählten die Prätorianer den Helvidius Pertinax, den 67jährigen Präfekten in Rom, einen der früheren Freunde Marc Aurel's, zum Kaiser. Bald aber erregte dieser durch seine Sparsamkeit und Strenge den Hass der Prätorianer, welche nach 3 Monaten sich empörten, ihn umbrachten und sich zu vollkommenen Herren des Reiches machten, die Kaiserwürde an den zu verkaufen beschlossen, der das Meiste geben würde, und sie dem reichen verderbten Didius Julianus verkauften, den sie nach Rom führten. In den Provinzen erregte dies allgemeines Missvergnügen, bei den Legionen aber offenen Aufruhr, und fast zu gleicher Zeit riefen die illyrischen Legionen den Septimius Severus, die syrischen den Pescennius Niger, die britannischen den Clodius Albinus zum Kaiser aus. Die schliessliche Folge hiervon musste ein Bürgerkrieg sein. Septimius Severus, der von Allen am nächsten bei Rom stand, eilte dorthin und besetzte es. Der Senat liess den Julianus hinrichten und erkannte den Septimius Severus an. Der Letztere entfernte die Prätorianer und bildete sich aus der Zahl seiner Legionen eine neue, den Prätorianern vierfach an Zahl überlegene Prätorianer-Garde. Vor Allem wandte er sich gegen Niger und ernannte, um sich nach der Seite des Albinus zu sichern, diesen zum Cäsar oder Mitregenten. Der Mittelpunkt der Kriegsmacht Niger's war Byzantium; Sever belagerte es mit der einen Hälfte seiner zahlreichen Armee, mit der andern eröffnete er die Operationen gegen Niger im Felde. Durch einen Sieg über ihn bei Cyzicus machte er sich den Weg nach Osten frei, schlug dann den Niger bei Nicaea und schliesslich bei Issus in Cilicien, wo er ihn gefangen nahm und tödtete (195). Byzanz, das des Severus Strenge fürchtete, vertheidigte sich mit ungewöhnlicher Hartnäckigkeit, wurde aber endlich (196) zur Uebergabe gezwungen; die Festungswerke wurden geschleift, die Gerechtsame der Stadt genommen, diese selbst in einen Flecken verwandelt und der ihr gegenüber gelegenen Stadt Perinthus unterstellt. Hierauf wandte sich Severus nach Gallien gegen Albinus, der aus Britannien bereits dorthin gegangen war, in einer blutigen Schlacht bei Lyon (im Februar 197) geschlagen wurde und sich selbst tödtete. Nun kehrte Severus nach Rom zurück, liess 12 Senatoren, welche auf des Albinus Seite gestanden hatten, hinrichten und gründete von jetzt an seine Macht auf das Heer, indem er den Soldaten Vorrechte einräumte, welche die militärische Disciplin für immer untergruben; den Senat erhielt er in Schrecken und sklavischer Abhängigkeit und behandelte ihn mit Geringschätzung. Um indessen das Heer durch kriegerische Unternehmungen vor Meutereien zu bewahren, führte er es nach Osten gegen die Parther. Allein während dieses Krieges erfuhr er mehrmals Widersetzlichkeiten von Seiten der Truppen und hatte kein andres Mittel, seine Stellung zu ihnen aufrecht zu erhalten, als Geschenke und Nachsicht, wodurch das Uebel zwar für einige Zeit beseitigt, für die Folge aber um so grösser wurde. Da das parthische Reich infolge innerer Zerrüttungen bereits seinem Untergange nahe war, so drang Severus ohne grosse Schwierigkeiten weit in das Innere desselben vor, plünderte eine Menge von Städten und vertheilte die dabei gemachte Beute an seine Soldaten. Nach seiner Rückkehr aus Parthien verweilte er einige Zeit in Syrien und Aegypten und ging dann nach Rom zurück. Zu seinen Nachfolgern ernannte er seine beiden Söhne, Bassianus, der später unter dem Namen Caracalla bekannt geworden, und Geta, die einander grimmig feind waren. Wahrscheinlich in der Absicht, sie aus Rom zu entfernen und sie im Kriege unter seinen Augen zur Thätigkeit anzulernen, zugleich aber auch um die Legionen zu beschäftigen, brach Severus ungeachtet seines vorgerückten Alters und seiner schwachen Gesundheit im J. 208 nach Britannien auf. Hier führte er 3 Jahre lang Krieg gegen die Gebirgsbewohner von Nord-Caledonien (Schottland), welche den gegen sie errichteten Wall durchbrochen hatten und von neuem in Britannien eingefallen waren. Severus drang tief in Caledonien vor, machte Durchhaue durch die dortigen Wälder, legte Wege an und würde sicherlich die wilden Caledonier gebändigt oder ausgerottet haben, wenn nicht der Gram über die Feindschaft seiner Söhne seinen Tod beschleunigt hätte, der zu Eboracum (York) am 4. Februar des J. 211 erfolgte.

Nach seinem Tode kehrten beide Kaiser, Caracalla und Geta, nach Rom zurück, wo sie an demselben Hofe, aber getrennt, lebten, mit aller erdenklichen Vorsicht sich gegen einander schützend. Erfolglose Unterhandlungen bezüglich einer Theilung des Reiches zwischen ihnen führten nur dazu, dass Geta auf Befehl Caracalla's in den Armen seiner Mutter getödtet wurde, welche sie auszusöhnen bemüht war. Durch grosse Geschenke brachte Caracalla die Prätorianer auf seine Seite und trat im J. 212 die Alleinherrschaft an, indem er mit der Hinrichtung aller Anhänger des Geta begann (nach Dio Cassius' Angabe an 20000 Menschen). Indessen quälte ihn das Gewissen, und um es zu betäuben, unternahm er Kriegszüge, zuerst (214) am Rhein, dann an der Donau (215) und endlich (216) im Orient. Obschon er nicht die mindeste Feldherrngabe besass, wollte er doch Alexander d. Gr. nachahmen, — schon hieraus kann man schliessen, dass er nicht bei vollem Verstande oder ganz verrückt war; unter dem Einfluss dieser Verrücktheit vollbrachte er die grössten Grausamkeiten und liess Tausende von Menschen umbringen. In Germanien bekämpfte er die Katten und Alemannen, zwischen welchen er ziemlich lange, bald als Freund, bald als Feind verweilte. Dann aber durchzog er die Provinzen längs der Donau bis nach Asien und Aegypten, Alles auf seinem Wege verwüstend, sowohl um seine Soldaten zu bezahlen, als auch um den Frieden mit den Grenznachbarn zu erkaufen. Von Aegypten aus zog er gegen die Parther zu Felde, und es gelang ihm, da sie gerade mit ihren inneren Fehden zu thun hatten, mehrere ihrer

Provinzen zu verheeren. Nachdem er den Winter von 217 zu Edessa zugebracht hatte, wollte er im Frühjahr aufs Neue gegen die Parther ziehen, wurde aber am 4. April durch einen Unterbefehlshaber seines Heeres ermordet.

Während vier Tagen nach seiner Ermordung hatte der römische Staat keinen Kaiser, am fünften riefen die Orient-Legionen den Präfekten der Prätorianer, Opelius Macrinus (217—218), den Anstifter der Ermordung Caracalla's, zum Kaiser aus. Macrinus ernannte sogleich seinen 9jährigen Sohn, Antoninus Diadumenus, zum Cäsar (d. h. Mitregenten). Durch Erkaufung des Friedens von den Parthern, welche sich zum Einfall in das römische Gebiet anschickten, machte er sich aber bei seinen eigenen Soldaten verächtlich, und durch sein Streben nach Verbesserungen zog er sich ihren Hass zu. Anstatt die Legionen in ihre stehenden Lager zu entlassen, behielt er sie den ganzen Winter in Syrien, bald verbreitete sich Unzufriedenheit im Heere, eine Empörung brach aus, und die Legionen riefen den Bassianus Heliogabalus, den jugendlichen Enkel der Kaiserin Julia Domna (Wittwe des Septimius Severus), Oberpriester im Tempel des syrischen Götzen Heliogabalus in der Stadt Emesa, zum Kaiser aus, den seine Mutter den Legionen als den Sohn Caracalla's vorgestellt hatte. Mit den von allen Seiten sich um ihn sammelnden Truppen brach Bassianus gegen Macrinus auf, stiess einen Tagemarsch von Antiochia entfernt auf denselben und besiegte ihn in einer Schlacht, deren Ausgang Macrinus nicht abwartete, sondern sich durch die Flucht rettete. Aber in Chalcedon durch widrige Winde aufgehalten, wurde er durch die von Bassianus ausgesandten Leute ergriffen und am 8. Juni 218 zugleich mit seinem Sohne getödtet.

Bassianus (218—222) nahm zuerst den Namen Marcus Aurelius Antoninus, dann aber Heliogabalus an und ergab sich schamlos und öffentlich den allerabscheulichsten Lastern der Sinnlichkeit und Ausschweifung, obgleich er im Ganzen nur zwischen 14 und 18 Jahr alt war. Sogar die Truppen, welche ihn proclamirt hatten, schämten sich seiner und richteten ihr Augenmerk auf seinen Vetter Alexianus oder Alexander, welcher durch seine vortrefflichen Eigenschaften und seine Sittenreinheit sich bei Heer und Volk allgemeine Liebe erworben hatte. Heliogabalus ernannte ihn zwar zum Cäsar, trachtete ihm indessen nach dem Leben, wurde aber statt dessen durch die aufgebrachten Soldaten selber umgebracht (am 11. März 222).

Alexander Severus (222—235), von seiner Mutter Mammäa in den Grundsätzen reinster Sittlichkeit [*] erzogen, bildete eine seltene und

[*] Wenn Mammäa auch nicht, wie Orosius angiebt, Christin war, so hatte doch augenscheinlich christliche Religion und Moral bedeutenden Einfluss auf Alexander's

rühmliche Ausnahme in der ganzen Reihe von Bösewichtern, Auswürfen der Menschheit, welche die römische Kaiserwürde trugen, und war einer der besten Regenten des Reiches zu dieser Epoche und auf einem Throne, wo Tugenden für den Kaiser gefahrvoller waren als Laster. Alexander Severus setzte einen Staatsrath aus 16 Senatoren ein, zu dessen Vorsitzendem er den *praefectus praetorio* Ulpianus ernannte. Der Letztere suchte alles Uebel der früheren Regierungen wieder gut zu machen und die in die höchsten Aemter gekommenen untüchtigen Männer durch würdige zu ersetzen. Die Prätorianer, welche in Alexander Severus ihr Geschöpf liebten, führten alle für Staat und Volk nützlichen, für sie selber aber nicht vortheilhaften Maassregeln nicht auf ihn, sondern auf Ulpianus zurück und ermordeten diesen in einem gegen ihn ausbrechenden Aufruhr (228) am Hofe selbst, vor den Füssen des Kaisers. Und die Regierung war in Bezug auf das Heer so schwach, dass sie nicht wagte, die am Aufruhr und der Ermordung des Ulpianus Schuldigen zu verurtheilen und hinzurichten, sondern dies erst später und mit grosser Vorsicht ausführte. Das Schicksal des Ulpianus drohte auch dem Historiker Dio Cassius, aber Alexander Severus erlaubte ihm den Dienst zu verlassen und sich in seine Heimath Nicäa zurückzuziehen, wo er im J. 229 auch sein Geschichtswerk beendete. Nun begann die Gefahr auch Alexander Severus selber zu bedrohen, und das Verderben brach über ihn herein, als er, durch einen gefährlichen Reichsfeind nach dem Orient gerufen, den Erwartungen der Soldaten nicht entsprach. Dieser Feind waren die Perser, welche in den Jahren 225—226 das Parther-Reich zerstört und auf dessen Ruinen das neupersische Reich unter der Dynastie der Sassaniden errichtet hatten.

Das ungeheure parthische Reich war schon seit der Zeit, da es dem Einfluss Roms ausgesetzt war und die Römer überhaupt im Orient entscheidenden Einfluss in Politik und Krieg erlangt hatten, seinem Verfall entgegengegangen. Schon oben wurde gesagt, dass Trajan weit in das Innere dieses Reiches vorgedrungen war, und dass Septimius Severus dessen Hauptstadt ausgeplündert hatte. Niederlagen durch äussere Feinde und im Innern Empörungen der Satrapen und Kämpfe um den Thron hatten das Königreich der Parther schon an den Rand des Verderbens geführt, als im J. 216 Artabanus IV Arsaces XXXI *) den Thron bestieg. Unter ihm fand der Einfall des Caracalla in Parthien statt, nach welchem dann Macrinus den Frieden mit Gold erkaufte. Um diese Zeit

Erziehung. Er war ein grosser Verehrer Christi und bewahrte sein Bildniss unter den Bildern der andern durch ihre Tugenden bekannten Männer. Lampsidius in Alex. cap. 13).

*) Nach Andern Arsaces XXIX. Anmerk. d. Uebers.

hatte ein Perser, Ardschir-Babekan, von den Griechen Artaxerxes genannt, der seine Abstammung auf die altpersische Dynastie der Achämeniden zurückführte und in dem Heere Artabanus' IV. mit Auszeichnung gedient hatte, die Stelle des Darabschischen Statthalters erlangt und machte sich zum Nachfolger des Artabanus. Er wusste den Nationalstolz der Perser zu seinem Nutzen aufzureizen, sie gegen Artabanus zu bewaffnen und erhob sich, — bei welchem Anlass, ist unbekannt, — an ihrer Spitze öffentlich gegen den parthischen König. Nach Malcolm (History of Persia) wurde in dreitägiger Schlacht zwischen Babekan und Artabanus im J. 226 in dem Thale Ram-Gormuz unweit der Stadt Schuster oder Schuschter Artabanus aufs Haupt geschlagen und fiel. Auf einer allgemeinen Volksversammlung zu Balcha in Chorasan wurde Ardschir-Babekan zum persischen Könige erwählt und stellte das persische Reich wieder her, indem er den Titel Schachan-Schach (König der Könige) annahm. Die von ihm begründete persische Königsdynastie wird die der Sassaniden genannt, weil Ardschir von dem Achämeniden Sassan abstammte. Der neue persische Schah stellte die Religion Zoroaster's wieder her, begann alle übrigen Religionen auf das Grausamste zu verfolgen und alles Land wieder zu fordern, über das die persischen Könige zur Zeit ihrer höchsten Macht und Ruhmes geherrscht hatten; darunter befanden sich auch alle die Länder und Provinzen, welche Rom in Asien besass. Alexander Severus fasste diese Forderung als Kriegserklärung auf und setzte sich sogleich mit den Prätorianern und Legionen nach Asien in Marsch. Er verweilte daselbst lange (von 227—235), es gelang ihm auch die Ostgrenzen des römischen Reiches zu schützen, aber er verlor die Achtung der Soldaten, weil Mammäa, welche ihn begleitet hatte, aus Sorge für sein Leben und seine Gesundheit nicht erlaubte, dass er die Mühen und Gefahren des Kriegslebens mit ihnen theilte.

Während dessen befehligte die Legionen am Rhein ein gewisser Maximinus, geborener Thracier, Sohn eines Gothen und einer Alanin (Slawin), die beide einfache Bauersleute gewesen waren. Schon 35 Jahre früher hatte dieser durch seine ausserordentliche Grösse, Kraft und Behendigkeit die Aufmerksamkeit des Septimius Severus erregt, der ihn in seine berittene Leibgarde nahm und ihn bald darauf zu den niederen Offiziersgraden erhob. Nach dem Tode Caracalla's und unter Heliogobalus wollte er nicht dienen und lebte zurückgezogen, durch Alexander Severus aber wurde er allmälig zu den höchsten Stellen befördert bis sogar zur Würde eines Höchstcommandirenden der rheinischen Legionen. Diese Legionen waren stolz auf ihn, und Alexander Severus war ihm in solchem Grade zugethan, dass er seine eigene Schwester mit dem Sohne Maximin's vermählen wollte. Bei seinem Eintreffen aus dem Orient in Gallien am Rhein führt Maximin in seiner Gegenwart mit seinen rheinischen

Legionen kriegerische Uebungen und Manöver aus. Hierbei wurden die Truppen dadurch unangenehm berührt, dass der Kaiser nur unthätiger Zuschauer bei ihren Uebungen blieb und dabei doch häufige Befehle zur Aufrechthaltung strenger Disciplin ergehen liess. Dies erregte Missvergnügen, Murren, und als Alexander Severus mehrere Forderungen der gallischen Legionen abwies, brach deren offene Empörung aus, und alle diese Legionen zwangen Maximin, den Oberbefehl über sie zu übernehmen. Bald nachher wurde Alexander Severus mitsammt seiner Mutter unweit Mainz ermordet (im März 235). Und obgleich das Heer wahres Bedauern darüber zeigte und die Mörder bestrafte, so rief es doch gleichzeitig den Maximin zum Kaiser aus.

Maximin (235—238), der vollkommenste Vertreter des damaligen Militär-Despotismus, machte sich bald bei allen Klassen der römischen Bevölkerung verhasst, als roher thracischer Barbar und Bauer in der Würde eines Herrschers der gebildeten und verfeinerten römischen Welt. Kurz nachher proklamirte der aufrührerische Pöbel in Afrika den 80jährigen Statthalter dieser Provinz, Gordianus, zugleich mit seinem Sohne, der auch Gordianus hiess, zum Kaiser. Der Senat erkannte sie an und erklärte den Maximin für einen Feind des Vaterlandes; in Rom kam es zu schrecklichen Unordnungen. Der persönliche Feind der beiden Gordiane in Afrika, der Statthalter von Mauretanien, Capellianus, besiegte und tödtete in einer Schlacht den Gordianus Sohn, der Vater entleibte sich selbst. Capellianus trat im Namen Maximin's die Regierung der Provinzen Afrikas an, rüstete aber gleichzeitig ein Heer, um im Fall einer Niederlage Maximin's sich selbst zum Kaiser zu machen. Auf die Nachricht von dem Senatsdekrete brach Maximin wüthend und Rache dürstend sofort mit dem Heere von Syrmien nach Italien auf. Der von Gefahr bedrohte Senat erwählte zwei Senatoren zu Kaisern, den erfahrenen Feldherrn Clodius Pupienus Maximus und den in Staatsangelegenheiten gewandten Decimus Cälius Balbinus. Aber das Heer und Volk forderten noch einen dritten Imperator, der nicht aus dem Senate sei, und der Senat war genötigt noch einen dritten Kaiser zu ernennen, Gordianus III, einen Enkel des ersten und Neffen des zweiten Gordianus. Auf diese Weise gab es im römischen Reiche zu gleicher Zeit vier Kaiser! Im Frühjahr 238 rückte Maximin in Italien ein und belagerte Aquileja, aber mit einem schon durch verschiedene Entbehrungen entkräfteten und missvergnügten Heere. Da er in Aquileja auf hartnäckigen Widerstand stiess, wurde er aus Wuth über das Misslingen seiner Sturmangriffe ungerecht und grausam gegen seine Truppen, welche ihn (im Mai 238) nebst seinem Sohne tödteten und die drei vom Senate ernannten Kaiser anerkannten. Noch niemals war bisher Rom wohl Zeuge solcher Gräuel gewesen, wie sie der Ermordung Maximin's vorhergingen und nachfolgten. Maximus schickte die Legionen an die Grenzen, die Prätorianer aber nahm er mit sich nach Rom. Der allgemeine Hass gegen die bürgerliche Staatsgewalt (den Senat), die zum ersten Male Kaiser ernannt hatte, verband die neu ankommenden Prätorianer mit den schon in Rom befindlichen, und am 15. Juli 234 ermordeten sie den Maximus und Balbinus und riefen in ihrem Lager den 13jährigen Gordianus III. zum Kaiser aus! Dieser, der zuerst unter der Vormundschaft seiner Mutter und der Eunuchen stand, schüttelte auf Anrathen seines Lehrers Misitheus dieses Joch von sich ab, ernannte den Misitheus zum Präfekten der Prätorianer, vermählte sich mit dessen Tochter und wusste, den Rathschlägen dieses ausgezeichneten Mannes folgend, seine Macht zu befestigen. Um ihn den Krieg zu lehren, führte Misitheus ihn zuerst an die germanische, darnach an die persische Grenze.

Ardschir war im J. 240 gestorben, sein Sohn Schapur oder Sapor I. ihm gefolgt. Die Unordnungen im römischen Reiche benutzend, war dieser in Mesopotamien eingefallen, und als ein Theil des römischen Heeres zu ihm überging (!), drang er auch noch so weit in Syrien ein, dass er sogar Antiochien bedrohte. Aber bei dem Eintreffen des Gordianus mit einem Heere gingen die Perser zurück und zogen ihre Besatzungen aus den von ihnen eingenommenen Städten. Schon schickte sich Gordianus, um ihren Einfall in Syrien zu rächen, an, in Persien einzurücken, als der Tod des Misitheus ihn seiner Hauptstütze beraubte.

Der Araber Julius Philippus, der an die Stelle des Misitheus trat und auch an die des Gordianus treten wollte, erregte die Unzufriedenheit des Heeres gegen diesen, und nachdem Gordianus ermordet, erklärte er sich im J. 244 selbst zum Imperator, schloss mit den Persern Frieden und kehrte nach Rom zurück, um dessen 1000jährige Gründung (im J. 752 v. Chr.) zu feiern. Diese Feier ward in glänzendster Weise begangen, — und dieses Volk, das vor 1000 Jahren nur aus 35 Tribus bestanden hatte und seitdem zu Millionen von Menschen angewachsen war, das über Millionen anderer durch seine Waffen unterworfener Völker herrschte, vergass in den öffentlichen Festen und Feiern auf kurze Zeit alle von ihm erlittenen Demüthigungen, hauptsächlich aber die, dass seine Herrscher ihm durch das Heer gegeben wurden, — durch ein Heer, welches grösstentheils aus unersättlichen Miethstruppen aller Nationen, darunter auch der Feinde Roms, der Barbaren, zusammengesetzt war.

Kaum aber waren diese jämmerlichen und tollen Festtage vorüber, so ging eine Umwälzung vor sich, welche schon den endlichen und vollkommenen Untergang drohend anzeigte. Während die Usurpatoren des römischen Thrones durch ihre blutigen Bürgerkriege das Reich zerrütteten und zu Grunde richteten, wurden die an Germanien grenzenden römischen

Provinzen bereits buchstäblich von Germanen überschwemmt. Im 3. Jahrh. gewinnt die bis dahin in eine Menge von Stämmen und Völkern getheilte germanische Welt ein ganz anderes Ansehen. Die Namen der von Tacitus beschriebenen germanischen Völker verschwinden. Es bilden sich neue, grosse Massen, welche sich in zwei Theile theilen, von denen der eine noch die Kräfte der Natur in den Wäldern und Quellen anbetet, der andre die Religion Odin's annimmt, die von Norden her durch ihre Bekenner, Sachsen und Gothen, eingeführt ist; von diesen hatten die Ersteren sich im Norden Germaniens festgesetzt, die Letzteren das südöstliche Europa (zwischen Theiss und Don) überfluthet und standen auf diese Weise an der Donaugrenze des römischen Reiches. Der Einfall der Sachsen hatte die Völker des nördlichen Germaniens, welche sich ihrer Herrschaft nicht unterwerfen wollten, genöthigt, sich zu grossen Massen zusammenzuschliessen. So waren die Franken (zwischen Rhein und Weser) und die Alemannen (zwischen Weser, Elbe und Oder) entstanden. Um sich vor den skandinavischen Eindringlingen zu retten, hatten sie mit gemeinschaftlichen Kräften begonnen an Rhein und Donau entschieden gegen das römische Reich vorzudringen. Zur selben Zeit begann im Osten, in Asien, die neu erstandene persische Nation dasselbe zu thun, und so hatten von der Rhein- bis zur Euphrat-Mündung zahlreiche, kriegerische und drohende Völker das Reich umschlossen und stürzten sich mit einem Mal auf dasselbe. Und hier im römischen Reiche traten gerade zu dieser Zeit mehrere Kaiser auf einmal auf, deren Zahl sich endlich so vermehrte, dass ihrer so viele waren, wie es Armeen gab (sie sind in der Geschichte unter dem Namen der dreissig Tyrannen bekannt). Von Aussen bedroht, im Innern zerrissen, fiel das römische Reich indessen noch nicht, sondern vermochte seine Einheit aufrecht zu erhalten und sich der äusseren Feinde zu erwehren. Das ist in den allgemeinen Hauptzügen die Geschichte der letzten 35 Jahre bis zu Diocletian.

Sogleich nach Beendigung der Festlichkeiten zur 1000jährigen Gründung Roms eröffneten die Germanen und Gothen am Rhein und Donau den Angriff gegen das römische Reich (seit 249). Die Legionen aber, statt die Grenzen gegen sie zu schützen, riefen ihre Feldherren zu Kaisern aus, welche Bürgerkriege gegen einander führten. So proklamirten im J. 249 die römischen Legionen ihren Feldherrn Trajanus Decius zum Imperator, der den Philippus bei Verona besiegte; der Letztere fiel in der Schlacht, sein Sohn und Nachfolger wurde in Rom getödtet. Decius war genöthigt, ungesäumt gegen die Gothen zu ziehen, welche in zahlloser Menge die Donau überschritten und Nicopolis belagert hatten. Beim Herannahen des Decius hoben sie die Belagerung dieser Stadt auf, aber nur, um nach Philippopel zu ziehen und sich entweder desselben zu bemächtigen oder die Römer zur Schlacht zu zwingen, und Beides gelang ihnen. Indem sie Decius, der nach Philippopel marschirte, plötzlich überfielen, schlugen sie denselben und nahmen die Stadt ein, in welcher sie fast alle Einwohner niedermachten. Unter den von ihnen Gefangenen befand sich Priscus, der Bruder Philippus': sie zwangen ihn, sich zum Kaiser zu proklamiren und brachen darauf mit ihm, als seine Verbündeten, gegen Decius auf. Dieser Letztere griff sie im J. 251 selber an und brachte sie in solch missliche Lage, dass sie schon alle ihre Beute herausgeben wollten, um damit den Frieden und freien Abzug zu erkaufen. Aber Decius bewilligte dies nicht, da er hoffte, durch ihre vollständige Vernichtung auch die Barbaren jenseits des Rheins und der Donau von Einfällen in des Reiches Grenzen abzuschrecken. Dadurch zwang er sie zu verzweifeltem Widerstande, wurde besiegt und fiel zugleich mit seinem ältesten Sohne, während seine Armee mit Verlust und in Verwirrung den Rückzug antrat (251). Der Senat ernannte zwei Kaiser: den jüngeren Sohn des Decius, Hostilianus, und den beim Heere beliebten Vibius Gallus (251—253). Da aber Hostilian bald starb, so ernannte Gallus an dessen Stelle seinen eigenen Sohn Volusianus. Mit Gold erkaufte er Frieden von den Gothen, liess ihnen alle ihre Beute, erlaubte ihnen ihre Gefangenen mitzunehmen und versprach sogar jährlich Tribut an sie zu zahlen, wenn sie die Grenzen des Reiches nicht wieder beunruhigen wollten! Durch diese schimpfliche Politik brachte er die Legionen gegen sich auf, und als Aemilianus, der Feldherr der pannonischen Legionen, die Gothen geschlagen und die ihnen entrissene Beute unter seine Soldaten vertheilt hatte, riefen sie diesen zum Kaiser aus (253). Aemilian zog sofort nach Italien, bei Spoleto stiess er auf Gallus und Volusianus; aber diese wurden beide durch ihre Truppen ermordet, noch ehe es zur Schlacht gekommen war. Aemilianus erklärte dem Senate, dass er ihm die Regierung des Staates überlasse und nur sein Feldherr sein wolle, indem er versprach binnen Kurzem die Grenzen des Reiches im Westen und Osten zu sichern. Allein dazu blieb ihm keine Zeit: der Legat Licinius Valerianus, den Gallus abgeschickt hatte, um ihm die Legionen aus Gallien zu Hülfe zu führen, traf erst ein, als Gallus schon todt war, und entschloss sich, wenigstens dessen Tod zu rächen. Als er sich Spoleto näherte, brachten die Truppen Aemilian's, welche von der Absicht Valerian's gehört hatten, den Ersteren um und riefen den Letzteren zum Kaiser aus.

Valerianus (253—260) und sein von ihm zum Mitregenten angenommener Sohn Gallienus gelangten zur Herrschaft gerade zu der Zeit, als die Barbaren von allen Seiten auf das Reich vordrangen. Die Franken durchzogen ganz Gallien und Hispanien und dehnten ihre verheerenden Streifzüge bis zur Nordküste von Afrika aus. Die Alemannen fielen durch Helvetien und die rhätischen Alpen in Italien ein und bedrohten Rom. Die Gothen erschienen nach Besitzergreifung der taurischen Halbinsel zum ersten Male auch drohend auf dem Meere, verwüsteten die Küsten des Pontus Euxinus (Schwarzen Meeres), drangen dann durch den Bosporus und Hellespont in den Archipelag vor und plünderten dessen reiche Inseln wie die Küsten Griechenlands und Kleinasiens. Endlich fiel zur selben Zeit auch Sapor I. in die römischen Besitzungen in Asien ein. Die Vertheidigung des Westens seinem Sohne Gallienus übertragend, eilte Valerian nach dem Osten. Nachdem er hier zuerst die Seestädte gegen die Angriffe der Gothen vom Meere her in Vertheidigungsstand gesetzt hatte, zog er dem Sapor entgegen, ward aber in der Schlacht bei Edessa (260) von ihm besiegt und in einer Zusammenkunft mit Sapor treuloser Weise in Haft genommen, in welcher Sapor ihn auch bis zu Valerian's Tode behielt. Dem römischen Reiche aber ernannte er selber (Sapor) einen Kaiser in der Person eines gewissen Cyriades, der ihn auch nach Syrien führte. Sein Einfall in dieses Land geschah so unerwartet, dass er Antiochia ganz plötzlich überfiel, dessen Bewohner daher gar nicht an Gegenwehr denken konnten und die Stadt den Persern zur Plünderung und Zerstörung überlassen mussten. Uebrigens beabsichtigten die Perser nicht, sich in Syrien festzusetzen und kehrten mit Beute und Gefangenen, unter denen sich auch der von Sapor in der schmachvollsten Weise behandelte Valerianus befand, nach Persien zurück; Cyriades wurde seinem Schicksal überlassen. Gallienus nahm die Nachricht von der Gefangenschaft seines Vaters mit dem grössten Gleichmuth auf und machte keinen Versuch, ihn durch Geld oder Waffen zu befreien. Auf die Vertheidigung von Italien sich beschränkend, war er nur schwer aus seiner Unthätigkeit herauszubringen und beschäftigte sich weit mehr mit den Wissenschaften und Lebensgenüssen, als mit Staatsangelegenheiten. Es kann daher kein Wunder nehmen, dass er die Einheit des Reiches nicht zu erhalten vermochte, und dass ebenso viele Kaiser wie Armeen vorhanden waren. Der Historiker Trebellius Pollio, welcher deren Geschichte geschrieben hat, bringt ihre Zahl bis auf 30 und nennt sie die 30 Tyrannen. Es waren ihrer aber nur 20 (schon viel zu viele), nämlich: Cyriades, Macrianus, Ballista, Odenathus, König von Palmyra, und dessen Gemahlin Zenobia — im Orient; Posthumius, Lollianus, Victorinus mit seiner Mutter Victoria, Martius und Tetricus — in Gallien; Ingenuis, Regillianus und Aureolus — an der Donau; Saturniles, Trebellianus, Piso und Valens — in den griechischen Provinzen; endlich Aemilianus in Aegypten und Celsius in Afrika. Diese Kaiser herrschten meistentheils nicht lange, da sie meist ebenso rasch und gewaltsam gestürzt wurden, als sie erhoben worden waren. Nur die

Geschichte des Odenathus und seiner Gemahlin Zenobia verdient grössere Aufmerksamkeit. Odenathus war der Führer eines arabischen Stammes, welcher in der Palmyra umgebenden Wüste nomadisirte; Palmyra war, durch Salomo gegründet, allmälig zu hoher Blüthe gelangt und hatte griechische Bildung angenommen. Als die Perser auch diese grosse, reiche und üppige Stadt bedrohten, übernahm Odenathus, sie zu schützen. An der Spitze eines Heeres, das aus Arabern, Bürgern von Palmyra und den Trümmern der zersprengten römischen Armee zusammengesetzt war, ging er den Persern entgegen und brachte ihnen am Euphrat eine entscheidende Niederlage bei. Von jetzt ab nahm er den Titel »König von Palmyra« an und ernannte seine Gattin Zenobia und seinen ältesten Sohn Herodes zu Mitregenten. Er setzte den Krieg gegen die Perser eifrig und mit Erfolg fort und entriss ihnen Mesopotamien. Da er um dieselbe Zeit auch den Ballista, der sich zum Kaiser des Orients aufgeworfen hatte, stürzte und tödtete, so ernannte Gallienus ihn zum *dux Orientalis* (Herrscher des Orients) und scheint ihm auch die Erlaubniss zur Annahme des Kaisertitels gegeben zu haben. Er regierte im Osten weise, glücklich und ruhmvoll bis zum J. 267, wo er durch einen Verwandten um einer persönlichen Kränkung willen nebst seinem Sohne Herodes ermordet wurde. Seine Wittwe Zenobia übernahm die Regierung für ihre jüngeren Söhne. Zu dieser Zeit befand sich das römische Reich und die Welt der Barbaren im Norden und Osten in solcher furchtbaren Gährung und Wallung, dass es unmöglich war zu entscheiden oder vorherzusehen, was aus diesem allgemeinen Chaos entstehen möchte. In dem römischen Reiche lagen die Thronräuber unter einander und mit dem rechtmässigen Kaiser im Kriege, bald verjagten sie die Barbaren, bald riefen sie sie zur Hülfe herbei, so dass es schien, als sei das Reich vollkommen im Begriffe, entweder sich in eine Menge kleiner Staaten aufzulösen oder eine Beute der Barbaren zu werden. Diese Letzteren aber, die Franken, Alemannen und Gothen in Europa, die Perser im Osten in Asien, griffen das römische Reich immer und immer heftiger an und drohten es zu zerstören. Daher waren im römischen Reiche Alle überzeugt, dass, solange Gallienus lebe, es unmöglich sei, an Erhaltung der Einheit und Selbständigkeit des Reiches zu denken, und die besten, dem Gallienus am meisten ergebenen Heerführer beschlossen ihn zu tödten und führten dies im J. 268 bei folgender Gelegenheit aus. Die Donaulegionen hatten ihren Feldherrn Aureolus zum Kaiser ausgerufen und forderten, dass er sie nach Italien führe. Gallienus rückte ihm entgegen, schlug ihn und nöthigte ihn, sich nach Mediolanum (Mailand) zu werfen. Während der Belagerung dieser Stadt stifteten nun der Präfekt der Prätorianer, Heraclianus, und die Legaten Marcianus und Cecropius eine Verschwörung gegen das Leben des Gallienus an, schlugen spät

Abends falschen Allarm, und in der Dunkelheit wurde Gallienus, von wem ist unbekannt, durch einen Dolchstoss tödtlich verwundet, konnte aber doch vor seinem Tode noch den besten seiner Feldherren, Marcus Aurelius Claudius, zu seinem Nachfolger bestimmen, der auch vom Senate und Heere anerkannt wurde.

Claudius (268—270) stellte in gewissem Maasse, wenn auch nur auf kurze Zeit, den in seinen Grundfesten schwankenden Staat wieder her. Er entwickelte ebenso wohl Fähigkeiten, Weisheit und Gerechtigkeit in den bürgerlichen Staatsangelegenheiten, als Festigkeit, Strenge und Kunst in kriegerischen Dingen, so dass alle römischen Schriftsteller, christliche wie heidnische, Anhänger wie Feinde des von ihm abstammenden Geschlechtes Constantin's d. Gr., seines Lobes einstimmig voll sind. Er setzte die Belagerung von Mediolanum fort und zwang den Aureolus zur Uebergabe, der dann auf die Forderung des Heeres hingerichtet wurde. Hatte nun aber das Reich einen guten Kaiser erhalten, so kam dagegen zu seinem Unglücke eine fast allgemeine Hungersnoth und Pest hinzu, welche letztere 15 Jahre lang furchtbar wüthete und die von äusseren Feinden verschont gebliebenen Provinzen verheerte. Inzwischen hatte Claudius nach der Einnahme von Mediolanum und dem Sturze des Aureolus sich nicht zu einem Kriege gegen die Thronbewerber, sondern gegen die Germanen gewendet. Nachdem er die Alemannen besiegt, zog er nach Thracien gegen die Gothen, welche alljährlich, bald zu Wasser, bald zu Lande, in die römischen Länder eingefallen waren. Nach Besiegung und Aufreibung ihrer einzelnen Heerhaufen in Thracien gelang es ihm, den Gothen bei Naïssus in Ober-Moesien (h. Nisch) eine entscheidende Niederlage beizubringen. Die geschlagenen Gothen flohen in das Hämus-Gebirge (Balkan), wo sie so lange eingeschlossen wurden und abgeschnitten blieben, bis alle Arten von Mangel und Entbehrungen, Krankheit und Tod sie vollständig aufgerieben hatten. Aber diese ansteckenden Krankheiten ergriffen auch das Heer des Claudius: er selber fiel ihnen in Sirmien, 270, zum Opfer, nachdem er noch vor seinem Tode seinen Feldherrn Aurelianus zum Nachfolger ernannt hatte.

Aurelian (270—273) war der Sohn eines Bauern aus den Donauprovinzen, als gemeiner Soldat eingetreten, und hatte mit Auszeichnung alle militärischen Stufen bis zu den höchsten durchlaufen. Auf die Empfehlung des Kaisers Valerian war er von einem vornehmen Senator, Ulpius Crinitus, an Sohnes Statt angenommen worden, heirathete dessen Tochter und machte durch den Ruhm seiner Kriegsdienste seine niedrige Herkunft gänzlich vergessen. Er vollendete die von Claudius begonnene Wiederherstellung des Staates, wozu er vor Allem die Wiederherstellung der Disciplin im Heere für wichtig hielt, welche er dann auch unablässig und mit äusserster Strenge aufrecht erhielt; aber indem er selbst in allen

Dingen seinen Truppen mit dem Beispiele voranging, wusste er ihnen eine mit Schrecken gemischte Achtung vor seiner Leidenschaftslosigkeit und Gerechtigkeit, Bewunderung seiner kriegerischen Gaben und Liebe zu seinem echt militärischen Geiste abzugewinnen. Die Gothen zwang er zu einem festen, dauerhaften Frieden, indem er ihnen das auf dem linken Donauufer gelegene Dacien überliess, wofür sie sich verpflichteten, dem römischen Heere 2000 Mann leichter Hülfscavallerie zu stellen und ihre Einfälle in die römischen Provinzen zu unterlassen. Zur Bekräftigung dieses Vertrages gaben die gothischen Fürsten ihre Söhne und Töchter, um sie in Rom erziehen zu lassen, was zur Verschmelzung der germanischen mit der römischen Nation, zur Befestigung der Freundschaft und des Vertrauens zwischen beiden und zur Sicherung des Friedens an der Donau für lange Zeit wesentlich beitrug. Von hier wandte sich Aurelian gegen die in Italien eingefallenen Alemannen, fiel aber bei Placentia in einen von ihnen gelegten Hinterhalt und büsste einen erheblichen Theil seines Heeres ein. Die Alemannen eilten nach Rom, aber Aurelian der sich zu retabliren vermocht hatte, folgte ihnen, schlug sie in Umbrien, zwang sie zum Rückzuge, besiegte sie in zwei weiteren Schlachten und schloss endlich auf die Bedingung hin mit ihnen Frieden, dass sie die Grenzen des Reiches nicht ferner beunruhigen und ein Hülfsheer stellen sollten. Indessen hatte ihr Einfall in Italien und ihr Zug gegen Rom daselbst solchen Schrecken hervorgebracht, dass man es zu befestigen und die Mauern zu erhöhen beschloss, was übrigens wegen der grossen Ausdehnung der Stadt erst später unter Probus (s. unten) zu Ende kam. Nachdem er so die Nordgrenzen des Reiches mit Erfolg gesichert hatte, wendete sich Aurelian nun gegen den Thronprätendenten Tetricus, der sich in Gallien festgesetzt hatte. Dieser wünschte selber der Kaiserwürde freiwillig zu entsagen und trat sogar in geheime Unterhandlung mit Aurelian, wagte aber aus Furcht vor seinen eignen Soldaten nicht, sich ihm öffentlich zu unterwerfen. Allein trotz der ungünstigen Stellung, in welcher Tetricus mit Absicht sein Heer beim heutigen Châlons in der Champagne aufgestellt hatte, und trotzdem er selbst bei Beginn der Schlacht zu Aurelian überging, fochten seine Legionen doch mit verzweifelter Tapferkeit bis sie bis auf den letzten Mann niedergemacht waren; auch der Sieger hatte grosse Verluste gehabt. Die Folge hiervon war die Unterwerfung Galliens, Britanniens und Hispaniens durch Aurelian. Nun erübrigte für diesen noch die Herstellung oder Aufrechthaltung der Reichseinheit im Osten, wo die Königin Zenobia von Palmyra kräftig und weise im Namen ihrer Söhne mit Hülfe ihres obersten Ministers, des Griechen Longinus, regierte. Zenobia rühmte sich ihrer Abstammung von den Ptolemäern, war durch Schönheit und Anmuth, wie ihre Urgrossmutter Cleopatra, ausgezeichnet, aber keusch und weit unternehmender als jene. Sie hatte sich bereits Syriens, Aegyptens und eines Theils von Kleinasien bemächtigt und Longinus ihr den Gedanken eingegeben, ein von Rom unabhängiges Griechisches Königreich zu gründen. Gegen sie wandte sich nun Aurelianus im J. 272, nachdem er die abgefallenen Provinzen im Westen wieder zurückerobert und alle Angelegenheiten in denselben geregelt hatte. Zenobia concentrirte ihre Hauptmacht in Syrien, und hier kam es bei Emesa zur Entscheidungsschlacht, in welcher die Römer den Sieg erlangten, den sie aber selbst, nach den Worten des Historikers Vopiscus, einem übernatürlichen Wunder zuschrieben. Zenobia zog sich nach Palmyra zurück; Aurelian belagerte sie und forderte die Uebergabe, allein, auf die Hülfe der Perser hoffend, verweigerte sie dieselbe in stolzer und beleidigender Weise. Als von den Persern keine Hülfe kam und in Palmyra der Hunger ausbrach, entfloh Zenobia aus der Stadt auf einem Kameele und war schon am Euphrat angelangt, als die von Aurelian ihr nachgesendeten Verfolger sie gefangen nahmen und in das römische Lager führten. Nun ergab sich Palmyra, und die Einwohner lieferten an Aurelian die Häupter der Regierung und den Feldherren Zenobia's aus. Da liess Zenobia den Muth sinken und schob alle Schuld auf diese Männer, welche demnächst hingerichtet wurden; Zenobia selbst musste dem Aurelian nach Rom folgen, um dort seinen Triumph zu schmücken. Aber noch hatte er die Grenzen Europas nicht erreicht, als er erfuhr, dass Palmyra sich von neuem erhoben habe. Er kehrte daher sogleich wieder dahin zurück, eroberte die Stadt mit Sturm und überliess sie zornig dem Grimme seiner Soldaten. Die Einwohner wurden niedergemacht, die Stadt selbst zerstört und steht seit jener Zeit in Ruinen, welche von ihrer früheren Ausdehnung und der Pracht ihrer Bauten zeugen. Von Palmyra zog Aurelian nach Aegypten, wo ein Aufstand ausgebrochen und ein gewisser Firmus schon zum Kaiser ausgerufen war. Ohne grosse Mühe gelang es ihm den Aufstand zu dämpfen und die unterbrochene Zufuhr von Lebensmitteln aus Aegypten nach Rom wieder herzustellen. Bei seiner Rückkehr nach Rom im J. 274 feierte Aurelian einen glänzenden Triumph. Vor ihm her wurden in langem Zuge wilde Thiere aus allen Ländern der Welt geführt, dann die Gefangenen in ihren Nationaltrachten, unter ihnen Tetricus und Zenobia, die Letztere in goldenen Ketten; dann kam die Beute aller Art; hinter dieser folgte in einem von vier Hirschen gezogenen Triumphwagen Aurelianus selbst; den Schluss des Zuges machte der Senat und das Heer. Aber Aurelian blieb nicht lange in Rom; er fühlte sich vor dem Senate und Volke nicht so an seinem Platze wie vor dem Heere, und führte deshalb im nächsten Frühjahr (275) seine Legionen abermals nach dem Orient gegen die Perser, an denen für die Besiegung Valerian's noch keine Rache genommen war. Er war bereits bis Byzanz gekommen und schickte sich zum Uebergange nach Kleinasien an, als er im März 275 ermordet wurde, nicht durch die Truppen, sondern durch alte Offiziere, in Folge einer Verschwörung, welche durch die Betrügerei seines Privatsekretärs Mnestheus angezettelt war. Die Legionen betrauerten aufrichtig den Tod des zwar ausserordentlich strengen, aber kriegerischen und siegreichen Aurelian, namentlich als der Betrug des Mnestheus ans Tageslicht kam. Der Letztere wurde gezüchtigt, und die alten von ihm betrogenen Offiziere drückten ihre Schuld dadurch aus, dass keiner von ihnen begehrte, zum Kaiser ausgerufen zu werden. Nun ereignete sich das Seltsame, im römischen Reiche noch nicht Dagewesene: die Armee überliess dem Senate die Wahl eines Kaisers aus seiner Mitte, und der Senat lehnte es ab und überliess das Recht der Wahl dem Heere, und dies wiederholte sich drei Mal. Ueber diesen Verhandlungen zwischen ihnen verstrich mehr als ein halbes Jahr, und wenn während dieser ganzen Zeit kein einziger Thronbewerber auftrat, kein Aufruhr, kein feindlicher Einfall stattfand, so kann man hierin nur die wohlthätigen Folgen der Festigkeit und Strenge Aurelian's, wie seiner militärischen Gaben und seines kriegerischen Geistes sehen. Wären alle oder wenigstens viele römische Kaiser ihm gleich gewesen, so hätte die Einheit, Selbständigkeit und Sicherheit noch lange erhalten bleiben können.

Als endlich der Senat in die Wahl eines Kaisers aus seiner Mitte einwilligte, fiel dieselbe am 25. Septbr. 275 auf den 75jährigen Senator Claudius Tacitus, eine zu dieser Stellung durch sein Alter wie durch die unkriegerischen Beschäftigungen, denen er bis dahin seine Zeit gewidmet hatte, ganz ungeeignete Persönlickeit, obgleich sonst in vielen Beziehungen ein sehr würdiger Mann. Er fing damit an, dass er dem Senate einige seiner Rechte wiedergab, wodurch er bei demselben grosse Freude und die Hoffnung auf Wiederherstellung seiner alten Bedeutung erregte. Aber sie war nicht von langer Dauer. Sein Erscheinen beim Heere bewies sofort, dass er ausser Stande sei, demselben Achtung vor sich einzuflössen, und nach einem halben Jahre starb er (im März 276) — es ist ungewiss, ob durch Krankheit oder eines gewaltsamen Todes. Nun ernannten die Legionen des Orients, ohne sich erst wieder an den Senat zu wenden, den Legaten Marcus Aurelius Probus zum Kaiser, während in Rom der Bruder des Tacitus, Florianus, die Kaiserwürde annahm und vom Senate und den europäischen Provinzen anerkannt wurde. Ehe es aber noch zum Bürgerkriege kam, wurde er von seinen eigenen Leuten umgebracht, und Probus blieb alleiniger Kaiser (276—282). Gleich Aurelian war auch er vom gemeinen Soldaten emporgestiegen und hatte sich durch seine Kriegsthaten in allen Enden des Reiches berühmt gemacht; dabei stand er in der besten Blüthe der Manneskraft. Er begann seine Regierung mit einer rühmlichen That, der

Befreiung Galliens von den Franken, Vandalen und Burgunden, welche es in Besitz genommen hatten. Nachdem er sie vertrieben, beschloss er sie in ihrem eigenen Lande anzugreifen und den Versuch zur Unterwerfung Germaniens zu machen, da er überzeugt war, dass, wenn er dieses Land nicht in eine römische Provinz verwandle, er niemals auf dauernde Ruhe an den Grenzen werde rechnen können. Aber ein soches Unternehmen, bereits unter Augustus misslungen, war jetzt ganz unausführbar: Rom hatte keine Kraft und Neigung mehr zu Eroberungen oder zu Angriffskriegen, es war nur darauf angewiesen, sich zu vertheidigen, um nicht unterzugehen. Der Versuch des Probus liess dies deutlich von Allen erkennen zum Schaden Roms. Obgleich Probus im J. 277 über den Rhein ging und in das Innere von Germanien eindrang, so musste er sich doch bald von der Unmöglichkeit einer Unterwerfung überzeugen und beschränkte sich nur auf Errichtung einer festen Linie von der Donau (beim heutigen Regensburg) bis zum Rhein, auf Ansiedelung einer Menge gefangener Germanen in Gallien und anderen benachbarten Provinzen des Reiches, an Rhein und Donau, stellte eine Anzahl Germanen in das römische Heer ein und vertheilte die germanischen Truppen in die Legionen. Allein diese Maassregeln waren mehr schädlich und gefahrbringend, als von Nutzen: in das Innere des Reiches drangen grosse Massen von Germanen ein und liessen sich darin nieder, welche, von Jugend auf nur an Krieg und Jagd gewöhnt, keine Arbeit aushielten, zu sesshaftem Leben und Ackerbau unfähig, dabei unruhig und zu Empörungen geneigt waren. Folglich hatte Probus dem kranken Staate noch ein gefährliches Element eingeführt, — eine sehr unkluge Politik. Uebrigens erhielt Probus, indem er auf einige Zeit Ruhe an den Grenzen gegen Germanien geschaffen hatte, freie Hand zu einem Zuge nach Osten und zur Befestigung der friedlichen Beziehungen zu den Persern. Während dessen wehrten seine Legaten den äthiopischen Stamm der Blemmyer (Neger) von Aegypten ab. Bei seiner Rückkehr nach Rom feierte Probus einen ebenso glänzenden Triumph wie Aurelian und bemühte sich dann den Staat zu beruhigen und dessen Wunden zu heilen. Um das Heer nicht in Musse und Unthätigkeit zu lassen, fing er zum ersten Male an, es zu Arbeiten des Ackerbaues zu verwenden und liess durch die Soldaten den Weinbau nach Gallien und Pannonien verpflanzen. Die Arbeiten, zu welchen sie früher gebraucht worden, als: Ausführung von Kriegsbauten und Werken, Strassen u. s. w., hielten die Soldaten ihrem Berufe entsprechend, aber ihre Verwendung zum Ackerbau erregte ihre Unzufriedenheit und demnächst vereinzelte Unruhen, wie in Aegypten (Saturninus), in Gallien (Bonosus und Proculus) u. s. w., endlich offene Empörung. Im J. 282 nämlich zog Probus seine Armee an der Donau zusammen, um sie gegen die Perser zu führen, bis zum Auszuge ins Feld aber liess er von den Soldaten schwere Arbeiten ausführen, Sirmien mit Kanälen durchziehen, um die Sümpfe trocken zu legen und die Erde zur Bearbeitung geeigneter zu machen. In den heissen Augusttagen erregte dies bei den Truppen Murren, und als Probus sie aufbrausend zwingen wollte, da brach der Aufstand offen aus, wobei in der Aufregung Probus erschlagen ward, was sie zwar gleich darnach bitter bereuten, als sie seine vortrefflichen Eigenschaften, bei aller seiner Strenge sich ins Gedächtniss zurückriefen. Zum Kaiser riefen sie den Präfekten der Prätorianer Marcus Aurelius Carus (282—283) aus. Dieser war bereits alt und im Kriegsdienst ergraut. Seinen ältesten Sohn Carinus ernannte er zum Augustus und Mitregenten und schickte ihn nach Gallien, um es gegen die Germanen zu schützen; seinen jüngeren Sohn Numerianus ernannte er zum Cäsar und nahm ihn im J. 283 mit sich ins Feld gegen die Perser. Da diese Letzteren, über welche damals der König Baramus oder Vararamus II. regierte, in einen Grenzkrieg mit Indien verwickelt waren, so konnte Carus ohne Widerstand über den Tigris vordringen und Ctesiphon und Seleucia einnehmen. Er rüstete sich hiernach schon zu einem zweiten Feldzuge, verbrannte aber mitsammt dem Zelte, in welchem er krank lag, bei einem furchtbaren Gewitter. Alle glaubten, dass er vom Blitze erschlagen sei; einen vom Blitz getroffenen Ort hielten aber die Römer für unheilvoll, und deshalb wollte das Heer nicht weitergehen, und Numerianus, der an seines Vaters Stelle getreten war, musste es zurückführen. Still, sanftmüthig, zart, erinnerte er an Alexander Severus, während hingegen Carinus die Eigenschaften Heliogabal's und Domitian's in sich vereinigte. Der persische Feldzug hatte auf die schwache Gesundheit Numerian's sehr schädlich gewirkt, so dass er auf dem Marsche in einer geschlossenen Sänfte getragen werden musste. Sein Schwiegervater Arrius Aper, Präfekt der Prätorianer, leitete alle Angelegenheiten und gab täglich im Namen des Numerianus die Befehle an das Heer aus. Als die Armee Chalcedon erreichte, verbreitete sich das Gerücht, dass Numerianus gar nicht mehr am Leben sei, und es stellte sich heraus, dass Aper ihn umgebracht hatte. Er wurde ergriffen und in Ketten vor der Armee hergeführt, die Truppenbefehlshaber aber wählten den Marcus Valerius Diocletianus oder (auf griechisch) Dioklitianos zum Kaiser, der das Amt des *Regens Domesticos* (Vorgesetzter der kaiserlichen Hofchargen) bekleidete. Er nahm die Kaiserwürde an, reinigte sich durch einen Eid von seiner Theilnahme an der Ermordung Numerian's und tödtete den Aper mit eigener Hand (284). Carinus erkannte ihn nicht an; es kam zwischen Beiden zu einem Kriege, der 7 Monate dauerte und im J. 285 mit der Schlacht bei Margus in Mösien endigte. Obgleich Carinus den Sieg gewann, so wurde er doch bald danach von einem seiner Unterbefehlshaber, der persönlich von ihm beleidigt war, ermordet, und nun erkannten beide Armeen den Diocletian als Kaiser an.

Von diesem Zeitpunkte an tritt die Geschichte Roms, die politische wie die Kriegsgeschichte, in ein neues Stadium, gewinnt einen vollkommen anderen Charakter und bildet daher den Gegenstand der zweiten Abtheilung dieses Bandes. Hier sollen nach dem allgemeinen geschichtlichen Ueberblick über die von Rom in der Zeit von 30 v. Chr. bis 285 n. Chr. geführten Kriege die bemerkenswerthesten derselben dargestellt werden.

Dreiundfünfzigstes Kapitel.

Die bemerkenswerthesten Kriege und Feldzüge der Römer während dieser Periode.

(30 v. Chr.—284 n. Chr.)

I. *Feldzüge des Drusus, Tiberius und Germanicus (12 v. Chr.—19 n. Chr.)* — §. 363. *Die ersten Feldzüge des Drusus und Tiberius in Rhätien (15 v. Chr.)* — §. 364. *Feldzüge des Drusus in Germanien (12—9 v. Chr.)* — §. 365. *Feldzüge des Tiberius in Germanien (8—7 v. Chr.)* — §. 366. *Operationen in Germanien, Pannonien und Dalmatien seit dem J. 6 v. Chr. und Vernichtung der Armee des Varus im Teutoburger Walde im J. 9 n. Chr.* — §. 367. *Feldzüge des Tiberius und danach des Germanicus in Germanien (10—16 n. Chr.) und des Letzteren in Asien (17—19).* — II. *Kriege und Feldzüge von Claudius bis Trajan (41—98).* — §. 368. *In Britannien (43—84).* — §. 369. *In Armenien (51—63).* — §. 370. *Der jüdische Krieg (65—71).* — §. 371. *Der batavische Krieg (69—70).*

I. Feldzüge des Drusus, Tiberius und Germanicus.

§. 363.

Die ersten Feldzüge des Drusus und Tiberius in Rhätien.

(15 v. Chr.)

Als nach Errichtung des römischen Kaiserreichs die Entwürfe der römischen Kriege immer weitere Dimensionen annahmen, hielt Augustus (im J. 15 v. Chr.) es für zeitgemäss, einen geraden Weg von Italien zu den Quellen des Rheins in den Alpen zu eröffnen. Dies wurde in sehr bemerkenswerther Weise und mit Erfolg ausgeführt. Dio Cassius, der selber ein trefflicher Feldherr war, beschreibt dies in seiner römischen Geschichte in folgender Weise:

Die Rhätier, Bewohner Rhätiens zwischen Noricum und Gallien auf den rhätischen und tridentinischen Alpen, hatten Einfälle in die ihnen benachbarten Länder Galliens und Italiens ausgeführt und römische und andere Wanderer beraubt und erschlagen, welche aus Italien nach Gallien oder umgekehrt durch ihr Gebiet (über den Splügen nämlich) gereist waren. In Folge dessen schickte Augustus zuerst (im J. 15) seinen Stiefsohn Drusus gegen sie. Die Rhätier stellten sich ihm entgegen, aber in den Tridentinischen Alpen (an der heutigen oberen Etsch, unweit Trient) wurden sie von ihm nach kurzem Kampfe besiegt und in die Flucht geschlagen. So war nun allerdings der Weg nach Italien ihnen versperrt, allein da sie immer noch ihre Einfälle in Gallien fortsetzten, so entsendete nun Augustus seinen 23jährigen Stiefsohn Tiberius von einer andern Seite, von Westen her, gegen sie. Nun drangen Drusus und Tiberius gleichzeitig von verschiedenen Seiten auf mehreren Wegen und in mehreren Colonnen in Rhätien ein; die Colonnen wurden von ihnen persönlich resp. von ihren Unterfeldherren geführt, Tiberius griff die Rhätier hierbei sogar schon mit einer Flotte auf dem Bodensee an. Dieser von verschiedenen Seiten her ausgeführte Angriff des Drusus und Tiberius versetzte die Rhätier in Bestürzung, weil sie gezwungen waren mit getrennten Kräften zu fechten, welche ohne Mühe vereinzelt geschlagen und schliesslich überwunden wurden. Da aber die Rhätier ein zahlreiches Volk waren und es wahrscheinlich schien, dass sie sich bald von neuem erheben würden, so zwangen Drusus und Tiberius einen grossen Theil von ihnen, die Jungen und Kampffähigen, Rhätien zu verlassen, und liessen nur soviel Einwohner darin, als nöthig waren zur Bearbeitung des Landes, aber unfähig einen Aufstand zu wagen.*) Auf diese Weise wurde Rhätien mit leichter Mühe unterworfen und zur römischen Provinz gemacht.

§. 364.

Feldzüge des Drusus in Asien (12—9 v. Chr.)

Nachdem durch die Unterwerfung Rhätiens der direkte Weg aus Italien zum Oberrhein erschlossen war, scheint Augustus den Plan zu einem neuen offensiven, sozusagen keilförmigen, Vorbrechen aus Helvetien im Rheinthal hinab zwischen diesem Strom und dem Vogesengebirge, behufs Trennung Galliens von Germanien, in Verbindung mit einer gleichzeitigen Angriffsoperation aus Belgien gegen den Unterrhein hin gefasst zu haben, welche letztere den Zweck hatte, die Lingoner, Mediomatriker und Trevirer, welche an der unteren Mosa (Maas) und Mosella (Mosel) wohnten und bis jetzt sorgfältig geschont worden waren, vollständig zu unterwerfen. Es ist nicht mit Bestimmtheit zu sagen, in welchem Jahre und durch welchen Feldherrn der Raum im Rheinthale von Helvetien bis zur Mündung der heutigen Nahe besetzt wurde und die

*) Dieses Verfahren wurde in der Folge von den Römern oft zur Schwächung der ihnen feindlichen Völker angewendet.

Rauraker, Sequaner. Mediomatriker, Tribakker, Vangionen und Nemeter sich freiwillig oder gezwungen unterwarfen. Dio Cassius sagt über das Jahr 13 v. Chr. nur, dass Augustus nach Ordnung aller Angelegenheiten in Gallien, Germanien (der römischen Provinz auf dem linken Rheinufer) und Italien nach Rom zurückkehrte, den Drusus in der Provinz Germanien zurücklassend. Auch Titus Livius sagt nur, dass Drusus mit den germanischen Gemeinden diesseits und jenseits des Rheines im Kriege lag und einen in Gallien ausgebrochenen Aufstand niederwarf. Aus diesen kurzen Angaben wie aus einigen neueren Forschungen scheint mit Gewissheit hervorzugehen, dass Augustus in den Jahren 17—13 v. Chr. dem Drusus die Ausführung des oben angegebenen Planes übertragen hatte, den Drusus indessen wegen seines frühzeitigen Todes nicht vollkommen hatte ausführen können.

Bekannt ist, dass Drusus in seinem ersten Feldzuge im J. 12 v. Chr. die Sigambrer gerade in dem Augenblicke schlug, als sie auf das linke Rheinufer überzugehen versuchten, in das Land der Usipeter einfiel und von da, das Land auf seinem Wege verwüstend, bis an die Grenzen des sigambrischen Gebietes vordrang. Dann fuhr er auf einer Flottille den Rhein bis zur Mündung hinunter und unterwarf die Friesen und Chauker.

Im folgenden Jahre (11) und Feldzuge ging er von Castra vetera (h. Xanten) auf das rechte Rheinufer über, unterwarf die Usipeter, schlug eine Brücke über die Lupia (Lippe), drang im Thale dieses Flusses aufwärts in das Gebiet der Marsen und Cherusker ein bis zur Visurgis (Weser) und erbaute auf dem Wege zu derselben viele Forts. Auf ein weiteres Vordringen musste er wegen Mangel an Nahrungsmitteln und wegen des herannahenden Winters verzichten. Auf dem Rückmarsch erlitt er durch häufige Hinterhalte der Germanen viele Verluste, brachte ihnen indessen, als sie ihn zu nahe und heftig drängten, eine entscheidende Niederlage bei und führte am Zusammenfluss der Lupia mit dem Elison (h. Alme), am Rhein und im Lande der Katten eine Menge einzelner Schanzen und sogar kleiner Festungen (Forts) auf, — nach der Angabe des Historikers Florus — an der Maas, Weser und längs dem Rhein 50 Forts, verband Bonn und Gesiona mit dem gegenüberliegenden Ufer durch Brücken und stellte zu deren Schutze eine Flottille daselbst auf. Nach Tacitus dagegen erbaute er auch Befestigungen im Taunusgebirge und an vielen Punkten des mittleren Rheinthales, seine Hauptmacht aber bestand in 8 Legionen (zwischen 40 und 50000 Mann), welche dort beständig lagerten, um gegen die Germanen wie gegen die Gallier zu sichern.

Im J. 10 v. Chr. bekriegte Drusus die Katten und Marcomannen, von denen die Ersteren auf das Geheiss der Römer in das Gebiet der Sigambrer übersiedelten, wo sie sich aber empörten. Hierbei nimmt man mit Wahrscheinlichkeit an, dass Drusus seinen dritten Feldzug vom heutigen Mainz aus unternahm und eine neue Strasse mit Befestigungen zwischen Taunus und Main in das Innere Germaniens anlegte.

Im Frühling des J. 9 v. Chr. drang Drusus vom mittleren Rhein durch das Land der Katten in das der Sueven ein, stiess aber von ihrer Seite auf den heftigsten Widerstand und war genöthigt jeden Schritt mit grossem Blutvergiessen zu erkämpfen. Von da wandte er sich gegen die Cherusker, ging über die Weser und durch den dichten Hercynischen Wald und drang, das Land ringsum verheerend, bis zur Elbe vor, bemühte sich aber vergebens diesen Strom zu überschreiten, wahrscheinlich weil derselbe zu breit war und zu schnell strömte: die Sage erzählt von einem Unheil verkündenden Gesichte, das ihm den Uebergang wehrend erschienen sei. Nachdem er am linken Ufer Sieges-Trophäen, mehrere Schanzen und Forts errichtet hatte, trat er den Rückmarsch zum Rhein an, den er aber nicht mehr erreichte, da er erkrankte und starb (man nimmt an, dass dies in der Gegend des heutigen Waldorf nördlich Schlüchtern zwischen fränkischer Saale und Rhein geschah). Sein Leichnam wurde in Rom mit grossem Pomp bestattet, ihm und seinen Söhnen der Beiname Germanicus beigelegt, und zu seinem Gedächtniss errichtete man an den Ufern des Rheins Statuen, Triumphbögen und prachtvolle Denkmäler.

Auf diese Weise hatte Drusus mit Geschick und Erfolg den weisen Plan des Augustus ausgeführt, indem er Gallien von Germanien durch eine starke Vertheidigungs- und Verschanzungslinie im Rheinthale von Basel bis Nymwegen getrennt hatte, welche mit der einen Front gegen Germanien, mit der andern am Fusse der Vogesen gegen Gallien gewendet war. Ferner hatte er nach einander drei offensive Züge unternommen: 1) den Rhein hinab gegen die Friesen und Chauker, — 2) vom Unterrhein zur mittleren Weser, — und 3) vom Mittelrhein gegen die mittlere Elbe und Saale, — und alle diese Züge hatte er gesichert und von dauernder Wirkung gemacht durch die Aufführung von Schanzen, welche er mit Besatzungen versah. Die beiden ersten Züge waren vollkommen erfolgreich gewesen, der letztere dagegen scheint nicht den rechten Erfolg gehabt zu haben. Jedenfalls aber gebührt Drusus die Ehre, zuerst eine feste und sichere Operationsbasis am Mittel- und Unterrhein geschaffen und von ihr drei befestigte Strassen nach Germanien angelegt zu haben, die eine bis zur Nordseeküste, die beiden andern zur Weser und Elbe. Und diese geschickten Märsche und Operationen des Drusus blieben nicht ohne erspriessliche Folgen für die Römer: so lange er lebte, hielten sich die von ihm unterworfenen Völker ruhig und fingen schon an sich an die Römer zu gewöhnen, welche ihrerseits durch strenge Disciplin sich ihre Achtung erwarben.

§. 365.

Feldzüge des Tiberius in Germanien (8—7 v. Chr.)

Nach des Drusus Tode geriethen die von ihm unterworfenen Stämme aufs neue in Bewegung, um sich vom Joche der Römer zu befreien. Augustus selbst sah sich veranlasst an den Rhein zu reisen, überschritt ihn aber nicht und vertraute die Fortsetzung des Krieges gegen die Germanen und die Vollendung des von Drusus begonnenen Werkes dem Tiberius an. Der Schrecken der Namen Augustus und Tiberius bewog viele am Rhein wohnende Stämme um Frieden zu bitten; die Sigambrer allein griffen zu den Waffen und erhoben sich und baten später vergeblich um Frieden. Die Einzelnheiten der beiden Feldzüge des Tiberius über den Rhein nach Germanien und deren Resultate sind unbekannt. Gewiss ist nur, dass die Bewegungen und Operationen des Tiberius sich in den Thälern der Flüsse Ruhr, Sieg und Lahn abspielten, und dass 40000 Sigambrer (die Voreltern der späteren austrasischen Franken) gezwungen wurden, vom rechten auf das linke Rheinufer überzusiedeln und dort Colonien oder Niederlassungen zu gründen. Die ihnen benachbarten Stämme wurden zur Unterwerfung unter die Römer gezwungen. Vellejus Paterculus sagt bei dieser Gelegenheit, dass Tiberius es verstanden habe, die von Augustus ihm auferlegte schwere Aufgabe des Krieges gegen die Germanen mit dem ihm eigenen Geschick und Talent auszuführen: siegreich durchzog er alle Theile Germaniens zwischen Rhein und Weser ohne den geringsten Verlust bei seinem Heere, dem er besondere Sorgfalt widmete. So nachdrücklich unterwarf er diese ganze Gegend, dass sie kaum sich von einer römischen Provinz unterschied.. Dafür erlaubte Augustus ihm, von der Armee den Ehrentitel Imperator anzunehmen und einen Triumph zu feiern, ernannte ihn wiederholt zum Consul und obersten Befehlshaber der rheinischen Armee an Stelle des Drusus. Aber gerade zu derselben Zeit, als das Glück dem Tiberius in solcher Weise lächelte, beschloss er, noch in der Blüthe der Jahre und der Kraft, sich von den Staatsgeschäften und von Rom zu entfernen (er ging nach Rhodus).

§. 356.

Operationen in Germanien, Pannonien und Dalmatien seit dem J. 6 v. Chr. und Vernichtung der Armee des Varus im Teutoburger Walde im J. 9 n. Chr.

Nach der Entfernung des Tiberius kam bis zum J. 4 n. Chr. keine Angriffsoperation der Römer gegen Germanien vor. Dio Cassius erzählt nur, dass »Domitius Ahenobarbus, der Befehlshaber der Legionen an der Donau und seit des Tiberius Abgang am Rhein (6—2 v. Chr.), in einem

Theil der von den Marcomannen verlassenen Länder die Hermunduren ansiedelte, welche gleichfalls ihr Land verlassen hatten und in Germanien umherirrten, um sich ein andres Gebiet zu suchen (die germanischen Stämme befanden sich fortwährend auf ähnlichen Wanderzügen). Er ging auch ohne Widerstand über die Elbe (wie man glaubt, beim heutigen Dommitzsch) und schloss freundschaftliche Verträge mit den auf dem rechten Ufer wohnenden Stämmen. Als er den Rückmarsch nach Rom angetreten hatte und mit Hülfe benachbarter Stämme einen Theil der Cherusker in ihr Land zurückführen wollte, aus dem sie durch ihre Stammesgenossen verdrängt worden waren, gelang ihm dies nicht und hatte nur zur Folge, dass auch die anderen Barbaren die Römer verachteten.« Indessen kann man in diesem friedlichen Zuge des Domitius nichts Anderes sehen, als eine grosse Recognoscirung des Landes bis zur Elbe jenseits derselben, durch welche er Nachrichten über diese Landstrecken und über die Verbindungen ihrer Bewohner mit den Stämmen im Rücken des neuen und grossen marcomannischen Bundes (im heutigen Böhmen) erlangen wollte, gleichsam zur Vorbereitung auf deren spätere Besitzergreifung durch die Römer. Es ist hierbei zu bemerken, dass während der Zeit vom J. 7 v. Chr. bis 1 n. Chr. der gegenseitige Zusammenhang zwischen den germanischen Stämmen auf dem rechten Rheinufer sich bereits zu lockern begonnen hatte.

Nach Domitius commandirte Vinicius die Legionen am Rhein (2 vor bis 3 n. Chr.), über Kriegsthaten desselben in Germanien ist aber Nichts bekannt.

Als Tiberius im J. 4 n. Chr. wieder an die Spitze der Legionen trat, wurden neue Angriffsoperationen begonnen, diesmal aber gegen die Stämme, welche an der Küste der Nordsee zwischen Rhein, Weser und Elbe wohnten. Diese Operationen wurden schon im ersten Feldzuge durch eine Flotte auf dem Meere unterstützt, welche im zweiten Feldzuge die Elbe hinauffuhr und sich mit der Armee des Tiberius vereinigte. Vellejus Paterculus stellt diese Feldzüge in folgender Weise dar. Im J. 4 n. Chr. brach Tiberius vom Unterrhein und der Lippe nach Osten auf, unterwarf die Caninefater, Attuarier und Brukterer, brachte die Cherusker auf seine Seite, überschritt die Weser, rückte in das jenseitige Land ein, erlangte bis zum Winter alle Vortheile eines vollkommen erfolgreichen Feldzuges und kehrte für den Winter persönlich nach Rom zurück, der Armee unter dem Befehle des Sentius Saturninus ein Winterlager *ad caput Juliae* (h. Grüningen in der Wetterau zwischen Lahn und Wette) anweisend. Im Frühjahr 5 kehrte er in dieses Lager zurück und unternahm einen zweiten ebenso siegreichen Feldzug, trug die römischen Waffen durch ganz Deutschland, besiegte Völker, deren Namen bis dahin noch ganz unbekannt waren, brachte die Chauken auf seine

Seite, brach die Macht der Longobarden, des wildesten von den germanischen Völkern, und führte endlich seine Legionen vom Rhein 400 röm. Meilen weit (= 80 deutschen) bis zur Elbe und über diesen Strom. Seinem Glücke, seiner Fürsorge und weisen Zeitberechnung verdankten die Römer es, dass ihre Flotte, stets an der Küste der Nordsee vom Unterrhein bis zur Elbe entlang fahrend, diesen Strom hinaufsteuerte und sich mit der Armee des Tiberius bei deren Lager am linken Ufer vereinigte. Nachdem alle Stämme überall, wo die römische Armee durchzog, ohne Verluste auf Seiten der Römer besiegt waren, zog Tiberius sein Heer in ein Winterlager an den Quellen der Lippe zurück und kehrte für den Winter selber nach Rom zurück. »Und nicht ohne Grund« — sagt Vellejus Paterculus — »schrieb er, als er später aus Germanien abberufen wurde, an Germanicus, dass er, neun Mal von Augustus nach Germanien geschickt, mehr Erfolge durch Klugheit, als durch Gewalt erlangt habe!« In der That scheint es unzweifelhaft, dass Tiberius durch die gleichzeitigen Operationen von Heer und Flotte, theils durch Gewalt der Waffen, grösstentheils jedoch durch friedliche Unterhandlungen, welche er stets vorzog, dem römischen Einflusse sowohl die Küstenbewohner als die um die Weser ansässigen Cherusker zu unterwerfen gewusst hatte. Es fehlt aber bei alledem an Beweisen dafür, dass die Römer ihre Macht dauernd noch weiter als bis an die Winterlager der Lippe-Quelle befestigt haben, und die mancherlei Erzählungen, dass Sentius Saturninus auf Befehl des Tiberius bis zur Weichsel vorgedrungen sei und dies Land sogar unterjocht habe, sind unglaubhaft. Als Resultat der beiden Feldzüge des Tiberius überhaupt ist die Sicherung des ganzen Theiles von Germanien zu betrachten, welchen Drusus auf dem rechten Rheinufer schon dauernd in Besitz genommen hatte, und die Erlangung freundschaftlicher Beziehungen zu den Seeküsten.

Inzwischen hatte in dem weiten von den Marcomannen bewohnten Gebiete (h. Böhmen und weiter bis zur Donau) deren Fürst Marbod (Maroboduus) einen mächtigen Bund aller dieser Stämme unter seine Oberhoheit gestiftet, dessen Ausdehnung sich bis auf 200 röm. Meilen (= 40 deutschen) von der römischen Grenze erstreckte. Er hatte als Jüngling römische Erziehung genossen und stellte nun 70000 Mann zu Fuss und 4000 Mann zu Pferde auf, die ganz nach römischem Muster bewaffnet, formirt und ausgebildet waren. Mit grossem Verstande und eisernem Willen begabt, befolgte er gegen die Römer die kluge Politik, dass er feindliche Zusammenstösse mit ihnen vermied, freundliche Beziehungen zu ihnen unterhielt, sie aber auch nicht fürchtete und unbekümmert die von ihnen Ausgewiesenen oder die von ihnen entflohenen Feinde aufnahm. Es ist sehr natürlich, dass Tiberius bei seinem weiteren Vordringen vom Rhein nach Osten in das Innere Germaniens einen solchen

Gegner nicht in seiner Flanke und Rücken stehen lassen wollte und daher im J. 6 n. Chr. beschloss, ihn von verschiedenen Seiten zugleich anzugreifen. Seinen Plan, die Vorbereitungen dazu und die Ausführung selbst stellt Vellejus Paterculus in folgender Weise dar: Sentius Saturninus erhielt von ihm den Auftrag, aus den Winterlagern *ad Caput Juliae* (Grüningen) und *Castra Vetera* (Xanten) die rheinischen Legionen durch das Land der Katten und den hercynischen (h. Thüringer) Wald nach Bojohämum zu führen, — wie das Land hiess, in welchem sich der Mittelpunkt des Marbod'schen Bundes befand. Tiberius selbst sollte zur selben Zeit von Carnutum (h. Hainburg a. d. Donau zwischen Wien und Pesth) aus, als dem nächsten Punkte im Norischen, die illyrischen Legionen dorthin führen. Für beide Armeen waren 12 Legionen (etwa 72000 Mann) bestimmt, unter welchen sich auch die in Pannonien und Dalmatien dislocirten befanden. Mit diesem Plane einverstanden, hatte Tiberius schon ein Winterlager an der Donau errichtet und dem Saturninus, der nur fünf Tagemärsche von der Hauptstadt der Marcomannen entfernt stand, den Auftrag gegeben, seinen Angriff zu beginnen und sich mit Tiberius an dem vorbezeichneten Punkte inmitten des Marbod'schen Gebietes zu vereinigen, als zur selben Zeit nach dem Abmarsch der Legionen aus Pannonien und Dalmatien beide Länder nebst den ihnen benachbarten Stämmen sich gegen die Römer erhoben. Ihre Streitmacht unter Führung des Bato war allmälig auf 800000 Mann angewachsen; mit $1/3$ derselben wollte Bato zwischen Tergeste und Nauportus in Italien, mit dem andern $1/3$ in Macedonien eindringen, das dritte $1/3$ zurückbehalten zum Schutze des eigenen Landes.

Das brachte den Tiberius in eine sehr schwierige Lage. Bevor wir aber schildern, wie er aus derselben loskam, müssen wir einige Worte über seinen Angriffsplan gegen Marbod sagen. Die äussersten Anfangspunkte zu dem Vormarsch des Tiberius und des Saturninus, Hainburg und Xanten, lagen in gerader Linie 100 deutsche Meilen von einander entfernt, und diese Linie ging über das heutige Budweiss, Pilsen, Eger, Frankenwald, Thüringer Wald, Cassel, Paderborn. Der Ort, wo Marbod stand, nach des Vellejus Paterculus Angabe 200 röm. Meilen von der Grenze Italiens ab, ist in der Umgegend von Budweiss zu suchen, darum wurde auch sowohl Tiberius als Saturninus auf diesen Punkt hin dirigirt. Hierbei vereinfachte sich für Tiberius die Aufgabe des Marsches gegen Budweiss dadurch, dass er seine Armee auf Schiffen die Donau hinauf bis Krems und Mautern oder Linz führen konnte, Orte, welche fünf Tagemärsche von Budweiss entfernt lagen, d. h. ebenso weit, als Saturninus von der marcomannischen Grenze stand. Aber der Marsch dieses Letzteren von Xanten und Grüningen durch das Gebiet der Katten, concentrisch, wie man annimmt, gegen Gerstungen an der Werra und von da mit vereinten Kräften längs des Thüringer Waldes bis Pilsen hin war unvergleichlich beschwerlicher. In dieser concentrischen Direktion der beiden Armeen von den beiden entgegengesetzten Enden Germaniens nach dem einen Punkte, Budweiss, hin, muss man aber die Kunst des entworfenen Planes des Tiberius wie die genaue Kenntniss der geographischen und topographischen Beschaffenheit des zwischen beiden Ausgangspunkten, besonders zwischen Unterrhein und Lippe und Budweiss, gelegenen Landes anerkennen. Dazu hatten wahrscheinlich die vorhergegangenen Feldzüge des Drusus, Tiberius und Domitius, wie die zu den römischen Heeren gehörenden *speculatores* und *exploratores* beigetragen. Und wenn der Entwurf des Tiberius vollkommen zur Ausführung gelangt und Böhmen von den Römern unterworfen worden wäre, so wäre das ganze Germanien zwischen Rhein, Main und Donau abgerissen worden, die römische Macht hätte sich über den Thüringer Wald und die böhmischen Gebirge erstreckt, und wahrscheinlich wäre der Bund der Alemannen nicht entstanden, welcher die Macht Roms zertrümmerte.

Aber der bedrohliche Aufstand der Pannonier, Dalmatier u. s. w. im Rücken des Tiberius zwang diesen, sogleich Frieden mit Marbod zu schliessen, um sich gegen Pannonien und Dalmatien zu wenden. Die aufständischen Bewohner dieser Länder verbanden mit ihrer natürlichen Wildheit und verwegenen Tapferkeit auch eine gewisse Bekanntschaft mit römischem Kriegswesen und römischer Kriegskunst. Sie eröffneten den Krieg (im J. 6 n. Chr.) indem sie aller Orten sämmtliche römische Beamte und Kaufleute erschlugen, dann in Macedonien einfielen und dies mit Feuer und Schwert verwüsteten. Die Kunde hiervon verbreitete in Rom solchen Schrecken, dass Augustus selber im Senate erklärte, wenn nicht ungesäumt die energischsten Maassregeln getroffen würden, so werde der Feind binnen 16 Tagen vor den Thoren Roms stehen. In Folge dessen wurden in grösster Eile Truppen ausgehoben, von allen Seiten die Veteranen einberufen und dem Tiberius der Oberbefehl übertragen. Ehe aber noch Tiberius in Pannonien einrücken konnte, ging der römische Prätor Misius Caecina Severus den Pannoniern entgegen, überfiel sie unvermuthet an der Drau, besiegte sie in einer blutigen Schlacht nicht ohne grosse Anstrengungen und Verluste, behauptete das Schlachtfeld und verstärkte sich durch neue Truppen und Bündnisse. Das war ein grosses Glück für Tiberius wie für Rom. Tiberius rückte nun endlich in Pannonien ein, ihm voraus das kleine Heer des Valerius Messaninus, des aus Pannonien und Dalmatien vertriebenen Statthalters dieser Provinzen. Anfänglich von Bato im offenen Felde besiegt, schlug er diesen seinerseits, aus einem Hinterhalte hervorbrechend. Von jetzt an verwandelte sich der Krieg in eine Reihe von einzelnen Treffen, da Bato einer allgemeinen

Schlacht auswich. Im folgenden Jahre, 7, ward Pannonien unterworfen, und es blieb nur noch Dalmatien zu unterwerfen übrig. Tiberius eröffnete unter Zurücklassung des Marcus Lepidus mit einem Theile der Armee in Pannonien den Feldzug in Dalmatien mit dem andern Theile. Augustus, der ihm schon nicht mehr ganz traute, schickte im J. 8 ihm seinen Neffen Germanicus (Sohn des Drusus) mit Hülfstruppen zur Unterstützung. Trotz seiner Jugend operirte Germanicus so klug und geschickt, dass er im selben Jahre noch die Makäer unterwarf, einen der Hauptstämme Dalmatiens. Später (in den Jahren 9 und 10) erlitt er bei einem erfolglosen Sturm auf die Stadt (Rhizon oder) Rätium grossen Verlust, unterwarf aber Seretia und viele andere Städte. Darauf theilte Tiberius seine Armee in drei Theile: den einen übergab er dem Legaten Silvanus, den andern dem Marcus Lepidus, mit dem dritten wandte er sich mit Germanicus gemeinschaftlich gegen Bato. Der Letztere zog sich zurück und schloss sich in die Bergfestung Anderium ein, wo er durch die Römer belagert wurde. Hier entspann sich ein blutiger Kampf, in welchem die Römer obsiegten. Germanicus zog weiter, belagerte die Stadt Arduba und überwältigte sie nach hartnäckigem Widerstande. Danach unterwarf sich ein grosser Theil der übrigen Städte Dalmatiens gleichfalls den Römern, und Germanicus, dem Legaten Posthumius die Unterwerfung der andern übertragend, vereinigte sich Ende des J. 10 wieder mit Tiberius. Bato, von Allen verlassen, bat demüthig bei Tiberius um Frieden, indem er sich auf die Unerträglichkeit der Bedrückungen und Erpressungen der römischen Statthalter berief. Der Friede wurde geschlossen, war aber nicht von langer Dauer, da die Aussaugung Dalmatiens durch die Römer nicht aufhörte. Der Krieg in Pannonien und Dalmatien kostete den Römern grosse Opfer an Geld und den besten Truppen.

Aber zu derselben Zeit, als Rom die Siege des Tiberius und Germanicus in Pannonien und Dalmatien feierte, traf die Nachricht von der Vernichtung der römischen Armee in Germanien ein und verwandelte die allgemeine Freude in allgemeine Trauer.

Die Erzählungen der römischen Historiker über dieses Ereigniss enthalten keinerlei Angaben in Bezug auf die Kunst der römischen Kriegführung in Germanien zu dieser Zeit. Sie sind aber dadurch wichtig, dass sie die Verhältnisse darstellen, in welchen Tiberius nach seinen Feldzügen in den Jahren 4 und 5 n. Chr. in Germanien die römische Armee daselbst zurückgelassen hatte.

Dio Cassius sagt, dass die Römer einige Punkte in Germanien nicht auf einmal, sondern nach und nach, den Umständen gemäss, besetzten. Die römischen Truppen standen daselbst in Winterlagern; es wurden Städte erbaut, Märkte eröffnet, friedliche Beziehungen mit den Barbaren angeknüpft, und diese Letzteren, obschon durch den Einfluss der römischen Sitten und Gebräuche scheinbar vollkommen umgewandelt, vergassen dennoch die Sitten und Gewohnheiten ihrer Altvordern nicht, noch ihres freien Lebens, noch der Macht, welche ihnen ihre Waffen verschafften. Daher fanden sie, während sie unfühlbar und allmälig sich umwandelten, ihre Lage gar nicht lästig und bemerkten es selbst nicht, wie sie sich veränderten. Als aber Quinctilius Varus, der vordem die Legionen in Syrien befehligt hatte, in Germanien an die Stelle des Saturninus trat, seine römische Statthalterschaft als die oberste Regierung hinstellte, die Germanen in aller Kürze und mit Gewalt umändern wollte, ihnen wie Sklaven zu befehlen und Geld, in Form von Abgaben und Steuern, von ihnen zu erpressen begann, da konnten sie das nicht ertragen. Offen sich zu erheben wagten sie nicht, da sie wussten, dass die römischen Truppen zahlreich waren (2 Legionen des Asprenas beim heutigen Mainz oder bei Bonn am Rhein und 3 Legionen mit den Hülfstruppen im Innern Germaniens, im Ganzen also wenigstens 30000 Mann). Im Gegentheil nahmen sie scheinbar die Maassregeln des Varus gutwillig an und erklärten sich bereit, Alles zu thun, was er ihnen auftrage, inzwischen lockten sie ihn aber in das Land der Cherusker an die Weser und bestärkten ihn, indem sie in Frieden und Freundschaft mit ihm lebten, in dem Glauben, dass sie Sklaven und ohne römisches Heer sein könnten.

Vellejus Paterculus hingegen sagt, dass Varus hinsichtlich der Germanen der Meinung war, sie seien, bis auf die Sprache und die menschliche Körpergestalt, gar nicht für Menschen zu erachten, und dass, wenn man sie nicht mit dem Schwerte überwinden könne, man sie durch Recht und Gesetz (*jus*) bändigen werde. Mit solchen Ideen erschien er mitten in Germanien und brachte den Sommer damit zu, von seinem Richtertribunal Recht zu sprechen und Gesetze zu handhaben, als ob er inmitten einer vollkommen friedlichen Bevölkerung lebte. Die Germanen aber, arglistig und verschlagen, unterwarfen sich scheinbar seinem Gericht und Spruch, schmeichelten ihm und führten ihn hinters Licht, priesen die römische Gerechtigkeit u. s. w. und wussten auf diese Weise die Wachsamkeit des Varus gänzlich einzuschläfern. Während dessen erbaten sie, um seine Kräfte zu theilen, von ihm Truppencorps bald zum Schutze irgend eines Ortes, bald zur Deckung von Transporten, bald zum Ergreifen von Räubern u. s. w. Auf diese Weise behielt Varus nicht alle seine Truppen beisammen, wie er es im feindlichen Lande gemusst hätte, sondern zersplitterte sie in einzelne Theile. Die Hauptverschwörer, Hermann (oder Arminius) und Segestes, waren seine beständigen Gesellschafter, ja Tischgenossen. Und während er sich nichts Arges versah und sogar die Behutsamkeit (namentlich des Segest) verlachte, erhoben sich nun vor Allen die entfernter von Varus und näher am Rhein wohnenden Stämme (vermuthlich die Marsen und Sigambrer), damit, wenn Varus gegen diese marschirte, er um so leichter überfallen werden könne, als wenn Alle auf einmal aufstanden. Und als er sich in Marsch gesetzt hatte, brachen die hinter im Wohnenden auf, als ob sie sich sammeln und als Hülfstruppen zu ihm stossen wollten. Aber nachdem sie die an bestimmten Orten schon heimlich bereit stehenden Truppen an sich gezogen und die ihnen zugetheilten römischen Corps niedergemacht hatten, folgten sie ihm nach, und als er dann in die dichten Wälder gezogen war, aus welchen kein Ausweg führte, machten sie mit einem Schlage sein ganzes Heer nieder und bewiesen, dass sie Feinde, aber keineswegs Unterthanen der Römer sein wollten.

So lauten die in römischem Sinne und Anschauung von den römischen Schriftstellern verfassten Erzählungen dieser Begebenheiten. Die neuere historische Forschung hat sich eingehend und vielseitig, namentlich in Deutschland, hiermit befasst, weil der Sieg der Germanen über Varus und die Vernichtung seiner Legionen im Teutoburger Walde die politische Unabhängigkeit Deutschlands, die selbständige Entwicklung der deutschen Nation und Sprache, ihre Sitten und Gebräuche von der Macht und dem Einflusse Roms errettete. Ausserdem sind diese Ereignisse besonderer Beachtung werth auch in Hinsicht des Vergleiches zu den späteren Schicksalen der slawischen Stämme, wovon später an seinem Orte Erwähnung geschehen wird.

Auf Grund der neueren historischen Forschungen stellt sich dieses wichtige und bedeutungsvolle Ereigniss im Wesentlichen nun folgendermassen dar:

Die Siege des Drusus hatten dem römischen Reiche alles Land der Germanen zwischen Rhein, Elbe und Saale hinzugefügt. Um die kriegerischen Bewohner dieser Gegenden Germanicus niederzuhalten, ergriffen die Römer alle Maassregeln, welche ihnen die gesunde Vernunft und ihre Kenntniss von dem Charakter der unterworfenen Stämme an die Hand geben konnte. Einige dieser Stämme, wie die Sigambrer, wurden auf dem linken Rheinufer und sogar im Innern Galliens angesiedelt, die Treue der übrigen sicherten sich die Römer durch Geiseln und indem sie die Kinder der vornehmsten germanischen Fürsten in Rom auf römische Weise erziehen und ausbilden liessen. Unter diesen befand sich auch **Hermann** (bei Tacitus und den übrigen römischen Historikern wird er **Arminius** genannt), der Sohn des **Sigimer**, des Hauptes und vornehmsten Fürsten der Cherusker, der im J. 18 (nach Andern 16) v. Chr. geboren war. Aber weder das Wohlwollen des Augustus, noch die Vorzüge römischer Bildung konnten die ihm in Germanien eingeborenen Eigenschaften (deutschen Sinn, Liebe und Anhänglichkeit an sein Vaterland, an die Religion, Sitten und Gewohnheiten seiner Altvordern) um ändern. Nachdem er in Rom die Kriegskunst erlernt hatte, kehrte er gerade zu der Zeit nach Germanien zurück, als Varus die dort stehenden römischen Truppen befehligte. Varus war, nach dem Ausdrucke eines zeitgenössischen römischen Schriftstellers: »arm in das reiche Syrien gekommen und hatte reich das arme Syrien verlassen«. Die Unverschämtheit und die Erpressungen des Varus und seiner römischen Untergebenen erregten den gerechten Unwillen der Germanen, welcher sich noch in Folge der von Varus versuchten Einführung römischer Gesetze vermehrte. Der feurige Hermann sann auf Befreiung seines Vaterlandes, wozu er den Augenblick günstig glaubte; da er aber nicht hoffen konnte, dies im offenen Kampfe zu erreichen, so griff er zur List. Den Schein vollkommenster Ergebenheit gegen Rom annehmend, bemühte er sich und gelang es ihm, die Fürsten fast aller germanischen Stämme zwischen Rhein und Elbe zum Aufstande zu bewegen. Umsonst benachrichtigte Segest, der Fürst der Katten und Verbündete der Römer, den Varus von der ihm drohenden Gefahr; der unkluge Varus spottete seiner Vorsorge, Hermann verdoppelte seine Anstrengungen zur Zerstreuung aller Zweifel und Erhöhung der Sorglosigkeit desselben. Er lenkte die Aufmerksamkeit desselben auf die vereinzelten Empörungen, welche in den verschiedenen entfernten Theilen Germaniens, von Hermann selbst behufs Theilung der Kräfte des Varus angezettelt, ausgebrochen waren. Als sich bei Varus nur noch 3 Legionen, einige Cohorten und die germanischen Hülfstruppen befanden, wurde der Aufstand allgemeiner. Hermann und seine Gesinnungsgenossen überredeten den Varus, dass es unerlässlich sei, aufzubrechen, um den Aufstand an Ort und Stelle niederzuschlagen, und nicht abzuwarten, bis die Empörer gegen ihn anrückten. Abermals warnte Segest den Varus, aber vergeblich; Varus hörte nicht auf ihn und drang tiefer in das Land ein. Nach höchst beschwerlichen Märschen kam er in den mächtigen und undurchdringlichen Teutoburger Wald in das Land der Brukterer (nahe dem heutigen Detmold), und dort, zwischen Bergen und ungangbarem Terrain, sah er sich von allen Seiten umringt, auf den Bergen und in den Engpässen standen die Germanen, und Varus erfuhr, dass Hermann ihr Anführer war. Die germanischen Hülfstruppen gingen zu diesem über, und nach dreitägigem grausamem und blutigem Kampfe wurden die römischen Truppen, welche Wunder verzweifelter Tapferkeit vollbrachten, total besiegt und bis auf den letzten Mann niedergemacht (nur Wenigen gelang es unter dem Schutze der Nacht zu entkommen). Varus entleibte sich. Hermann blieb hiernach nicht unthätig, zerstörte die von den Römern an Elbe, Weser und Rhein erbauten Befestigungen und bemühte sich, nachdem er Germanien befreit hatte, mit allen Mitteln in den Germanen das kriegerische Feuer zu nähren, welches er mit Recht für den besten Schutz gegen die

Eroberungssucht der Römer in Germanien hielt. Seine Anstrengungen waren keine vergeblichen, verwickelten ihn aber in Kriege mit seinen eigenen Landsleuten. Der von ihm belagerte Segest, dessen einem andern germanischen Fürsten versprochene Tochter Thusnelda er entführt hatte, rief die Römer zu Hülfe, und es entbrannte ein neuer heftiger Krieg.

§. 367.

Feldzüge des Tiberius und dann des Germanicus in Germanien (10—16), und des Letzteren in Asien (17—19).

Die Niederlage und der Untergang des Varus versetzten Augustus in solche Betrübniss, dass er ausrief: »Varus, Varus, gieb mir meine Legionen wieder!« — und die Römer geriethen in solchen Schrecken, dass Augustus, ein Eindringen der Germanen fürchtend, bei Androhung der Todesstrafe gegen Ungehorsam eine sofortige Truppenaushebung befahl und den Tiberius herbeirief, um ihn an den Rhein zu schicken.

Tiberius ging, nachdem er Gallien und die Besatzung dieses Landes sowie alle befestigten Punkte am Rhein gesichert hatte, im J. 10 bei Mainz über diesen Strom und fiel in das Land der Katten ein, um die den Unterrhein bedrohende Macht der Germanen zur Theilung zu zwingen. Während dessen zog Aprenas mit seinen zwei Legionen den Rhein hinab nach *castra vetera* (Xanten), um den unteren Rhein gegen die Germanen zu schützen und die Treue der am linken Ufer wohnenden Stämme, welche schon zu schwanken begonnen hatte, zu befestigen. Von hier aus brachte er den auf dem rechten Rheinufer in Aliso von Germanen eingeschlossenen Römern Hülfe und Entsatz.

Gleich bei seiner Ankunft in Gallien und am Rhein erkannte Tiberius die in Folge der Besiegung des Varus in Germanien vor sich gegangene Veränderung ganz richtig. In kriegerischer Beziehung war das ganze vorherige System der Eroberung Germaniens durch die Märsche zur Elbe hin und sodann das Vorgehen von zwei Seiten gegen Marbod zerstört, am Rhein blieben nur noch zwei feste Vertheidigungspunkte, bei Mainz und Xanten. Noch wichtiger aber war es, dass all' die vorhergegangene Mühe der Römer, die Germanen durch den Einfluss der römischen Civilisation zu bilden, mit einem Schlage vernichtet war. Daher wurden alle Operationen des Tiberius in den Jahren 10 und 11 auf dem Rheinufer mit der grössten Vorsicht unternommen. Suetonius bemerkt, dass er nicht einen Schritt ohne Zusammenberufung des Kriegsraths gethan habe, während er bis dahin ganz selbständig und nach eigenem Ermessen gehandelt habe. So liess er beim Uebergang über den Rhein den ganzen Train, für welchen er bestimmte Vorschriften gegeben hatte, nicht eher übergehen, als bis er sich persönlich am Ufer überzeugt hatte, dass in keinem Fahrzeuge mehr als das durchaus Erforderliche und Erlaubte sich befinde. Diese Angabe des Suetonius zeugt einmal von der grossen Anzahl von Fahrzeugen bei den römischen Armeen in Germanien und dann auch davon, dass für die Märsche daselbst die Heere nothwendiger Weise hauptsächlich Wasserscheiden und die über dieselben führenden Gebirgsstrassen auswählten und dagegen häufigere Uebergänge über Ströme und Flüsse, über welche keine Brücke führte, vermeiden mussten.

Weiter sagt Suetonius, dass Tiberius nach dem Uebergange über den Rhein im Grase sitzend zu Mittag gegessen, die Nacht ohne Zelt unter freiem Himmel zugebracht und alle seine Befehle schriftlich ertheilt habe, damit, wenn dem Einen oder dem Andern etwas nicht klar gewesen sei, dieser sich jederzeit, selbst bei Nacht um Aufklärung an ihn wenden könne. In den Truppen handhabte er eine straffe Disciplin, indem er viele bereits in Vergessenheit gerathene strenge Befehle und Strafmaassregeln wieder einführte.

Ganz ebenso verfuhr er auch im J. 11, als sich Germanicus bei ihm befand. Dio Cassius erzählt, dass sie Beide den Feldzug vom Rhein in das Innere Germaniens unternahmen, einige Gegenden durchzogen, nirgends auf Widerstand stiessen, Niemanden unterwarfen, aus Furcht, gleich Varus in einen Hinterhalt zu fallen und in Gefahr und Noth zu gerathen, sich nicht weit vom Rhein entfernten und im Herbst wieder an denselben zurückgingen. Die Führung des Oberbefehls durch beide Feldherren, Tiberius und Germanicus, und die Stellung ihrer beiden Armeen am Mittel- und Unterrhein während der 3 Jahre bis zum J. 14 rechtfertigt die Annahme, dass auch im J. 11 die beiden Heere von Mainz und Xanten aus in Bewegung und thätig waren, und dass in letzterem Orte Germanicus commandirte.

Während der folgenden 3 Jahre (11—13) war die Regierung des Augustus aus diesem Grunde und in Folge der Ruhe bei den Germanen durch keine besonderen Kriegsereignisse in Germanien bemerkenswerth. Tacitus erzählt in seinen »Annalen«, dass Augustus dem Germanicus den Oberbefehl über die 8 Legionen am Rhein übertragen und dem Tiberius befohlen habe, ihn als Sohn zu adoptiren: aber Kriege zu führen war zu dieser Zeit nicht nöthig, ausser in Germanien, und auch hier nur, um die Niederlage des Varus zu rächen, nicht aber um die Grenzen des Reiches zu erweitern. Aurelius Victor fügt, da er erzählt, Augustus sei zu Nola am 19. August des J. 14 im 76. Lebensjahre gestorben, hinzu, er habe Rhätien und Illyricum und die wilden Bewohner fremder Länder, aber nicht in Germanien, unterworfen.

Nach dem Tode des Augustus und der Uebernahme der Gewalt durch Tiberius gelang dem Germanicus im selben August des J. 14 die Dämpfung eines Aufstandes, nicht der Germanen, sondern der rheinischen

Legionen (der erste und gleich nach dem Tode des Augustus). Was Tacitus darüber in den »Annalen« sagt, enthält die Details der Zusammensetzung und Stellung der rheinischen Armee und ist daher sehr wichtig für die Erklärung der vorhergehenden wie der nachfolgenden Feldzüge in Germanien.

Am Rheine standen zwei Armeen: die eine, oberrheinische, unter dem Befehl des Legaten Cajus Silius, die andere, niederrheinische, unter dem Legaten Aulus Caecina, beide dem Obercommando des Germanicus unterstellt, welcher sich in Gallien zur Erhebung von Abgaben befand. Die Armee des Silius (im Sommerlager bei Mainz) wartete unschlüssig ab, welchen Erfolg der Aufstand des Heeres des Caecina (im Sommerlager im Gebiete der Ubier, wie man annimmt, beim heutigen Bonn) haben werde. Hier hatten die 21. und 5. Legion das erste Zeichen zur Empörung gegeben und die 1. und 20. mit sich fortgerissen. Gerade zur selben Zeit hatte Germanicus die Nachricht von dem Tode des Augustus erhalten und sogleich die ihm nächstwohnenden Sequaner wie auch die Belgier veranlasst, den Huldigungseid zu leisten; dann aber eilte er in das Lager des Caecina. Die Aufrührer zogen aus dem Lager ihm entgegen mit Klagen über die ihrer Entlassung aus dem Dienste bereiteten Schwierigkeiten, über die beschwerlichen dienstlichen Arbeiten und Verrichtungen, geringe Besoldung u. s. w. Germanicus konnte sich ihnen kaum entziehen und ging in sein Zelt, um einen Kriegsrath abzuhalten. Die Lage war schwierig: die Legionen des Caecina konnten die Hauptstadt der Ubier (Cöln), dann auch Gallien plündern: die Germanen würden sich dies zu Nutze gemacht haben, um gleichfalls in Gallien einzufallen (obgleich die Römer zu dieser Zeit einige Punkte auf dem rechten Rheinufer und das Land in mehr oder minder weiter Entfernung von demselben in Besitz hatten). Gegen die Aufrührer aber verbündete und Hülfs-Truppen zu verwenden, das hätte den Anfang eines Bürgerkrieges bedeutet. Es war Nichts zu thun, — die Ausgedienten wurden entlassen, die Auszahlung des Gehalts bis in die Winterlager verschoben. Die 5. und 21. Legion zogen aber nicht eher dahin ab, bis sie ihren ganzen Sold voll ausgezahlt erhalten hatten, wozu Germanicus und seine Freunde alle ihre eigenen Gelder zusammenschiessen mussten. Caecina führte die 1. und 20. Legion nach Cöln, Germanicus begab sich zur Armee des Silius und vermochte die 2., 13. und 16. Legion ohne Widerrede zum Huldigungseide. Die Vexillen in den Garnisonen unter den Chauken zwischen unterer Weser und Ems versuchten eine Empörung, wurden aber zur Ruhe gebracht, und das ganze Heer bezog Winterlager.

Indess trafen Abgeordnete des Senates bei Germanicus in Cöln ein. Die 1. und 20. Legion, sowie die entlassenen Veteranen, welche befürchteten, dass diese Abgeordneten ihnen das Bewilligte wieder ab-

17*

sprechen möchten, begannen sie mit dem Tode zu bedrohen. Aber Germanicus beschwichtigte sie durch die Macht seiner Rede und bewegte sie zur Reue, so dass sie aus freien Stücken die Rädelsführer tödteten.

Nun erübrigte noch, die 5. und 21. Legion zu beruhigen, welche 60 röm. Meilen (= 12 deutsche) davon in *Castra vetera* (Xanten) standen. Schon war ein Angriff auf diese Legionen vorbereitet, als es dem Germanicus gelang, durch Caecina die Veteranen gegen die Aufwiegler, zum grössten Theil Neuausgehobene aus der Hefe Roms, aufzureizen, welche denn auch von Jenen niedergemacht wurden. Germanicus, welcher bald nachher im Lager eintraf, sagte den Tuppen unter heissen Thränen: »das Geschehene ist nicht eine Heilung des Uebels, sondern eine neue Niederlage!« Das machte auf die Gemüther der noch heftig erregten Soldaten solchen Eindruck, dass sie den Wunsch äusserten, gegen den Feind geführt zu werden. Germanicus säumte nicht sich dies zu Nutze zu machen, liess eine Brücke über den Rhein schlagen (oberhalb der Lippe-Einmündung) und 12 Legionen, 26 Cohorten der Bundesgenossen und 8 Reiterturmen, welche in dem Aufstande fest in der Disciplin geblieben waren, auf das andere Ufer gehen. Rasch und unvermuthet für die mit Festfeiern beschäftigten Germanen führte Germanicus diese Truppen durch den cäsischen Wald und an den von Tiberius begonnenen Wall (an dem waldigen Berglande zwischen Rhein, Lippe und Ruhr). An diesem Walle bezog er ein Lager, das vorn und hinten durch Wall und Graben, in den Flanken durch Verhaue gesichert war. Darauf wählte er von zwei Wegen, von denen der eine kürzer und schon früher benutzt, der andere weiter und beschwerlicher, noch nicht beschritten und vom Feinde unbewacht war, diesen letzteren (wie man glaubt, zwischen den heutigen Städten Recklinghausen und Lünen, südlich des ersteren, zur Ruhr und der grossen Heerstrasse von Dortmund 10 deutsche Meilen bis Paderborn und Marsberg, damals im Lande der Marsen). Caecina erhielt von Germanicus den Befehl, mit den leichten Cohorten voraus zu marschiren und wo es nöthig sei, Durchhaue durch den Wald zu machen; hinter diesem folgte die Avantgarde, dann die Legionen. Dieser Marsch fand in einer stillen sternhellen Herbstnacht statt. Im Lande der Marsen angekommen, welche einen ihrer Festtage gefeiert hatten, umstellte Germanicus sie mit Wachen und Posten, theilte seine Legionen in 4 Colonnen und verwüstete in einem Umkreise von 50 röm. Meilen (= 10 deutsche Meilen) das Land mit Feuer und Schwert. Widerstand wurde nicht geleistet; weder die Einwohner, noch deren Wohnungen, noch selbst der bei ihnen in höchstem Ansehen stehende Tempel der Tanfana (bei welchem die bei den Germanen hochverehrte Prophetin Velleda und die Priester wohnten), — Niemand und Nichts wurde verschont. Nun griffen die benachbarten Brukterer, Tubanter und Usipeter zu den Waffen und besetzten die Waldgebirge (wahrscheinlich der cäsische Wald), durch welche der Rückzug der Römer gehen musste. Germanicus, der dies wusste, marschirte in voller Kampfbereitschaft zurück. Die Germanen liessen sie erst ganz in den Wald hinein, griffen sie von vorn und den Flanken nur schwach, von hinten aber mit aller Macht an. Die an der Spitze marschirenden leichten Cohorten waren schon in Unordnung gerathen, als auf des Germanicus Zuruf die 20. Legion einen heftigen Angriff ausführte, und zur selben Zeit erreichte die Tête den Ausgang des Waldes und schlug ein verschanztes Lager auf. Der weitere Marsch wurde nicht mehr gestört, und Ende des J. 14 rückten die Truppen in die Winterlager.

Im folgenden Jahre, 15, zu Anfang des Frühjahrs schickte Germanicus den Caecina mit 4 Legionen, 5000 Mann Hülfstruppen und einigen Hülfstruppen aus den Colonieen am linken Rheinufer von den am unteren Strom gelegenen Gegenden aus zwischen Lippe und Ruhr in das Land der Cherusker und Marsen, um eine Diversion zu machen; er selbst brach mit 4 Legionen und 10000 Mann Hülfstruppen, expedit (ohne Gepäck) vom Mittelrhein aus (von Mainz gegen Fritzlar) in das Gebiet der Katten ein. Auf dem Taunusgebirge erbaute er ein einzelnes Castell (Fort), liess den Apronius zum Schutz der Wege und Flussübergänge zurück und griff die Katten so unversehens an, dass er eine grosse Anzahl von ihnen nieder oder gefangen machte. Die waffenfähige Jugend der Katten stellte sich am Adrana-Fluss (Eider) dem Germanicus entgegen, wurde aber nach kurzem Kampfe zurückgeworfen und floh in die Wälder zurück. Germanicus zündete ihre Hauptstadt (oder Flecken) Mattium an, verheerte ihr Land und kehrte dann ruhig und von keinem Feinde behelligt an den Rhein zurück.

Bald danach erschienen Gesandte des Segest bei ihm mit der Bitte um Hülfe gegen Arminius und die mit diesem verbündeten Fürsten, welche den Segest in seiner Burg (befestigten Wohnung) im nördlichen Theile des Cheruskerlandes belagert hielten. Germanicus eilte auf seine Bitte herbei, befreite ihn nebst seinen Verwandten und Freunden und gewann einen grossen Theil der bei des Varus Niederlage von den Germanen gemachten Beute zurück; unter den Gefangenen befand sich des Arminius Gemahlin Thusnelda, schwanger, welche von ihrem eigenen Vater Segestes den Römern ausgeliefert wurde. Germanicus verfuhr mit ihr und den übrigen Gefangenen grossmüthig, und Tiberius belieh ihn dafür mit dem Ehrentitel Imperator.

Arminius, durch die Auslieferung Thusnelda's an die Römer aufs Aeusserste gebracht, erregte einen allgemeinen Aufstand der Cherusker und anderen Stämme und beschloss, durch einen plötzlichen Ueberfall die Römer wiederum und ebenso zu vernichten, wie die Legionen des Varus. Armin's Onkel Inguiomar, der sich im römischen Heere einen grossen Namen erworben hatte, stand gleichfalls auf Armin's Seite. Aber Germanicus traf weise Gegenmaassregeln: um die Kräfte des Feindes zu theilen, schickte er den Caecina mit 40 Cohorten durch das Land der Brukterer an die Ems, den Präfekten Pedo mit der Reiterei in das Land der Friesen, er selbst schiffte sich mit 4 Legionen an der Rheinmündung ein und vereinigte sich an der Ems mit Caecina und der Cavallerie. Diese Verlegung des Kriegsschauplatzes vom Mittelrhein an die untere Ems gereichte dem Germanicus zu hoher Ehre. Die Chauker, zu schwach, um Widerstand leisten zu können, verbanden sich mit ihm. Die Brukterer wurden durch den Legaten Stertinius besiegt, welcher ein detachirtes fliegendes Corps befehligte, und bei dieser Gelegenheit wurde den Brukterern der bei der Niederlage des Varus weggenommene Adler der 9. Legion wieder entrissen. Danach verwüstete Germanicus das ganze Land zwischen Ems und Lippe bis zum Teutoburger Walde hin. Nachdem die Gebeine der in demselben (südlich von Detmold in der Gegend von Horn) gefallenen Krieger des Varus zur Erde bestattet und über ihnen ein Grabhügel errichtet war, setzte die Armee des Germanicus, in erhöhtem Maasse nach Rache dürstend, den Feldzug gegen Armin an der Weser fort. Caecina ging mit den leichten Truppen wiederum voraus, um die dichten Wälder zu durchforschen und Brücken oder Dämme über die Sümpfe oder tiefen Stellen zu legen. Arminius stellte sich nahe einem den Römern unbekannten Sumpfe auf, griff kühn und geordnet die vordersten Schaaren der Römer an und warf sie zurück; sie wurden vor der gänzlichen Vernichtung nur durch den rasch ihnen zur Hülfe herbeieilenden Germanicus und dessen verständige Anordnungen errettet. Danach führte der Letztere seine Armee abermals zur Ems, setzte die Legionen wieder auf die Schiffe und schickte sie zur See an die Rheinmündung zurück, Caecina aber, die Reiterei und später die 2. und 14. Legion, welche mit der Flotte gelandet waren, marschirten getrennt eben dahin längs der Meeresküste. Caecina, der hierbei die Arrièregarde commandirte, entging der Niederlage durch einen forcirten Nachtmarsch, gab aber den Germanen, welche ihn hitzig angriffen, in heissem Kampfe die blutige Lektion, dass unkluge Verwegenheit gegenüber der Tapferkeit und Standhaftigkeit regelmässig geschulter Soldaten ohnmächtig sei. Dessen ungeachtet hatten die beiden Erfolge des Arminius solchen Schrecken unter den römischen Soldaten hervorgerufen, welche am Rhein standen, dass sie schon beabsichtigten die Brücke über diesen Strom zu zerstören, wovon sie indessen durch Agrippina, die Gemahlin des Germanicus, abgehalten wurden, welche durch ihre mannhafte Haltung bei dieser Gelegenheit die Geängsteten beschämte, das Vertrauen wieder herstellte, dadurch aber den Hass des Tiberius auf sich und den Germanicus zog.

Den folgenden Winter wendete Germanicus zum Ersatz der Verluste in der Armee durch Verstärkungen aus Gallien, Hispanien und Italien an, zur Hebung des im Heere gesunkenen Muthes durch seine Fürsorge für die Verwundeten, Geschenke, überzeugende Reden, Lobsprüche und Versprechungen von Belohnungen, und zu Rüstungen auf den folgenden Feldzug. Indessen, überzeugt, dass seine Truppen in dem Kriege gegen die Germanen weit mehr durch die beständigen Gewaltmärsche in den Wäldern und Sümpfen, als durch den Kampf mit den Germanen litten, beschloss er, diese Letzteren im folgenden Jahre 16 vom Meere aus anzugreifen. Zu diesem Zwecke liess er 1000 Schiffe bauen, welche in gleicher Weise sich zum Transport und zur Landung von Truppen wie zur Fortschaffung und Ausladung von Lebensmitteln eigneten, und bestimmte als allgemeinen Sammelplatz die Insel der Bataver (h. Beijerland zwischen altem Rhein und Waal). Während aber dies Alles vorbereitet wurde, unternahm er selbst im J. 16 einen neuen Zug von Mainz und Xanten, um die Germanen irre zu leiten und ihre Aufmerksamkeit von den Anstalten zu dem Angriff vom Meere her abzulenken. Dem Legaten Silius befahl er, mit einem Corps auserlesener Truppen von Mainz aus in das Land der Katten einzufallen, er selbst rückte mit 6 Legionen gegen das vom Feinde belagerte Aliso vor. Silius konnte indessen wegen plötzlicher gewaltiger Regengüsse nur einige Beute machen, und die Aliso Belagernden hoben, da sie von dem Anmarsch des Germanicus gegen sich hörten, die Belagerung auf und gingen aus einander, indem sie bei dieser Gelegenheit noch den im J. 15 im Teutoburger Walde errichteten Grabhügel zerstörten. Germanicus befestigte das Land zwischen Aliso und Rhein durch Wälle und Dämme an den Wegen in dauerhafter Weise, liess ein Truppencorps zum Schutz dieser Werke zurück und kehrte darauf zurück. Die Befestigung dieses Landstriches passte in den von Germanicus gefassten Plan des Angriffs auf die Germanen vom Meere aus an der Ems und Weser hinauf, indem sie denselben wesentlich unterstützte. Die dadurch gewonnene Kriegsposition umfasste den Raum zwischen Lippe und Ruhr, welche Flüsse beide Flanken deckten; sie hatte Aliso in der Front (an der unteren Lippe) und den Rhein im Rücken.

Als endlich die Flotte versammelt und bereit war, 8 Legionen und die Hülfstruppen sich darauf eingeschifft hatten, die Lebensmittel vorausgeschickt waren, fuhr Germanicus in den von Drusus zwischen Rhein und Yssel (h. Arnheim und Duisburg) gegrabenen Kanal, aus demselben durch den Flevo- (h. Zuyder-)See in den Ocean und segelte dann längs der Meeresküste bis zur Ems. Die Flotte ging bei Amisia am linken Emsufer vor Anker und blieb daselbst liegen. Das war ein Fehler von Germanicus; da er beabsichtigte, von der Ems nach Osten zu gehen, so hätte er weiter hinauf am rechten Ufer anlegen, die Truppen ausschiffen und Befestigungswerke aufwerfen müssen, wodurch der Bau einer Brücke, der mehrere Tage in Anspruch nahm, überflüssig wurde. Ausserdem wurde der Ausschiffungsort an dem linken Ufer der Unterems durch die Fluth des Meeres unter Wasser gesetzt. Nach dem Uebergange über die Ems schlug Germanicus (wie man annimmt) die Richtung vom heutigen Leer zur Weser ein nach einem Punkte unterhalb der sogenannten Porta Westphalica (dem Durchbruch der Weser durch den zum mittleren Lauf derselben parallelen Gebirgszug an der Stelle, wo dieser Strom sich oberhalb des heutigen Minden aus der westlichen Richtung nach Norden wendet). In diesen Gegenden, namentlich oberhalb der Porta, wohnten die Cherusker, denen ja der ganze Feldzug galt. Nähere Nachrichten über den Zug des Germanicus von der Ems bis zur Weser fehlen. Tacitus sagt nur, dass, als Germanicus ein Lager aufschlug (vermuthlich an der Weser), er erfuhr, dass in seinem Rücken die Angrivarier von ihm abgefallen seien, worauf er den Stertinius mit der Reiterei und dem leichten Fussvolk gegen sie sandte, der mit Feuer und Schwert die Treulosigkeit rächte. Daraus ergiebt sich: 1) dass die Angrivarier zu beiden Seiten der Weser oberhalb des Eintritts der Aller in dieselbe wohnten, 2) dass das Lager, von welchem Tacitus spricht, auf dem linken Weserufer lag, unterhalb des heutigen Minden, und 3) dass Germanicus wahrscheinlich von der Emsmündung über die Hunte bei Oldenburg nach Nienburg und am linken Weserufer hinauf nach Minden zog, wobei die Weser zur Heranschaffung von Lebensmitteln für die Armee benutzt wurde.

Hier ging Germanicus über die Weser, genau ist die Stelle nicht bekannt. Auf dem rechten Weserufer stand Arminius mit den Cheruskern. Germanicus, der es seiner Würde unangemessen und gefahrvoll hielt, die Legionen in den Kampf zu führen, bevor die Brücken über die Weser geschlagen und durch Verschanzungen auf dem rechten Ufer gedeckt seien, sandte den (bereits zurückgekehrten) Stertinius und Aemilius mit der Reiterei durch einige Furten der Weser zum Angriff auf die Cherusker von zwei Seiten her. Während dieses Kampfes ging Germanicus über die Weser und erfuhr durch einen Ueberläufer, an welchem Orte Arminius den Kampf zu beginnen beabsichtige: nämlich aus dem den Cheruskern heiligen Hercules-Walde wollten die Cherusker bei Nacht das Lager der Römer überfallen. Beide Heere standen, nach Tacitus' Angabe, jedes etwa 80000 Mann stark, während der Nacht nicht weit von einander, so dass man vom römischen Lager aus die Feuer der Cherusker und ihre leichten Vortruppen sehen und die Stimmen der Krieger und das Gewieher der Pferde hören konnte.

Mit Anbruch des folgenden Tages stellten sich die beiden Heere einander gegenüber auf, und Germanicus redete das seine in folgender Weise an: »Wenn Ihr, Soldaten, durch die Seefahrt und den Landmarsch ermüdet, das Ende des Krieges herbeisehnt, in der bevorstehenden Schlacht könnt Ihr es erlangen: schon seid Ihr der Elbe näher als dem Rheine, und über die Elbe hinaus wird kein Krieg sein, nur dringt als Sieger so weit vor, als ich meines Vaters und Onkels Fussstapfen verfolgen kann.«

Die Stelle, wo er über die Weser ging und wo dann die letzte Schlacht stattfand, die Ebene von Idistavisus (oder Idistaviso), wird bei Tacitus so geschildert, dass diese Ebene sich zwischen dem rechten Weserufer und einer Hügelkette in verschiedener Breite je nach den Windungen des Flusses und den Vorsprüngen der Berge ausdehnte. Nach neueren Forschungen muss der Ort Idistaviso sich bei dem heutigen Estorf 1 Meile oberhalb Nienburgs befinden.

Die Schlacht an dieser Stelle — bei Idistaviso — war nach Tacitus' Aussage für die Römer ein grosser unblutiger Sieg. Des Feindes Leichen und Waffen bedeckten einen Raum von 10000 röm. Schritten (= 2 deutsche Meilen) und auf dem Schlachtfelde begrüssten die römischen Krieger laut den Imperator Tiberius und errichteten Siegestrophäen und einen Hügel. Durch diesen Sieg hatte Germanicus das Weserthal und den weiteren beabsichtigten Weg zur Elbe im Weserthal auf dem rechten Ufer stromaufwärts bis zur Porta erobert. Aber während des Marsches dorthin griffen »das ganze Volk, der gesammte Adel, Alt und Jung, rachedürstend« die Armee des Germanicus in der linken Flanke plötzlich an und brachten sie in Unordnung. Mit ihnen kämpfend ersehen die Römer endlich einen, von der Weser und einem grossen Walde (im heutigen Schaumburgischen) begrenzten zum Kampf geeigneten Platz, eine kleine nasse Ebene und am Rande des Waldes tiefe Sümpfe; an der einen Seite dieses Platzes hatten schon weit früher die Angrivarier einen breiten Damm aufgeworfen, um gegen die Cherusker geschützt zu sein. Dort stellte sich nun das römische Fussvolk auf, die Reiterei verbarg sich in den nahegelegenen Gehölzen, um, wenn das Fussvolk in den Wald gezogen sei, sich im Rücken desselben zu befinden. Germanicus dirigirte den Marsch der Armee in dieser Richtung in der Absicht, um die Cherusker mit dem Rücken gegen den sumpfigen Wald (den Schaumburgschen) zum Kampfe zu zwingen und sie von den beiden Bergpässen oberhalb der Porta, welche in das Hauptgebiet der Cherusker führten, abzuschneiden, was durch einen Angriff gegen ihre linke Flanke erreicht werden konnte und sollte. Der Kampf zwischen dem beiderseitigen Fussvolk war, namentlich an dem Walle der Agrivarier, sehr blutig; die römische Reiterei focht mit zweifelhaftem Erfolge, und jeder Weitermarsch des Germanicus, sowohl zur Elbe wie in das Innere des Cheruskerlandes war unmöglich geworden. Spät Abends nach der Schlacht zog Germanicus eine Legion aus der ersten Linie zurück und schlug hinter dieser das Lager auf, welches die äusserste und letzte Grenze seiner Kriegsthaten in Germanien bezeichnete.

Nachdem Germanicus also die Germanen bei **Idistaviso** besiegt und darauf ihren plötzlichen Angriff auf seine linke Flanke während des Marsches am rechten Weserufer hinauf abgewiesen hatte, wo zwischen Fluss, Bergen, Wäldern und Sümpfen kein Ausgang möglich war und alle Hoffnung nur auf der Tapferkeit der Truppen, die Rettung aber im Siege allein beruhte, trat er, da der Sommer schon seinem Ende zuneigte, den Rückmarsch an, nachdem er auf dem Felde der letzten Schlacht Siegestrophäen errichtet hatte. Stertinius erhielt wiederum den Auftrag, in das Land der Angrivarier einzurücken, um sie zur Unterwerfung zu zwingen: sie leisteten keinen Widerstand und unterwarfen sich. Eine Legion (wahrscheinlich mit der Reiterei der verbündeten Truppen) wurde in das Winterlager am Rhein gesandt; die übrigen Truppen schiffte Germanicus ein und segelte mit ihnen in den Ocean hinaus. Aber furchtbare Stürme vernichteten einen grossen Theil der Flotte, ein Theil der Truppen und Bemannung kam dabei um, der grössere Theil ward gerettet, obgleich mit genauer Noth, und fuhr in höchster Verwirrung in die Rheinmündung ein.

Römer wie Germanen hatten gleicherweise erkannt, dass die Sommercampagne ihre Absichten nicht erreicht hatte, und bemühten sich in einem neuen Herbstfeldzuge dies wieder einzubringen oder davon Nutzen zu ziehen: die Germanen, indem sie einen neuen Angriff auf die Römer machten, Germanicus, indem er sie abwehrte. Der Letztere schickte den Silius mit 30000 Mann Fussvolk und 3000 Reitern von Mainz gegen die Katten, welche mit einer Empörung drohten, dann brach er selbst mit der Hauptmacht von Aliso auf und drang zwischen Lippe und Ruhr in das Land der aufrührerischen Marsen (an der Diemel) vor. Ein Theil der Marsen stand auf Seiten der Römer, und mit ihrer Hülfe konnten die Römer sich wieder in den Besitz noch eines von den drei Legionsadlern setzen, welche bei des Varus Niederlage verloren gegangen waren. Darauf drang Germanicus weiter in das Innere des Marsenlandes vor, verwüstete es und zerstreute die Bewohner, welche keinen Widerstand mehr zu leisten wagten, und versetzte sie dadurch in die äusserste Bestürzung, indem er ihnen zeigte, wie Tacitus sich ausdrückt, dass die Römer, des Verlustes ihrer Flotte und so vieler Krieger ungeachtet, dennoch aufs Neue mit derselben Tapferkeit, mit gleichem Ungestüm den Kampf fortsetzen konnten. Auch der Zug des Silius in das Kattenland hatte zu derselben Zeit den gleichen Erfolg gehabt, und nun kehrten alle Truppen, des Silius wie des Germanicus, definitiv in ihre Winterlager am Rhein zurück, hocherfreut, dass sie den Misserfolg des Sommerfeldzugs durch den Erfolg dieser Herbstcampagne wieder gut gemacht hatten. Die Germanen schwankten schon, ob sie nicht um Frieden bitten sollten, es erschien fast unzweifelhaft, dass nach noch einem Sommerfeldzuge im folgenden Jahre der Krieg mit den Germanen zu einem für die Römer günstigen Ende gelangt wäre.

Aber Tiberius hatte schon seit längerer Zeit in öfteren Briefen den Germanicus aufgefordert, nach Rom zurückzukehren: es sei genug der Erfolge und des Missgeschicks, der Siege wie der grossen Verluste; er, Tiberius, habe, von Augustus neunmal nach Germanien gesandt, daselbst mehr durch friedliche Unterhandlungen als durch Gewalt der Waffen erreicht; die Cherusker wie die übrigen feindlichen Stämme Germaniens könne man ganz füglich ihren eigenen inneren Zwistigkeiten überlassen. Als Germanicus dennoch um ein weiteres Jahr bat, um das von ihm Begonnene zu Ende führen zu können, forderte Tiberius nachdrücklich, dass er sich bescheide, indem er anführte, dass, wenn der Krieg wirklich fortgesetzt werden müsse, man doch auch dem Drusus seinen Antheil am Ruhm gewinnen lassen müsse, der in Germanien allein sich den Titel des Imperator und den Siegeslorbeer erwerben könne. Dies Alles war indessen nur Heuchelei vom Tiberius, welcher den Germanicus beneidete, fürchtete und hasste und ihn durchaus aus Germanien wegbringen wollte. So war denn Germanicus zu seinem Kummer genöthigt der Fortsetzung und Beendigung des Krieges in Germanien zu entsagen, wo Drusus und Tiberius und nach diesen er selber so viele Erfolge errungen hatte. Mit seiner Entfernung hörten die Eroberungskriege der Römer in Nord-Germanien auf, nachdem sie 28 Jahre lang gedauert hatten (von 12 v. Chr.—16 n. Chr.), und an ihre Stelle traten politische, arglistige und unwürdige Aktionen: die Vergiftung der vornehmsten germanischen Fürsten, die Ausstreuung von Zwistigkeiten zwischen den Stämmen Germaniens u. s. w., welche die Vernichtung der Cherusker und die Unterwerfung ihres Landes unter die Macht Roms zum Zwecke hatten.

Während dessen hatten in den letzten 2 Jahren (15—16) die Kriege des Germanicus in Germanien, im Orient, — in Cappadocien, Syrien und Judäa Unruhe und Unordnungen herbeigeführt, welche dem Tiberius den erwünschten Vorwand zur Abberufung des Germanicus von dort gaben. Nach der Rückkehr des Letzteren im Winter 16—17 nach Rom ehrte Tiberius ihn durch den grossen Triumph und ernannte ihn zum zweiten Consul und Oberbefehlshaber aller Provinzen und Truppen im Orient, um die Unordnungen daselbst zu beseitigen. Binnen 2 Jahren (17—18) hatte Germanicus dies mit Erfolg ausgeführt, Cappadocien und Commagene in römische Provinzen verwandelt und über Grossarmenien einen König gesetzt, nachdem er den Arsaces, Sohn des parthischen Königs Artabanus III., der sich der Throne von Parthien und Armenien bemächtigt hatte, daraus vertrieben hatte. Danach aber, im J. 19, starb der verdienstvolle Germanicus als ein Opfer des Neides und Hasses des Tiberius, auf dessen Anstiften er durch Cnejus Piso und dessen Gattin Plancina vergiftet wurde: seine Wittwe Agrippina, seine Kinder und sein ganzes Geschlecht erlitten die heftigsten Verfolgungen.

II. Kriege und Feldzüge von Claudius bis zu Trajan (41—98).

§. 368.

In Britannien (43—84).

Das erste Kriegsunternehmen gegen Britannien führte Caligula im J. 39 aus, unter dem Vorwand, daselbst Unruhen beizulegen, in Wahrheit aber lediglich, um es auszuplündern, wie vordem schon Hispanien, und dadurch den in Folge der Verschwendung dieses wahnsinnigen und nichtswürdigen Imperators erschöpften Staatsschatz wieder zu füllen und die Ehre eines Triumphes nachsuchen zu können. Dieser ganze Feldzug war nichts als ein Raubzug, und Caligula, der nirgends auf Widerstand gestossen war und keinen einzigen bewaffneten Feind zu Gesicht bekommen hatte, liess, um sich doch auf irgend welche Kriegsthat berufen zu können, bei der Rückkehr durch seine germanische Leibwache in einem Walde einen Hinterhalt legen, besiegte sie zum Scheine, führte sie gefangen nach Rom und feierte dann den Triumph.

Aber der erste wirkliche und wichtige Feldzug in Britannien seit Julius Cäsar's Zeit wurde im J. 43 auf Befehl des Kaisers Claudius durch den in Gallien befehligenden Legaten Plautius ausgeführt, obgleich seine Truppen nur mit Mühe zu diesem Feldzuge zu bewegen waren. Die Britten setzten ihrer Landung keinen Widerstand entgegen: zum Kriege nicht gerüstet, wichen sie dem Kampfe aus und verbargen sich in Sümpfen und Wäldern, hoffend, dass sie die Römer dadurch zum Abzuge veranlassen würden. Nach vielen beschwerlichen Märschen holte Plautius sie endlich ein, griff sie an und besiegte zwei von ihren Königen oder Fürsten, in Folge dessen der Stamm der Boduner sich freiwillig unterwarf. Unter Zurücklassung eines Truppentheils zur Besetzung ihres Landes ging Plautius weiter in das Innere des Landes und kam an einen Strom, an dessen anderem Ufer die Britten sorglos im Lager standen in dem festen Glauben, dass die Römer nicht ohne Brücke den Strom würden überschreiten können. Plautius aber gelang es, heimlich über denselben zu setzen: unvermuthet griff er die Britten in ihrem Lager an, schlug sie aufs Haupt, warf sie bis zur Themse zurück, ging dann auch über diesen Strom und besiegte sie zum zweiten Male. Da er aber nicht wagte weiter in das Land vorzudringen, bat er den Claudius, selbst nach Britannien zu kommen und die Operationen zu leiten. Claudius traf ein, schlug die Britten im offenen Felde, eroberte die Stadt Camulodunum und unterwarf mehrere Stämme. Diese Siege verschafften ihm zweimal den Titel Imperator, der römischen Gewohnheit entgegen, nach welcher man nur einmal in ein und demselben Kriege diesen Titel erlangen konnte. Nachdem er dann den Plautius als Statthalter in Britannien mit einem Heere und dem Befehle zurückgelassen hatte, auch die übrigen Stämme zu unterwerfen, kehrte Claudius nach Rom zurück und feierte den Triumph.

Sieben Jahre später, im J. 50, brachen in Britannien neue Unruhen aus. Der dort commandirende Proprätor Ostorius Scapula zog rasch die Cohorten zusammen und verfuhr mit den Britten äusserst strenge: er entwaffnete die unterworfenen Stämme und stellte auf dem linken Ufer der Flüsse Aufona (oder Avona) und Sabrina Beobachtungscorps auf, welche Ueberfälle von den nicht unterworfenen Stämmen abhalten sollten. Aber das mächtigste von diesen Völkern, die Icener, stellte sich an die Spitze der übrigen und forderte die Römer zum Kampfe heraus, wurde indessen nach heftigem Widerstande von ihnen besiegt. Danach zog Ostorius gegen die Kanger, unterwarf sie und die Briganten, und um sie in Gehorsam zu erhalten, legte er in Camulodunum eine Colonie von römischen Veteranen an. Während dessen hatte sich der berühmte britannische Fürst Caractacus, der an der Spitze der Silarer stand, im Lande der Ordoviker eine für den Kampf sehr günstige Stellung gewählt. Aber nach sehr heissem Kampfe wurde auch er von Ostorius besiegt, von den Briganten an ihn ausgeliefert und musste demnächst mit seiner ganzen Familie den Triumph des Siegers in Rom zieren. Sein tapferes und mannhaftes Verhalten bewog indessen den Claudius, ihn zu begnadigen.

Indessen setzten sich die Unruhen in Britannien fort, und die Römer konnten namentlich die Silarer durchaus nicht unterwerfen. Sie thaten den Römern im kleinen Kriege viel Abbruch und rissen auch die anderen Stämme mit sich fort. Im J. 51 trat an des Ostorius Stelle dessen Nachfolger Didius, der, vom Alter gedrückt, sich damit begnügte, durch seine Unterbefehlshaber die unterjochten Stämme im Gehorsam erhalten zu lassen. Ebenso verfuhr auch dessen Nachfolger Veranius (im J. 61). Aber der nach diesem von Nero nach Britannien gesandte Prätor Suetonius Paullinus, durch seine Kriegsthaten berühmt, ordnete kräftige Maassregeln gegen die Einfälle der Britten an und beschloss namentlich sie auf der Insel Mona anzugreifen, wohin sie nach jedem Einfall sich zurückzogen. Zu diesem Zweck liess er flache Schiffe oder Flösse bauen für das Fussvolk, die Reiterei schickte er über Sandbänke und durch Furten auf die Insel. Nach heftiger Gegenwehr der Britten, wozu besonders deren Weiber ermunterten, wurde die Insel Mona mit Gewalt genommen und die heiligen Haine auf derselben, in welchen die Britten ihre Gefangenen den Göttern zu opfern pflegten, ausgerottet.

Gleich darauf erhielt Suetonius aber die Nachricht, dass die unterworfenen Völkerschaften infolge der Verfolgungen der Einwohner durch die Römer sich empört hätten. Der Aufstand war in Camulodunum ausgebrochen, wo die römischen Veteranen von der Uebermacht der Aufständischen überwältigt und theils gefangen, theils niedergemacht worden waren. Dann zogen die Empörer der 9. Legion entgegen, welche den Veteranen unter Anführung des Legaten Petilius Cerealis zu Hülfe eilten, schlugen dieselbe und warfen sie mit grossem Verluste in ihr verschanztes Lager zurück.

Unterdessen hatte Suetonius, welcher bereits bis Londinium vorgedrungen war, diesen Ort und die reiche Stadt Verulamium (in welchen darnach die Aufrührer über 70000 (?) römische Bürger und Verbündete niedermachten) verlassen und marschirte mit der 14. und 21. Legion (im Ganzen etwa 20000 Mann) den Aufrührern entgegen. Trotz ihrer ungeheuern Ueberlegenheit an Zahl und ihrer aussergewöhnlichen Tapferkeit im Gefechte schlug er sie in offenem Felde und brachte ihnen einen Verlust von 80000 (?) Mann bei, während er selbst nur 400 (?) Todte und ebenso viele Verwundete einbüsste. Nun concentrirte er alle in Britannien befindlichen römischen Truppen in einem befestigten Lager, um den Krieg wenn möglich zu beenden. Nero schickte ihm 20000 Mann Legionsfussvolk, 8000 Mann Hülfstruppen und 1000 Mann Reiterei zur Unterstützung, worauf Suetonius das ganze Land mit Feuer und Schwert verwüstete. Aber die Uneinigkeit zwischen Suetonius und dem Befehlshaber der ihm zugesandten Verstärkungen, Julius Classicianus, welcher aus Hass gegen Jenen ihm Alles entgegen that, störte die Beendigung des Krieges wesentlich. Der altrömische Geist war um diese Zeit schon so gesunken, dass Nero, um die Misshelligkeiten zwischen beiden Legaten zu beheben, den Freigelassenen Polykletus nach Britannien schickte. Diese unwürdige Maassregel machte auf die Britten einen für die Römer so ungünstigen Eindruck, dass sie sich nur noch fester zum Schutze ihrer Freiheit mit einander verbanden. Suetonius, auf Grund einer unbedeutenden Niederlage bei Nero angeschwärzt, erhielt im J. 62 von diesem den Befehl, das Commando über die Truppen an den ehemaligen Consul Petronius Turpilianus abzugeben. Und dieser Letztere, seiner trägen Unthätigkeit die Bedeutung eines ehrenvollen Friedens gebend, war froh, dass die Britten ihn für einige Zeit in Ruhe liessen.

Nur 12 Jahre danach erwarb der Legat Julius Agricola, ein erfahrener, geschickter und kluger Heerführer, den der Kaiser Vespasian im J. 78 nach Britannien geschickt hatte, die Ehre, Britannien vollkommen zu unterwerfen. Nach seiner Ankunft daselbst, noch im Herbste des J. 78, besiegte er den kriegerischen Stamm der Odoviker und wandte sich dann gegen die Insel Mona, welche nach des Suetonius Entfernung sich wieder befreit hatte. Er griff diese Insel, sein Fussvolk durch Furten und Untiefen führend, so überraschend für die Bewohner an, dass sie um Frieden baten, den sie auch erhielten. Dann schränkte er den Luxus der römischen Beamten ein und stellte die während des langen Friedens erschlaffte Disciplin wieder her.

Mit Anfang des Frühjahrs 79 zog er die Truppen zusammen und traf Anstalten zur energischen Eröffnung des Feldzuges. Er beunruhigte den Feind unaufhörlich, und nachdem er ihn so hinlänglich eingeschüchtert hatte, zeigte er demselben die Annehmlichkeiten des Friedens, indem er nun Schonung eintreten liess. Durch dieses Verfahren erreichte er es, dass viele Stämme unter Bewahrung ihrer Unabhängigkeit sich freiwillig unterwarfen und Geiseln stellten. Den Winter verwendete Agricola dazu, dass er viele der zerstreut lebenden wilden Britten in Städten oder Dörfern ansiedelte, an sesshaftes Leben und Ruhe gewöhnte, die Söhne der Vornehmen in römischer Weise erziehen und ausbilden, sie die römische Sprache erlernen liess u. s. w.

In seinem dritten Feldzuge im J. 80 drang er bis zum Flusse Taus vor (h. Tweede an der Grenze zwischen England und Schottland) und legte an geeigneten Punkten einzelne Schanzen an. Tacitus sagt, dass Agricola die Punkte dazu so gut auszuwählen und sie so trefflich zu befestigen verstand, dass keines dieser Forts bis jetzt jemals vom Feinde eingenommen wurde, es sei denn, dass die Besatzung sie übergeben oder verlassen habe.

Das vierte Jahr (81) seiner Befehlsführung in Britannien benutzte Agricola zur Sicherung und Befestigung der von ihm gemachten Eroberungen.

Im J. 82 drängte er den Feind (d. h. die nicht unterworfenen und unruhigen Stämme) aus Britannien und nahm den Theil des Landes, welcher Hibernien (Irland) gegenüberliegt, in Besitz, in der Absicht, seine Waffen auch nach Hibernien selbst zu tragen.

Im Frühjahr 83 griff er die nicht unterworfenen Stämme jenseits der Meeresbucht Bodotria an und untersuchte die feindlichen Seehäfen vermittelst der von ihm erbauten Flotte. Inzwischen hatten die Bewohner von Caledonien zu den Waffen gegriffen und sich erhoben, und Agricola zog trotz des Abrathens seiner Unterfeldherren ihnen entgegen. Obgleich die 9. Legion durch einen plötzlichen Ueberfall der Caledonier bedeutenden Verlust erlitt, so zwang Agricola die Feinde dennoch zum Rückzuge, den sie, durch für die Römer unpassirbare Sümpfe geschützt, von diesen unbehelligt bewerkstelligen konnten. Im selben Jahre umsegelte die

Flotte des Agricola Britannien und Caledonien und machte die Entdeckung, dass sie eine zusammenhängende Insel bildeten.

Indessen waren die Britten zu der Erkenntniss gelangt, dass nur in ihrer engen Verbindung und Einigkeit ihre Hoffnung auf Befreiung von der Macht der Römer lag, hatten im Winter 83—84 alle Stämme zu den Waffen gerufen, ein zahlreiches Heer zusammengebracht und zu dessen Führer den vornehmen und tapfern Calgacus ernannt. Dieser feuerte sie lebhaft an und führte dann im J. 84 sein Heer dem Agricola entgegen. Aber auch der Letztere hatte seine Truppen zum Kampfe entflammt, zog dem Calgacus entgegen und griff ihn zuerst mit den Hülfstruppen, die er selbst anführte. an, die Legionen als Reserve in die zweite Linie stellend. Nach langem und heftigem Kampfe wurden die Britten geschlagen und erlitten grosse Verluste (nach Tacitus' Angabe 10000 Mann todt, während von den Römern nur 360 (?) gefallen waren). Die zersprengten Britten zerstreuten sich nach allen Seiten, so dass Agricola ihre Spur nicht aufzufinden vermochte und in das Land der Horester zog, sich Geiseln stellen liess und dann in die Winterlager zurückkehrte, während die Flotte nach abermaliger Umschiffung Britanniens im trutulensischen Hafen ankerte.

Aber seine Erfolge, namentlich der letzte Sieg noch, hatten den Imperator Domitian so mit Neid, Hass und Furcht gegen Agricola erfüllt, dass er diesen aus Britannien nach Rom zurückrief, mit dem Triumphe allerdings ehrte, aber ihn zum Statthalter von Syrien ernannte: auf dem Wege dorthin starb der verdienstvolle Agricola plötzlich, wie man glaubt — vergiftet auf Befehl Domitian's.

§. 369.

In Armenien (51—63).

Unter dem Kaiser Claudius war im J. 51 zwischen Armenien und Iberien (Grusien) ein Krieg ausgebrochen, welcher in der Folge zu dem Kriege zwischen Römern und Parthern führte. Um diese Zeit herrschte in Parthien Vologeses und in Persien Pharasmanes; in Armenien aber war mit Hülfe der Römer der Bruder des Pharasmanes Mithridates zum Könige gemacht worden. Der Sohn des Pharasmanes Rhadamistus wollte sich des armenischen Thrones bemächtigen. Der römische Legat Cälius Pollio widersetzte sich dem, wurde aber bestochen, und nun nahm nach Ermordung des Mithridates Rhadamistus Armenien in Besitz. Der Prätor von Syrien Ummidius Quadratus forderte von Pharasmanes, dass er seinen Sohn zurückrufe und Armenien räume. In diesen Streit mischte sich der römische Statthalter von Cappadocien Julius Pelignus: in der Hoffnung sich zu bereichern sammelte er in Cappadocien Hülfstruppen und fiel überall plündernd in

Armenien ein. Von den Armeniern abgewiesen, rieth er nun, um sich zu retten, dem Rhadamistus, sich zum Könige von Armenien zu machen, selbst ohne das Einverständniss des römischen Senates. Zur Strafe dafür ward der Legat Helvidius Priscus mit einer Legion aus Syrien nach Armenien geschickt. In Geschwindmärschen das Taurusgebirge überschreitend, war es ihm durch milde Maassregeln beinahe gelungen, Alles in Ordnung zu bringen, als er den Befehl erhielt nach Syrien zurückzukehren, damit Rom nicht mit den Parthern in Krieg verwickelt werde. Denn Vologeses hatte diesen Zeitpunkt für günstig erachtet, sich Armeniens zu bemächtigen und es seinem Bruder Tiridates zu übergeben. Obgleich die Hauptstädte Armeniens, Artaxata und Tigranocerta, sich ihm ergaben, so zwang ihn dennoch der Mangel an Lebensmitteln zur Räumung Armeniens. Darauf drang Rhadamistus wiederum in das Land ein, verfuhr aber so grausam gegen die Bewohner, dass sie ihn im J. 54 gänzlich verjagten.

Als im J. 55 die Parther sich Armeniens zu bemächtigen beabsichtigten, liess der Kaiser Nero die Legionen in den benachbarten Provinzen complettiren, sie an die Grenzen Armeniens führen und Brücken über den Euphrat schlagen und ernannte den ausgezeichneten Heerführer Domitius Corbulo zum Befehlshaber der in Cappadocien stehenden Truppen, während Ummidius Quadratus mit zwei Legionen und den Hülfstruppen in Syrien zurückbleiben sollte; Beide beschlossen aber zusammen gegen die Parther zu operiren.

Im J. 56 stellte auf ihr Anfordern Vologeses ihnen die vornehmsten Personen aus dem Geschlechte der Arsaciden als Geiseln, um sich inzwischen um so ruhiger auf den Krieg rüsten zu können und verdächtige Nebenbuhler aus dem Wege zu räumen. Da er aber nicht zugeben wollte, dass sein Bruder Tiridates den Thron von Armenien verliere, so eröffnete er, nachdem er sich 2 Jahre zum Kriege vorbereitet hatte, im J. 58 die Feindseligkeiten gegen die Römer.

Indessen hatte Corbulo bei den syrischen Legionen die Disciplin in solchem Grade in Verfall gefunden, dass, nach Tacitus' Worten, es sogar Veteranen bei denselben gab, welche niemals auf Wache und Posten gezogen waren und Wall, Pallisaden und Graben nie gesehen hatten! Er entliess daher alle Veteranen und stellte an deren Stelle junge Männer aus Galatien und Cappadocien ein, zog eine Legion aus Germanien an sich, zwang alle Truppen während des ausserordentlich strengen Winters in Zelten zu bleiben, um sie an kriegerische Entbehrungen und Beschwerden zu gewöhnen, beugte durch alte römische Strenge den Desertionen vor und stellte die Disciplin wieder her. So liess er u. a. den Primipilus Orfitus, welcher gegen seinen Befehl im Frühjahr sich in einen Kampf mit den Parthern eingelassen hatte und geschlagen worden war, mit seiner Truppenabtheilung Tag und Nacht vor dem Lager campiren, so lange bis das ganze Heer dessen Verzeihung erbat.

Während dessen verwüstete Tiridates, von Vologeses unterstützt, in raschen Einfällen Armenien, dem Kampfe immer ausweichend. Nun theilte Corbulo seine Streitkräfte und bedrängte, von verschiedenen Seiten gegen ihn vorrückend, den Tiridates schliesslich so, dass dieser Gesandte zur Anknüpfung von Unterhandlungen an Corbulo abschickte. Da er aber nachher bei einer persönlichen Unterredung mit Corbulo arglistig auf Verrath gesonnen hatte, so setzte Corbulo den Krieg gegen ihn nachdrücklichst fort. Nachdem er Volandum mit Sturm genommen und die Unterfeldherren sich anderer Städte bemächtigt hatten, brach er endlich gegen Artaxata, die Hauptstadt von Armenien, auf. Tiridates eilte zu ihrer Hülfe herbei und bot dem Corbulo die Schlacht an, zog sich aber zurück, sobald Letzterer sich gegen ihn wendete. Artaxata ergab sich freiwillig, die Bewohner wurden begnadigt, die Stadt selbst aber zerstört, denn sie hätte eine zu grosse Besatzung erfordert, welche Corbulo von seinem Heere nicht abgeben konnte.

Endlich nach vielen Niederlagen ging Tiridates auf Corbulo's klugen Rath nach Rom, legte seine Königskrone zu Nero's Füssen nieder und empfing sie aus seinen Händen wieder zurück, womit dem Kriege in Armenien ein Ende gemacht war.

§. 370.

Der judäische Krieg (66—71).

Der allgemeine Verlauf dieses Krieges wurde schon früher (§. 360) kurz skizzirt und gestaltete sich im Wesentlichen folgendermassen:

Dieser Krieg stand im engen Zusammenhange mit den vorhergehenden Ereignissen in Judäa noch vor Christi Geburt. Zur Zeit der Kämpfe der Maccabäer um den Thron hatte der den Hyrcanus gegen Aristobulus unterstützende Pompejus im J. 64 Jerusalem erobert und die Mauern niederreissen lassen, welche indessen nach wenigen Jahren wieder aufgebaut wurden. Im J. 38 nahm der parthische Fürst Phanor im Namen des Antigonus, Sohnes Aristobul's, Jerusalem ein. Herodes, der die Stadt vertheidigt hatte, verliess dieselbe, kehrte aber mit Hülfe römischer Truppen im J. 37 zu ihr zurück, belagerte und eroberte sie und nahm Antigonus gefangen. Von da an unterhielten die Römer in der Burg Antonia eine Besatzung. Nach des Herodes Tode im J. 3 v. Chr. bemächtigten sie sich zweimal der Stadt und plünderten den Tempel Salomonis aus. Trotz dessen aber hatte Jerusalem sich zu einer Pracht entwickelt, welche in vieler Hinsicht noch die frühere Grösse dieser Stadt übertraf.

Im J. 44 unter dem Kaiser Claudius wurde Judäa in eine römische Provinz verwandelt. Im J. 65. unter Nero, durch die Bedrückungen, Erpressungen und Räubereien der römischen Statthalter und Beamten in Judäa zur äussersten Verzweiflung gebracht, erhoben sich die Juden, ermordeten einige tausend Römer, vertrieben die übrigen und erklärten Judäa für unabhängig. Der Präfekt von Syrien Cestius Gallus rückte mit 20000 Mann ein, schloss Jerusalem ein und versuchte es mit Sturm zu nehmen, wurde aber abgewiesen und zum Abzuge aus Judäa gezwungen. Nun übertrug Nero die Niederwerfung des Aufstandes und die Wiederunterwerfung des Landes einem der besten römischen Feldherren jener Zeit, Flavius Vespasianus. Dieser rückte, nachdem er 60000 Mann bei Ptolemais (Acre) gesammelt hatte, im Frühjahr 67 in Galiläa ein, das durch einen geschickten jüdischen Heerführer, den bekannten Historiker Flavius Josephus verwaltet und vertheidigt wurde, und nach mannhafter Gegenwehr der Stadt Jotapata bemächtigte er sich dieser und vieler anderer Städte Galiläas und verheerte das Land, dessen Bewohner entweder in den Gefechten umkamen oder als Sklaven verkauft wurden. Im Frühling 68 zog Vespasian in Judaea ein und wollte, nachdem er alle festen Städte und Punkte auf dem Wege nach Jerusalem unterworfen hatte, sich auch dieser Stadt bemächtigen und damit den Krieg entscheiden. Bald aber überzeugte er sich, dass er dies nicht eher erreichen werde, als bis er nicht alle festen Punkte in der Umgebung der Stadt im Besitz habe. Als er noch mit den Vorbereitungen hierzu beschäftigt war, erfuhr er den Sturz und Tod Nero's und die Thronbesteigung Galba's (11. Juni 68), und dies sowie die folgenden Unruhen in Rom lenkten die Aufmerksamkeit Vespasian's so ab, dass ein Stillstand in seinen Kriegsunternehmungen in Judäa eintrat, bis er selbst am 30. December 69 zum Kaiser ausgerufen wurde. Nun ging Vespasian nach Italien, den Oberbefehl über das Heer in Galiläa seinem Sohne Titus übertragend. Aber während dieser fast zweijährigen Frist (von Mitte 68 bis Herbst 70) hatten die Juden Jerusalem und die anderen Städte in Judäa ausserordentlich stark zu befestigen vermocht und ein starkes Heer aufgestellt. Im J. 70 brach Titus mit seinem Heere aus Samaria nach Jerusalem auf und schritt zu der berühmten Belagerung, in welcher sich die ganze Wichtigkeit und das ganze Interesse des jüdäischen Krieges concentrirt. Darum verdient sie eine etwas ausführlichere Darstellung, um so mehr, als sie in fortificatorischer und Belagerungs-Kunst und -Beziehung bemerkenswerth ist. Zum besseren Verständniss ist vorher eine kurze Beschreibung der örtlichen Lage und Befestigung von Jerusalem zu jener Zeit unerlässlich.

Die Stadt bestand aus zwei Haupttheilen, der oberen Stadt oder Zion und der unteren oder Acra (*Arx*, Burg), auf getrennten Anhöhen gelegen, zwischen denen sich ein tiefes Thal hinzog: jede einzeln war für sich mit hohen und dicken Mauern mit Thürmen umschlossen. An die Acra schloss sich östlich der Berg Morijah (Moria), auf welchem der Tempel Salomonis lag, der mit Zion durch eine über eine tiefe Schlucht führende Brücke verbunden war. Vier aus rohem Gestein aufgeführte Mauern von 60 Fuss Höhe eine jede bildeten eine ansteigende Terrasse, auf deren oberstem Gipfel sich der Tempel erhob, zu dem nach den vier Weltgegenden gelegene Eingänge führten. Nördlich vom Berge Moria auf dem hohen Berge Bezetha lag die Burg (Citadelle) Antonia, gleichfalls auf der obersten von mehreren mit Mauern und Thürmen umgebenen Terrassen: geheime Gänge führten aus der Burg zum Tempel. Ausserdem war die ganze Stadt zusammenhängend mit zwei und drei Steinmauern und Thürmen umschlossen. Ausserhalb der Stadt jenseits des Baches Kidron (Cedron) erhob sich der Oelberg. Es ist hieraus klar ersichtlich, dass Jerusalem nicht ohne Grund für eine der durch Lage und Befestigung stärksten Festungen der damaligen Welt galt. Die Bevölkerung, durch die gewöhnlich zur Zeit des jüdischen Passah aus allen Weltgegenden dort zusammenströmenden Andächtigen vermehrt, belief sich auf 1 Million (nach Flavius Josephus sogar auf 3 Millionen) Einwohner und 60000 Krieger. Es herrschte unter ihnen ein Parteigeist und Fanatismus der religiösen Sekten, der nicht selten zu blutigen Kämpfen in der Stadt führte und selbst durch die drohende allgemeine Gefahr nicht zu bändigen war. Eleazar, das Haupt der Sekte der Zeloten oder Religionseiferer, behauptete sich im Tempel und der Burg Antonia, Johannes Giscala (oder aus Giscala) in Acra, und Simon Bar-Gioras mit den Sadducäern in Zion. Sie waren alle zur hartnäckigsten Vertheidigung entschlossen und reichlich mit Kriegsvorräthen versehen, nur fehlte es ihnen an Lebensmitteln.

Was Titus anbelangt, dem die schwierige Aufgabe oblag, die Stärke der Lage, der Befestigungen und der Vertheidiger von Jerusalem zugleich zu überwinden, so bestanden seine gesammten Kräfte in 6 Legionen = etwa 30000 Mann römischer Truppen und einer gleichen Zahl von syrischen, arabischen und anderen Bundesgenossen und Hülfsvölkern.

Zu Anfang Mai schritten die Römer nach Einnahme und Verwüstung der äusseren Vorstädte zur Einschliessung der Stadt selbst. Die Truppen wurden in drei Ablösungen eingetheilt, von denen die eine die Angriffsarbeiten ausführte, die andere diese deckte, während die dritte ruhte. Titus liess drei Dämme (*agger*) gegen Acra bauen, welche durch querlaufende Holzgänge (Parallelen) verbunden wurden, besetzte sie mit beweglichen Thürmen und begann unter deren Schutze die Mauer mit dem oben §. 317 beschriebenen furchtbaren Mauerbrecher zu bearbeiten. Die Juden vertheidigten sich tapfer und hartnäckig, machten die Widder durch grosse Zangen und andere Maschinen unschädlich, untergruben die römischen Erdwerke und verbrannten bei einem kräftigen Ausfall einen der römischen Belagerungsthürme, bei welcher Gelegenheit Titus selbst verwundet wurde Dies reizte die römischen Soldaten: mit Wuth warfen sie sich auf den Feind, trieben ihn zurück und bemächtigten sich der äusseren Mauer. Die Juden zogen sich hinter die zweite zurück, und hier entspann sich ein zweiter nicht minder heftiger und wilder Kampf, der ununterbrochen fünf Tage und fünf Nächte währte. Endlich gelang es den Römern sich in Besitz der zweiten Mauer und eines Theiles von Acra zu setzen. Titus, welcher Milde walten lassen wollte, verbot die Zerstörung der Gebäude von Acra, die Juden aber hielten das für Schwäche, und die Enge und die ihnen bekannten, den Römern aber unbekannten Krümmungen der Strassen benutzend, gelang es ihnen, die Römer aus Acra zu drängen und die zweite Mauer wiederum in Besitz zu nehmen. Titus aber eilte mit frischen Truppen herbei, und am dritten Tage bemächtigte er sich nach blutigem Kampfe abermals der Mauer und der Acra selbst, welche nun grösstentheils zerstört wurden: die Thürme besetzten römische Krieger.

Nun trat eine viertägige Unthätigkeit ein, zur Erholung für die römischen Truppen. Titus hielt, um die Juden dadurch zur Unterwerfung geneigter zu machen, vor ihren Augen während dieser Tage eine Revue über sein Heer ab und schickte den in Jotapata in Gefangenschaft gerathenen und bei ihm befindlichen Flavius Josephus mit Vorschlägen zu einer günstigen Capitulation an sie ab. Aber die Juden jagten diesen mit Schimpf zurück und beschlossen sich bis auf das Aeusserste zu vertheidigen. Ihr Fanatismus ging so weit, dass viele von ihnen, scheinbar zum Feinde übergehend, Nachts die Wachtposten niedermachten, die Brunnen vergifteten, die Belagerungsmaschinen anzündeten u. s. w., während die anderen, von Johannes Giscala geleitet, die römischen Arbeiten durch unterirdische Gräben zerstörten. Titus hatte Jerusalem mit einer starken Contravallationslinie von 9 Kilometer Länge und einer Menge von hohen Aufwürfen Cavalieren auf derselben umschlossen, welche sich gegenseitig flankirten, und diese gewaltigen Arbeiten waren durch den Eifer der römischen Soldaten in 3 Tagen! vollendet und schnitten jegliche Verbindung der Umgegend mit der Stadt ab. In Folge dessen brachen in Jerusalem Hungersnoth, ansteckende Krankheiten, Sterblichkeit und Elend aller Art aus, welches bald den höchsten entsetzlichen Grad erreichte. Die in der Stadt zusammengehäuften Menschenmassen kamen zu tausenden um, ihre Leichen verbreiteten Gestank und Pest, die Ueberlebenden nährten sich von Gras, Leder, vom Aas gefallener Thiere, sogar vom Fleisch der Menschencadaver: es kamen sogar Beispiele vor, dass Mütter ihre Kinder tödteten und verschlangen. Während dessen aber plünderte der rasende und tobende Pöbel die Vorräthe der Wohlhabenden und selbst die Tempel und vollführte die grässlichsten Frevel und Gewaltthaten. Aber an Uebergabe wagte Niemand auch nur zu denken bei Strafe qualvollen Todes. Ein nicht weniger grausames Geschick ereilte die sich in's römische Lager rettenden Juden: das Gerücht, sie hätten aus Geiz ihr Geld und ihre Schätze heruntergeschluckt, bewog die habgierigen Syrier und Araber, an 2000 Juden heimlich umzubringen und ihre Eingeweide zu durchwühlen! Etwa ebensoviele gefangene Juden wurden Angesichts der Stadt an's Kreuz geschlagen.

Inzwischen aber hatten die Römer ihre Belagerungsarbeiten bis an die Burg Antonia selbst geführt und bereiteten sich zum Sturm vor. Der in der Burg befehligende Judas war zur Uebergabe bereit, aber Simon Bar-Gioras ermordete ihn, stürzte sich auf die angreifenden Römer, warf sie nach furchtbarem Kampfe zurück, und zerstörte einen Theil ihrer Holzarbeiten. Noch zweimal erneuerte Titus danach, aber vergeblich, den Sturm, endlich gelang es ihm, sich durch nächtlichen Ueberfall der Burg zu bemächtigen. Bei ihrem weiteren Vordringen gegen den Tempel wurden die Römer indessen durch den verzweifelten Widerstand der Juden aufgehalten. Nachdem er die Burg zur Erleichterung des Vorrückens gegen den Tempel hatte zerstören lassen, forderte Titus noch einmal zur Uebergabe auf. Viele der Bewohner ergaben sich ihm, die grösste Mehrzahl jedoch setzte die Vertheidigung fort, entschlossen, mit ihren Heiligthümern unterzugehen. Nun wählte Titus die tapfersten Krieger aus und befahl ihnen, unter Führung des Tribunen Cerealis bei Nacht durch einen geheimen Gang in den Tempel einzudringen, während die übrigen Soldaten den Damm bauten und die Widder heranführten. Ein furchtbarer Kampf entbrannte: die Juden legten Feuer an die nächsten Gebäude, traten dem Cerealis tapfer entgegen und zwangen die Römer trotz aller Anstrengungen umzukehren. Titus wünschte um jeden Preis den prächtigen Tempel Salomonis zu retten, da er aber die verzweifelte Ausdauer der Vertheidiger und die Ohnmacht des Mauerbrechers gegen die massiven Mauern und Terrassen des Tempels erkannte, entschloss er sich, die Thore anzuzünden, und so drangen endlich die Römer in den Hof ein. Hier setzte sich bei den Flammen der Feuersbrunst das wüthende Gemetzel fort. Die Juden warfen sich auf die Römer, welche sie angriffen und zugleich auf Titus' Befehl das Feuer zu löschen bemüht waren, und trieben sie so in die Enge, dass trotz des Titus' Verbot, einer derselben eine brennende Fackel in das Innere des Tempels selbst schleuderte. Die Flamme ergriff rasch das ganze Gebäude, welches bis auf den Grund niederbrannte; einige tausend Juden kamen in den Flammen um, sie hatten in enthusiastischem Fanatismus den Tod im Tempel gesucht (4—5. August). Ueber den rauchenden und mit Blut bedeckten Ruinen des Tempels pflanzten die Sieger ihre Adler auf und riefen Titus zum Imperator aus. Aber damit endete der Widerstand der Vertheidiger Jerusalem's noch nicht: Johannes und Simon hatten sich in Zion eingeschlossen. Titus forderte sie abermals zur Uebergabe auf, ein Theil der Aufrührer die Idumäer war einverstanden, die übrigen aber weigerten sich entschieden. Nun liess Titus die ganze untere Stadt einäschern und zerstören, umschloss die obere mit einem Wall und führte am 2. September einen allgemeinen Sturm auf dieselbe aus. Von Hunger und Krankheit erschöpft, hatten die Vertheidiger Zion's den Muth verloren und leisteten nur schwachen Widerstand. Die Römer drangen in Zion ein und richteten in ihrer Wuth auf die ihnen verhassten Feinde ein furchtbares Blutbad unter denselben an. Einige Tausend fanden im Kampfe den Tod, die anderen wurden in verschiedener grausamer Weise umgebracht. Johannes, Simon und andere Führer der Juden wurden zu des Titus Triumph in Rom aufgehoben, die Uebrigen theils in die Sklaverei verkauft, theils in die ägyptischen Bergwerke geschickt.

So endete diese beispiellose Belagerung von Jerusalem, und durch die Einnahme und Zerstörung der Stadt durch Titus im J. 71 n. Chr. waren die Weissagungen der Propheten und Jesu Christi von den Schicksalen Jerusalems vollkommen erfüllt! Im folgenden Jahre 72 unterwarf Titus alle noch in der Gewalt der Juden verbliebenen Städte in Judäa, welches Land nun ganz in eine römische Provinz verwandelt wurde: die jüdische Nation büsste ihre Selbständigkeit vollständig ein.

§. 371.

Der batavische Krieg (62—70).

Zur Zeit der Kriege der Römer gegen die Germanen unter Augustus und Tiberius hatten die Bataver ihre Freiheit nur unter der Bedingung bewahrt, dass sie den Römern ihre Waffen und waffenfähigen Männer auslieferten. In dem Kriege gegen Britannien hatten sie als Verbündete der Römer sich sehr ausgezeichnet, namentlich auch durch das nicht allein von den Fusstruppen, sondern auch von der Cavallerie zu Pferde ausgeführte Durchschwimmen der Flüsse. Unter ihren vornehmsten Führern that sich besonders Claudius Civilis hervor, der königlichem oder fürstlichem Geschlechte entsprossen war und im römischen Kriegsdienste seine Ausbildung erhalten hatte. Unter Nero des Aufruhrs angeklagt, verdankte er Galba sein Leben, gerieth aber später unter Vitellius, geheimer Umtriebe verdächtig, aufs Neue in Gefahr und nährte seit dieser Zeit einen unversöhnlichen Hass gegen Rom. Nach Vespasian's Ausrufung zum Kaiser verbarg er seine Gedanken unter der Maske der

Ergebenheit gegen diesen und dessen Rechte. Während des Krieges zwischen Jenem und Vitellius erhielt er den Befehl, dem Vitellius die von diesem geforderten Legionen unter dem Vorwande eines Aufstandes in Germanien zu verweigern. Civilis, fest entschlossen die Bataver von der Gewalt der Römer zu befreien, verheimlichte dennoch seine Absichten, aber nur, um sie den Umständen gemäss besser ausführen zu können. Die Gelegenheit dazu bot sich dar, als von Vitellius der Befehl erging, eine Truppenaushebung in Batavia vorzunehmen. Die Bataver, denen solche Aushebungen wegen der von den römischen Beamten dabei vollführten Bedrückungen und Ungerechtigkeiten im höchsten Grade verhasst waren, weigerten sich dessen. Nun war für Civilis der Moment gekommen: er versammelte die vornehmsten und tapfersten Fürsten und bewog sie, sich gegen die Römer zu erheben. Dann zog er die Canninefaten und die im römischen Dienste in Mogontiacum (Mainz) stehenden Bataver auf seine Seite. Der tapfere Fürst der Canninefaten, Brinno, versuchte auch die Friesen gegen die Römer aufzuwiegeln, überfiel unvermuthet zwei römische Cohorten in ihrem Winterlager und machte sie nieder. Auf die Kunde hiervon zogen sich die übrigen römischen Truppen in den oberen Gegenden des Landes zusammen, weil sie, nach Abberufung der besten Cohorten durch Vitellius, zu schwach waren, um den Canninefaten Widerstand leisten zu können.

Indessen hielt Civilis immer noch seine Absichten geheim, tadelte die römischen Truppen, dass sie ihre Lager verlassen hätten, und rieth ihnen, in dieselben zurückzukehren, um sie vereinzelt um so leichter besiegen zu können. Als ihm aber diese List fehlschlug, trat er nun offen auf und zog an der Spitze eines Corps von Canninefaten, Friesen und Batavern den Römern entgegen. Unweit des Rheins fand der Kampf statt, in welchem die römischen Truppen, nach Abfall der tungrischen Cohorten zerstreut und niedergemacht wurden. Zu gleicher Zeit bemächtigten sich die Aufrührer auch der römischen Flotte, deren Bemannung zum Theil aus Batavern bestand: die Marinetruppen auf den Schiffen wurden grösstentheils niedergemacht.

Die Nachricht von diesem Siege des Civilis verbreitete sich rasch in Gallien und Germanien, die Gallier suchte er durch Geschenke zu einem Bündniss zu bewegen, die Germanen boten ihm ihre Hülfstruppen an. Solchergestalt drohte den Römern grosse Gefahr von Seiten Bataviens, Galliens und Germaniens, um so mehr als ihre Hauptkräfte durch den Bürgerkrieg in Italien abgezogen waren.

Auf die Kunde von diesen Erfolgen des Civilis und den Niederlagen der Römer in Batavien schickte der Prätor Flaccus Hordeonius den Legaten Mummius Lupercus mit zwei Legionen (5. und 14.) den Aufständischen entgegen. Lupercus zog noch Hülfstruppen von den verbündeten Ubiern und Trevirern an sich, aber gleich beim Beginn des Treffens mit Civilis wandten sich diese zur Flucht, und Lupercus war genöthigt in den Verschanzungen des Lagers bei Castra vetera (Xanten am Unterrhein) Schutz zu suchen.

Zu gleicher Zeit erreichten von Civilis gesendete Boten die Hülfscohorten der Canninefaten und Bataver, welche sich auf dem Marsche nach Rom befanden, und gaben ihnen Nachricht von dem in Batavien ausgebrochenen Aufstande. Vergebens bemühte sich Hordeonius sie aufzuhalten, sie kehrten zum Niederrheine um und forderten, vor Bonn angelangt, wo Herennius Gallus mit einer Legion stand, freien Durchzug. Herennius aber stellte mit 3000 Legionaren und einem rasch zusammengerafften Hülfscorps sich diesen Cohorten in den Weg, wurde jedoch mit grossem Verluste zurückgeschlagen. Darauf rückten die Sieger ohne Aufenthalt weiter bis Cöln und schlossen sich unweit Castra vetera an das Heer des Civilis an. Dieser liess sein Heer dem Kaiser Vespasian den Eid leisten und forderte dasselbe auch von den Legionen des Lupercus. Lupercus aber antwortete, dass er das Ansinnen des Verräthers nicht ausführen und vom Kaiser Vitellius nicht abfallen werde. Dies erzürnte den Civilis so, dass er ganz Batavia aufrief, die Brukterer und Tenchterer heranzog und auch die übrigen Germanen zu sich rief.

Solchergestalt von allen Seiten bedrängt, stellte Lupercus die Verschanzungen von Castra vetera aufs Neue und noch fester her, zerstörte alle Gebäude in der Umgebung des Lagers, versorgte sich aber nicht mit Lebensmitteln und theilte, was er davon besass, nicht sorgfältig ein. Nun brach Civilis mit allen seinen Streitkräften gegen Castra vetera auf, voraus auf beiden Rheinufern die Germanen und auf dem Rhein selbst die ihn begleitende Flotte. Sein Heer führte einen heftigen und ungestümen Angriff gegen das Lager des Lupercus aus, wurde aber, da es die dazu nöthige Erfahrung nicht besass, mit Verlust abgeschlagen. Nun schloss Civilis das Lager des Lupercus ein und beschloss, da er vernommen, dass nur wenige Lebensmittel dort seien, die Truppen darin durch Hunger zu bezwingen.

Hordeonius zog, als er dies erfuhr, eiligst Truppen in Gallien zusammen und schickte mit ihnen und der 18. Legion Dillius Vocula in Geschwindmärschen dem Lupercus zu Hülfe. Er selbst blieb in Mogontiacum (Mainz) unthätig stehen und beschwichtigte die gegen ihn äusserst aufgebrachten Krieger nur dadurch, dass er die Boten, welche ihm einen Brief von Vespasian gebracht hatten, greifen liess und gefesselt zu Vitellius schickte.

Inzwischen war Vocula bis Bonna (h. Bonn) gekommen, wo die gegen Hordeonius besonders aufgebrachte I. Legion stand. In Colonia (Cöln) strömten zahlreiche gallische Hülfsvölker herbei, welche anfänglich ganz auf Seiten der Römer standen. Hier jedoch erreichte in Folge lügenhafter Aufhetzereien durch einen von ihnen der Zorn der Legionen den höchsten Grad, allein Vocula liess ohne das mindeste Zaudern den Aufhetzer ergreifen und zum Tode führen und hatte dadurch mit einem Male die Auflehnung der Legionare gedämpft, welche einstimmig ihn zu ihrem Oberfeldherrn ausriefen, worauf Hordeonius ihm den Oberbefehl abtrat.

In Novesium stiess die 16. Legion zu Vocula, dem der Legat Herennius Gallus als Mitcommandirender beigegeben wurde. Da sie aber Beide mit den muthlosen Legionen nicht nach Castra vetera zu ziehen wagten, so schlugen sie bei Gelduba ein Lager auf, in welchem sie nun durch Erdarbeiten ihre Truppen aufs Neue an Strapatzen zu gewöhnen suchten. Dies zeigt aber, wie schon die vorhergehenden Unordnungen, bis zu welchem Grade zu jener Zeit bei den römischen Truppen die Disciplin gesunken war.

Bald darauf verwüstete Vocula, den Herennius im Lager zurücklassend, das benachbarte Gebiet der Gugerner, welche zu der Armee des Civilis Truppen gestellt hatten. Während der Abwesenheit des Vocula beschuldigten die im Lager zurückgebliebenen römischen Truppen den Herennius des Verrathes, und nur die baldige Rückkehr des Vocula rettete dem Herennius Hordeonius das Leben. Vocula unterwarf die Anstifter der härtesten Strafe und stellte dadurch die Ruhe und Ordnung im Lager wieder her. Der Grund zu allen diesen Unordnungen mochte zum Theil daran liegen, dass die gemeinen Soldaten alle dem Vitellius ergeben waren, während der grösste Theil der Offiziere sich auf Vespasian's Seite neigte.

Während dessen verstärkte sich Civilis täglich durch herbeieilende Germanen, befahl das Land der Ubier und Trevirer zu verwüsten und schickte ein Truppencorps über die Mosa (Maas) in das Land der Menapier und Moriner, um die Grenzen von Gallien zu beunruhigen. Die Cohorten der Ubier, gegen welche die Aufständischen ganz besonders erbittert waren, weil sie den römischen Namen der Agrippinenser angenommen hatten, wurden in einem Treffen bei Marcodurum aufgerieben. Castra vetera aber wurde immer enger eingeschlossen, damit Lupercus nichts von der Nähe der römischen Truppen unter Vocula erfahre, und Sturm auf Sturm führte das Heer des Civilis aus. Lupercus aber vertheidigte sich ebenso tapfer wie geschickt und wies alle Angriffe des Feindes mit solchem Verluste für den Letzteren ab, dass Civilis endlich die Erstürmung aufgab und nun suchte, durch heimliche Aufrufe und Versprechungen die Treue der Truppen des Lupercus zu erschüttern.

Die Meldung von der Niederlage des Vitellius bei Cremona veränderte plötzlich die Lage der Dinge am unteren Rhein. Die gallischen

Hülfstruppen sagten sich sofort von dem Schutze der Interessen des Vitellius los, die römischen Veteranen schwankten und schwiegen hartnäckig, als sie dem Vespasian den neuen Eid leisten sollten. Als Civilis nun von Vespasian aufgefordert wurde, die Feindseligkeiten einzustellen, antwortete er erst ausweichend, bald darauf aber mit offener Feindschaft, indem er, selbst vor Castra vetera verbleibend, den Julius Maximus und seinen Neffen Claudius Victor mit den alten batavischen Cohorten und den Germanen gegen Vocula abschickte. Diese führten einen plötzlichen raschen Ueberfall auf Vocula bei Asciburgium aus, er wurde anfänglich geschlagen, nachdem aber einige vasconische (baskische, aus Hispanien) Cohorten, welche den Batavern in den Rücken fielen, den Kampf wiederhergestellt hatten, wurden schliesslich die Bataver ihrerseits aufs Haupt geschlagen. Statt aber diesen Sieg rasch auszunutzen, blieb Vocula mehrere Tage auf derselben Stelle unthätig stehen, zog dann nach Castra vetera, schlug Angesichts des Civilis ein verschanztes Lager auf und brach dann, alles Gepäck in demselben zurücklassend, gegen Civilis auf. Zu gleicher Zeit führte auch Lupercus einen Ausfall aus, und Civilis, welcher durch einen Sturz mit dem Pferde in Gefahr der Gefangenschaft gerieth, ward vollständig geschlagen. Aber wiederum nutzte Vocula seinen Sieg nicht aus, sondern beschränkte sich darauf, das Lager der römischen Truppen zu verstärken, was mit Recht bei Letzteren den Verdacht hervorrief, dass er absichtlich den Krieg in die Länge ziehen wolle. Die Unzufriedenheit der Truppen steigerte sich noch in Folge des Mangels an Lebensmitteln, weil an den Ufern des Rheins keine geholt werden konnten, da die Germanen dies verhinderten. Deshalb schickte Vocula, der seine Verbindung mit Lupercus bereits vollzogen hatte, Fahrzeuge unter geringer Bedeckung nach Novesium auf Fouragirung. Das erste Mal kehrten sie wohlbehalten zurück, und das Heer wurde versorgt; aber das zweite Mal griff Civilis plötzlich die Bedeckung an, und es entspann sich ein heftiger Kampf, den nur die Nacht beendete. Unter ihrem Schutze erreichte die Bedeckung mit Mühe Gelduba. Eben dahin begab sich auch Vocula mit einem Theil der Truppen zur Hülfe und Verstärkung der Fourageurs. Während dessen schloss Civilis den Lupercus in Castra vetera aufs Neue eng ein.

Aber damit war es noch nicht genug der kläglichen Thaten der römischen Feldherren und Truppen, hervorgegangen aus dem Ungeschick der Ersteren und dem meuterischen Sinn der Letzteren. Die Legionen forderten die gewöhnlichen Geschenke *donativum*, welche Vitellius bei seiner Ernennung zum Kaiser geschickt hatte. Hordeonius hatte die Schwäche, dieses Geld herauszugeben, die Legionen berauschten sich und brachten ihn um. Vocula entging nur durch die Flucht dem gleichen Schicksal. Civilis griff, als er dies erfuhr, das römische Lager an; die römischen Truppen warfen die Waffen weg und wandten sich schon zur Flucht! Endlich aber sammeln sich die 1. 4. und 21. Legion und folgen dem Vocula, der sie für Vespasian schwören liess, nach Mogontiacum (Mainz), welches von den Katten, Usipetern und Mattiakern eingeschlossen war. Auf die Nachricht von dem Herannahen Vocula's hoben diese die Belagerung auf und traten ihren Rückzug an, erlitten aber von dem nachsetzenden Vocula noch grosse Verluste.

Inzwischen traf Ende December des J. 69 die Nachricht ein, dass am 20. dieses Monats Vitellius in Rom ermordet und an seiner Stelle Vespasian zum Kaiser ausgerufen und anerkannt worden sei (es hatten also die beschriebenen Ereignisse in Batavia und am Unterrhein ganze 6 Monate gedauert, ohne zu irgend welchem Resultate geführt zu haben). Nun konnte Civilis seine wahren Absichten nicht länger verbergen und erhob sich Anfang 70 offen gegen die Römer. Gleichzeitig entbrannte auch in Gallien der Aufstand heftiger in Folge des falschen Gerüchtes, dass die Legionen in Mösien und Pannonien von den Sarmaten und Daciern umzingelt seien, sowie in Folge der Weissagungen der Druiden, dass der Brand des Kapitols in Rom (bei dem Aufstande am 20. Decbr. 69) ein Zeichen vom Zorn der Götter gegen Rom und von dessen nahem Falle sei.

Unter diesen Umständen knüpfte Civilis nun Bündnisse an: 1) mit dem Führer der Trevirer, Classicus, der aus altem fürstlichem Geschlechte stammte, angesehen und reich und mehr ein Feind als ein Freund der Römer war: 2) mit dem Trevirer Julius Tutor, welchem Vitellius den Schutz der Ufer des Unterrhein übertragen hatte, und 3) mit dem vornehmen Lingoner (Gallier) Julius Sabinus, der sich der Abstammung von Julius Cäsar rühmte. In einer allgemeinen Versammlung der Führer der Gallier, Trevirer, Ubier, Tungrer und Lingonen wurde die Befreiung Galliens beschlossen, und Boten wurden ausgesandt, um alle übrigen Stämme des Landes zum Aufstande aufzuwiegeln.

Vocula, die Unzuverlässigkeit seiner Legionen kennend, wagte nicht diesem Aufstande entgegenzutreten. Von heimlichen Feinden umgeben, beschloss er mit gleicher List gegen sie zu verfahren. Nachdem er Mogontiacum befreit, zog er zuerst nach Cöln und von da gegen die Bataver nach Castra vetera. Classicus und Tutor, welche sich bei seinem Heere befanden, eilten, als wollten sie recognosciren, voraus, schlossen mit den Führern der Germanen einen Vertrag, riefen dann ihre Soldaten von den Legionen weg und bezogen ein gesondertes Lager mit ihnen. Vergebens stellte ihnen Vocula die ganze Schmach eines solchen Verhaltens vor, — da er sie nicht davon abzubringen vermochte, marschirte er statt nach Castra vetera, nach Novesium. Die nur 2000 röm. Schritte (ca. 1½ Kilometer) von Novesium im Lager stehenden Gallier bewogen durch Versprechungen die römischen Centurionen und Krieger zum Abfall, und von diesen wurden nun die Legaten theils umgebracht, theils an die Gallier ausgeliefert. Vocula bemühte sich laut und kräftig, die Legionen von ihrer Treulosigkeit abzuhalten: er wurde auf Befehl des Classicus von einem der Ueberläufer niedergestochen. Classicus erschien ungesäumt selbst im römischen Lager, nahm die Legionen in Eid auf die Befreiung Galliens und belohnte die Hauptverräther. Dasselbe that Tutor mit den oberrheinischen römischen Garnisonen, und nach Castra vetera schickte Classicus einen Theil der römischen Ueberläufer, um der römischen Besatzung entweder Gnade oder schonungslosen Untergang anzukündigen. Die Cohorten aber dieser Besatzung, einerseits vom Hungertode, andrerseits von Schimpf und Schande bedroht, beschlossen sich bis aufs Aeusserste zu vertheidigen und gaben damit ein schönes, in jener Zeit aber seltenes Beispiel der Treue zu Eid und Pflicht, bis sie der furchtbarste Hunger zwang, sich zu ergeben und den Galliern zu unterwerfen. Bald darauf wurden sie aber verrätherischer Weise von den Germanen umzingelt und bis auf den letzten Mann niedergemacht. Danach wurde Castra vetera ausgeplündert und zerstört, und ein gleiches Schicksal traf überhaupt alle verschanzten Lager der Römer am Rhein, ausgenommen Mogontiacum und Vindonissa. Die abgefallene 16. Legion wurde nebst den Hülfstruppen unter gallischer Escorte! nach Trevirum (Trier) geführt; in Bonn schloss sich ihr die 1. Legion an. Kurz darauf besetzte Civilis das Land der Suniker und fiel in das Gebiet der Turger, Bethasier und Nervier ein, schlug daselbst den römischen Unterfeldherrn Claudius Labeo und würde noch grössere Erfolge erreicht haben, wenn zwischen den Aufführern der Empörer mehr Einigkeit geherrscht und ein gemeinschaftlicher Operationsplan bestanden hätte.

Inzwischen traf Vespasian Anstalten, um die 6. und 10. Legion aus Hispanien, die 16.*) aus Britannien, die 2. neuausgehobene, die 6., 8. und 21. aus Italien nach Batavien und Gallien zu schicken, im Ganzen 7 Legionen (35—42000 Mann). Die Kunde hiervon dämpfte das Feuer und die Kühnheit der Gallier: sie beriefen eine allgemeine Versammlung in das Land der Remer, die aber, wie gewöhnlich, nur zu Zwistigkeiten führte. Civilis setzte im Gebiete der Belgier dem geschlagenen Claudius Labeo nach, Classius hatte sich der Unthätigkeit ergeben, Tutor trug nicht einmal Sorge, am Oberrhein und in den Alpen den Weg aus Italien zu versperren. Das ermöglichte der 21. Legion, von Vindonissa her und den Hülfscohorten unter Befehl des Sextilius Felix durch Rhätien nach Nieder-Germanien vorzudringen. Zu ihnen stiess Julius Briganticus, Neffe des Civilis, aber ihm feindlich, mit der Reiterschaar

*) 14. nach Tacitus. Anmerk. d. Uebers.

der Singulares, einem Corps auserlesener kaiserlicher Truppen. Obgleich Tutor sein Heer durch die Vangionen, Cäracater und Triboker verstärkt hatte, so gingen diese sämmtlich gleich danach zu dem heranmarschirenden Sextilius Felix über. Mit den übrigen Truppen wurde Tutor bei Bingium (Bingen) geschlagen, die Legionen aber, welche sich in den Händen der Gallier befanden und von Novesium und Bonna ins Land der Trevirer geführt worden waren, erhoben sich aus eigenem Antriebe von Neuem für Vespasian und schlossen sich in der den Römern befreundeten Stadt Mediomatricum (h. Metz) ein. Civilis und Classicus zogen auf die Nachricht von der Niederlage Tutor's ihre Truppen zusammen und schickten Botschaft zu Tutor, dass er, die Römer möchten kommen von wo es sei, nichts Entscheidendes unternehmen solle.

Um diese Zeit erschien endlich bei dem römischen Heer der neu ernannte Oberfeldherr Cerealis, ein verständiger, energischer, erfahrener und geschickter Mann, und sofort nahmen die Dinge eine andere Wendung, — wozu es auch höchste Zeit war. In drei Colonnen brach er nach Rigodulum auf, in welchen Platz sich der Führer der Trevirer, Valentinus, geworfen hatte. In raschem Anlauf nahm Cerealis (oder Cerialis) diese befestigte Stadt mit Sturm und machte in derselben den Valentinus und die vornehmsten Belgier zu Gefangenen, am nächsten Tage aber drang er mit Gewalt in Trevirum ein, das er nur mit Mühe vor der Wuth seiner Truppen zu schützen vermochte. Civilis und Classicus suchten ihn zum Abfall von Vespasian zu bewegen, indem sie ihm die Oberherrschaft über Gallien anboten, Cerealis aber hielt es unter seiner Würde ihnen zu antworten und schickte ihr Schreiben sammt den Ueberbringern an Vespasian nach Rom. Nachdem dies fehlgeschlagen, zog Civilis alle seine Streitkräfte zusammen, um den Krieg mit Nachdruck zu führen. Er überfiel plötzlich das Lager der römischen Truppen bei Trier und hatte schon den Wall überstiegen und die Moselbrücke in seine Gewalt gebracht, aber es gelang dem Cerealis, ihn von der Brücke und aus dem Lager zurückzutreiben, ihn ganz zu schlagen und sich sogar des Lagers der Feinde zu bemächtigen. Obgleich Civilis demnächst noch in mehreren Gefechten die von Cerealis vorausgesandte römische Cavallerie besiegte, sich durch germanische Truppen verstärkte und in Castra vetera verschanzte, so verfolgte ihn Cerealis doch mit allen seinen Truppen, schlug ihn wiederholt in zweitägiger Schlacht, konnte aber in Folge des schlechten Wetters die Verfolgung nicht fortsetzen und ihn nicht total besiegen. Wäre die römische Flotte rechtzeitig an der Uebergangsstelle der über den Rhein zurückkehrenden Germanen gewesen, so würde der Krieg schon jetzt entschieden worden sein. Dies war aber nicht der Fall, und so vermochten auch Classicus und Tutor sich über den Rhein zu retten. Civilis griff kurz darauf die Wacht-Cohorten des römischen Lagers an vier Stellen zugleich an, wurde aber überall zurückgewiesen und konnte sich nur über den Rhein schwimmend retten. Die römische Flotte erschien auch hier erst später, weil Cerealis, rasch handelnd, ihr zu wenig Zeit dazu gelassen hatte.

Gerade als Cerealis das Winterlager bei Novesium besichtigte, wurde er in einer finstern Nacht plötzlich durch die Germanen angegriffen und verdankte sein Leben nur einem glücklichen Zufall. Es trifft ihn dabei insofern eine Schuld, als er bei allen seinen kriegerischen Tugenden doch die Disciplin und die Ordnung des Dienstes, namentlich des Sicherheitsdienstes, bei seinen Truppen nicht aufrecht erhielt. Bei diesem nächtlichen Angriff der Germanen wurden viele Schiffe der römischen Rheinflottille fortgenommen und das bei diesen befindliche prätorische Schiff (Admiralschiff) als Geschenk an die Prophetin Velleda gesendet.

Nach einem vergeblichen Versuch des Civilis, einen Seesieg zu erlangen, kehrte dieser auf das linke Rheinufer zurück, gerade als Cerealis die batavische Insel verheerte. In dem inzwischen zu Ende gehenden Herbst trat der Rhein aus seinen Ufern, so dass er diese Insel überfluthete: bei den Römern machte sich der Mangel an Schiffen und an Zufuhr von Lebensmitteln fühlbar, die Germanen wünschten einen neuen Feldzug zu eröffnen, Civilis aber, des fortgesetzten Krieges überdrüssig, neigte sich zum Frieden. Cerealis benutzte dies und bot den Batavern Frieden, dem Civilis aber Verzeihung an. Nach einer persönlichen Unterredung mit Civilis auf einer Brücke über die Waal wurde endlich zu Ende des Herbstes 70 der Friede geschlossen, und seitdem blieben die Bataver Freunde und Verbündete der Römer.

Vierundfünfzigstes Kapitel.

Die bemerkenswerthesten Kriege und Feldzüge der Römer während dieser Periode.

(30 v. Chr.—284 n. Chr.)

(Fortsetzung.)

III. *Kriege und Feldzüge Trajan's und Marc Aurel's 98—180.* — §. 372. *Kriege Trajan's (98—117).* — §. 373. *Kriege Marc Aurel's 161—180).* — IV. *Kriege und Feldzüge unter Commodus und Septimius Severus (182—211).* — §. 374. *Kriege unter Commodus mit den Daciern, Sarmaten und Britten (182—184).* — §. 375. *Bürgerkrieg (193—197).* — §. 376. *Krieg mit den Parthern (198—200).* — §. 377. *Krieg in Britannien (208—211).*

III. Kriege und Feldzüge Trajan's und Marc Aurel's (98—180).

§. 372.

Kriege Trajan's (98—117).

Nachdem Trajan am 24. Jan. 98 zum Kaiser proklamirt worden, unternahm er (im J. 100) einen Feldzug gegen die Daker (oder Dacier), welche sich gegen die Römer erhoben hatten unter Führung des Decebalus, dem der Dacierfürst Duras als einem im Kriegswesen erfahrenen und geschickten Manne freiwillig die Regierung übertragen hatte. Trajan besiegte den Decebalus bei der Stadt Tapae in der heutigen Wallachei, verfolgte ihn in die Karpathen und rückte gegen die Hauptstadt der Dacier, Sarmizegethusa*), vor, während sein Legat Lucius den Decebalus von der andern Seite her bedrohte. Von ihnen bedrängt, sah sich Decebalus gezwungen, um Frieden zu bitten. Auf den Knieen vor Trajan liegend, versprach er, die Waffen, Kriegsmaschinen und die Ueberläufer auszuliefern, die von den Dakern eroberten Länder zu räumen und ein Freund der Römer, ein Feind aber ihrer Feinde zu sein, und auf diese

*) Von Dio Cassius Zermizegethusa genannt. Anmerk. d. Uebers.

Bedingungen wurde ihm der erbetene Friede bewilligt. Trajan aber kehrte unter Zurücklassung eines starken Beobachtungscorps in dem befestigten Lager vor Sarmizegethusa nach Rom zurück, der Senat bestätigte den Frieden und ehrte Trajan mit dem Triumph und dem Beinamen Dacicus.

Allein der Friedensschluss des Decebalus war erzwungen und nur zum Schein. Er begann sogleich wieder Waffen anzukaufen, römische Ueberläufer bei sich aufzunehmen, die benachbarten Völker zum Kriege gegen die Römer aufzuhetzen und eroberte einen Theil des Gebietes der an Dacien im Norden angrenzenden Jazygen (eines slawischen Stammes).

Der römische Senat erklärte ihn für einen Feind Roms, und im J. 101 unternahm Trajan einen zweiten Feldzug gegen ihn, besiegte ihn abermals und zwang ihn wieder um Frieden zu bitten. Während aber die Unterhandlungen noch schwebten, betrug sich Decebalus so heimtückisch und treulos, dass er mehrere Anschläge auf das Leben Trajan's machte, welcher in Folge dessen den Krieg gegen ihn mit grosser Vorsicht führte (102—104). In dieser Zeit liess er eine steinerne Brücke über die Donau schlagen, welche er auf beiden Seiten durch starke Brückenkopfschanzen (Forts) sicherte. Die Ueberreste dieser Brücke sind unter dem Namen der Trajanischen bis auf den heutigen Tag im Flussbett der Donau, zur kleinen Wallachei gehörend, vorhanden. Im J. 103 überschritt Trajan auf derselben die Donau, nahm Sarmizegethusa mit stürmender Hand und eroberte im J. 104 den grössten Theil von Dacien. Decebalus entleibte sich selbst aus Furcht, Jenem lebendig in die Hände zu fallen; sein Kopf wurde nach Rom geschickt, Dacien aber in eine römische Provinz verwandelt (im J. 105 *).

Sieben Jahre nachher, im J. 112, setzte der parthische König Chosroës **) eigenmächtig den Exedares auf den Thron von Armenien, welchen Nero an Tiridates verliehen hatte. Gegen diese Nichtachtung der Rechte Rom's erhob sich Trajan und führte einen Feldzug nach Armenien aus mit der eigentlichen aber geheim gehaltenen Absicht, dasselbe zu erobern und zur römischen Provinz zu machen, wozu Zeit und Umstände besonders günstig schienen, weil Parthien durch innere Unruhen zerrissen war. Indessen versuchte Trajan noch vor seiner Abreise aus Rom ins Feld den Zwist mit Chosroës durch Unterhandlungen auszugleichen. Die Antwort des Chosroës lautete so hochmüthig, dass Trajan sofort alle Vorbereitungen zum Kriege und Feldzuge traf. Bei seiner Ankunft in Athen im J. 113 empfing er daselbst eine Gesandtschaft von

*) Die alte Hauptstadt Sarmizegethusa erhielt als römische Colonie den Namen Ulpia Trajana. Anmerk. d. Uebers.

**) Nach Dio Cassius: Osroës. Anmerk. d. Uebers.

Chosroës mit Geschenken und die Nachricht, dass Letzterer den Exedares bereits vom Throne Armeniens abgesetzt habe und den Trajan bitte, seinen Bruder Parthamisiris oder Parthamasiris) auf diesen Thron zu setzen. Trajan antwortete, dass er hierüber Entscheidung treffen werde, wenn er in Syrien angelangt sein und die Sache näher erforscht haben würde.

Im J. 114 rückte er in Armenien ein, ohne irgendwo auf Widerstand zu stossen. Alle Städte unterwarfen sich ihm freiwillig, ganz Armenien wurde erobert, und Parthamisiris, welcher anfänglich eine Vertheidigungsstellung in diesem Lande eingenommen hatte, wandte sich nun an Trajan mit der demüthigen Bitte, ihn zum Könige von Armenien zu machen, worauf Trajan ihm aber gar keine Antwort gab. Parthamisiris schrieb abermals an Trajan, nannte sich schon nicht mehr König von Armenien und bat um Friedensunterhandlungen mit dem römischen Statthalter von Cappadocien, Julius. Das Resultat dieser Unterhandlungen ist nicht bekannt, wahrscheinlich war es für Parthamisiris ungünstig, denn bald darauf erschien er mit kleinem Gefolge in dem Lager der römischen Armee in der Nähe der armenischen Stadt Elegia und entsagte, vor Trajan knieend, dem Throne Armeniens, in der Hoffnung, dass Trajan ihm denselben grossmüthig zurückgeben werde. Beim Anblick dieser Demüthigung des stolzen Arsaciden rief die römische Armee Trajan zum Imperator aus. Dieser Letztere erklärte dem Parthamisiris definitiv, dass Armenien Rom gehöre und römische Provinz bleiben solle. Nun griff Parthamisiris zu den Waffen, seine Kräfte waren aber zu unbedeutend, er wurde besiegt und fiel im Kampfe, Armenien blieb im Besitz der Römer.

Trajan legte römische Garnisonen in die Städte des Landes und brach dann nach Mesopotamien auf, dessen König Augarus schon lange eine zwischen den Römern und den Parthern hin und herschwankende Politik beobachtet hatte. Zu schwach, um den Römern Widerstand zu leisten, unterwarf er sich ihnen jetzt, und sie bemächtigten sich ganz Mesopotamiens, nachdem sie die sich zur Wehre setzenden Städte Batna, Singara und Nisibis erobert hatten.

Der weitere Verlauf dieses Krieges Trajan's gegen die Parther ist unbekannt, er scheint aber einen für Trajan glücklichen Ausgang gehabt zu haben, denn Chosroës stellte Geiseln, und Trajan erhielt vom römischen Senate den Zunamen: Parthicus.

In diese selbe Zeit (114) fällt auch die endgültige Unterwerfung des Steinigen Arabiens durch die Römer, welches schon im J. 105 durch den römischen Legaten Cornelius Palma unterworfen, nachher wieder aufgestanden war und sich losgerissen hatte. Trajan war gezwungen, persönlich mit einem Theile seines Heeres dorthin zu ziehen, unterjochte die unruhigen Stämme und machte das Land zu einer römischen Provinz.

In diesen beiden Kriegen hatte Trajan es geschickt und erfolgreich verstanden, in seinem Heere die strenge militärische Ordnung und Disciplin zu erhalten, welche in der früheren Zeit Roms geherrscht hatte, indem er selbst das Beispiel dazu gab. Während der Märsche ging er an der Spitze des Heeres zu Fuss, durchschritt die Furten in den Flüssen zu Fuss wie der letzte Frontsoldat, und hielt ein unermüdlich wachsames Auge auf alle Dienstordnungen und Vorschriften im Lager und Felde. Von seinen Unterfeldherren erwähnt die Geschichte hauptsächlich den Mauretanier Lucius (oder Lusius) Quietus*, der die Stadt Singara nach hartnäckiger Vertheidigung einnahm und dadurch Trajan's Zuneigung in solchem Maasse erwarb, dass dieser ihn zum Prätor und später zum Consul ernannte.

Nach Abschluss des Friedens mit Chosroës wandte Trajan sich gegen die nördlich von Armenien zwischen Pontus Euxinus und Caspischem Meere wohnenden Stämme. Den Albanern gab er einen König, die Könige von Iberia (Grusien), Colchis am Ostufer des Schwarzen Meeres und der anderen diesen benachbarten Stämme und Länder nöthigte er zur Anerkennung der Oberherrschaft Roms, während Lusius auf seinen Befehl den Stamm der Marder bekriegte und unterwarf. Darauf unterwarf das ganze Ostufer des Pontus Euxinus bis zur Stadt Dioscurias oder Swastopol sich der Macht Roms. Es ist unbekannt, wie weit die Kriegszüge Trajan's gegen die kaukasischen Völker sich ausdehnten. Nur das steht fest, dass nach seinem ersten Feldzuge im Osten er nach Rom zurückkehrte, bald aber aufs Neue wegen eines dort losgebrochenen Aufstandes dahin abberufen wurde und im J. 115 in Antiochia bei einem furchtbaren Erdbeben, welches diese Stadt gänzlich zerstörte, mit genauer Noth dem Tode entging.

Bevor er den zweiten Feldzug gegen die Parther unternahm, befrug er auf Anrathen seiner Freunde das Orakel der phönicischen Stadt Heliopolis über den Ausgang dieses Feldzugs. Die räthselhafte Antwort hielt Trajan nicht von dem Beginn des Feldzuges ab; er ging im J. 116 auf einer Schiffbrücke über den Tigris, drang im beständigen Kampfe mit den Einwohnern des Landes in die Provinz Adiabene ein und unterwarf sie sowohl wie Assyrien und die durch Alexander's d. Gr. Siege berühmten Städte Arbela und Gaugamela. Dann ging er über den Tigris nach Babylon zurück, ohne irgendwo auf Widerstand zu treffen, denn das parthische Königreich war zu dieser Zeit schon aufs Höchste geschwächt durch innere Bürgerkriege. Nochmals überschritt Trajan den Tigris, bemächtigte sich der beiden Hauptstädte der Parther, Ktesiphon und Susa, und in ihnen der Tochter und des goldenen Schatzes des parthischen Königs.

* Nach Dio Cassius Lusius Quintus. Anmerk. d. Uebers.

9*

Für alle diese Eroberungen, nämlich: Armenien, Mesopotamien und Assyrien, erkannte der Senat dem Trajan mehrere Triumphe zu, ja sogar so viele, als er selbst zu feiern für gut befinden würde. Diese Erfolge blendeten und täuschten Trajan hinsichtlich des wahren Nutzens und Vortheils für das Reich. Anstatt die neuen Eroberungen zu befestigen, riss ihn die Ruhmbegier zu weiteren Eroberungen fort, so dass er beabsichtigte gleich Alexander d. Gr. bis zum Indus und Ganges, ja sogar bis ans Indische Meer vorzudringen und Rom die dort wohnenden Völker zu unterwerfen! Zu diesem Ende marschirte er das Tigristhal hinab, eroberte nicht ohne eigene Gefahr die durch die beiden Arme des Tigris und das Meer gebildete Insel Messene (im persischen Meerbusen), durchschiffte dann mit der Flotte diesen ganzen Meerbusen und die Strasse von Ormuzd und landete, sich nach Süden wendend, an der Küste des Glücklichen Arabiens, wo er sich in den Besitz eines wichtigen Seehafens setzte, — sehr zufrieden damit, dass er dies erreicht habe, während Alexander d. Gr. seine Waffen nicht bis ins Glückliche Arabien getragen habe! Darauf beschränkten sich aber glücklicher Weise die prahlerischen, aber fruchtlosen Pläne Trajan's: er kehrte auf demselben Wege zur Mündung des Tigris zurück, besuchte die Ruinen von Babylon und hielt auf denselben eine Siegesfeier ab zum Gedächtniss an den in dieser Stadt gestorbenen Alexander d. Gr.

Hier traten nun aber auch die traurigen Folgen davon hervor, dass er es unterlassen hatte, in seinem Rücken die von ihm gemachten Eroberungen zu sichern: in vielen neu erworbenen Provinzen standen die Bewohner auf, verjagten oder erschlugen die römischen Garnisonen, und es wurde nöthig, die Aufrührer aufs Neue zu unterwerfen. Trajan sandte von verschiedenen Seiten gegen sie die Legaten Lusius und Maximus. Der Erstere unterwarf Nisibis zum zweiten Male, nahm Edessa mit Sturm und zerstörte es, seine Unterbefehlshaber unterwarfen Seleucia. Maximus dagegen wurde besiegt und erschlagen. Obgleich nun die Ruhe im Orient wiederhergestellt war, so überzeugte Trajan sich doch, dass er seinen weitgehenden Plänen werde entsagen müssen, und statt die Parther zu unterwerfen, setzte er ihnen für den durch sie vertriebenen Chosroës einen anderen König vor, den Parthamaspathes, den er zu Ktesiphon auch feierlich inthronisirte (116). Dann wandte er sich gegen die von römischen Truppen belagerte, von Arabern bewohnte Stadt Hatra (oder Atra), zwischen Nisibis und Tigris, und übernahm persönlich die Leitung der Belagerung. Die Einwohner vertheidigten sich aber mit so viel Hartnäckigkeit und Erfolg, dass Trajan trotz aller Anstrengungen sich gezwungen sah, die Belagerung aufzuheben und den Rückmarsch nach Syrien anzutreten. Kaum hier angelangt, erkrankte er und brach auf dringendes Bitten des Senates nach Rom auf (im J. 117), den Oberbefehl im Orient seinem Nachfolger **Hadrian** anvertrauend, welcher zwar persönlich tapfer, aber nicht kriegerisch und unfähig zu energischer Fortführung des Krieges war, der mit jedem Tage schwieriger wurde. So ging den Römern noch bei Lebzeiten Trajan's (er starb am 11. Aug. 117 *) ein grosser Theil der von ihm gemachten Eroberungen in Asien wieder verloren. Die Parther vertrieben den Parthamaspathes und erwählten aufs Neue den Chosroës. Armenien und Mesopotamien schüttelten das römische Joch ab und stellten ihre Unabhängigkeit unter dem Scepter ihrer eigenen Könige wieder her.

§. 373.

Kriege Marc Aurel's (161—180).

Der erste bedeutende Krieg desselben war der mit den Parthern. Ihr König **Vologeses II.** (oder Vologäsus) hatte bei Lebzeiten des Vorgängers Marc Aurel's, Antoninus, grosse Vorbereitungen zu dem Kriege gegen die Römer getroffen, wahrscheinlich um die vielen Niederlagen und Demüthigungen der Parther durch Trajan zu rächen. Armenien, dieses beständige Objekt des Krieges zwischen Parthern und Römern, war von inneren Unruhen zerrissen. Vologeses beschloss davon Nutzen zu ziehen und es sich zu unterwerfen. Im J. 161 fiel er in dasselbe ein. Der römische Legat **Severianus** zog seinerseits aus Cappadocien eben dorthin, wurde aber durch den parthischen Feldherrn **Osroës** in der Festung Elegia eingeschlossen, hielt sich lange in derselben, hatte von furchtbarer Hungersnoth zu leiden, wollte aber sich durchaus nicht ergeben und wurde schliesslich bei Erstürmung der Stadt mit seinen Soldaten niedergemacht. Darauf fiel Vologeses von der andern Seite her in Syrien ein, besiegte daselbst den römischen Legaten **Cornelianus** und wiegelte das ganze Land gegen die Römer auf.

Marc Aurel schickte den **Verus**, seinen Mitregenten, Nachfolger und Schwiegersohn, mit einer Armee nach Syrien und Armenien. Dieser marschirte aber so langsam und gab sich unterwegs solchen Ausschweifungen hin, dass er in Canusium erkrankte und erst sehr spät in Antiochia eintraf, wo er mit orientalischer Ueppigkeit lebte, während er die Führung des Krieges den Legaten **Statius Priscus**, **Avidius Cassius** und **Martius Verus** übertrug. Von diesen vereinigte namentlich der Letztere in sich die Eigenschaften eines ausgezeichneten Feldherrn und geschickten Politikers. Schwer genug waren für diese

* Auf der Rückreise nach Rom in Selinus. Seine Tugenden hatten ihm den Beinamen *Optimus* erworben, «*felicior Augusto, melior Trajano*» wurde sprichwörtlich.
Anmerk. d. Uebers.

Legaten die Aufgaben: einerseits die Behauptung von Syrien, andrerseits die Vertreibung des durch Vologeses eingesetzten Königs von Armenien. Es marschirte daher Avidius Cassius nach Syrien, Priscus und Verus nach Armenien. Sie operirten Alle glücklich und erfolgreich, Cassius brachte den Parthern sogar eine entscheidende Niederlage bei der Stadt Europus bei, erzwang den Euphratübergang mit Gewalt, durchzog ganz Mesopotamien, unterwarf und zerstörte Seleucia am Tigris, nahm Ctesiphon mit Sturm und zerstörte das darin befindliche Schloss des Vologeses. Aber bei dem Rückmarsch nach Syrien verlor er einen grossen Theil seiner Armee durch Hunger und Krankheiten, so dass er nur sehr geschwächt nach Syrien zurückkehrte. Während dessen hatte in Armenien Priscus die Hauptstadt Artaxata erobert, Verus hielt die die aufständische Stadt Cänopolis in Zaum, brachte den Satrapen Tiridates in seine Gewalt, einen der Hauptunruhestifter in Armenien, und drang siegreich bis zum Atropatenischen Medien vor.

Im Uebrigen existiren keine näheren Nachrichten über diesen 4 Jahre (161—165) dauernden Krieg; es scheint aber, dass die Parther aus Armenien vertrieben und die früheren Regierungen dort wiederhergestellt wurden. Im J. 166 wurde der Friede geschlossen, welcher ungestört 30 Jahre währte.

Obgleich Marc Aurel die hauptsächlichsten Operationen in diesem Kriege selber von Rom aus leitete und oft von dort her Truppenverstärkungen nach Syrien und Armenien schickte, Verus selber aber an dem Kriege persönlich gar keinen Theil nahm, so erhielt dieser doch drei Mal den Ehrentitel Imperator und die Beinamen Armenicus, Parthicus und Medicus und hielt bei seiner Rückkehr nach Rom mit Marc Aurel gemeinschaftlich den Triumph, und Beiden wurde vom Senate der ehrende Beiname Vater des Vaterlands zuerkannt.

Weit wichtiger war der Marcomannen-Krieg (169—180), welchen ein mächtiger Bund germanischer Stämme*, an deren Spitze die Marcomannen standen, gegen die Römer führte. Die ersten, welche die Feindseligkeiten eröffneten, waren die Katten, indem sie in Rhätien eindrangen und selbst in Italien einzufallen drohten. Der Legat Didius Julianus (in der Folge Kaiser) wehrte sie ab und trieb sie zurück, und von dieser Zeit an geht ihr Name in dem der Franken auf.

Bald danach, nämlich gerade zu der Zeit, als die Hauptmacht der Römer in Syrien und Armenien zu thun hatte, begannen die Angriffsbewegungen der Marcomannen und ihres Bundes. Marc Aurel, um den

* Der Historiker Julius Capitolinus nennt die Marcomannen, Nariscer, Hermunduren, Quaden, Sueven, Lothringer und Burier, Victovaler, Sosiber, Sigoboter, Castoboker, Vandalen (sämmtlich germanischen Stammes), die Sarmaten, Jazygen, Roxolanen, Alanen, Bastarner und Peukiner (slawischen Stammes).

doppelten Krieg gegen Parther und Germanen zu vermeiden, schloss mit den Ersteren Frieden und kehrte seine Hauptkräfte gegen die Letzteren. Derselbe Grund aber bewog die Marcomannen ihre Kräfte zu vermehren, während die römischen Truppen durch eine aus dem Orient eingeschleppte Seuche sehr geschwächt wurden. Deshalb wurde der marcomannische Krieg für das römische Reich so furchtbar und so gefährlich, dass Marc Aurelius selber und seine Zeitgenossen ihn mit dem Einfall der Cimbern und Teutonen, ja sogar mit dem zweiten punischen Kriege verglichen. Deshalb wurden aber auch von den Römern ganz ausserordentliche Rüstungen dazu getroffen, nämlich: in das Heer wurden als Freiwillige eingestellt Sklaven, Gladiatoren, deren es in Rom und Italien sehr viele gab, sogar Räuber aus Dalmatien und Dardanien und endlich germanische Söldner. Marc Aurel, der den unfähigen Verus weder in Rom zurücklassen noch ihm die Führung des Krieges anvertrauen mochte, erklärte es in voller Senatsversammlung für unerlässlich, dass beide Kaiser in Person die Armee befehligten. Im J. 166 gingen sie nach Apulien und brachten den Winter dort zu, um im folgenden Frühjahr den Feldzug möglichst früh eröffnen zu können. Unterdessen knüpften sie mit den Germanen mehrfache Unterhandlungen an, welche Verus besonders kräftig unterstützte, da er weit lieber an den Vergnügungen Roms, als an dem Kriege theilnehmen wollte. Zum Glück starb er auf dem Marsche, und Marc Aurel konnte nun ganz frei nach eigenem Ermessen handeln. Es scheint übrigens, dass der einzige Vortheil, welchen die Römer in diesem dreijährigen Kriege davontrugen, der war, dass sie die Grenzen von Italien und Illyrien befestigten und sicherten.

Während Marc Aurel nach dem Tode des Verus in Rom die erforderlichen kriegerischen Maassnahmen traf, wurde der Präfekt der Prätorianer, Vindex, von den Marcomannen aufs Haupt geschlagen und verlor an 20000 Mann. Die Sieger drangen bis Aquileja vor und belagerten es, nur mit Mühe vermochte sich diese Stadt gegen sie zu halten. Auf die Nachricht hiervon eilte Marc Aurel aus Rom nach Aquileja und führte 5 Jahre nach einander einen thätigen Krieg gegen die Marcomannen, ohne auf den Rath seiner Freunde zu achten, welche diesen beschwerlichen und gefährlichen Krieg zu beendigen riethen, — vielmehr fest entschlossen, den Feind nicht allein abzuwehren, sondern sogar zu unterwerfen (170). Vier Jahre später baten Marcomannen und Jazygen um Frieden, worauf Marc Aurel sich gegen die Quaden wendete und sie in einer blutigen Schlacht besiegte, — wie Dio Cassius erzählt, mit Hülfe der sogenannten *legio fulminatrix*. Hierbei gerieth der Konung oder Fürst der Quaden in Gefangenschaft, welcher, weil von ihnen ohne Genehmigung Marc Aurel's gewählt, in Alexandria eingekerkert wurde. Darauf zwang Marc Aurel nach und nach einen grossen Theil der aufständischen germanischen und anderen Stämme um Frieden zu bitten. Es scheint indessen, dass die Römer bei der Fortführung dieses Krieges grosse Verluste erlitten haben, denn kraft des Friedensvertrages wurden ihnen 100000 Gefangene zurückgegeben, und Marc Aurel erlaubte den Barbaren, Colonien in Pannonien, am Rhein und selbst in Italien zu gründen. Die Barbaren hatten somit ihren Zweck erreicht, nämlich neue Ländereien für ihre Niederlassungen erhalten.

Unter den römischen Feldherren, welche sich im marcomannischen Kriege besonders auszeichneten, nennen die Historiker den Rufus Bassäus, der vom gemeinen Legionar sich bis zur Würde eines Präfekten der Prätorianer aufgeschwungen hatte, — den Pompejanus, Schwiegersohn Marc Aurel's, und den Pertinax, der in der Folge Kaiser wurde.

Im J. 175, nachdem er schon Pannonien vom Feinde gesäubert und die nördlichen Grenzen gesichert hatte, ward Marc Aurel von der Unterwerfung der Marcomannen und Sarmaten durch den plötzlichen Aufstand des Legaten Avidius Cassius abgehalten. Dieser Letztere war zur Belohnung für seine ausgezeichneten Thaten in dem Kriege gegen die Parther (s. oben) zum Statthalter von Syrien ernannt worden und hatte zunächst dort bei den Truppen die altrömische strenge Disciplin eingeführt. Alle Diejenigen, welche eigenmächtig ihre Adler verlassen hatten und in die Stadt Daphne unweit Antiochia, bekannt durch ihre Pracht, ihre Vergnügungen und Sittenlosigkeit, gegangen waren, rief er in die Reihen des Heeres zurück, die aber, welche nicht von dort zurückkehrten oder aufs Neue sich dorthin zu entfernen wagten, wurden mit schimpflicher Entlassung aus dem Heere bedroht. Seine Strenge ging bis zur Grausamkeit: so liess er einstmals Soldaten, die einen Bauer bestohlen hatten, ans Kreuz schlagen und hernach ihre Leiber verbrennen oder ins Meer werfen. Deserteuren liess er Hände und Füsse abschlagen und Centurionen, welche sich ohne Befehl mit dem Feinde in einen Kampf einliessen, wurden mit schimpflicher Hinrichtung bestraft.

Nachdem er solcherstalt die Disciplin in der syrischen Armee befestigt hatte, fasste er den Plan, mit seiner Armee den Marc Aurel zu stürzen, den er spöttischer Weise den Autor philosophischer Dialoge nannte. Zur Zeit des marcomannischen Krieges trug Marc Aurel ihm die Unterwerfung des Räubervolkes der Bucolen oder Vucoler in Aegypten auf. Avidius Cassius führte dies ebenso klug wie erfolgreich und ohne den geringsten Verlust seinerseits aus. Im J. 176 schritt er endlich zur Ausführung seines Planes, in welchem ihn, wie man annimmt, die Kaiserin Faustina bestärkt hatte. Die Erkrankung Marc Aurel's sich zu Nutze machend, verbreitete er das Gerücht von dessen Tode und bewog die syrischen Legionen, ihn, den Avidius, zum Kaiser auszurufen. Antiochia, Aegypten und ein grosser Theil der römischen Provinzen des Orients erkannten ihn in dieser Würde an.

Marc Aurel erfuhr dies in Pannonien durch den Statthalter von Cappadocien, Martius Verus. Avidius stand in so hohem Ansehen als Feldherr, dass die pannonischen Legionen sich fürchteten, gegen ihn zu Felde zu ziehen und in Rom allgemeine Bestürzung herrschte. Marc Aurel beruhigte den Senat und das Heer, ohne den Avidius im mindesten herabzusetzen, und brach ungesäumt mit dem Heere gegen denselben auf. Aber noch bevor er Syrien erreicht hatte, wurde Avidius Cassius, nachdem er 3 Monate den Kaisertitel geführt, von einem Centurionen erschlagen. Dasselbe Schicksal ereilte seinen Sohn Mecianus und seinen Prätorianer-Präfekten. Die Familie des Avidius und Alle, welche an seiner Empörung sich betheiligt hatten (unter denen sich kein einziger Christ befand) wurden von Marc Aurel begnadigt (176).

Zwei Jahre später, 178, war Marc Aurel genöthigt, abermals persönlich von Rom zu einem Feldzuge gegen die Marcomannen aufzubrechen, welche weder der Legat Pertinax, der von Illyrien aus gegen sie entsendet worden, noch die beiden Brüder Quinctilius, — alle drei als erfahrene und geschickte Feldherren bekannt —, von Einfällen in das römische Gebiet abzuhalten vermochten. Marc Aurel unternahm in eigener Person von Pannonien aus den Zug gegen die Marcomannen, dessen Einzelnheiten jedoch wenig bekannt sind. Man weiss nur, dass einer der Legaten Marc Aurel's, Paternus, einen grossen und entscheidenden Sieg über die Marcomannen erfocht, in Folge dessen Marc Aurel von dem Heere zum zehnten Male den Ehrentitel Imperator erhielt und schon hoffte, die Marcomannen vollständig zu unterwerfen, als er erkrankte und am 17. März 180 zu Vindobona (h. Wien) in Pannonien starb.

Sein Sohn (wie man glaubt, von der ausschweifenden Gemahlin Faustina) und Nachfolger Commodus beschloss, nachdem kaum die Bestattung der Leiche erfolgt war, entgegen dem Rathe der erfahrenen Feldherren Marc Aurel's, sofort aus Pannonien nach Rom zurückzukehren. Er schloss deshalb eiligst einen Friedensvertrag mit den Feinden, von denen viele schon geneigt waren sich ihm zu unterwerfen. Dem Hauptgegner, den Marcomannen, wurde der Friede unter der Bedingung bewilligt, dass sie Geiseln stellen und die römischen Gefangenen herausgeben, einen jährlichen Tribut an Getreide zahlen, Hülfstruppen stellen und keinen Krieg mit den Vandalen und Jazygen führen sollten. Darauf führte Commodus die römischen Besatzungen aus ihren Festungen und reiste nach Rom zurück, — die schon fast ganz vollbrachten Eroberungen Marc Aurel's in Süddeutschland dem unmässigen Verlangen nach den

Genüssen Roms aufopfernd. Bei seiner Rückkehr feierte er, der gar kein persönliches Verdienst und Anrecht dazu hatte, den Triumph über die Germanen.

IV. Kriege und Feldzüge unter Commodus und Septimius Severus (182—211).

§. 374.

Kriege unter Commodus mit den Daciern, Sarmaten und Britten (182—184).

In den ersten Regierungsjahren des Commodus erhoben sich die Dacier und Sarmaten im Norden der unteren Donau) gegen die Römer. Commodus schickte die Legaten Albinus und Niger gegen sie, welche nicht ohne Mühe sie bewogen, sich zu unterwerfen (182).

Der wichtigste Krieg aber unter Commodus war der britannische, welcher ausbrach, da die Britten über die Hadriansmauer hereindrangen, die römische Provinz mit Feuer und Schwert verwüsteten und das römische Heer daselbst in die Flucht jagten. Commodus schickte ihnen den Ulpius Marcellus entgegen, einen seiner besten, noch in den Kriegen des verstorbenen Marc Aurel's gebildeten Feldherrn. Nachdem dieser vor allen Dingen die altrömische strenge Disciplin bei den Truppen wiederhergestellt und sie an Kriegsarbeit und Mühen gewöhnt hatte, führte er sie gegen die Britten und besiegte dieselben überall, wo er auf sie stiess. Aber gerade hierdurch zog er den Hass des elenden Commodus auf sich, er wurde abberufen. unter nichtigem Vorwande angeklagt, und nur durch einen glücklichen Zufall entging er dem Tode. Sein Nachfolger Pertinax, gleichfalls einer der besten Feldherren Marc Aurel's, unterwarf zwar die Britten, konnte aber nur durch die äusserste Strenge die Meutereien seiner eigenen Truppen niederhalten. Sie forderten laut die Absetzung des Commodus und riefen Pertinax zum Kaiser aus, — dieser aber blieb dem Commodus treu, trotzdem er in Gefahr schwebte, von den wüthenden Truppen umgebracht zu werden.

§. 375.

Bürgerkrieg 193—197).

Nach der Ermordung des Commodus in Rom am 31. Dec. 192 riefen seine Mörder den Pertinax, welcher kurz vorher aus Britannien zurückgekehrt und von Commodus zum Befehlshaber in der Stadt Rom (Commandant ernannt worden war, zum Kaiser aus. Pertinax, obschon

68 Jahre alt, übernahm sofort in kluger und gerechter Weise die Führung der Staatsgeschäfte nach ihrem ganzen Umfange. Sein Name war von solchem Einfluss auf die Grenzfeinde Roms, dass viele derselben, welche ihn aus früheren Kriegen kannten, gutwillig die Waffen niederlegten. Im Innern aber setzte er dem Uebermuth und der Eigenmächtigkeit der Prätorianer Schranken. Aber eben dadurch brachte er diese gegen sich auf, und, von ihrem Präfekten Lätus aufgereizt, dem Mörder des Commodus, tödteten sie am 23. März 193 auch den Pertinax und verkauften nun den Imperatortitel dem das meiste Geld dafür Bietenden, dem sittenlosen und reichen Lüstling Didius Julianus, trotzdem das Volk diesen offen verachtete.

Indessen hatten die illyrischen Legionen auf die Nachricht von der Ermordung des Pertinax sofort ihren Feldherrn, den Proconsul Septimius Severus, zum Kaiser ausgerufen und verlangten, dass er sie gegen die Mörder des Pertinax führen solle. Septimius Severus brach ungesäumt in Gewaltmärschen mit ihnen nach Rom auf: aber noch ehe man dies in Rom erfuhr, hatten die syrischen Legionen den Statthalter von Syrien Pescennius Niger, zum Imperator proclamirt, welcher fast von allen römischen Provinzen des Orients anerkannt wurde.

Während Septimius Severus rasch auf Rom marschirte, traf Didius Julianus daselbst keinerlei Vertheidigungsanstalten, wurde vom Senate verlassen, hingerichtet und dann Septimius Severus zum Kaiser ausgerufen. In Rom angelangt, löste dieser Letztere sofort die prätorianischen Cohorten auf, vertheilte sie auf die benachbarten Legionen und liess 300 Mann von ihnen, welche sich der Ermordung des Pertinax schuldig gemacht hatten, hinrichten. Dann stellte er die tapfersten und zuverlässigsten Krieger aus seinen illyrischen Legionen zusammen und formirte daraus neue, viermal so starke 40000 Mann prätorianische Cohorten. Ehe er sich aber nach dem Orient gegen Pescennius Niger wendete, beschloss er, sich nach der Seite des Clodius Albinus zu sichern, der die Legionen in Britannien commandirte, und welchen er im Verdacht hatte, dass er sich zum Imperator proklamiren wolle. Zu diesem Zwecke ernannte er denselben zum Cäsar, um ihn für sich zu gewinnen, und traf dann grosse Vorbereitungen zu dem Kriege gegen Niger. Die in Illyrien zurückgebliebenen Truppen liess er nach Thracien rücken, die Flotten bei Ravenna und Misenum sollten die Truppen aus Italien nach Griechenland überführen, nach Afrika wurden Legionen entsandt, um Aegypten und Cyrenaica gegen Niger zu vertheidigen. Dann brach Septimius Severus aus Rom auf, ohne dem Senate anzugeben, wohin und zu welchem Zwecke er abreise. Auf dem Marsche empörten sich seine Truppen, das gewöhnliche Geldgeschenk *donativum* fordernd, sie wurden aber durch Auszahlung eines Theiles desselben beschwichtigt.

Unterdessen hatte auch Niger seinerseits grosse Kriegsrüstungen im Orient vorgenommen und zog nun mit einem zahlreichen Heere aus Syrien und Kleinasien von Asien nach Europa dem Septimius Severus entgegen. Einer seiner tüchtigsten Generale, Aemilianus, führte die Avantgarde. Von den verbündeten Königen Armeniens und Parthiens konnte Niger keine Hülfstruppen erlangen, nur Barsemis, Herrscher von Hatra, liess ein Corps Bogenschützen zu ihm stossen. Ganz Syrien, und besonders Antiochien, stellten ihm starke Truppencorps. In Byzanz wurde er mit Entzücken aufgenommen. Von hier aus wollte er sich der ganzen Meeresküste bis zum Hellespont bemächtigen, von wo aus der kürzeste Weg nach Europa vor ihm lag. Aber unweit Perinth stiess er auf den Legaten Heraclius, welchen Septimius Severus zum Schutze von Bithynien vorausgesandt hatte. Heraclius schlug den Niger zurück und zwang ihn nach Byzanz zurückzugehen. Da Niger hierbei die Feindseligkeiten zuerst begonnen und in den ersten Scharmützeln und Treffen viele vornehme Römer getödtet hatte, so erklärte auf Veranlassung des Senats Septimius Severus den Niger für einen Feind des Reiches. Der Letztere hatte inzwischen Unterhandlungen mit ihm angeknüpft, wobei es sich um seine Annahme zum Mitregenten handelte. Aber Severus bewilligte für den Fall der Unterwerfung Niger's ihm nur das Leben und einen anständigen Unterhalt im Exile. Da Niger hierauf nicht eingehen wollte, so musste der Streit zwischen ihnen durch die Waffen entschieden werden.

Als Severus mit seinem Heere in Thracien anlangte, erkannte er, dass es unklug, ja unmöglich sei, Niger in dem stark befestigten Byzanz einzuschliessen, und beschloss seinen ursprünglichen Plan auszuführen, nämlich den Krieg nach Asien hinüberzuspielen, wohin er denn auch im J. 194 zur See seine besten Truppen sendete. Sie trafen bei Cyzicus auf Aemilian und besiegten ihn: die Truppen des Letzteren wurden theils niedergemacht, theils zersprengt, Aemilian selbst gerieth in Gefangenschaft und wurde als Feind des Staates hingerichtet.

Auf die Kunde hiervon kehrte Niger unter Zurücklassung einer Besatzung in Byzanz nach Kleinasien zurück, und Severus detachirte nun einen Theil seiner Armee zur Belagerung von Byzanz. Niger zog in Bithynien ein starkes Heer zusammen und lieferte in den Engpässen zwischen Nicäa und Cius dem Candidus, einem Feldherrn des Severus, eine Schlacht. Er commandirte sein Heer persönlich und hatte als erfahrener Heerführer keine der in seiner Lage zweckmässigen Anordnungen verabsäumt. Lange schwankte der Erfolg hin und her, endlich neigte er sich auf des Candidus Seite, und der geschlagene Niger war zum Rückzuge über das Taurusgebirge genöthigt. Dort war als umsichtiger Feldherr seine erste Sorge, sich eine starke Vertheidigungsposition zu schaffen durch Anlegung von Verschanzungen in den aus Cappadocien nach Cilicien führenden Pässen, so dass die siegreiche Armee des Severus hier von einer kleinen Abtheilung aufgehalten wurde. Dadurch gewann Niger Zeit, neue Truppen an sich zu ziehen. Severus, der in forcirten Märschen durch Bithynien, Galatien und Cappadocien heranzog, versuchte vergeblich mit Gewalt sich den Uebergang über den Taurus zu erzwingen und wurde bei wiederholten Angriffen mit Verlust zurückgeschlagen. Schon begann er am Erfolge zu verzagen, als zum Glück für ihn ein unerwarteter Zufall ihm zu Hülfe kam. In Folge eines gewaltigen Platzregens schwollen die Gebirgsbäche so an, dass sie an mehreren Stellen die Verschanzungen Niger's zerstörten. Die hierdurch bestürzten Truppen des Letzteren räumten die Befestigungen und gingen zurück, und ungehindert konnte Severus nun nach Cilicien vordringen.

Bei Issus, dem Orte, da die berühmte Schlacht zwischen Alexander d. Gr. und Darius stattgefunden hatte, stellte sich Niger dem Severus mit einer zwar gleich starken, aber zum grössten Theil aus jungen unerfahrenen Soldaten bestehenden Armee entgegen. Auch in der hier sich entwickelnden Schlacht neigte sich der Sieg auf die Seite des europäischen und nicht des asiatischen Heeres: Niger wurde durch die Legaten des Severus, Annulinus und Valerius, mit einem Verluste von 20,000 Mann (?) auf's Haupt geschlagen, floh nach Antiochia und von da nach Parthien, wurde aber noch ehe er den Euphrat erreicht hatte, durch die nachsetzende Cavallerie des Severus ergriffen und ihm der Kopf abgeschnitten (195). Seinen Kopf liess Severus den belagerten Byzantinern zeigen, um sie zur Uebergabe zu bewegen, und demnächst nach Rom schicken als seine Sieges-Trophäe. Die alten Historiker sind der Meinung, dass Niger ein besseres Schicksal verdient habe und ein geschickter Feldherr gewesen sei, der stets seine Soldaten persönlich commandirte, während Severus den Krieg durch seine Legaten führen liess und niemals sich selbst einer Gefahr aussetzte. Mit der Familie und den Anhängern des Niger verfuhr Severus sehr strenge, ja grausam, indem er sie, je nach ihrer engeren oder entfernteren Beziehung zu Niger entweder zur Hinrichtung, zur Verbannung, oder zu Geldstrafen verurtheilte. Die Soldaten Niger's, welche strenge Strafen von Severus fürchteten und der ihnen versprochenen Amnestie nicht trauten, gingen grösstentheils zu den Parthern über, nur wenige zum Severus. Diesem Umstande namentlich sind die späteren Erfolge der Parther über die Römer zuzuschreiben, denn die Ersteren lernten von diesen römischen Ueberläufern die Anfertigung und Handhabung der römischen Waffen, die römische Formation, Kampfart, Dienstbetrieb u. s. w.

Nach Niger's Tode züchtigte Severus auch die Städte, welche die Partei Niger's ergriffen hatten, mit grosser Strenge, die Mauern von Antiochia und Naplus in Galiläa wurden geschleift, und um Syrien zu schwächen, wurde Palästina davon abgetrennt und in eine besondere Provinz verwandelt, mit der Hauptstadt Tyrus.

Byzantium hingegen vertheidigte sich 3 Jahre lang gegen das Belagerungsheer des Severus: wozu besonders der geschickte Architekt und Mechanikus Priscus aus Bithynien beitrug. Aber der furchtbarste Hunger zwang schliesslich, im J. 196, die Belagerten zur Uebergabe, und auch sie wurden durch Severus mit grausamen Strafen belegt. Alle Personen von Rang und die Machthaber in der Stadt, sowie Alle, welche die Waffen getragen hatten, wurden zum Tode verurtheilt, die übrigen Einwohner aller Rechte beraubt, die Mauern von Byzanz total zerstört, die Stadt in ein Dorf verwandelt und unter die gegenüberliegende Stadt Perinth gestellt.

Nun wandte Severus sich zum Kriege gegen die Bewohner von Arabien, Adiabene, Osroene und Parthien, welche Alle mehr oder minder den Niger unterstützt hatten. Er setzte sich in den Besitz von Mesopotamien, welches schon durch Marc Aurel und Verus zur römischen Provinz gemacht war, in das aber von allen Seiten die Feinde eindrangen, und sicherte sich auch den Besitz von Nisibis, einer durch ihre Lage und ausgebreiteten Handel sehr wichtigen Stadt.

Nachdem Severus solchergestalt den Schrecken der römischen Waffen im Orient verbreitet hatte, wo seit 30 Jahren man keinen Römer mehr gesehen, richtete er seine Aufmerksamkeit nach Britannien, wo der Cäsar Albinus Ansprüche auf den höchsten Titel Augustus, d. h. Kaiser, erhoben, Gallien und Hispanien auf seine Seite gebracht, und sogar Verbindungen mit dem Orient angeknüpft hatte. Sobald er sich für stark genug hielt, liess er sich öffentlich zum Augustus ausrufen.

Severus, welcher auf seinem Rückwege nach Rom hiervon hörte, erklärte sofort den Albinus für einen Feind des Staates, ernannte seinen 8jährigen Sohn Bassianus, unter dem Namen Marcus Aurelius Antoninus (später Caracalla) zum Cäsar (Mitregenten) und zog mit dem Heere nach Mysien. Inzwischen war Albinus aus Britannien nach Gallien übergegangen, um von dort über die Alpen nach Rom zu ziehen. Severus aber, der seine Absicht durchschaute, besetzte mit einem Theile seiner Truppen die nach Italien führenden Alpenflüsse, und zog mit der Hauptmacht in Geschwindmärschen nach Gallien, wo Albinus sich schon der grossen Stadt Lugdunum (Lyon) bemächtigt hatte. In der Nähe dieser Stadt bezogen beide feindlichen Armeen befestigte Lager. Nach mehreren kleineren Gefechten kam es (197) zur allgemeinen Schlacht, in welcher beide Theile lange Zeit heiss um den Sieg rangen, endlich neigte sich dieser auf des Severus Seite, welchem die Historiker auch die Ueberlegenheit über Albinus in kriegerischer Begabung zusprechen. Lugdunum wurde geplündert. Albinus liess nach der Niederlage und der Vernichtung seiner Armee jede Hoffnung sinken und stürzte sich in sein Schwert. Er war ein befähigter und tapferer Heerführer, aber es fehlte ihm gegenüber seinem schlauen Gegner an der nöthigen Vorsicht. Gegen die Familie und die vornehmeren Anhänger des Albinus, welche in Gefangenschaft gerathen waren, verfuhr Severus mit grosser Grausamkeit. In Gallien und Hispanien wurden auf seinen Befehl strenge Untersuchungen vorgenommen und Alle, die sich daselbst für Albinus erklärt hatten, wurden zum wenigsten mit der Confiscation ihres Vermögens bestraft. Seine Rache fiel sogar auch auf den Senat, der sich auf des Albinus Seite geneigt hatte, und 41 der vornehmsten Senatoren wurden hingerichtet.

Einige Zeit hielt sich Severus noch in Gallien auf, dann kehrte er, nachdem er Britannien in zwei Provinzen getheilt, mit seinem Heere nach Rom zurück, jetzt der allein sich behauptende Kaiser, der in 4jährigem Bürgerkriege über drei Nebenbuhler, welche sich den Kaisertitel angemasst, gesiegt hatte.

§. 376.

Krieg mit den Parthern (198—200).

Im Frühjahr 198 ging Severus abermals nach dem Orient, um die Parther zu züchtigen, welche, während er mit Albinus in Gallien Krieg führte, in Mesopotamien eingefallen waren und Nisibis belagert hatten. Zunächst hatte er, gleich nach der Schlacht bei Lugdunum den Legaten Lätus mit einem Theil seiner Streitkräfte dorthin abgesandt, mit der Hauptmacht folgte er diesem von Rom aus. Auf die Nachricht hiervon hoben die Parther die Belagerung von Nisibis auf und zogen ab. Nun kehrte Severus nach Syrien zurück und zwang auf dem Zuge dorthin den König Augarus der Osroener sich zu unterwerfen, Geiseln und Hülfstruppen zu stellen.

Den Winter, Frühling und fast ganzen Sommer des J. 199 benutzte Severus zu grossen Vorbereitungen für die energische Kriegführung gegen die Parther, und erst gegen Ende des Jahres, um die grosse Hitze des Sommers zu vermeiden, eröffnete er den Feldzug. Am Euphrat angelangt, setzte er einen Theil seines Heeres auf eine grosse Anzahl von Schiffen, welche schon vorher auf seinen Befehl an diesem Flusse erbaut waren, und schickte diese Flotte den Strom hinab, während er selbst mit der Hauptmacht auf beiden Ufern entlang folgte; er hatte den Bruder des Partherkönigs Vologeses III. nach Herodianus Artabanus bei sich, um von seiner Kenntniss der Gegend Nutzen zu ziehen. Ohne auf Widerstand zu stossen, gelangte er nach Babylon und dann nach Seleucia, das von den Einwohnern verlassen war, und belagerte die parthische Hauptstadt Ctesiphon, in welcher sich Vologeses eingeschlossen und verschanzt hatte. Nach einer äusserst mühsamen Belagerung, welche der Armee des Severus grosse Verluste an Todten, Verwundeten und den Krankheiten oder dem Hunger Erliegenden kostete, wurde Ctesiphon endlich mit Sturm genommen und geplündert. Die römischen Soldaten machten hierbei ungeheure Beute und nahmen an 100,000 Mann gefangen. Vologeses entfloh.

Auf Grund dieses Sieges erhielt Severus zum zweiten Male von seiner Armee den Ehrentitel Imperator, er selbst legte sich den Beinamen Parthicus Maximus zu, liess seine grossen Thaten in Gemälden darstellen und diese öffentlich ausstellen und veranlasste das Heer, seinen ältesten Sohn Bassianus (Caracalla) zum Augustus, den jüngeren Geta zum Cäsar auszurufen.

Von Ctesiphon zog er nach Armenien. Der dortige König Vologeses zog ihm mit einem Heere entgegen, als er aber die numerische Uebermacht von Sever's Heer erkannte, bot er ihm den Frieden an, zahlte Geld und stellte Geiseln. Nun wandte Severus sich gegen den Herrscher von Hatra, Barsemis, welcher den Niger zur Zeit des Bürgerkrieges unterstützt und jetzt Hatra stark befestigt hatte, das ohnehin schon durch seine Lage sehr stark war. Severus belagerte die Stadt, aber alle seine Angriffe wurden mit grossem Verluste zurückgewiesen und er musste schliesslich die Belagerung aufgeben. Bald nachher schritt er noch einmal zur Belagerung derselben Stadt, ein hierbei in Folge seines Geizes ausbrechender Aufstand seiner Soldaten nöthigte ihn zu einem offenen Sturme auf die Stadt, welche schon durch die Belagerung halb überwunden war. Aber nach 20 tägigen fortgesetzten Stürmen und blutigen Kämpfen, ward er abermals zur Aufgabe der Belagerung gezwungen.

Nun wandte er sich nach Arabien, unterwarf einen Theil davon, fügte übrigens nur wenig zu den Eroberungen Trajan's hinzu, der einzige Vortheil seiner Kriegsunternehmungen im Orient war, dass er die schwankende Macht Roms über denselben mehr befestigt und die Ruhe daselbst für viele Jahre hergestellt hatte.

In Palästina, wo die Juden einen neuen Aufstand versuchten, unterwarf er diese ohne besondere Mühe (200). Den Feldzug gegen sie scheint Caracalla geleitet zu haben, denn der Senat erkannte diesem den Triumph über die Juden zu.

§. 377.

Krieg in Britannien (208—211).

Während Severus mit dem Bürgerkriege und den Kriegen im Orient beschäftigt war, hatten die Caledonier unablässige Einfälle in Britannien gemacht und dies Land verheert. Der dort befindliche Legat Lupus hatte zu geringe Kräfte zu seiner Verfügung und musste den Frieden von ihnen mit Geld erkaufen. Trotzdem fuhren sie nach wie vor mit der Verwüstung Britanniens fort. Endlich im J. 207 reiste Severus, obschon von Alter und Krankheiten gedrückt, nach Britannien ab, um den Einfällen der Caledonier ein Ende zu machen um seinen Kriegsruhm noch zu vermehren. Den Winter 207—208 wendete er zur Zusammenziehung der Truppen, Sicherstellung der Lebensmittel-Zufuhren, Anfertigung von Pontons u. s. w. an.

Die hierüber bestürzten Caledonier baten um Gnade und trugen ihre Unterwerfung an. Severus aber wollte davon Nichts wissen, liess Geta im römischen Britannien zurück und zog mit Caracalla und der Hauptmacht nach Caledonien (208). In diesem gebirgigen und äusserst durchschnittenen Lande stiess er auf alle Arten von natürlichen Hindernissen: er musste durch die dichten Wälder Durchhaue schlagen, Berge durchstechen, Brücken über Flüsse schlagen und Dämme durch Sümpfe aufführen lassen u. s. w. Unter solchen mühseligen Arbeiten erreichte er endlich den nördlichsten Punkt von Caledonien, ohne irgendwo grössere Massen von Einwohnern anzutreffen. Sie hatten sich in kleine Corps getheilt und führten einen lebhaften kleinen Krieg, indem sie Nachzügler angriffen, den Fourageurs Hinterhalte legten u. s. w. Es kam daher zu keinem allgemeinen Kampfe, nur zu einzelnen Scharmützeln, in welchen nicht selten die Caledonier Erfolge erlangten und die Römer besiegt wurden. Das Resultat von dem Allen war für Severus ein Verlust von etwa 50,000 Mann (?) Gebliebener, Verwundeter und an Krankheiten Gestorbener, ohne dass ihm dieser Feldzug einen anderen Nutzen gebracht hätte, als die Gewinnung eines schmalen Streifen Landes zwischen dem Antoninus-Wall und den Meerbusen Bodotria und Clota. Zum Schutze der römischen Provinzen gegen die Einfälle der Caledonier liess er einen Erdwall aufführen, über welchen hinaus sich die römische Macht niemals ausgedehnt hat.

Der Senat ertheilte dem Severus auf die Nachricht von dieser Eroberung den ehrenden Beinamen Britannicus Maximus und jedem seiner beiden Söhne den von diesen gänzlich unverdienten Zunamen Britannicus.

Der ältere von diesen, Caracalla, der nur sehr wenig Antheil am Feldzuge genommen hatte, suchte einen Theil des Heeres für sich zu gewinnen, um sich durch denselben zum Imperator ausrufen zu lassen. Severus verurtheilte, als er dies hörte, alle Verschworenen zum Tode, begnadigte sie dann aber auf dringendes Bitten der Armee. Vom Alter, Krankheit und Kummer niedergebeugt, verzieh er sogar einen Anschlag auf sein Leben, welchen sein ungerathener Sohn Caracalla Angesichts der ganzen Armee auszuführen versuchte. Einige Schriftsteller nahmen allerdings an, dass Severus schon zu seiner Hinrichtung entschlossen gewesen (209) und nur durch seinen eigenen Tod daran verhindert worden sei.

Inzwischen erhoben sich die Bewohner von Nordbritannien abermals, und schon hatte Severus seine Armee zu einem Vertilgungskriege gegen dieselben aufgefordert, als sein Tod am 4. Februar 211 zu Eboracum (York), in Folge einer Krankheit, seinen kriegerischen Unternehmungen ein Ende machte.

Fünfundfünfzigstes Kapitel.

Die bemerkenswerthesten Kriege und Feldzüge der Römer während dieser Periode.

(Schluss.)

V. *Kriege und Feldzüge von Caracalla bis zu Diocletian* (214—284). — §. 378. *Krieg mit den Germanen unter Caracalla* (214—215). — §. 379. *Krieg gegen die Parther unter Caracalla* (216—217). — §. 380. *Erster Krieg gegen die Perser unter Alexander Severus* (229—235). — §. 381. *Krieg mit den Germanen unter Maximin* (235—236). — §. 382. *Krieg mit den Persern unter Gordianus* (241—243). — §. 383. *Innere und äussere Kriege von Philippus bis Claudius* (249—268). — §. 384. *Feldzüge Claudius II.* (268—270). — §. 385. *Feldzüge Aurelian's* (270—275). — §. 386. *Feldzüge des Probus* (276—282). — §. 387. *Feldzüge des Carus* (282—283).

V. Kriege und Feldzüge von Caracalla bis zu Diocletian (214—284).

§. 378.

Krieg mit den Germanen unter Caracalla (214—215).

Caracalla hatte nach Ermordung seines Bruders Geta das Heer durch Geschenke für sich gewonnen und drei Jahre lang (211—213) in Rom und Gallien unglaubliche Schandthaten vollbracht, dann aber unternahm er, von Gewissensbissen wegen des Brudermordes gefoltert, im J. 214 einen Feldzug gegen die Cennen und Alemannen, welche zwischen Main, Rhein und Donau wohnten. Die Alemannen, ein damals noch unbekanntes Volk, erstaunten anfänglich, dass Caracalla in ihr Land nicht als Feind, sondern als Freund einrücke und liessen es ohne Widerstand geschehen, dass er an vielen Orten Befestigungen anlegte. Aber ihr Gleichmuth brachte den Caracalla, der zuerst auch gewagt hatte, sie im offenen Felde anzugreifen, auf den heimtückischen Gedanken, List gegen sie anzuwenden. Er berief ihre jungen Männer zusammen unter dem Vorwande, sie gegen Sold in Dienste nehmen zu wollen, und befahl dann seinen Soldaten, sie plötzlich zu überfallen und alle niederzumachen! Und nach dieser niedrigen und verabscheuungswerthen Handlung entblödete er sich nicht, den Beinamen Alemannicus anzunehmen, indem er sich laut rühmte, dass er die Barbaren durch List besiegt habe, da es unmöglich gewesen sei, sie mit Gewalt den Waffen niederzuwerfen! Die gefangenen Weiber der Alemannen wählten, da Caracalla ihnen frei stellte, ob sie als Sklavinnen verkauft oder getödtet werden wollten, das Letztere; sie wurden dennoch verkauft, gaben sich aber selbst, viele auch ihren Kindern, den Tod.

Aber von Seiten der Cennen (oder bei Dio Cassius — der Katten) stiess Caracalla auf heftigen Widerstand. Im offenen Kampfe fochten sie gegen die römischen Truppen mit solcher Erbitterung, dass sie sogar mit den Zähnen sich die Pfeile der osroenischen (asiat.) Bogenschützen aus den Wunden rissen, um ihre Hände zum Niedermetzeln der Römer frei zu behalten! Aber sie, die gegen die Waffen der Römer Stand gehalten hatten, vermochten nicht gegen Bestechung Stand zu halten, und für schweres Geld erkaufte sich Caracalla den Rückzug und die Möglichkeit, sich für den Sieger auszugeben.

Durch solche Handlungen setzte er sich nicht allein in den Augen seiner eigenen Truppen herab, sondern in denen aller Germanen. Die an der Elbe wohnenden Stämme derselben drohten mit Krieg, doch auch von diesen machte er sich durch Geld frei. Während aber die Germanen ihn gründlich verachteten, hatte er eine besondere Leidenschaft für sie: aus den schönsten und tapfersten von ihnen bildete er sich eine Leibwache, legte ihre Kleidung an und trug sogar häufig falsches rothes Haar!

Von den Ufern des Rheins rückte er an die untere Donau, unterwegs das Land verheerend und ausplündernd, sogar in den römischen Provinzen. An der unteren Donau stiess er auf die Gothen, welche, von der Weichsel nach Dacien vorgedrungen, hier zum ersten Male mit den Römern in Berührung kamen und in der Folge so wesentlichen Antheil an der Zerstörung des weströmischen Reiches nahmen. In unerheblichen Scharmützeln, deren Erfolg unbekannt ist, massen sie zunächst ihre Kräfte mit den Römern, dann schlossen sie ein Bündniss mit den unabhängigen Daciern, indem sie gegenseitig Geiseln austauschten.

Ohne sich lange in Dacien aufzuhalten, durchzog Caracalla im J. 215 Thracien und Macedonien, setzte über den Hellespont, feierte in Ilion ein ebenso lächerliches wie klägliches Todtenopfer zu Ehren des Achilles, und brachte den Winter 215—216 mit Zurüstungen für den Feldzug gegen die Parther und Armenier hin.

§. 379.

Krieg gegen die Parther unter Caracalla (216—217).

Der einzige Zweck dieses Feldzuges des wahnsinnigen Caracalla gegen die Parther und Armenier war die Erfüllung seines Wunsches, sich den Beinamen Parthicus zu erwerben. Zum Vorwande diente ihm, dass der parthische König Artabanus, dem letzten Vertrage zuwider, römischen zu ihm flüchtenden Verbrechern eine Zuflucht gewährt hatte. Artabanus, der soeben erst den Thron von Parthien bestiegen hatte, welcher bereits bedenklich schwankte, wollte den Krieg vermeiden, gab alle römischen Ueberläufer heraus und erhielt dafür den Frieden.

Darnach bemächtigte sich durch heimtückische List Caracalla des Herrschers von Edessa, Augarus, welcher als römischer Verbündeter auf Einladung Caracalla's in das römische Lager gekommen war und hier in Ketten gelegt wurde; das Gebiet desselben wurde für römische Provinz erklärt. Aber die Armenier griffen zu den Waffen und brachten dem unfähigen römischen Legaten Theocritus, einem Freigelassenen, eine Niederlage bei, allerdings ohne dadurch den Augarus befreien zu können.

Nun wandte sich Caracalla in seiner Bosheit und Wuth gegen die Einwohner von Alexandria, welche sich erlaubt hatten, diesen unvernünftigen römischen Kaiser zu verspotten. Er liess seine Armee in Alexandria eindringen und plündern und morden nach Belieben! Dies währte mehrere Tage und Nächte, die Soldaten Caracalla's machten die Hälfte der Bewohner von Alexandria nieder, zerstörten die Stadt fast gänzlich und raubten eine unermessliche Beute!

Von hier aus begehrte Caracalla von dem parthischen Könige Artabanus dessen Tochter zur Frau, und als dies verweigert wurde, eröffnete er von Antiochia aus einen Felzug gegen Artabanus mit solcher Schnelligkeit, dass er die zum Kampfe gänzlich unvorbereiteten Parther ganz plötzlich überfiel. Sie suchten ihre Kräfte hinter dem Tigris zusammenzuziehen, während dessen verheerte Caracalla Medien, kehrte, da er nirgends einen Feind antraf, nach Mesopotamien zurück, nannte sich in einem Schreiben an den Senat den Ueberwinder des Orients und aller Länder jenseits des Euphrat! und wurde dafür mit dem Triumphe und dem Beinamen Parthicus! geehrt. Während er aber zur Fortsetzung des Krieges gegen die Parther rüstete, wurde er am 1. April 217 durch den Centurionen Martialis auf Anstiften des Präfekten der Prätorianer, Macrinus, ermordet, welcher Letztere persönlich von Caracalla beleidigt worden war und drei Tage nachher von der Armee zum Imperator ausgerufen wurde.

Die Kriege Caracalla's gegen die Germanen und Parther sind hier unter die bedeutenderen Kriege und Feldzüge der Römer in dieser Periode aufgenommen worden, nicht weil sie wegen der Feldherrnkunst oder anderer Eigenschaften hervorragten, Nichts weniger als dies, — sondern weil sie die damalige Zeit in kriegerischer Hinsicht scharf charakterisiren und einen Begriff geben, in welchem Grade und wozu der Krieg gemissbraucht, und wie er von dieser Sorte von Kaisern wie Caligula, Domitian, Caracalla und ihnen ähnliche wahnsinnige und verbrecherische Menschen geführt wurde.

§. 380.

Erster Krieg gegen die Perser unter Alexander Severus (229—235).

Früher schon (§. 362) wurde ausgeführt, wie im J. 226 der Perser Ardschir Babekan nach Besiegung des parthischen Königs Artabanus IV. oder Arsaces XXXI. das persische Königreich wieder hergestellt hatte, unter dem Namen Artaxerxes I. (so nennen ihn die griechischen Historiker) zum Könige ausgerufen wurde, und von den Römern die Herausgabe aller von ihnen eroberten Provinzen in Asien und Africa forderte, und wie Alexander Severus, dies als eine Kriegserklärung auffassend, beschlossen hatte, sich nach dem Orient gegen Artaxerxes zu wenden.

Der Letztere hatte unterdessen den Tigris überschritten und Hatra belagert, in der Absicht, aus dieser Stadt seinen Hauptvertheidigungspunkt und Kriegsmagazin in Mesopotamien zu machen. Aber die heftige Gegenwehr Hatras sowie die in Medien und Parthien ausgebrochenen Unruhen zwangen ihn, die Belagerung aufzuheben und in diese Provinzen zu rücken. Nachdem er sie zur Ruhe gebracht, machte er ungeheure Zurüstungen, um einen entscheidenden Krieg gegen die Römer zu führen.

Im J. 229 schickte Alexander Severus eine Gesandtschaft an ihn, um ihn zu bewegen, dass er nicht aus vergeblicher Hoffnung auf Eroberungen einen solchen Krieg beginnen möge, der die ganze Welt zu erschüttern drohe: das römische Kaiserreich und das persische Königreich seien jedes gross genug, um nicht über ihre Grenzen hinausschreiten zu brauchen; wenn aber Artaxerxes das römische Reich dennoch angreifen wolle, so möge er der Siege Trajans, des Verus und Septimius Severus eingedenk sein, welche sich nur wiederholen würden.

Des Artaxerxes Antwort war die Eröffnung der Kriegsoperationen. Er fiel in Mesopotamien ein, verheerte und plünderte es aus, griff eine römische Legion an, welche die Flussübergänge vertheidigte, belagerte Nisibis und bedrohte selbst Cappadocien mit einem Einfall. Diese Erfolge verdankte er nicht seinem Geschick oder der Tapferkeit seiner Truppen allein, sondern ebensowohl der Zwietracht und den Zwistigkeiten in den syrischen Legionen, aus welchen sehr viele Soldaten auf die Seite der Perser übergingen.

Nun entschloss Alexander Severus sich dazu, den Krieg gegen die Perser in nachdrücklichster Weise zu beginnen. Da er sich hierbei auf die syrischen Legionen durchaus nicht verlassen konnte, in welchen gar keine Disciplin mehr herrschte, so complettirte er die europäischen Legionen während des Winters 229—230 durch neue Aushebungen, formirte aus 6 vollen Legionen (36,000 Mann) eine macedonische grosse Phalanx, aus Veteranen aber 2 auserlesene Corps Chrysaspiden (Goldschildträger) und Argyraspiden (Silberschildträger), vertheilte Geld an die Truppen, theilte dem Senate seine Absicht mit und brach mit dem Heere aus Rom nach dem Orient auf. Während des Marsches dorthin traf er alle mögliche Maassregeln zur Versorgung der Truppen mit allem Erforderlichen und zur Aufrechthaltung einer strengen Disciplin unter ihnen, und er selbst gab ihnen das Beispiel der Mässigkeit, Enthaltsamkeit und Ertragung von Beschwerden und Entbehrungen. In Antiochia angekommen, versuchte er noch einmal den Artaxerxes durch Unterhandlungen zum Frieden zu bewegen.

Artaxerxes aber, der dies für ein Zeichen von Schwäche und Furcht hielt, befahl hochmüthig dem Alexander Severus Syrien und alles Gebiet zwischen Cilicien, dem ägäischen Meere und dem Pontus Euxinus, d. h. ganz Kleinasien zu räumen. Als Antwort auf diese dreiste Forderung hatte Alexander Severus schon beschlossen, sofort die entscheidenden Kriegsoperationen zu beginnen, als gerade in diesem Augenblick die syrischen und ägyptischen Legionen sich empörten. Sie wurden indess rasch durch strenge Bestrafung der Rädelsführer zur Ruhe gebracht, und nach einem mit den besten der verdienten und ausgezeichneten Kriegsmännern abgehaltenen Kriegsrathe stellte er folgenden gründlich erwogenen Operationsplan fest.

Das Heer sollte in drei Theile getheilt werden und das persische Reich von drei Seiten angreifen: der eine Heerhaufen sollte auf der linken Flanke durch Armenien in Medien einfallen, der andere auf der rechten Flanke die Perser am Zusammenfluss des Tigris und Euphrat angreifen, Alexander Severus wollte mit der Hauptmacht im Centrum durch Mesopotamien gegen die Mitte des persischen Reiches vordringen. Alle drei Heersäulen sollten sich dann an einem bestimmten Sammelpunkte vereinigen.

Leider sind keine Einzelnheiten, ja nicht einmal genaue Nachrichten über die Ausführung dieses Planes in den Jahren 232—233 vorhanden. Der Historiograph Lampridius sagt nur, dass Alexander Severus in einer Schlacht den Artaxerxes besiegte, welcher 120000 Mann Cavallerie,

1000 Streitwagen (mit Sicheln) und 700 Kriegselephanten gehabt habe. Der Historiker Herodianus, welcher aber weniger Glauben verdient, erzählt, Alexander Severus sei geschlagen worden und mit Schimpf nach Rom zurückgekehrt (was einfach unwahr ist). Die gerade zu dieser Zeit an Rhein und Donau ausgebrochenen Unruhen hinderten den Alexander Severus an der Durchführung wie an der gehörigen Ausbeutung seiner Erfolge über die Perser. Bevor er aber mit dem Heere nach dem Westen zurückkehrte, sicherte er die Grenzen von Syrien und Mesopotamien gegen einen Einfall der Perser, dann ging er nach Rom zurück. Hier legte er nach Aussage des Lampridius dem Senate folgenden Bericht über den Krieg mit den Persern vor:

»Wir haben die Perser besiegt. Es würde überflüssig sein, diesen Sieg ausführlich zu schildern. Wir wollen uns an der Darstellung der Rüstungen und der Streitmacht der Perser genügen lassen. Sie hatten 700 Elephanten, mit Bogenschützen besetzt: von diesen wurden 300 ergriffen, 200 getödtet, 18 nach Rom gebracht. Ferner hatten die Perser 1000 Kriegs-Sichelwagen: 200 derselben, deren Pferde getödtet waren, hätten wir mitbringen und Euch vorführen können: wir hielten dies aber für unnöthig, da deren Einrichtung bekannt ist. Die in die Flucht geschlagene Reiterei der Perser bestand aus 120000 Mann. Von diesen wurden 10000 Panzerreiter, *chlibanarii* genannt, in der Schlacht aufgerieben und unsere Soldaten mit deren Waffen geschmückt. Viele Perser wurden gefangen genommen und verkauft. Wir haben ganz Mesopotamien aufs Neue erobert. Die Niederlage und Flucht des an Namen und Thaten grossen Artaxerxes war eine solche, dass sein ganzes Land seine Flucht, den Verlust seiner Feldzeichen und den siegreichen Marsch unserer Heere gesehen hat. Das sind unsere Thaten. Unsere Krieger sind mit Reichthümern zurückgekehrt, und ihr Sieg ist ohne jeglichen Nachtheil für den Staat erkauft worden. Euch kommt es zu, Triumph-Dankfeste zu veranstalten, damit wir uns nicht der Undankbarkeit gegen die Götter schuldig machen!«

Hierauf antwortete der Senat einstimmig: »Alexander Augustus! Mögen die Götter Dich erhalten. Mit Recht trägst Du den Namen Parthicus und Persicus. Wir haben Deine Trophäen und Deine Siege gesehen; Preis Dir, jugendlicher Imperator, Vater des Vaterlandes und Pontifex maximus. Unter Deinem Schutze sind wir im Voraus des Sieges gewiss, welcher sich immer auf die Seite des Feldherrn stellt, der die Disciplin aufrecht erhält. Der Senat, das Heer, das Volk, — Alle geniessen des Glückes unter Deinem Scepter!«

Diese Rede des Alexander Severus und die Antwort des Senates auf dieselbe, welche Lampridius aus den Akten des Senates entnommen zu haben angiebt, sind von Interesse durch die Darstellung der Streitmacht der Perser und des Sieges der Römer über sie, wie hinsichtlich der Beleuchtung des damaligen Verhältnisses zwischen den römischen Kaisern und dem Senate.

Alexander Severus feierte in Rom einen prächtigen Triumph über die Perser; es wurden Volksspiele und Theatervorstellungen abgehalten.

Im folgenden Jahre, 234, überschritten die Germanen mehrmals den Rhein und fielen in Gallien ein. Alexander Severus eilte den drei Legionen zu Hülfe, welche am Rhein standen, und führte eine von ihm zusammengeraffte, vorzugsweise durch leichte Truppen und Bogenschützen verstärkte Armee dorthin. Als er bei seiner Ankunft in Gallien die Germanen bereits wieder abgezogen fand, liess er, um den Frieden dort aufrecht zu erhalten, eine Brücke über den Rhein schlagen, während er zugleich Unterhandlungen mit den Germanen anknüpfte. Den Winter 234—35 verwendete er zur Herstellung einer strengen Disciplin bei den gallischen Legionen, wo sie sehr in Verfall gerathen war. Sie empörten sich aber, und der Legat Maximin, welchem Alexander Severus sie unterstellt hatte, wurde von ihnen zum Imperator ausgerufen, nachdem Alexander Severus nebst seiner Mutter Mammäa im August 235 nahe bei Mogontiacum (Mainz) ermordet worden war.

§. 351.

Krieg mit den Germanen unter Maximin (235—236).

Maximin ging, nachdem er in Rom seine Gewalt durch strenge, ja grausame Maassregeln befestigt hatte, über den Rhein und fiel mit starker Macht in Germanien ein. Die Germanen, zu schwach, um Widerstand leisten zu können, flohen in ihre Wälder und Sümpfe, wo sie sich verborgen hielten. Maximin verheerte das offene Land, zündete die Dörfer und Flecken an, besiegte in vielen Treffen die Germanen, welche sich ihm entgegenstellen wollten, und zeichnete sich bei jeder Gelegenheit durch die grösste persönliche Tapferkeit aus. »Mit Worten kann ich nicht ausdrücken,« so schrieb er dem Senate, »was wir Alle hier gethan haben. In einer Ausdehnung von 10 Meilen haben wir die germanischen Wohnungen eingeäschert, das Vieh fortgetrieben, Gefangene mitgenommen, die Waffen tragenden Männer niedergemacht, in Sümpfen gekämpft u. s. w.«

Der Krieg mit den Germanen währte ganze zwei Jahre (235—236). Ausserdem bekriegte Maximin auch die Dacier und die Sarmaten und besiegte sie in allen Gefechten. Er hatte die Absicht, alle diese Stämme zu unterwerfen und die Grenzen des römischen Reiches bis an die Ufer des nördlichen Meeres (Nordsee) auszudehnen. Es ist bemerkenswerth, dass man ihm auch den Plan zuschreibt, welchen Julius Cäsar hatte, nämlich die Kriegsoperationen an der unteren Donau zu beginnen und sie an der Mündung der Elbe oder sogar der Oder und der Weichsel mit der vollkommenen Unterwerfung Germaniens zu enden. Nach einem zweijährigen Feldzuge gegen die Germanen schrieb er an den Senat: »in kurzer Zeit habe ich so viel Kriege geführt, wie Niemand im Alterthum (!), habe ich so viel Gefangene gemacht, dass das römische Gebiet kaum Raum hat sie unterzubringen (!)«, und ähnliche schamlose Prahlereien. Und dabei bedrückte er, während er den Winter in Sirmien und Pannonien zubrachte, Alle und Alles, Vornehme und Reiche, Städte und ganze Provinzen in der furchtbarsten Weise, so dass Alle ihn hassten. Sogar die Tempel und deren Schätze wurden ausgeplündert, Alles nur, um die Soldaten zu bereichern. Sämmtliche höhere Aemter und Stellen wurden an die allerunwürdigsten Leute vertheilt, welche das Land und seine Bewohner erbarmungslos ausplünderten. Die allgemeine Unzufriedenheit führte zunächst zu einem Aufruhr in Afrika und zur Proklamirung des Proconsul Gordianus und seines Sohnes Gordianus zum Kaiser, der Senat erkannte sie an und erklärte den Maximin für einen Feind des Vaterlandes. Aber Gordianus Sohn wurde bald in einer Schlacht gegen den Statthalter von Mauretanien, Capellianus, besiegt und getödtet*); Maximin brach im J. 238 gegen Italien auf und belagerte Aquileja: der Senat aber wählte anfänglich zwei Kaiser: Clodius Pupienus und Decimus Cälius Balbinus**), und dann auf Anfordern des Heeres und Volkes noch einen dritten: Gordianus III., Enkel des ersten und Neffe des zweiten Gordianus. Maximin, der Seitens der Bewohner Aquileja's auf den heldenmüthigsten Widerstand stiess, ergrimmte über das Misslingen seiner Angriffe derartig und trieb seine Grausamkeit gegen seine eigenen Soldaten so weit, dass diese ihn im Mai 238 tödteten.

§. 382.

Krieg mit den Persern unter Gordianus (241—243).

Seit Alexander Severus hatten die Perser den Frieden mit den Römern aufrecht erhalten. Aber nach dem Tode des ersten persischen Königs Artaxerxes I. fiel dessen Sohn und Nachfolger Sapor I. im J. 238 sogleich in Armenien ein), nahm Nisibis und Carrhae und belagerte Antiochia. Dies verbreitete Schrecken bis nach Italien und Rom, und der junge Gordianus III. (er war erst 12 Jahre alt), oder richtiger gesagt, der Senat traf ungeheure Rüstungen und Vorbereitungen zum Kriege

*) Sein Vater entleibte sich selbst. Anmerk. d. Uebers.

**) Nach Andern hiessen sie: Maximus Pupienus und Clodius Balbinus. Anmerk. d. Uebers.

gegen Sapor. Indessen kam der Frühling 242 heran, ehe Gordianus mit einem Heere durch Moesien und Thracien vorrückte. Nachdem er dort die Gothen und Sarmaten, welche in diese beiden Provinzen eingefallen waren, zurückgeschlagen, überschritt er den Hellespont, zog nach Syrien und eröffnete den Krieg so lebhaft und nachdrücklich, dass Sapor sich schleunigst in sein eigenes Gebiet zurückzog, den Uebergang über den Euphrat von den Bewohnern mit Golde erkaufend. Nachdem Gordianus Antiochia befreit und die Perser aus Syrien vertrieben hatte, ging auch er über den Euphrat, schlug die Perser in der Nähe von Rasäna, entriss ihnen Carrhae und Nisibis und brachte Mesopotamien wieder unter römische Botmässigkeit (242). In seinem Berichte an den Senat schrieb Gordianus gerechter Weise die Ehre der erlangten Erfolge hauptsächlich seinem *praefectus praetorio* (Leibwachen-Oberst Misitheus zu, einem wirklich ausgezeichneten Manne. In Folge dessen erkannte der Senat dem Gordianus den Triumph mit vier Elephanten, dem Misitheus aber mit vier Pferden zu (d. h. in damit bespannten Wagen).

Inmitten seiner Anstalten zur Fortsetzung des Krieges gegen die Perser wurde aber Gordianus im J. 243 seines Führers Misitheus beraubt, der wahrscheinlich durch den Legaten Philippus, einen Araber, welcher heimlich nach der kaiserlichen Macht strebte, vergiftet worden war. Von Gordianus an des Misitheus Stelle gesetzt, suchte er die Truppen von Gordianus abwendig zu machen und hielt, während sie nach Ctesiphon marschirten, absichtlich die mit den Lebensmitteln beladenen Schiffe auf, den dadurch entstandenen Mangel an Unterhalt auf Gordianus schiebend. Das darüber unwillige Heer forderte laut, dass Gordianus den Philippus zu seinem Mitregenten mache, und kaum hatte Gordianus dies gethan, so wurde Letzterer auf Befehl des Gordianus umgebracht, welcher sich nun selbst zum Kaiser ausrief (im Februar 244). Er schloss Frieden mit den Persern, führte sie nach Syrien zurück, gewann sie durch reiche Geschenke für sich und wendete sich nach Rom, nachdem er seinen Bruder Priscus zum Befehlshaber der syrischen Legionen ernannt hatte.

§. 353.

Innere und äussere Kriege von Philippus bis Claudius (249—268).

Der 20jährige Zeitraum von der Feier der 1000jährigen Gründung Rom's im J. 248 bis zum Regierungsantritt des Claudius II. im J. 268 ist dadurch bemerkenswerth, dass das ungeheure römische Reich unter den Stössen der inneren und äusseren Feinde in dieser Zeit fast zusammengebrochen wäre. Während die Franken, Alemannen, Gothen, Sarmaten und Scythen von Norden her, die Perser von Osten her gleichzeitig das Reich umschlossen und mit Grimm sich auf dasselbe stürzten.

gab es im Innern des Reiches ebenso viele Kaiser wie Armeen, und diese sogenannten dreissig Tyrannen bekämpften und drangsalirten sich gegenseitig und zugleich das unglückliche römische Reich. Daher ist diese ganze Periode ausgefüllt von äusseren und inneren Kriegen, welche in kriegerischer wie in politischer Beziehung insofern von Interesse sind, als sie von den besten römischen Feldherren geführt wurden, welche durch ihre Armeen zu Kaisern ausgerufen worden waren.

Diese Kriege begannen damit, dass, als kaum Rom feierlich und mit grosser Pracht im J. 248 unter Philippus sein 1000jähriges Bestehen begangen hatte, an Rhein und Donau die Germanen, Gothen, Sarmaten und Scythen und am Euphrat die Perser ihre Angriffe auf das römische Reich von Norden und Osten her eröffneten, im Inneren aber die syrischen Legionen einen angeblichen Verwandten des Alexander Severus, Jotapianus, die mösischen dagegen zur selben Zeit den Centurionen Carvilius Marinus mit dem Purpur bekleideten. Philippus entsandte sogleich den Legaten Decius zur Unterdrückung des Aufstandes nach Mösien. Aber sowohl Jotapian wie Carvilius wurden bald von ihren aufrührerischen Truppen umgebracht, und die mösischen Truppen riefen nun den Decius zum Kaiser aus. Ihnen schlossen sich die pannonischen Legionen an, und nun setzte sich Decius an ihrer Spitze nach Italien in Marsch, Philippus aber zog ihm entgegen. Bei Verona stiessen sie auf einander, und in der hier stattfindenden Schlacht wurde Philippus besiegt und getödtet (249).

Decius sah sich bald gezwungen, gegen die Gothen zu marschiren, welche in unermesslicher Schaar die Donau überschritten hatten, in Illyrien, Thracien und Macedonien eingedrungen waren waren und Nicopolis belagerten. Bei des Decius Annäherung hoben sie die Belagerung auf, warfen sich aber auf eine wichtige Stadt, Philippopolis, um entweder sich derselben zu bemächtigen oder Decius zur Schlacht zu nöthigen, und sie reüssirten mit Beidem: sie besiegten den Decius, nahmen und plünderten Philippopolis und machten fast alle Einwohner nieder. Unter den von ihnen gefangen Genommenen befand sich auch Priscus, Bruder des Decius, den sie nun zwangen sich zum Kaiser zu proklamiren, so dass sie als seine Verbündeten den Krieg gegen Decius fortsetzten (250). Der Letztere griff, nachdem er ein neues Heer zusammengebracht, sie aufs Neue an, trieb sie von allen Seiten in die Enge und schnitt sie von der Donau ab, so dass sie schon bereit waren ihre ganze Beute fahren zu lassen, wenn ihnen Friede und freier Rückzug gewährt werde. Decius aber wollte sie vollständig vernichten, um dadurch die nördlichen Völker zu schrecken und sie von weiteren Einfällen in die römischen Grenzen abzuhalten. Dadurch zwang er die Gothen zur verzweifeltsten Gegenwehr: in dem mörderischen Kampfe mit ihnen wurde er besiegt und nebst seinem ältesten Sohne erschlagen, sein Heer ging mit grossem Verlust in Unordnung und fast aufgelöst zurück.

Der Senat ernannte den jungen Sohn des Decius, Hostilianus, und den bei den Soldaten beliebten Vibius Gallus (251) zu Kaisern. Da aber Hostilian bald starb, so ernannte an dessen Statt Gallus seinen Sohn Volusian. Gallus liess sich besonders die Befreiung der Donauprovinzen angelegen sein, erlangte dies aber nicht durch Waffengewalt, sondern durch Geld, indem er den Frieden von den Gothen erkaufte und nicht nur ihnen alle ihre Beute beliess, sondern auch alle Gefangenen mitzunehmen erlaubte und sogar einen jährlichen Tribut zu zahlen versprach, wenn sie nicht in die römischen Grenzen einfallen würden. Durch diesen schimpflichen Handel brachte er die pannonischen Legionen und deren Obersten so auf, dass, als ihr Oberbefehlshaber Aemilian die Gothen geschlagen, über die Donau gejagt und die ihnen abgenommene Beute unter seine Soldaten vertheilt hatte, diese ihn zum Kaiser ausriefen, worauf er nach Italien zog (252). Gallus schickte sogleich den Legaten Valerianus an den Rhein mit dem Befehle, die gallischen und rheinischen Legionen nach Italien zu führen; er selbst marschirte mit seinem Heere dem Aemilian entgegen und stiess bei Spoleto (nach Anderen bei Interamna in Umbrien) auf denselben. Aber noch ehe es zur Schlacht gekommen war, ermordeten die Soldaten des Gallus diesen nebst seinem Sohne und traten auf des Aemilianus Seite (253).

Als Valerian dies erfuhr, beschloss er für des Gallus Ermordung Rache zu nehmen und brach gegen Aemilian auf, der noch bei Spoleto stand. Das Heer des Letzteren, die Rache Valerian's fürchtend, erschlug den Aemilian und rief Valerian zum Kaiser aus (253).

Valerian war für seine Ehrenhaftigkeit bekannt, besass aber nicht die unter solchen äusserst schwierigen Verhältnissen erforderlichen Eigenschaften. Das römische Reich befand sich zu dieser Zeit in höchst beklagenswerthem Zustande: im Inneren Bürgerkriege, die Folge des unaufhörlichen Wechsels der Kaiser, nach aussen die Schutzlosigkeit der Grenzen, weil die Heere in Rom nöthig waren, um die Macht der Imperatoren zu befestigen. Dies Alles und noch viele andere Umstände hatten den Staat so geschwächt, dass er entweder auseinanderzubrechen oder eine Beute der äusseren Feinde zu werden drohte. Die Germanen am Rhein, die Burgundionen, Carpier, Gothen, Sarmaten u. A. an der Donau und die Perser im Osten, — Alle fielen sie gleichzeitig lebhaft und heftig die Grenzen des römischen Reiches an. Valerian beschloss, ihnen Allen auf einmal die Spitze zu bieten, obgleich er dazu gar nicht im Stande war, und im J. 254, nachdem er seinen Sohn Gallienus zum Cäsar und den erfahrenen Feldherrn Postumius zu dessen Hülfe und Rathgeber ernannt hatte, schickte er diesen nach Gallien gegen die Germanen, er selbst wollte sich gegen die Sarmaten und Scythen wenden, welche Illyrien und die nordwestlichen Provinzen von Asien (südlich vom Kaukasus und dem Caspischen Meere) verheerten.

Am Rhein gelang es dem Gallienus, unter der Leitung des Postumius, theils durch Unterhandlungen, theils mit Gewalt der Waffen die Germanen abzuwehren, und erwarb sich den nicht von ihm verdienten Beinamen Germanicus Maximus. Er schloss mit einem der germanischen Fürsten ein Bündniss, worin dieser sich verpflichtete, den Rhein als Grenze zu betrachten und seine Landsleute von Ueberschreitung desselben abzuhalten (256). Dann wandte sich Gallienus noch im selben Jahre gegen die Alemannen, welche in Italien eingefallen waren, und schlug sie, trotz ihrer überlegenen Zahl bei Mediolanum (Mailand). Zu derselben Zeit hatte Valerian selbst mit Hülfe seiner Feldherren Claudius und Probus (spätere Kaiser) in Illyrien einen erfolgreichen Krieg gegen die Quaden, Gothen und Sarmaten geführt. Nachdem er diese zurückgewiesen und Illyrien sowie die Donauprovinzen gesichert hatte, wandte sich Valerian gegen die Scythen, welche mit ungeheurer Macht einen Verheerungszug über die kaukasische Landenge nach Kleinasien unternommen hatten. Unter den scythischen Stämmen zeichneten sich besonders die Boraner aus: sie griffen die römische Grenzstadt Pythiuntum an, wurden indessen von der Besatzung mit grossem Verluste zurückgeschlagen, welche unter dem Befehl des tapferen Tribunen Successianus stand. Bald aber führten sie einen neuen Einfall aus und eroberten Pythiuntum mit Sturm, wo diesmal nicht mehr Successianus befehligte, da er von Valerianus zum *praefectus praetorio* gemacht war. Darauf wandten sich die Boraner nach Trapezunt, das von einer 10000 Mann starken Garnison vertheidigt wurde, erstürmten diese reiche Stadt, plünderten und zerstörten sie, machten eine immense Beute in ihr und kehrten dann nach Verheerung der Provinz Pontus in ihre Heimath an der Ostküste des Pontus Euxinus (Schwarze Meer) zurück. Dort schlossen sich andere Stämme ihnen an, bauten unter Anleitung römischer Gefangener eine Flotte und fuhren auf dieser längs der Westküste des Pontus Euxinus nach Byzanz, während ihr Landheer über die gefrorene Donau ging und sich eben dahin dirigirte. Da sie aber Byzanz stark befestigt fanden, segelten sie über den Hellespont und bemächtigten sich Chalcedons ohne Widerstand, weil die römische Besatzung schimpflich floh. Ein gleiches Schicksal erlitten die reichen Städte Nicomedia, Nicäa, Cius und Prusa, und nur der hoch angeschwollene Fluss Rhyndacus hielt sie von weiterem Vordringen ab. Nachdem sie Nicomedia und Nicäa den Flammen übergeben und alle die geraubten Schätze auf der Flotte eingeschifft hatten, kehrten sie in ihr Land zurück (258). Es war dies der erste furchtbare Einfall der Scythen (so nannten die Griechen und

Römer die an der Nord- und Ostküste des Schwarzen Meeres wohnenden Völker) gleichzeitig in Kleinasien, Mösien und Thracien.

Valerian war unterdessen ruhig und unthätig in Antiochia geblieben und hatte nach langem Zaudern und Schwanken endlich den Legaten Felix zum Schutze von Byzantium entsendet, er selbst rückte in Cappadocien ein. Als er aber den Abzug der Scythen erfuhr, kehrte er nach Antiochia zurück, ohne den Feind gesehen zu haben.

Gleichzeitig mit diesen Einfällen der Scythen wüthete die aus Syrien eingeschleppte Pest furchtbar in den östlichen Provinzen Roms, und fiel Sapor, aufgereizt durch den römischen Ueberläufer Cyriades und die Ohnmacht des römischen Reiches erkennend, in Mesopotamien ein. Nisibis und Carrhae wurden im Sturm erobert, dann drang er in Syrien ein, griff Antiochia unerwartet an, nahm, plünderte und schleifte es. Danach wandte er sich mit seiner unermesslichen Beute nach Persien in der Absicht, den Krieg in den römischen Provinzen mit Nachdruck fortzusetzen. Cyriades, welchen er seinem Schicksal überlassen hatte, nahm den Titel Cäsar an, wurde aber bald von seinen eigenen Truppen ermordet.

Valerian liess, nach Antiochia zurückgekehrt, diese Stadt wieder aufbauen und nahm deshalb den unpassenden Titel: Wiederhersteller des Orients an.

Im J. 260 brach Sapor abermals in Kleinasien ein und belagerte Edessa. Valerian setzte sich zur Befreiung dieser Stadt in Marsch, wurde aber in der nahe derselben stattfindenden Schlacht in Folge des Verrathes des römischen Legaten Macrianus geschlagen, gefangen genommen und nach Persien geführt, wo er in der Gefangenschaft starb. Gallienus, der hierauf den Kaisertitel annahm, that gar Nichts, weder zur Befreiung seines Vaters, noch zum Schutze des Staates, wozu er auch ganz unfähig war. Während dessen aber setzten die nördlichen Völker und die Perser ihre räuberischen Einfälle in Gallien, wie in die Donau- und östlichen Provinzen des römischen Reiches fort. Im Innern des Reiches erstanden gerade zu dieser Zeit an 20 Imperatoren mit den dazu gehörigen Cäsaren sind sie unter der Bezeichnung der dreissig Tyrannen bekannt-, Sicilien wurde durch Sklavenempörungen verwüstet, in Rom und in allen Provinzen wüthete die Pest.

Kurz danach, im selben Jahre 260, fiel Sapor aufs Neue in Syrien ein, eroberte Antiochia, wendete sich dann nach Cilicien, nahm Tarsus und belagerte Cäsarea in Cappadocien. Der römische Legat Demosthenes vertheidigte diese Stadt kräftig, schliesslich musste sie aber doch der Ueberzahl der Perser unterliegen. Sapor, der seine Eroberungen immer weiter ausdehnte, schickte sich schon zur Unterwerfung von ganz Kleinasien und Wiederherstellung der Monarchie des Cyrus an, als der römische Legat Balista und der Fürst von Palmyra, Odenatus, seinen

Erfolgen Einhalt thaten. Der Erstere sammelte die Trümmer der von den Persern geschlagenen römischen Corps, entsetzte die von ihnen belagerte Stadt Pompejopolis und zwang durch geschickte Führung des kleinen Krieges den Sapor zum Rückzuge über den Euphrat. Während des Ueberganges über diesen Fluss wurde Sapor von Odenatus, der sich an Balista angeschlossen hatte, angegriffen: das persische Heer ward in Unordnung gebracht und die ganze von ihm geraubte Beute demselben wieder abgenommen. Hiernach wurde Nisibis, Carrhae und ganz Mesopotamien unter die römische Herrschaft zurückgebracht. Odenatus verfolgte die Perser bis in ihr Land, belagerte Ctesiphon und nahm mehrere vornehme persische Satrapen gefangen in der, jedoch vergeblichen, Hoffnung, Valerian dafür auswechseln zu können. Zum Lohn für diese Dienste ernannte Gallienus ihn zum Oberstatthalter und Befehlshaber der römischen Truppen im Orient.

Balista vereinigte sich mit Macrianus, und dieser Letztere liess sich und seine beiden Söhne zu Imperatoren ausrufen, den Balista ernannte er zum Präfekten der Prätorianer und entsandte ihn nebst seinem (Macrian's) Sohne Quietus gegen Odenatus, welcher dem Gallienus treu geblieben war, er selbst wollte mit seinem älteren Sohne Macrianus durch Griechenland nach Italien ziehen. Achaja oder Griechenland stand zu dieser Zeit unter der Verwaltung des Proconsul Valens. Macrianus schickte seinen Legaten Piso mit einem Heerhaufen ab, um Valens umzubringen; der Letztere aber proklamirte, als er hiervon Wind bekam, sich zum Kaiser, seinem Beispiele folgte Piso, da er Jenen nicht zu stürzen vermochte, und in gegenseitiger Bekämpfung gingen Beide zu Grunde. Von ihnen befreit, setzte Macrianus seinen Marsch nach Illyrien fort. Dort und in Pannonien befehligte der Legat Ingenuus, welcher, nachdem er die Sarmaten zurückgeschlagen, sich zum Kaiser proklamirt hatte.

Diese Nachricht schreckte den bisher unthätig in Gallien verweilenden Gallienus auf. Er setzte sich nach Illyrien in Marsch, schlug den Ingenuus bei Mursa und zwang ihn sich selbst zu entleiben. Nun liess Gallienus, von Rachsucht entbrannt, die ganze Bevölkerung Illyriens ohne Ansehen des Alters, Geschlechts oder Standes umbringen. Die ein gleiches Schicksal befürchtenden Legionen und Einwohner von Mösien riefen den Dacier Regillianus zum Imperator aus, der jedoch bald von seinen eigenen Truppen ermordet wurde. Gegen Macrianus entsendete Gallienus den Legaten Aureolus, welcher den Ersteren aufs Haupt schlug. Das Heer desselben fiel von ihm ab und ermordete ihn nebst seinem Sohne Macrianus. Das gleiche Loos ereilte auch seinen anderen Sohn Quietus. Odenatus, der die Perser aus dem römischen Gebiete vertrieben hatte, belagerte ihn und Balista in Emesa. Da liess Balista den

Quietus ermorden und seinen Leichnam von der Mauer herabwerfen, worauf Odenatus die Belagerung aufhob; Balista bemächtigte sich nun der Schätze des Quietus und nahm den Purpur, den er 3 Jahre trug, bis er auf Odenatus' Befehl von seinen eigenen Truppen getödtet wurde. Gallienus ernannte den Odenatus zum Regenten des Orients (*Dux Orientis*), wo Odenatus dann glücklich und ruhmreich bis zum J. 268 herrschte. Er hielt die Perser im Zaum, erhielt Ruhe und Frieden im Orient aufrecht und blieb dem Gallienus treu, obschon er ihm an Kräften überlegen war. Aus Dankbarkeit hierfür machte ihn Gallienus zum Augustus oder erlaubte ihm wenigstens sich des Kaisertitels zu bedienen. Er feierte übrigens den gar nicht von ihm, sondern von Odenatus über die Perser erfochtenen Sieg durch den Triumph, — für die Befreiung seines Vaters aber aus persischer Gefangenschaft that er nicht die geringsten Schritte.

Im J. 262 entstand zu Alexandria um einer geringfügigen Ursache willen ein Aufruhr. Aemilian, der Präfekt von Aegypten, der trotz eines blutigen Krieges mit den Empörern sie nicht zu überwinden und zur Ruhe zu bringen vermochte, nahm die Kaiserwürde an und vereinigte dadurch Volk und Heer, denn beide hassten die Regierung des Gallienus. Ganz Aegypten fiel dem Aemilian zu, und dieser regierte nun einige Zeit mit weiser Mässigung, wies die Einfälle der Araber zurück und traf schon Anstalten zu einem Kriege gegen die Inder, als Gallienus den Proconsul Theodotus gegen ihn entsandte. Aemilian wurde von diesem geschlagen, zog sich nach Bruchium, eins der grössten Stadtviertel von Alexandria, zurück und wurde darin belagert. Endlich fiel er, wahrscheinlich durch Verrath, in des Theodotus Hände. Dieser sandte ihn vor Gallienus, und auf des Letzteren Befehl ward er hingerichtet.

Im J. 265 empörten sich die Legionen in der Provinz Afrika gegen Gallienus und ernannten den Celsus zum Kaiser, ermordeten ihn jedoch nach 6 Tagen. Sogar in Isaurien, einer durch Räubereien berüchtigten Landschaft am Ostufer des Pontus Euxinus, nahm der Seeräuber Trebellianus den Purpur, er wurde aber im Kampfe gegen des Theodotus Bruder Causisoleus geschlagen und getödtet. Dessen ungeachtet setzten die Isaurier ihre räuberischen Einfälle in römisches Gebiet fort, während die Germanen, Gothen und Sarmaten dasselbe an Rhein und Donau thaten. Diese Völker überschwemmten buchstäblich Gallien, Italien, Illyrien und die Donauprovinzen. Während Gallienus die germanischen Franken in Gallien bekämpfte, stellte der Senat den Alemannen in Italien ein starkes Heer entgegen, welches zwar die Feinde vom Angriff auf Rom abhielt, sie aber doch nicht verhindern konnte, ganz Nord- und Mittelitalien auszuplündern und zu verwüsten. Zu gleicher Zeit fiel derjenige Theil der Sarmaten und Scythen, welcher in Illyrien eingebrochen war, in Thracien und Macedonien ein und belagerte sogar Thessalonich den Schlüssel von Achaja oder Griechenland. Da sie diese Stadt nicht einzunehmen vermochten, so drangen sie in Epirus und Acarnanien ein und kehrten, unterwegs Alles verheerend und plündernd, mit unermesslicher Beute in ihre Heimath zurück.

Auf die Kunde von den Einfällen der Barbaren brach Gallienus aus Gallien gegen sie nach Italien auf, traf aber erst ein, als sie bereits abgezogen waren. Byzanz, das dem Macrianus den Durchgang gestattet hatte, behandelte er mit äusserster Grausamkeit. Die Einfälle der nördlichen Völker dauerten während der ganzen Zeit seiner Regierung fort (259—268), genauer sind die Jahreszahlen aus den unvollständigen Bruchstücken der gleichzeitigen Historiker und der späteren Abbreviatoren schwer zu bestimmen. Im Allgemeinen kann man aber sagen, dass die illyrischen, griechischen und kleinasiatischen Provinzen, sowie die Inseln des Aegäischen Meeres und Griechenland selbst diesen verheerenden Angriffen am meisten ausgesetzt waren, und dass alle Eroberungen Trajan's jenseits der Donau den Römern entrissen wurden. Die Heruler, ein gothischer Stamm, werden in der Geschichte zum ersten Male erwähnt. Nach Angabe des Trebellius Pollio erschienen sie zuerst auf einer Seeräuberflotte aus dem Palus Maeotis (Asowsches Meer) in dem Pontus Euxinus, eroberten Byzanz und Chrysopolis, landeten im Peloponnes, plünderten und verwüsteten das Land (nur Athen entging ihrer Plünderung durch die Vertheidigung des tapferen Dexippus) und kehrten durch Böotien, Epirus und Thessalien zurück. In der Nähe des Flusses Nessus wurden sie aber von Gallienus geschlagen, und ihr Führer Naulobatus bat um Frieden und erhielt diesen. In der Provinz Pontus erlitten sie eine zweite Niederlage durch Odenatus, der Rest derselben kehrte zu Schiffe nach Hause zurück. Kurz nachher wurde Odenatus zugleich mit seinem Sohne Herodes von einem seiner Verwandten erschlagen aus Rache für eine persönliche Beleidigung. Nach seinem Tode trat seine Wittwe Zenobia für ihre jüngeren Söhne die Regierung des Orients an und herrschte mit Weisheit, Festigkeit und Kraft.

Im Innern des unglücklichen römischen Reiches erschienen unterdessen fast gleichzeitig mehrere selbsternannte Kaiser. So riefen in Gallien die mit Gallienus unzufriedenen Legionen im J. 261 seinen Legaten Postumus zum Kaiser aus, welcher 7 Jahre lang weise und gerecht regierte, und, bürgerliche und militäriche Tugenden in sich vereinend, in den Truppen die Disciplin herstellte, die Franken und übrigen Germanen aus Gallien vertrieb und sie zu seinen Verbündeten gewann. Vergebens suchte Gallienus im J. 265 sich dieses gefährlichen Gegners zu entledigen, er wurde im Kampfe selber durch einen Pfeilschuss verwundet und gab den Krieg gegen ihn auf, so dass Postumus noch 3 Jahre lang in Gallien Imperator blieb und sogar Britannien und Hispanien unterwarf! Im J. 267 erhob sich aber Lollianus, einer seiner Legaten, gegen ihn und liess ihn, obgleich er von ihm besiegt wurde, zugleich mit seinem Sohne, welchen er zum Cäsar ernannt hatte, umbringen. Lollianus erklärte sich zum Kaiser. Nach einigen Monaten tödtete ihn ein anderer Legat, Victorinus, und trat an seine Stelle. Er zeigte grosse Gaben, aber noch grössere Laster, und wurde mit seinem Sohne zugleich ermordet. Seine Mutter Victoria liess nun einen gewissen Marius zum Kaiser ernennen, der sich durch Tapferkeit auszeichnete, aber schon nach 3 Tagen wurde er durch einen Waffengefährten, dem er verächtlich begegnete, ermordet. Victoria's Einfluss war so gross, dass sie einen neuen Kaiser für Gallien, Britannien und Hispanien aufstellte mit Namen Tetricus, einen Mann aus altpatricischem Geschlechte, der sich ganze 6 Jahre behauptete.

So herrschte also während der Regierung des Gallienus in der römischen wie in der barbarischen Welt ein solches Chaos, dass Niemand vorhersehen konnte, was daraus werden würde. Jedermann aber im römischen Reiche war überzeugt, dass, solange Gallienus am Leben sei, es unmöglich sei an die Wiederherstellung der Einheit desselben zu denken. Endlich fassten sogar die ihm am meisten ergebenen Unterfeldherren den Entschluss ihn zu tödten. Die Gelegenheit dazu bot sich im J. 268 dar, als die Donaulegionen ihren Feldherrn Aureolus zum Imperator ernannt hatten und forderten, dass er sie nach Italien führe. Gallienus, der um diese Zeit in Illyrien gegen die Gothen kämpfte, übergab den Oberbefehl an die Legaten Claudius und Marcian und wandte sich mit einem zweiten Heere gegen Aureolus, schlug ihn, nöthigte ihn sich in Mailand einzuschliessen und belagerte ihn daselbst. Claudius und Marcianus schlugen die Gothen in Illyrien in mehreren Treffen. Claudius wollte sie gänzlich aufreiben. Marcianus aber hielt ihn davon ab, die Gothen zogen zurück, und Claudius und Marcian führten, nachdem sie Illyrien von Jenen gesäubert hatten, ihre Legionen nach Mediolanum dem Gallienus zu. Dort bildeten während der Belagerung der *praefectus praetorio* Heraclianus und die Legaten Marcian und Cecropius eine Verschwörung gegen des Gallienus Leben, sie erhoben in der Nacht falschen Lärm, in der Finsterniss und Verwirrung ward Gallienus durch irgendwen mit dem Dolche in die Brust verwundet, vermochte indessen noch vor seinem Tode zum Nachfolger einen seiner besten Legaten zu bestimmen, den oben erwähnten Marcus Aurelius Claudius, welcher auch vom Heere und Volke anerkannt wurde und in der Geschichte unter dem Namen Claudius II. 268—270 bekannt ist. Während seiner wenn auch kurzen Regierung konnte das römische Reich freier aufathmen, denn Claudius stellte Einheit, Ruhe und für kurze Zeit auch Sicherheit nach aussen wieder her.

11*

§. 384.

Feldzüge des Claudius II, (268—270).

Nachdem Claudius zum Kaiser ernannt und anerkannt worden, verlangte Aureolus, dass Jener ihn zum Mitregenten annehme. Aber Claudius wies dies Ansinnen zurück, erklärte ihn für einen Feind des Vaterlandes, marschirte gegen ihn und schlug ihn an den Ufern der Adda in der Nähe von Mediolanum. Mit des Aureolus hierbei erfolgendem Tode endete der Bürgerkrieg der dreissig Tyrannen, und mit Ausnahme von Gallien, Britannien und Hispanien, wo Tetricus noch herrschte, stand nun das ganze Reich unter des Claudius Alleinherrschaft. Ehe er aber nach Rom zurückkehrte, besiegte er noch in blutiger Schlacht an den Ufern des Gardasees die in Italien eingedrungenen Alemannen.

In wenigen Monaten stellte Claudius durch weise Gesetze und zweckmässige Strenge in Rom wie in den Provinzen Ruhe und Ordnung her und wandte sich dann im J. 269 vor Allem gegen die Gothen, welche schon wieder die illyrischen, pannonischen und mösischen Provinzen verheerten; demnächst wollte er dann nach Westen gegen Tetricus und schliesslich nach Osten gegen Zenobia ziehen.

Die Gothen waren mit ungeheurer Macht (nach den Angaben der alten Historiker 320000 Mann stark, — als ob man sie hätte zählen können) im J. 269 an die Mündung des Tyras-Flusses (h. Dnjestr) gezogen, hatten sich dort auf 2000 Schiffen eingeschifft, waren südöslich bis zur Stadt Tomi in Kleinasien gesegelt und hatten, hier landend, sich nach Marcianopolis in Bewegung gesetzt. Dann hatten sie nicht ohne Gefahr und Verlust ihre Schiffe nach dem thracischen Bosporus gesteuert, Byzantium und dann Cyzicus angegriffen, waren vor beiden Städten abgewiesen worden und belagerten nun nach Ueberschreitung des Hellespont mit einem Theil ihrer Streitkräfte die Städte Thessalonica und Cassandra. Der Rest ihrer Flotte verwüstete die thessalischen und griechischen Küsten, die Inseln Creta, Rhodus, Cypern und selbst die Küsten von Pamphylien in Kleinasien. Die Städte vertheidigten und hielten sich, das offene Land aber wurde durch die Gothen überall furchtbar verwüstet und ausgeplündert. Athen allein erlag ihrem Angriff, wurde aber bald durch Cleodemus wieder befreit, welcher die Gothen überfiel und schlug. Während dessen wurden Thessalonica und Cassandra von den Gothen hart bedrängt und waren schon dem Fall nahe, als glücklicherweise Claudius zu ihrem Entsatz erschien. Auf die Nachricht von seinem Anmarsche hoben die Gothen die Belagerung beider Städte auf und eilten nach Obermösien, um die untere Donau zu gewinnen. Claudius verfolgte sie in Geschwindmärschen, holte sie bei Naissus (h. Nissa oder Nisch) ein und erfocht in einer blutigen Schlacht, in welcher auf beiden Seiten mit der grössten Erbitterung und Ausdauer gefochten wurde, einen entscheidenden Sieg über sie, hauptsächlich in Folge seiner geschickten Anordnungen. Die Trümmer des Gothenheeres verfolgte er mit grösster Thätigkeit und Schnelligkeit und rieb sie fast gänzlich auf, trotz ihrer heftigen Gegenwehr. Ihre letzten Ueberbleibsel retteten sich in das Hämusgebirge (Balkan), wo sie, von Claudius eingeschlossen und in die Enge getrieben, durch Hunger und ansteckende Krankheiten umkamen.

Inzwischen war der andere Theil der Gothen auf der mit ungeheurer Beute beladenen Flotte nach Macedonien zurückgekehrt, um sich mit dem Thessalonica und Cassandra belagernden Landheere zu vereinen. Nach ihrer Landung wurden sie aber in mehreren Gefechten aufgerieben und die Flotte mit den darauf befindlichen Truppen theils gefangen genommen, theils in den Grund gebohrt. Claudius berichtet hierüber an den Senat: »Wir haben 320000 Gothen und 2000 Schiffe vernichtet. Mit ihren Schilden sind alle Flüsse, mit ihren Schwertern und Lanzen alle Ufer bedeckt, mit ihren Leichen und Gebeinen alle Wege besäet. Ihre ungeheure Wagenburg steht verlassen, von ihren Weibern sind so viele in Gefangenschaft gerathen, dass jeder unserer Krieger deren zwei bis drei erhalten hat.« Unter den Gefangenen befanden sich sogar Könige und Königinnen. Die Zahl der Gefangenen war so gross, dass, nachdem alle junge Mannschaft unter die Legionen gesteckt worden, noch eine Menge Anderer in den entvölkerten römischen Provinzen angesiedelt wurde. Auf Seiten der Römer hatte sich nächst Claudius am meisten der Legat Aurelianus hervorgethan.

Die ansteckenden Krankheiten, denen die Gothen im Hämus erlegen waren, hatten sich leider auch dem römischen Heere mitgetheilt. Claudius selbst fiel ihnen im J. 270 zum Opfer, zu früh für das römische Reich. Aber noch vor seinem Tode hatte er den dessen würdigen Aurelianus zu seinem Nachfolger ernannt, und Heer und Volk bestätigte diese Wahl.

§. 385.

Feldzüge des Aurelianus (270—275).

Aurelian, der Sohn eines an der Donau sesshaften Landmannes, vom gemeinen Soldaten durch hervorragende Kriegsthaten zu den höchsten Graden emporgestiegen, trat würdig in die Fusstapfen des Claudius und vollendete das von Diesem Begonnene. Die Herstellung der strengen altrömischen Disciplin in dem Heere für besonders nöthig erachtend, entwickelte er hierfür eine unermüdliche Sorge, die bis zur Grausamkeit ging, gab aber selbst überall das persönliche Beispiel und flösste hierdurch den Soldaten eine heilsame Furcht und die grösste Achtung vor sich ein. Sein ungewöhnlich kriegerischer Sinn, seine Tapferkeit, Körperkraft und Strenge verschafften ihm bei seinen Kriegern den Beinamen *manu ad ferrum.*

Obgleich die bei Aquileja stehenden Legionen den Bruder des verstorbenen Claudius, Quintillus, zum Kaiser ausgerufen hatten, so sah dieser doch die Unmöglichkeit ein, sich gegen Aurelian und dessen Armee zu behaupten und gab sich daher selbst den Tod.

Nun eilte Aurelian nach Rom, verweilte aber nicht lange daselbst, sondern brach bald nach Pannonien auf, wo die Gothen von Neuem verheerend eingefallen waren. Aber noch ehe er dort eintraf, erliess er an alle Landbewohner Pannoniens den Befehl, alles Getreide und Vieh in den festen Städten unterzubringen, um den Gothen den Unterhalt abzuschneiden, für seine Truppen dagegen ihn sicher zu stellen. Ein Aufstand der Germanen beschleunigte seinen Marsch nach Pannonien, und kaum an der Donau angelangt, griff er die Gothen an, welche soeben erst diesen Strom überschritten hatten, schlug sie und warf sie über den Strom zurück. Die Gothen erbaten und erhielten den Frieden 270).

Darauf wendete sich Aurelian gegen die Alemannen, Marcomannen, Juthongen und Vandalen, welche in Italien eingedrungen waren. Auf dem Zuge gegen sie schlug er an der oberen Donau die Juthongen, welche sogleich Gesandte in sein Lager schickten, um Friedensunterhandlungen anzuknüpfen. Da diese aber hochmüthig Bundesgenossen der Römer zu werden forderten, so wollte Aurelian sie durch den Anblick der gewaltigen römischen Armee und des vollen Glanzes seiner Kaiserwürde schrecken. Sie beharrten indessen auf ihrem Willen, und so entschloss sich Aurelian zur nachdrücklichsten Fortsetzung des Krieges gegen sie, um sie vollständig auszurotten. Zu dem Ende besetzte er, während sie über die Alpen nach Italien zogen, in ihrem Rücken die Haupt-Gebirgspässe. Allein die Germanen überschritten die Alpen bei Mediolanum und brachen in Italien ein, Schrecken bis nach Rom verbreitend. Aurelian folgte ihnen, wurde aber bei Placentia von ihnen überfallen und aufs Haupt geschlagen, so dass man in Rom schon an der Rettung verzweifelte und zu den äussersten Maassregeln schritt. Mit grösserer Vorsicht den Germanen nachsetzend, erreichte Aurelian sie bei Fanum (h. Fano) am Metaurus, schon nicht mehr sehr weit von Rom, brachte ihnen in einer blutigen Schlacht eine bedeutende Niederlage bei und zwang sie auf demselben Wege zurückzukehren, auf welchem sie gekommen waren. Von Aurelian verfolgt, wurden sie zum zweiten Mal bei Placentia und zum dritten Mal in den Ebenen des Ticinus geschlagen und definitiv aus Italien vertrieben, ja bis über die Alpen verfolgt, wo sie Friedensunterhandlungen anknüpften und endlich Frieden zu schliessen genöthigt waren. Die Vandalen stellten Geiseln, kehrten in ihr Land zurück und wurden bis zur Donau mit Lebensmitteln versorgt. 2000 vandalische Reiter traten in römische Kriegsdienste.

Kaum ein Jahr hatte Aurelian zur Beendigung dieses wichtigen Krieges gebraucht und dies in solcher Weise durchgeführt, dass von dieser Seite her das römische Gebiet während seiner ganzen Regierungszeit nicht mehr beunruhigt wurde. Nach Rom zurückgekehrt, begann er die Stadt in ihrem ganzen Umfange durch Mauern und Thürme zu befestigen, was jedoch bei der ungeheuern Ausdehnung der Stadt erst unter Probus zu Ende geführt wurde (Rom war schon weit früher mit Mauern umgeben, aber nicht vollständig, und dabei waren diese Mauern seit dem zweiten punischen Kriege nicht mehr ausgebessert worden).

Nach kurzem Aufenthalte zu Rom beschloss Aurelian sich gegen **Tetricus** zu wenden, welcher schon 6 Jahre in Gallien, Britannien und Hispanien vollkommen unabhängig unter dem Kaisertitel herrschte.* Dem Letzteren war seine Macht schon lange lästig geworden; er wollte sie daher niederlegen, aber seine Truppen zwangen ihn zur Aufgabe dieses Vorsatzes. Nun trat er mit Aurelian in Unterhandlungen und bat ihm seine Last abzunehmen, welche er aus Furcht vor den Soldaten nicht offen abzulegen wage. Er that seinerseits Alles, um dies dem Aurelian zu erleichtern: er rückte ihm mit seinem Heere entgegen, wählte absichtlich eine zum Kampfe ungünstige Stellung bei Duro-Catalaunum (h. Châlons sur Marne) und ging beim Beginn der Schlacht mit seinem Sohne zu Aurelian über. Trotzdem fochten aber seine Legionen mit solch verzweifeltem Muthe, dass sie alle bis auf den letzten Mann niedergemacht wurden, aber sie hatten ihr Leben theuer verkauft, denn auch die Truppen Aurelian's erlitten einen bedeutenden Verlust. Der Sieg dieses Letzteren hatte daher den entscheidenden Erfolg, dass er mit einem Schlage Gallien, Britannien und Hispanien wieder unter Aurelian's Herrschaft zurückbrachte.

Nun blieb dem Aurelian nach Besiegung der Germanen und Unterwerfung der drei westlichen Provinzen nur noch übrig, auch den Orient zu unterwerfen, wo Zenobia von Palmyra im Namen ihrer minderjährigen Söhne Timolaus und Herennius vollkommen unabhängig regierte und sich sogar Bithyniens, Cappadociens, Syriens, Aegyptens und anderer römischer Provinzen bemächtigt hatte.

Im J. 272 brach Aurelian mit der Armee aus Italien auf und ging durch Illyrien bis nach Syrien. Unterwegs stellte er in Dalmatien die

* Die Rückeroberung dieser drei Provinzen durch Aurelian wird von den Historikern Eutropius, Eusebius und Gibbon vor die Zerstörung von Palmyra und des Reiches der Zenobia gelegt, während Pollio, Vopiscus, die beiden Victor, Crevier und andere Neuere sie nach derselben verlegen. Das Erstere scheint jedoch das Wahrscheinlichere.

Ruhe wieder her, welche durch den Usurpator Septimius gestört worden war; dann schlug er den Gothenkönig Canabas (oder Canaban), wandte sich von Byzanz nach Bithynien und unterwarf dies Land ohne grosse Mühe. Ancyra, die Hauptstadt von Galatien, öffnete ihm gutwillig seine Thore, Tyana's in Cappadocien bemächtigte er sich durch Verrath.

Inzwischen war Zenobia mit einem zahlreichen Heere Aurelian entgegen gezogen, bis Antiochia gekommen und schickte nun ihren Feldherrn Zabdas mit der Reiterei voraus. Mit Hülfe einer Kriegslist schlug Aurelian diesen bei Imnä unweit Antiochia, wobei Zabdas, der in dem Kampfe einen grossen Theil seiner schweren Reiterei (Panzerreiter) eingebüsst hatte, sich zurückzog, indem er zugleich das Gerücht verbreitete, Aurelian sei geschlagen und in Gefangenschaft gerathen. Am folgenden Tage setzte er seinen Rückzug nach Emesa fort, wo er sich zu kräftigem Widerstand vorbereitete. Die Bewohner von Antiochia und der anderen an Aurelian's Wege liegenden Städte Syriens verliessen ihre Orte aus Furcht vor Aurelian's Rache. Dieser aber liess überall bekannt machen, dass er ihren Abfall nicht für ein Verbrechen, sondern für eine Folge der Nothwendigkeit ansehe, und forderte, dass sie in ihre Städte zurückkehren sollten, was sie auch thaten. Hierdurch gewann Aurelian sie für sich und zugleich die Sicherstellung der Verpflegung für sein Heer. Ein in Daphne, einer Vorstadt von Antiochia, zurückgebliebenes Truppencorps von Palmyra wurde geworfen und zersprengt, und auf dem Wege nach Emesa unterwarf Aurelian noch die Städte Apamea, Larissa und Arethusa. Endlich stiess er bei Emesa auf Zenobia, welche ihm mit 70000 Mann eine blutige grosse Schlacht lieferte, schliesslich aber trotz ihrer persönlichen Tapferkeit besiegt wurde. Ausser Stande, eine neue Armee gegen Aurelian aufzustellen, schloss sie sich nun in Palmyra ein, wo sie sich zur heftigsten Gegenwehr rüstete. Aurelian folgte ihr sogleich rasch dorthin nach, ohne seinen Marsch durch die Anfälle arabischer Horden aufhalten zu lassen, und traf nach seiner Ankunft vor Palmyra Anstalten zur Belagerung dieser Stadt, suchte aber vorher Unterhandlungen anzuknüpfen. Zenobia aber verwarf stolz alle seine Anträge, und nun schritt Aurelian ungesäumt zur Belagerung. Zenobia vertheidigte sich mit Muth, Kraft und Ausdauer, machte häufige Ausfälle; bei einem derselben wurde sogar Aurelian selbst verwundet. Endlich im J. 273 zwang der Hunger die Stadt zur Uebergabe. Zenobia entfloh auf einem Kameele zum Euphrat, wurde aber von der ihr nachsetzenden Cavallerie Aurelian's eingeholt und ergriffen. Seine Armee forderte, dass Zenobia hingerichtet werden solle, Aurelian aber begnadigte sie nebst ihrem jüngsten Sohne und liess nur die Minister und Räthe hinrichten, welche sie zum Kriege gegen die Römer aufgereizt hatten. Palmyra musste eine ungeheure Kriegssteuer bezahlen, den Einwohnern aber schenkte er Leben und Freiheit.

Während dessen hatte der römische Legat Probus Aegypten der römischen Macht wieder unterworfen, und Aurelian kehrte, nachdem er die Angelegenheiten des Orients geordnet, nach Europa zurück. Er hatte schon den Hellespont überschritten und die in Thracien eingefallenen Carpier besiegt, als er plötzlich die Nachricht erhielt, dass die Einwohner von Palmyra sich erhoben und die römische Besatzung ermordet hätten. Sofort eilte er auf demselben Wege nach Palmyra zurück, erstürmte die Stadt, überliess sie seinen Soldaten zur Plünderung, machte die Einwohner nieder und die Stadt selbst dem Erdboden gleich.

Von da zog er nach Aegypten gegen Alexandria, wohin viele Palmyrenser geflohen waren: diese hatten dort einen Aufstand erregt und einen gewissen Firmus, Anhänger der Zenobia, mit dem Purpur bekleidet. Aurelian schlug den Aufstand mit leichter Mühe nieder. Firmus wurde in die Flucht geschlagen, gefangen genommen und hingerichtet. Nachdem er dann die unterbrochene Zufuhr von Korn aus Aegypten nach Rom wieder hergestellt und im ganzen Orient Friede und Ruhe gestiftet hatte, kehrte Aurelian nach Rom zurück und feierte daselbst im J. 274 einen prächtigen Triumph (s. §. 362). Der Senat war unzufrieden damit, dass bei diesem Triumphe der römische Bürger und Senator aus altpatricischem Geschlechte, Tetricus, der öffentlichen Beschimpfung ausgesetzt wurde. Aurelian versöhnte indessen den Senat dadurch, dass er nicht allein den Tetricus begnadigte, sondern in der Folge auch ihn und seine Familie mit Wohlthaten überhäufte.

Kurze Zeit nach diesem Triumphe entstand, im J. 274, zu Rom ein Aufruhr, herbeigeführt durch Aurelian's Verbesserung des Münzsystems. Die bei der Münze angestellten Arbeiter, aufgereizt durch den Sklaven Felicissimus, welchen Aurelian als Schatzmeister angestellt hatte, hatten es gewagt, die neue Münze zu geringerem Werthe zu prägen. Es gelang, den Aufruhr mit bewaffneter Macht zu dämpfen; in einem blutigen Kampfe der bewaffneten Truppen gegen die Aufrührer auf dem *mons Coelius* wurden sie besiegt, aber, wie Aurelian dem Senate mittheilte, waren »in diesem Kampfe 7000 der besten Krieger, welche gewöhnlich in Dacien und in den Lagern an der Donau standen, gefallen.« Es war damit aber doch wenigstens mit einem Schlage ein gefährlicher Bürgerkrieg gleich im Keime erstickt worden.

Hierauf wandte sich Aurelian gegen die Alemannen, die in Vindelicien eingefallen waren, vertrieb sie von dort und begab sich nach Illyrien und Pannonien. Durch die 150jährige Erfahrung seiner Vorgänger belehrt, dass es unmöglich sei, das von Trajan eroberte Dacien zu behaupten, gab er dies Land auf, indem er die Einwohner der römischen

Colonien daselbst auf das rechte Donauufer nach Mösien verpflanzte. Dann traf er Anstalten zu einem Feldzuge gegen die Perser, an welchen für die Besiegung Valerian's und das barbarische Verfahren gegen diesen noch keine Rache genommen war. Im März 275 war er bereits bis Byzantium gelangt und schickte sich zum Uebergange nach Kleinasien an, als in Folge einer Verrätherei seines vertrauten Geheimschreibers er von den ältesten Legaten und Heerführern seiner Armee (s. §. 362) ermordet wurde, zum grössten Leidwesen seines Heeres, welches den zwar äusserst strengen, aber kriegerischen, tapfern und stets siegreichen Aurelian hoch verehrt hatte. Die Folgen seiner Ermordung wurden auch früher (§. 362) bereits angegeben.

§. 386.

Feldzüge des Probus (276—282).

Probus, gleich Aurelian vom gemeinen Soldaten zum Range eines Legaten emporgestiegen, war durch Tacitus, Aurelian's Nachfolger, zum Oberbefehlshaber der Truppen im Orient ernannt worden und wurde nach des Tacitus Tode im J. 276 von seinen Legionen zum Kaiser ausgerufen. Durch seine ausgezeichneten Kriegsthaten in allen Gegenden des Reichs berühmt, noch im blühendsten Mannesalter stehend, war er mehr als der hochbetagte Tacitus befähigt, über das Reich in den damaligen schweren Zeiten zu herrschen.

Während dessen hatte Florianus, des Tacitus Bruder, welcher mit der Verfolgung der von dem Mäotischen (Asowschen) Meere her über die Kaukasus-Landenge nach Kleinasien eingefallenen und von Tacitus und Florianus abgeschlagenen Alanen beschäftigt war, sich zum Kaiser proklamirt, war vom Senate wie von den europäischen Provinzen anerkannt worden und gegen Probus aufgebrochen. Der Letztere rückte ihm langsam entgegen, da er weniger auf einen Sieg im Kampfe bedacht war, als auf die Einwirkung der sengenden südlichen Sonne auf die europäischen Truppen des Florianus hoffte. In der That brachen bald Krankheiten unter ihnen aus, und mit Florianus unzufrieden, ermordeten ihn seine Soldaten und gingen zu Probus über.

Die erste Handlung des Probus war nun ein Zug nach Gallien, um es von den Franken, Vandalen und Burgundionen zu befreien, welche unter Tacitus sich desselben bemächtigt hatten. Probus besiegte sie in drei grossen Schlachten, fügte ihnen einen Verlust von 400000 (?) Mann zu, entriss ihnen den grössten Theil der geraubten Beute und etwa 70 von ihnen eroberte Städte und verfolgte sie über den Rhein, auf dessen rechtem Ufer seit Maximin kein römisches Heer wieder erschienen war. Siegreich drang Probus über den Neckar und bis zur Elbe vor, verheerte das ganze durchzogene Gebiet mit Feuer und Schwert, machte die Bewohner nieder und brachte unermessliche Beute zusammen. Dies versetzte die dessen ungewohnten Germanen in solchen Schrecken, dass sie demüthig um Frieden baten, den sie gegen Stellung von Geiseln, Lieferung von Getreide und Vieh als Entschädigung für die Kriegskosten und jährliche Abzahlung eines Tributes erhielten. Probus hätte den Germanen wohl das Tragen von Waffen verbieten mögen, aber verständiger Weise liess er dies bleiben, aus dem Grunde, weil dazu erforderlich war, dass Germanien erst in eine römische Provinz verwandelt und gänzlich unterworfen wäre, ohne welches es unmöglich war, an die Sicherheit und Ruhe der römischen Grenzen auch nur zu denken. Aber was dem Augustus schon nicht gelungen war, zu dieser Zeit war es bereits zur absoluten Unmöglichkeit geworden: die Umstände hatten sich gänzlich geändert. Rom verlangte nicht mehr nach Eroberungen, ihm fehlte die Kraft dafür, es war gezwungen, nicht anzugreifen, sondern sich zu vertheidigen, während hingegen die nördlichen Völker sich in der umgekehrten Lage befanden, da sie den Drang nach Eroberungen und eine gewaltige Kraft dazu besassen. Probus selbst schob kluger Weise die Eroberung Germaniens für später auf und beschränkte sich darauf, dass er 17000 germanische Jünglinge in die Legionen einstellte, eine Menge von Germanen in Gallien und den anderen Provinzen des Reiches ansiedelte und zum Schutze der Grenzen gegen die Germanen eine mächtige und starke Verschanzungslinie (Mauer mit hohen dicken Wällen und Thürmen in einer Ausdehnung von etwa 44 geograph. Meilen (308 Kilometer) aufführen liess, die sich von Neustadt und Regensburg bis Wimpfen am Neckar und von da zum Rhein erstreckte.

Im folgenden Jahre, 278, ging Probus durch Rhätien, wo er die Ruhe wiederherstellte, nach Illyrien, welches von den Sarmaten verwüstet wurde. Er vertrieb diese ohne sonderliche Mühe und nahm ihnen die geraubte Beute wieder ab. Dann marschirte er nach Thracien gegen die dort raubenden Gothen, der Schrecken seines Namens bewog diese aber unverzüglich die alten Verträge mit den Römern zu erfüllen. In Kleinasien dagegen stiess Probus auf hartnäckigen Widerstand von Seiten der räuberischen Isaurier der Bewohner des östlichen Küstenstrichs am Schwarzen Meere, welche die römischen Provinzen seit langer Zeit schon verheerten. Ihr Führer Lydius nach Vopiscus Palparius hatte sich in das feste Bergschloss Cremna geworfen, wo er von Probus belagert und nach langer heftiger Gegenwehr gefangen genommen und hingerichtet wurde; die Isaurier ergaben sich nach seinem Tode. In ihre Bergfesten und Schlupfwinkel legte Probus starke Besatzungen von römischen Veteranen, denen er die Umgegend als Eigenthum übergab.

Dann wandte er sich gegen die Perser, welche in die Ostgrenzen des

Reiches eingefallen waren: einen seiner Legaten aber schickte er mit einem Theile des Heeres nach Aegypten, welches von dem wilden Volke der Blemmier verheert wurde, die sich auch der Städte Coptos und Ptolemais bemächtigt hatten. Beide Städte wurden ihnen entrissen, die Blemmier vertrieben und ihnen viele Gefangene abgenommen.

Die Kunde hiervon bestimmte den persischen König Varanes II. (oder Vararanes) durch Friedensunterhandlungen dem von Probus ihm drohenden Kriege vorzubeugen. Eine von ihm abgeschickte Gesandtschaft traf den Probus in den armenischen Gebirgen: seine festen Worte wirkten so auf die Gesandten, dass sie ihrem Könige zu einer persönlichen Zusammenkunft mit Probus riethen, in welcher Varanes alle Bedingungen des Probus annahm.

Nachdem solchergestalt die Ruhe und Sicherheit im Osten hergestellt, war Probus gezwungen, abermals nach Thracien zu gehen, welches von den jenseits der Donau hausenden Völkern aufs Neue verheert wurde. Um ihren Einfällen ein Ende zu machen, siedelte Probus 100000 Bastarner, welche von jeher ihm grosse Anhänglichkeit bewiesen hatten, in Thracien an. In kurzer Zeit hatten sie römische Sitten und Gebräuche angenommen und wurden treue Unterthanen Roms. Die Gepiden, Franken und Vandalen dagegen, mit welchen Probus den gleichen Versuch an der oberen Donau machte, entsprachen seinen Erwartungen in keiner Weise und empörten sich häufig, so dass Probus den grössten Theil derselben in vielen Treffen niedermachen liess, der Rest kehrte in seine Heimath zurück.

Besondere Erwähnung verdient ein Corps der Franken, welches von Probus an der Küste des Pontus Euxinus ausgesetzt worden war. Unglücklicher Weise gerieth die römische Flotte, welche in einem der Seehäfen lag, in ihre Gewalt. Mit dieser segelten sie in den Bosporus und Hellespont, plünderten die Küsten von Asien, Afrika, Griechenland und Sicilien, verbrannten Syrakus, fuhren weiter nach Westen durch die Säulen des Hercules (h. Meerenge von Gibraltar) längs der Küsten von Hispanien und Gallien und landeten endlich an der Nordseeküste im Lande der Friesen!

Während dessen hatten sich an verschiedenen Orten neue selbsternannte Kaiser erhoben. Der erste war Saturninus, Befehlshaber der syrischen Legionen, welchen die Bewohner von Alexandria zum Imperator ausgerufen hatten. Probus versprach ihn zu begnadigen, wenn er freiwillig die Kaiserwürde niederlegte, aber die eine Hälfte der syrischen Legionen gestattete ihm dies nicht, und nun sandte Probus die andere ihm treu gebliebene Hälfte gegen ihn. In vielen Gefechten besiegt, schloss sich Saturninus endlich in die Festung Apamea ein und wurde nach kurzem Widerstande gefangen genommen und hingerichtet.

In Gallien hatte sich der Tribun **Proculus** empört, in Cöln den Purpur genommen und sich in kurzer Zeit ganz Galliens, Hispaniens und Britanniens bemächtigt. Aber vergebens suchte er die Germanen auf seine Seite zu bringen: sie blieben dem Probus treu und leisteten ihm gegen Proculus kräftige Unterstützung. Der Letztere verlor eine Schlacht und floh zu den Franken, wurde aber ausgeliefert und hingerichtet. Bei dieser Gelegenheit bemerkt Vopiscus, dass zu dieser Zeit schon Ehre, Treue und Glauben diesem Volke fremd geworden sei, dass sie sie nirgends hielten und leicht und mit Lachen sie brachen.

Die Hinrichtung des Saturninus und Proculus hielt den Legaten **Bonosus**, der ein Truppencorps in Gallien befehligte, nicht ab, ihrem Beispiele zu folgen. Durch seine Nachlässigkeit hatten die Germanen sich einer römischen Flottille auf dem Rhein bemächtigt, und aus Furcht vor einer strengen Züchtigung durch Probus erklärte sich Bonosus zum Kaiser! Nicht ohne Mühe ward er von Jenem besiegt, und aus Verzweiflung erhängte er sich zu Cöln. Probus aber begnadigte seine Familie.

Leichter wurde es dem Letzteren, einen Aufstand der Gladiatoren zu Rom zu dämpfen, wonach er seinen Triumph über die Germanen und Blemmier feierte (im J. 281).

Nachdem er auf diese Weise Ruhe und Frieden im gesammten Reiche hergestellt hatte, beschloss Probus im J. 282 das auszuführen, was schon Aurelian gewollt aber nicht vollbracht hatte, nämlich die Besiegung, Beschimpfung und Ermordung Valerian's an den Persern zu rächen. Zu diesem Zweck zog er in Illyrien ein Heer zusammen und liess, da er gewohnt war, die Soldaten in steter Thätigkeit zu erhalten, einen Canal zur Trockenlegung der Sümpfe in der Umgegend von Sirmium durchgraben, bei welcher Arbeit er persönlich zugegen war. Das hiermit unzufriedene Heer murrte besonders an einem sehr heissen Augusttage, indem es sich laut beschwerte, dass sie wie Missethäter nicht zu kriegerischen, sondern zu öffentlichen Arbeiten verwendet würden. Probus machte ihnen zornig Vorwürfe und wollte sie zwingen, wobei er sich zu der unvorsichtigen Aeusserung fortreissen liess: »bald werden überhaupt keine Soldaten mehr nöthig sein.« Da warfen sie sich in augenblicklicher Erregtheit auf ihn, sie bereuten aber sogleich auf's Tiefste seine Ermordung und errichteten aus freien Stücken diesem verdienstvollen Kaiser und Heerführer ein Grabdenkmal.

In der That verdient in dieser Zeit des tiefen sittlichen Verfalls der Römer und der gefahrvollen Lage ihres Reiches Probus, gleich Aurelian, unter den besten Kaisern und Feldherren genannt zu werden. Er vereinigte in erstaunlichem Grade Muth, Tapferkeit, Seelengrösse, Klugheit, Güte, Gerechtigkeit und kriegerische Befähigung. Durch die strenge

Handhabung der Mannszucht in seinem Heere hatte er dessen sittliche Kraft und Geist zu heben gewusst und war während der ganzen 6 Jahre seiner Regierung die Furcht und der Schrecken der inneren und äusseren Feinde und die zuverlässigste Stütze des schwankenden und sinkenden Rom gewesen!

§. 387.

Feldzüge des Carus (282—283).

. Nach dem Tode des Probus riefen seine Legionen ihren Präfekten *praetorii* Marcus Aurelius Carus als den würdigsten zum Kaiser aus (obgleich er nicht ganz ohne Schuld an der Ermordung des Probus war). Der Senat erkannte ihn an und ernannte seine beiden Söhne. — beide einander sehr unähnlich —, den lasterhaften Carinus und den tugendhaften Numerianus zu Cäsaren.

Die Nachricht von der Ermordung des Probus hob sogleich den Muth der Barbaren. welchen dieser im Zaume gehalten hatte, und zuerst überschwemmten nun die Sarmaten Thracien. Illyrien und sogar Italien. Carus zog ihnen entgegen und besiegte sie in offener Feldschlacht mit einem Verluste von 16000 Gefallenen und 20000 Gefangenen (?) auf ihrer Seite.

Darauf beschloss er zur Ausführung des Vorhabens des Probus, zum Kriege gegen die Perser zu schreiten. Seinem Sohne Carinus übertrug er den Schutz Galliens gegen die Germanen, welche nach Probus' Tode sich zu neuen Einfällen in dieses Land rüsteten. Mit der Hauptmacht des Heeres brach er selbst mit seinem Sohne Numerianus im J. 283 nach dem Oriente auf. Die inneren Zwistigkeiten, welche um diese Zeit Persien zerrissen, begünstigten ihn. Ohne besondere Anstrengung und Mühe eroberte er Mesopotamien, Seleucia und Ctesiphon zurück. nahm schon den Ehrennamen Persicus an und traf Anstalten zur weiteren Ausdehnung seiner Erfolge, als ihn plötzlich der Tod ereilte. — vom Blitze erschlagen, der bei einem heftigen Gewitter sein Zelt und ihn verbrannte: wahrscheinlicher ist es wohl, dass er während des Unwetters durch seinen *Praefectus Praetorio* Arrius Aper. einen Menschen von ungemessenem Ehrgeiz und niedriger Denkungsart. ermordet und im Zelte verbrannt wurde.

Nach des Carus Tode ernannten seine Legionen dessen Söhne Carinus und Numerianus zu Kaisern. Der Aberglaube der Römer, der eine vom Blitz getroffene Stelle für unheilbringend hielt, und ein alter Orakelspruch. welcher den Tigris als die vom Schicksal bestimmte Grenze des römischen Reiches bezeichnete. bestimmten das römische Heer zu fordern, dass Numerianus sie zurückführe. Auf diesem Marsche wurde Numerianus von Arrius Aper heimlich ermordet (17. Septbr. 284), der aber ergriffen und in Ketten vor dem Heere nach Europa geschleppt wurde, — und nachdem der Befehlshaber der Leibgarden und des Hofhalts (*Regens domesticos*) Marcus Valerius Diocletianus (auf griechisch Dioclitian) zum Kaiser gewählt und ausgerufen, erstach dieser den Aper mit eigener Hand.

Ueberblicken wir diese ganze Periode des vollkommensten Militär-Despotismus, so erkennen wir deutlich, dass derselbe nur zur gänzlichen Trennung des Kriegerstandes vom Bürgerstande führen konnte, — eine Folge der Einführung der stehenden Heere. Die Legionen entschieden Alles, weil das Volk ohne Waffen war. Und zugleich hatte sich nur noch in den Legionen, welche fern von Rom oder den grossen Städten und deren Verweichlichung standen und sich in stetem Kampfe mit den Barbaren befanden, ein Rest des alten römischen Geistes erhalten. Die Proklamirung ihrer Feldherren zu Imperatoren war die natürliche Folge nicht allein der Unbeschränktheit der Thronfolger, sondern häufig auch der Nothwendigkeit, denn sie erfolgte im Lager des Heeres unter dem Einflusse der schwierigsten Verhältnisse. Auf solche Weise erlangte eine ganze Reihe von vorzüglichen Feldherren die Kaiserwürde, — und das ist nicht zum Verwundern, denn welche Macht konnte ein Kaiser haben, der nicht Heerführer war? Aber jede dauernde Verbesserung im Staate war unmöglich in Folge der raschen Aufeinanderfolge von Kaisern, deren beste und verdienstvollste sich gar nicht mit den inneren Angelegenheiten befassen konnten, weil sie alle ihre Streitkräfte entweder zum Schutze der Grenzen oder zum Kampfe gegen Usurpatoren verwenden mussten, welche ihrerseits, ausgenommen die Anerkennung durch den Senat, im Wesentlichen gleiche Rechte mit ihnen hatten.*

Bei alledem musste der Verfall des römischen Reiches durchaus noch einen rascheren Gang nehmen auch in Folge des erhöhten Luxus in der römischen Gesellschaft und im Gemeinwesen und besonders in den öffentlichen Festen, Triumphen, Schauspielen etc., bei der gleichzeitigen Verarmung der Stadt- und Landbevölkerung in Folge der inneren und äusseren Kriege.*

Und dennoch bietet recht eigentlich in kriegerischer Beziehung diese Periode einen nicht geringen Grad von Interesse durch die mehr oder weniger geschickten und bedeutenden Kriege, Feldzüge und Kriegs-

*) S. Heeren, Geschichte des Alterthums

aktionen verschiedenster Art (strategisch, taktisch, in Bezug auf Fortifikation und Belagerungskunst u. s. w.), vieler ausgezeichneter Feldherren, wie Drusus, Tiberius, Germanicus, Vespasian, Titus, Trajan, Marc Aurel, Septimius Severus, Alexander Severus, Maximin, Claudius II., Aurelian und Probus. Unter ihrer Führung und Einwirkung erschien die römische Kriegskunst noch nicht im Verfalle und that sich durch glänzende Erfolge und Siege hervor, während die römischen Heere in ihren Thaten an die Zeiten ihres alten Kriegsruhmes erinnerten.

ALLGEMEINE

KRIEGSGESCHICHTE

DES ALTERTHUMS.

VIERTE PERIODE.

VON AUGUSTUS BIS ZUM UNTERGANG DES WESTRÖMISCHEN REICHES.

(30 v. Chr. — 476 n. Chr.)

II. Abtheilung.

Von Diocletian bis zum Untergang des Weströmischen Reiches.

(284—476 n. Chr.)

Sechsundfünfzigstes Kapitel.

Militärische Organisation, Einrichtungen und Kriegskunst im römischen Reiche während dieser Periode.

§. 388. *Militärische Organisation und Einrichtungen.* — §. 389. *Verschiedene Truppengattungen, ihre Anzahl und Bewaffnung.* — §. 390. *Aufstellung, Bewegungs- und Kampfart der Truppen.* — §. 391. *Innere Organisation und Geist der Truppen.* — §. 392. *Lagerkunst, Fortification, Belagerungskunst, Ballistik und Brandgeschosse.* — §. 393. *Standpunkt der Kriegskunst im Allgemeinen.* — §. 394. *Kriegsmacht und Kriegskunst zur See.*

---

§. 388.

Militärische Organisation und Einrichtungen.

Seit Diocletian's Zeit (284—305) gewinnt die militärische Organisation des römischen Reiches eine vollkommen andere, neue Form. Indem Diocletian den ersten Anfang zur Umwandlung des römischen Reiches in eine Monarchie unter der unbeschränkten Macht der Imperatoren machte, bildete er zugleich die dem entsprechende militärische Organisation aus. Er concentrirte die oberste militärische Gewalt in seiner eigenen Hand und an seinem Hofe. Da er einsah, dass es unumgänglich nöthig sei, die Macht und den Einfluss der prätorianischen Präfekten und des Heeres zu brechen, so beschränkte er dieselben wesentlich durch Erlassung strenger Gesetze und Einführung einer straffen Ordnung, vertheilte die Prätorianer an die Grenzlegionen, hob ihr

12*

stehendes Lager vor den Thoren Roms auf und legte statt dessen weniger zum Schutze der Stadt als zur Aufrechthaltung der Ruhe und Ordnung in derselben zwei illyrische Legionen nach Rom, welche (nach dem von ihm und Maximinian Augustus angenommenen Beinamen: Jovius und Herculius) die Jovianer und Herculianer genannt wurden.

Die von ihm begonnene Umgestaltung ward durch Constantin d. Gr. vollendet. Dieser, welcher noch grösseren Anlass hatte, als Diocletian, die Macht und den Einfluss der Truppen zu brechen, trennte die militärische Gewalt gänzlich von der bürgerlichen, um die Statthalter der Mittel zu berauben sie zum Bösen zu verwenden, sowie um die kaiserliche Macht zu stärken und zu befestigen. Nach dem Siege aber über Maxentius (312) löste er die Prätorianer gänzlich und für immer auf und führte eine neue Eintheilung und Vertheilung der Truppen ein. Von diesem Zeitpunkte an wurde die gesammte Land-Streitmacht des Reiches eingetheilt: nach den 4 Präfekturen, 13 Diöcesen oder Kreisen und 117 Provinzen oder Bezirken, in welche Constantin d. Gr. das Reich gegliedert hatte, und sie bestand: 1) in Legionen (*Legiones, Numeri, Praefecturae*), 2) in Hülfs-Fuss-Compagnieen (*Auxiliae*) und Reiter-Schwadronen (*Vexillae*), 3) in Fuss-Cohorten und Flügel- oder Reiter-Schwadronen der Grenztruppen (*Cohortes et alae limitanes*), und 4) in der kaiserlichen Leibwache oder Garde, alter und junger (*Domestici, Protectores*), eingetheilt in Corps (Abtheilungen, *Scholae*) oder Compagnieen. Von den Legionen und Hülfstruppen gab es dreierlei Arten: 1) die *Palatinenses*, kaiserlichen; sie bildeten die aktiven Feldtruppen, hatten keine für immer feststehenden Garnisonorte und erhielten einen weit höheren Gehalt als die übrigen Truppen; 2) die *Comitatenses* oder Provinzialen (von *Comitatus*, Provinz): sie bildeten eine Art Landes-Contingent, waren beständig in den Provinzen, welche sie stellten, in Häusern untergebracht, wurden nur auf kurze Zeit zu kriegerischen Uebungen eingezogen, befanden sich aber in steter Kriegsbereitschaft; endlich 3) die *Pseudo-Comitatenses* oder Unterprovinzialen, bildeten eine Art Reserve-Landes-Contingent (Reserve-Aufgebot), das bestimmt war, im Falle besonderer Wichtigkeit oder äusserster Gefahr die *Comitatenses* zu verstärken. Was die Grenztruppen anbelangt, so waren sie längs der Grenzen angesiedelt und bildeten längs derselben besondere Grenz-Colonieen. Ausserdem unterschieden sich die Truppen, wie auch früher schon, durch Benennungen oder durch Nummern (*Legio prima, secunda etc.*), oder nach Provinzen (*Illyricae, Pannonicae, Dalmatae, Syriacae, Maurii*), oder nach den Namen der Imperatoren, von welchen sie creirt worden (*Flavianis, Joviana, Herculiana*), oder nach irgend welcher von ihnen zur Schau getragenen Auszeichnung oder Eigenthümlichkeit (*Martiarii, Vindices, Pii*).

Constantin d. Gr. verminderte die Anzahl der Truppen erheblich gegen früher; aber der Verfall der sittlichen Kräfte im Volke machte es mehr und mehr unvermeidlich, dass Barbaren in das römische Heer aufgenommen wurden, deren Zahl in dem Etat der Legionen nicht allein, sondern auch der Hülfstruppen sich unablässig vermehrte. Seit Constantin d. Gr. begannen bereits die Christen den Haupttheil des römischen Heeres zu bilden, und bei der Aushebung, wie bei der Thronbesteigung der Kaiser, wie an den kaiserlichen Geburtstagen und der Feier der Decennalien (*Sacra decennalia*), d. h. ihrer zehnjährigen Regierung, schwuren die Truppen nicht nur den Eid gleichen Inhalts wie vordem zur Zeit des Augustus, sondern schwuren im Namen der heiligen Dreieinigkeit und der Kaiserlichen Majestät. Constantin d. Gr. vermehrte die Anzahl der militärischen Befehlshaberstellen und Personen, stellte deren gegenseitige Abhängigkeit und Unterstellung fest auf Grund neu eingeführter Rangbezeichnungen und ordnete sie den verschiedenen höchsten Staatsverwaltungen Ministerien) unter, welche sich in der Person des Kaisers vereinigten. So war die ganze oberste Militärverwaltung unterstellt den beiden Obersten des Fussvolks und der Reiter (*Magistri peditum et equitum*) und den beiden Befehlshabern der Garde zu Fuss und zu Pferde (*Comites Domesticorum peditum et equitum*).

Die von Diocletian und Constantin d. Gr. vorgenommenen Neugestaltungen hatten einen entscheidenden Einfluss auf die militärische Organisation des römischen Reiches. Bis jetzt hatte der Kriegerstand noch als der ehrenvollste und einträglichste im Staate gegolten um der ausgedehnten Rechte und Vorzüge willen, welche das Heer besass, um der reichen Besoldung willen, welche es empfing, wegen seiner schrankenlosen Macht und gesetzlosen Willkür. Aber von dem Moment an, wo er dieser Rechte und Vortheile entkleidet, einer strammen militärischen Ordnung unterworfen und schweren Dienst zu thun verpflichtet war, wollte Niemand mehr in demselben dienen, und Jedermann zog den leichteren, vortheilhafteren und angeseheneren Staats- und besonders Hofdienst vor. Daher kam es, dass bei dem gänzlichen Verfall der physischen und moralischen Kraft des Volkes und dem schlechten, nur auf Wucher bedachten Verhalten der Werber, nach des Vegetius Worten, so untaugliche Leute für das Heer angeworben wurden, dass die Bürger sie nicht einmal hätten zu Sklaven haben mögen. Um den unaufhörlichen und unzähligen Desertionen vorzubeugen und sie zu verhindern, wurden die Rekruten wie Verbrecher gestempelt (gebrannt) und die militärischen Züchtigungen verstärkt. Da aber diese Mittel bei weitem nicht ausreichten, um die Truppen in der gehörigen Verfassung zu erhalten, und zugleich die Bevölkerungszahl im

Staate mehr und mehr herabsank, so waren die Kaiser auch gezwungen, die Zahl der gemietheten Barbaren im Heere zu vermehren. — und seit Gratian's und Theodosius' d. Gr. Zeiten (367—395) begannen sie schon die grösste und hauptsächlichste Macht des Heeres zu bilden und die Führer- und Befehlshaberstellen einzunehmen. Indem sie in das römische Heer eintraten, führten sie ihre militärischen Einrichtungen und Organisation in dasselbe ein, und auf diese Weise fing die militärische Organisation des römischen Reiches an, einen römisch-germanischen Charakter anzunehmen. So waren im J. 382 die innerhalb der Grenzen des Reiches sich befindenden West- und Ostgothen durch Theodosius d. Gr. zur Unterwerfung und friedlichen Ansiedelung in den ihnen angewiesenen Provinzen bewegt worden und erhielten Ländereien von ihm mit der Verpflichtung, stets 40000 Krieger für den Kaiser bereit zu halten. Sie galten als im Dienste des Staates stehende, nannten den Kaiser ihren obersten Kriegskönig, hatten im Uebrigen aber ihre eigenen Führer und bildeten solchergestalt den ersten germanischen Militärstaat in den Grenzen des römischen Reiches. Im J. 394 befanden sich in dem Kriege Theodosius' d. Gr. gegen Argovastus, den Oberfeldherrn (*magister*) des Heeres im Westen, im Heere des Ersteren fast nur Gothen, in dem des Letzteren fast nur Franken und Alemannen. Unter Theodosius d. Gr. erscheinen die Germanen sogar schon in der kaiserlichen Leibwache (Garde).

Nach der Theilung des römischen Reiches durch Theodosius d. Gr. in ein östliches und westliches bestand die Streitmacht zu Lande:

Im östlichen Reiche: aus 1 Schola zu Fuss und 1 Schola zu Pferde der Leibwache erster oder alter Ordnung (alter Garde), und 7 Scholen der zweiten oder jungen Ordnung (junger Garde), — aus 70 Legionen: 13 palatinischen, 38 comitatischen und 19 pseudo-comitatischen, — aus 41 Compagnieen und 41 Schwadronen Hülfstruppen und aus 53 Cohorten und 66 berittenen Abtheilungen Grenzertruppen, — im Ganzen 110000 Mann Fussvolk und 15000 Mann Reiterei.

Im westlichen Reiche: aus 1 Schola zu Fuss und 1 Schola zu Pferde der Leibwache erster, und aus 5 Scholen der zweiten Ordnung, — aus 63 Legionen: 12 palatinischen, 32 comitatischen und 18 pseudo-comitatischen, — aus 65 Compagnieen und 42 Schwadronen Hülfstruppen und aus einer erheblichen, aber nicht festgestellten Anzahl von Cohorten und berittenen Abtheilungen Grenzertruppen. — im Ganzen 70000 Mann Fussvolk, 8500 Mann Reiterei und ungefähr 50000 Mann Grenzer-Fussvolk und Reiter.

Es ist augenfällig, wie gering an Zahl diese Streitmacht war im Verhältniss zu den damaligen Umständen, zu der Ausdehnung beider Reiche, und namentlich des westlichen. Einen Beweis hierfür giebt dies, dass zur Zeit des Einfalls Alarich's in Italien, unter Honorius im J. 403, Stilicho, der *magister* des Heeres im Westreiche, gezwungen war, die Grenzen Caledoniens (Schottlands) und am Rhein vollständig zu entblössen, um Italien decken zu können. Die ausserdem fast ausschliesslich aus Miethlingen, habsüchtigen und käuflichen Barbaren zusammengesetzten, numerisch schwachen Streitkräfte des Weströmischen Reiches waren nicht im Stande, den hauptsächlich gegen sie gerichteten Andrang der zahlreichen und an Leib und Seele starken Völker des Nordens abzuhalten.

Die 30 letzten Jahre endlich vom Tode des Honorius bis zum Untergange des Weströmischen Reiches sind bemerkenswerth durch das entschiedene Uebergewicht der Germanen sowohl im Staate im Allgemeinen, als im Heere im Besonderen. Zu dieser Zeit bildeten sie schon ausschliesslich die Heere der beiden römischen Reiche und hatten alle Befehlshaberstellen in denselben inne. Die obersten Heerführer — *magistri militiae* —, gleichfalls Germanen oder andere Barbaren, erlangten ungewöhnliche Macht, Ansehen und Gewalt im Staate und eine vollkommene Unabhängigkeit und Selbständigkeit den Kaisern gegenüber, weil die von ihnen angeworbenen Söldnerheere, aus Barbaren bestehend, schon vollkommen von ihnen abhingen. Solche waren: Bonifacius, Castinus, Aëtius, Rizimer, Gundobald, Orestes, und der Letzte von ihnen, Odoaker, der dem Bestehen des Weströmischen Reiches ein Ende machte.

§. 389.

Verschiedene Truppengattungen, ihre Anzahl und Bewaffnung.

Die Bewaffnung der Truppen war allmälig eine so leichte geworden, dass der Soldat, so zu sagen, durch Nichts mehr gedeckt und geschützt war. Unter Gratian hörte das Tragen von Helmen und Panzern gänzlich auf, sogar die leichten griechischen Helme wurden zu schwer befunden und durch pannonische Pelz- (Schaf- oder andere) Mützen ersetzt. Auch das Schwert und der Speer wurden allmälig leichter gemacht, und auf diese Weise, sagt Vegetius, wurden die Römer im Kampfe wie Schlachtvieh, nicht aber wie Männer niedergemacht.

Er giebt an, dass zu seiner Zeit Ende des 4. Jahrh. die Reiterei sich gegen die übrige Armee auszeichnete durch die vortreffliche Bewaffnung und Ausbildung der Reiter, wie durch die Trefflichkeit der Pferde. Aber das ist doch zu bezweifeln, da diese Cavallerie das römische Heer nicht gegen Niederlagen durch die Barbaren schützte, und jedenfalls konnte sie, wenn sie wirklich auch gut war, nicht für den Mangel an gutem Fussvolk entschädigen.

Seit Diocletian und besonders seit Constantin d. Gr. fingen die Feld-Wurfgeschütze, gerade so wie die Barbaren, die Hauptstärke der römischen Heere zu bilden an.

Die relative Anzahl der verschiedenen Truppengattungen in der Legion war, nach Vegetius, zu seiner Zeit (Ende des 4. Jahrh.): 6100 Mann schweren Fussvolks und 726 Mann Cavallerie, ausserdem noch die leichten Truppen, im Ganzen also eine Durchschnittszahl von etwa 7000 Mann aus allen Truppenarten. Aber auch das ist zu bezweifeln, denn unter Diocletian und Constantin d. Gr. belief sich die effektive Stärke der Legion nur auf 4—5000 Mann der verschiedenen Truppengattungen, und diese wurden später noch allmälig herabgemindert bis auf 2500, 2000 und sogar nur 1000 Mann. An Feldgeschützen gab es, nach Vegetius' Angaben, je 1 Handballiste per Centurie und je 1 Onager per Cohorte, folglich 60 der Ersteren und 10 der Letzteren per Legion oder je 1 Geschütz auf etwa 100 Mann, — eine unverhältnissmässig grosse Zahl! Die Stärke der Hülfscohorten betrug bis zu Constantin d. Gr. in einigen 500 Mann, in anderen bis zu 1000 Mann, wobei die Reiterei bald mit-, bald nicht mitgerechnet ist. Von Constantin d. Gr. an bestanden die Fusscompagnieen der Hülfstruppen aus 100 Mann, die Cohorten der Grenzer aus 500 Mann, die Reiterabtheilungen (Schwadronen) der Hülfstruppen aus 200, der Grenzer aus 100 Mann. Zusammensetzung und Anzahl der von den botmässigen Völkern zu stellenden Truppen war nicht festgestellt und nicht immer dieselbe, da sie von der Kriegsorganisation und den Gewohnheiten dieser Völker und von den Umständen abhingen.

Die Legionsadler schmückte Constantin d. Gr. schon am oberen Ende mit einem Kreuze, auch führte er ausser diesen Adlern Kreuzesfahnen (Paniere, *labarum*) ein, Feldzeichen auf kreuzförmigen Stangen mit einer Darstellung des Gekreuzigten oder einem Bilde von Jesus Christus, wobei das Monogramm seines Namens *J. C.* an die Stelle des früheren Monogramms *S. P. Q. R.* (*Senatus Populusque Romanus*) trat.

§. 390.

Aufstellung, Bewegungs- und Kampfart der Truppen.

Im 4. und 5. Jahrh. näherte sich die Aufstellung der Legion entschieden mehr und mehr der Formation der Phalanx in vielen Beziehungen, obgleich sie in anderen sich von dieser unterschied. So stellte sich z. B. die Legion schon fast ganz ohne Zwischenräume (Intervalle) auf, aber nur in sechs Gliedern, d. h. aus der auseinandergezogenen war eine geschlossene, aus der tiefen eine dünne Aufstellung geworden. Das Letztere war die natürliche Folge der übermässigen Vermehrung der Zahl der Wurfgeschütze bei den Legionen. Es hatte sich hierdurch die

Form der Legion bereits so gegen früher verändert, dass nur noch der Name an die alte römische Legion erinnerte, andrerseits aber war sie auch keine vollkommene Phalanx, sie bot vielmehr das Bild derselben Unordnung, Unregelmässigkeit und Formlosigkeit dar, wie diese ganze Zeitperiode selbst.

Die Regelmässigkeit, Ordnung, die Behutsamkeit und Schnelligkeit der Marschbewegungen der römischen Legionen und Armeen begann schon seit dem 3. Jahrh. mehr und mehr nachzulassen. Die Abnahme der Schnelligkeit derselben entsprang besonders aus der Verminderung der leichten Beweglichkeit der römischen Heere, in Folge der Verweichlichung und Schwächlichkeit der Krieger, der Vermehrung an Wurfgeschützen, an Bagage und Fahrzeugen, und der zunehmenden Verheerung, Entvölkerung und Verarmung des Landes im Reiche und der daraus hervorgehenden Erschwerung des Unterhalts der Truppen.

Die Unterbringung der Truppen in Marsch- und stehenden befestigten Lagern wurde schon oben dargestellt §. 347.

Was die Aktion der Truppen im Kampfe anbelangt, so muss hervorgehoben werden, dass die Römer den seit dem 3. Jahrh. immer zunehmenden Verfall an sittlicher Kraft des Heeres, gleich den Griechen in deren letzter Zeit, durch taktische, kleinliche, unwesentliche und unnütze Spitzfindigkeiten zu ersetzen suchten, dass die Aktion im Kampfe vorzugsweise und schliesslich ganz und gar defensiv und nicht offensiv wurde und namentlich eine erhöhte Thätigkeit der Wurfgeschütze und Fernwaffen eintrat. Das erreichte aber seinen Zweck in keiner Weise, sondern bewies nur klärlich den Kleinmuth der Römer und den Verfall ihrer Kriegskunst. Das Handgemenge mehr als den Tod fürchtend, suchten sie auf alle Weise den Feind aus möglichst weiter Ferne durch heftiges Feuer ihrer Fernwaffen und Wurfmaschinen aufzuhalten, niederzuwerfen und zu vernichten, und setzten daher ihre ganze Hoffnung auf diese Wurfgeschütze. Aber eben diese Wurfgeschütze brachten durch ihre Unbeweglichkeit und Ungelenkigkeit nur in den Rotten, Gliedern und Linien ihrer eigenen Truppen Unordnung und Verwirrung hervor, keineswegs aber hielten sie den Feind auf, am wenigsten die Barbaren. Diese Letzteren, die Maschinen ebenso verachtend wie die römischen Truppen selbst, warfen sich gleich bei Beginn des Kampfes auf dieselben, bemächtigten sich ihrer ohne Mühe und besiegten dann die römischen Krieger um so leichter im Handgemenge, wenn diese nicht überhaupt sofort sich zu schimpflicher Flucht wandten und wirklich den Angriff zu erwarten wagten. Im Nahgefechte, wo überlegene Körperkraft und persönliche Tapferkeit mehr entscheidet als taktische Kunst, hatten die Barbaren natürlich eine entschiedene Ueberlegenheit über die römischen Truppen.

Solchergestalt büsste die römische Taktik mehr und mehr ihren ursprünglichen, wahren, altrömischen Charakter ein und nahm den ihr fremden griechischen an, und zwar jenen aus der Zeit des Verfalls der Kriegskunst bei den Griechen. Im 4. und 5. Jahrh. sank auch sie mit der stetig zunehmenden Auflösung des Reiches und der moralischen *décadence* des Heeres immer tiefer und verfiel endlich, als sie den kläglichsten Stand erreicht hatte, mit dem Untergang des Weströmischen Reiches zugleich im westlichen Europa ganz und gar, während sie nur noch im Oströmischen oder byzantinisch-griechischen Reiche weiter lebte.

§. 391.

Innere Organisation und Geist der Truppen.

Seit Diocletian und Constantin d. Gr. gewann die militärische Rangstufenfolge eine gänzlich neue Gestaltung und nahm einen Charakter an, wie sie ihn bei den Völkern des Orients immer gehabt hatte. Die militärische Gewalt war vollkommen von der bürgerlichen getrennt, und ausserordentlich vermehrt waren, ohne dass die Truppen davon besonderen Nutzen hatten, die verschiedenen militärischen Grade und Aemter. Die Offizierstellen in der Legion bekleideten: die Decurioni, Untercenturionen, Centurionen (von denen die ältesten 5 der ersten Cohorte *ordinati* hiessen und die Gehülfen der Tribunen waren) und die Tribunen. Die Legionen wurden befehligt durch die Legions-Präfekten, die Grenzer- und Provinzialtruppen durch *comites* (*comes*) und *duces* (*dux*), deren es 35 gab, alle Truppen im Reiche aber standen unter dem Befehl eines *magister peditum* (Führer des Fussvolks) und eines *magister equitum* (Führer der Reiterei), welche Constantin d. Gr. an Stelle der prätorianischen Präfekten eingeführt hatte: diese verwalteten die Präfekturen und hatten nur bürgerliche Gewalt. Die Truppen der Kaisergarde commandirte ein *comes* des Fussvolks und ein *comes* der Reiterei (*comites domesticorum peditum et equitum*), und über ihnen standen besondere Obersten, *magistri praesentales* genannt. Die oberste Führung der Gardetruppen lag einem Würdenträger ob, dem *magister officiorum* (eine Stellung, die unserm heutigen Minister des Hauses und des Innern entspricht). Der oberste Heerführer der gesammten Militärmacht des Reiches war der Kaiser selbst. Unter Theodosius d. Gr. wurde die Zahl der *magister* auf fünf vermehrt, nach ihm aber, als das Reich in das westliche und östliche getheilt war, auf acht und noch mehr. Zu dieser Zeit existirten in jedem Reiche je zwei *comes* der Leibwache (einer des Fussvolks, einer der Reiter), und je ein *magister militiae* (Führer des ganzen Heeres), welcher alle militärischen Kräfte des Reiches befehligte und eine so ausgedehnte Macht besass, wie nur je die Präfekten der Prätorianer.

Ausserdem gab es im 4. und 5. Jahrh. in den römischen Heeren eine grosse Menge von Chargen und Posten der verschiedensten Arten und Benennungen, welche irgend ein spezielles Commando oder Verwaltung zu führen, oder den Truppenbefehlshabern bei der Führung und Verwaltung behülflich zu sein hatten, — was vordem in dem römischen Heere nicht üblich gewesen war, wenigstens nicht in solchem Umfange und Maasse. So gab es bei den Heeren: 1) Präfekten verschiedener Art. z. B *praefecti castrorum* (Lagerpräfekten), welchen die Auswahl der Orte für das Lager, Aufbau und Befestigung des letzteren, Vertheilung der Truppen in demselben, der Wurfgeschütze, der Lazarethe, der Aerzte, der Kranken, sowie die Ausrüstung derselben mit Zelten, Gepäck, Bagage und Fahrzeugen u. s. w. oblag; *praefecti* der militärischen Handwerker, den Lagerpräfekten unterstellt und über alle Kriegsarbeiten der militärischen Handwerker gesetzt, welche bei den Legionen standen, sowie auch Vorgesetzte der Legionshandwerksstätten und Magazine, in welchen die Waffen, Geschütze, Maschinen u. s. w. angefertigt, ausgebessert und aufbewahrt wurden: — *praefecti* der Staatswaffenfabriken, Arsenale, Rüstkammern, Magazine u. s. w.; *Metatores* und *mensores* (Abstecker und Abmesser), welche unter den Lagerpräfekten standen, den Platz für das Lager auszumessen, das Lager aufzuschlagen und die Truppen darin unter zu bringen hatten; — 3) *Tesserarii* (von *tessera* — das Paroletäfelchen), welche zu militärischen schriftlichen Arbeiten, Ausgabe der Parole und Befehle etc. verwendet wurden; 4) zahlreiche Gehülfen der *magistri, comes*, und *duces*, in verschiedenen Stellen und Rangstufen, unter den Namen *Assessores*, *Adjutores*, *Apparitores* u. s. w., bei jedem *magister*, *comes* oder *dux* noch ihrem eigenen *princeps*[*] unterstellt.

Im Allgemeinen hatte im 4. und 5. Jahrh. die militärische Rangstufenfolge im römischen Reiche wegen der unverhältnissmässigen Menge der Chargen, Aemter und Stellen, welche zum grössten Theil nur Titular- oder Ehrenposten waren, und nach der Form ihres Gehaltes wie ihrer Beschäftigungen vollkommen einen den orientalischen Monarchieen eigenen Charakter. Die militärischen Posten, Aemter und Titel wurden meistens nicht, wie im Alterthum, an solche Personen verliehen, welche sich durch Eifer im Dienste, durch strenge Pflichterfüllung, durch Muth und Tapferkeit im Kampfe ausgezeichnet hatten, sondern an Höflinge, an Vornehme, an Personen, welche niemals im Heere gedient hatten, an

*) Sie entsprachen den heutigen den Truppenführern beigegebenen Generalstabsoffizieren und Adjutanten.

Schmeichler und Leute, welche von höfischen Intriguen und Ränken lebten. Die natürliche Folge davon war: unruhige unersättliche Ehrliebe, niedrige Kabalen, zahllose Missbräuche, Ungerechtigkeiten, Missvergnügen, Unordnungen und Verwirrung im Heere u. s. w.

Die militärische Verwaltung war seit Diocletian und besonders seit Constantin d. Gr. in eine Menge von Verwaltungsbehörden und Personen getheilt, welche einander unterstellt waren und sich in den höchsten Spezialverwaltungen concentrirten, denen unter der allerhöchsten Gewalt des Kaisers die ausgewähltesten höchsten militärischen Würdenträger vorstanden. So gab es für die Bewaffnung des Heeres eine besondere Verwaltungsbehörde, welche für die Anfertigung, Ausbesserung, Aufbewahrung und Verausgabung der dem Staate gehörigen Waffen, Geschütze, Kriegsmaschinen u. s. w., und für alle Staatskriegsvorräthe; Magazine, Arsenale u. s. w. in Rom, Constantinopel, den Provinzialstädten, den ständigen Grenzlagern und Festungen, und bei den Feldarmeen Sorge zu tragen hatte. Die Waffen- und Maschinenvorräthe und Magazine standen unter der Aufsicht besonderer Aufseher, und alle überhaupt unter der oberen Controlle eines besonderen *praefectus fabrorum* (Oberingenieur, Zeugmeister). Waffen zu schmieden war einzelnen Personen untersagt, sie durften auch überhaupt nur nach den Mustern der Staatsfabriken gefertigt werden, ebenso war es verboten Waffen und Metalle an die Barbaren zu geben (welche aber dessen ungeachtet dieselben auf alle Weise erlangten, entweder im Kampfe, oder als Kriegsbeute, oder für Geld; auch litten sie niemals daran Mangel, sondern erlangten davon immer mehr und mehr). Diocletian und Constantin d. Gr. verminderten den Sold des Heeres um Etwas und beschränkten zugleich damit den Luxus im Heere. Aber nach ihnen ging Beides wieder allmälig in die Höhe, und erreichte in der letzten Zeit im 5. Jahrh. eine solche Höhe, dass z. B. jeder der höchsten Führer für den Krieg 200 Diener und 150 Pferde erhielt.

Die Unterhaltungskosten des Heeres schränkte Constantin d. Gr. ein wenig ein, indem er die ungeheuren Summen verringerte, welche die Offiziere, besonders die höheren, empfingen, und die Geldausgaben durch Naturalleistungen ersetzte. Nach ihm aber nahm Alles wieder die früheren und sogar noch grössere Dimensionen an.

Bagage und Train bei den Armeen hatte sich an Zahl ausserordentlich vermehrt, sowohl dadurch, dass die Lebensmittel und schliesslich sogar die Waffen und das Gepäck der Soldaten nicht mehr von diesen selbst getragen, sondern auf Fahrzeuge und Lastthiere geladen wurden, als auch durch den ausserordentlichen Luxus der Offiziere, namentlich der höchsten.

Die kriegerischen Uebungen (Frontexercitium u. dgl.) wurden unter Diocletian wie unter Constantin d. Gr. noch mit grösserer oder geringerer Sorgfalt vorgenommen. Aber nach Constantin d. Gr. schenkte die Regierung weder den militärischen Uebungen der Truppen noch der Beschäftigung derselben mit gemeinnützlichen Arbeiten (Anlegung von Befestigungen, Wegen, Brücken, Gebäuden u. s. w.) mehr die geringste Aufmerksamkeit, und die Soldaten verbrachten die ganze Friedenszeit in Nichtsthun und Faullenzen, in Eigenmächtigkeiten, Thorheiten und Gewaltthaten; und gleich dem Volke, namentlich dem Pöbel Roms, bei den öffentlichen Schauspielen im Circus nach Blut lechzend, fürchteten sie feige den Tod im Kampfe und wandten sich vor dem Feinde schimpflich zur Flucht. Eine kriegswissenschaftliche Bildung war zwar bei den Römern vorhanden, aber wie bei den Griechen in der letzten Zeit war es eine falsche und werthlose, deren Hauptzüge in leerer Pedanterie, nutzloser Kleinigkeitskrämerei und jämmerlicher Compilation bestanden. Die besten Kriegsschriftsteller waren Griechen, unter den Römern ist der einzige Flavius Vegetius, unter der Regierung Valentinian's II. Ende des 4. Jahrh., zu nennen, aber auch dieser war kein Kriegsmann.

Die militärische Zucht und der Geist der Truppen waren noch mehr oder minder gut unter Diocletian, Constantin d. Gr., Julian, Theodosius d. Gr., und einer kleinen Zahl der übrigen Kaiser und Feldherrn, welche sich bemühten, Beides herzustellen und nach Möglichkeit aufrecht zu erhalten. Aber nach diesen wenigen Ausnahmen sank Beides immer tiefer bis zu einer in der Geschichte beispiellosen Stufe. Es ist in der That weder früher noch später irgendwo eine gleich tiefe moralische Versunkenheit nachzuweisen, wie sie hier das römische Heer zeigt, und die man nur mit den dunkelsten Farben schildern kann. Die Bestrafungen für militärische Vergehen und Verbrechen waren immer grausamer geworden, die Missethäter wurden qualvollen Torturen unterworfen, mit Knüppeln todtgeschlagen, geviertheilt, lebendig in die Erde vergraben u. s. w. Aber das Alles nutzte zu gar Nichts: die Soldaten fürchteten die Folter und den qualvollen Tod, aber mehr noch den offenen Kampf mit dem Feinde und den Tod in demselben, — und dieser Kleinmuth oder besser gesagt, diese Feigheit und Gemeinheit waren die hässlichsten Laster der tief gesunkenen Nachkommen ihrer ruhmreichen Altvordern!

Dafür waren in dem Systeme ihrer Belohnungen, nicht nach der guten, sondern nach der bösen Seite, dem System der Bestrafungen schnurstracks entgegenlaufende Veränderungen eingetreten. Wenn die Züchtigungen unmenschlich grausam geworden waren, so erreichten dagegen die Belohnungen eine äusserste, ganz wahnsinnige Höhe. Der Frontsoldat wurde für kriegerische Auszeichnung, statt durch Avancement, durch Erhöhung des Soldes, durch verschiedene kostbare Zeichen der Auszeichnung, Einrangirung in verschiedene Ehrenklassen der Truppen belohnt, als z. B.: *campigeni*, d. h. im Lager Geborene, *beneficiarii*, d. h. solche, welche das Geschenk des *beneficium* oder ein Landgut erhalten hatten, *torquati*, d. h. welche ein goldenes Halsgeschmeide! erhielten (wie Frauenzimmer), *armaturae duplares*, d. h. die doppelten Sold erhielten u. s. w. Diese Art von Belohnungen, vorzüglich die in Gelde, stiegen allmälig dem Rang entsprechend und erreichten bei den höheren Chargen eine ganz unverhältnissmässige Höhe. Aber auch diese, nach den Worten des Vegetius nicht durch wirkliche Verdienste und Auszeichnungen, sondern durch Kriecherei, Schmeichelei, Bettelei, Intriguen, und selbst durch Verbrechen erworben, waren nicht nur nicht im Stande, die alten kriegerischen Tugenden wieder hervorzurufen, sondern verdarben den kriegerischen Sinn in den Heeren nur noch mehr. Was die höchsten Ehren, — den Triumph und die Apotheose — anbelangt, so wurde der erstere, den Diocletian und Maximian im J. 303 zum letzten Male feierten, dennoch zum Glück für immer abgeschafft, weil Diocletian und seine Nachfolger ihn schon für nichtssagend und eines kaiserlichen Selbstherrschers unwürdig, für Privatpersonen dagegen für eine zu bedeutungsvolle und zu hohe Belohnung hielten. Die Apotheose dagegen, d. h. die Erhebung der sterblichen Kaiser zum Range der Götter (!) wurde durch Constantin d. Gr. sofort nach der Erklärung des Christenthums zur Staatsreligion im Kaiserreiche beseitigt.

§. 392.

Lagerkunst, Fortification, Belagerungskunst, Ballistik und Brandgeschosse.

Zu Gratian's Zeit (375—383) hatten die kraftlosen und verweichlichten römischen Soldaten, unfähig zu jeder kriegerischen Arbeit, gegen welche sie ausserdem einen unüberwindlichen Widerwillen hegten. aufgehört, ihre Feldlager für jede Nacht zu befestigen und, indem sie sich solchergestalt der Hauptschutzmittel begaben, sich plötzlichen Angriffen und der Niedermetzelung Seitens des Feindes ausgesetzt.

Zu Deckung und Schutz der Grenzen wurden mehr und mehr gewaltige Verschanzungslinien, Wälle, Mauern, einzelne Schanzen oder Forts u. s. w. aufgeführt. So erbaute Constantius Chlorus, der Vater Constantin d. Gr., solche Festungen mitten im Lande der unabhängigen Germanen; Ulius Cimber, der Statthalter von Bithynien, eine ganze Reihe von hölzernen Blockhäusern im Taurusgebirge, um dem Einfall der Tarser vorzubeugen; Valentinian I. im J. 368 feste Burgen oder Forts von Rhätien bis zum Ocean u. s. w. Im Allgemeinen wurden die Grenzen mit grossen oder kleinen Festungen besetzt oder sogar mit ganz zusammenhängenden verschanzten Linien, mit Erdwällen oder steinernen Mauern, Thürmen u. s. w. Aber das Alles hielt die Barbaren nicht im Mindesten ab und konnte ihre Angriffe, Einfälle und Verheerungszüge nicht hindern. Die Festungen und verschanzten Linien mochten noch so stark sein, sie konnten Jene nicht aufhalten, wenn die Vertheidiger dieser Linien und Forts keine Spur von Muth und Tapferkeit mehr besassen. Aber für die eigentliche Fortification selbst als Kunst, war diese Zeit nicht ohne Nutzen, und obschon namentlich die Feldbefestigungskunst seit Jul. Cäsar keine besonders wichtigen und hervorragenden Erfolge mehr erreicht und nicht annähernd wieder so ungeheure Dimensionen angenommen hatte, wie Cäsar's Arbeiten, so war sie dennoch nicht in Verfall gerathen, sondern befand sich in blühender Entwicklung. Dasselbe ist auch von der Belagerungskunst zu sagen, welche für den Angriff wie für die Vertheidigung zu der höchsten Entwicklung und Vervollkommnung im Alterthum gelangte. Das hatten namentlich die vielen mehr oder minder wichtigen und bedeutenden Belagerungen jener Zeit herbeigeführt. Hinsichtlich der Mineurkunst und des unterirdischen Belagerungskrieges waren besonders die vom Kaiser Julian bei der Belagerung der Stadt Maogamalcha in Persien im J. 363 ausgeführten Arbeiten dieser Art von Bedeutung. Im Allgemeinen gilt das, was oben im § 347 bezüglich des Standpunkts der Belagerungskunst in der Periode von 30 v. Chr. bis 284 n. Chr. gesagt wurde, auch von der gegenwärtigen Periode, 284—476 n. Chr.

Was die Brandgeschosse und Zündstoffe, welche geschleudert wurden, anbelangt, so muss in Ergänzung des im § 347 Gesagten hier noch angeführt werden, dass keine weiteren Nachrichten über deren Anwendung während der vorliegenden Periode vorhanden sind, man weiss nur, dass sie bei den Römern mehr und mehr in Gebrauch kamen. In dem Maasse, wie die Art ihrer Kriegführung und ihrer verschiedenen kriegerischen Handlungen einen vorzugsweise, endlich sogar fast ausschliesslich defensiven Charakter annahm, erweiterte sich auch mit der Anzahl der Wurfgeschütze und Maschinen, die Anwendung der Brandgeschosse und Zündstoffe, sowohl zu Lande wie zur See, wie bei der Belagerung und Vertheidigung von Städten und Festungen, so auch in den Kriegsactionen im Felde, gegen befestigte Feldlager, wahrscheinlich sogar auch in Feldschlachten. Einen Anhalt für die letztere Behauptung giebt dies, dass die römischen Truppen und Heere bei ihrer vorzugsweise defensiven Haltung auf jede Weise bemüht waren den Feind in der möglichst weiten Entfernung aufzuhalten, wozu neben den Wurfmaschinen und -Geschützen auch Brandgeschosse u. dgl. wohl dienen konnten.

§. 393.

Standpunkt der Kriegskunst im Allgemeinen.

Ueber den Standpunkt der Kriegskunst bei den Römern im Allgemeinen ist wenig zu sagen, und dieses Wenige bietet nichts Erfreuliches und Lichtvolles. Aus Allem, was bereits oben in den §§. 388—392 angeführt wurde, kann man schon entnehmen, dass mit Ausnahme der Zeiten unter Diocletian, Constantin d. Gr., Julian, Theodosius d. Gr. und sehr weniger anderer Kaiser und Heerführer, die römische Kriegskunst im Grossen und Ganzen nicht anders konnte, als dem allgemeinen Verfall des Staates in allen Beziehungen, politischen und staatlichen wie militärischen, zu folgen, und so hatte sie endlich, immer tiefer sinkend, zur Zeit des Untergangs des weströmischen Reiches den allerkläglichsten Stand erreicht und ging in dieser Form im westlichen Europa auf die Völker germanischer Abstammung über, welche diese Hälfte des römischen Reiches zerstört und auf diesen Trümmern ihre neuen Reiche gegründet hatten. Im Osten dagegen erhielt sie sich in dieser Gestalt im oströmischen oder byzantinisch-griechischen Kaiserreiche und ging ebenso in grösserem oder geringerem Maasse auf die Völker des östlichen Europa und des westlichen Asien über. — Dies war eine allerdings nicht sehr beneidenswerthe Erbschaft, aus welcher sich aber im westlichen Europa nach und nach eine neue Kriegskunst zu entwickeln begann, die ihres Orts später ausführlicher besprochen werden soll.

Im Speziellen ist noch zu bemerken, dass von allen Zweigen der römischen Kriegskunst noch in dem verhältnissmässig besten Zustande sich erhielt und auf die nächsten Erben überging: die Fortification, vornehmlich die permanente, die Belagerungskunst und die Ballistik, mit Einschluss der Anwendung von Brandgeschossen und Zündmitteln, welche durch ihre späteren Folgen ausserordentlich wichtig wurde.

§. 394.

Kriegsmacht und Kriegskunst zur See.

Die Seestreitmacht und die Zahl der römischen Flotten zur See wie auf Flüssen war in dieser Periode sehr angewachsen. Nach der Theilung des römischen Reiches durch Theodosius d. Gr. im J. 395 in ein westliches und ein östliches, während der 81 Jahre bis zum Untergang des Ersteren, existirten im westlichen Reiche an den Küsten Italiens, Afrikas, Hispaniens, Galliens und Britanniens, wie auf der Donau in Pannonien, auf dem Rhein und anderen Flüssen im Ganzen 16 grosse und kleine Seeflotten und Flussflotillen, im östlichen Reiche aber an den

Küsten von Illyrien, Dalmatien, Griechenland, des 1. und 2. Mösiens, Thraciens, Daciens, Scythiens, Kleinasiens, Syriens und Aegyptens — 18 eben solcher Flotten.

Der Zustand, die Formation und Kampfart dieser Flotten blieben dieselben wie in der vorigen Periode (§. 349) mit dem alleinigen Unterschiede, dass die Flottenmannschaft immer schlechter und jämmerlicher wurde, die Kriegsmacht und -Kunst zur See aber im Allgemeinen mit dem Verfall der Landmacht gleichen Schritt hielt.

Siebenundfünfzigstes Kapitel.

Die Völker, gegen welche die Römer in dieser Periode Kriege führten.

§. 395. *Die Germanen.* — §. 396. *Die Gothen.* — §. 397. *Die Daker.* — §. 398. *Die Vandalen.* — §. 399. *Die Scythen.* — §. 400. *Die Sarmaten.* — §. 401. *Die Slowenen oder Slawen.* — §. 402. *Die Hunnen.* — §. 403. *Die Perser.*

§. 395.

Die Germanen.

Schon oben (§. 350) geschah der Nachrichten Erwähnung, welche die alten griechischen und römischen Schriftsteller, vornehmlich Tacitus, uns über die Germanen hinterlassen haben. Hier soll nur noch angeführt werden, was die Forschungen der neueren historischen Kritiker darüber enthalten.[*])

Die älteste, allerdings dunkle, mythologische und historische Ueberlieferung, die Aehnlichkeit der alten Germanen mit den Persern in Sitten und Gebräuchen, der deutschen Sprache mit der persischen und dem Sanskrit, weist darauf hin, dass die Germanen gleich anderen Völkern aus Asien nach Europa gekommen sind. Der Zeitpunkt ihrer Einwanderung ist unbekannt, die Orte aber, wo sie sich zuerst niederliessen, lagen wahrscheinlich an den nördlichen Ufern des Pontus Euxinus (Schwarzen Meeres) und am Tanais-Flusse (Don). Später von neuen aus Asien von Osten her einwandernden Völkern, den Sarmaten (s. unten §. 400) gedrängt, rückten sie an den Dnjepr und die Weichsel, dann an die Elbe, Donau und den Rhein vor und breiteten sich allmälig auf dem ganzen Raume zwischen Rhein und Weichsel, Donau und Nordsee und jenseits der letzteren nach Skandinavien aus. Damals waren drei Hauptstämme der Germanen bekannt: die Istaevonen, Ingaevonen und Hermionen (*Hermiones*). Die Letzteren, welche zwischen Elbe und Weser

[*]) S. darüber: das alte Germanien in dem militärisch-encyclopädischen Wörterbuch 1853. 4. Bd.

wohnten, waren das Stammvolk und nannten sich auch Teutonen und Semnonen. Von ihnen zweigten sich die Ingaevonen nach Westen, die Istaevonen nach Norden ab. Diese drei Hauptstämme waren sehr von einander verschieden, und wenn zu erweisen ist, dass von den Ingaevonen die Westphalen, Niedersachsen, Dänen und Schweden, von den Istaevonen die rheinischen Deutschen, Franken und Hessen, von den Hermionen aber die Schwaben, Bayern und Oesterreicher abstammen, so würde der alte ursprüngliche Unterschied wenigstens in den Mundarten noch heute fortbestehen.

Die bemerkenswerthesten germanischen Stämme istaevonischer Abstammung zwischen Rhein, Weser, nördlicher Elbe, Saale und Main waren die Chamaven, Usipier, Ansivarier, Brukterer, Sicambrer, Marsen, Trevirer, Tenchterer, Tubanten u. A., schliesslich auch die Cherusker, welche den Harz bewohnten. Alle diese istaevonischen Völker erscheinen in den drei grossen Verbindungen der Sicambrer, Cherusker und Katten (Chatten), und aus diesen bildeten sich in späterer Zeit (im 3. Jahrh. n. Chr.) die zwei grossen und mächtigen Verbindungen oder Bündnisse der Franken und der Alemannen.

Die ingaevonischen Stämme — eine Mischung von Germanen, Slowenen (s. unten §. 101), Letten (Lithauern) und Tschuden, wohnten von der Rheinmündung längs der Küste bis zum Ostufer des Baltischen Meeres in Jütland und Gross-Skandinavien. Zu ihnen gehörten die mächtigen Friesen, Chauken, Sachsen mit ihren drei Stämmen: Oestphalen, Westphalen und Angrivarier, die Anglen und nördlichen Albigenser, welche gemeinschaftlich mit den Sachsen — Nordmannen und später Dänen genannt wurden; in Preussen die Ariones, Venedi und Sciri: in Skandinavien die Hellevionés oder, wie sie Tacitus eintheilt, die Sviones und Sithones (h. Schweden), die Finnen, Esthen, Gothen und Levonen oder Livonen.

Die hermionischen Völker endlich, grossentheils slowenischen und lettischen Ursprungs, wanderten oder nomadisirten in gesonderten Stämmen zwischen Weser, Elbe und dem Riesengebirge (die Römer nannten sie Sueven). Zu ihnen gehörten die Varini, Sidini, Lemovii, Rugii, Heruler, Gothones (oder Guthones) mit ihren verschiedenen Stämmen, die Vandalen, Semnonen, Burgundionen u.s.w. Gesonderte Stämme der Kriegsbündnisse von Stämmen (Arimannii, Germannen, Heermanneyen der Hermionen, welche sich später als die Ingaevonen und Istaevonen ansiedelten, waren, wie man annimmt, die Longobarden und Anglen, von denen die Ersteren an der Elbe und dann in dem einstigen Gebiete der Cherusker (im Harz), die Anderen neben den Sachsen vom rechten Elbufer östlich wohnten.

13*

Im südlichen Germanien gab es nur Auswanderer aus dem Norden, welche, mit den Urvölkern vermischt, später einige mächtige Völkerbunde bildeten, wie z. B. die Quaden (d. h. Bösen), die Marcomannen (d. h. Grenz- oder Mark-Bewohner), die von ihnen abstammenden Bojovarier, Hermunduren u. s. w.

Zum ersten Male in der Geschichte treten die Germanen auf bei dem Einfall der Cimbren und Teutonen zu Ende des 2. Jahrh. v. Chr. (113—101) in Gallien und Italien, welchem ihre Vernichtung durch Marius ein Ende machte. Danach griffen die Germanen die römische Republik nicht wieder an, sie waren aber für die Römer schon so bedrohlich, dass selbst Julius Cäsar, der zwei Mal auf das rechte Rheinufer überging, nicht tiefer in Germanien einzudringen oder sich daselbst festzusetzen wagte. Erst unter Augustus unterwarfen Drusus, Tiberius und Germanicus einen Theil des westlichen am Rhein und des südlichen an der Donau gelegenen Germaniens. Hermann oder Arminius befreite das Erstere für einige Zeit, in dem 2. Jahrh. aber gründete Marbod den starken Marcomannenbund. Allein bis zum 3. Jahrh. n. Chr. griffen die Römer noch immer bald schwächer, bald stärker die Germanen an; vom 3. Jahrh. dagegen ändert sich die Situation, und die Germanen beginnen immer stärker und heftiger auf die Römer vorzudrängen, zuerst an den Grenzen, dann mehr und mehr ins Innere des römischen Reiches. Einzelne kriegerische geschickte Imperatoren und Feldherren setzten den Einfällen der Germanen, wenn auch immer nur für kurze Zeit, eine Schranke, dann aber wiederholten sich diese Einfälle mit verdoppelter und unwiderstehlicher Gewalt und führten zur Eroberung von Britannien, Nord-Gallien und dem römischen Germanien durch die grossen germanischen Völkerbündnisse, an deren Spitze die Sachsen, Franken und Alemannen standen, in Pannonien dagegen durch die Vandalen und Alanen. Endlich im 5. Jahrh. erfolgte eine allgemeine Völkerwanderung aus Ost- nach West- und aus Nord- nach Süd-Europa, und nun brachen die Germanen, ihrerseits im Osten und Norden von neuen Ankömmlingen gedrängt, unaufhaltsam in das Weströmische Reich ein und eroberten dessen sämmtliche ausseritalienische Besitzungen. Die Vandalen (s. unten §. 398) verheerten Süd-Gallien, unterwarfen Hispanien und gingen von dort nach Afrika über, wo sie ihr neucarthagisches Reich gründeten (im J. 427). Gleich darnach brachen schon die Westgothen unter Führung ihres Konung oder König Alarich in Italien selbst ein, plünderten Rom und folgten dann den Vandalen nach Süd-Gallien und Hispanien. Endlich zerstörte Odoaker, der König und Anführer der Heruler und anderer germanischer und fremder Barbaren die letzten Reste des Weströmischen Reiches in Italien und gründete auf dessen Trümmern sein neues italisches Königreich (im J. 476), welches 18 Jahre nachher (im J. 494) seinerseits durch die Ostgothen unter der Anführung ihres Königs **Theodorich** zerstört wurde.

Was das allgemeine Leben und das Kriegswesen der Germanen im 4. und 5. Jahrh. n. Chr. anbelangt, so wird später seines Ortes ausführlich davon die Rede sein in der Zeitperiode, wo die Germanen ihre neuen Staaten auf den Ruinen des Weströmischen Reiches gründeten. Hier genügt die Bemerkung, dass aus dem fortgesetzten Zusammenstossen und endlichen Zusammenschmelzen der germanischen Welt mit der römischen im Verlaufe der ersten 5 Jahrhunderte n. Chr. sich eine so zu sagen Uebergangswelt, eine gemischte römisch-germanische bildete, in welcher noch viel Römisches, noch mehr aber Germanisches war, sowohl in Bezug auf das öffentliche wie auf das Kriegswesen. So hatten speziell hinsichtlich des letzteren die germanischen Völker schon sehr viel von den Römern entlehnt, aus deren Kriegsorganisation, Bewaffnung, Aufstellung, Kampfart und Kriegskunst überhaupt, wenn auch in jenem Zustande ihres Verfalls, wie er oben geschildert wurde, — und aus dieser Mischung bildeten sich in West-Europa die ersten Anfänge einer neuen Kriegsorganisation und Kriegskunst.

§. 396.

Die Gothen.

Die Gothi oder Goten (Gothones, Guthones, Gythones), ein Volk germanischer Abstammung, lebten nach der Angabe der Historiker Cassiodor, Jornandes und Anderer, wie nach ihren eigenen Ueberlieferungen ursprünglich an den Ufern der Weichsel und Oder und auf der skandinavischen Halbinsel (wo ja noch heute ein Theil von Schweden den Namen Gothland führt). Bis zur Zeit der römischen Antonine (96—180 n. Chr.) verblieben sie in diesen ihren ersten Wohnsitzen. Bald danach aber, wie man mit Wahrscheinlichkeit annehmen kann, in der ersten Hälfte des 3. Jahrh., begannen sie aus dem Norden Europas nach dem Süden auszuwandern an die untere Donau und die nördlichen Ufer des Schwarzen Meeres. Auf ihrem Wege andere Völker (vorzugsweise slawischen Stammes, s. unten §. 401) mit sich fortreissend, wuchs ihre Macht so an, dass, als sie zuerst im J. 215 an der unteren Donau erschienen, sie schon für Alexander Severus (222—235) sehr gefährliche Nachbarn des römischen Daciens wurden. In den fruchtbaren Gegenden des heutigen Süd-Russlands angesiedelt, begannen sie, getrieben von einem unversöhnlichem Hasse gegen die Römer, dessen Ursprung ihre Traditionen schon bis in Odin's Zeiten hinauf verlegen, mit unablässigen Angriffen auf die Grenzen der römischen Donauprovinzen. Diese Einfälle nahmen einen besonders heftigen und drohenden Charakter an unter den Kaisern Decius, Gallienus und Claudius II. und nicht allein zu Lande, sondern auch auf dem Schwarzen und Mittelländischen Meere, wobei ihnen die Nachbarschaft dieser Meere und ihre Erfahrung und Geschicklichkeit im Seewesen, die sie auf dem Baltischen Meere erworben hatten, sehr zu statten kam. Im 4. Jahrh. erscheinen sie unter verschiedenen Namen in Folge ihrer Theilung in Stämme, nämlich: die an Don und Dnjestr lebenden unter dem Namen der Ostgothen, Austrogothen oder Greutungen, — die zwischen Dnjestr und Theiss lebenden unter dem Namen der Westgothen, Wisigothen oder Therwanger (Terwingen). Ausserdem gab es noch einen Stamm derselben unter dem Namen Mösogothen*) oder kleine Gothen, welche sich vor den übrigen durch ihre Bildung auszeichneten, und deren Bischof Wulfilas oder Ulfilas um 360 n. Chr. die heilige Schrift in die gothische Sprache übersetzte.

Ost- und Westgothen hatten ihre eigenen Konunge, Könige, welche sie wählten, — die Ersteren aus dem Geschlecht der Amaler, die Anderen aus dem der Balten. In diesem Zustande der Trennung verblieben sie bis zur Zeit des ostgothischen Königs Ermanrich, der um die Mitte des 4. Jahrh. alle östlichen Stämme zu einer grossen und mächtigen Monarchie vereinigte, welche sich vom Baltischen bis zum Schwarzen Meere ausdehnte. Aber der Einfall der Hunnen (s. unten §. 402) unter der Führung von Valamires im J. 375 zerstörte die gothische Monarchie des Ermanrich und trennte aufs Neue und für immer die Ostgothen von den Westgothen. Die Ersteren, von den Hunnen unterworfen, wurden von deren Führer oder König Attila zu den Einfällen nach Germanien, Gallien und Italien mitgenommen (444—453). Der Untergang des Reiches Attila's und der Hunnen im J. 453 gab den Ostgothen ihre Unabhängigkeit zurück, sie begannen in die Grenzen des Oströmischen Reiches einzufallen und zwangen im J. 473 den Kaiser Leo I. zur Entrichtung eines Tributes und Abtretung weiter Ländergebiete an der unteren Donau. In der Folge (491) übersiedelte ihr berühmter König Theodorich I. d. Gr. mit seinem ganzen Volke nach Italien, das er dem König Odoaker entriss. Die Westgothen dagegen hatten nach der Unterwerfung der Ostgothen durch die Hunnen sich in die Karpathen zurückgezogen und erhielten vom Kaiser Valens die Erlaubniss, sich in dem verwüsteten Mösien niederzulassen. Valens aber, der bald bereute, dass er sie auf römischem Gebiete hatte ansiedeln lassen, schenkte bald ihren Klagen über die Bedrückungen der römischen Statthalter und Beamten kein Gehör mehr, namentlich zur Zeit einer furchtbaren in Mösien ausgebrochenen Hungersnoth. Nun erhoben sich die zur Verzweiflung

*) Weil sie in Mösien ansässig waren. Anmerk. d. Uebers.

getriebenen Westgothen unter ihrem Führer Fridigern, verheerten Mösien und Thracien und besiegten in der blutigen Schlacht bei Adrianopel 378 den Valens, welcher in derselben fiel. Sein Neffe, der weströmische Kaiser Gratian, ernannte ihren berühmten Feldherrn, den Spanier Theodosius zum Augustus und Regenten des östlichen Reichstheiles. Theodosius brachte die Westgothen zur Ruhe, und von dieser Zeit an stellten sie ein erhebliches Truppencontingent zu dem Heere des römischen Reiches. Aber nach seinem Tode fielen sie unter ihrem Führer Alarich in Italien ein, nahmen Rom (410) und würden daselbst ein römisch-germanisches Reich gegründet haben, wenn Alarich nicht gestorben wäre. Alarich's Schwager Athaulf ging statt dessen nach Süd-Gallien und Hispanien, wurde aber in Barcelona ermordet (415). Seine Nachfolger errichteten inmitten unaufhörlicher Kriege gegen die schon anwesenden Germanen und die Römer in Süd-Gallien und Nord-Hispanien ein westgothisches Königreich. Bald führte dessen ungeheure Ausbreitung in Gallien zu seiner inneren Schwächung, die Westgothen hingen dem arianischen, ketzerischen Irrglauben an und wurden dadurch den rechtgläubigen Nachkommen der römischen Ansiedler, welche sich mit Rom gegen die arianischen Westgothen verbündeten, verhasst. Trotz dessen aber und trotz der Unruhen und Unordnungen, welche der unaufhörliche Thronwechsel und der Streit der politischen Parteien hervorrief, dehnte sich das Reich der Westgothen in dem ersten Jahrhundert seines Bestehens (im 5. Jahrh.) immer mehr und mehr aus, namentlich südlich der Pyrenäen, wo die Sueven, Alemannen und Vandalen durch die Westgothen theils unterworfen, theils nach Afrika verdrängt wurden. Ihr fünfter König, Eurich (466—483) machte nach dem gänzlichen Untergang des Weströmischen Reiches neue und noch grössere Eroberungen in Gallien und Hispanien und gab den Westgothen, welche bislang nur nach dem Herkommen regiert worden waren, geschriebene Gesetze. Sein Nachfolger Alarich II. legte auch für seine römischen Unterthanen eine Gesetzsammlung an, welche vorzugsweise aus dem Codex Theodosius d. Gr. entnommen war.

§. 397.

Die Daker.

Dacia hiess das Land, welches nördlich der unteren Donau lag, es umfasste die heutige Wallachei, Moldau, Bessarabien und Transsylvanien. Es zerfiel in das Ripensische, Alpische und mittlere Dacien. In demselben wohnte ein bald Daker (Dacier), bald Geten genanntes Volk; nach Strabo hiessen die Theile dieses Volkes, welche an der oberen oder mittleren Donau den Germanen benachbart wohnten, die eigentlichen Daker, — Geten dagegen die Stämme, welche nahe dem Schwarzen Meere wohnten; beide sprachen dieselbe Sprache. Neuere Forschungen haben festgestellt, dass diese Getae, Henetae, Enetae identisch seien mit den Anden, Wanden, Wenden oder Venedi, welche um's 7. Jahrh. in demselben Lande lebten, und welche Slowenen oder Slawen waren, was durch viele Eigennamen der Fürsten, Anführer, Städte, Seen und Flüsse in dem Lande der Daker und Geten bestätigt wird. Man muss also die Ur- oder Stammeinwohner der an der Donau gelegenen Länder zu den Slawen rechnen, welche nur unter anderem Namen schon den Griechen zu Homer's Zeit bekannt waren (s. unten §. 401). Zugleich aber muss man zugeben, dass zwischen ihnen auch viele kleine fremde Stämme von anderen Völkern, namentlich gallischen oder keltischen, wohnten, welche wohl bisweilen und zeitenweise mächtiger wurden, und denen die Römer gleichfalls nach dem von ihnen bewohnten Lande den Namen Daker oder Geten beilegten. Schon zu Domitian's Zeiten (81—96) fingen die Einfälle der Daker in römisches Gebiet an, und unter der Führung ihres tapfern Königs Decebalus zwangen sie sogar den Domitian zur Zahlung von Tribut an sie. Trajan, der sie angriff, befreite nicht allein das Reich von diesem schimpflichen Tribute, sondern zwang sogar den Decebalus zur Unterwerfung (101—103), — nach dessen Aufstand aber verwandelte er Dacien in eine römische Provinz und legte daselbst römische Colonien an (105—106), in Folge dessen sich die Sitten, Gebräuche und hauptsächlich die Sprache der Römer daselbst ausbreiteten und lange erhielten (die Sprache lebt zum grossen Theil noch in der heutigen Sprache der Rumänen fort, was Römer bedeutet, — wie ihr Land auf Rumänisch »*Zara ruminjasca*«, d. h. *terra romanesca*, Römerland, heisst). Unter Marc Aurel (161—168) begann von Norden und Osten her auf die Daker der Druck der Bastarnen, Alanen und anderer Völker, welche ihrerseits von Völkern aus dem Norden, namentlich den Gothen, gedrängt wurden. Unter ihrem Andrange fingen die Daker nun ihrerseits an gegen die römischen Grenzen zu drücken und führten mit den Sarmaten zusammen häufige Kriege gegen die Römer. So ging es bis zum J. 250 fort, wo die Gothen Dacien verheerten und unterwarfen, welchen Aurelian es dann (270—275) überliess, so dass es nun in den Verband des westgothischen Donau-Königreichs (s. oben §. 396) gehörte.

§. 398.

Die Vandalen.

Die Vandalen (Vandali, Vindili), ein Volk germanischer Abstammung, wie die Gothen, aber gemischt, wie es scheint mit den Wenden,

Venedi oder Slowenen, bewohnten ursprünglich die heutige Lausitz. Die alten römischen Schriftsteller sprechen von den Vandalen in sehr unbestimmter Weise. Zu Ende des 2. Jahrh. erscheinen einige vandalische Stämme als Verbündete der Römer zugleich mit den Marcomannen und Quaden, dann führten sie Kriege gegen Aurelian und Probus, wurden besiegt und theilweise aufgerieben, theils nach Britannien verpflanzt. Die nordöstlichen Vandalen siedelten sich im J. 272 im heutigen Transsylvanien und dem östlichen Wengrien an, erhielten dann aber, als sie durch die Gothen verdrängt wurden, von Constantin d. Gr. die Erlaubniss zur Niederlassung in Pannonien mit der alleinigen Verpflichtung, den Römern Hülfstruppen zu stellen. Im J. 406 verliessen sie ihre neuen Wohnstätten in Pannonien und zogen unter Führung ihres Fürsten Gunderich gen Westen, vereinigten sich unterwegs mit den Alanen und Sueven und drangen in Gallien ein. Strassburg, Mainz und andere Städte wurden von ihnen ausgeplündert und zerstört, dann besiegten sie die Franken, überschritten im J. 409 die Pyrenäen und fielen in Hispanien ein. Hier liessen sie sich im heutigen Gallizien nieder, die Sueven in Alt-Castilien, die Alanen in Portugal. Um 420 unterwarfen die Vandalen die Alanen und besiegten die Sueven, dann aber wurden sie, von den gleich ihnen aus Gallien einrückenden Westgothen gedrängt, gezwungen weiter nach Süden zu gehen in das Bätische Hispanien, welches später nach ihnen Vandalitia oder Andalusien genannt wurde. Ihr König war damals der tapfere kühne Genserich, der Bruder und Nachfolger Gunderich's. Durch den Statthalter der römischen Provinz Afrika, Bonifacius, dahin gerufen, setzte Genserich mit seinem ganzen Volke über das Meer. Als er aber in Afrika ankam, wollte Bonifacius, der inzwischen mit der Kaiserin Placidia Frieden geschlossen hatte, seine an Genserich gegebenen Verpflichtungen nicht erfüllen und suchte ihn mit Gewalt der Waffen aus Afrika zu entfernen. Genserich aber, über diese Wortbrüchigkeit erzürnt, besiegte ihn und unterwarf unter Mithülfe der Eingeborenen allmälig die ganze Nordküste Afrikas von Tanger bis Tripolis und gründete das neue karthagische Reich, zu dessen Hauptstadt er Karthago machte. Bald fügte er auch Sicilien, Sardinien, Corsica, Majorca und Minorca seinen Besitzungen hinzu, seine Flotte beherrschte den westlichen Theil des Mittelländischen Meeres, verbreitete überall Schrecken, plünderte die italienischen Küsten aus, und im J. 455 wurde sogar Rom von den Vandalen eingenommen und verwüstet. Im J. 477 starb Genserich, und binnen Kurzem begann das von ihm gegründete Reich zu verfallen, was noch dadurch beschleunigt wurde, dass nach Genserich's Bestimmung der Thron immer an den Aeltesten des Geschlechtes fallen musste. 57 Jahre später, im J. 534, machte Belisar, der Feldherr des Kaisers Justinian, dem Königreiche der Vandalen in Afrika ein Ende*, nachdem es 105 Jahre bestanden hatte.

§. 399.

Die Scythen.

Ebenso wie oben (§§. 350 und 395) die älteren und neueren Nachrichten über die vom Rhein östlich und von der Donau bis zur Nordsee wohnenden Germanen mitgetheilt wurden, sollen hier Nachrichten über diejenigen Völker gegeben werden, welche östlich von den Germanen in Ost-Europa vom Baltischen zum Schwarzen Meere sassen, vor Allen aber über die Scythen und Sarmaten, die ältesten Einwohner dieser Länder.

Scythien nannten die alten Griechen anfänglich das ganze heutige Süd-Russland, später dehnten sie diese Bezeichnung auf das ganze östliche Europa bis zum hohen Norden hin aus. Herodot's Beschreibung Scythiens war ein Gegenstand der Erforschung für viele europäische Gelehrte der letzten drei Jahrhunderte; aber vollkommen befriedigend sie aufzuklären, gelang nur zwei neueren Gelehrten: Lindner, Skythien und die Skythen des Herodot und seine Ausleger; Stuttgart 1841 —, und Nadeschdin, Aufzeichnungen der Odessaer Gesellschaft für russische Geschichte und Alterthümer. I. Bd., 1844. Aus ihren Forschungen ergiebt sich Folgendes:

Scythien, nach den Begriffen der Griechen, bildete ein Viereck von der Mündung des Ister (Donau) bis zum Marktplatz Cremni, dem heutigen Berdjansk, es umschloss also die heutigen Gubernien Taurien und Cherson, die Provinz Bessarabien, einen Theil der Gubernien Jekatherinoslaw, Podolien und Kijew, fast die ganze Moldau, Bukowina und den Kolomischen Kreis in West-Galizien. Die Bewohner der Tanais- (Don-) Ufer hiessen schon nicht mehr Scythen, sondern Sauromaten (s. unten Sarmaten), obgleich ihre Sprache der der Scythen ähnelte. Die Bewohner der Südküste der heutigen Krim hiessen Taurier, nach ihnen wurde diese Halbinsel Taurien genannt.

Die Griechen theilten Scythien in Gross- und Klein-Scythien. Die Flüsse in dem ersteren hiessen: Naparis (Bistritza), Araros (Moldau), Tiarantos (Sereth), Ordessos (Buirlat oder Berlat), Parata oder Pyretus (Pruth), Tyras (Dnjestr), Hypanis (Tiligul und Bug), Panticapes (Ingul), Hypakiris (Ingulez), Erros (Busuluk), Borysthenes (Dnjepr). Klein-Scythien hiess das Land von der Niederung des Dnjepr südöstlich und die Halbinsel Taurien.

Die Bewohner von Klein-Scythien waren die königischen Scythen (βασιλικοί), neben dem Dnjepr-Liman, dem Residenzorte der scythischen Könige. Die Gegend unterhalb der Dnjepr-Wasserfälle, das Land der Jarower, nannten die Griechen — Gerrhi oder Errh

(Gerrhus), — es war die Beerdigungsstätte der scythischen Könige. Das Land zwischen Erros (Busuluk) und Panticapes (Ingul) hatten die Scythae Nomades inne; mit ihrem Gebiete begann im Osten das Grosse oder Haupt- (eigentliche) Scythien. Das Land westlich des Dnjepr vom Liman bis zur Mündung des Busuluk hiess Hylaea, d. h. das holzreiche Land. Zwischen Hypanis und Pantecapes lebten die Scythae agricolae (Γεωργοί), die Ackerbauer, deren südlichere Stämme sich Borystheniten nannten, während die griechischen Colonisten dieser Gegenden Olbiopoliten hiessen, nach der Stadt Olbiopolis auf dem rechten Bugufer nahe bei dessen Einmündung in den Dnjepr Liman. Die Bewohner des Landes zwischen Hypanis und Tyras (Bug und Dnjestr) waren wegen ihrer Reitkunst berühmt und hiessen deshalb bei den Griechen Καλλιπίδαι, die Gutberittenen, ihre nördlichen Nachbarn zwischen Bug und Dnjestr Ἀλάζωνες (Lügner, Prahler und die Bewohner der Tyrasufer (Dnjestr) — Tyriten. Die Granitschicht, welche von den Karpathen sich tief in die heutige Steppe hineinzieht, durchschnitt den nördlichen Theil der Länder der Alazonen und der Tyriten und hiess Exampäos (der heilige Weg). Weiter westlich vom Dnjestr bis zur äussersten Grenze von Gross-Scythien war das Land dem Herodot nur wenig bekannt. Die Südwestgrenze von Gross-Scythien bildete Istria oder Istrus an der Istermündung (Donaumündung, nahe dem heutigen Kustendsche) und das Gebiet der an der Donau wohnenden Geten (s. §. 397), die nordwestliche das Karpathengebirge, welches bei den älteren Griechen noch Rhipae, Rhipeae oder Rhifeae hiess. Das jenseits der Karpathen nach Norden gelegene Land war den Griechen fast unbekannt, seine Bewohner verwandelte die Phantasie der Griechen in Agathyrsi (Goldgräber, Bergleute), Grypos (Wächter der Goldgruben), einäugige Arimaspen, von Geburt kahlköpfige Argippaei, ferner Issedonen, und im fernsten Norden in Hyperboreer (Glückseligste, gleichsam der Welt Abgestorbene) und ähnliche Gestalten.

Aus dem inneren Scythien erhoben sich, bald nach Herodot, die am Dnjepr aufwärts nach Nordwest wohnenden Neuri oder Nuri (Zauberer, welche sich im Winter in Wölfe verwandeln sollten, d. h. Wolfspelze trugen) und liessen sich im Lande der Budiner (an dem nördlichen Strich des Guberniums Podolien) nieder. Nordwestlich derselben siedelten die Griechen, die Thyssagetae und die Jyrcae an, welche in den Wäldern des heutigen nordwestlichen Volhynien und nordöstlichen Gallizien der Jagd oblagen. Aus der Thyssagetensteppe lässt Herodot folgende Flüsse sich in den Budinischen See (die Pinsk'schen Sümpfe) ergiessen: den westlichen Tancius (Prypet), Sirgis (Stür), Oaros (Hortin) und Lykos (Sluez). Die nordwestlichen Nachbaren der Thyssageten, die Neuri, hatten ihrerseits westlich neben sich die An *drophagi* (Menschenfresser), welche in dem heutigen Gubernium Kijew am Ros Flusse nördlich der *Scythae agricolae* wohnten. Das Land aber der Androphagen trennte der Dnjepr von dem Gebiete der *Melanchlaeni* (die Schwarzgekleideten). Weiter nördlich von diesen Völkern nimmt Herodot das ausgedehnte Gebiet des grossen und zahlreichen Budinervolkes an, mit hellblauen Augen und hellblonden Haaren. In dem Lande der Budiner wohnten auch, nach Herodot, die Heloper, Nachkommen der griechischen Kolonisten am schwarzen Meere, welche hierher gezogen waren in die hölzerne Stadt Gelon (an der Stelle des heutigen Kijew).

Selbstverständlich waren alle oben angeführten Namen nicht eigentlich scythische, sondern durch die Griechen den Eingeborenen nach äussern Abzeichen u. s. w. beigelegt, ohne irgend welche ethnographische Unterscheidung. Als später Alexander d. Gr. bis zum Jaxartes vordrang und dort auf die Scythen stiess (sarmatische Alanen, s. unten), da begannen die Griechen sich zu überzeugen, dass sie den Tanais (Don) und Scythien erreicht hätten. Seitdem kam bei den griechischen Schriftstellern die Benennung asiatisches Scythien in Gebrauch, womit sie das heutige Turkestan bezeichneten. Später kennt Strabo, ein Zeitgenosse des Augustus, nur noch ein Scythien — in Asien, das europäische Scythien heisst bei ihm schon Sarmatien. Seit dieser Zeit nannten Griechen wie Römer die Ureinwohner des heutigen Russlands, und zwar des südlichen (scythischen), donischen (sarmatischen) und nördlichen (budinischen) unterschiedslos bald Scythen, bald Sarmaten. In dem Maasse, wie sich bei den Griechen und Römern die geographischen Kenntnisse über Germanien und das östliche Europa erweiterten, wurden die früheren Ripae oder Rifeae mehr und mehr nach Osten verlegt an das Rifeïsche Gebirge (Uralgebirge), die Hyperboreer aber an das Nordmeer selbst. Nach dem Untergang des Weströmischen Reichs nannten die römischen Schriftsteller des Mittelalters Osteuropa bis zum Don das europäische Scythien, das Land dagegen östlich vom Don — das asiatische Scythien. Die byzantinischen Christen nannten das heutige europäische Russland im Allgemeinen *Scythia*, die zum byzantinischen Reiche gehörende bulgarische Küstenlandschaft Dobrudscha von Mankale (*Mangalia*) bis zur Donaumündung aber — Klein-Scythien.

Diese alte griechische und römische Geographie Scythiens verdiente eine besondere Beachtung in Bezug auf die wirkliche Geographie dieses Landes während der ersten 5 Jahrhunderte n. Chr. und der darauf folgenden 4 weiteren Jahrhunderte, wie dies weiter unten auseinandergesetzt werden soll.

Nicht geringere Beachtung verdient in dieser Hinsicht auch die alte

Ethnographie Scythiens. Die alten griechischen und römischen Schriftsteller beschreiben die Scythen als einen hochgewachsenen blondhaarigen Menschenschlag, ihre Sprache aber als der der donischen Sarmaten und donauischen Geten und Daker gleich. Ueber die Mythologie der Scythen ist sehr wenig bekannt. Im höchsten Ansehen stand bei ihnen Jar (Ares), der Gott des Krieges, den sie in der Gestalt eines geheiligten Schwertes anbeteten. Als kriegerischem und zugleich ackerbautreibenden Volke waren den Scythen als Gegenstände religiöser Verehrung geheiligt: der Pflug, das Joch und die Lanze, die ihnen vom Himmel herabgesendet waren; sie wurden von den Königen sorgfältig aufbewahrt und alljährlich dem Volke zur Anbetung ausgestellt. Die Gräber der Könige im Lande der Jarower (oder der Dnjeprfälle galten gleichfalls für heilig. Auf dem Grabe des gestorbenen Königs starben auch seine Gattin, einige der höchsten Würdenträger, eine Menge Diener und Pferde den Opfertod, und diese Alle wurden zugleich mit den Waffen des Königs in dem königlichen Grabhügel beigesetzt. Bei der Jahres- und Todtenfeier des Königs aber wurde auf seinem Grabe noch ein gleiches blutiges Opfer dargebracht.

Als Bewohner weiter Steppen waren die Scythen wegen ihrer Vieh- und Pferdezucht berühmt, vorzügliche Reiter, die zu Pferde Krieg führten und kämpften. Ihre Waffen waren Beil, Schwert, Dolch und Bogen mit nach vorn stehenden Enden, wodurch diese Bogen sich von denen anderer Völker unterschieden. Sie waren ausgezeichnete Bogenschützen und schossen vom Pferde herab in vollem Galopp und nach jeder Seite. Die Art, wie sie Krieg führten und wie sie in der Schlacht kämpften, geht am besten aus der Darstellung des Feldzuges des Darius Hystaspis gegen die Scythen hervor (Allg. Kriegsgesch. I. Bd. 5. Kapitel. § 35). Den gefallenen Feinden schnitten die Scythen die Köpfe ab und zogen diesen die Haut mit den Haaren ab (scalpirten sie); wer nach der Schlacht keinen feindlichen Schädel aufzuweisen hatte, ging des Antheils an der Beute verlustig. Der Friedensschluss wurde mit einem blutigen Eide beschworen: die Scythen liessen Blut aus ihrem Arm in eine Schale fliessen, tauchten ihre Waffen hinein und tranken es dann aus. Ihre Kleidung unterschied sich von der der übrigen Völker dadurch, dass sie aus einer Tunica oder Kaftan mit Aermeln, einem Sagum oder kleinen Mantel (russisch Burka), und einem weiten Untergewande aus Hausleinen oder griechischem Gewebe bestand. Wie es scheint, rasirten die Scythen den ganzen Kopf mit Ausnahme eines Haarbüschels, der oben in der Mitte stehen blieb (in der Art des Schopfes bei den Klein-Russen).

Trotz ihrer Unkultur zeichneten sich die Scythen durch Rechtlichkeit und Einfachheit der Sitten aus. Für ein Verbrechen, das der Familienvater beging, war sein ganzes Geschlecht verantwortlich; die männlichen Kinder des Verbrechers wurden getödtet, damit sie dem Vater nicht gleich werden möchten. Die Griechen versuchten vergebens den Scythen ihre Civilisation durch Vermählung scythischer Fürsten mit Griechinnen aufzupfropfen. Im 6. Jahrh. v. Chr. ward ein scythischer Prinz, Anacharsis, von Bewunderung für die griechische Civilisation ergriffen, reiste nach Athen, ward daselbst ein Schüler von Solon, erhielt von den Griechen den Beinamen „der Weise“, und begann, in sein Vaterland zurückgekehrt, hier die griechische Götteranbetung einzuführen. Da aber die Religion der Griechen ihren Göttern Verletzungen der Keuschheit beilegte, so tödteten die Scythen den Neuerer Anacharsis. Uebrigens entzogen sie sich nicht den wahrhaft nützlichen Produkten der Civilisation. Die Schreibekunst war ihnen bekannt, und ihre Verbindungen mit den Persern wurden schriftlich unterhalten.

Ihre Kriegsgeschichte bietet zwei besonders grosse Ereignisse dar, deren Herodot und Ktesius Erwähnung thun: 1) der Einfall in Kleinasien im 7. Jahrh. v. Chr., und 2) der Feldzug des Darius Hystaspis in Scythien im 6. Jahrh. (s. oben).

Der Erstere bestand darin, dass der Scythenkönig Madyes, Sohn des Protivojos im 7. Jahrh. mit einem zahlreichen Heere über den Kaukasus in Hochasien eindrang, in das Gebiet des medischen Königs Cyaxares (621—585), es verheerte, als Sieger durch ganz Kleinasien, Syrien und Palästina nach Aegyten zog und von den Königen von Medien und Phrygien das Versprechen von Tributzahlungen erzwang. Die Herrschaft der Scythen in Asien währte 28 Jahre. Endlich entledigte Cyaxares, dem es in keiner Weise gelingen wollte, sich mit Gewalt der Waffen von den Scythen zu befreien, sich ihrer durch eine echt asiatische List: er lud die vornehmsten Scythen zu sich zu einem Gastmahl ein, machte sie mit Wein trunken und erschlug sie dann sämmtlich; die Uebrigen wurden dann theils niedergemacht, theils zogen sie sich über den Kaukasus in ihr Land zurück [*].

§. 400.

Die Sarmaten.

Sarmaten oder Sauromaten nannten die alten Griechen in der späteren Zeit die Bewohner von Sarmatien oder Sauromatien, dem heutigen Russland zu beiden Seiten des Don. Als sich bei den Griechen und Römern die Kenntniss des Ostens und Nordens von Europa erwei-

[*] N. W. Saweljew-Rostislawitsch: Scythien und die Scythen. Milit. Encyclop. Lexicon XI. Bd. 1856.

terte, wurde der Name „Sauromaten“ zunächst wegen ihrer gleichen Abstammung auf die Budiner, dann wegen ihrer Stammesangehörigkeit auch auf die baltischen Venedi (s. unten) ausgedehnt, so dass sogar das baltische Meer das sarmatische genannt wurde — und nach der andern Seite bis zu den Karpathen. Diese weite Anwendung dieses Namens findet man bei den römischen Historikern und Geographen, welche kurzweg *Sarmatae* schrieben. Die Länder des nordöstlichen Europa nannten sie das europäische Sarmatien, die Gegenden zwischen Don und Wolga das asiatische Sarmatien. Die Einwohner des letzteren theilten sich in mehrere Völker, welche sich selbst mit verschiedenen Namen nannten. Die Bekanntesten von ihnen waren die *Alani* und die *Roxolanae*.

Die Alanen wohnten auf der östlichen oder linken Seite des Dnjepr im heutigen Südrussland und zerfielen in viele Stämme. Um das Jahr 40 v. Chr. drängten die Hunnen sie an das Mäotische (Asowsche) Meer. Einige von ihnen gingen sogar über den Kaukasus, wo sie noch im Mittelalter unter ihrem Namen bekannt waren. Die Alanen waren gewandte und unermüdliche Reiter, liebten den Krieg und hielten den Tod in der Schlacht für eine grosse Ehre. Die kaukasischen Alanen fielen unter Vespasian in Medien und Armenien ein, so dass der parthische König Vologeses genöthigt war, die Hülfe der Römer gegen sie anzusprechen Unter Gordianus fielen die Alanen in Macedonien ein, zogen im J. 406 von der Donau zum Rhein, vereinigten sich dort mit den Sueven und Vandalen, verheerten Gallien, im J. 409 gingen aber viele von ihnen unter Führung von Batak nach Hispanien und liessen sich im heutigen Portugal nieder. Im J. 420 wurden sie von den mit ihnen eingewanderten Vandalen, dann von den Westgothen Genserich's unterworfen, nach dem Abzuge aber der Letzteren nach Afrika, unterwarfen sie sich dem Kaiser Honorius. Im J. 451 erscheinen sie als Verbündete Attila's, werden im J. 461 in Italien bei Bergamo durch Ricimer, den Schwiegersohn des Kaisers Anthemius, geschlagen, ihr Führer Bior getödtet, die Alanen fast gänzlich aufgerieben.

Roxolanen oder Roxalanen werden von griechischen und römischen Schriftstellern die Bewohner der Don- und Dnjepr-Alaneen, oder der weiten und fruchtbaren Weideplätze genannt, welche für die Ernährung der zahlreichen Pferdeheerden geeignet waren. Der Name Roxalanen kommt zuerst um 94 v. Chr. vor, als Benennung desselben Volkes, welches bei andern Schriftstellern denische Sauromaten oder Sarmaten (s. oben) genannt wird. Die Roxalanen zwischen Don und Dnjepr wurden von Diophantes, dem Feldherrn des pontischen Königs Mithridates Eupator, unterworfen, nach des Letzteren Tode aber erscheinen sie wieder als ein unabhängiges und mächtiges Volk.

Im 1. Jahrh. n. Chr. lagen sie häufig mit den Römern im Kampfe und drangen in Mösien ein. Der römische Historiograph Spartianus erzählt, dass der Kaiser Hadrian (117—138) mit dem Roxolanenkönige Rasparasan über Verringerung des Tributes unterhandelte, welchen die Römer ihm zahlen mussten, und als diese Unterhandlungen zu einem Erfolge geführt hatten, errichtete er diesem Könige zu Ehren eine Statue im Felde, fügte dem Namen desselben seinen eigenen hinzu und nannte ihn *P. Aelius Rasparasanus*. Später, nach dem Auftreten der Gothen am schwarzen Meere kommt der Name der von ihnen besiegten Roxalanen immer seltener vor und verschwindet im 5. Jahrh. ganz und gar. Ein anderer Stamm der Roxalanen erscheint weit später an der Mündung der Weichsel.

Die Sprache der Sarmaten wurde der illyrischen (späteren bulgarischen und serbischen) ähnlich gefunden, als ihre ursprünglichen Wohnsitze galt das Land vom Don bis Biarmia (Perm), Lithauen und Polen, wonach der Irrthum derjenigen Schriftsteller des 18. und 19. Jahrh. ersichtlich ist, welche Polen — Sarmatien nannten, und die Polen zu den Sarmaten rechneten.

Gleich den Scythen verehrten auch die Sarmaten den Gott des Krieges in der Form eines heiligen Schwertes, ihm zum Opfer wurden Pferde geschlachtet, den Sommer brachten sie im Felde zu, den Winter lebten sie in Hütten. Ihre Regenten nannten sich Könige oder Fürsten, der oberste König führte den Titel „Herr", (Spadines, russisch Gospodin); ihre Aeltesten und Richter waren Helden, welche im Kriege Ruhm erworben hatten. Das Heer der Sarmaten war immer sehr zahlreich: so schickten die Siraces oder Ugrïi, ein Sarmatenstamm, dem bosporischen König ein Hülfsheer von 20000 Mann zu, der „Herr" aber, oder König der Aorsi, eines anderen sarmatischen Stammes, stellte 200000 Mann Reiterei, welche überhaupt die Hauptmacht des sarmatischen Heeres bildete. Sie war vorzugsweise zu Ueberfällen geeignet, führte unglaublich rasche und weite Märsche aus, kämpfte mit Bogen und Pfeilen, welche in Gift getaucht waren, mit langen Lanzen, Schwertern und Dolchen. Schilde gebrauchten die Sarmaten nicht, ihre Panzer und Helme fertigten sie aus Thierfellen, oder aus Hörnern und Pferdehufen, welche in geschickter Weise schuppenartig verbunden waren. Von früher Kindheit an wurden sie an Reiten und kriegerische Thätigkeit gewöhnt, sogar ihre Weiber kämpften zu Pferde mit. Die Bekleidung der Sarmaten bestand in einem weiten Untergewande (Pluderhosen) das über die Kniee reichte, und einem langen Mantel ohne Aermel, der auf blossem Leibe getragen und auf der Schulter zusammengenestelt wurde; im Winter aus einem Kaftan (Rock) mit Aermeln, aus Thierhäuten gefertigt, und einer Kopfbedeckung (*capuchon*), die Kopf und Gesicht mit Ausnahme der Augen bedeckte. Die Sarmaten waren von hoher Statur, kräftigem und festem Körperbau, hübsch, mit blonden Haaren und grossen blauen Augen, welche nach Aussage des Ammianus Marcellinus, drohende Blitze schleuderten.

Ihre stete Beschäftigung bestand in Jagd und Krieg, die Hauptquellen ihres Unterhaltes waren Abgaben der benachbarten Völker, jährliche Geldgeschenke der römischen Kaiser, und Plünderung der Länder jenseits der Donau und des Kaukasus. Die Sarmaten schleppten ihre Gefangenen an Stricken fort und gaben ihnen nur für Geld die Freiheit wieder. Freiwillige Schaaren der donischen Alazonen nahmen Söldnerdienste bei europäischen und asiatischen Völkern und kämpften als Verbündete bei den römischen Vortruppen in Europa und Asien, wie auch in persischen (und später auch in griechischen und sogar in arabischen und mongolo-tatarischen) Heeren. Ohne sie wurde kein Kampf begonnen, kein Sieg entschieden, weshalb dann Ammianus Marcellinus im 4. Jahrh. mit Recht schrieb: »Mit Alanen ist der ganze Raum von dem Baltischen Meere bis zu den asiatischen Strassen und bis zum Ganges besäet.«

An den Ereignissen der geschichtlichen Welt nahmen die Sarmaten seit dem J. 94 v. Chr. sichtbaren Antheil, als der pontische König Mithridates Eupator (d. Gr.) mit einem zahlreichen Heere in ihr Land und das scythische eindrang und ihren König Tasch besiegte. Kurz nach Mithridat's Tode traten die Sarmaten von Neuem als das herrschende Volk zwischen Dnjestr und Donau auf, von wo aus sie auch die römischen Grenzen in Europa und Asien anzugreifen beginnen. Der im J. 15 nach Chr. von Asinius Gallus über sie erfochtene Sieg hinderte sie nicht an der Theilnahme bei dem Kriege gegen die Römer an und jenseits der Donau, in Gemeinschaft mit den Geten und den übrigen zwischen Dnjepr und Donau wohnenden Völkern gleichen Stammes. Im J. 69 unter Otho fielen sie in Mösien ein, wurden aber durch seinen Legaten Aponius wieder daraus vertrieben. Unter Vespasian 69—79 machten sie zu ein und derselben Zeit Einfälle nach Europa über die Donau, und nach Asien über den Kaukasus, wo sie Medien so verheerten, dass der persische König von Vespasian Hülfe gegen sie erbat. Unter Domitian (81—96) leisteten sie den Dakern in deren Kriegen gegen die Römer thätigen Beistand, und obgleich sie im J. 85 durch den römischen Legaten Julianus besiegt wurden, so endete der Krieg dennoch damit, dass Domitian sich zu jährlichen Tributzahlungen an die Daker und Sarmaten verpflichtete. Trajan trieb nach Unterwerfung der Daker (101—106) die Sarmaten bis an den Dnjestr zurück und legte an diesem starke militärische Kolonien zum Schutze an. Hadrian 117—138 wollte um der fortgesetzten häufigen Einfälle der Sarmaten in Dacien willen dieses Land schon ganz aufgeben und konnte nur um schweres Geld von den Sarmaten den Frieden erkaufen. Aber unter Marc Aurel (161—180) betheiligten sie sich an dem Kriege der Marcomannen gegen die Römer und Marc Aurel liess, nachdem er sie besiegt hatte, eine Medaille prägen, auf welcher er sich den Ueberwinder der Sarmaten nannte. Aber ihre Macht war dadurch keineswegs gebrochen, und wie die Römer erfuhren, hatten die Worte Friede und Ruhe keine Bedeutung bei ihnen. Die römischen Kaiser nach Marc Aurel waren sehr oft genöthigt, mit ihnen zu kämpfen. Unter Aurelian (270—275) befreiten sie gemeinschaftlich mit den Gothen Dacien und zwangen Aurelian, die römischen Kolonisten von dort nach Mösien fort zu nehmen. Bald war das ganze Karpathen- und Theissgebiet in der Gewalt der Sarmaten, gegen welche im J. 294 auch Diocletian zu den Waffen griff, und daher wurden die jenseits der Karpathen ansässigen Ureinwohner (*Carpiani*) mit dem Namen *Sarmatae servi* belegt, im Gegensatz zu ihren Besiegern, den *Sarmatae liberi jasyges*. Der Einfall der Gothen und ihre Festsetzung in dem Dnjeprgebiet (s. oben §. 396) löste den Zusammenhang zwischen den Donau- und den Don-Sarmaten, so dass die Ersteren keine Verstärkung oder Unterstützung mehr von den Letzteren erlangen konnten. Constantin der Grosse (306—337) machte sich das zu Nutze, unterwarf die Donau-Sarmaten und zwang sie, wie die Gothen, um Frieden zu bitten und Geiseln zu stellen. Bald aber entstanden in den Ländern jenseits der Donau neue Unruhen: die Gebirgs-Sarmaten, unterdrückt (*Sarmatae servi, Limigantes*) erhoben sich 334 gegen die Donau-Sarmaten, die freien, (*Sarmatae liberi, Arcaragantes*) und trieben sie theils zu den Quaden (in's heutige Böhmen), theils über die römischen Grenzen, wo sie in einer Stärke von etwa 300,000 Mann in römische Dienste traten. Constantin d. Gr. vertraute ihnen den Schutz der Donaugrenzen, welche er noch durch Festungen verstärkte, so: Distra oder Dorostol (Silistria), Constantia (Kustendsche), Pleskow und Megalopolis oder Gross-Preslawa. Constantius lag mit ihnen von 357—358 im Krieg. Unter Valens (364—378), als die in römischem Gebiet aufgenommenen Gothen gegen die Römer aufstanden und die Alanen zu Hülfe riefen, drangen auch die Sarmaten in Mösien ein, wurden jedoch durch den Nachfolger des Valens, Theodosius I. (379) wieder hinausgeworfen. Endlich im 5. Jahrh. lagen die Donau-Sarmaten in beständigem Kriege, bald für die Römer, bald gegen sie, und aus jener Zeit wird rühmliche Erwähnung gethan ihrer Führer: Bagai oder Wida oder Weida, und Babai, welche Singidunum (heute Belgrad) erobert haben sollen, bald nachher aber selbst von den Gothen besiegt wurden.

Während dessen hatten sich die zahlreichen und kriegerischen donischen Sarmaten mit den Hunnen (s. unten §. 402) verbunden, und bildeten das mächtige Chasarskische oder Kosarskische Reich, dessen Gebiet sich am ganzen Nordgestade des Schwarzen Meeres incl. Taurien und über viele Gegenden des Kaukasus erstreckte.

§. 401.

Slawen oder Slowenen.

Dies war die Geographie, Ethnographie und Geschichte der Scythen und Sarmaten von der ältesten vorhistorischen Zeit bis zum Untergang des Weströmischen Reichs zu Ende des 5. Jahrh. — nach den Erzählungen der römischen Historiker und Geographen.

Aber die neuere historische Kritik hat von diesen halbdunkeln und halbzweifelhaften Erzählungen den Vorhang fortgezogen, der die geschichtliche Wahrheit verdeckte, und hat diese letztere in ganz neuer Gestalt und Beleuchtung hingestellt. Auf Grund ihrer Forschungen ergiebt sich mit unzweifelhafter Gewissheit: 1) dass, wie auf dem Flächenraum des westlichen Europa zwischen Rhein, Donau und Nordsee eine Menge von Völkerschaften wohnten, welche sämmtlich dem einen gemeinsamen germanischen Stamme angehörten und während einer Zeit von 5 Jahrhunderten unaufhörlichen Kampfes mit Rom schliesslich Rom und den westlichen Theil des römischen Reiches zertrümmerten, so im östlichen Europa von der Weichsel, ja schon von der Oder nach Osten, und vom Baltischen zum Schwarzen Meere zur selben Zeit eine fast noch grössere Anzahl von Völkern lebten, die gleichfalls einem Allen gemeinschaftlichen, aber vollkommen anderen, als der germanische, Stamme angehörten, noch keinen gemeinschaftlichen Namen hatten, aber fast in demselben Maasse wie die Germanen an der Zerstörung des Weströmischen Reiches und an der Gründung von neuen Staaten auf den Trümmern desselben theilnehmen, — und 2) dass, obgleich diese zu einem und demselben Stamme gehörenden Völker des östlichen Europas noch keinen für sie alle geltenden gemeinschaftlichen Volksnamen hatten, so dennoch die den Griechen und Römern unter der Bezeichnung Scythen und Sarmaten mit allen ihren Namensabzweigungen bekannten Völkern im Allgemeinen die Stammeltern und Begründer jenes grossen zusammengehörenden Volkes waren, welches in der Folge, vom 6. Jahrh. n. Chr. an, auf dem Schauplatz der Geschichte unter dem ihm eigenthümlichen, gemeinsamen Gattungsnamen der Slowenen auftritt, in der neueren Zeit aber ebenso unter der Benennung Slawen bekannt ist.

Obgleich die eigentliche Geschichte der Slowenen oder Slawen erst mit dem 6. Jahrh. beginnt, so liegen doch die Anfänge der Geschichte ihrer Namenseltern und Begründer, der Scythen und Sarmaten, der politischen sowohl als der Kriegsgeschichte, viel weiter zurück, und in den ersten 5. Jahrh. n. Chr. erlangt diese Geschichte eine besondere Wichtigkeit, sowohl hinsichtlich der Zerstörung des Weströmischen Reiches durch die nördlichen Völker, als auch in Bezug auf die weitere Geschichte der Slowenen oder Slawen und der ganzen slawischen Welt. Wir wollen daher, nachdem wir dieselbe in Kürze nach den Darstellungen der griechischen und römischen Historiographen betrachtet haben, sie jetzt noch ebenso kurz auf der Grundlage der letzten Erforschungen der neuesten historischen Kritik darstellen. Um hierbei Wiederholungen und Missverständnissen vorzubeugen, wollen wir die obengenannten gleichem Stamme angehörenden Völker des östlichen Europas mit dem letzten ihnen gemeinsamen und sie alle umfassenden Namen Slawen bezeichnen, obgleich derselbe eigentlich nur in den Büchern steht, nicht aber der wirkliche ist. Im Alterthum schrieb und sprach man Slowenen, Sloweni, von *Slowo* (das Wort), und nicht von *Slawa* (der Ruhm) *), und legte diese Bezeichnung den Donaustämmen dieses Volkes bei. Die alten griechischen und römischen Schriftsteller übersetzten sie mit Rheti, von dem griechischen rheton — das Wort. Als die Donau-Slowenen durch die Römer unterworfen worden waren, romanisirten die nach Italien geschleppten Gefangenen ihren Namen in Sclavi, — Sklaven. Je mehr aber die geographische Bekanntschaft mit dem Osten und Norden Europas sich im Westen ausbreitete, desto mehr wurde von Griechen und Römern die Bezeichnung Sclavi, Sclavini, Sthlavi, Sthlavini über alle Völker Osteuropas, welche eine der Sprache der Slowenen an der Donau mehr oder minder gleiche Mundart redeten, ausgedehnt. So bildete sich der gemeinsame Sammelname: Sclavi, Slavi. Im Allgemeinen ist aber zu bemerken, dass Griechen und Römer die Slawen weniger unter diesem gemeinschaftlichen, als unter den verschiedenen besonderen Namen kannten, unter welchen der im 4. und 5. Jahrh. vorherrschende der der Veneti oder Venedi war (Herodot: Geneti). Plinius und Tacitus thun der um die Weichsel wohnenden Venedi Erwähnung, der Geograph Ptolemäus nennt das Baltische Meer — den venedischen Meerbusen. Mit dem Namen Venedi bezeichneten die Römer gewöhnlich die baltischen und adriatischen Slawen, von welchen die Ersteren ihnen schon längst durch den Handel mit Bernstein bekannt

*) Der Slawe nennt sich »den sprechenden«, den Deutschen dagegen Njemetz, »den stummen«. Anmerk. d. Uebers.

waren, die Letzteren aber vor allen Uebrigen mit ihnen im Süden in nähere Beziehungen traten. Die Slawen selbst führten verschiedene Stammesnamen, und wenn sie sich alle mit demselben allgemeinen Namen bezeichneten, so war dies, wie man annimmt, der der Soraben oder Serben.

Unzweifelhaft ist es, dass die Slawen dem indo-europäischen oder arischen Volksstamme angehörten und gleich den Germanen noch in praehistorischer Zeit aus Asien nach Europa einwanderten, — das »wann« lässt sich nicht bestimmen. Dagegen steht mit grosser Bestimmtheit fest, welches Territorium in Osteuropa dieselben seit den ältesten Zeiten bewohnten. Aus verschiedenen triftigen Gründen hat man angenommen, dass der südwestliche Theil Osteuropas, nämlich das Karpathen-Land früher als die anderen Theile von den Slawen occupirt wurde, und dass von hier aus sie sich in verschiedenen Gegenden ansiedelten: im Norden bis zum Baltischen Meere, im Süden bis zum Adriatischen Meere, als sie aus dem Karpathen- und Donau-Gelände durch die Wlachen oder Wolochen, nach Andern durch die Kelten oder Daker, oder Römer verdrängt wurden; der Name Wlache wird von dem gothischen Worte Wallen oder dem bulgarischen Wlach abgeleitet, was Beides Wanderer, Nomade bedeutet. Indem sie sich im Norden und Nordosten von dem Karpathengebiet niederliessen, vermehrten sie an Oder, Weichsel und Dnjepr die Zahl ihrer dort ansässigen Stammesgenossen, oder entrissen den, fremden Stämmen, besonders den finnischen, Angehörenden ihre Ländereien. In jenen jenseits der Karpathen gelegenen Gegenden, welche Griechen wie Römer im Allgemeinen Scythien und Sarmatien (s. oben) nannten, kannten die griechischen und römischen Schriftsteller des 4. und 5. Jahrh. v. Chr. schon mehrere Stämme der Veneter unter den Namen der Budiner, Serben, Chorbaten, Polen, Veleter, Slowenen, Kriwitschen, Sjeverjaner, u.s.w. Eine weitere Ausdehnung der Slawen nach Osten wurde durch die nach Westen gehende Bewegung der Völker finnischen und türkischen Stammes, nämlich der Hunnen und Avaren oder Obri gehindert. Von diesen gedrängt und schliesslich unterworfen, wichen die Slawen nach Westen zurück und begannen ihrerseits die dort wohnenden Stämme, namentlich die germanischen zu drängen und sich bis zur Elbe und neuerdings nach Südwesten über die Karpathen und Donauländer auszudehnen.

Im 4. Jahrh. n. Chr., wie schon oben §. 396 erwähnt, vom Baltischen zum Schwarzen Meere ziehend, unterwarfen die Gothen die auf diesem Gebiete ansässigen slawischen und finnischen Stämme und gründeten in dem heutigen Westrussland das mächtige gothische Reich. Nach der Zerstörung desselben durch die Hunnen im J. 375 drangen diese

Letzteren in Pannonien ein und nahmen eine Menge Slawen mit sich. Ueberhaupt setzte die Völkerwanderung im 4. und 5. Jahrh. n. Chr. auch die slawische Welt in Bewegung, und im Süden, vom Schwarzen Meere bis zum Atlantischen Ocean, vermischten sich mit den germanischen Stämmen auch viele slawische (vorzugsweise die Alanen), wobei sich die Letzteren nach Westen bis zur Elbe und dem westlichen Böhmerwalde ausbreiteten. Nach den Hunnen herrschten über einen Theil der durch sie unterworfenen slawischen Stämme die Avaren oder Obri, welche auf die Hunnen folgend das gleichfalls mächtige avarische Reich gründeten. Mit dem Ende des 5. Jahrh. n. Chr. erscheinen an der Donau die Bolgaren, ein Theil eines zahlreichen Volkes turkischer Abstammung, welches an den Ufern der Wolga und Kama herrschte und infolge dessen sich mit den Ureinwohnern finnischen Stammes bedeutend vermischt hatte. Die Donau-Bolgaren gründeten ihr Reich zwischen den Slawen in Mösien (dem heutigen Bulgarien). Damit hören die verschiedenen Wanderungen der Slawen bis zum Untergange des Weströmischen Reiches auf, nach demselben erscheinen sie in der Geschichte unter ihren verschiedenen eigenen Namen in dem Raume von Albis (Elbe) und Saale bis zur Wolga, Dwina und Dnjepr, und vom Baltischen bis zum Schwarzen Meere, was denn später an seinem Orte angegeben werden wird.

Hier ist nur noch Einiges über das allgemeine Leben und das Kriegswesen der alten Slawen bis zum Ende des 5. Jahrh. nachzutragen.

Die Grundlage des öffentlichen Lebens der Slawen in jenen fernen Zeiten war das Familienleben, und zwar nach den Einen — der Familie im engern verwandschaftlichen Sinne (*rodowoi*), nach den Andern — der Gemeinde. Die letztere Ansicht ist die wahrscheinlichere, weil das Wort *Rod* (Geschlecht) bei den Slawen des Alterthums Familie bedeutete, — obgleich allerdings auch Andeutungen vorliegen, dass bei ihnen eine Art von Familienleben existirte. Die allerersten Stammfamilien lebten isolirt, der Gebrauch, die mannbaren Jungfrauen zu entführen, zu kaufen resp. zu verkaufen, und auch wohl die Theilungen nach dem Tode des Vaters, des Familien-Oberhauptes, machten diese Isolirung dann allmälig verwischen. Der Familie (Haus, Gesinde) stand das Haupt, der Vater, vor, — nach seinem Tode folgte ihm vielleicht der älteste Sohn, oder, wenn dieser nicht volljährig, oder überhaupt keiner vorhanden war, so verwaltete Haus und Habe die ganze Familie gemeinschaftlich, indem sie aus ihrem Geschlechte einen Aeltesten oder *Wladika* (Herr) wählte. Dies führte mit der Zeit zu einer gemeinsamen Verwaltung der Häuser und Habe der ganzen Sippe, aller Familienglieder, — oder zu der Familiengemeinde (slawisch: *Werw, Sadruga,* — Verwandtschaft, Freundschaft, Sippe). Aus diesen Sippen bildeten sich dann wahrscheinlich Landgemeinden. Hieraus entwickelte sich der Begriff, das Recht und das Vorkommen der Geschlechts- (Familien-, Blut-) Rache bei Familienstreitigkeiten, und der Geldbusse (Sühne, Vergleich). Bei der Milde der Sitten der Slawen im Allgemeinen erfreuten sich die Weiber eines erheblichen Maasses von Freiheit und Unabhängigkeit, hatten ihr getrenntes Eigenthum, ja fast bei jedem slawischen Volke findet man auch Frauen als Regentin. Daher war auch trotz der Vielweiberei der Familienverband ein fester, die Sitten rein, und wurden Vergehen gegen die Sittlichkeit strenge bestraft.

Das Familienleben, die Familiengemeinde mit gemeinsamer Abstammung, Zusammenleben, Grundbesitz und Gericht bildete die Grundlage auch des öffentlichen Lebens der Slawen im Alterthum. Mehrere Familiengemeinden oder Sippen, bald in grösserer, bald in geringerer Zahl, vereinigten sich zu einem Bunde, bildeten einen Bezirk mit erwähltem Aeltesten unter verschiedenen Benennungen. Im Mittelpunkte des Bezirks lag die Gorodischtsche (ein Erdaufwurf, von einem Erdwall umschlossen, welcher von Osten her einen Eingang hatte), die sowohl zu religiösen Feiern, als zu allgemeinen öffentlichen Versammlungen (Volksversammlung, Rath), als zur Rechtspflege und Gerichtssitzungen diente. In der Folge traten Erd- und Holzumzäunungen (*Grad*) in der Mitte des Bezirks an die Stelle dieser Gorodischtsche, die geräumiger waren und von dem ganzen Bezirk gemeinschaftlich erbaut wurden.

Die Getrenntheit der Bezirke führte zu häufigen Zwisten zwischen ihnen und überhaupt zwischen den slawischen Stämmen, ein Zug, der von fremden Chronisten (später auch von slawischen) bemerkt wurde und Anlass zu dem Ausdruck „slawische Uneinigkeit" gab. Es sind einige ziemlich frühe Angaben vorhanden, dass bei verschiedenen slawischen Stämmen sogar Czaren (Könige) geherrscht haben sollen, aber diesen Angaben kann man nicht vollkommenen Glauben schenken. Man meint, dass die Herrschergewalt bei den Slawen im Laufe der Zeit nicht aus der Macht des Stammesältesten hervorgegangen sei, sondern aus anderen Bedingungen, z. B. aus der Macht des Führers, welcher den Stamm aus dem einen Lande in ein anderes führte, oder aus der Uebertragung dieser Gewalt an fremde Völker oder deren Führer. Im Ganzen war die Gewalt des Bezirks- oder auch Stammesältesten gewissermassen unbeschränkt, aber nur so lange er sich im Einverständniss mit dem Volke befand, oder das Volk ihm Vertrauen, Liebe und Achtung schenkte. Die Hauptaufgabe und Bestimmung des Aeltesten war, zwischen sich befehdenden Gemeinden Recht zu sprechen. Sein ganzes Geschlecht hatte das Recht, zum Aeltesten gewählt zu werden, jedes Mitglied derselben das Recht, Theile des Landes als Apanage zu erhalten (der Anfang der späteren Fürsten-Apanagen). Wenn aber das Volk seinem Aeltesten nicht mehr in Vertrauen, Liebe und Achtung anhing, so wählte es einen andern, indem es seinen Willen öffentlich durch eine Volksversammlung aussprach, welche von jeher bei allen slawischen Völkern bestanden haben. Die Macht der Volksversammlung stand, ohne jene des Aeltesten zu beschränken, derselben so zu sagen gleichberechtigt da, so lange, wie gesagt, das Volk seinem Aeltesten vertraute. Der Letztere berief bei wichtigen Fällen selbst den Reichstag zusammen, bei welchem die Angelegenheiten durch Einstimmigkeit, nicht durch Stimmenmehrheit entschieden wurden. Alle Slawen waren frei und liebten die Freiheit so, dass sie für dieselbe zu sterben bereit waren. Die zu ihnen kommenden Fremden waren gleichfalls bei ihnen frei; Sklaven gab es bei den Slawen nicht, ihre Kriegsgefangenen behielten sie zu Arbeiten nur eine bestimmte Zeit bei sich, nach deren Ablauf dieselben gegen Lösegeld nach Hause zurückkehren oder unter ihnen als Freie und Freunde bleiben durften.

Mit diesem Gemeinwesen der alten Slawen stand auch ihr Heer- und Kriegswesen in Uebereinstimmung. Ueber Krieg und Frieden entschied die Volksversammlung, und je nach der Art des Kriegsunternehmens wurde die Zahl der dafür bestimmten bewaffneten Männer festgesetzt, bei weniger wichtigen Fällen eine geringere, bei wichtigeren eine grössere; bei äusserst wichtigen oder gefährlichen Anlässen fand ein allgemeines Aufgebot aller erwachsenen und waffenfähigen Mannschaft statt. Zum Heerführer erwählte der Reichstag den durch Verstand, Erfahrung, Muth, Tapferkeit, oder kriegerische Gaben am meisten Ausgezeichneten. Das Heer setzte sich Familien- und Gemeindeweise zusammen unter Anführung der betreffenden Aeltesten. Die Bewaffnung, Kampfart, und Art der Kriegführung der Scythen und Sarmaten, wie sie oben geschildert wurde, kann einen annähernden Begriff von dem Standpunkte geben, auf welchem die alten Slawen in diesen Dingen standen, doch sind im 3., 4. und 5. Jahrh. n. Chr. einige Verschiedenheiten zu bemerken. So kämpften die Sarmaten und namentlich die Scythen fast ausschliesslich zu Pferde, die Slawen zu Fusse. Die südlichen, Donau-Slawen, hatten von den beständigen mit den Germanen gemeinschaftlich ausgeführten Kriegsactionen gegen die Römer unzweifelhaft von den Einen und Andern Vieles an Bewaffnung, Art der Kriegführung und der Operationen angenommen, und zwar um so mehr, als zu jeder Zeit alle Slawen sehr gelehrig waren. Mochten die Südslawen auch, wenn sie die Römer bekriegten, mehr oder weniger gut bewaffnet sein, bei ihren häufigen Siegen über die Römer und der Ausplünderung von deren Städten und Colonien gelangten sie jedenfalls in den Besitz verschiedenartigster Waffen derselben. Etwas Aehnliches dürfte wohl auch von den nördlichen am Baltischen Meere sesshaften Slawen gelten, welche an der Küste wohnend und dem Seehandel obliegend, häufigen Angriffen zur See ausgesetzt waren, die durch die Flotten der Seeräuberei treibenden Bewohner der Nordküsten des Baltischen Meeres (Skandinaviens) unternommen wurden. Die Nothwendigkeit, sich zu schützen, machte sie kriegerisch, ihre Handelsbeziehungen aber und ihr Reichthum gestatteten ihnen eine gute Bewaffnung und militärische Organisation. Diejenigen slawischen Stämme dagegen, welche auf dem Gebiete zwischen den Süd- und Nordslawen und zwischen Germanen und den aus Asien hereindringenden fremden Völkern hin und her zogen, standen zwar diesen slawischen Stammesgenossen an Bewaffnung, Art der Kriegführung und der Kriegsoperationen nach, nicht aber den andern Stämmen. Im Allgemeinen aber kann man sagen, dass mit Ausnahme der Südslawen und vielleicht theilweise der Nordslawen, alle zwischen diesen wohnenden Slawen mehr den Frieden als den Krieg liebten, im Gegensatz zu den Germanen. Wenn sie Krieg führten, so entweder untereinander um der »slawischen Uneinigkeit« willen, von welcher oben die Rede war, oder — namentlich im 4. und 5. Jahrh. — zum Schutze der ihnen theuren Freiheit und Unabhängigkeit gegen die starken fremden Völker: Gothen, Hunnen, Avaren oder Obri u. s. w.

Noch ausführlichere und detaillirtere Mittheilungen über das öffentliche wie das Kriegswesen der Slawen in der späteren Zeit — vom 6. Jahrh. n. Chr. an — werden später seines Ortes gemacht werden.

§. 102.

Die Hunnen.

Die Hunnen, welche zu Ende des 4. Jahrh. n. Chr. aus Mittelasien in Südost-Europa eindrangen und sich in dem Raume zwischen unterer Wolga und Donau niederliessen, dann aber im 5. Jahrh. unter der Herrschaft ihres Führers oder Königs Attila ein mächtiges und furchtbares Reich errichteten, welches fast das Weströmische Reich zerstört hätte, waren ein Volk, nach den Einen finnischer, nach der meisten Anderen Meinung mongolischer Abstammung. Gleichzeitige Schriftsteller schildern sie mit den dunkelsten Farben: ihr uncivilisirtes, hässliches, wildes, thierisches Aussehen jagte nicht nur Römern und Griechen, sondern auch den europäischen Barbaren Schrecken ein: die ungewöhnliche Grausamkeit, Rohheit und Wildheit ihrer Sitten vermehrte noch den durch ihr Aeusseres hervorgerufenen Abscheu. Sie führten ein Nomadenleben, ihre allgemeine Organisation war eine vollkommen kriegerische. Sie theilten sich in eine Menge Stämme oder Horden unter Führung ihrer Stammesältesten oder Anführer. Diese Horden waren von einander unabhängig, verbanden sich aber in grösserer oder geringerer Anzahl zu grossen Einfällen, wie sie solche nach China und gegen die Völker von Hochasien und Südeuropa ausgeführt hatten. In den Krieg zogen die Hunnen auch nach Horden, Stämmen oder Sippen getrennt, geleitet von ihren Anführern, Geschlechtshäuptern oder Aeltesten, begleitet von ihren Weibern Kindern und Heerden. Diese Heerden, namentlich die Pferde, bildeten ihren ganzen Reichthum und das Hauptmittel zu ihrer Kriegführung, wie zur Verpflegung während derselben: von dem Fleisch und der Milch ihrer Heerden lebend, kämpften die Hunnen stets zu Pferde, ihre Rosse waren klein und unansehnlich, aber kräftig, gedrungen und ausserordentlich rasch im Laufe, sie selbst vorzügliche Reiter und Parteigänger, — und so bildeten sie eine ausgezeichnete leichte Cavallerie. Ihre Kleidung bestand in Thierpelzen oder grobem Gezeug, ihre Bewaffnung in Lanze, Schwert, grossem Bogen und grossen Pfeilen. Diese letzteren wussten sie ebenso geschickt vom Pferde herab in vollem Jagen nach rückwärts und vorwärts zu entsenden, als sie sicher und gewandt zu Pferde sassen und diese zu lenken verstanden. Furchtbar eben durch diese Kunst im Bogenschiessen und Parteigängerkriege, durch ihre Mässigkeit im Essen, ihre Fähigkeit zum Ertragen alles Ungemachs, aller Mühen und Entbehrungen, sowie durch die unglaubliche Schnelligkeit ihrer Märsche, welche weder die höchsten Gebirge, noch die tiefsten Ströme aufzuhalten vermochten, waren die Hunnen auch im Kampfe schrecklich. Gleich allen orientalischen und vom Pferde herab kämpfenden Völkern, machten sie beim Zusammenstosse mit dem Feinde von allen Seiten einen ungestümen wüthenden Angriff auf denselben, bemüht, ihn mit einem Stosse zu überwältigen und durch ihre überlegene Zahl zu bezwingen. Gelang dies nicht beim ersten Male, so zerstoben sie nach allen Richtungen, kehrten wieder zurück, neckten, ermüdeten, schwächten den Feind durch wiederholte Angriffe und vervollständigten endlich seine Niederlage durch einen letzten vereinten und entscheidenden Choc. Sie schlugen sich stets in Ebenen, im Rücken hinter sich ihr Lager, welches von zahlreichen ihren Tross ausmachenden Fahrzeugen umgeben war.

Dies sind die Hauptzüge, welche den Hunnen eigneten, sowohl zu jener Zeit, da sie ihre allerersten vereinzelten Einfälle in das Oströmische Reich unternahmen, als damals, wo sie unter dem Alleinherrscher Attila vereinigt sich auf Südgermanien, Gallien und Italien stürzten. Nur dass ihre Zahl sich durch Sarmaten und andere Völker Osteuropas wie durch Germanen sehr vermehrt hatte, welche gezwungen oder aus freien Stücken sich ihnen anschlossen, und dass die Kriegsverfassung, welche ihnen Attila gegeben hatte, einheitlicher, fester und regulärer als früher geworden war. Diese erhielt sich indessen nur durch den aussergewöhnlichen geistigen Einfluss, welchen Attila auf die ihm gehorchenden

Stämme ausübte, durch seine Sorge für sie, seine Freigebigkeit gegen sie, und ebenso sehr durch die ausserordentliche Liebe und Verehrung, mit welcher sie ihm anhingen. Nach seinem Tode löste sich das von ihm begründete Königreich oder Staatenbund ebenso rasch wieder auf, als es entstanden war. In der Kleidung und Bewaffnung der Hunnen war inzwischen schon eine grosse Veränderung vor sich gegangen: bereichert durch die unermesslichen Schätze, welche ihnen als Kriegsbeute zugefallen, kleideten und bewaffneten sich die Hunnen jetzt weit besser und reicher als früher, ihre Anführer und vornehmsten Krieger sogar mit Luxus, ja selbst das Zaumzeug ihrer Pferde schmückten sie in reicher Weise. Uebrigens fochten sie nach wie vor zu Pferde und ihre Kampfweise blieb dieselbe wie früher. In der furchtbaren und blutigen Schlacht auf den catalaunischen Feldern (in der Champagne) im J. 451 nahm Attila mit seinen tapfern und treuen Hunnen die Mitte der Schlachtordnung seines Heeres ein, während zu beiden Seiten die Krieger der ihm gehorchenden Gepiden, Ostgothen, Heruler, Rugier, Gelonen, Skirren, Burgundionen, Bellonoter, Neurier, Bastarner, Thuringer und andere germanische und sarmatische (slawische) Völker standen. Die Schlacht begann mit lebhaftem Bogenschiessen und Speerwerfen, wobei auf Attila's Seite sich die Scythen (Slawen besonders geschickt erwiesen. Dann entspann sich das Handgemenge zwischen der beiderseitigen Reiterei und Fussvolk. Die Hunnen, angefeuert durch Attila's Gegenwart, durchbrachen das schwache feindliche Centrum, trennten die beiden Flügel und richteten dann, sich nach links wendend, alle ihre Kräfte gegen die Westgothen, die sie auch zurückdrängten. Nun aber wurden sie selber in Flanke und Rücken durch den andern Theil der Westgothen angegriffen, während die bereits geworfenen, aber neu sich formirenden Westgothen sie in der Front bedrängten, und nur schwach von ihren Tributären unterstützt mussten sie endlich sich zu ihrem Lager zurückziehen. Hier sassen die hunnischen Reiter ab und schickten sich zu hartnäckigster Vertheidigung im Kampfe zu Fuss hinter der Wagenburg an. Die ersten feindlichen heranstürmenden Truppen wurden mit einem furchtbaren Hagel von Geschossen überschüttet, wonach der Feind nicht weiter Attila anzugreifen wagte und ihn ungehindert seinen Rückzug über den Rhein antreten liess.

§. 103.

Die Perser.

Ueber die Geschichte Persiens in der Periode, da die Dynastie der Sassaniden von Sassan abstammend herrschte, stimmen die Angaben der orientalischen und westlichen Historiker mehr unter sich überein, als in der vorhergehenden Periode der Seleuciden und der parthischen Arsaciden. Die Gründung der persischen Monarchie durch Ardschir Babekan, den Enkel Sassan's, im J. 226 n. Chr. und die Ansprüche, welche derselbe auf alle römische Besitzungen in Asien, sofern sie einst zu Persien gehört hatten, erhob, verwickelten ihn und seine Nachfolger in beständige Kriege mit den Römern, vorzugsweise um Mesopotamien und Armenien. Ardschir oder Artaxerxes I. (226—241) vermochte das Erstere für sich zu erlangen, sein Sohn aber, Sapor I. (241—271) fügte auch Armenien noch zu Persien hinzu. Unter seinem Urenkel Varanes II. (276—293) wurde Mesopotamien und Armenien durch die römischen Kaiser Carus und Diocletian wieder losgerissen. Der Sohn Varanes' III., Narses (294—301) verlor auch Assyrien. Sapor II. (309—380) bekämpfte die Römer mit Erfolg. Nach einer weiteren Reihenfolge von 6 Königen von 380—457 wurde Hormides III. durch seinen älteren Bruder Perosus (457—488) vom Thron gestossen, welcher in einem erfolglosen Kampfe gegen die Hunnen unterging; sein jüngerer Bruder Valens (488—491) wurde sogar den Hunnen tributpflichtig und kam in einem Kriege gegen die Araber um.

Gegen die Römer führten die Perser 226—476 fast fortwährende und mehr oder weniger erfolgreiche Kriege, wie es später angegeben werden wird; erfolgreicher als alle übrigen Könige bekämpfte sie Sapor II.

Die Heeresorganisation und das Kriegswesen der Perser in dieser Periode (284—476) verblieben in demselben Stande, wie von 226—284, worüber schon oben berichtet wurde (§. 353).

Achtundfünfzigstes Kapitel.

Kurzer historischer Abriss der Kriege der Römer während dieser Periode.

§. 404. *Kriege unter Diocletian und Constantin d. Gr. (284—337).* — §. 405. *Kriege von Constantin d. Gr. bis zu Julian (337—361).* — §. 406. *Kriege von Julian bis zu Theodosius d. Gr. (361—379).* — §. 407. *Kriege und Feldzüge Theodosius d. Gr. (379—395).* — §. 408. *Kriege von Theodosius d. Gr. bis zum Untergange des Weströmischen Reiches (395—476).*

---

§. 404.

Kriege unter Diocletian und Constantin d. Gr. (284—337).

Diocletian hatte die Ueberzeugung gewonnen, dass die Regierungsform des römischen Reiches einer Veränderung bedürfe, und dass der eine Kaiser unmöglich an den verschiedensten Stellen des Reiches zugleich sein könne, wie er es doch eigentlich musste — im Innern, um den Ehrgeiz der Feldherren und den meuterischen Geist der Legionen zu bändigen, und an den Grenzen, um die äusseren Feinde abzuwehren. Er beschloss daher, um das Zerbröckeln des Reiches in mehrere Staaten zu verhindern, unter Festhaltung der höchsten Gewalt in einer Hand dem Principe nach, in Wirklichkeit doch dieselbe unter zwei Kaiser zu theilen. Zu diesem Zwecke ernannte er im J. 286 seinen Kriegsgefährten Marcus Valerius Maximinus Maximianus, einen kriegerischen, aber wilden und grausamen Mann, welcher am Rhein gegen die Alemannen und Burgunden focht, zu seinem Mitregenten. Bei dieser Gelegenheit nahm Diocletian für sich selbst den Titel Jovius, für Maximian — Herculius an. Aber schon in den nächsten 6 Jahren bewiesen die Ereignisse und Verhältnisse selbst, dass auch zwei Kaiser nicht die Last der Regierung zu tragen und die Grenzen zu schützen vermochten. Die beiden Kaiser erwählten daher im J. 292, indem sie selbst den Titel Augustus annahmen, je einen Cäsar, und zwar Diocletian den Cajus Galerius, Maximian aber den Flavius Constantius Chlorus, welche sich beide als Heerführer besonders hervorgethan hatten. Seit dieser Zeit wurde als Grundlage der neuen Regierungsform festgesetzt, dass stets zwei Augusti und zwei Caesares Herrscher des Reiches sein, und dass nach dem Tode oder der Abdankung der Augusti die Caesares an ihre Stelle treten und dann ihrerseits neue Cäsaren erwählen und adoptiren sollten. Dadurch wurde dem Heere das Recht der Ernennung von Imperatoren genommen und eine neue Ordnung der Thronfolge geschaffen, welche allem Anscheine nach dem Reiche eine lange und glückliche Zukunft versprach.

Die vier neuen Regenten theilten sofort die Provinzen des Reichs unter sich dergestalt, dass Diocletian für sich die östlichen, Maximian — Italien und Afrika mit den dazu gehörenden Inseln behielt, von den beiden Cäsaren aber Galerius — Illyrien, Thracien und die Donauprovinzen, Constantius dagegen Gallien, Britannien, Hispanien und Mauretanien bekam. Aber diese Theilung verhinderte nicht, dass der Eine in den Provinzen des Anderen zu Gericht sass, Recht sprach und die Truppen commandirte, und wie es der Eine trieb, so trieben's bald auch die Anderen alle. Rom selbst büsste hierbei schon viel von seiner Bedeutung ein, denn Diocletian verlegte seine Residenz nach Nicomedien, Maximian die seinige nach Mediolanum (Mailand), Galerius nach Sirmium und Constantius nach Treviri (Trier). Diese Herabsetzung Roms zog nun aber wieder den vollkommenen Verlust an Ansehen des römischen Senates nach sich, welcher schon jede Bedeutung und jeden Einfluss eingebüsst und eigentlich nur noch seinen Namen als eine Erinnerung an die alte Zeit beibehalten hatte. Die Provinzen ertrugen kaum noch den übermässigen Druck der Steuern, denn die Anzahl der Truppen und Beamten hatte sich erhöht, und es waren vier kaiserliche Hofhaltungen, ganz nach Art der asiatischen eingerichtet, zu unterhalten. Ueberhaupt waren die moralischen Fesseln, welche die Autorität des Senats und der noch immer nicht ganz vergessene Name der Republik den Kaisern auferlegt hatten, vollkommen gebrochen, und das römische Reich hatte ganz und gar die Formen und den Charakter einer orientalischen unbeschränkten Monarchie angenommen. *)

Aber diese Theilung hatte für einige Zeit doch den Vortheil, dass im Innern die Pseudo-Kaiser unterdrückt und für den Schutz der Grenzen bessere Maassregeln getroffen wurden. So beseitigte Diocletian den Usurpator Achilleus in Aegypten, Maximian den Julianus in Afrika, Constantius zuerst den Carausius und dann den Alectus in Britannien, das er wieder unterwarf. Unter den äusseren Feinden waren es zunächst die Perser, über welche die Römer ein Uebergewicht er-

*) Lorenz, Leitfaden der Allgemeinen Geschichte. II. Thl. 1 Abthlg.

langten, indem sie 296—297 um die Besitznahme des armenischen Thrones Krieg führten. Diocletian entsendete gegen den persischen König Narses (wie ihn die Griechen nannten) den Galerius, welcher nach Vereinigung mit der ägyptischen Armee ihn mit gemeinschaftlicher Macht angreifen sollte. Galerius aber war, ohne dies abzuwarten, mit einer nur geringen Reiterschaar auf demselben Wege vorwärts marschirt, den einst Crassus gegen die Parther eingeschlagen hatte, und hätte auch fast dasselbe Schicksal gehabt wie Jener: zwischen Nicephorium und Carrhae eingeschlossen, konnte er sich nur mit Mühe und unter grossem Verluste retten (296). Zur Strafe dafür machte Diocletian ihm öffentlich Vorwürfe, und um diesen Flecken abzuwaschen, zog Galerius alle seine Streitkräfte zusammen und rückte mit dieser neuen Armee im J. 297 in Armenien ein, während Diocletian ein starkes Beobachtungscorps am Euphrat aufstellte und dadurch die Aufmerksamkeit und die Macht der Perser theilte. Galerius führte den von ihm entworfenen Plan eines Ueberfalls gegen des Narses Lager so geschickt aus, dass er sich desselben mit allen darin befindlichen Schätzen und dem königlichen Harem bemächtigte: Narses selbst wäre, verwundet, beinahe in Gefangenschaft gerathen. Der feurige Galerius wollte dies zur Unterwerfung von ganz Persien ausnutzen, Diocletian aber, besonnener, begnügte sich mit der blossen Abtretung Armeniens, Mesopotamiens und noch dreier Provinzen, schloss Frieden mit ihm und sicherte nun in fester und dauernder Weise die römischen Grenzen gegen Persien, indem er sie wie die Rhein- und Donaugrenzen durch Befestigungen deckte. Danach feierte er im J. 303 mit Maximian zusammen in Rom den Triumph, den letzten, den Rom sah. Höchst unzufrieden mit dem zügellosen Geiste der Bewohner Roms, ging er bei sehr schlechtem Wetter von Rom nach Ravenna, dessen Klima äusserst ungesund war. Die Krankheit, welche ihn hier ergiff, nahm während der weiten und beschwerlichen Landreise nach Nicomedien noch zu. Das ganze Jahr lang lag er schwer darnieder, und als er sich erholt hatte, verfiel er in einen Zustand von Geistesschwäche. Da er sich unfähig fühlte, weiter zu regieren, so dankte er ab und beredete auch Maximian dasselbe zu thun (obgleich der Letztere dies sehr ungern that). An ihre Stelle wurden Constantius und Galerius zur Augustus-Würde erhoben; zu Cäsaren schien es am natürlichsten ihre Söhne zu ernennen, des Ersteren Sohn — Constantin, und des Maximian's Sohn — Maxentius, Galerius aber lenkte die Wahl auf seine beiden Freunde und Kriegsgefährten, Flavius Severus und Cajus Maximinus, und Constantin willigte, um Streit zu vermeiden, hierin ein. Severus erhielt Italien als Antheil, Maximin — Aegypten und Syrien. Aber der junge Constantin, der am Hofe Diocletian's aufgezogen war und im Orient eine der höchsten Befehlshaberstellen bekleidet hatte, fühlte sich durch seine Uebergehung bei der Wahl verletzt, und da er sogar für seine persönliche Sicherheit fürchtete, so erbat er sich von Galerius die Erlaubniss, an dem Feldzuge seines Vaters gegen die Bewohner des gebirgigen Caledoniens (Schottlands) theilzunehmen und brach eilends nach Gallien auf (306). Bald aber, nachdem er aus Gallien nach Britannien gekommen war, nämlich im Sommer 306, erkrankte sein Vater Constantius und starb zu Eboracum (York), sein Heer aber rief sofort den Constantin zum Augustus aus. Constantin nahm die Augustus-Würde an, nachdem er sich bei Galerius deshalb entschuldigt hatte. Galerius ward zuerst sehr zornig, dann aber nach reiferer Ueberlegung ernannte er den Severus zum Augustus und Constantin zum Cäsar. Obgleich auf diese Weise das System des Diocletian vollständig durchgeführt war, so hatte doch die abermalige Wahl eines Imperators durch das Heer demselben den Todesstoss versetzt. Dieses Beispiel wirkte alsbald nachtheilig auf die Bürger Roms wie auf die Reste der Prätorianer, und aufgereizt durch die von Severus zum ersten Male Rom auferlegten Abgaben, empörten sie sich und riefen, durch Maxentius bewogen, diesen zum Imperator aus (im Oktober 306). Bald darauf erschien auch des Maxentius Vater, Maximian, in Rom und nahm aufs Neue den Purpur an. Als nun Severus mit einem Theil der Truppen von Mediolanum auf Rom marschirte, um den Aufstand niederzuwerfen, fielen die Veteranen von ihm ab und gingen zu Maximian über. Mit den wenigen ihm treu Gebliebenen warf Severus sich nach Ravenna. Diese Stadt war allerdings so stark durch ihre Lage und ihre Festungswerke, dass Severus sich darin bis zu des Galerius Ankunft hätte behaupten können, aber Severus war durch die Verrätherei seiner Truppen so eingeschüchtert, dass er sich ergab unter der Bedingung, dass sein Leben geschont werde. Maxentius aber erklärte ihm, dass er gewaltsamen Todes sterben müsse, wenn er sich nicht selbst entleibe, und Severus entschloss sich daher zu Letzterem. Um sich gegen den mit einem Heere bereits gegen sie anrückenden Galerius zu behaupten, suchten Maximian und Maxentius nun ein Bündniss mit Constantin. Dieser ging darauf ein, vermählte sich mit Fausta, der Tochter Maximian's, und nahm den Titel Augustus an, hielt sich indessen bis zu gelegener Zeit von der Theilnahme am Bürgerkriege fern. Der Feldzug des Galerius in Italien verlief inzwischen unglücklich: aus Furcht, dass seine Truppen ihn verlassen und ausliefern möchten, kehrte er eiligst in die Donauprovinzen zurück und ernannte an des Severus Stelle seinen Kriegsgefährten Licinius zum Augustus. So hatte das römische Reich jetzt sechs Imperatoren zugleich, drei im Westen und drei im Osten! Bald aber veränderte sich deren Zahl: Maximian, mit seinem Sohne entzweit, floh zu Constantin, der ihn im J. 310 tödten liess; im J. 311 starb Galerius, und nach ihm nahm Maximinus den Augustus-Titel an. Das römische Reich ward wieder von vier Kaisern beherrscht, fast in derselben Form, wie sie Diocletian gegeben hatte: aber es herrschte keine Eintracht unter ihnen, sondern sie standen so feindlich gegen einander, dass nothwendigerweise es bald zum Bruch zwischen ihnen kommen musste. Derjenige von ihnen aber hatte die meiste Hoffnung auf Erfolg, der die Christen auf seine Seite bringen konnte, und keiner von ihnen besass grösseres Anrecht auf das Vertrauen der Christen, als Constantin, der ihnen sich ebenso geneigt und nachsichtig erwies wie sein Vater, und dessen Mutter Helena eine eifrige Christin war. Maxentius begann den Bürgerkrieg: in zu grossem Vertrauen auf seine zahlreichen Truppen erklärte er unter dem Vorwande, den Tod seines Vaters rächen zu wollen, an Constantin den Krieg, und schloss mit Maximinus ein Bündniss, wogegen Constantin sich mit Licinius verband. Maxentius aber hatte, nur dem Vergnügen lebend, niemals Truppen befehligt; Constantin hingegen hatte sich schon seit lange einer beständigen angestrengten kriegerischen Thätigkeit hingegeben und an sie gewöhnt. Dem Maxentius mit Eröffnung des Feldzuges zuvorkommend, erschien er im J. 312 in Italien, erfocht bei Augusta Taurinorum (Turin) einen Sieg, nahm ganz Nord-Italien in Besitz und marschirte gegen Rom, in dessen Umgegend Maxentius ein starkes Heer sammelte. Als er sich der Stadt näherte, liess Constantin auf den Adlern seines Heeres das Kreuz aufpflanzen als Symbol des Sieges, und auf den Schilden das Monogramm des Namens Christus eingraviren. Dies brachte in seinem grösstentheils aus Christen bestehenden Heere die grösste religiöse Begeisterung hervor und machte einen gewaltigen moralischen Eindruck. In der bald darauf erfolgenden Schlacht an der mulvischen oder milvischen Brücke (Tiber, nahe bei Rom, im Oktober 312), — einer Schlacht, in welcher nicht allein zwei Kaiser, sondern auch der Christenglaube gegen die Religion der Heiden um die Herrschaft kämpften —, erfocht Angesichts des heidnischen Capitols Constantin unter dem Zeichen des Kreuzes einen entscheidenden Sieg über Maxentius, welcher auf der Flucht von der Brücke in den Fluss gedrängt wurde und darin ertrank. Constantin zog triumphirend als Sieger in Rom ein und pflanzte auf dem Capitol sogleich das Kreuz auf, unter dessen Zeichen er den Sieg errungen hatte! Zur selben Zeit war Licinius, der des Constantin Schwester Constantia geheirathet hatte, im J. 313 gegen Maximinus bei Adrianopel siegreich gewesen und verdankte dies ganz ebenso der grossen Anzahl von Christen in seinem Heere und ihrer religiösen Begeisterung. Der besiegte Maximin, an der Möglichkeit sich gegen Licinius zu halten verzweifelnd, vergiftete sich im Juli 313. Seine Gattin und sein Sohn, ebenso die Kinder des Galerius und Severus und die Wittwe und Tochter des Diocletian wurden ermordet, alle ihre Verwandten aufs heftigste verfolgt.

Constantin und Licinius waren aber durchaus nicht geneigt, sich, nach Diocletian's System, Cäsaren zu erwählen, Jeder von ihnen trachtete vielmehr offen danach, ein einziges Reich unter seiner alleinigen Regierung herzustellen. In Folge dessen brach schon im J. 314 ein Krieg zwischen ihnen aus, und am 8. Oktober kam es bei Cibalis unweit der Draumündung in die Donau zur Schlacht. Licinius wurde besiegt, sammelte aber in Thracien ein neues Heer; bei Mardia *) kam es zu einer zweiten Schlacht, die unentschieden blieb: Constantin hatte sich auf dem Schlachtfelde behauptet, aber grosse Verluste erlitten. Er hielt es daher für besser, Friedensunterhandlungen anzuknüpfen, und Licinius trat, zum Frieden gezwungen, Griechenland, Macedonien, Illyrien, Pannonien und das westliche Mösien an Constantin ab (im J. 315).

Acht Jahre lang hielten sie hiernach Frieden, verfuhren inzwischen aber in ganz verschiedener Weise. Constantin, welcher den grössten und mächtigsten Theil des Reiches beherrschte, handelte stets im Interesse desselben und seiner Einwohner, sowohl als Feldherr, wie als Gesetzgeber, und vereinte dadurch auf seiner Seite die materielle mit der geistigen Ueberlegenheit über Licinius, welcher Christenverfolgungen anordnete und seine Unterthanen mit Geldsteuern und Auflagen aller Art auf das grausamste bedrückte. Endlich brach im J. 322 der Krieg zwischen ihnen von neuem aus, die Landarmee des Licinius wurde im Juli 323 bei Adrianopel geschlagen, seine Flotte wurde zum Theil durch Constantin's Flotte, zum Theil durch einen Sturm vernichtet. Dem Licinius blieb Nichts übrig, als die Mittel zum Schutz und Widerstand in Asien zu suchen: Constantin aber setzte ihm rasch und energisch nach und besiegte ihn im J. 324 bei Chrysopolis. Nun verblieb dem Licinius nur noch eine Hoffnung, — auf die Grossmuth und Gnade Constantin's. Auf die Fürsprache der Schwester des Letzteren, der Gemahlin des Licinius, Constantia, versprach ihm Constantin das Leben zu schenken, wenn er auf die Herrschaft verzichte, — er brach aber sein Versprechen und liess ihn im J. 325 tödten, ebenso seinen Sohn Licinianus, und nun war Constantin der alleinige Kaiser und Selbstherrscher des ganzen römischen Reiches.

Seit dieser Zeit verlief seine Regierung in fast beständigem Frieden und Ruhe, und das römische Reich war den nächsten äusseren Feinden ebenso furchtbar, wie in den entlegeneren Gegenden geachtet. Er konnte daher im J. 336 ohne Gefahr einen Krieg gegen Persien unternehmen. Der persische König Sapor oder Schapur II. hatte noch im J. 333 Gesandt-

*) Zwischen Philippopolis und Hadrianopolis. Anmerk. d. Uebers.

schaften und Geschenke zum Zeichen des Friedens mit Constantin ausgetauscht, forderte aber im J. 336, aus welchem Grunde und Anlass ist unbekannt, die Rückgabe der Provinzen, welche durch den Vertrag mit Diocletian abgetreten worden waren, und eröffnete den Krieg, als ihm dies verweigert wurde. Im Frühling des J. 337 brach Constantin persönlich aus Constantinopel mit seiner Armee nach dem Orient auf, aber von einer plötzlichen Erkrankung ergriffen starb er am 22. Mai dieses J. 337 zu Nicomedia in einem Alter von 64 Jahren, nachdem er sich vorher hatte feierlich taufen lassen.

§. 405.

Kriege von Constantin d. Gr. bis zu Julian (337—361).

Nach dem Tode Constantin d. Gr. theilten seine Söhne: der Aelteste Constantinus II., der Zweite Constantius, und der Dritte Constans auf einer Zusammenkunft in Sirmium im J. 338 das Reich so, dass Constantin II. die Gallische Präfektur, Constans Italien und Illyrien, Constantius den Orient* und damit zugleich den Krieg gegen die Perser übernahm. Dieser Krieg dauerte mit geringen Pausen die ganze Zeit seiner Regierung (338—361), ohne Ruhm, aber auch ohne Nachtheil für das römische Reich. Die Festungen Mesopotamiens, besonders Nisibis, welches eine dreimalige Belagerung tapfer und glücklich aushielt, hemmten die Erfolge der Perser.

Inzwischen hatte Constantin, welcher seiner Präfektur noch Italien und Afrika hinzu zu fügen wünschte, im J. 340 einen Bürgerkrieg gegen Constans begonnen, war, in Italien einbrechend, schon bis Aquileja vorgedrungen, fiel aber hier in einen ihm gelegten Hinterhalt und kam um's Leben. In Folge dessen war Constans nun der Beherrscher von mehr als zwei Dritteln des Reiches und anfänglich nahm er sich der Regierungsgeschäfte mit Eifer an, bald aber ergab er sich seinem Hange zu Vergnügungen und überliess die Regierung seinem Finanzminister Marcellinus, und dem Befehlshaber der Garden — Magnentius. Der Letztere, von Geburt ein Franke, warf sich mit Hülfe des Marcellinus im J. 350 in dem heutigen Autun in Gallien, wo sich damals

* Genauer — erhielten sie: Constantinus — Gallien, Spanien, Britannien, Constantius — Asien, Syrien, Aegypten, und Constans — Italien, Illyrien und Afrika — schon bei der Theilung, welche ihr Vater noch vor seinem Tode vornahm. Constantin d. Gr. hatte auch seine Neffen mit Reichsantheilen bedacht, seine Söhne liessen aber diese Neffen umbringen und theilten deren Besitzungen dann so, dass Constantius noch Kleinarmenien, Pontus und Cappadocien, Constans noch Macedonien und Griechenland dazu erhielt, während Constantin leer ausging, was der Anlass zu einem baldigen Bruche wurde. Anmerk. d. Uebers.

gerade der Hof befand, zum Kaiser auf, wurde von den Leibwachen*) ausgerufen und unterstützte aus den Mitteln des von ihm in Besitz genommenen Schatzes nun den Aufstand. Constans entfloh verkleidet und in Angst nach Hispanien, wurde aber am Fusse der Pyrenäen von den ihn nachsetzenden Verfolgern eingeholt und niedergehauen. Gallien, Britannien und Hispanien huldigten dem Magnentius, und nach dem Falle des Nepotianus, eines Sohnes der Schwester Constantinus', Eutropia, welcher in Rom den Purpur genommen hatte, wurde auch Italien gezwungen sich dem Magnentius zu unterwerfen. Die illyrischen Legionen riefen ihren Feldherrn Vetranio zum Augustus aus. So sah das römische Reich sich wieder in der Gewalt dreier einander hassender Imperatoren. Constantius schlug mit Festigkeit jede Unterhandlung mit dem Mörder seines Bruders ab, und um diesem Magnentius auch die etwanige Hülfe des Vetranio zu entziehen, ernannte er diesen zum Mitregenten. Als er im J. 351 zu Sardica mit Letzterem zusammentraf, brachte er dessen Truppen durch eine Rede, die Offiziere aber durch Geld auf seine Seite, sie riefen ihn zum alleinigen Kaiser aus, Vetranio aber legte freilich seinen Kaisertitel nieder. Während dessen war Magnentius schon aus Gallien gegen Constantius im Anmarsch mit einem Heere, dessen Hauptbestandtheil Germanen bildeten. Zu gleicher Zeit erneuerte auch der persische Sapor die Feindseligkeiten. Unter diesen schwierigen Umständen rief Constantius seine Vettern Gallus und Julianus, welche bisher in einer Art von Staatsgefangenschaft gehalten worden waren, herbei und ernannte den Aelteren, Gallus, zum Cäsar, vermählte ihn mit seiner Schwester Constantina und übertrug ihm den Schutz des Ostens gegen die Perser, indem er ihm Antiochia als Residenz anwies. Gallus erbat für seinen jüngeren Bruder Julianus, der mit ungewöhnlichem Verstande, Geistes- und Willenskraft ausgerüstet war, das väterliche Erbtheil und die Erlaubniss, seine gelehrten Studien ungestört fortsetzen zu dürfen. Im September 351 erfochten die Feldherren des Constantius (der selber das Heer nicht befehligte**) bei Mursa an der Drau nach langem, erbittertem und blutigem Kampfe einen entscheidenden Sieg über Magnentius. Des Letzteren von Constantius bestochene Truppen gingen grösstentheils zu diesem über, und während des Constantius Flotte in Afrika und Hispanien seine Herrschaft befestigte, unterwarf dieser selber im J. 352 Italien ohne grosse Mühe. Im J. 353 ging er über die Alpen nach Gallien und schlug den Magnentius zum zweiten Male bei

*) Die seit Diocletian noch immer Jovianer und Herculianer hiessen. Anmerk. d. Uebers.

**) Er hielt sich feige während der Schlacht mit seinem ganzen Hofe in der Kirche zu Mursa eingeschlossen. Anmerk. d. Uebers.

Sisteron an der Durance. Auf seine Truppen konnte sich Magnentius nun nicht länger verlassen: als er ihnen eine Ansprache hielt, um ihren Muth zu einem neuen Kampfe zu entflammen, erhielt er zur Antwort: »es lebe der Kaiser Constantius!« Aus Furcht, dass er von ihnen an diesen ausgeliefert werden möchte, liess er seine ganze Familie umbringen und entleibte sich dann selbst, und seinem Beispiele folgte auch sein Bruder Decentius, den er zum Cäsar ernannt hatte. Auf diese Weise sah Constantius das gesammte Reich wieder in seiner alleinigen Gewalt, offenbarte aber dabei seine Ohnmacht, Unfähigkeit, sein Misstrauen gegen seine Feldherren, Statthalter und Regierungsbeamten, wogegen er seinen Eunuchen Vertrauen schenkte und ganz von ihnen abhängig war. Unter diesen genoss namentlich der Eunuch Eusebius einen unbeschränkten Einfluss auf Constantius wie auf den Staat. Er war es, der in Constantius Argwohn gegen Gallus erweckte und ihn zu bereden suchte, diesen nicht nur der Macht, sondern auch des Lebens zu berauben. Constantius schickte den Präfekten Domitian und den Quästor Montius mit einer ganzen Commission nach Antiochia, um sich vom Stande der Dinge zu überzeugen und den Gallus zur Heimkehr nach Italien zu bewegen. Gallus aber, aufgebracht über den verletzenden Hochmuth Domitian's, liess diesen einkerkern, seine Leibwache zu den Waffen greifen, und forderte von den Einwohnern Antiochia's Schutz für seine Person. Das Volk tödtete den Domitian und Montius, so dass dem Gallus nun Nichts übrig blieb, als zu offener Empörung zu schreiten. Constantin aber zog nach und nach alle alten Legionen aus Syrien und berief dann arglistig, aber sehr höflich den Gallus an seinen Hof. Im J. 354 brach Gallus aus Antiochia auf, bis Constantinopel reiste er noch als Cäsar, aber die Weiterreise aus dieser Stadt trat er schon als Gefangener unter Escorte an und nach seiner Ankunft in Noricum wurde er in das Städtchen Pola in Istrien abgeführt, wo er gefoltert und peinlich verhört und dann hingerichtet wurde. Nun war von der ganzen zahlreichen Nachkommenschaft des Constantius Chlorus nur noch Julian allein am Leben, der Vetter des Gallus. Die Eunuchen wollten auch diesen verderben, aber für ihn trat die Kaiserin Eusebia ein und rettete ihn. Ihr verdankte Julian es, dass er nicht umgebracht wurde, sondern nach siebenmonatlichem Aufenthalte am Hofe zu Mediolanum die Erlaubniss erhielt, nach Athen abzureisen, um dort den Wissenschaften zu leben. Aber schon im J. 355 berief ihn Constantius nach Mediolanum zurück, da er fühlte, dass die Regierung des Reiches ihm allein über die Kräfte ging, und auf Zureden der Eusebia vermählte er den Julian mit der Schwester derselben, Helena, und ernannte ihn zum Cäsar und zum Regenten der transalpinen Provinzen. Der junge ungewöhnlich begabte und gebildete Julian, der so plötzlich seine gelehrten Beschäftigungen mit den Waffen und einer hohen Stellung vertauschen musste, wurde zu Mediolanum feierlich in die Cäsarenwürde eingesetzt, das Heer jauchzte seiner Ernennung laut zu, da er versprach ein Held zu werden, — leider aber befleckte er sich durch den Hass gegen das Christenthum, von dem er abfiel und das er verfolgte, sobald er im J. 361 den Thron bestiegen hatte.

Constantius begab sich, nachdem er den Julian nach Gallien geschickt hatte, für seine Person an die Donau, wo er bis zum J. 359 blieb; dann eilte er nach dem Osten, wo Sapor neuerdings in Mesopotamien eingefallen war und sich in den Besitz der Festung Amida gesetzt hatte. Während dessen verhielt sich Julian in Gallien möglichst vorsichtig, um auch nicht den leisesten Grund zu irgend welchem Argwohn zu geben, und als er endlich hierdurch volle Freiheit erlangt hatte, entwickelte er ganz ungemeine Tapferkeit, Kenntnisse und Ausdauer. Im J. 357 schlug er mit nur 13,000 Mann, welche er bei sich hatte, bei Strassburg ein zahlreiches Heer der Alemannen, welche sich seit des Magnentius Zeit der östlichen Theile Galliens bemächtigt hatten, setzte dann über den Rhein und bedrängte die Alemannen so lange, bis sie um Frieden zu bitten kamen. Darauf wandte er sich nach Belgien gegen die Franken und zwang sie, obgleich er sie nicht ganz von dort zu vertreiben vermochte, doch zum Frieden und zur Anerkennung der abgesteckten Grenzen. Durch die vortreffliche Verwaltung Galliens war inzwischen sein Ruhm dermassen gewachsen, dass die unter seiner Herrschaft stehenden Einwohner dieses Landes ihn einstimmig priesen und lobten. Das aber gerade gab seinen Feinden am Hofe des Constantius Anlass, diesem schwachen und argwöhnischen Kaiser Misstrauen gegen ihn einzuflössen und Julian seiner Macht zu berauben. Im J. 360 erschienen in *Lutetia Parisiorum* (Paris), wo Julian seine Residenz aufgeschlagen hatte, Abgesandte des Constantius, welche ihm den Befehl überbrachten, sofort 4 volle Legionen nach Asien zu entsenden. Bei diesen befanden sich viele Germanen, sogenannte *foederati* oder Bundesgenossen, welchen speciell versprochen worden war, dass sie niemals zu Kriegsunternehmen jenseits der Alpen verwendet werden sollten. Julian gehorchte, hob aber die Gefahr hervor, welche daraus entstehen könne. In der That gaben die Truppen, namentlich die durch Lutetia marschirenden, ihre lebhafte Unzufriedenheit damit zu erkennen, dass man sie von ihrem geliebten Feldherrn trennen wolle. Um Mitternacht versammelten sie sich vor Julian's Schlosse und riefen ihn heraus, um ihn zum Augustus zu proklamiren. Julian aber gerieth ersichtlich in Schrecken und Bestürzung, schloss sich in seiner Burg ein und zeigte sich den Truppen erst am Morgen des folgenden Tages. Sobald er erschien, hoben ihn die Krieger auf die Schilder und riefen ihn zum Augustus aus. Hiernach konnte Julian sich nicht mehr der Annahme des Purpurs erwehren, und nun ging in seinem und der Truppen Namen eine Gesandtschaft an Constantius mit der Nachricht von dem Geschehenen und der Bitte um Bestätigung ab. Unter dem Einfluss der Verschnittenen sicherte Constantius dem Julian Verzeihung zu, wenn er den Augustus-Titel freiwillig niederlegte. Das Schreiben, welches diese Bedingung enthielt, wurde vor der gesammten gallischen Armee vorgelesen, zunächst verwarf das Heer, dann auch Julian diese Zumuthung des Constantius, und Julian erklärte feierlich, dass er sich und seine Sache dem Willen der unsterblichen Götter übergebe, wobei er zugleich seinen Abfall von Constantius und vom christlichen Glauben aussprach! Im folgenden J. 361 brach er mit seinem Heere gegen die illyrische Präfektur auf und rückte in dieselbe ein gerade zu derselben Zeit, als Constantius mit seinem Heere in Eilmärschen vom Euphrat nach Thracien marschirte. Aber während des Zuges erkrankte er und starb im November 361 in dem Städtchen Mopsucrena am Fusse der cilicischen Berge. Seine Armee weigerte sich unwillig, einen Krieg zu führen, zu welchem ja kein Anlass mehr vorlag, und erkannte den Julian als Kaiser an.

§. 406.

Kriege von Julian bis zu Theodosius d. Gr. (361—379).

Julian, der letzte und befähigtste der Kaiser aus dem Hause Constantin's d. Gr., in der Schule der Wissenschaften und des Lebens gebildet, nicht ohne Fehler, aber jedenfalls frei von Lastern, nur befleckt durch seinen Abfall vom Christenthum, würde hierfür schwer gebüsst haben, wenn er nicht in dem gegen die Perser 363 unternommenen Feldzuge umgekommen wäre. Zu diesem Feldzuge zog er den besten Theil des römischen Heeres zusammen und brach dann mit demselben auf, am Euphrat abwärts marschirend bis zu dem Punkte, wo dieser Fluss sich dem Tigris am meisten nähert. Hier beschloss er den Tigris zu überschreiten und sich mit dem Könige von Armenien und den römischen Truppen zu vereinigen, welche zu dessen Verstärkung detachirt waren und denen er den Befehl gegeben hatte, am linken Tigrisufer hinab zu marschiren, während auf dem Euphrat die römische Flotte ihnen folgte, deren Schiffe aus dem Euphrat in den Tigris auf dem, beide Flüsse vereinigenden, Canale übergeführt werden sollten. Aber da dieser Canal verschüttet gefunden wurde, so war er genöthigt, ihn zuerst mit grossen Anstrengungen reinigen zu lassen, als er dann den Tigris erreicht und bei Ctesiphon überschritten hatte, fand er dort die aus Armenien erwarteten Verstärkungen nicht vor, wodurch er in eine äusserst schwierige und unangenehme Lage gelangte. Da er keine Möglichkeit sah, weder vorwärts nach Osten, noch rückwärts, von wo er gekommen war, zu marschiren, so war er ge zwungen, am linken Tigrisufer stromauf zu marschiren, und da es hierbei nicht anging die Flotte durch Mannschaften stromauf ziehen zu lassen, ohne dazu die Hälfte seiner Armee anwenden zu müssen, so blieb ihm nur übrig, die Schiffe zu verbrennen. Auf diesem Zuge längs des Tigris wusste Niemand aus dem römischen Heere den Weg, man musste also sich auf persische Führer verlassen, welche nun zunächst den Julian mit seinem Heere vom Tigris ab durch fruchtreiches Land, dann aber in eine weite unfruchtbare Wüste führten und entflohen. Zu gleicher Zeit kamen von allen Seiten zahlreiche Perserschaaren zum Vorschein, welche auf alle Weise den Marsch der Römer zu erschweren und ihnen Abbruch zu thun suchten. Obgleich es Julian gelang, den Tigris zu erreichen, so war es doch unmöglich, ohne Schiffe und Angesichts der Perser über denselben zu setzen, und es musste ein 20tägiger Weitermarsch durch Armenien auf schwierigen Wegen in von den Persern verwüstetem Lande bei brennender Gluth angetreten und dabei von den Soldaten aller Proviant getragen werden, während sie sich noch der persischen Geschosse und Reiter zu erwehren hatten. Trotz dessen setzten sie den Marsch fort, langsam, aber muthig. Julian selbst ging ihnen mit gutem Beispiel voran und wurde das Opfer seiner Kühnheit. Als er einst wegen der drückenden Hitze sich des Panzers entledigt hatte, machten die Perser einen Angriff: ohne sich Zeit zum Anlegen der Rüstung zu gönnen warf sich Julian ihnen entgegen, trieb sie in die Flucht, wurde aber bei der Verfolgung durch einen Wurfspiess in der Brust verwundet und gab kurz nachher (25. Juni 363) seinen Geist auf.

Der zum Augustus ausgerufene 33jährige Oberste der Haustruppen (*Primus ordinis domesticorum*) Flavius Jovianus, gab Befehl zur Fortsetzung des Marsches. Dieser aber wurde immer schwieriger, denn die Perser, welchen der Tod Julian's zu Ohren gekommen war, drangen immer heftiger auf die Römer ein. Die Letzteren versuchten, aber vergeblich, eine Brücke über den Tigris zu schlagen; ihr Mundvorrath wurde täglich geringer, und den Hungertod vor Augen mussten sie sich am 7. Tage nach dem Tode Julian's darein ergeben, auf die drückenden von Sapor vorgeschriebenen Friedensbedingungen einzugehen. Die Römer gaben ihm alle von den Persern an Diocletian abgetretenen Provinzen zurück und opferten die Festungen Nisibis und Singara, für deren Einwohner nur mit Mühe die Erlaubniss zur Auswanderung mit ihrer Habe erwirkt wurde.

In das römische Gebiet zurückgekehrt, brach Jovian im Winter 363—364 aus Antiochia nach Constantinopel auf, zwischen Ancyra und Nicäa starb er aber am 26. Februar 364 an den Folgen einer Indigestion. Zehn Tage lang blieb Staat und Heer ohne Kaiser, erst am 11. Tage wurde zu Nicäa der erfahrene und bei den Truppen beliebte Präfekt

Valentinian zum Kaiser gewählt, der am 28. März seinen Bruder Valens zum Mitregenten ernannte und ihm die Regierung des Ostens übertrug, während er für sich den Westen behielt.

Hier brachte Valentinian I. (364—375), welcher im J. 367 seinen achtjährigen Sohn Gratianus zum Augustus ernannte, seine ganze Regierungszeit mit fortwährenden Kriegen gegen die Germanen zu, welche jetzt aufgestanden waren, um sich für die durch Julian ihnen zugefügten Niederlagen zu rächen. Zuerst wandte er sich zum Rhein gegen die Franken, Sachsen und Alemannen, dann zur Donau gegen die Quaden und die übrigen jenseits der Donau hausenden Völker. Mit Hülfe ausgezeichneter Feldherren, unter denen sich namentlich Theodosius (der Vater des später Kaiser gewordenen Theodosius d. Gr.) hervorthat und emporschwang, gelang es ihm endlich den Schutz der Grenzen zu sichern und die Ruhe im Innern dauernd zu erhalten. Nach seinem Tode im November 375 zu Bregetio (dem h. Günr in Wengrien) ging die Regierung in die Hände des schwachen und unfähigen Gratianus über, der damit begann, dass er ohne Anklage und schimpflich den verdienstvollen Theodosius auf die blosse von dessen Feinden herrührende Verläumdung hinrichten liess.

Als nicht minder unfähigen und unwürdigen Regenten erwies sich im Orient Valens (364—378), der gezwungen war einen mächtigen, durch seine Hinneigung zum Arianismus und seine Grausamkeit in Erpressung von Steuern und Abgaben, sowie durch den Ehrgeiz des einzigen noch am Leben befindlichen Verwandten Julian's, Procopius, hervorgerufenen Aufstand zu bekämpfen. Procopius war im J. 365 durch sein Heer in der Nähe von Constantinopel zum Kaiser ausgerufen worden, bestieg den Thron, und vermählte sich mit der Wittwe des Kaisers Constantius, welche von diesem noch eine fünfjährige Tochter hatte. Die Anhänglichkeit an das Haus des Constantin's d. Gr. verbreitete den Aufstand in Thracien und Bithynien. Valens hatte den Kopf gänzlich verloren. Die Festigkeit aber und Tapferkeit seiner Feldherren rettete ihn: ihr Einfluss auf das Heer, unterstützt durch Geldspenden von Seiten des Volkes, brachte es dahin, dass, als im J. 366 es bei Nacolia in Phrygien zur Schlacht kam, des Procopius Truppen von diesem abfielen und ihn an Valens auslieferten, welcher ihn und viele seiner Anhänger tödten liess. Und da Procopius mit den Gothen in Verbindung gestanden hatte, so entstand in Folge der Niederwerfung seines Aufstandes ein Krieg mit diesen, welcher 3 Jahre dauerte (367—369) und mit einem für die Gothen schimpflichen Frieden endete. Durch diesen Frieden wurde sowohl die frühere Freiheit der internationalen Beziehungen, als die jährliche Zahlung von Geldgeschenken (Tribut) durch die Römer abgeschafft. Unmittelbar hiernach war Valens genöthigt, sich gegen die Perser zu wen den, welche Armenien in Besitz genommen hatten und Klein-Asien bedrohten. Der Krieg zwischen Valens und Sapor um den Besitz des Thrones von Armenien setzte sich 5 Jahre lang (370—375) ziemlich matt mit wechselndem Erfolge fort und erlosch von selbst ohne Resultat. Der sehr betagte Sapor fühlte nicht mehr die frühere Kraft und den alten Ehrgeiz in sich, die Aufmerksamkeit des Valens und der Römer aber war schon vom Osten nach dem Westen gelenkt, wo der furchtbare Einfall der Hunnen bereits den Anfang der grossen Völkerwanderung ankündigte.

Es wurde schon früher (§§ 396 und 402) angegeben, wie die Hunnen im J. 375 die Gothen in dem Gebiete zwischen Don und Theiss unterworfen und wie die Westgothen von Valens die Erlaubniss erhalten hatten, mit den Vandalen zusammen sich in Pannonien nieder zu lassen, wie dann aber in Folge der Bedrückungen, welche sie von den römischen Statthaltern und Beamten zu erleiden hatten, sie sich gegen die Römer empörten. Ein Theil der Ostgothen, welche vor den Hunnen geflohen und mit ihrem unmündigen Könige Witherich ohne die Einwilligung der römischen Machthaber auf das rechte Donauufer übergegangen waren, machte gemeinschaftliche Sache mit ihnen. Die Einen wie die Andern stellten sich bei Marcianapolis auf. Der römische Statthalter Thraciens, Lupicinus, griff sie an, erlitt aber eine furchtbare Niederlage, und nun liessen die Gothen für die an ihnen begangenen Ungerechtigkeiten die daran unschuldigen Einwohner von Thracien büssen. Mit ihnen vereinten sich eine Menge Barbaren, sowohl solche, die früher sich in Thracien niedergelassen hatten oder in römischem Kriegsdienste standen, als auch thracische Bergbewohner und Bergleute aus dem Hämus (Balkan), ja sogar Hunnen und Alanen von jenseits der Donau. Während des ganzen Jahres 377 waren die Kriegsoperationen der Römer gegen sie vollkommen erfolglos: die Gothen und die übrigen Völker mit ihnen gingen über den Hämus und verwüsteten das Land bis nach Thessalien hin auf das Furchtbarste. Wenn nicht in Bälde ihren Verheerungen ein Ende gemacht wurde, so mussten sie der Existenz des römischen Reiches gefährlich werden. Deshalb brach im J. 378 Valens mit den asiatischen Legionen aus Asien nach Europa auf, Gratian aber zog von Westen her ihm zu Hülfe. Aber noch bevor der Letztere heran war, griff Valens von Ungeduld getrieben am 9. August 378 die Barbaren bei Adrianopel an und erlitt eine so schwere Niederlage, dass Ammianus Marcellinus sie mit der von Cannä vergleicht. Valens selber, ein grosser Theil der höheren Befehlshaber und zwei Drittel der römischen Armee fielen im Kampfe. Dieser schwere Schlag traf das römische Reich zu einer Zeit, als es sich schon nur mit Mühe noch aufrecht hielt. Aber wie nach der Schlacht bei Cannä Rom durch Fabius gerettet ward, so jetzt durch den Sohn des im J. 376 hingerichteten Theodosius, der gleichfalls Theodosius hiess. Dieser letztere bekleidete bereits eine der höchsten Stellen bei der Armee, nach der Hinrichtung seines Vaters verliess er den Dienst und lebte als Privatmann auf seinen Besitzungen in seiner Heimath Hispanien (in der Nähe des h. Valladolid). Im J. 379 berief ihn Gratian von dort zurück, ernannte ihn zum Augustus und zum Statthalter des ganzen Ostens, mit dem Auftrage, zunächst Thracien von den Barbaren zu säubern.

§. 407.

Kriege und Feldzüge Theodosius d. Gr. (379—395).

Theodosius rechtfertigte die Wahl Gratian's in vollstem Maasse: entscheidenden Schlachten mit den Barbaren ausweichend, beschränkte er sich lediglich auf die Vertheidigung der festen Punkte, that den Barbaren in kleineren Treffen Abbruch und wusste gleichzeitig Unfrieden zwischen ihnen zu stiften und davon Nutzen zu ziehen. Nach dem Tode ihres Königs Fritigern hatten die Gothen keinen gemeinschaftlichen, von Allen anerkannten Führer mehr; ihre einzelnen Anführer schlossen nach und nach besondere Verträge mit Theodosius. Auf diese Weise waren 4 Jahre nach der Niederlage des Valens bei Adrianopel im J. 382, die Gothen überall zur Unterwerfung gebracht und hatten sich friedlich in den ihnen angewiesenen Provinzen niedergelassen, und zwar die Westgothen in Thracien, die Ostgothen in Phrygien und Lydien (in Kleinasien). Hier lebten sie beisammen nach ihren eigenen Gesetzen und Gebräuchen, unter ihren eigenen Königen, den oströmischen Kaiser als ihren obersten Kriegsherrn anerkennend, dem sie für das ihnen abgetretene Land stets 40000 Mann Hülfstruppen in Bereitschaft zu halten verbunden waren, und so bildeten die Gothen zum ersten Male innerhalb der Grenzen des römischen Reiches einen germanischen Kriegerstaat. Theodosius hoffte, dass sie in der nächsten Generation sich dem Geiste und der Bildung der Römer angeschmiegt haben würden; es geschah aber das Umgekehrte: die barbarische (wie die Römer sie nannten, in Wahrheit aber die germanische, vermischt mit der slawischen) Welt dehnte ihr eigenstes Wesen und ihren Einfluss bis über den kaiserlichen Hof selber aus.

Während dessen hatte im Westen Gratian Thron und Leben eingebüsst. Im J. 383 wurde der Landsmann und Kriegskamerad des Theodosius, der Spanier Maximus, von den Legionen zum Imperator ausgerufen und nahm, wie er versicherte, von ihnen gezwungen den Purpur an. Nach Gallien übergesetzt, wurde er auch von den dortigen Legionen anerkannt. Gratian entschloss sich zur Flucht, um jenseits der Alpen bei seinem Bruder Valentinian II. Hülfe zu suchen, bei Lugdunum (Lyon aber wurde er von den ihn verfolgenden Truppen des Maximus eingeholt und getödtet. Dies Alles verlief so rasch, dass Theodosius die verschiedenen Meldungen alle zur selben Zeit erhielt und nun, nachdem Gesandte von Maximus behufs Unterhandlungen eintrafen, sich mehr durch Rücksichten der Politik als durch seine Gefühle bestimmen lassen musste. Das Ergebniss der Unterhandlungen war die Anerkennung des Maximus als Kaiser mit der Bestimmung, dass er sich mit der gallischen Präfektur (Gallien, Britannien und Hispanien begnüge, während die italische Präfektur Italien, Illyrien und Afrika im Besitze Valentinian's II. verblieb, dessen Mutter Justina während seiner Minderjährigkeit für ihn die Regentschaft führte. Theodosius und Maximus hingen der rechtgläubigen Lehre an, Justina dagegen der arianischen, worüber sie in heftigen Streit mit dem Erzbischof Ambrosius von Mediolanum und dessen Untergebenen gerieth. Maximus beschloss hiervon Nutzen zu ziehen, um Valentinian's II. Präfektur an sich zu reissen. Im J. 387 brach er die Alpen überschreitend so rasch in Italien ein, dass Justina sich mit ihrem Sohne kaum nach Aquileja zu retten vermochte, von wo sie zur See nach Thessalonica an den Hof des Theodosius ging, um von ihm Schutz und Hülfe zu erflehen. Theodosius, obgleich ihr als Arianerin nicht geneigt, trat seines eigenen Vortheils wegen und aus Pflicht der Dankbarkeit auf ihre Seite. Nachdem er im J. 388 einen Sieg über des Maximus Feldherrn Andragatus*) erfochten, rückte er mit seinem aus G o t h e n, H u n n e n und A l a n e n zusammengesetzten Heere so rasch auf Aquileja, dass Maximus in dieser Stadt keine Vertheidigungsmaassregeln mehr zu treffen im Stande war. Seine Truppen erklärten sich gegen ihn, nahmen ihn gefangen, rissen ihm die Zeichen seiner Kaiserwürde ab und schleppten ihn in das Lager des Theodosius zu dessen Füssen. Theodosius hatte den Wunsch ihn zu begnadigen, aber sein Heer forderte, dass er für die Ermordung Gratian's und die Verjagung Valentinian's II. hingerichtet werde, und so sah Theodosius sich gezwungen, ihn dem Grimm seiner Soldaten zu überlassen, welche ihn nebst seinem Sohne Victor**), umbrachten.

Hiernach war Theodosius im Vollbesitz der Herrschaft über das ganze römische Reich, und während der ganzen Zeit seiner Anwesenheit im Westen herrschte er allein. Als er aber im J. 391 nach dem Orient aufbrach, übergab er Valentinian II. den Westen in guter Verfassung und blühendem Zustande. Der junge Valentinian erweckte grosse Hoffnungen, wurde aber bald von seinem Hauptgehülfen, dem *magister militium* A r b o g a s t, einem Franken, um einer persönlichen Beleidigung willen

---

*) Oder Androgotus, Feldherr und Bruder des Maximus. Anmerk. d. Uebers.

**) Der junge Victor wurde in Gallien auf Befehl Arbogast's, eines Feldherrn des Theodosius, hingerichtet. Anmerk. d. Uebers.

ermordet. Dieser Letztere, der bis dahin in Jenes Namen das Reich regiert hatte, beschloss dies im Namen eines andern Kaisers fortzusetzen, zu welchem Range er daher seinen gewesenen Geheimschreiber und Freund, den Rhetor Eugenius erhob, nachdem er ihm den wichtigen Posten eines *magister officiorum* gegeben hatte. Theodosius aber erkannte ihn nicht an, sondern brach im J. 394 mit einem zahlreichen Heere, dessen Hauptmacht die Gothen bildeten, nach Westen auf: unter den Gothen befand sich auch Alarich, der unter des Theodosius Leitung die römische Kriegskunst erlernte, welche er später gegen die Römer selbst anwendete. Arbogast hatte seinerseits auch ein starkes Heer zusammengebracht, in welchem Franken und Alemannen den Hauptbestandtheil ausmachten. Zwischen Alpen und Adriatischem Meere eine starke befestigte Stellung einnehmend, erwartete er in derselben den Angriff des Theodosius und schlug dessen ersten Sturm mit grossem Verluste für den Angreifer zurück. Ein wiederholter Angriff aber war glücklicher, wozu wesentlich der Umstand beitrug, dass im entscheidenden Augenblicke sich ein heftiger Sturmwind erhob, der gerade in das Gesicht des Heeres des Eugenius und Arbogast stand. Theodosius erfocht einen vollkommenen und glänzenden Sieg und entschied dadurch den Krieg mit einem Schlage. Eugenius wurde gefangen genommen und enthauptet, Arbogast entleibte sich selbst. Auf diese Weise hatte Theodosius zum zweiten Male den Westen erobert und ihn aufs Neue mit dem Osten unter seiner Alleinherrschaft vereinigt. Dies dauerte aber nur 4 Monate, denn Theodosius, obgleich in einem Alter, welches dem Anschein nach ihm eine lange Regierung versprach, wurde in Folge der Mühen und Sorgen des letzten Feldzugs von einer sich rasch entwickelnden Krankheit ergriffen, zu welcher er den Keim schon in sich getragen hatte, und beschloss am 17. Januar 395 sein ruhmreiches Leben und seine nicht minder glorreiche Regierung, die ihn des Beinamens der Grosse würdig gemacht hatte. Vor seinem Tode theilte er das römische Reich definitiv in ein westliches und östliches, das erstere seinem jüngeren Sohne, dem 11jährigen Honorius, unter der Vormundschaft eines geschickten Feldherrn von erprobter Treue, des Vandalen Stilicho, das andere seinem ältesten Sohne, dem 18jährigen Arcadius, übergebend.

§. 108.

Kriege von Theodosius d. Gr. bis zum Untergange des Weströmischen Reiches (395—476).

Die Söhne Theodosius d. Gr. hatten, wie es scheint, keine grossen natürlichen Anlagen, und die ihnen gegebene Erziehung vermochte nicht die angeborenen Mängel zu ersetzen. Daher unterlag Arcadius, obschon er seinem Alter nach hätte selbständig regieren können, vollkommen fremdem Einflusse, zunächst dem des Galliers Rufinus, und nach dessen Sturz dem des Eunuchen Eutropius und dessen ehrgeiziger Gattin Eudoxia. Obgleich der Gedanke, dass beide Reichshälften ein einziges Reich bilden sollten, noch nicht lange erloschen war, so nahm doch ihre gegenseitige Entfremdung allmälig immer mehr zu, weil jede anfing, ihrer besonderen Politik zu folgen und mit Eifer suchte, sich dem Einflusse der anderen Reichshälfte zu entziehen. Diese Umstände machte sich der unternehmende Alarich zu Nutze, um mit Gewalt der Waffen für die sich ihm anschliessenden und ihn zu ihrem König machenden Westgothen vortheilhafte Gegenden in jenem Theile der illyrischen Präfektur zu gewinnen, welcher zum Oströmischen Reiche gehörte.

Gleich zu Anfang nach dem Tode des Theodosius suchten die sich gegenseitig hassenden Minister Stilicho und Rufinus einander zu stürzen, der Erstere gewann aber die Oberhand. Rufinus, dem seine Absicht, den Arcadius mit seiner Tochter zu verheirathen, fehlgeschlagen war, und der, nachdem dieser sich mit Eudoxia, der Tochter des früher in römischem Kriegsdienst gestandenen Franken Bautus, vermählt hatte, fühlte, dass seine (des Rufinus) Macht und Ansehen erschüttert war, verlangte u. A. von Stilicho die Zurückziehung der zur Ostarmee gehörenden Legionen aus dem Westen nach dem Osten. Stilicho liess sie zurückkehren, aber unter der Führung eines ihm ergebenen Feldherrn, des Gothen Gainas. Als im November 395 Arcadius mit Rufinus diesen Legionen aus Constantinopel entgegen zog, wurde auf ein Zeichen des Gainas Rufinus von den Gothen umringt und getödtet. Aber Stilicho hatte hierdurch Nichts gewonnen, denn an des Rufinus Stelle begannen nun der Verschnittene Eutropius und Eudoxia im Namen des Arcadius zu herrschen, und Gainas weihte für die Stellung eines *magistri militum* sich und sein Heer dem Dienste des Oströmischen Reiches. Stilicho entschädigte sich für den im Osten erlittenen Misserfolg dadurch, dass er im J. 398 den 14jährigen Honorius mit seiner Tochter Maria vermählte und dadurch in hervorragendem Maasse seine Macht im Westen befestigte, wodurch aber auch die Macht der Feldherren, welche alle Germanen waren, daselbst in gleichem Maasse wuchs.

Um dieselbe Zeit bewog Alarich, welcher der oströmischen Regierung die Dienste seiner Gothen angeboten, aber einen abschläglichen Bescheid erhalten hatte, die Gothen zum Bruche des mit Theodosius d. Gr. abgeschlossenen Vertrages, und sie fielen aufs Neue in Thracien, Macedonien, Thessalien und im J. 396 durch die Thermopylen sogar in Griechenland ein, das Land furchtbar verwüstend und ausplündernd. Nachdem sie sich der in den griechischen Häfen befindlichen Schiffe bemächtigt hatten, fingen sie Seeräubereien auf dem Adriatischen Meere an und bedrohten sogar die Küsten Italiens. Stilicho schiffte, um ihren Einfällen in Italien zuvorzukommen, mit einer Flotte und einem Heere nach dem Peloponnes. Die Gothen zogen sich vor ihm in die Gebirge Arcadiens zurück, wo sie von ihm eingeschlossen wurden. Hier nun entwickelte Alarich seine grosse militärische Begabung: es gelang ihm, sich glücklich nach Epirus durchzuschlagen, und der byzantinische Hof, um nicht in Alarich einen gefährlichen Feind, in Stilicho aber einen lästigen Verbündeten zu haben, ging nun auf die früheren Anträge des Ersteren ein, erhob ihn zur Würde eines *magistri militum* der östlichen illyrischen Präfektur und überliess seinen Truppen daselbst Landgebiet. Diese Schwachheit und Nachgiebigkeit erzeugte in Alarich das Gefühl seiner eigenen Ueberlegenheit und den Durst nach neuen Eroberungen. Von den Westgothen zu ihrem König ausgerufen, begnügte er sich für die erste Zeit mit ihrer besseren Bewaffnung aus Staatsarsenalen und wartete nur auf günstige Umstände und Gelegenheit zu Eroberungen.

Während dessen hatte im J. 398 Stilicho von Neuem Afrika unterworfen, wo ein Bruder des gewesenen Usurpators und Kaisers Firmus, Gildo, den Purpur genommen hatte, im Osten aber war Eutropius durch Gainas gestürzt worden; der Letztere besass indessen nicht genug Klugheit und Energie, um seine Macht zu bewahren, und wurde in Folge seiner Missethaten verjagt und getödtet. Hierauf erfreute das Oströmische Reich sich einige Zeit der Ruhe, welche nur durch kirchliche Streitigkeiten gestört wurde in Folge der Verfolgung, des Sturzes und der Einkerkerung des Patriarchen von Constantinopel, Johann Chrysostomus, durch Eudoxia und ihre Partei. Für Chrysostomus nahm das ihm anhangende Volk und sogar Honorius Partei, indem er seinen Bruder Arcadius mit Krieg bedrohte, wenn er nicht Jenen aus dem Kerker entliesse. Nur der Tod des Chrysostomus verhinderte diesen Krieg.

Alarich, der sich in dem östlichen Theil der illyrischen Präfektur festgesetzt hatte, forderte inzwischen auch die westlichen Theile derselben von Stilicho und fiel im J. 402 in Italien ein. Während Stilicho noch sein Heer zusammenzog, suchte Honorius in Ravenna eine Zuflucht, und von dieser Zeit an wurde diese Stadt wegen ihrer starken örtlichen Lage und der Möglichkeit, aus ihr zur See zu entkommen, anstatt Mediolanums der Aufenthaltsort der Kaiser und des kaiserlichen Hofes im Weströmischen Reiche. Als Stilicho mit seinen aus Britannien und Gallien herbeigeführten und in Germanien ausgehobenen Truppen in Italien ankam, stiess er bei Asti auf Alarich's Gothen und zwang sie in der Osterwoche des J. 403 bei Polentia zur Schlacht, welche, obgleich ohne entscheidendes Resultat, doch dem Stilicho erhebliche Vortheile brachte. Die Gothen hatten ihre Bagage und viele Gefangene verloren und zogen sich zurück, beobachtet von dem verfolgenden Stilicho, und in demselben Jahre noch wurden sie zum zweiten Male bei Verona geschlagen. Dann ging Stilicho, der den Alarich nun die Ueberlegenheit seiner Kräfte hatte fühlen lassen, auf seine Forderungen ein und übergab ihm die Regierung des westlichen Theiles der illyrischen Präfektur, erregte aber dadurch in Italien das grösste Missfallen und ein heftiges Misstrauen in seine Treue und gegen seine ehrgeizigen Pläne, obgleich er nur die Absicht hatte, dem westlichen Reiche Sicherheit und grössere Festigkeit zu schaffen.

Kaum war jedoch die von Alarich's Seite drohende Gefahr abgewendet, da erschienen im J. 405 zahlreiche Horden verschiedener germanischer Völker, angeführt von dem Gothen Radagais, unter dessen Befehle 1200 Edle mit ihren reisigen Schaaren standen, an der Nordostgrenze des Westreiches und verlangten Eintritt in den römischen Dienst unter denselben Bedingungen, wie Alarich's Gothen. Stilicho wollte ihnen nicht erlauben, die Grenze zu überschreiten, war aber nicht stark genug, ihren Einfall über die rhätischen Alpen (h. Graubündten und Tyrol) in Italien und ihre Verheerung von ganz Norditalien zu verhindern, bis er die Kräfte dazu in den Apenninen zusammengebracht hatte. Dann aber verstand er durch geschickte Märsche und Operationen die Germanen so einzuschliessen und einzudrängen, dass sie theilweis durch Hunger oder das Schwert umkamen, theils sich zu ergeben gezwungen waren. Radagais selber wurde gefangen genommen und enthauptet, mit den übrigen Gefangenen füllte Stilicho die Lücken in seinen Legionen aus. Aber statt des Dankes für seine zweimalige Errettung Italiens erntete er den ungerechtesten Undank und Argwohn, und zwar deshalb, weil, während er Italien beschützte, Gallien und Hispanien eine Beute der Barbaren geworden waren (Westgothen, Vandalen, Alanen), in Britannien aber Constantin den Purpur usurpirte, nachdem die britannischen Legionen ihn zum Kaiser ausgerufen hatten. Dieser Constantin setzte nach Gallien über, warf den gegen ihn geschickten gothischen Präfekten Sarus zurück, nahm Gallien in Besitz, vertrieb die Barbaren aus demselben und besetzte im J. 408 auch ganz Hispanien, wohin er seinen Sohn Constans unter Begleitung des Präfekten Gerontius geschickt hatte. Nachdem er so die ganze Macht der gallischen Präfektur an sich gerissen, wurde er von dem schwachen Honorius zum Augustus ernannt. Die Feinde Stilicho's machten sich alle diese Ereignisse zu Nutze, um den Honorius mit Misstrauen gegen ihn zu erfüllen, beschuldigten ihn der Absicht, im Bunde mit Alarich nach Constantinopel zu gehen, um dort seinen Sohn Eucherius auf den Thron zu heben, und bildeten eine Verschwörung zu seinem Sturze. Der an der Spitze dieses Complottes stehende neue Günstling des Honorius, Olympius, wusste in geschickter Weise die Schwäche des Kaisers und den Hass der Römer wie der fremden Truppen auszunutzen, klagte den Stilicho des Strebens nach dem Throne an und führte endlich am 23. August 408 seine Hinrichtung, sowie die seines Sohnes Encherius und aller seiner Freunde herbei. Damit war dem Weströmischen Reiche der einzige Feldherr genommen, der es noch zu beschützen vermocht, der die grosse Energie und Befähigung besessen hatte, sowohl die bürgerlichen als die militärischen Angelegenheiten zu leiten, und der dem Staate unzweifelhafte und wichtige Dienste geleistet hatte.

Die Folgen traten sofort zu Tage; Gothen, Alanen und andere Barbaren, bis dahin durch den Respekt oder die Furcht vor Stilicho's kriegerischen Gaben im Zaum gehalten, jetzt aber von Durst nach, den Begriffen der Germanen gemäss, unerlässlicher blutiger Rache und von Beutegier getrieben, erhoben sich gegen Honorius und Olympius, und fielen unter Alarich's Führung in Italien ein. Alarich fand dies Land von allem Schutz entblösst, ohne Truppen, er gelangte ohne Widerstand bis Ravenna, zog aber ohne mit dessen Belagerung Zeit zu verlieren, geradeswegs auf Rom los, um von dort aus seine Befehle zu ertheilen. Rom war in keiner Weise gegen eine Belagerung gerüstet; als Alarich es einschloss und ihm alle Zufuhren abschnitt, brach in der Stadt eine furchtbare Hungersnoth aus, so dass, wie Zosimas sagt, der Pöbel die Erlaubniss forderte, K i n d e r f l e i s c h z u v e r k a u f e n! Der römische Senat war daher gezwungen, mit Alarich in Unterhandlungen einzutreten und sich durch eine bedeutende Geldsumme von der Belagerung loszukaufen. Zu Ende des J. 408 ging Alarich nach Thuscien zurück, bezog daselbst Winterquartiere, verstärkte sich durch Heranziehung einer grossen Anzahl neuer Gothen, Hunnen und anderer Barbaren und führte mit Honorius Unterhandlungen, welche seine des Alarich Ernennung zum *magister utriusque militiae* (Befehlshaber der gesammten Streitmacht) bezweckten. Da aber Honorius hierauf durchaus nicht eingehen wollte, so veranlasste Alarich die Bewohner Roms, den Präfekten der Stadt, A t t a l u s, zum Kaiser auszurufen, und erhielt nun von diesem den Rang des *magistri utriusque militiae*, für seinen Schwager Athaulph aber den eines *comes domesticorum* (Befehlshaber der Garden). Da dies aber den Stolz und die Abneigung des Honorius nicht verringerte, so stürzte Alarich den Attalus und zog im J. 410 zum dritten Male nach Rom. Die Einwohner hatten sich zwar zum Widerstande gerüstet, das half ihnen aber Nichts; in der Nacht auf den 24. August wurde die *porta Salariana* den Gothen geöffnet, und nun drangen Alarich's Truppen in Rom ein, plünderten drei Tage lang Alles mit Ausnahme der Kirchen und richteten ein schreckliches Blutbad an. Eine Menge der Einwohner von Rom oder Italien, und darunter die edelsten und vornehmsten, flohen, alles ihres Besitzthums beraubt, nach Afrika und Asien, ja bis nach Jerusalem.

Nach Verlauf einiger Tage verliess Alarich die ausgeplünderte und verwüstete Stadt und begab sich nach Süditalien, in der Absicht, Sicilien und Afrika zu unterwerfen, was ihm aber nicht gelang. Mit Bekümmerniss sah er zu, wie vor seinen Augen die morschen Schiffe untersanken, auf welchen er seine Truppen hatte übersetzen wollen, und in demselben Jahre noch starb er. Die Gothen wählten an seiner Statt den Athaulph zu ihrem Könige, welcher anfangs sogar den Namen Roms gänzlich auszutilgen und auf den Ruinen der Stadt ein neues Königreich der Gothen zu gründen beabsichtigte. Dann aber sah er ein, dass die Gothen noch nicht fähig waren, eine friedliche und wohlgeordnete Regierung zu führen, und suchte deshalb seinen Ruhm darin, dass er das westliche Reich unterstützte und im Frieden mit Honorius lebte. Hierzu wirkte des Letzteren Schwester Placidia wesentlich mit, welche zu Rom in Gefangenschaft gerathen war und dem Athaulph eine so tiefe Leidenschaft zu sich einflösste, dass er um ihre Hand warb. Als endlich Honorius und der Hof ihre Einwilligung dazu gaben, kam im J. 412 ein Vertrag zu Stande, kraft welches die Gothen in den Kriegsdienst des Weströmischen Reiches aufgenommen wurden und sich verpflichteten, die abtrünnig gewordene gallische Präfektur wieder zum Gehorsam zurückzuführen. In demselben J. 412 verliessen sie das von ihnen verwüstete Italien und zogen nach Gallien. Aber schon vorher hatte Gerontius sich gegen Constantin III., dessen Sohn Constans er tödtete, empört, belagerte ihn in Arelate (Arles), erklärte übrigens nicht sich, sondern seinen Freund Maximus zum Kaiser. Honorius machte sich dies zu Nutze und sandte den Präfekten Constantius nach Gallien, mit einem von Letzterem in Illyrien gesammelten Heere. Bei seinem Erscheinen in Gallien floh Gerontius, der die Strafe für seine Verbrechen fürchtete, als er aber ein weiteres Entkommen unmöglich sah, entleibte er sich selbst. Maximus suchte Schutz bei den Barbaren in Hispanien, wurde von diesen aber im J. 422 an Honorius ausgeliefert, der ihn hinrichten liess. Constantin III. ergab sich bald nebst seinem Sohne Julian gegen die Zusicherung persönlicher Sicherheit, sie wurden aber beide hingerichtet. Das gleiche Schicksal traf noch einen anderen Usurpator, den Jocinus, der im J. 417 von den Gothen gefangen genommen und auf Athaulph's Befehl enthauptet wurde. wurde. Später fiel auch Attalus noch in des Honorius Hände und wurde wegen seiner unfreiwilligen Schuld hingerichtet.

Auf diese Weise war die Alleinherrschaft des Honorius wieder hergestellt; aber alle diese Empörungen waren doch nicht ohne Folgen geblieben. Nach des Gerontius Sturze bemächtigten sich die in seinem Dienste gestandenen Barbaren des grössten Theiles von Hispanien: die Sueven unter Führung Hermanrich's siedelten sich im heutigen Gallizien an, die Alanen (Slawen) unter ihrem Anführer Ataxus im h. Portugal, die Vandalen unter Gunderich zuerst im h. Castilien, dann im h. Andalusien. Athaulph zog mit seinen Gothen aus Gallien nach Hispanien, sie zu bekämpfen, er gelangte aber nur bis zu dem heutigen Barcelona, wo er im J. 415 als ein Opfer der blutigen Rache für die Ermordung des alten Feindes seines Geschlechtes, Sarus, durch dessen Freunde umgebracht wurde, welche dann des Letzteren Bruder Sigerich zum König der Westgothen ausriefen. Sein unwürdiges Verhalten aber gegen die Familie Athaulph's und gegen Placidia selbst erregte den Unwillen der Gothen, und nach 7 Tagen tödteten sie ihn und ernannten an seiner Statt den Wallia zum König. Dieser gab die Placidia an Honorius zurück, der sie mit Constantius vermählte, und denselben von einer Würde zur andern erhob, um diesen getreuen Feldherrn immer fester an sich zu fesseln, und endlich im J. 421 ihn zum Augustus und seinem Mitregenten ernannte. Wallia erneuerte gleichfalls mit Honorius den Vertrag, wonach die Gothen demselben das von den Barbaren eingenommene Hispanien zurückerobern und dafür Ländereien in Aquitanien zur Niederlassung erhalten sollten, was denn auch von beiden Seiten zur Ausführung kam. Mit Ausnahme von Gallizien, wo sich die Sueven behaupteten, und von Südportugal, wo die Vandalen und Alanen sich hielten, unterwarfen von 411—418 die Gothen das gesammte übrige Hispanien und gaben es an Honorius zurück; zur Belohnung dafür erhielten sie Ländereien in Aquitanien und liessen sich daselbst nieder, ihr König verlegte seine Residenz nach Toulouse. So hatten binnen 43 Jahren die Westgothen und mit ihnen die Alanen von Dacien und nachher Thracien an der Donau aus allmälig das ganze römische Reich bis nach Aquitanien in Gallien durchzogen. Fast gleichzeitig mit ihnen wurden auch einem anderen germanischen Stamme, den Burgundionen, Ländereien überwiesen, und nach ihrem Namen erhielt die von ihnen bewohnte Provinz in der Folge die Bezeichnung Burgund (Bourgogne).

Nun wurde das ganze Weströmische Reich in der ganzen Ausdehnung von der Donaumündung bis zur äussersten Spitze von Hispanien theils eingeschlossen, theils durchschnitten von einer ganzen Reihe von germanischen und slawischen Völkern, welche seine Verbindung mit den nördlich dieser Linie gelegenen römischen Provinzen vollkommen unterbrachen. Die Britten und die Amoriker an den Nordwestküsten Galliens fielen ab und erklärten sich für unabhängig. Die Anführer der in den römischen Provinzen angesiedelten Barbaren erkannten die höchste Gewalt der römischen Imperatoren an, indem sie die Titel der römischen Würden und Aemter annahmen und führten und es sich zur Ehre rechneten *socii* (Bundesgenossen) und *hospites* (Gäste) der Römer genannt zu werden. Während dessen erfreute das Oströmische Reich, im Vergleich zu den Unruhen, welche das Westreich bewegten, sich der Ruhe.

16*

Nach dem Tode des Arcadius im J. 408 folgte demselben sein siebenjähriger Sohn Theodosius II. unter Vormundschaft des Präfekten Anthimius, welcher bis 414 weise regierte, und von da an ebenso die Schwester des Theodosius, Pulcheria. Das Oströmische Reich war erheblich erstarkt und konnte entscheidend in die Angelegenheiten des Westlichen Reiches sich einmischen, als nach des Honorius Tode im J. 423 der Thron auf den minderjährigen Sohn des Constantius und der Placidia, Valentinian III. überging und zu gleicher Zeit ein anderer Thronprätendent erschien, aus folgenden Gründen:

Bei den Beziehungen, welche während der Regierung des Honorius sich in dem Militärstande entwickelt hatten, verlor die Person des Kaisers in demselben Maasse an Ansehen, wie die des Feldherrn an Bedeutung gewann. Die obersten Truppenführer standen ziemlich unabhängig vom Kaiser da, weil die durch sie aus Barbaren geworbenen Truppen mehr von ihnen, als von der Regierung abhingen. Die Hervorragendsten unter ihnen waren zu dieser Zeit im westlichen Reiche Bonifacius in Afrika und Castinus in Italien, die sich gegenseitig hassten. Da aber Bonifacius bei Placidia in besonderer Gunst stand, so empörte sich Castinus gegen die Letztere und gegen Valentinian, und auf seine Seite trat der Feldherr Aëtius, der bei den Barbaren allgemein bekannt und geachtet war und in gleichmässig freundlichen Beziehungen zu Gothen wie Hunnen stand. Nach dem Tode des Honorius hatten Castinus und Aëtius alsbald dessen Staatsminister (Geheimschreiber) Johann mit dem Purpur bekleidet. Der Letztere erkühnte sich, an den oströmischen Hof eine Gesandtschaft mit der Nachricht von seiner Thronbesteigung zu schicken. Aber Theodosius II. beschloss, mit Gewalt der Waffen das Recht seines Vetters Valentinian III. an den Thron zu vertheidigen. Im J. 425 brachen seine Feldherren, von denen Ardaburius die Flotte, und dessen Sohn Aspar das Landheer befehligte (bei welchem sich auch Placidia und Valentinian befanden) nach Westen hin auf. Während Aspar die Stadt Salonia eroberte und Aquileja belagerte, gerieth Ardabur mit seiner Admiralsgaleere mitten in die feindliche Flotte, und wurde gefangen genommen. Aber nach Ravenna gebracht, wo Johann residirte, wusste er dessen Truppen zu bestechen und machte dem Aspar einen für einen plötzlichen Ueberfall von Ravenna geeigneten Punkt kund. Unter Benutzung dieser Umstände gelang es dem Aspar in Ravenna einzudringen und den Johann in seine Gewalt zu bringen, welcher dann auch hingerichtet wurde. Aëtius hatte indessen ein Heer, grösstentheils aus Hunnen bestehend, zusammengebracht, traf aber erst nach dem Tode Johann's vor Ravenna ein und bot nun, da er das von ihm gesammelte Heer zu seiner Verfügung hatte, seine Dienste der Placidia an, welche dies Anerbieten annahm, um ihn nicht zum Gegner zu haben, und ihn sogar zum

Oberbefehlshaber aller Truppen des Weströmischen Reiches ernannte. Castinus dagegen verlor jeden Einfluss. Aëtius hatte von ihm den Hass gegen Bonifacius geerbt und beschloss, diesen furchtbaren und für ihn gefährlichen Nebenbuhler zu stürzen. In Folge seiner Intriguen gegen Bonifacius wie gegen Placidia fiel Ersterer von dieser ab und rief nun zu seiner Hülfe den Geiserich mit den Vandalen aus Hispanien herbei. Im J. 429 traf Geiserich mit Vandalen und Alanen, zu denen noch viele Gothen und andere Barbaren gestossen waren, in Afrika ein, wo ihm nun die eingeborenen Häretiker zufielen, welche die Rechtgläubigen hassten. Unter allen den barbarischen Völkerschaften, welche in das römische Reich eingedrungen waren, hatten sich die Vandalen besonders durch ihre Zerstörungswuth ausgezeichnet, so dass ihr Name geradezu sprüchwörtlich hierfür wurde. So traten sie nun auch in Afrika auf, das ganze Land furchtbar verheerend und alles zerstörend, im J. 430 hatten sie sich schon aller Städte in derselben bemächtigt, mit Ausnahme von Cirtha, Hippo und Karthago. Nun bereute Bonifacius, dass er sie herbeigerufen, schloss mit Placidia Frieden und wollte, nachdem er sich mit Aspar verbündet, sie mit bewaffneter Hand vertreiben, er wurde aber von ihnen besiegt und in Hippo belagert. Nachdem diese Stadt sich ergeben, wurden im J. 431 Cirtha und dann Carthago gleichfalls von den Vandalen zur Unterwerfung gezwungen, und nun nach Entfernung des Aspar nach Constantinopel und des Bonifacius nach Ravenna gründeten diese Vandalen in Afrika ihr neukarthagisches Reich, setzten sich in den Besitz von Sardinien, Corsica und dem ganzen westlichen Theile des mittelländischen Meeres, verlegten sich hier auf den Seeraub und verheerten selbst die Küsten und Inseln von Italien.

Inzwischen hatte der in Gallien befindliche Aëtius, der sich hier abmühte, den Einfluss der römischen Herrschaft auf die Barbaren zu befestigen, von dem Friedensschluss zwischen Bonifacius und Placidia und der Ernennung des Bonifacius zum Oberfeldherrn sämmtlicher Truppen des Weströmischen Reiches gehört und brach im J. 432 mit seiner Armee nach Italien auf, um Bonifacius von dort zu vertreiben: dieser Letztere zog ihm mit einem Heere entgegen. In der sich zwischen Beiden entspinnenden Schlacht wurde Aëtius geschlagen, Bonifacius aber von seiner Hand tödtlich verwundet, und starb dieser 3 Monate danach. Aëtius begab sich zu den Hunnen und zwang an der Spitze eines aus Hunnen bestehenden Heeres die Placidia, ihn wieder in seine Stellung als obersten Befehlshaber aller Truppen des Westreiches einzusetzen.

Unterdessen hatte aber dieses letztere bereits mehr als die Hälfte seiner Besitzungen eingebüsst, nämlich: Britannien war freiwillig verlassen, im J. 426, — Gallien, Hispanien und Afrika durch Westgothen, Sueven, Alanen und Vandalen in den Jahren 411—431 losgerissen, Pannonien,

Dalmatien und Noricum durch Valentinian III. im J. 437 an das Oströmische Reich abgetreten worden, als Lösegeld für seine Gemahlin Eudoxia. Es blieben somit nur noch übrig Italien, Rhätien und Vindelicium. Im südöstlichen Gallien hatte sich im J. 435 das burgundische Königreich gebildet, welches alle Länder bis zur Rhône und Saône, Helvetien und das heutige Savoyen umfasste; im südwestlichen Gallien (Aquitanien) das Königreich der Westgothen, und nur Nordgallien, nördlich der Loire, war noch unter der Verwaltung römischer Statthalter geblieben (deren Letzter, Siagrius, 496 in der Schlacht bei Soissons durch den Frankenkönig Chlodwig erschlagen wurde).

Und zu dieser selben Zeit fingen die Hunnen, nachdem sie das Königreich der Gothen in Osteuropa zertrümmert hatten, in einzelnen Horden an, in die Donauprovinzen des römischen Reiches einzudringen, liessen sich in Pannonien nieder, unterhielten freundschaftliche Beziehungen zu Aëtius, und zwangen im J. 441 unter Anführung der beiden Brüder Attila und Bleda, Söhne Munzuk's, den Theodosius II. zu einem schimpflichen Frieden und Zahlung doppelter Steuer. In den folgenden 4 Jahren (442—445) wurden alle hunnischen Stämme, ebenso wie die zwischen ihnen wohnenden germanischen, slawischen und fremden, gezwungen, sich dem Attila und Bleda zu unterwerfen. Der Erstere aber brachte im J. 445 den Letzteren um und bildete das grosse und mächtige Königreich der Hunnen, dessen Mittelpunkt und Königsresidenz Attila's die weite hölzerne »Stadt Attila's« auf der Ebene zwischen Donau, Theiss und Karpathen war. Von hier aus bedrängte Attila das Oströmische Reich mehr und mehr und bewog durch den blossen Schrecken seines Namens den schwachen Theodosius II. zur Zahlung von Geldern und Geschenken, um nur jeden Vorwand zu einem Bruche mit den Hunnen zu vermeiden. Aber nach Theodosius' II. Tode im J. 350 ging seine Schwester und Nachfolgerin, Pulcheria, eine Ehe mit dem Senator Marcianus ein und liess ihn zum Kaiser ausrufen. Marcianus, der mit Auszeichnung alle Stufen der höchsten Civil- und Militärverwaltungen durchlaufen hatte, vermochte die Würde des Reiches aufrecht zu erhalten und die sklavische Unterwürfigkeit gegen die Hunnen zu beseitigen. Von dieser Zeit an liess Attila das Oströmische Reich in Ruhe und wandte sich gegen das Weströmische. Zum Angriff gegen dieses wurde er einerseits durch den Vandalenkönig Geiserich bewegt, der für seine Besitzungen in Afrika fürchtete, andererseits gab den Anstoss dazu die Feindschaft zweier fränkischen Fürsten, von welchen der eine sich mit der Bitte um Hülfe an die Römer, der andere sich an die Hunnen gewendet hatte. Attila, entschlossen mit den Waffen in der Hand die Interessen seiner Verbündeten zu verfechten, erklärte sich gleichzeitig zum Beschützer der Honoria, Schwester Valentinian's III., welche in dem Wunsche, einem ernsten Zwiste am Hofe ihres Bruders zu entgehen, dem Attila ihre Hand angeboten hatte. Attila forderte nun die Hand der Honoria nebst einer angemessenen Mitgift, und da er eine abschlägige Antwort erhielt, drang er im J. 451 mit seiner gesammten Macht in das römische (Nord-) Gallien ein. Alle Stämme, die an dem Wege dahin wohnten, wurden gezwungen seine Macht anzuerkennen und zu seinem Heere zu stossen: Gepiden und Ostgothen unter ihren Königen Ardarich und Valamir, Rugier, Gelonen, Skirren, Burgundionen, Bellonoti, Neurii, Bastarnen, Thuringier und andere germanische und slawische Stämme. Diese colossalen und furchtbaren Massen bauten auf der ganzen Rheinstrecke vom heutigen Colmar bis Mastrich Transportschiffe, überschritten damit Rhein und Maas, überschwemmten, da sie keinen Widerstand fanden, das ganze Land bis zur Loire, und belagerten Orléans.

Inzwischen hatte Aëtius die Westgothen und die übrigen im römischen Gebiete sich befindenden Barbaren mit grossem Eifer in den Waffen geübt, und eilte Orléans zu Hülfe. Bei seinem Herannahen hob Attila die Belagerung auf und ging bis auf die catalaunischen Felder zurück (*Campi Catalaunici*, die Ebene von Châlons in der Champagne), welche ihm die grössten Vortheile für die Verwendung seiner zahlreichen Reiterei bot. Aëtius folgte ihm dorthin nach und besetzte bei Muri unweit des heutigen Troyes eine ausgedehnte Anhöhe, welche die Ebene beherrschte. Die hier entbrennende Schlacht war eine der furchtbarsten und blutigsten der ganzen Geschichte und endete nicht zum Vortheile Attila's. Vergeblich waren die Anstrengungen der Hunnen, die Reihen des Aëtius zu durchbrechen, bald begannen sie in Unordnung zurückzugehen, und nun drangen die Westgothen heftig gegen sie an. Der König der Letzteren, Theodorich, wurde getödtet, sie bemerkten dies aber nicht eher, als nachdem sie schon die Hunnen genöthigt hatten, Schutz hinter der Wagenburg zu suchen, welche sie um ihr Lager gebaut hatten. Aëtius wagte nicht einen entscheidenden Angriff auf diese zu unternehmen, er legte im Gegentheil dem ruhigen Rückzuge der Hunnen über den Rhein nicht das geringste Hinderniss in den Weg. Obgleich das nördliche römische Gallien hierbei furchtbar verwüstet wurde, so war es doch auch durch Aëtius vor der Unterwerfung durch die Hunnen gerettet.

Attila gab jedoch seinen Plan des Angriffs auf das römische Reich noch nicht auf, sondern wählte nur eine andere Richtung und fiel im J. 452 in Italien ein. Da Aëtius, der dies augenscheinlich durchaus nicht erwartet hatte, keinerlei Maassregeln zur Besetzung der Pässe in den julianischen Alpen ergriffen hatte, so ergossen sich die Hunnen nach der

Einnahme und Zerstörung von Aquileja über das ganze Norditalien. Die Einwohner, namentlich die gebildeteren und reicheren, flohen mit ihrer Habe und ihren Kapitalien auf die Lagunen und Inseln des nördlichen Küstenstriches des adriatischen Meeres und legten so den ersten Grund zu der sich daselbst in späterer Zeit bildenden Stadt Venetia (vom slawischen Stamme der Veneter oder Venedi) und der gleichnamigen Republik.

Aëtius hatte indessen alle irgend erreichbaren und die durch Marcianus ihm zur Verstärkung zugeschickten Hülfstruppen zusammengezogen und die Appenninenpässe mit denselben besetzt. Valentinian floh aus Ravenna nach Rom und sendete von da die geschickten Unterhändler Avienus und Trigetius und den von Allen hochverehrten Papst Leo I. d. Gr. als Gesandtschaft zu Attila. Dieser befand sich gerade in der Provinz Mantua, die im Sommer äusserst ungesund ist, namentlich für nordische Völker, daher auch in seinem Heere epidemische Krankheiten der Menschen und Pferde ausgebrochen waren. Die Schwierigkeiten wohl erkennend, welche die Fortsetzung des Zuges gegen Rom ihm noch schaffen konnte, ging Attila daher desto leichter auf die Vorstellungen der Gesandten Valentinian's, namentlich auf die des Papstes Leo ein, zog nicht gegen Rom, sondern wandte sich wiederum nach Gallien. Die Westgothen aber unter Führung ihres Königs Thorismund leisteten dem Attila einen so kräftigen Widerstand, dass er abermals ohne Erfolg aus Gallien abziehen musste. Er kehrte in seine Residenz oder seine Stadt zurück und starb bald nachher eines plötzlichen Todes, unter Hinterlassung einer zahlreichen Nachkommenschaft. Sein ältester Sohn Ellak machte seine Ansprüche auf die Thronfolge geltend, stiess aber in seinen Brüdern auf ebenso viele Nebenbuhler. Die von Attila unterworfenen germanischen Völker zogen aus diesen Zwistigkeiten Nutzen, um das Joch der Hunnen von sich abzuschütteln, und lieferten im J. 453 unter Führung des Gepidenkönigs Ardarich den Hunnen eine entscheidende Schlacht in Pannonien an den Ufern eines Flusses, den Jornandes als Netodus anführt, dessen Lage aber unbekannt. In dieser Schlacht wurden die Hunnen besiegt. Ellak fiel, die hunnische Nation brach auseinander. Ein Theil der hunnischen Horden unter Anführung des Dengisich, eines der Söhne Attila's, behauptete sich noch in den Donauländern, bis er endlich durch den gemeinschaftlichen Angriff der Ostgothen und Römer des westlichen Reiches gänzlich aufgerieben wurde. Die übrigen hunnischen Horden zogen unter Irnak, dem geliebten Sohne Attila's, zum Dnjepr zurück und verschwanden allmälig in den Steppen, aus welchen sie hergekommen waren. In den von den Hunnen verlassenen Landstrichen siedelten sich ihre germanischen Besieger an, die Gepiden in Dacien, die Ostgothen längs der Donau vom heutigen

Wien bis Sirmium (dem h. Belgrad), andere Stämme in den übrigen Theilen der illyrischen Präfektur.

Den weitaus grössten Vortheil aus dem Falle des hunnischen Reiches gewann das Oströmische Reich. Es war gleichartiger in seiner Zusammensetzung, als das Weströmische, wo die Germanen schon ein entschiedenes Uebergewicht erlangt hatten. Deshalb konnte das Erstere unter Marcianus und dessen Nachfolger Leo I. wieder neu erstarken, während das Letztere rasch seinem Untergange zu eilte, noch beschleunigt dadurch, dass Valentinian den Aëtius tödtete, den Beschützer und Erretter des Westreiches, der auch wohl der letzte Römer genannt wird. Nach dem Tode seiner Mutter Placidia im J. 450 regierte Valentinian allein, und da er die Stellung des Aëtius zu drückend und gefährlich für sich selber hielt, so gab er den Einflüsterungen des Eunuchen Heraclianus (oder Heraclius) und anderer Höflinge Gehör, welche den Aëtius grimmig hassten, und beschimpfte sich selbst, indem er treuloser und unwürdiger Weise den Letzteren mit eigener Hand in dem Zimmer seines eigenen Palastes ermordet, wonach dann auch alle Freunde des Aëtius dasselbe Schicksal erfuhren. Dies erregte allgemeine Unzufriedenheit, bei den am Leben gebliebenen Anhängern des Aëtius, bei den Barbaren aber den Drang nach Rache. Zu diesem Zwecke verbündeten sich Aëtius' Anhänger mit dem römischen Senator Petronius Maximus, dessen Weib Valentinian geschändet hatte, und am 16. März 455 ermordeten sie den Letzteren und mit ihm seinen Neffen Heraclianus auf dem Marsfelde.

Mit dem Tode Valentinian's III. erlosch das Geschlecht des Theodosius d. Gr., und den schon halb zerbrochenen Thron des Weströmischen Reiches bestieg Petronius Maximus, der aber nur 3 Monate regierte. Eudoxia, die Wittwe Valentinian's, gewaltsam gedrängt, sich mit Maximus, dem Mörder ihres Gatten, zu vermählen, wandte sich mit der Bitte um Hülfe an Geiserich, den König der Vandalen. Dieser schiffte die Vandalen und Mauren auf alle Schiffe und Kähne ein, die er zusammenbringen konnte, im Juni 455 fuhr er mit ihnen in die Tiber ein. Beim ersten Alarm wollte Maximus sich durch die Flucht retten, wurde aber durch Soldaten und Volk umgebracht, und die bestürzten Einwohner schickten aus Rom dem Geiserich denselben römischen Papst Leo d. Gr. entgegen, der schon Attila zur Schonung Roms bewegt hatte. Geiserich liess sich aber nur soweit erweichen, dass eine regelmässige Plünderung der Stadt ohne Ermordungen und Feuerbrünste stattfinden solle. Diese regelmässige Plünderung dauerte 14 Tage. Vandalen wie Mauren luden eine unermessliche Beute und colossale Reichthümer auf ihre Schiffe, darunter die seltensten Erzeugnisse der Künste, und schleppten ausserdem eine Menge Gefangene, grösstentheils aus den höheren und reicheren Klassen mit sich fort, um für dieselben grosse Lösegelder zu gewinnen.

Die Wiederbesetzung des erledigten und schon aller Bedeutung ermangelnden Thrones übernahmen die Westgothen, deren König Theodorich II. im August 455 den Präfekten Mecilius Avitus in Hispanien zur Anlegung des Purpurs bewog und ihm seine Hülfe dazu lieh, wofür Avitus einen Theil von Hispanien an ihn abgetreten zu haben scheint. Avitus aber, obgleich von dem oströmischen Hofe anerkannt, wurde in Rom feindlich empfangen, weil er durch die Westgothen, und nicht durch die im römischen Heere stehenden Barbaren erhoben worden war. Unter den Anführern der Letzteren hatte sich um diese Zeit besonders Ricimer hervorgethan, väterlicherseits ein Sueve, mütterlicherseits ein Gothe. Er verweigerte dem Avitus den Gehorsam, dieser entsagte dem Throne freiwillig und erhielt ein Bischofsamt (456). Von hier ab lag die oberste Gewalt schon ganz in Ricimer's Händen, vom 16. Oktober 456 bis zum 1. April 457, und wenn er sich zum Könige von Italien proklamirt hätte, so würde das abendländische Kaiserreich schon da zu existiren aufgehört haben. Er hielt es für vortheilhafter für sich selbst, auf die Barbaren in demselben im Namen des von ihnen zum Kaiser proklamirten Julius Majorianus, seines Freundes, Einfluss auszuüben. Der Kaiser des oströmischen Reiches, Leo I., der im J. 457 dem Marcianus auf dem Throne nachgefolgt war, erkannte den Majorianus an, und Ricimer wurde zur Würde eines Patriciers erhoben.

Beide Höfe, der morgenländische wie der abendländische, hatten wohl erkannt, dass das Weströmische Reich nicht existiren konnte, wenn es sich nicht Afrika zurückgewänne, den Kornboden Roms und Italiens, sie beschlossen daher, es mit vereinten Kräften den Vandalen zu entreissen. Majorian selbst befasste sich mit den Vorbereitungen dazu und entfaltete dabei ebensoviel Geschick wie Energie. Als aber Alles beendet war, überfiel Geiserich 460 unvermuthet die im Hafen von Cartagena liegende römische Flotte und verbrannte sie. Dieser Unfall wurde durch seine Folgen noch wichtiger, weil Ricimer denselben zum Sturze Majorianus' ausnutzte. Indem er der Unfähigkeit desselben den Brand der Flotte zuschrieb, woran er doch gar keine Schuld hatte, bewog Ricimer die Truppen zur Absetzung Majorian's, am 2. August 461 wurde er gezwungen vom Throne zu steigen und 9 Tage darnach war er todt, — wahrscheinlich gewaltsamen Todes gestorben. Seit dieser Zeit bis zum November 461 gab es keinen Kaiser, Ricimer herrschte abermals allein, im November desselben Jahres wählte er den Vibius Severus, einen höchst unbedeutenden Menschen von ungewisser Herkunft zum Kaiser, der aber weder von den germanischen Heerkönigen, noch von den römischen Statthaltern in Gallien und Dalmatien anerkannt wurde und nur in Italien und denjenigen Provinzen Krieg führte, in welchen Ricimer kommandirte. Der Letztere hatte sich bald selbst von der Unmöglichkeit dieser Situation überzeugt. er entthronte daher im J. 465 den Severus, und trug die Würde und den Titel des Weströmischen Kaisers dem Oströmischen Kaiser Leo I. an, welcher den Schwager des Marcianus, Anthemius, damit bekleidete. Dieser Letztere wurde im J. 467 in Italien mit um so grösserem Entzücken aufgenommen, als er mit einem Heere und wohlgefüllter Kasse kam. Um ein gutes Einvernehmen mit Ricimer herzustellen, vermählte Anthemius diesem seine Tochter, und beide Höfe, der abendländische wie der oströmische, schmiedeten wieder neue Pläne, den Vandalen Afrika zu entreissen. Sie rüsteten zu dem Ende ein zahlreiches Heer und Flotte aus, ihr Unternehmen blieb aber wieder erfolglos, in Folge der Untauglichkeit ihres Flottenbefehlshabers Basiliscus. Dieser hatte sich mit Geiserich in Unterhandlungen eingelassen und zog diese so lange hin. bis Geiserich, der nur auf günstige Winde gewartet hatte, die römische Flotte mit seinen Brandschiffen überfiel und sie auf's Neue in Brand steckte. Die Folge davon war, dass die Vandalen sich auch Sicilien's bemächtigten, und dass Italien, eine Provinz nach der anderen verlierend. immer mehr auf seine Grenzen allein zusammenschmolz. Hierzu kamen nun noch die offenen Zwistigkeiten und dann sogar Kriege zwischen Anthemius und Ricimer. Der Letztere belagerte, nachdem er den Senator Olybrius. zum Kaiser erwählt hatte, der mit Placidia, der Tochter Valentinian's III., verheirathet war, den Anthemius in Rom. Anthemius vertheidigte sich daselbst 3 Monate lang, dann aber wurde Rom von Ricimer erstürmt und den Truppen zur Plünderung überlassen, welche alle früheren an Schrecklichkeit übertraf, weil Rom nicht nur mit Feuer und Schwert verwüstet. sondern auch von einer Seuche verheert wurde. Anthemius wurde gefangen genommen und getödtet, Ricimer erlag der Seuche am 20 August 472. Olybrius setzte an seine Stelle seinen Verwandten, den burgundischen Grafen Gundobaldus. der nach des Olybrius Tode, am 23. Oktober desselben Jahres. seinerseits einen ganz unbekannten Mann Glycerius zum Kaiser proklamirte. Um dieselbe Zeit aber hatte der morgenländische Hof einen Verwandten der Kaiserin Verrina, Julius Nepos, zum Kaiser des Abendlandes gemacht. Zwischen diesem und Glycerius würde ein Krieg entbrannt sein, wenn nicht Gundobald bei Gelegenheit des Todes seines Vaters genöthigt gewesen wäre aus Italien nach Burgund zurückzukehren. Von seinen Anhängern in Italien verlassen, unterwarf Glycerius sich dem Nepos. welcher im Mai 474 daselbst eintraf, und erhielt einen Bischofsstuhl. Allein Nepos konnte nirgends Jemanden finden. der gleich Ricimer und Gundobald durch sein Ansehen bei den Barbaren Macht und Gehorsam für die kaiserliche Gewalt zu erzwingen vermocht hätte, er trat den Westgothen in Gallien die Provinz der Arverner ab (h. Auvergne). Endlich ernannte er zum *magister militum* den Orestes, einen geborenen Römer, von Sitten aber Barbar, der sich durch seine kriegerischen und politischen Fähigkeiten noch in Attila's Heere ausgezeichnet hatte. Orestes gebrauchte sogleich seine Gewalt gegen Nepos, zwang ihn an der Spitze der meuterischen Truppen zur Flucht, und ernannte für ihn im Oktober 475 seinen minderjährigen Sohn Romulus zum Kaiser. Endlich eines so häufigen Wechsels der Kaiser überdrüssig, forderten die germanischen Truppen in Italien von Orestes eine feste und dauernde Regelung ihrer Beziehungen zur Regierung und den 3. Theil von Italien zu ihrer Niederlassung. Auf seine abschlägige Antwort fielen sie von Orestes ab und wandten sich an den *magister militum*, Odoaker, mit demselben Anliegen. Nun sammelten sich um Odoaker die Schaaren der Barbaren aus allen Städten und Lagern Italiens, und Odoaker führte sie nach Pavia, wo Orestes sich vertheidigen wollte. Im August 476 aber eroberte Odoaker Pavia, Orestes wurde ermordet, und dann zog der Erstere nach Ravenna. Nach Besiegung des Paulus, Bruder des Orestes, nahm er Ravenna und machte daselbst den Kaiser Romulus Augustulus zum Gefangenen, setzte ihn ab und bestimmte ihm den einstigen Landsitz des Lucullus in Campanien mit einer Pension von 6000 Goldstücken jährlich. Dann gab Odoaker seinen Truppen Ländereien in Italien zur Ansiedelung, er selbst blieb ihr Oberhaupt mit dem Titel eines Königs von Italien, während der ihm vom Oströmischen Hofe gegebene Titel eines römischen Patriziers ihm gesetzliche Gewalt auch über die römische Bevölkerung von Italien verlieh. Uebrigens hörte der Titel eines Kaisers des Weströmischen Reiches und damit auch dieses Reich selbst eigentlich erst mit dem Tode des Nepos (4. Mai 480) zu existiren auf, welch' Letzterer sich über 3 Jahre in Salona aufhielt.

Neunundfünfzigstes Kapitel.

Die wichtigsten Kriege und Feldzüge der Römer in dieser Periode.

§. 409. *Kriege unter Diocletian (284—305).* — §. 410. *Kriege unter Constantin d. Gr. (306—337).* — §. 411. *Kriege und Feldzüge Julian's. Erster Feldzug (356).* — §. 412. *Zweiter Feldzug Julian's (357).* — §. 413. *Dritter Feldzug Julian's (358).* — §. 414. *Vierter Feldzug Julian's (359).* — §. 415. *Fünfter Feldzug Julian's (361).* — §. 416. *Krieg mit den Persern (362—363).* — §. 417. *Kriege und Feldzüge Valentinian's I. Erster Krieg (366).* — §. 418. *Zweiter Krieg Valentinian's I. (367).* — § 419. *Dritter Krieg Valentinian's I. 368—369).* — §. 420. *Vierter Krieg Valentinian's I. (370—371).*

---

§. 409.

Kriege unter Diocletian (284—305).

Die Erhebung Diocletian's zum Kaiser im J. 284 führte (der Zahl nach) zum 15. römischen Bürgerkriege. Carinus, im Besitze des Westens, wollte sich des ganzen Reiches bemächtigen, hatte aber durch seine Laster und seine Grausamkeit den Senat und das Volk gegen sich aufgebracht. Diocletian aber, der die Erhebung auf den Thron seinen ausserordentlichen Fähigkeiten und Kriegsthaten verdankte, war keineswegs gewillt, dem Carinus seine Rechte abzutreten, und so brachten Beide den Winter 284 auf 285 mit Zurüstungen zum Kriege hin.

Im Frühjahr 285 brachen Beide gegen einander auf, im Mai kam es auf der Ebene nahe der Stadt Margus in Mösien an der Donau zu einer blutigen Schlacht. Diocletian erlitt eine schwere Niederlage und verzweifelte schon daran, seine Ehre, ja selbst sein Leben zu retten, als der Sieger Carinus von einem seiner eigenen Tribunen um einer persönlichen Beleidigung willen getödtet wurde. Sein Tod machte dem Kriege gleich anfänglich ein Ende, und Diocletian, nun der alleinige Herrscher des Reiches, verfolgte die gegnerische Partei des Carinus nicht und brachte, vom Senate und Volk zu Rom anerkannt, den Winter 285-86 in Nicomedien mit Rüstungen auf einen Krieg gegen die Perser zu, welche nach dem Rückzuge des Numerianus aufs Neue Mesopotamien erobert und auch Syrien zu erobern die Absicht hatten.

Dem Maximian, welchen er zum Mitregenten ernannt hatte, die Schlichtung der in Gallien ausgebrochenen Unruhen übertragend, brach Diocletian im Frühjahr 286 gegen die Perser auf. Der Schrecken seines Namens bewog den persischen König Varanes II. um Frieden zu bitten, der ihm gegen Räumung Mesopotamiens und Anerkennung des Tigris als Grenze bewilligt wurde.

Aus den Bruchstücken der gleichzeitigen Historiker geht hervor, dass darnach Diocletian noch die Araber, Sarmaten, Juthonger, Quaden, Karpier und Gothen an der Donau besiegte, doch sind die Einzelnheiten nicht bekannt.

Während dessen hatte Maximian in Gallien die aufständischen Bagauden zur Unterwerfung gezwungen und sich dann gegen die in Gallien eingefallenen und es furchtbar verheerenden Germanen gewandt. Den Alemannen und Burgundern schnitt er die Lebensmittel ab und hungerte sie aus, die Chaibonen und Heruler schlug er in offenem Felde aufs Haupt, wobei er den Sieg hauptsächlich durch seine persönliche Tapferkeit herbeiführte. Mit diesen Erfolgen begnügte er sich noch nicht, sondern überschritt im J. 288 den Rhein und verwüstete das jenseitige Gebiet mit Feuer und Schwert. Bei dieser Gelegenheit baten zwei germanische Fürsten, der Franke Genobon und Atech, um Frieden, der ihnen von Maximian gewährt wurde. Zu gleicher Zeit beauftragte der Letztere den erfahrenen Seemann Carausius, das Nordmeer mit einer Flotte von den daselbst Seeraub treibenden Franken und Sachsen zu säubern. Carausinus aber machte sich verschiedener Erpressungen schuldig und wandte sich dann, um der von Maximian ihm zugedachten Strafe zu entgehen, mit seiner Flotte zur britannischen Küste, brachte die dort stehende Legion auf seine Seite und proklamirte sich zum Kaiser. Dann verstärkte er seine Flotte, forderte die Franken und Sachsen, welche der Seeräuberei oblagen, auf, sich mit ihm zu vereinigen, und schuf sich auf diese Weise eine Seemacht, welche den Römern gefährlich zu werden drohte.

Der durch den Krieg gegen die Germanen beschäftigte Maximian bedurfte einige Jahre zur Bildung einer neuen Flotte. Das machte Carausius sich zu seiner Verstärkung auf dem Meere und Festsetzung in Britannien zu Nutze. Maximian mochte sich daher nicht entschliessen, mit der neuen Flotte und neu ausgehobener Mannschaft Etwas gegen ihn zu unternehmen, und Carausius fuhr fort den Titel Kaiser zu tragen und Britannien in seinen Besitz zu bringen, bis er im J. 294 in Folge einer Verschwörung ermordet wurde.

Maximian aber verpflanzte nach Besiegung der am Rhein wohnenden Germanen viele Stämme der Franken und Leten in das Gebiet der

Trevirer und Nervier nach Gallien und hielt nun die Grenzen des Reiches dadurch hinlänglich gesichert (291).

Im J. 292, da Carausius sich in Britannien hielt, Achilleus in Aegypten aufgestanden war, wilde Stämme in Afrika einfielen und von Seiten der Perser neue Kriege drohten, ernannten Diocletian und Maximian den **Constantius Chlorus** und den **Galerius** zu Cäsaren, theilten das Reich mit ihnen, wie schon früher angegeben wurde, und schritten nun, Jeder in seinem Gebiete, zur Wiederherstellung der Ruhe und Ordnung und zur Abwehr der äusseren Feinde.

Constantius Chlorus musste vor Allem sowohl den Carausius, als die Franken besiegen, welche sich mit Jenes Hülfe des Gebietes der Bataver bemächtigt hatten. Zuerst wendete er sich im J. 293 gegen die feste Stadt Gessoriacum (h. Boulogne), in welche Carausius eine starke Besatzung gelegt hatte. Constantius belagerte diese Stadt zu Lande und zur See, eroberte sie nach kurzer Gegenwehr, verfuhr aber gegen die Bewohner mit Grossmuth, um treue Unterthanen an ihnen zu gewinnen. Während dann auf seinen Befehl eine neue Flotte ausgerüstet wurde, griff er die Franken an, welche sich im Lande der Bataver, namentlich an den Mündungen des Rheins und der Schelde und auf den zwischen deren vielen Armen gelegenen flachen und morastigen Inseln niedergelassen hatten. Weder die schwere Zugänglichkeit, noch die Waldungen vermochten die Franken vor den Truppen des Constantius zu schützen, welche sich durch die ungewohnte Beschwerlichkeit der Kriegführung in solchem Lande nicht schrecken liessen. Alles überwand Constantius durch seine Energie und Ausdauer und eroberte nicht nur das von den Franken besetzte Land zurück, sondern zwang sie sogar zur Niederlegung der Waffen und verpflanzte sie mit Frauen und Kindern in diejenigen Provinzen Galliens, welche sie selber noch kurz zuvor verwüstet hatten. Um aber sein Unternehmen dauernd zu sichern, errichtete Constantius an den Grenzen und selbst im Innern des unabhängigen Germaniens befestigte Lager und Forts.

Seine kriegerischen Rüstungen gegen Britannien waren noch nicht beendet, als er die Nachricht von der Ermordung des Carausius und der Erhebung des **Alectus** zum Kaiser erhielt (294). In Folge dessen beschloss er, das nun fast 10 Jahre lang der römischen Herrschaft entrissene Britannien neu zu erobern. Damit aber Gallien während seiner Abwesenheit gegen die Angriffe der Germanen gesichert sei, traf Maximian mit einem Heere aus Italien am Rheine ein und schreckte durch seinen Namen die Germanen von Einfällen ab.

Constantius wollte Britannien von zwei Seiten angreifen und theilte deshalb seine Flotte in zwei Theile: der eine formirte sich unter seinem persönlichen Commando in dem Hafen von Gessoriacum, der andere unter dem Befehl des Präfekten Asclepiodotus, eines erfahrenen und tapferen Feldherrn, der sich schon in den Kriegen des Aurelian und Probus gebildet hatte, in der Mündung der Seine. Alectus schützte seinerseits die Westküste Britanniens durch eine Flotte gegen Constantius, eine zweite Flotte stellte er bei der Insel Wight auf. Infolge eines dichten Nebels entgingen indessen beide Flotten des Constantius der Wachsamkeit der Flotten des Alectus und landeten glücklich an den britannischen Küsten, Constantius allerdings etwas später als Asclepiodotus. Um seine Truppen zu zwingen, alle ihre Hoffnung auf den Sieg zu setzen, verbrannte der Letztere seine Flotte. Alectus, der sein Heer bei Londinum (London) zusammengezogen, hatte dadurch die Küsten ihres Schutzes entblösst, er wurde zu Lande in offener Feldschlacht besiegt, suchte sich durch die Flucht zu retten, wurde aber eingeholt und niedergemacht. Sein grösstentheils aus Barbaren bestehendes Heer war bald zerstreut, Londinum durch einen Theil der Flotte des Constantius vor Plünderung bewahrt. Durch diesen einen entscheidenden Schlag war Britannien aufs Neue der römischen Herrschaft zurückerobert, ausserdem aber auch die Herrschaft der Römer auf der Nordsee befestigt, welches Meer nun von den Seeräubern befreit wurde, die nicht mehr im Stande waren, den an Macht überlegenen siegreichen römischen Flotten Widerstand zu leisten. Constantius behandelte die unterworfenen Britannier glimpflich, machte allen den Bedrückungen ein Ende, mit welchen Carausius und Alectus sie gequält, und stellte durch verständige Gesetze (301) Ruhe und Ordnung in Britannien dauernd wieder her; dann vertrieb er (302) die Franken und Alemannen aus Gallien.

Inzwischen hatte Diocletian nach Aurelian's Beispiel im J. 296 die unruhigen Carpier nach Pannonien verpflanzt und den Usurpator des Purpurs Achilleus in Aegypten gestürzt. Nach achtmonatlicher Belagerung desselben in Alexandria nahm er diese Stadt ein. Achilleus gerieth in Gefangenschaft, — die Stadt wurde zur Strafe den Truppen zur Plünderung überlassen, Achilleus hingerichtet. Zwei andere aufrührerische Städte in Aegypten, Busiris und Coptos, wurden erobert und zerstört. Bei diesen Kriegsoperationen in Aegypten begleitete den Diocletian der junge Sohn des Constantius Chlorus, Constantinus, der sich bei vielen Gelegenheiten auszeichnete.

Endlich hatte auch Maximian im J. 297 den Stamm der Quinquegentii und die Mauretanier in Afrika mit Glück bekämpft und den Usurpator Julianus vernichtet.

Während aber Diocletian noch mit der Unterwerfung Aegyptens zu thun hatte, gelang es dem persischen Könige Narses, der schon seit 294 seine Herrschaft durch Eroberung von römischen Provinzen zu erweitern strebte, sich eines Theiles von Armenien zu bemächtigen. Diocletian gab dem Galerius Befehl, diese Eroberung den Persern wieder zu entreissen. Allein der Feldzug des Galerius endete erfolglos und höchst unglücklich: Galerius, tapfer, aber nicht vorsichtig genug, wurde zwischen den Städten Carrhae und Callinicum (Nicephorum) geschlagen, vermochte nur mit Mühe sich durch einen Rückzug zu retten, der äusserst beschwerlich und gefahrvoll war, und erlitt grossen Verlust an Mannschaft durch Kämpfe, Hunger und Krankheiten. Als Diocletian aus Aegypten zurückkehrte, strafte er ihn durch einen Verweis angesichts des ganzen Heeres und dadurch, dass er ihn eine ganze römische Meile zu Fusse und in vollem kaiserlichen Ornate an der Spitze seines Heeres zurücklegen liess. Dies feuerte den Ehrgeiz des Galerius dermassen an, dass er, um diesen Schimpf von sich abzuwaschen, während Diocletian in Syrien eine Hülfsarmee (Reserve) sammelte, die Perser in Armenien angriff und ihnen eine vollständige und entscheidende Niederlage beibrachte (297). Narses selber ward verwundet und rettete sich nur mit genauer Noth durch die Flucht, sein Lager fiel mit der ganzen königlichen Familie, einer Menge vornehmer Perser, der gesammten Habe, Bagage und allen Schätzen in die Hände der Sieger. Narses bat demüthig um Frieden und erhielt ihn um den Preis von acht Provinzen. Die gefangenen Perser wurden nicht zurückgegeben, sie mussten den Triumph des Diocletian verherrlichen. Galerius legte sich die Beinamen Persicus, Armenicus und Adiabenicus bei, sein Stolz wuchs von hier an derartig, dass er sich Sohn des Mars nennen liess!

Nach Beendigung des Krieges gegen die Perser wurde im Orient der Frieden 5 Jahre lang (298—302) durch Nichts gestört. Diocletian liess sich die Sicherung der Grenzen des Reichs durch Forts angelegen sein, welche er am Euphrat, Donau und Rhein neu erbaute. Ammianus Marcellinus thut hierbei besonders der bis dahin unwichtigen Stadt Circesium in Mesopotamien Erwähnung, welche Diocletian wegen ihrer in kriegerischer Hinsicht wichtigen Lage am Einfluss des Chaboras in den Euphrat befestigen liess.

Am 1. Mai des J. 305 legte Diocletian die Regierung nieder und veranlasste den Maximian das Gleiche zu thun. Galerius und Constantius Chlorus traten an ihre Stelle mit dem Titel Augustus, und der Erstere ernannte die Söhne seiner Schwester, Maximinus und Severus, zu Cäsaren.

Diocletian war unstreitig ein grosser Herrscher und Feldherr, in kriegerischer Beziehung hatte er dem römischen Reiche durch Sicherung des Friedens, der Ruhe und Ordnung im Innern und nach Aussen grosse Dienste geleistet. Aber das hatte nur Bestand während seiner 20jährigen Herrschaft und nahm bald nach seiner Abdankung ein Ende.

§. 410.

Kriege unter Constantin dem Grossen (306—337).

Nach dem Tode des Constantius Chlorus zu Eboracum (h. York) am 25. Juli 306, welcher seinen Sohn Constantinus zu seinem Nachfolger bestimmt hatte, riefen die britannischen Legionen diesen zum Augustus aus, während Galerius dem Severus zu dieser Würde, den Constantinus aber zum Cäsar ernannte.

Drei Monate darnach, am 23. Oktober 306, brach in Rom zufolge der Unzufriedenheit mit der Verlegung der Kaiser-Residenz von dort, der Bedrückungen durch Galerius und der Aufhebung der Prätorianer ein Aufstand aus. Diese Gelegenheit benutzte Maxentius, der Sohn Maximian's und Schwager des Galerius, um sich zum Kaiser zu erheben, wobei auch sein Vater Maximian, der wieder in Rom erschien, den freiwillig abgelegten Purpur wieder nahm, und das römische Reich sah wiederum vier Augusti und zwei Cäsaren, zwischen denen ein neuer (der 16.) Bürgerkrieg ausbrach.

Sofort marschirte Severus (im November 306) aus Nord-Italien gegen Rom mit einem Heere, das grösstentheils aus früher unter Maximian gedienten und diesem noch sehr ergebenen Truppen bestand. Diese gingen deshalb zu Maximian über, Severus floh nach Ravenna und wurde daselbst von Jenem belagert. Da aber die Belagerung sich in die Länge zog und Maximian befürchtete, dass Galerius aus Thracien und Illyrien dem Severus Verstärkungen herbeiführen möchte, so liess er diesem Letzteren antragen, sich auf gewisse Bedingungen zu ergeben. Severus schenkte ihm Glauben, ergab sich, wurde aber auf des Maxentius Befehl gezwungen, sich selbst zu entleiben (April 307). Maximian, der nun die Rache des Galerius fürchtete, schloss ein Bündniss mit Constantinus.

Der Letztere hatte inzwischen gleich nach seiner Ernennung zum Kaiser (25. Juni 306) sich gegen die Franken gewendet, welche in Gallien eingefallen waren, hatte sie besiegt und zwei ihrer Könige, welche in Gefangenschaft geriethen, den wilden Thieren vorwerfen lassen. Dann ging er über den Rhein, verheerte das Land der Brukterer mit Feuer und Schwert und behandelte ihre Gefangenen äusserst grausam, in der Hoffnung, dass er dadurch für die Zukunft die Germanen von Einfällen in Gallien abhalten werde. Zu grösserem Schutze der Grenzen führte er an den Ufern des Rheins befestigte Lager auf und legte starke Besatzungen in dieselben, auf dem Rhein selbst unterhielt er beständig eine zahlreiche Flotte. Die durch ihn den Brukterern beigebrachte Niederlage machte auf viele am Rhein wohnenden Stämme der Germanen solchen Eindruck, dass sie um Frieden baten und Geiseln stellten.

Ungefähr um diese Zeit erschien Maximian in Gallien, ernannte, um sein Bündniss mit Constantin noch mehr zu befestigen, diesen zum Augustus und vermählte ihn mit seiner Tochter Fausta.

Während seiner Anwesenheit in Gallien traf Galerius daselbst ein, um für des Severus Tod an Maxentius Rache zu nehmen. Aber die durch Maxentius bestochenen Truppen des Galerius fielen grösstentheils von ihm ab, mit den übrigen ging er eilends nach Illyrien zurück, und nur mit grosser Mühe und indem er ihnen Plünderung und Morden erlaubte, konnte er diese bei sich festhalten.

Maxentius überliess sich so sehr seinem Hange zum Despotismus, dass selbst Maximian ihn stürzen wollte, da aber die Soldaten auf des Maxentius Seite standen, sah er sich genöthigt zu Constantin zu fliehen, und da er von diesem zurückgewiesen wurde ging er (im November 307) nach Nicomedien zu Galerius, der soeben an des Severus Stelle den Licinius zum Augustus ernannt und demselben Pannonien, Rhätien und Italien übergeben hatte.

Im J. 308 dankte Maximian zum 2. Male ab und zog sich nach Gallien zurück, der Cäsar Maximinus aber, durch die Ernennung des Licinius zum Augustus tief gekränkt, liess sich selbst zum Augustus ausrufen. Galerius erkannte ihn und Constantinus als Augustus an, so dass es wiederum im Reiche vier Augusti gab, der fünfte, Maxentius, wurde von ihnen als Usurpator betrachtet. Aber das half nur wenig: während Constantin mit der Abwehr eines erneuten Einfalls der Franken in Gallien beschäftigt war, erhob Maximian sich dort zum dritten Mal, bemächtigte sich des kaiserlichen Schatzes, vertheilte diesen unter die zurückgeblichenen Soldaten und nahm auf's Neue den Purpur. Constantin, der soeben die Franken an den Ufern des Rheins geschlagen hatte, brach ungesäumt in Gewaltmärschen nach Cabillonum (h. Châlons sur Saône), auf, schiffte auf dem Arar und Rhodanus (Saône und Rhône) seine Truppen ein und fuhr die Rhône hinab bis Arelate, wo er auf Maximian zu stossen hoffte. Dieser aber, zu schwach an Truppen, hatte sich in Massilia (Marseille) eingeschlossen. Diese Stadt öffnete sogleich dem Constantin ihre Thore, sobald er vor denselben erschien. Maximian ward durch die von ihm abfallenden Truppen an Constantin ausgeliefert, der ihn begnadigte (309). Im folgenden Jahre aber betheiligte sich Maximian an einer Verschwörung gegen Constantins Leben, die Verschwörung wurde entdeckt, Constantin überliess ihm selbst die Wahl der Todesart, und Maximian erhängte sich.

Während dessen hatte Galerius im Osten durch seine Bedrückungen sich den allgemeinen Hass zugezogen, er starb aber im Mai 311 an einer durch seine Ausschweifungen veranlassten Krankheit, nach 19jähriger grausamer Regierung und Christenverfolgung. Nach seinem

17*

Tode theilten Constantin, Licinius und Maximin, welche alle drei den Titel Augustus führten, das römische Reich unter sich der Art, dass der Erstere in Gallien, Britannien und Hispanien, Licinius in Illyrien, Thracien, Macedonien und Griechenland, Maximin in allen östlichen Provinzen in Asien und Aegypten herrschte. Italien und Afrika befanden sich im Besitz des von ihnen nicht anerkannten Maxentius. Afrikas hatte sich der Letztere im J. 311 bemächtigt, nachdem er den Usurpator desselben, einen gewissen Alexander, gefangen genommen und hingerichtet hatte, und nun rüstete er sich zum Kriege gegen Constantin unter dem Vorwande, den Tod seines Vaters Maximian an ihm zu rächen. Aber dieser Krieg des verweichlichten, unkriegerischen Tyrannen Maxentius, der weder Kriegserfahrung noch Fähigkeiten besass und von Volk und Heer gehasst wurde, gegen den kriegerische Gaben mit staatsmännischer Weisheit verbindenden, Constantin, welcher in beständigen Kriegen gegen die Germanen grosse Kriegserfahrung gewonnen und seine Truppen an Thätigkeit und Siege gewöhnt hatte, musste unzweifelhaft mit dem Untergange des Maxentius enden.

Es wurde früher erwähnt, dass Constantin im J. 308 die in Gallien eingedrungenen Franken an den Ufern des Rhein's geschlagen und sich dann gegen Maximian nach Südgallien gewendet hatte. Während er 310 sich noch in Massilia befand, verbanden sich die Brukterer, Chamaven, Cherusker und andere germanische Stämme zu einer allgemeinen Empörung in Gallien. Nach Abrechnung mit Maximian wandte sich Constantin gegen sie, schlich sich mit nur zwei vertrauten Personen in ihr Lager, sah und hörte Alles, schlug sie demnächst auf's Haupt, und erhielt und führte seitdem den Beinamen Maximus (der Grosse), welchen die Geschichte ihm um seiner Kriegsthaten und namentlich um seiner Staatseinrichtungen willen belassen hat. Gallien verdankte vor allen übrigen römischen Provinzen ihm sehr viel: zur Hauptstadt machte er Treverum (Trier), das durch die Barbaren sehr gelitten hatte, von ihm aber neu aufgebaut, erweitert und durch öffentliche Gebäude erheblich verschönert wurde. Auch die von den Barbaren zerstörte Stadt Augustodunum (zu Cäsar's Zeit Bibracte, heute Autun) baute er neu auf, sie nahm aus Dankbarkeit gegen ihn den Namen Flavia an (nach einem von seinen Namen, Flavius, den er bis zur Annahme des Christenthums führte). Zugleich führte er auch die Befestigungen der Städte Galliens, vorzüglich des nördlichen und östlichen wieder auf und legte neue, wie auch einzelne Verschanzungen oder stehende feste Lager (Forts, Burgen u. s. w.) längs des ganzen Rhein an, in die er Besatzungen legte.

Im J. 311 wurden die von ihm zur Herstellung eines allgemeinen Friedens an Maxentius gerichteten Vorschläge von diesem hochmüthig und in für Constantin beleidigender Weise zurückgewiesen. In Folge dessen schloss der Letztere nicht allein mit Licinius ein kriegspolitisches Schutz- und Trutzbündniss, sondern verband sich auch durch Familienbande mit ihm, indem er ihm seine Schwester C o n s t a n t i a vermählte. Maxentius ging seinerseits ein Bündniss mit Maximin ein: indessen nahmen weder Licinius noch Maximin an dem nachfolgenden 17. römischen Bürgerkriege zwischen Constantin und Maxentius Theil.

Der Letztere hatte 170,000 Mann Fussvolk und 18,000 Mann Reiterei gesammelt und zu deren Verpflegung in Italien grosse Vorräthe aufgespeichert. Constantin formirte seinerseits zwei Armeen: die eine von bedeutender Stärke stellte er in Gallien zum Schutze von dessen Grenzen gegen Einfälle der Barbaren auf, mit der anderen, 90,000 Mann zu Fuss und 8000 Mann zu Pferde (halb so stark wie des Maxentius Heer, brach er im J. 312 aus Gallien nach Italien auf. Die Zahl der Christen im römischen Reiche hatte sich zu dieser Zeit bereits so vermehrt, dass in den beiderseitigen Heeren viele Christen sich befanden, in dem des Maxentius nur heimliche, weit öffentlicher dagegen in dem des Constantinus, der von seinem sanftmüthigen Vater sowohl die ersten Grundsätze eines rechtschaffenen Lebens, wie die Abwendung vom Heidenthum, die Hinneigung zum Christenthum und den Schutz der Christen überkommen hatte. Schon im Grunde seines Herzens dem Christenthum zugewandt, ward Constantin gerade in Gallien auf dem Zuge nach Italien durch die wunderbare Erscheinung eines in den Wolken stehenden Kreuzes, auf welchem die Worte: »*Hoc signo vince*« flammten, ganz zu dem wahren Gott und zu Christus bekehrt, und nun liess er sogleich seinem Heere das christliche Kreuzespanier (*labarum*) voraustragen und auf diesem wie auf den Helmen und Schilden der Soldaten ein *J. C.*, das Monogramm des Namens Jesus Christus, anbringen. Dies entflammte bei allen christlichen Kriegern seines Heeres eine religiöse Begeisterung und spornte sie in aussergewöhnlicher Weise durch ganz andere Gefühle an, als jene waren, durch welche bis dahin die römischen heidnischen Soldaten angefeuert wurden. Auch war dies von ausserordentlichem Einfluss auf die nachfolgenden Ereignisse in dem Kriege gegen Maxentius, — d e m e r s t e n K r i e g e e i n e s c h r i s t l i c h e n R ö m e r h e e r e s g e g e n e i n h e i d n i s c h e s.

Den ersten Widerstand erfuhr Constantin von Seiten der Stadt Segusio (h. Susa in Pyemont), nachdem er die Alpen überschritten hatte. Die starke Besatzung dieser Stadt wollte Constantin nicht einlassen: Constantin eroberte sie mit Sturm und zog dann gegen Taurinum oder *Augusta Taurinorum* (h. Turin). Hier stiess er auf Truppen des Maxentius, deren Hauptmacht in einer grossen Zahl von Panzerreitern (Kataphrakten) bestand. In blutigem Kampfe besiegte sie Constantin und schlug sie in die Flucht. Augusta Taurinorum öffnete dem Sieger ihre

Thore, und gab damit dem ganzen transpadanischen Italien (auf dem linken Ufer des Padus oder Po) das Beispiel zum Abfall von Maxentius. Mit Jubel nahmen die Einwohner von Mediolanum (Mailand), der Hauptstadt dieses Theiles von Italien, sowie die aller übrigen Städte bis Brixia hin (h. Brescia) Constantin auf. Hier schlug Constantin, der in seinem Heere die strengste Disciplin und Ordnung handhabte, noch ein anderes starkes Reitercorps und warf es zurück. Dieses Corps floh nach Verona, wo Ruricius Pompejanus, ein Feldherr des Maxentius, ein neues Heer sammelte, aber den groben Fehler beging, die Uebergänge über den Fluss Athesis (h. Adige) nicht mit Truppen zu besetzen. Dies machte Constantin sich zu Nutze, indem er etwas oberhalb Verona über diesen Fluss ging, die Stadt sofort auf dem linken Ufer belagerte und mehrere Ausfälle der Belagerten zurückschlug. Ruricius sammelte unter Zurücklassung einer starken Besatzung in Verona auf dem rechten Ufer des Athesis ein neues Heer, ging dann auf das linke Ufer über und nahm in Constantin's Rücken eine Stellung, um diesen zur Aufhebung der Belagerung zu zwingen. Constantin liess einen Theil seines Heeres zur Fortsetzung der Belagerung zurück und wandte sich mit seiner Hauptmacht gegen den an Kräften überlegenen Ruricius, dem er durch seine geschickten Anordnungen und das Beispiel seiner persönlichen Tapferkeit eine entscheidende Niederlage beibrachte. Ruricius fiel im Kampfe, seine Truppen wurden theils aufgerieben oder zersprengt, zum grössten Theil aber zu Gefangenen gemacht, Verona ergab sich. Ihrem Beispiele folgte Aquileja und Mutina (Modena), und auf diese Weise befand sich ganz Norditalien in der Gewalt Constantin's, und der Weg nach Rom stand ihm offen.

Nun erst raffte der unfähige Maxentius sich aus seiner thörichten Verblendung und Unthätigkeit auf, nachdem er bis dahin zu Rom nicht allein kriegerisch unthätig, sondern in sinnlichen groben Ausschweifungen gelebt hatte. In unklugem Vertrauen auf einen heidnischen Orakelspruch, dass im nächsten Kampfe der Feind Roms zu Grunde gehen werde, zog er an der Spitze eines starken Heeres aus Rom und stellte sich längs des rechten Tiberufers auf, den Fluss und die sogenannte mulvische Brücke hinter sich. Diese Brücke war so vorbereitet, dass die Mitte derselben leicht zusammenstürzen konnte, auf sie hoffte Maxentius in seinem Unverstande die Armee des Constantin zu locken und sie dann in der Tiber zu ertränken! Auf solche taktische Massregeln verfiel sein Geist, um den Sieg über seinen Gegner zu erlangen! Was er aber dem Letzteren zugedacht hatte, geschah ihm selber, und an ihm, dem Feinde Roms, erfüllte sich die Prophezeiung des Orakels. In der, im Oktober 312 an der Tiber und der mulvischen Brücke stattfindenden Schlacht schlug Constantin die Armee des Maxentius auf's Haupt, warf einen grossen Theil derselben in die Tiber und drängte den Rest auf die Brücke, wohin auch Maxentius floh. Die Mitte der Brücke hielt den Andrang der ungeheuren Masse der Fliehenden nicht aus, und mit ihnen stürzte Maxentius in den Strom und ertrank.

Am folgenden Tage zog Constantin triumphirend in Rom ein, vor ihm her wurde das abgeschnittene Haupt des von Allen gehassten Maxentius getragen. Da er den Sieg unter dem Zeichen des Kreuzes erfochten hatte, so richtete Constantin zum Danke gegen Gott dieses äussere Symbol des christlichen Glaubens auf der Spitze des heidnischen Kapitols auf und weihete Rom dadurch zum ersten Male Christo! Nur die nächsten Anhänger und Genossen des Maxentius wurden hingerichtet, alle Uebrigen begnadigte Constantin, obgleich das Volk dringend ihre Hinrichtung forderte. Die Ueberreste der aufrührerischen Prätorianer, der einzigen Truppe, welche Anhänglichkeit an die Sache des Maxentius gezeigt hatte, wurden kassirt und in verschiedene Orte versetzt, ihr Lager an der *Porta viminalis* von Rom geschleift, alle übrigen Truppen des Maxentius an die Donau und den Rhein gegen die Barbaren geschickt. Zu gleicher Zeit setzte Constantin eine Menge von Senatoren und Consularpersonen in Freiheit, rief die Verbannten zurück, reinigte den Senat, stellte dessen früheren Glanz wieder her und erliess die weisesten und wohlthätigsten Anordnungen. Unter den zahllosen Dankbezeugungen, womit Senat und Volk Constantin d. Gr. überschütteten, verdient der Triumphbogen zu Rom besonderer Erwähnung, der bis heute erhalten ist und dessen Aufschrift Constantin als den G r ö s s t e n , F r o m m e n und G l ü c k l i c h e n bezeichnet. Die Christenverfolgungen wurden eingestellt, den Christen sogar volle Freiheit ihrer Religionsübungen auf dem ganzen Gebiete des römischen Reiches eingeräumt.

Nach zweimonatlichem Aufenthalte in Rom hatte Constantin zu Mediolanum eine Zusammenkunft und Besprechung mit Licinius, dann wandte er sich nach Gallien, welches abermals durch die Franken bedroht wurde. Sein rasches Eintreffen hinderte sie an der Ueberschreitung des Rheins, aber Constantin lockte sie durch eine Kriegslist auf das linke Ufer und schlug sie aufs Haupt. Die zahlreichen ihnen abgenommenen Gefangenen liess er, wie die früheren schon, den wilden Thieren vorwerfen, um die Franken und die übrigen Germanen von weiteren Einfällen in Gallien abzuschrecken (eine Grausamkeit, welche mit seiner Stellung zum Christenthum wenig übereinstimmte).

Nach dem Tode des Maxentius war das römische Reich nun unter drei Kaiser getheilt, von denen Constantin die westlichen Provinzen und Italien, Licinius Illyrien und die davon östlich gelegenen europäischen Besitzungen beherrschte, während Maximin in Asien und Aegypten regierte. Nur in diesen letzteren Ländern fanden noch Christenverfolgungen statt, denen aber ein von Constantin und Licinius erlassenes Edikt bald ein Ende machte. Hierdurch gereizt, beschloss Maximin, den Licinius unvermuthet zu überfallen. Gerade als der Letztere im Winter 312—313 seine Vermählung mit Constantia, der Schwester Constantin's, mit vielem Prunke feierte, hatte Maximin in Bithynien ein Heer von 70,000 Mann zusammengezogen, setzte ohne Widerstand über den Bosporus, eroberte Byzanz nach 13tägiger Belagerung und hatte sich bereits Heraclea's bemächtigt, als Licinius mit einem rasch zusammengerafften nur schwachen Heere ihm entgegeneilte. Bei Adrianopel in Thracien stand er schon an der Spitze von 30,000 Mann, mit welchen er auf der Ebene bei der Stadt Serena zwischen Adrianopel und Heraclea dem an Stärke weit überlegenen Maximin eine Schlacht lieferte, und schliesslich einen entscheidenden Sieg über ihn erfocht. Ein grosser Theil von Maximin's Heer wurde niedergemacht, die Uebrigen ergaben sich an Licinius, Maximin selbst floh als Sklave verkleidet nach Nicomedien und von da nach Cappadocien, wo er ein neues Heer zu sammeln begann.

Licinius ging nach Bithynien über, erliess ein Edikt, das allgemeine Gewissensfreiheit proclamirte, und brach dann gegen Maximin nach Cilicien auf. Hier hatte Maximin seine besten Truppen zur Vertheidigung der Pässe durch das Taurusgebirge aufgestellt, er selbst war nach Tarsus zurückgegangen. Licinius besiegte die Truppen in den Tauruspässen, worauf Maximin an der Rettung verzweifelnd Gift nahm. Licinius erklärte ihn noch nach seinem Tode für einen Feind des öffentlichen Wohles, liess seine ganze Familie und alle ihm Anverwandte, gleichwie die Kinder des Galerius und Severus und die Wittwe und die Tochter des Diocletian umbringen.

Nun blieben im römischen Reiche nur noch Constantin und Licinius übrig, von denen jeder offen nach der Alleinherrschaft strebte. Unter diesen Umständen konnte es an Misshelligkeiten und Anlass zum Kriege zwischen ihnen nicht fehlen, und brach dann wirklich im J. 314 der Krieg aus. Constantin bestand auf einer neuen Theilung des Reiches, Licinius weigerte sich dessen und traf Massregeln zum Schutze seiner neuen Eroberungen im Osten mit bewaffneter Hand. Am 8. August 314 kam es bei Cibalis unweit Sirmium und des Einflusses der Drau in die Donau zwischen Beiden zu einer blutigen und hartnäckigen Schlacht, welche 12 Stunden währte und mit der Niederlage des Licinius und dem Siege Constantin's endete. Licinius rettete sich nach Sirmium und von da nach Adrianopel, wo er ein neues Heer zusammenzog. Seine Lager bei Cibalis und Sirmium fielen in die Hände Constantin's, welcher rasch durch Obermösien und einen Theil von Dacien zog, wo er als Sieger empfangen wurde. Bei Philippopel erschien eine Gesandtschaft von Licinius bei ihm mit Friedensanträgen; da aber Constantin als erste Bedingung die Absetzung des von Licinius ernannten Cäsars Valens verlangte, was Licinius nicht bewilligte, so kam es zwischen Philippopel und Adrianopel zu einer neuen Schlacht zwischen Constantin und Licinius. Obgleich sie ohne entscheidendes Resultat blieb, wurde doch die Forderung Constantin's erfüllt: Valens ward abgesetzt, Licinius aber erhielt zufolge eines zu Adrianopel mit Constantin abgeschlossenen Friedensvertrages in Europa nur die Herrschaft über Thracien, Niedermösien und Kleinscythien auf dem rechten Ufer der unteren Donau, während er alle übrigen Provinzen des Ostens an Constantin abtreten musste (314). Drei Jahre später, im J. 317, einigten sich Constantin und Licinius dahin, dass ihre Söhne zu Cäsaren ernannt wurden, obgleich beide: der jüngere Sohn Constantin's, Namens Constantius, und der einzige des Licinius, der Licinianus hiess, noch Kinder waren.

Aber das gute Einvernehmen zwischen Constantin und Licinius konnte nicht von langer Dauer sein, da der Erstere die Christen beschützte, während der Letztere sie grausam verfolgte. Die Erbitterung zwischen beiden Kaisern stieg daher mehr und mehr, und 8 J. nach dem Frieden zu Adrianopel, im J. 323 führte sie zu einem neuen Kriege zwischen Beiden (dem 19. römischen Bürgerkriege), welchen man den ersten christlichen Religionskrieg nennen kann. Die Hauptabsicht des Constantius ging dahin, dem Licinius die Herrschaft zur See zu entreissen, zu diesem Zwecke sammelte er in dem Hafen des Piräeus an 200 Kriegs- und an 2000 Transportschiffe, bei Thessalonica aber ein Landheer in der Stärke von 120,000 Mann zu Fuss und 10,000 Mann zu Pferde. Licinius stellte dagegen seinerseits 400 Kriegsschiffe am Eingange in den Hellespont Dardanellen und 150,000 Mann zu Fuss und 14,000 Reiter bei Adrianopel auf. Beide Kaiser befanden sich bei ihren Landheeren; Constantin eröffnete zuerst die Feindseligkeiten durch einen plötzlichen Angriff auf das Heer des Licinius an einem Punkte, wo dieser es am wenigsten erwartete, da er seine Armee durch den Fluss Hebrus hinreichend gesichert glaubte. In der sich hieraus im J. 323 entspinnenden Schlacht wurde Licinius total geschlagen, verlor 34,000 Mann an Todten, sein Lager wurde erstürmt, er selbst entfloh nach Byzantium; die Trümmer seines Heeres gingen zu Constantin über.

Dieser schloss nun den Licinius zu Lande in Byzantium ein und schickte seine Flotte unter dem Befehle seines Sohnes Crispus gegen die des Gegners. Abantus, der Befehlshaber der Flotte des Licinius, wurde in dem Eingang des Hellespont geschlagen, ein anderer Theil dieser Flotte an der Küste Kleinasiens durch einen Sturm zerstört, und nun schloss Crispus auch zur See Byzantium ein. Licinius, zu schwach zur Gegenwehr, vermochte mit seinen besten Truppen aus Byzanz nach Chalcedon zu entkommen. Den von ihm zum Cäsar ernannten Martinianus sendete er nach Lampsacus mit dem Befehl, die feindliche Flotte dort so lange als möglich aufzuhalten, er selbst brachte während dessen ein neues Heer von fast 130,000 Mann zusammen. Constantin hob die Belagerung von Byzanz auf, ging nach Kleinasien hinüber und stellte oberhalb (nördlich) von Chalcedon, in der Nähe des heiligen Vorgebirges, sein Heer in Schlachtordnung auf. Neue von Licinius angeknüpfte Friedensunterhandlungen wurden zurückgewiesen, es kam bei Chrysopolis zur Schlacht, in welcher Licinius gänzlich geschlagen ward. Mit einem Verluste von 100,000 Mann theils Todter, theils Gefangener entkam er (323) nach Nicomedia. Hier sah er sich genöthigt, die Kaiserwürde niederzulegen und sich nach Thessalonica in's Privatleben zurückzuziehen. Martinianus wurde hingerichtet, alle übrigen Freunde und Anhänger des Licinius aber begnadigt. Byzanz und Chalcedon unterwarfen sich dem Constantin, alle östlichen Provinzen erkannten ihn als Kaiser an, und auf diese Weise war er der Alleinherrscher des römischen Reiches.

Im folgenden Jahre, 324, wurde Licinius unter dem Vorgeben einer Verschwörung ermordet, kurze Zeit nachher theilte sein Sohn Licinianus dasselbe Schicksal. Im J. 325 schritt Constantin der beschlossen hatte, die Regierung nach Byzantium zu verlegen, zur Erweiterung und Befestigung dieser Stadt, 5 J. nachher, am 11. Mai 330, weihte er sie nach christlichem Ritus ein unter dem Namen Neo-Roma oder Constantinopolis.

In den 9 Friedensjahren nach 323 erliess Constantin eine ganze Reihe von weisen Staatsgesetzen, bürgerlichen und kriegerischen Anordnungen, in welchen er sich ebenso gross als Staatsmann wie als Feldherr bewies. Unter seinen auf das Kriegswesen Bezug habenden Gesetzen verdienen besondere Beachtung: 1) die Abschaffung eines Missbrauchs, der darin bestand, dass die Söhne der Veteranen, selbst wenn sie nicht in Kriegsdienste traten, gleiche Rechte wie ihre Väter genossen: sie wurden zum Kriegsdienste verpflichtet, ganz ebenso wie ihre anderen Mitbürger; 2) die Aufhebung des, von den Unterbefehlshabern der Truppen (den Offizieren) widerrechtlich seit den letzten Bürgerkriegen angemassten Rechtes, ihre Competenzen, statt wie früher *in natura*, in Gelde zu fordern: Constantin beschränkte sie wieder auf den Empfang von Naturalien, mit dem besonderen Befehle, dass Alles, was sie in den Magazinen übrig liessen, dem *fiscus* (Staatsschatz) verfallen solle; 3) die Abschaffung des Missbrauchs, welcher sich bei Beurlaubung der unteren Grade der Grenzer-Legionen eingeschlichen hatte: Constantin setzte fest, dass jeder Offizier, welcher Untergebene beurlaube, während Unruhen und Kriege mit den Barbaren vorlägen, mit dem Tode bestraft, in Friedenszeiten aber mit ewiger Verbannung bestraft werden solle; 4) an

Stelle des einen prätorianischen Präfekten, der früher so oft den Kaisern schädlich, ja verderblich gewesen war, setzte er deren vier ein, beschränkte aber ihre Macht erheblich, bestimmte für einen jeden seine besondere Diöcese, in welcher er hinsichtlich der bürgerlichen Verwaltung zu herrschen hatte: die militärische Gewalt dagegen, nahm er ihnen ab und übertrug sie auf zwei *magistri militum*, welche hinwiederum in bürgerlichen Angelegenheiten keine Stimme hatten. u. s. w.

Die letzten 5 Regierungsjahre Constantin's (332—336) wurden durch häufige Einfälle der Barbaren beunruhigt. Gegen die Gothen zog er selbst zu Felde und besiegte sie, und als sie ihre Einfälle wiederholten, schickte er seinen ältesten Sohn Constantinus gegen sie. Dieser Letztere rieb ihrer an 100,000 auf, die theils in Kämpfen, theils durch Hunger und ansteckende Krankheiten umkamen. Endlich wurde infolge der durch den Kaiser selbst mit Klugheit geführten Unterhandlungen der Friede mit diesem zahlreichen und kriegerischen Volke wieder hergestellt.

Die Sarmaten, welche die römischen Grenzprovinzen an der Donau gleichfalls ausplünderten, wurden besiegt und abgewehrt. Als sie darnach in einen Krieg mit den Gothen verwickelt und von diesen besiegt waren, baten sie Constantin um Hülfe. Nun wurden 300,000 von ihnen mit Weibern und Kindern nach Thracien, Macedonien und Italien verpflanzt, ihre junge Mannschaft aber unter die Legionen vertheilt.

Im letzten Jahre endlich seiner Regierung, 336, sah Constantin sich nochmals gezwungen gegen die Perser zu den Waffen zu greifen, deren König Sapor II. verlangte, dass ihm die 5 Provinzen zurückgegeben würden, welche seinem Vorgänger Narses entrissen worden waren. Constantin liess auf dieses Ansinnen erwidern, dass er dem Sapor die Antwort persönlich sagen werde, er zog auch demzufolge mit einem zahlreichen Heere zu Felde und gelangte bis Nicomedia. Von hier entsandte er eine Gesandtschaft an Sapor der bereits den Tigris überschritten hatte und Mesopotamien verwüstete. Es ist ungewiss, ob ein Frieden zu Stande kam, aber die Perser verliessen das römische Gebiet und zogen sich in ihr eigenes zurück.

Im folgenden Jahre, 337 am 22. Mai, starb Constantin zu Achyron bei Nicomedia, im 64. Jahre seines Lebens und 31. seiner Regierung, nachdem er sich vorher noch hatte feierlich taufen lassen. Die beiden Haupthistoriker und Biographen Constantin's, der Heide Zosimus und der Christ Eusebius schildern ihn vollkommen verschieden, der Letztere ebenso günstig, wie der Andere ungünstig über ihn urtheilend. Eine unparteiische Würdigung seiner Thaten muss aber jedenfalls anerkennen, dass er unzweifelhaft von Natur sehr begabt war und als weiser Herrscher wie als geschickter Feldherr neben die besten römischen Kaiser gestellt zu werden verdient, dass er aber bis zu seiner Taufe kurz vor seinem Tode sich oft gezwungen sah, seine Pläne mit Hinterlist und Grausamkeit durchzusetzen.

§. 411.

Kriege und Feldzüge Julian's (356—363).

Erster Feldzug (356).

Die unaufhörlichen Einfälle der Franken, Alemannen und Sachsen in Gallien bewogen endlich den Kaiser Constantius (337—361), den zweiten Sohn Constantin d. Gr., seinen Vetter Flavius Julianus zum Cäsar zu ernennen und ihm die Sicherung Galliens gegen die Einfälle der Germanen zu übertragen.

Julian, in der schweren Schule des Unglücks, unter dem Drucke einer tyrannischen Regierung erzogen, hatte sich in Athen eine hohe und vielseitige Bildung angeeignet; gleich von Anbeginn seiner Kriege und Feldzüge zeigte er sich als ausgezeichneten Feldherrn. In kurzer Zeit hatte er seine kriegerische Ausbildung vollendet, seine ihm unterstellten Truppen und Provinzen, wie die Feinde, mit welchen er zu kämpfen gezwungen war, gründlich kennen gelernt, und schon in seiner ersten Campagne weit diejenigen überragt, welche der misstrauische Constantius ihm als Rathgeber und Aufpasser zur Seite gestellt hatte. In den Truppen stellte er die gelockerte Disciplin wieder her, wobei er in jeder Hinsicht ihnen mit dem besten Beispiele voranging. Seine weise und milde Verwaltung Galliens erwarb ihm die Dankbarkeit der Bewohner in hohem Grade. Von den Germanen verwüstet, erblühte das Land von Neuem, Ruhe und Sicherheit herrschten in demselben.

Julian hielt sich noch zu Vienna auf, als er erfuhr, dass die Alemannen über den Rhein gegangen seien und Augustodunum (h. Troyes) belagerten: sofort brach er zum Entsatz dieser Stadt auf. Bei seiner Annäherung hoben die Alemannen die Belagerung auf und zogen sich zum Rhein zurück. Dem Rathe seiner Umgebung entgegen beschloss Julian die Alemannen durch seine leichten Truppen zu verfolgen. Auf dem kürzesten Wege marschirte er nach Augustodunum und erreichte von da in unaufhörlichen kleinen Treffen, welche das Selbstvertrauen in den Legionen herstellten, Durocorturum (h. Rheims), wo die Hauptmacht seines Heeres wieder zu ihm stiess, welche auf bequemerem Wege dorthin marschirt war. Von dort wandte er sich zu dem heutigen Dieuze gegen die Alemannen, und obgleich seiner Arrièregarde aus einem Hinterhalte einiger Verlust zugefügt wurde, so erfocht dafür Julian bei

Brocomagus (dem h. Brumpt) einen leichten Sieg über die Feinde und trieb sie auf eine Rheininsel. Dann brach er ungesäumt nach Colonia (Köln) auf, das schon seit 10 Monaten durch eine Verheerung der Germanen in Ruinen lag, baute es wieder auf, befestigte es und legte eine starke Besatzung hinein.

Während dessen war der germanische Stamm der Jutongen oder Jutungen über die obere Donau in das römische Gebiet eingedrungen. Constantius zog ihnen aus Mediolanum (Mailand) durch Rhätien entgegegen. Julian rückte zu gleicher Zeit am linken Rheinufer hinauf bis Basilia (Basel), um ihnen den Rückzug zu verlegen. Sie wurden in ihre Heimath zurückgedrängt, die Letztere aber mit Feuer und Schwert verwüstet. Von allen Seiten angegriffen, waren sie gezwungen um Frieden zu bitten, der ihnen auch bewilligt wurde, worauf Constantius nach Mediolanum, Julian aber nach Agendicum (h. Sens) zurückging, wo er auch den Winter zubrachte.

§. 412.

Zweiter Feldzug Julian's (357).

Während er noch mit Vorbereitungen zu dem Feldzuge des kommenden Jahres beschäftigt war, belagerten ihn die Germanen in Agendicum, indem sie umsomehr auf Erfolg hofften, als Julian, wie ihnen bekannt war, aus Mangel an Proviant seine Kräfte getheilt hatte. Er aber setzte sich 30 Tage lang so hartnäckig zu Wehre, dass die Germanen endlich die Belagerung aufhoben.

Da Julian von Constantius Vollmacht dazu erlangt hatte, so verstärkte er während des Winters seine Armee in ansehnlicher Weise und stellte nach der Belagerung in Agendicum auf der ganzen Linie vom Rhein bis zu dieser Stadt Beobachtungsabtheilungen auf, welche durch lautes Geschrei einander Meldung vom Uebergange der Germanen über den Rhein machen sollten.

Auf diese Weise konnte Julian, sobald er von einem Einfall der Germanen hörte, sofort nach Durocortorum aufbrechen. Zur selben Zeit hatte Constantius den Präfekten Barbatio mit 25.000 Mann aus Italien nach Basilia geschickt, um die Germanen zwischen zwei Heere zu bringen. Die Leten indessen, die sich den Alemannen verbündet hatten, gingen rasch zwischen beiden Armeen sogar bis nach Lugdunum (h. Lyon) vor, von der Absicht auf Plünderung dieser reichen Stadt getrieben. Auf die Kunde hiervon schickte Julian sogleich seine drei besten Reitergeschwader zur Besetzung der drei Rheinübergänge voraus, über deren einen die Germanen unbedingt zurückgehen mussten. Der vollste Erfolg krönte dieses Unternehmen: die Leten wurden fast gänzlich aufgerieben und alle von ihnen gemachte Beute ihnen wieder abgenommen. Nur ein kleiner Theil derselben rettete sich nach der Seite hin, wo Barbatio stand, der ihnen verrätherischer Weise freien Rückzug liess; die Alemannen zogen sich auf die Rheininseln zurück. Julian verlangte von Barbatio 7 Barken, um Truppen nach dieser Insel übersetzen zu können: aber als dieser aus Missgunst es ablehnte, setzte Julian mit einem Theil seiner Truppen durch eine Furt zur nächsten Insel über, die anderen schwammen auf ihren Schilden hinüber, der Rest benutzte vorgefundene Schiffe zur Ueberfahrt zu den anderen Inseln. Solchergestalt wurden die Alemannen theils niedergemacht, theils von diesen Inseln vertrieben und erreichten das andere Rheinufer. Julian stellte ungesäumt die von ihnen verheerte Stadt Sabrina (h. Zabern oder Saverne) wieder her und legte eine starke Besatzung hinein. Barbatio aber, der auf einer Schiffbrücke über den Rhein gehen wollte, wurde von den Alemannen geschlagen und bis Basilia verfolgt. Dieser Sieg erfüllte die Germanen mit solchem Stolze, dass sieben von ihren Königen ihre Kräfte vereinigten, sich dem Rheinufer in der Nähe von Argentoratum näherten und den Julian aufforderten, das von ihnen unterworfene Land zu räumen, wobei sie ihm zugleich Briefe von Constantius an sie gerichtet vorzeigten, in welchen sie zur Zeit des Magnentius aufgefordert worden waren in Gallien einzufallen und ihnen dafür die Gebiete, deren sie sich bemächtigen würden, zugesprochen wurden.

Julian behielt ihre Gesandten in seinem Lager bei Sabrina, indessen wuchsen die Streitkräfte der Germanen mit jedem Tage an. Drei Tage und drei Nächte gebrauchten sie zum Uebergange über den Rhein, dann lagerten sie sich in der Ebene von Argentoratum in Schlachtordnung, die Römer kühn zum Kampfe herausfordernd. Als Julian dies vernahm, brach er mit seinem Heere von Sabrina nach Argentoratum in Schlachtordnung auf; nach 6stündigem Marsche wollte er seinen Truppen kurze Ruhe geben, sie aber von Kampfbegier entbrannt, baten Julian, sie sofort gegen die Germanen zu führen. Es kam zu einem heissen und blutigen Kampfe: die römische Reiterei wurde besiegt, das Fussvolk aber bewährte den alten Ruhm, und die Tapferkeit der Bataver entschied den Sieg. Die Alemannen wurden mit ungeheurem Verluste auf's Haupt geschlagen: der vornehmste ihrer Fürsten, Chnodomarus, fiel auf der Flucht in die Hände der Römer, er wurde in Fesseln zu Constantius geschickt, der ihn nach Rom sendete, wo er starb. Julian hatte nur 247 Todte verloren.

Dieser entscheidende Sieg befreite Gallien und stellte dessen alte Grenzen wieder her. Die ganze Ehre dieser Erfolge gebührte dem Julian, Constantius jedoch schrieb sie sich zu. Julian war, nachdem er alle Beute und die Gefangenen nach Divodurum (h. Metz), geschickt hatte, fest entschlossen, seine Erfolge auch jenseits des Rheins auszubeuten, und als das Heer, von den vorhergegangenen Anstrengungen und Beschwerden erschöpft, hiermit unzufrieden schien, sprach er zu demselben: »es genügt nicht, den Feind zurückgeschlagen zu haben, es gilt noch, Rache zu nehmen für alle von ihm erlittene Beschimpfung und Verwüstung, und nachdem er einmal besiegt ist, wird es nicht schwer sein, ihn gänzlich zu vertilgen!« Diese Worte des von Allen geliebten Feldherrn fanden die Zustimmung seiner Armee, und sie ging nun über den Rhein auf einer Schiffbrücke bei Mogontiacum (Mainz). Die durch sie im eigenen Lande bedrohten Alemannen schienen anfänglich zur Unterwerfung geneigt, bald aber sammelten sie sich in grosser Zahl und forderten unter Drohungen den schleunigen Abzug des Römerheeres. Statt aller Antwort entsendete Julian 800 Mann Kerntruppen den Main hinauf, welche beide Ufer mit Feuer und Schwert verheerten. Die Alemannen zogen sich in die Tiefe ihrer dichten Wälder zurück. Bei weiterem Vorrücken erfuhr Julian von Ueberläufern, dass die Alemannen in diesen Wäldern einen Hinterhalt gelegt hätten, um auf dem einzigen gerade durch den Wald führenden Wege das römische Heer von allen Seiten anzufallen und vernichten, wie die Legionen des Varus im Teutoburger Walde. Aber nicht dies, sondern die vorgerückte Jahreszeit und der bereits fallende Schnee veranlasste Julian Halt zu machen, er stellte ein von Trajan erbautes, von den Germanen zerstörtes Castell wieder her und versah es mit einer Besatzung. Allein die Germanen baten um Frieden schon vorher und versprachen, diese Garnison in Ruhe zu lassen und ihr Lebensmittel zu liefern. Damit endete der zweite Feldzug Julian's.

Während dessen war der Präfekt Severus von Julian mit einem Truppencorps gegen die etwa 1000 Mann starken Franken an die Mosa (Maas) nach Belgien entsandt worden. Die Franken warfen sich bei der Annäherung des Severus in zwei verlassene Schlösser an der Mosa, wo sie sich hartnäckig vertheidigten. Julian selbst begab sich zu des Severus Truppencorps und betrieb die Belagerung mit grosser Thätigkeit trotz der Winterszeit. Die Belagerung währte im December und Januar 54 Tage lang, dann zwang der Hunger die Franken sich zu ergeben. Diese e r s t e n gefangenen Franken schickte Julian an den Constantius, der sie seiner Leibwache einverleibte.

Die übrige Zeit des Winters brachte Julian in *Lutetia Parisiorum* zu (h. Paris).

§. 413.

Dritter Feldzug Julian's (358).

Das von Julian geschützte Gallien bevölkerte sich allmälig wieder, allein durch die unaufhörlichen Verheerungen der Germanen war der Ackerbau vernachlässigt und an Getreide Mangel eingetreten. Dies bewog Julian zu dem Befehle, dass Getreide aus Britannien über die See und den Rhein herauf dem Lande zugeführt werde. Constantius hatte den Alemannen eine gewisse Geldsumme geboten, damit sie diesen Getreidentransporten kein Hinderniss in den Weg legten. Julian aber beschloss an Stelle dieses schimpflichen Vertrages mit Waffengewalt einzutreten und deswegen beide Ufer des Unterrhein von den Saliern, die das linke, und von den Chamaven, die das rechte Ufer inne hatten, zu reinigen. Zu diesem Zwecke brach er noch vor Ende des Winters (im Februar 358) aus Lutetia nach Aduatuca Tungrorum auf. Hier stiessen Gesandte der Salier auf ihn, er aber fiel, ohne sich in Unterhandlungen mit ihnen einzulassen, plötzlich über deren Stammesgenossen her, während Severus am Maasufer hinabzog. Die Salier, nicht im Stande sich zur Gegenwehr zu setzen, unterwarfen sich und wurden geschont. Die Chamaven aber wurden so häufig beunruhigt und so geschwächt, dass sie sich gleichfalls zur Unterwerfung verstanden und mit den Römern einen Vertrag schlossen. Von da an stellten Salier wie Chamaven Hülfstruppen zu den römischen Heeren.

Julian hatte an den Ufern der Mosa drei von den Germanen zerstörte Castelle wieder hergestellt. Hier brachen in seinem Heere Unruhen und ein Aufstand aus infolge des Mangels an Lebensmitteln und weil Constantius weder Sold auszahlte, noch die Thaten des Heeres anerkannte. Diese gerechten Beschwerden bewogen Julian, den Krieg auf das rechte Rheinufer zu übertragen, um dem Mangel an Lebensmitteln abzuhelfen. Mit Erlangung von Proviant stellte sich auch die Disciplin im Heere wieder her, und obgleich Severus durch feiges und treuloses Benehmen die Erfolge Julian's erschwerte, so bewog doch der Schrecken seines Namens und seiner Waffen den Suomarus, einen alemannischen König, der zwischen Main und Rhein herrschte, kniefällig bei Julian um Frieden zu bitten, welchen er gegen Auslieferung der Gefangenen und Stellung von Geiseln auch erhielt. Dann wandte Julianus sich gegen Hortarius, König eines anderen, die Ufer des Nicer (h. Neckar) bewohnenden, Stammes und zwang auch ihn zur Unterwerfung unter den gleichen Bedingungen. Auf diese Weise wurden an 20,000 gefangene Gallier ihren Familien zurückgegeben, was eine tiefe Dankbarkeit der Gallier gegen Julian erregte: das verheerte Gallien bevölkerte sich auf's Neue und erblühte wieder, seine Einkünfte vermehrten sich. Und wenn auch die Siege und Erfolge Julian's am Hofe des Constantius nicht hinlänglich gewürdigt wurden, ja sogar viele Neider gegen ihn erregten, so lohnte ihm doch andererseits reichlich die Liebe seines Heeres und die Ergebenheit Gallien's.

§. 414.

Vierter Feldzug Julian's (359).

Trotz der von Julian über die rheinischen Alemannen erhaltenen Erfolge war doch ein grosser Theil derselben noch nicht unterworfen und spottete in unzugänglichen Waldungen der römischen Waffen. Um die Sitten und Gebräuche dieser Völker und das von ihnen bewohnte Land näher kennen zu lernen, schickte Julian einen seiner Tribunen, der die Sprache der Alemannen gut verstand, zu dem Könige Hortarius, unter dem Vorwande, Verhandlungen mit ihm anzuknüpfen. Inzwischen aber hatte er sein Heer zusammengezogen und den Wiederaufbau der durch die Germanen zerstörten oder verwüsteten Städte am Rhein vollendet. Von dem zurückgekehrten Tribunen über alles Wissenswerthe unterrichtet, rückte er mit seiner Armee nach Mogontiacum (Mainz). Jenseits dieser Stadt, in dem Lande des den Römern verbündeten Königs Suomarus, hatte ein starkes Heer der Alemannen ein Lager bezogen. Julian, der die Absicht hatte, das Gebiet des Suomarus vor Verwüstung zu bewahren, zog am linken Rheinufer hinauf, das Heer der Alemannen auf dem rechten. Nach dreitägigem in dieser Weise ausgeführten Marsche bezog die römische Armee ein befestigtes Lager, und in der Nacht entsendete Julian 300 auserlesene Krieger unter ausgezeichneten Anführern auf das rechte Ufer. Der grösste Theil der Fürsten und Anführer des alemannischen Heeres war bei Hortarius zu einem Gastmahl geladen, auf dem Heimwege von dort nach dem Lager wurden sie von dem römischen Détachement angegriffen. Ihr Gefolge ward niedergemacht, die Fürsten und Anführer selbst entkamen durch die Schnelligkeit ihrer Pferde und Dank der Finsterniss der Nacht. Dies verursachte im Lager der Alemannen solchen Schrecken, dass sie, in dem Wahn, das ganze römische Heer rücke gegen sie an, sich zur schleunigsten Flucht wandten in das Innere ihres Landes.

In Folge dessen überschritt Julian ungehindert den Rhein, führte seine Armee in grösster Ordnung durch das Gebiet des Hortarius und verwüstete das feindliche Land. Zwei Könige desselben unterwarfen sich und erhielten den erbetenen Frieden, die übrigen, welche an der Schlacht bei Argentoratum theilgenommen hatten, wurden mit ihrem Gesuche abgewiesen, ihr Land verwüstet und eine Menge Gefangener daraus fortgeführt. Nach dieser Züchtigung aber trat Julian in Unterhandlungen mit ihnen ein und bewilligte ihnen den Frieden unter denselben Bedingungen wie ihren Nachbaren. Dann kehrte er über den Rhein zurück und führte seine Armee in Winter-Lager.

Seine 4 ersten Feldzüge in Gallien und Germanien waren die glänzendsten seiner ganzen kriegerischen Laufbahn.

§. 415.

Fünfter Feldzug Julian's (361).

Während Julian in den Jahren 358—359 in Gallien und Germanien Krieg führte, hatte Constantius im Osten den aufs Neue gegen ihn aufgestandenen Sapor zu kämpfen gehabt, den Krieg aber nicht selber, sondern durch seinen Feldherrn, — und sehr unglücklich — geführt. Sapor, vor Nisibis zurückgewiesen, wandte sich zu den Quellen des Euphrat, Ursicinus aber, der Feldherr des Constantius schlug den Weg nach Samosata und zu den Brücken über den oberen Euphrat bei Zeugma und Capersana ein; auf dem Marsche dahin ward er jedoch von der Avantgarde Sapor's geschlagen und rettete sich mit Mühe nach Edessa, der Historiker Ammianus Marcellinus dagegen entkam nach Amida, wo 6 Legionen und 20,000 Mann Hülfstruppen lagen. Sapor vermochte lange Amida nicht einzunehmen, endlich gelang ihm die Eroberung durch einen plötzlichen Sturmangriff, und da er bei der Belagerung und Einnahme dieser Stadt an 30,000 Mann eingebüsst hatte, so zog er sich wegen der vorgerückten Jahreszeit (gegen Ende 359) über den Tigris zurück.

Constantius, der dem *magister peditum* Agilo aufgegeben hatte. Sapor aufzuhalten, liess dem Julian den Befehl zugehen, seine 4 besten Legionen, aus Herulern, Batavern und Galliern bestehend, nach dem Orient zu schicken, und den von Julian zur Unterwerfung der Pikten und Scoten in Caledonien (Schottland) nach Britannien entsendeten Präfekten Lupicinus nach Gallien zurückzuberufen.

Es wurde schon früher (§. 406) erzählt, dass die für den Orient bestimmten Legionen Julian's sich dem widersetzten und Julian zum Kaiser ausriefen, und was dann in Folge dessen weiter geschah. Während die Unterhandlungen zwischen Constantius und Julian sich das ganze Jahr 360 resultatlos hinschleppten und der Erstere den Krieg gegen Sapor fortsetzte, überschritt Julian zum vierten Male den Rhein und züchtigte das Volk der Attuarier für die Verheerung der Grenzen Galliens. Dann, da er sah, dass seine einzige Rettung in dem Kriege gegen Constantius liege, begann er sich mit Eifer zu demselben zu rüsten, indem er seine Streitkräfte in Südgallien zusammenzog, wo er in Vienna am Rhodanus

(Rhône) seinen Aufenthalt hatte. Allein an einer raschen Eröffnung des Feldzuges ward er im J. 361 durch Einfälle der Alemannen gehindert, welche durch den mit Sapor im Kriege liegenden Constantius dazu aufgereizt worden waren. Um selbst nicht dadurch aufgehalten zu werden, sendete er den *comes* oder Grafen Libinio mit 2 der besten gallischen Legionen gegen die Alemannen. Dieser aber wurde bei dem heutigen Säckingen besiegt und getödtet, worauf Julian den alemannischen König Vadomar gefangen nehmen und nach Hispanien bringen liess, welcher, obgleich Julian's Verbündeter, dennoch gleichzeitig mit Constantius in geheimer Verbindung gestanden hatte. Dann ging Julian über den Rhein, überfiel rasch und unvermuthet die Alemannen, brachte ihnen eine entscheidende Niederlage bei und sicherte dadurch die Grenzen des Reiches nach dieser Seite (361).

§. 416.

Krieg mit den Persern (362—363).

Von dem Zuge gegen die Alemannen nach Südgallien zurückgekehrt, liess Julian sich von seinem Heere den Eid der Treue leisten, ernannte seinen Vertrauten, Sallustius, zum *praefectus praetorio* oder Civilgouverneur von Gallien und setzte sich mit 23,000 Mann in 3 Colonnen nach Sirmium in Illyrien in Marsch. Auf dem Wege dorthin bemächtigte er sich aller Vorräthe des Constantius und aller Bergpässe, sowie aller dieselben besetzt haltenden Truppenabtheilungen, welche durchaus keinen Angriff erwartet hatten. Alle Städte öffneten ihm die Thore, alle Bewohner des Landes erklärten ihm ihre Unterwerfung und Ergebenheit, sogar nicht unterworfene Barbarenstämme sendeten ihm Hülfstruppen, mit einem Worte, sein Feldzug glich einem Triumphzuge. Ohne Mühe setzte er sich in den Besitz der wichtigen Städte Bononia (Bologna) und Sirmium, sowie des Gebirgspasses, der nach Thracien führte. Rom, Italien, Macedonien, Griechenland, im höchsten Grade unzufrieden über die Erpressungen des Constantius, erklärten sich für Julian. Die Gold- und Silberminen Illyrien's lieferten ihm die nöthigen Mittel zur Auszahlung des Soldes an die Truppen. Der Aufruhr der Legionen, welche sich weigerten, aus Pannonien nach Gallien zu gehen, und sich nach Aquileja geworfen hatten, veranlasste ihn, den Präfekten Jovinus zur Belagerung dieser Stadt zu entsenden.

Die Nachricht von all' diesen Erfolgen Julian's bewog Constantius zur Einstellung des Krieges gegen Sapor, um sich gegen Julian zu wenden. Seine Feldherren hatten in Thracien ein Heer gesammelt und suchten dem Vordringen Julian's Halt zu gebieten. Sapor, alt und des Krieges müde, kehrte nach Persien zurück, Constantius ging mit seinen

18*

besten Truppen nach Antiochia, von wo er den Präfekten Guiomarus mit einem starken Truppencorps zur Verstärkung der Armee nach Thracien schickte. Inmitten seiner Rüstungen zu dem Kriege gegen Julian starb er aber am 3. November 361 in der Stadt Mopsucrena nahe bei Tarsus in Cilicien.

Nach seinem Tode war Julian nun der alleinige Kaiser des ganzen römischen Reiches, und entging dadurch dem Bürgerkriege, den er nicht wünschte, sondern fürchtete. Ungesäumt brach er über Philippopel nach Heraclea auf, wo alle von Constantius gegen ihn bestimmten Truppen sich ihm unterstellten, alle Städte ihm ihre Thore öffneten, am 17. December 361 zog er feierlich in Constantinopel ein. Seine erste Handlung daselbst war die prächtige Bestattung der Leiche des Constantius, dann aber schritt er zur Bestrafung aller derer, welche das Vertrauen des schwachen und unfähigen Constantius gemissbraucht und sich dadurch den Hass des Volkes zugezogen hatten. Nachdem er den kaiserlichen Hofstaat und dessen ungeheuren Unterhalt von fast 10,000 Menschen auf 17 herabgesetzt hatte, stellte Julian in seiner Armee wieder eine strenge Disciplin her, denn in des Constantius' Heer hatten sich allmälig der ganze Luxus und die ganze Verweichlichung des Orients eingeschlichen: die Offiziere sich auf Kosten der gemeinen Soldaten bereichert, die letzteren die erschöpften Provinzen noch mehr ausgesogen, und mit dem Gehorsam und der Subordination war auch der kriegerische Muth erloschen. Durch eine strenge Reinigung der Corps entfernte Julian alle unfähigen und unwürdigen Offiziere, deren Stellen er nur mit Solchen besetzte, welche in langer Dienstzeit ihre soldatische und kriegerische Tüchtigkeit bewährt hatten. Seine beständige Sorgfalt war darauf gerichtet, dass die Truppen niemals an Bekleidung, Waffen, Besoldung, Unterhalt, wie die Gesetze es vorschrieben, Mangel litten; alles Ueberflüssige dagegen wurde abgeschafft. Die Soldaten wurden von Neuem an Arbeiten und Beschwerden gewöhnt, und dadurch die militärische Disciplin neu belebt und aufrecht erhalten. Julian selbst gab das beste Beispiel in Einfachheit des Lebens und Reinheit der Sitten. Er erleichterte die Steuern und Abgaben der Provinzen, zu deren Statthaltern er nur Männer von erprobter Ehrenhaftigkeit einsetzte, über welche er aber ausserdem noch strenge Controlle hielt. Der Staatsangelegenheiten nahm er sich mit unermüdlichem Eifer an, und nach den Worten seines Historikers Ammianus Marcellinus besass er gleich Julius Cäsar die Gabe, zu gleicher Zeit schreiben, zuhören, dictiren und Befehle ertheilen zu können. Mit einem Worte, — in jeder Beziehung (ausgenommen seinen Abfall vom Christenthume) kann und muss er mit vollem Rechte den grossen Männern, Herrschern und Feldherren des Alterthums zugerechnet werden. In letzterer Hinsicht hatte der Ruhm seiner Kriegsthaten und Siege in Gallien und

Germanien sich nicht allein über das ganze römische Reich, sondern weit über dessen Grenzen hinaus verbreitet. Aus Mauretanien, dem cimmerischen Bosporus, Indien, sogar aus vielen bis dahin ganz unbekannten Ländern trafen in Constantinopel Gesandtschaften mit reichen Geschenken und Erklärungen der Achtung und Anerkennung ein. Persien allein nahm hieran nicht Theil und bewahrte einen Gleichmuth, der an Verachtung grenzte. An diesem Lande beschloss daher auch Julian, gleich nach Durchführung der wichtigsten Staatsmaassregeln, endlich für eine so wiederholte Beschimpfung der Ehre und der Würde des römischen Kaiserreichs Rache zu nehmen.

Durch die Verminderung der Ausgaben für seine Hofhaltung sowie durch seine klugen Finanzmaassregeln in den Besitz der zum Kriege gegen die Perser nöthigen Geldmittel gelangt, zog Julian im Juni 362 bei Constantinopel ein Heer zusammen und führte dasselbe nach Antiochia. Hier beabsichtigte er den Winter zuzubringen, die Kriegsrüstungen zu beendigen und dann Anfang des Frühlings des nächsten Jahres 363 den Feldzug zu eröffnen. Die Führung der Truppen unter seiner persönlichen obersten Leitung vertraute er dem Hormisdas (von Geburt ein persischer Prinz) und dem Victor an, welche sich Beide durch strenge Handhabung der Disciplin in ihren Truppen auszeichneten. In den westlichen aber und übrigen europäischen Provinzen hatte er seine Regierung mit so festen Stützen versehen, dass daselbst während seiner Abwesenheit auch nicht die geringste Unordnung vorkam. Selbst die am Rhein und Donau angrenzenden Völker wagten nicht, die Grenzen des Reiches zu überschreiten.

Sein Marsch von Constantinopel bis Antiochia wurde in den Monaten Juli und August des J. 362 über Chalcedon, Nicomedia, Ancyra und Caesarea ausgeführt und währte 2 Monate.

Während dessen hatte Sapor, der schon aus den Kriegsrüstungen Julian's ersehen hatte, dass er es mit einem ganz anderen Gegner, als wie Constantius gewesen war, zu thun haben werde, eine Gesandtschaft mit Friedensvorschlägen an ihn geschickt, welche zugleich aber die erforderlichen Nachrichten und Erkundigungen über die Kräfte und Absichten Julian's einziehen sollte. Dieser aber gab der Gesandtschaft die Erklärung ab, dass er sich inmitten der Ruinen der durch die Perser zerstörten Städte Mesopotamien's niemals auf Friedensunterhandlungen einlassen könne, und dass es ausserdem ganz nutzlos sei durch eine Gesandtschaft zu verhandeln, da er beabsichtige, den persischen Hof demnächst in Persien zu besuchen.

So musste es denn zwischen den beiden grössten und mächtigsten Reichen der damaligen Zeit, welche von gleich begabten Herrschern und Feldherren regiert wurden, zu einem aussergewöhnlich wichtigen

Kriege kommen, welcher, wie es schien, die Frage der Fortexistenz des einen von beiden Reichen entscheiden musste, — und zwar aller Wahrscheinlichkeit nach zu Gunsten des römischen.

Julian entschloss sich zur Eröffnung des Feldzuges möglichst frühzeitig im Frühling des J. 363, da ihm bekannt war, dass der persische Soldat nicht im Stande war die Kälte des Winters und des ersten Frühjahres zu ertragen, während der römische Krieger in allen Klimaten und unter allen Himmelsstrichen zu kämpfen gewöhnt war, bei den Operationen in Asien aber zu Anfang des Frühlings man der Gluthhitze der Sommermonate eher entging. Der armenische König Arsaces erhielt von Julian den Befehl, sein Heer bereit zu halten. Gothische Hülfstruppen wurden in Sold genommen, gleichsam als Bürgen für die Treue ihrer Landsleute. Die römischen Truppen endlich wurden angewiesen, aus ihren Cantonnirungen diesseits des Euphrat aufzubrechen und auf dem anderen Ufer die Ankunft Julian's zu erwarten.

Am 5. März des J. 363 brach Julian von Antiochia auf und langte über Beröa und Batnä in Hieropolis an, das er zum Haupt-Sammel-Platz für die Armee bestimmt hatte. In dieser nahe am Euphrat gelegenen Stadt legte Julian Verpflegungsmagazine für das Heer an und liess die benachbarten Araber auffordern, sich an ihn anzuschliessen, wenn sie als Freunde und nicht als Feinde der Römer angesehen werden wollten. Als die ganze Armee beisammen war, überschritt sie ungesäumt den Euphrat auf einer Schiffbrücke, und rückte zu der alten Stadt Carrhä, bei welcher einst Crassus von den Parthern geschlagen worden war. Bis jetzt hatte Julian seinen Operationsplan Niemandem entdeckt: da aber 2 Strassen aus Carrhä nach dem Osten führten, so handelte es sich jetzt um die Wahl, welche von beiden zum Angriff gegen Persien eingeschlagen werden sollte, die zum Euphrat, oder die zum Tigris. Julian wählte den ersteren Weg durch Assyrien. Um aber Mesopotamien gegen Einfälle der Perser zu schützen, entsendete er die Präfekten Procopius und Sebastianus mit 30,000 Mann mit dem Befehle sich an den armenischen König Arsaces anzuschliessen, und wenn Julian in das Innere von Persien vordringe, sich durch Corduene und Medien jenseits des Tigris wieder mit ihm zu vereinigen. Er selbst ging mit dem noch 65,000 Mann starken Hauptheere nach Callinicum oder Nicephorum, wo er am 27. März eintraf. Eine Flotte von 50 Kriegsschiffen und etwa 1000 Lastschiffen segelte unter dem Befehl der Präfekten Constantianus und Lucillianus den Euphrat hinab und führte alle für das Heer erforderlichen Vorräthe an Waffen, Kriegsmaschinen, Brücken, Lebensmitteln u. s. w. mit sich. In Callinicum stiessen die arabischen Hülfstruppen zu dem Heere, und nun marschirte Julian zu der letzten römischen Grenzstadt Circesium. Hier ging das römische Heer auf einer

Schiffbrücke über den Chaboras, Nebenfluss des Euphrat, die Brücke wurde, auf Befehl des Kaisers, nach erfolgtem Uebergange wieder abgeworfen. Jenseits des Chaboras, bereits auf persischem Gebiete, begeisterte Julian die versammelten Legionen durch das ihnen vorgehaltene Beispiel des unerschütterlichen Muthes und der ruhmreichen Erfolge ihrer Vorfahren, er stellte den Uebermuth der Perser lebhaft dar und forderte seine Krieger auf, entweder dieses treulose Volk auszurotten, oder des Kaisers Beispiele folgend im Kampfe gegen die Perser glorreich unterzugehen. Den tiefen Eindruck, welchen seine Beredsamkeit auf die Truppen gemacht hatte, verstärkte er noch durch ein Geschenk von 130 Silberstücken an jeden Mann.

Am folgenden Morgen (schon im April) wurde der Vormarsch nach Persien mit allen kriegerischen Sicherheitsmaassregeln in folgender Ordnung angetreten: die äusserste Vorhut bildeten 1500 Mann leichter Truppen, ihnen folgte die Hauptmacht in 3 Colonnen. Die mittlere bestand aus dem besten Fussvolk, Julian selbst befand sich bei ihr. Der Präfekt Nevitta führte die rechte Colonne an dem linken Ufer des Euphrat hinab. Der Präfekt Arinthäus und Hormisdas bildeten mit der Reiterei die linke Colonne, sie marschirte grösstentheils in ebenem offenem Lande. An der Queue der Armee folgten die Präfekten Dagalaiphus und Secundinus mit der Arrièregarde, das Gepäck des Heeres marschirte zwischen den 3 Colonnen. Um stärker zu erscheinen, waren die Reihen der Truppen so weit auseinandergestellt, dass die ganze Ausdehnung der Armee von der Tête bis zur Queue einen Raum von 3 Stunden einnahm. Die Flotte hatte Befehl, sich stets in gleicher Höhe mit der Armee zu halten. Als Beweis für die ungemeine Sorgfalt Julian's bezüglich der rechtzeitigen und regelmässigen Versorgung des Heeres mit Lebensmitteln kann angeführt werden, dass u. A. der Präfekt Sallustius einen Verpflegungsbeamten am Wege aufknüpfen liess, weil der ihm anvertraute Transport um einen Tag zu spät kam!

Nach viertägigem Marsche in dieser Ordnung durch einen Theil der syrischen Wüste gelangte die Armee zu der volkreichen Stadt Anatho, welche hauptsächlich durch die Ueberredungskunst des Hormisdas eingenommen wurde. Julian behandelte die Einwohner mit Güte, versetzte sie aber in die syrische Stadt Chalcis, die Stadt Anatho liess er schleifen.

Am nächsten Tage ward das römische Heer von einem heftigen Unwetter überfallen, ein starker Sturm riss die Zelte im Lager nieder, der Euphrat trat über seine Ufer und zwang das Heer auf den nahegelegenen Anhöhen seine Zuflucht zu suchen. Aber trotz der dadurch herbeigeführten grossen Strapazen entstand im Heere keine Klage, kein Murren, weil Julian es sich zur Pflicht machte, selber als der Erste mit dem Bei spiel der Festigkeit und Geduld in Ertragung der Beschwerden, Entbehrungen und Gefahren voranzugehen.

Auf den ersten und hartnäckigen Widerstand stiess er Seitens der befestigten Stadt Tilhuta. Da er aber seinen Marsch nicht durch eine langwierige Belagerung wollte aufhalten lassen, so zog er weiter in den Raum zwischen Tigris und Euphrat, wo beide Flüsse sich am meisten nähern und durch viele Canäle mit einander verbunden sind. Der nächste dieser Canäle wurde durch ein starkes persisches Truppencorps vertheidigt. Julian trug seiner Avantgarde auf, den Canal oberhalb der Perser zu überschreiten und diese im Rücken anzugreifen, was auch mit solchem Erfolge ausgeführt wurde, dass ein Theil des persischen Corps aufgerieben wurde, der andere sich zur Flucht wandte. Darauf konnte Julian ungehindert die übrigen Canäle auf Schiffbrücken überschreiten, und das ganze Land bis zur volkreichen Stadt Perisabora, der wichtigsten nächst Ctesiphon auf dieser Seite, stand ihm mit einem Schlage auf. Vergebens forderte er diese Stadt zur Uebergabe auf, endlich eroberte er sie nach dreitägigem Sturme hauptsächlich durch seine persönliche Tapferkeit und das von ihm gegebene Beispiel.

Am nächsten Tage früh Morgens erhielt Julian die Meldung, der Surenas (persischer Feldherr) habe 3 Cohorten leichter Truppen der Vorhut angegriffen, einen Theil derselben sowie einen Tribunen niedergemacht und eine Fahne genommen. Sofort eilte Julian, nur von dreien seiner Leibwache begleitet, dorthin und traf seine Avantgarde in vollem Schreck zurückfliehend. Nachdem er sie gesammelt und geordnet hatte, griff er unverzüglich die Perser an, entriss ihnen die weggenommene Fahne und trieb sie zur Flucht. Dann hielt er strenges Gericht über die Flüchtlinge, 2 Tribunen degradirte er, die ganze Avantgarde liess er decimiren und die vom Loose betroffenen sofort enthaupten. Dieser Vorfall gab ihm Anlass in kräftiger Rede vor der Armee sie für den bis dahin bewiesenen Muth zu loben, die Feiglinge aber öffentlich zu nennen und zu brandmarken. Hierbei machte er jedem Soldaten, der an der Einnahme von Perisabora sich betheiligt hatte, ein Geschenk von 100 Silberstücken.

Dann setzte die Armee den Vormarsch gegen die Hauptstadt von Persien, Ctesiphon, fort, die von den Einwohnern in's Werk gesetzten künstlichen Ueberschwemmungen des zu durchziehenden Landes vermochten nicht sie aufzuhalten. Bei der grossen und volkreichen Stadt Maogamalcha angekommen, liess Julian die Armee halten, recognoscirte die Lage und die Befestigungen der Stadt, und beschloss sie mit Sturm zu nehmen. Drei Tage nach einander griff er sie mit offener Gewalt an, allein die aus den besten, auserlesensten persischen Truppen bestehende Besatzung war fest entschlossen, eher unterzugehen, als sich zu ergeben, und vertheidigte sich mit ungewöhnlicher Ausdauer. Endlich aber wurde die Stadt doch, vorzugsweise mit Hülfe sehr geschickter Minenarbeiten eingenommen und dann geschleift, die Einwohner aber niedergehauen. Diese glückliche Einnahme von Maogamalcha, trotz ihrer hohen und dicken Mauern und Thürme, hielt Julian's Armee für eine so aussergewöhnliche That, dass von da an sie für sich Nichts mehr für unmöglich hielt.

Je mehr sie sich Ctesiphon näherte, desto wohlhabender und fruchtbarer wurde das Land. Unweit von Seleucia gab Julian der Armee zwei Ruhetage. Hier in der Nähe von Ctesiphon hielt die persische leichte Reiterei die römische Vorhut stets in Athem, ja selbst die Hauptmacht des römischen Heeres griff sie in Flanken und Rücken an, wobei es ihr gelang viele Gefangene zu machen.

Dreissig Stadien von Seleucia lag das feste Schloss Sabatha. Julian beschloss, sich in dessen Besitz zu setzen, nahm es nach heissem Kampfe mit den Persern und zerstörte es von Grund aus.

Um aber nach Ctesiphon zu gelangen, musste erst noch der Tigris überschritten werden. Nun entstand die Frage, was mit der römischen Flotte zu thun sei. Sie auf dem Euphrat lassen, hiess sie der Gefahr aussetzen, von den Persern weggenommen zu werden, und die Armee der Lebensmittel und Kriegsmaschinen berauben, welche sich auf der Flotte befanden. Sie den Euphrat hinabfahren lassen und dann den Tigris wieder hinauf, das hätte Flotte und Heer in noch grössere Gefahr gebracht. Julian aber wusste aus seiner Kenntniss der Geschichte der Kriege der Vergangenheit, dass Trajan einen schiffbaren Canal oberhalb Ctesiphon aus dem Euphrat hatte zum Tigris graben lassen. Dieser Canal wurde halb verschüttet und zerstört aufgefunden, er liess ihn reinigen, und, obgleich mit vieler Mühe und Anstrengung, es gelang ihm schliesslich durch denselben seine ganze Flotte vom Euphrat zum Tigris überzuführen.

Nun aber entstand eine neue und grössere Schwierigkeit: die Armee musste den Tigris überschreiten, welcher an dieser Stelle breit und reissend, und dessen steiles felsiges linkes Ufer mit Schanzen bedeckt und von zahlreichen persischen Truppen vertheidigt war. Bei diesem Anblick schwand der römischen Armee der Muth, und dies um so mehr, da sie neben sich eine Menge von Canälen sah, von der rechten Seite her, wie ein Gerücht ging, in Geschwindmärschen noch ein zweites Perserheer im Anzuge sein sollte, in ihrem Rücken aber das verheerte und ausgesogene Land durchaus keine Lebensmittel mehr zu liefern vermochte.

Um den Muth in seinen Soldaten neu zu beleben, beschäftigte Julian sie mit kriegerischen Spielen und Festen, er selbst aber traf insgeheim alle erforderlichen Anstalten, um den Tigris bei Nacht zu überschreiten. Unter dem Vorgeben einer Besichtigung der Proviantvorräthe liess er einige Transportschiffe seiner Flotte abladen und ausrüsten. Mit Anbruch der Nacht berief er die höheren Truppencommandeure in seine Zelte und eröffnete ihnen, dass er den Uebergang in dieser selben Nacht zu bewerkstelligen entschlossen sei. Alle Gegenvorstellungen widerlegend, übertrug er an Victor den Befehl über die Vorhut. Das Zeichen zum Aufbruch wurde den Truppen ungesäumt gegeben und die Einschiffung abtheilungsweise begann. Victor setzte mit den tapfersten Kriegern auf 5 Schiffen zuerst über den Tigris, war bald in der Dunkelheit der Nacht verschwunden, wurde aber am anderen Ufer mit Brandpfeilen und Fackeln empfangen. Julian, den ungünstigen Eindruck bemerkend, den dies auf die Armee hervorbrachte, rief ihnen sogleich laut zu, dass die Avantgarde bereits das linke Ufer erreicht habe und von dort das verabredete Signal gebe. Nun wurde ungesäumt die ganze Armee auf die Schiffe gesetzt und erreichte gegen Mitternacht das andere Ufer. Nach Ueberwindung grosser Schwierigkeiten bei Ersteigung des steilen, vom Feinde vertheidigten Ufers wurde das Heer auf der Höhe in Schlachtordnung in 3 Linien formirt, griff mit Tagesanbruch die Schlachtlinie der Perser an, und hatte bis Mittag hin ihre erste Linie zum Weichen gebracht. Bald wandte sich die ganze persische Armee zur Flucht nach Ctesiphon, Julian hatte Mühe, seine Truppen von zu rascher Verfolgung zurück zu halten; die Römer hatten an diesem Tage die altrömische Tapferkeit, Ausdauer und Energie bewährt. Reiche Beute im Lager des Gegners ward ihnen zum Lohn. Die Perser hatten etwa 2500 Todte auf dem Schlachtfelde gelassen, das Heer Julian's nur etwa 70. Julian belohnte die Tapfersten durch besondere Auszeichnungen und brachte dem Mars feierliche Dankopfer.

Nach fünftägiger Rast der Armee im Lager bei Abazathra stellte Julian sie in Schlachtordnung auf, die Perser zum Kampf im offenen Felde herausfordernd, und schon verwüstete Arinthäus mit einem Corps leichter Cavallerie die Umgebungen von Ctesiphon, als Sapor eine Gesandtschaft mit Friedensvorschlägen schickte. Julian aber, der gleich Alexander d. Gr. den Krieg gegen die Perser bis auf's Aeusserste führen wollte, lehnte alle Friedensunterhandlungen ab.

Inzwischen kam der Zeitpunkt heran, in welchem Procopius und Sebastianus mit den Hülfstruppen des Arsaces zu Julian's Heere stossen mussten, aber sie erschienen nicht. Julian schickte Bote auf Bote an sie ab. — umsonst: Arsaces machte sich des Verrathes schuldig, indem er zuliess, wahrscheinlich sogar veranlasste, dass die von ihm befehligten Hülfstruppen das Lager des Procopius und Sebastianus verliessen, und diese Letzteren waren unter sich so uneinig, dass sie keinen gemeinschaftlichen Operationsplan zu entwerfen und auszuführen vermochten.

Endlich entschloss sich Julian, ihnen entgegen zu gehen, mit Heer und Flotte den Tigris hinauf. In diesem Momente erschien in seinem Lager ein vornehmer Perser, welcher dem Julian arglistiger Weise erzählte, dass er vor den Ungerechtigkeiten und Grausamkeiten Sapor's entflohen sei, welcher vom Volke gehasst werde, dass die persische Regierung nur auf schwachen Füssen stehe; zugleich bot er sich als Geisel und Führer den Römern an. Vergebens warnte Hormisdas den Kaiser vor Verrath: Julian liess, dem Verräther Gehör schenkend, seine Flotte bis auf 22 kleine, für den etwaigen Bau von Schiffbrücken bestimmte Schiffe verbrennen, ebenso alle seine Vorräthe mit Ausnahme von der für 22 Tage ausreichenden Lebensmitteln für das Heer. Laut murrend über die Verbrennung der Schiffe sammelten sich die Soldaten vor dem Zelte Julian's und forderten die Hinrichtung des persischen Ueberläufers, und nun bekannte dieser, den Tod vor Augen sehend, dass er diesen Rath gegeben habe, um sein Vaterland zu retten. Julian widerrief sogleich den gegebenen Befehl, aber es war zu spät, nur noch 12 Schiffe konnten gerettet werden. Es liessen sich jedoch immerhin Gründe anführen, welche einigermaassen die Verbrennung der Flotte rechtfertigten. Gegen die starke und reissende Strömung des Tigris stromauf zu segeln, war unmöglich; sie am Ufer des Flusses durch Mannschaften bewachen lassen, hätte die halbe Armee erfordert, und die andere Hälfte derselben hätte den Persern keinen genügenden Widerstand leisten können. Sobald im Kriegsrathe beschlossen war, Ctesiphon nicht zu belagern, sondern am Tigris hinauf nach Armenien zu rücken, wurde die Aufopferung der Flotte doch unerlässlich.

So brach denn die Armee, durch die Soldaten der Flotte bedeutend verstärkt, vom Tigris auf, nicht an demselben hinauf, sondern in das Innere von Persien, von persischen Führern geführt, da in der römischen Armee Niemand den Weg wusste. Anfangs durchzog sie fruchtbare und bevölkerte Gegenden, bald aber kam sie in solche, wo die Bewohner der Städte und Dörfer diese verlassen und alle Lebensmittel mit sich genommen hatten. Nahe der Stadt Noorda sah Julian sich genöthigt, einige Zeit zu rasten. Hier begannen die Perser seine Armee unaufhörlich zu beunruhigen, zuerst nur mit kleinen, dann mit ganz grossen Abtheilungen. Und obgleich alle Treffen mit ihnen zu Gunsten der römischen Truppen abliefen, so konnten diese ihre Erfolge doch nicht ausnutzen, da sie, genöthigt immer wieder vorwärts zu marschiren, um Armenien zu erreichen und nicht an Lebensmitteln Noth zu leiden, die Perser nie weit verfolgen konnten. In einem zusammenberufenen Kriegsrathe wurde der Entschluss gefasst, statt des Marsches durch die entvölkerte und ver wüstete Einöde sich nach der Provinz Corduene zu wenden. Am 16. Juni brach das Heer aus dem Lager bei Noorda auf; kaum war es einige Wegstunden von dort entfernt, als man in der Ferne mächtige Staubwolken aufsteigen sah. Julian machte Halt und bezog ein verschanztes Lager. Ueber der quälenden Ungewissheit, ob dies Freunde oder Feinde seien, brach die Nacht herein, am folgenden Morgen ergab es sich, dass das ganze zahlreiche Perserheer den Römern gegenüber stand. Es entspann sich ein Reitergefecht, in welchem die Perser trotz ihrer Ueberlegenheit geschlagen wurden. Nun ging das römische Heer über den Fluss Durus auf einer Flussbrücke, die persische Armee rechts von sich lassend, und erreichte die Stadt Barophtas, welche von den Persern zerstört war. Sie setzte ihren Marsch über Hucumbra fort, unter beständigen Kämpfen mit den Persern. Bei Hucumbra wurde 2 Tage geruht, dann ging der Marsch zwischen den Städten Danaba und Synca fort. Bei diesem Zuge führten die Perser einen plötzlichen Ueberfall auf die römische Nachhut aus. Julian stellte durch seine persönliche Tapferkeit die Ordnung bei derselben wieder her und bestrafte den durch seine Nachlässigkeit daran schuldhabenden Theil der Reiterei dadurch, dass er demselben die Standarten nahm und sie unter Bedeckung zu den Fahrzeugen schickte, 4 Tribunen aber setzte er ab.

Am folgenden Tage stiess die römische Armee bei Acceta auf die Perser, gerade als diese mit Verbrennung der Saatfelder beschäftigt waren. Sie wurden geschlagen und vertrieben, dann bezogen die Römer ein Lager bei der Stadt Maranga. Hier kam es zur Schlacht, in welcher die Perser unter Anführung des erfahrenen Feldherrn Merames und zweier Söhne Sapor's mit Verlust besiegt wurden, was die römischen Krieger mit Stolz und neuem Muthe erfüllte. Aber die Schwere ihrer Waffen und die grosse Sommerhitze (es war im Juni) machte es ihnen unmöglich, die Perser weit lange und mit Nachdruck zu verfolgen; ausserdem war die persische Reiterei besonders gefährlich auf der Flucht, weil sie ihre Pfeile mit Sicherheit und Kraft auch in raschester Gangart nach allen Seiten zu entsenden verstand. Inzwischen machte sich der Mangel an Lebensmitteln mit jedem Tage fühlbarer. Obgleich Julian, der selbst äusserst mässig im Essen und Trinken war, alle seine Vorräthe und sogar die der höheren Offiziere an die Truppen vertheilen liess, so machte doch eben dies den allgemeinen Mangel nur noch um so fühlbarer, und trübe Vorahnungen raubten dem Julian die Ruhe und den Schlaf.

Die Perser, welche in mehreren Gefechten Niederlagen erlitten hatten, wagten nicht mehr sich mit dem römischen Fussvolk in einen Kampf einzulassen. Wo es aber irgend das Terrain erlaubte, legten sie Hinterhalte und überfielen die römischen Truppen während des Marsches, besonders wenn die letzteren beim Passiren an Défiléen genöthigt waren, die feste Geschlossenheit ihrer Marschordnung aufzugeben. Sapor selbst wünschte, da er fürchtete, dass Julian in einer der Provinzen überwintern werde, in Friedensunterhandlungen mit Julian zu treten. Seine Feldherren aber beschlossen noch einen letzten Versuch zu machen, und griffen unter dem Schutze eines dichten Nebels die römische Arrièregarde mit überlegener Macht an. In Folge dessen kam es zu einem heissen Kampfe, welcher zu Gunsten der Römer entschieden wurde, unter grossem Verluste auf beiden Seiten. Aber der Triumph der Römer wurde dadurch sehr beeinträchtigt, dass Julian, welcher kurz vorher der Hitze wegen seinen Panzer abgelegt und mit seiner gewöhnlichen Tapferkeit sich in den Kampf geworfen hatte, durch einen Wurfspiess tödtlich in die Brust getroffen wurde. Noch während des Gefechtes verschlimmerte sich Julian's Zustand so, dass die Aerzte jede Hoffnung verloren. Seine ersten Worte, nachdem er die Besinnung wieder erlangt hatte, waren, dass man ihm Waffen und Pferd geben solle, bald aber fühlte er das Herrannahen des Todes, trotzdem aber unterhielt er sich bis zur Nacht mit seinen Feldherren und den ihn umgebenden Philosophen mit ausserordentlicher Festigkeit, Ruhe und Würde über den ruhmreichen Tod im Kampfe mit dem Feinde, und nachdem er sein Testament gemacht und von Allen Abschied genommen, starb er um Mitternacht zum 25. Juni 363.

Dies war das Ende des Lebens und der Thaten dieses ungewöhnlichen Mannes, Herrschers und Feldherrn, welcher, obgleich vom Christenthum abgefallen und eifriger heidnischer Philosoph, unzweifelhaft höher stand, als alle römischen Kaiser bis zu Constantin d. Gr. und namentlich als alle christlichen Kaiser seit Jenem. Er vereinigte in der That und unbestreitbar alle hohen Gaben eines durch Kenntnisse bereicherten Geistes mit Willenskraft, Klugheit und Geschick, Muth und Tapferkeit, Wohlwollen und reinen Sitten, welche in höherem oder geringerem Maasse alle grossen Feldherren geziert haben. Gleich jenen Feldherren hatte auch ihn das Glück, nachdem er anfänglich eine schwere und bittere Schule des Unglücks durchgemacht, dann in seinen Kriegsthaten stets begünstigt, bis es in dem letzten persischen Feldzuge im J. 363 nach dem Ueberschreiten des Tigris ihn verliess. Bis zu diesem Zeitpunkte muss man ebenso sehr die Weisheit bei allen seinen Zurüstungen und Anstalten zum Kriege oder Feldzuge, wie alle seine Kriegsthaten während desselben bewundern. Nach seinem Uebergange aber über den Tigris verliess ihn das Glück in solchem Maasse, dass nach heidnischen Begriffen das unerbittliche Schicksal, nach der einstimmigen Ansicht der christlichen Geschichtsschreiber die Vorsehung selber seiner Thätigkeit und seinem Leben ein Ziel setzte, zur Strafe für seine Abtrünnigkeit.

§. 417.

Kriege und Feldzüge Valentinian's I.

Erster Krieg (366).

Nach dem Tode von Julian's Nachfolger, Jovianus, am 26. Februar 364 bei Nicaea wählte sein Heer am 28. März desselben Jahres einstimmig den Anführer der zweiten *schola* oder Compagnie der kaiserlichen Schildträger-Leibwache, Valentinianus, zum Kaiser, den Sohn des *comes* oder Grafen Gratianus, der aus Cibalis in Pannonien stammte. Stark und von kräftigem Körperbau, gesundem Verstande, untadelhafter Aufführung, tapfer, kriegserfahren und bei den Truppen beliebt, besass Valentinian, wenn nicht alle, so doch jedenfalls viele der Eigenschaften, welcher zu dieser Zeit für einen römischen Kaiser erforderlich waren. Auf Verlangen des Heeres wählte er 30 Tage später (Ende April 364) zum Mitregenten mit dem Titel Augustus seinen Bruder Valens, welchen er nun die Regierung des östlichen Reiches übertrug, während er sich das westliche mit der Residenz Mediolanum vorbehielt.

Fast die ganze Regierungszeit Valentinian's I. (364—375) verlief unter unaufhörlichen Kriegen mit germanischen, slawischen und anderen Völkern, welche gleich nach Julian's Tode erneute furchtbare Einfälle in die Grenzen des römischen Reiches an Rhein und Donau begonnen hatten. Die Alemannen verwüsteten ungestraft Gallien und Rhätien, die Quaden und Sarmaten Pannonien, die Gothen Thracien, Picten und Scoten Britannien, mauretanische Stämme Afrika. Die Kriege Valentinian's mit diesen Völkern an Rhein und Donau gehören zu den besonders bemerkenswerthen jener Zeit und verdienen hier dargestellt zu werden.

Bis zum J. 366 war Valentinian in Italien mit Angelegenheiten der Staatsregierung beschäftigt. In diesem Jahre schickten die Alemannen eine Gesandtschaft behufs Friedensunterhandlungen nach Mediolanum. Der Staatsminister (*magister officiorum*) Valentinian's, Ursacius, behandelte sie mit Geringschätzung und verminderte ausserdem in erheblichem Maasse die Geldgeschenke, welche seit langer Zeit die Alemannen von der römischen Regierung bei der Thronbesteigung jedes Kaisers zu empfangen gewöhnt waren. Um für diese Beschimpfung Rache zu nehmen, erhob sich die ganze waffenfähige Mannschaft der Alemannen, überschritt den Rhein in grosser Stärke und fiel in Gallien ein, das verheert und ausgesogen wurde. Der *comes* oder Graf der beiden römischen Germanien (des oberen und unteren) in Gallien, auf dem linken Rheinufer, Charietto, zog seine auserlesensten Truppen zusammen, vereinigte sich mit dem Grafen Severianus, der mit 2 Cohorten zu Catalauni (h. Châlons sur Marne) stand, und rückte den Alemannen entgegen;

er wurde aber mit grossem Verluste geschlagen, er selbst, wie Severianus, fiel in der Schlacht. Hierbei fielen die Fahnen der Bataver und Heruler den Feinden in die Hände.

Bald danach erschien Valentinian bei dem Heere der gefallenen Charietto und Severianus und zog die batavischen Cohorten zu strenger Verantwortung, obgleich sie den Alemannen ihre verlorenen Feldzeichen wieder abgenommen hatten. Vor der ganzen Armee degradirte er die Offiziere dieser Cohorten, nahm den Soldaten die Waffen ab und verurtheilte sie, als Sklaven verkauft zu werden, — eine Strafe, welche die Römer mehr als den Tod fürchteten, — und nur auf inständiges Bitten der ganzen Armee wurden sie begnadigt. Dann ernannte er zum Oberbefehlshaber den erfahrenen *magister equitum*, Jovinus, mit dem Befehle, die Alemannen, welche sich zu dieser Zeit in 3 Theile getheilt hatten, aufzusuchen und zu schlagen.

Jovinus, ebenso thätig, als besonnen und vorsichtig, rückte mit allen Kriegs-Sicherheitsmaassregeln nach Scarponna (oberhalb des h. Pont à Mousson), dort überfiel er das eine der drei alemannischen Corps so plötzlich, dass er es aufgerieben hatte, ehe es zu den Waffen zu greifen vermochte. Das andere Corps, das soeben erst die Ufer der Mosel ausgeplündert hatte, wurde gleichfalls unvermuthet angegriffen und fast gänzlich niedergemacht. Die dritte und stärkste Abtheilung stand in einem Lager bei Catalauni (Châlons), Jovinus fand sie zum Kampfe bereit. Am folgenden Tage kam es zur Schlacht, in welcher Jovinus, obgleich an Kräften schwächer, den Sieg erfocht; er hatte 1200 Todte und 200 Verwundete, während die Alemannen an 6000 Todte und 4000 Verwundete auf dem Schlachtfelde liessen. Am nächsten Tage zogen sie sich so eilig zurück, dass die Römer sie nicht einzuholen vermochten. Nachdem er solchergestalt die Grenzen Galliens gesichert hatte, kehrte Jovinus nach *Lutetia Parisiorum* (Paris) zurück, von wo Valentinian ihm entgegen zog und ihn zum Consul für das folgende Jahr ernannte.

§. 118.

Zweiter Krieg Valentinian's I. (367).

In dem folgenden J. 367 hatten die Alemannen sich bereits von der erlittenen Niederlage wieder erholt, und einer ihrer Fürsten, Rando, überfiel Mogontiacum (Mainz) die Hauptstadt des oberen römischen Germaniens, zur Zeit der Feier eines christlichen Festes, plünderte die Stadt und schleppte eine Menge Gefangener, sowie eine unermessliche Beute mit sich. Die Römer nahmen dafür in höchst unwürdiger und schimpflicher Weise Rache, indem sie den germanischen Fürsten Withicab, Sohn Vandomar's, der in römischen Diensten stand, hinterlistig ermordeten.

Während dessen hatte Valentinian die Nachricht erhalten, dass die Picten, Scoten, und andere Völker Nordbritanniens in das römische Britannien eingedrungen seien, diese Provinz beraubten und verheerten, ja sogar die beiden dortigen Truppenbefehlshaber geschlagen und getödtet hätten. Sogleich befahl Valentinian seinem tapfern und erfahrenen Feldherrn Theodosius, in Britannien Ruhe und Ordnung herzustellen, mit den ihm unterstellten Cohorten der Heruler, Bataver, Jovianer und Victores. Theodosius wandte sich, nachdem er glücklich mit ihnen bei Rutupiae an der britannischen Küste gelandet, ungesäumt gegen Londinum. Auf dem Marsche dorthin stiess er auf viele feindliche Haufen, welche mit Beute und Gefangenen das Land durchzogen, besiegte sie, nahm ihnen Beute und Gefangene ab und zog als Sieger in Londinum ein. Hier erfuhr er, dass Picten, Scoten und andere Stämme in einzelnen Haufen das römische Britannien ausplünderten. Da er richtig erkannte, dass er mit geschlossener Macht Nichts gegen sie ausrichten könne, so beschloss er auch seine Streitkräfte zu theilen und den kleinen Krieg durch einzelne Corps zu führen. Während er deswegen die flüchtigen Soldaten der britannischen Legionen, welche einzeln oder haufenweise das Land durchstreiften, unter dem Versprechen der Straflosigkeit zu sich berief, erbat er sich zugleich von Valentinian den erfahrenen Präfekten Ducotius und als bürgerlichen Statthalter den Civilis zur Hülfe. Dann eröffnete er den Feldzug, indem er vor allen Dingen die Feinde aus der Ebene vertrieb, ihnen Hinterhalte legte und viele ihrer vereinzelten Haufen niedermachte. In dieser Weise mit unermüdlicher Thätigkeit immer weiter vorschreitend, hatte er bald die Feinde in ihre Wälder und Berge zurückgedrängt. Dann baute er die zerstörten Städte wieder auf, besserte die Befestigungen aus, besetzte die Grenzen mit Truppen und entriss dem Gegner einen grossen Streifen Grenzlandes, woraus er eine fünfte britannische Provinz bildete, welche zu Ehren Valentinian's den Namen Valentia erhielt.

§. 419.

Dritter Krieg Valentinian's I. (368—369).

Nach Wiederherstellung der Ruhe und Sicherheit in Britannien wendete Theodosius sich im J. 363 gegen die Sachsen, welche an den Küsten des heutigen Schleswig und Holstein lebten und bei ihren Raubzügen zur See häufig auch die Küsten von Britannien und Gallien heimsuchten. Theodosius verfolgte sie bis zu den orcadischen Inseln und machte eine grosse Anzahl derselben nieder. Dann griff er sogar ihr eigenes Land und das der Franken an, verheerte es und kehrte nun nach

Mailand zurück, wo ihn Valentinian durch Ernennung zum *magister equitum* ehrte.

Während dessen hatte in demselben Jahre Valentinian in der Absicht, für die Ausplünderung von Mogontiacum an den Alemannen Rache zu nehmen, ein zahlreiches Heer aus Italien und Illyrien zusammengezogen, das er unter Führung des *comes* Sebastianus durch Rhätien gegen die Alemannen sendete. Er selbst überschritt, von seinem Sohne Gratianus begleitet, mit einem anderen Heere ohne auf Widerstand zu stossen den Rhein in 3 Colonnen, deren mittelste er selbst commandirte, während die rechte von Jovinus, die linke von Severus geführt wurde, und brach in das Land der Alemannen ein. Nach mehrtägigem Marsche stiess endlich bei Solicinum (h. Sulz am Neckar) das Heer auf die gesammte in Waffen stehende Mannschaft der Alemannen, die auf einem nur von Norden zugänglichen steilen Berge Stellung genommen hatte, um Valentinian's weiteren Marsch aufzuhalten. Valentin erfocht hier einen glänzenden Sieg über die Alemannen, obgleich nur mit äusserster Aufbietung aller Kräfte, und dann kehrte er mit der Armee nach Trevirum (Trier) zurück, wo er mit seinem Sohne zusammen einen glänzenden Triumph feierte. Mit den Alemannen aber schloss er einen Friedensvertrag, kraft dessen beide Theile sich verpflichteten, gegenseitig nicht das Gebiet des Anderen zu betreten. Valentinian hatte zwar von den Alemannen sich viele Geiseln stellen lassen, zu grösserer Sicherung der Reichsgrenzen an oberer Donau und oberem Rhein ordnete er aber doch die Erbauung einer Reihe von festen Thürmen und Castellen längs derselben und sogar bis zum Ocean hin an. Die Römer brachen den Vertrag zuerst, indem sie an den Ufern des Neckar eine Festung erbauten und auch den Berg Piri (in der Nähe d. h. Heidelberg) befestigten.

Vergebens waren die Vorstellungen der Alemannen, die nun im J. 369 auf's Neue zu den Waffen griffen, die römischen Arbeiter überfielen, welche in ihrem Lande an der Herstellung der Befestigungen arbeiteten, und sie fast alle niedermachten.

§. 120.

Vierter Krieg Valentinian's I. (370—371).

Im J. 370 fielen die Sachsen von der Seeseite her wiederum die Küsten Gallien's an. Der *comes* Nannianus, der ihnen gegenüber stand, sammelte seine Truppen und rückte den Sachsen entgegen, er wurde aber geschlagen und selbst verwundet. Valentinian schickte aus Trevirum ihm den Severus mit ansehnlichen Kräften zu Hülfe. Durch die Anzahl und das kriegerische Aussehen der Römer eingeschüchtert, baten die Sachsen um Frieden, und es wurde ein Vertrag mit ihnen geschlossen, welchem gemäss sie verpflichtet waren, alle ihre junge Mannschaft in das römische Heer einzustellen, der Rest sollte ungefährdet in seine Heimath entlassen werden. Aber das Halten des gegebenen Wortes und der geschlossenen Verträge galt den Römern schon Nichts mehr; in einer Schlucht, Cöln gegenüber, legten sie den in ihre Heimath zurückkehrenden Sachsen einen Hinterhalt. Die übereilte Hastigkeit einiger römischer Soldaten verrieth dies Versteck, und die tapferen Sachsen, aufgebracht über solche Treulosigkeit, griffen das römische Corps mit Ungestüm an und schlugen es in die Flucht. Als aber die Reiterei demselben zu Hülfe kam, wurden die Sachsen trotz ihrer verzweifelten Gegenwehr bis auf den letzten Mann niedergemacht. Dieser schimpfliche Bruch des Völkerrechts blieb jedoch nicht allein ungestraft durch Valentinian, er wurde sogar noch gleich einem Siege gefeiert.

Dies empörte die Alemannen auf's Tiefste, deren König Macrian sogleich Alles zu den Waffen rief. Valentinian, zu dieser Zeit mit der Befestigung der Ufer des Rhein und der Donau beschäftigt, fasste, um hierin nicht gestört zu werden, den Entschluss, die Alemannen in einen Krieg mit den Burgunden zu verwickeln, und zwar unter Benutzung von Streitigkeiten, welche sich um den Besitz des salzhaltigen Flusses Sala zwischen beiden Völkern entsponnen hatten. Die Burgunden gingen auf Valentinian's Vorschlag, an den Rhein zu rücken, ein, er selbst versprach zu einer bestimmten Zeit mit einem römischen Heere dort einzutreffen. In Folge dessen erschienen die Burgunden 80,000 Mann stark am Ufer des Rhein. Diese grosse Stärke, auf welche Valentinian nicht gerechnet hatte, setzte ihn ebenso in Schrecken, wie die Alemannen, — und das versprochene römische Heer erschien nicht! Hierüber aufgebracht, liessen die Burgunden ihren Zorn an allen ihnen in die Hände fallenden römischen Unterthanen aus, tödteten sie, und kehrten dann in ihr Land zurück. Nach ihrem Abzuge erneute Macrian sofort seine Einfälle in das römische Gebiet.

Valentinian beschloss, sich seiner in derselben Weise zu entledigen, wie Julian es einst mit dem Könige Vadomar gemacht hatte. Im J. 371 brachte er längere Zeit in Trier zu, scheinbar mit Befestigung der Grenzen beschäftigt, insgeheim aber rüstete er ein grosses Unternehmen aus. Durch Ueberläufer von dem Aufenthaltsorte Macrian's unterrichtet, begab er sich, nur von wenigen Truppen begleitet, nach Mogontiacum (Mainz). Von hier sendete er den Severus heimlich mit einer Abtheilung leichten Fussvolkes über den Rhein. Unbemerkt drang Severus bis Aquae Mattiacae (h. Wiesbaden) vor, wo Valentinian in der Nacht selber zu ihm stiess. Sogleich marschirten Beide weiter vor, von vertrauten Führern geleitet. Theodosius bildete mit einem Reitercorps die Vorhut. Alle Maassregeln waren so getroffen, dass Macrian im Schlafe überfallen und aufgehoben werden sollte. Aber die Plünderungssucht einiger römischer Soldaten machte das ganze Unternehmen scheitern: Macrian entkam auf engen, dem römischen Heere unzugänglichen Schleichwegen in's Gebirge. Valentinian aber rächte sich für die missglückte Unternehmung durch die Verwüstung des Landes auf 50 Meilen im Umkreise, worauf er nach Trevirum zurückging.

Während der letzten 4 Jahre (372—375) seiner Regierung gab es Kriege im Orient, Valens gegen Sapor, Theodosius Vater, in Afrika, wo ein Aufstand ausgebrochen war, und an der Donau in Pannonien und Mösien gegen Quaden und Sarmaten. Der erste dieser Kriege, zwischen Valens und Sapor, war unwichtig und von keiner Entscheidung, in dem zweiten, in Afrika, zeichnete sich Theodosius (der Vater) besonders aus, in dem dritten, gegen die Quaden und Sarmaten, Theodosius, der Sohn. Valentinian selbst nahm bis zum Jahre 375 an diesen Kriegen keinen Theil; im J. 375 zog er aus Trevirum nach Pannonien, schickte ein Corps Fussvolk über die Donau, um das Land der Quaden zu verwüsten, folgte diesem Corps selbst über die Donau und brachte den Winter in einer festen Stellung bei Sebaria an der Raab zu, wo er bald darauf starb. Seine ersten Kriege gegen die Alemannen waren mehr oder weniger von Interesse, die folgenden dagegen zeichneten sich durch keine besondere Thätigkeit oder Kunst von seiner Seite aus, die grösste Ehre derselben gebührte seinen Feldherrn, namentlich dem Theodosius, Vater und Sohn.

Sechzigstes Kapitel.

Die wichtigsten Kriege und Feldzüge der Römer in dieser Periode.

(Schluss.)

§. 421. *Kriege und Feldzüge Theodosius des Grossen (379—395).* — §. 422 *Feldzüge des Stilicho und Alarich (395—408).* — §. 323. *Letzte Feldzüge Alarich's (408—410).* — §. 424. *Feldzüge des Aëtius (425—432).* — §. 425. *Feldzüge des Aëtius und Attila (451—452).* — §. 426. *Feldzüge Ricimer's (458—472).* — §. 427. *Feldzüge Odoaker's (476—480).*

---

§. 421.

Kriege und Feldzüge Theodosius d. Gr. (379—395).

Nach der furchtbaren Niederlage des Valens durch die Gothen bei Adrianopel am 9. August 378, rief Gratian im J. 379 den Sohn des im J. 376 hingerichteten Theodosius, der gleichfalls Theodosius hiess und als Privatmann in Hispanien lebte, nachdem er sich aber schon vorher durch kriegerische Gaben und Thaten ausgezeichnet hatte, zu sich. Nachdem er ihm zum Augustus ernannt und ihm die Verwaltung des Orients übertragen hatte (des östlichen Illyriens, Mösiens, Macedoniens, Epirus, Thessaliens, Achajas, aller Provinzen in Asien, und Aegyptens, mit der Hauptstadt Thessalonica) gab Gratian ihm vor allen Dingen auf, Thracien von den Gothen und den übrigen Barbaren zu reinigen.

Zu diesem Zwecke sammelte Theodosius vorerst die zersprengten Truppen des Valens, stellte bei ihnen die gesunkene Disciplin wieder her und suchte während dessen, dem Kampfe mit den Gothen ausweichend, nur sich in befestigten Punkten zu behaupten und Uneinigkeit zwischen den Gothen zu säen, welche noch keinen gemeinsamen Führer hatten. Im Herbst 379 hatte er die Gothen, Hunnen und Alanen allmälig bis zur Donau gedrängt und erfocht Anfang November einen entscheidenden Sieg über sie. Ein Theil derselben unter Anführung von Fritigern, Alathaeus und Saphrax ging über die Donau zurück, ein anderer in Thracien verbleibender unterwarf sich dem Theodosius und stellte demselben Geiseln.

Um diese Zeit wurde der Feldherr des Theodosius, Modares oder Modair, Gothe von Geburt, der in Folge eines Streites mit Fritigern in römischen Kriegsdienst getreten war, nach einer anderen Seite gegen die Gothen geschickt. Auf geheimen Wegen näherte sich Modares unbemerkt dem Lager der Gothen, und zur Nacht, als sie von Wein trunken in tiefem Schlafe lagen, überfiel er sie plötzlich und machte sie sämmtlich nieder, nahm ihr ganzes Gepäck, und versetzte ihre Weiber, Kinder und Sklaven in römische Provinzen.

Solchergestalt war schon gegen Ende 379 Thracien durch Theodosius vollkommen von den Barbaren befreit. Demnächst nahm er sich mit Eifer in seinen Provinzen der Befestigung, einer guten Verwaltung im Innern und der Sicherheit nach Aussen an und schlug im J. 380 den über die Donau zurückgegangenen Gothen vor, unter gleichen Rechten mit den römischen Soldaten in römische Kriegsdienste zu treten. Die Gothen gingen darauf ein und kamen über die Donau in solcher grossen Zahl an, dass diese die Anzahl der römischen Truppen weit übertraf. Theodosius aber rief die in Aegypten stehenden Legionen herbei und ersetzte sie durch ein starkes Corps der Gothen unter dem Befehl des Persers Hormisdas, der in den Feldzügen Julian's in Persien im J. 363, und gegen den Empörer Procopius sich bereits ausgezeichnet hatte. Die nach Thracien übersiedelten Gothen ergaben sich auf's Neue ihrer Neigung zum Plündern und Verwüsten, nicht allein in Thracien, sondern auch in Pannonien, und waren den jenseits der Donau befindlichen Barbaren zum Uebergang auf das rechte Donauufer behülflich. Gratian besiegte sie in mehreren Treffen und schloss einen theilweisen Frieden mit ihnen, welchem auch Theodosius beitrat. Fritigern dagegen, der in diesen Frieden nicht eingeschlossen war, und ebenso Alathaeus und Saphrax, trennten sich von ihnen und zogen nach Thessalien, um Achaja (Griechenland) zu verheeren. Theodosius aber besiegte ihn in mehreren Gefechten und trieb ihn, wie Alathaeus und Saphrax über die Donau zurück

Im J. 381 war Theodosius genöthigt, abermals aus Constantinopel zu einem Feldzug gegen die Hunnen, Alanen und andere Völker aufzubrechen, welche über die Donau eingefallen waren, er schlug sie und trieb sie über die Donau zurück. Gleichzeitig hatten die Feldherren Gratian's, die Franken Bauto und Arbogast, auch jene Gothen, welche in Macedonien und Thessalien eingefallen waren, zum Rückzuge durch Thracien über die Donau gezwungen. Da diese aber unablässig von den Hunnen bedrängt wurden, so versetzte Theodosius sie im J. 382 nach Thracien und Mösien, welche Länder schon ganz entvölkert waren. Da sie hier

Ländereien erhielten, so begannen die Gothen dafür nun Hülfstruppen zu den römischen Heeren zu stellen, und hiermit endete (383) der für das römische Reich so beschwerliche und gefährliche Krieg mit den Gothen.

In demselben J. 383 sah Theodosius sich genöthigt, durch seine Feldherren im Osten die Araber (Sarazenen) für ihre Einfälle zu züchtigen, die vereinigten Hunnen und Perser aber, welche Edessa vergeblich belagert hatten, aus Mesopotamien zu verjagen. Diese letztere Unternehmung führte der Feldherr Ricimer (384) mit Ehren aus.

Im J. 385 wurde der Friede im Orient durch Nichts gestört; im J. 386 aber traten die Ostgothen oder Greuthungii, welche seit 10 Jahren durch die Hunnen vom nördlichen Schwarzen Meere verdrängt worden und zur Donau gezogen waren, wobei sich die Völker, deren Gebiet sie passirten, ihnen angeschlossen hatten, unter Anführung ihres Fürsten Odotheus mit dem Verlangen gegen Promotus, den römischen Präfekten von Thracien, hervor, dass er sie über die Donau lassen solle. Promotus zog eilends seine Truppen zur Vertheidigung der Donau zusammen. Da er aber schwächer war als der Feind, so griff er zur List: er schickte einige der gothischen Sprache mächtige Soldaten zu den Gothen, denen sie versprechen sollten, das römische Heer durch Verrath in ihre Hände zu liefern. Zuerst forderten diese Soldaten von den Gothen eine bedeutende Geldsumme, endlich wurde man von beiden Seiten auf die Hälfte einig. Dann kehrten die römischen Soldaten in ihr Lager zurück, theilten dem Promotus Alles mit, und nun wurde den Ostgothen eine dunkle Nacht zum Angriff auf das römische Lager bestimmt.

Indessen hatte Promotus alle Maassregeln ergriffen, um den Ostgothen entgegen zu treten: er brachte eine Menge von Barken zusammen, welche er längs des rechten Ufers in 3 Linien aufstellte, befahl, dass die grösste Stille beobachtet würde, und gab dann, als Alles bereit war, das verabredete Zeichen. Die Tapfersten der Ostgothen stiessen sogleich in Kähnen vom linken Ufer ab, ihnen folgten alle erwachsenen Männer, nur Greise, Weiber und Kinder blieben am linken Ufer zurück. In der Mitte des Stromes aber wurden die Ostgothen auf allen Seiten von den römischen bewaffneten Schiffen umringt, ihre schlechten Kähne umgeworfen und versenkt, und ein grosser Theil der Ostgothen ertrank hierbei, unter ihnen Odotheus selbst, nur wenigen gelang es sich zu retten. Theodosius begnadigte sie und wies ihnen Ländereien zum Wohnsitze an, wodurch er sie zu dankbaren und ergebenen Unterthanen machte.

Während dessen hatte im Abendlande Maximus zum Kriege gegen Valentinian II. gerüstet und drang im J. 387 mit einem zahlreichen Heere aus Gallien über die Alpen nach Italien vor; bald hatte er ohne Schwertstreich alle Provinzen Valentinians in Besitz genommen, dieser flüchtete mit seiner Mutter Justina von Mediolanum nach Aquileja, und von da nach Thessalonica zu Theodosius. Nun besetzte Maximus die Pässe in den julischen Alpen, um Theodosius das Vordringen nach Italien unmöglich zu machen.

Theodosius, der die Partei Valentinian's ergriffen hatte, zog ein grosses Söldnerheer aus Bewohnern vom Taurus, Kaukasus und den Ufern des Tanais (Don) und der Donau zusammen, denn die östlichen Provinzen hatten sich unter Valens sehr entvölkert. Zu diesen Söldnerschaaren stiessen noch sehr viele andere, — Gothen, Hunnen, Alanen u. A., die stets gern bereit waren, gegen Sold und namentlich in Hoffnung auf Beute und Plünderung zu Felde zu liegen. Theodosius aber organisirte sie nach römischer Weise, gab ihnen erfahrene römische Offiziere, um ihnen römische Taktik und römische Kriegsdisciplin beizubringen, und bildete sich so ein regelrecht geschultes Heer aus lauter Barbaren, welches unter seiner persönlichen Anführung vier der ältesten und besten von seinen Feldherren befehligten: Promotus, Timasius, Arbogast und Richimer.

Als Alles bereit war, brach Theodosius mit seinem Heere in 3 Colonnen durch Oberpannonien und Macedonien nach Italien auf. Zur selben Zeit hatte Maximus auf das Gerücht, dass Valentinian von der See her an der Küste Italiens landen werde, seine Truppen aus den Alpenpässen gezogen, auf Schiffe gesetzt, und ihnen befohlen Valentinian zu ergreifen. Er selbst theilte seine Hauptmacht in 2 Theile, deren jeder der Armee des Theodosius überlegen war, überschritt die Alpen und schickte nun den einen Theil auf Siscia an der Save, den anderen nach Pätorio an der Drau in Pannonien. Das Alles war sehr unverständig und fehlerhaft von seiner Seite, und durch seine überlegenen Kräfte keineswegs gerechtfertigt.

Theodosius dagegen rückte mit seiner zusammengehaltenen Macht zwischen beiden Flüssen Sau und Drau rasch vor, und fiel zuerst an dem ersteren bei Siscia unvermuthet über den Heerestheil des Maximus her, welchen er auf's Haupt schlug. Sofort marschirte er ebenso schnell mit seiner gesammten Macht auf Pätorio an der Drau und bezog dem Lager des Feldherrn des Maximus, Marcellinus, in welchem dieser mit dem anderen, vorzugsweise aus den auserlesensten und besten Truppen zusammengesetzten Heerhaufen stand, gegenüber ein befestigtes Lager. Am dritten Tage griff Theodosius zuerst den Marcellinus an, es kam zwischen ihnen zu einer hitzigen Schlacht in offenem Felde, bei Pätorio, die vom Morgen bis zur Nacht währte. Marcellinus vertheidigte sich mit ungewöhnlicher Hartnäckigkeit und Ausdauer erfolgreich gegen die heftigsten Angriffe des Theodosius. Endlich aber wurden ungeachtet seiner geschickten Anordnungen und der verzweifelten Tapferkeit seiner Truppen doch seine Linien durchbrochen, seine Truppen umzingelt, in Verwirrung gebracht, und nach furchtbarem Blutvergiessen im Handgemenge fast gänzlich aufgerieben, eine Abtheilung zerbrach selbst ihre Feldzeichen zum Zeichen der Unterwerfung unter Theodosius. Marcellinus scheint im Kampfe selbst geblieben zu sein.

Auf die Kunde von diesen beiden Siegen des Theodosius bei Siscia und Pätorio floh Maximus nach Aquileja, wohin Theodosius ihn sogleich mit den leichten Truppen verfolgte.

Arbogast nahm im ersten Anlauf die schlecht vertheidigte Stadt Aquileja weg und in ihr den Maximus, den er gefesselt in des Theodosius Lager schickte, wo er hingerichtet wurde. Vier oder fünf seiner Minister hatten dasselbe Schicksal, die übrigen wurden begnadigt. Der Feldherr des Maximus aber, Androgotus, der mit den Truppen auf den Schiffen ausgesendet war, um Valentinian auf dem Meere zu ergreifen, wollte nach vergeblichem Umhersuchen in Aquileja landen; als er die Gefangennahme und Enthauptung des Maximus erfuhr, stürzte er sich verzweifelnd in's Meer.

Auf diese Weise war dieser Bürgerkrieg mit einem Schlage durch die beiden Siege des Theodosius entschieden, infolge der sehr geschickten Operationen seinerseits und der sehr unklugen Maassregeln seines Gegners.

Drei Jahre lang (389—391) blieb Theodosius nun in Italien, mit seiner Erfahrung dem jungen Valentinian in den Regierungsgeschäften zur Seite stehend und weise Gesetze erlassend zum Besten der westlichen wie der östlichen Reichshälfte. Dann fand er auf seiner Reise durch Illyrien nach Constantinopel viele Orte vor, welche sowohl durch die Barbaren seines eigenen Heeres, wie durch die Flüchtlinge aus des Maximus Heere zerstört waren. Beim Herannahen des Theodosius hatten sich Letztere in bedeutender Stärke in die Berge geworfen, von wo sie Räubereien ausführten. Theodosius unternahm es, mit nur 5 Begleitern den Schlupfwinkel derselben im Gebirge auszukundschaften, dann überfiel er sie sogleich mit den Truppen und machte sie grösstentheils nieder. Während aber seine jung ausgehobenen und erst neu ausgebildeten Soldaten sich dem Jubel über den erfochtenen Sieg hingaben, wurden sie plötzlich von dem Reste der Räuber überfallen und nur durch den rasch zur Hülfe herbeieilenden Promotus vor einer Niederlage gerettet.

Im J. 392 wurde der bereits grosse Hoffnungen erweckende Valentinian durch seinen *magister exercitus*, den Franken Arbogast, ermordet, welcher nun seinen Freund, den Rhetor Eugenius, zum Kaiser ausrief, in dessen Namen er das westliche Reich regieren wollte. Die Folge davon war ein neuer Bürgerkrieg zwischen Theodosius und Eugenius. Arbogast, welchem Eugenius die Führung des Krieges übertrug, schloss ein Bündniss mit den fränkischen Fürsten Marcomir und Sunno, erhielt von ihnen beträchtliche Hülfstruppen, und bildete sich aus diesen, aus Galliern, Alemannen und Sachsen ein zahlreiches Heer. Auch Theodosius zog von allen Seiten Truppen der verschiedensten Völker zusammen und suchte sie in strenger Disciplin zu erhalten. Seine römischen Legionen unterstellte er dem Befehl der Feldherrn Stilicho und Timasius, die Hülfstruppen der Gothen, Perser, Indier und anderer Völker wurden den Feldherren Gainas, Alarich, Saul und Bacurus anvertraut. Dann zog er im J. 393 durch Adrianopel zu den julischen Alpen. Als er dies erfuhr rückte auch Arbogast mit Eugenius ebendahin, seinem Feldherrn Flavianus mit der Avantgarde den Schutz der Pässe durch die julischen Alpen übertragend. Aber Theodosius überwand alle Schwierigkeiten in dem Gebirge, schlug den Flavianus und rückte über die Alpen nach Aquileja. Nicht weit von hier, an den Ufern des Frigidus, stiess er am 6. September 394 auf die an Zahl überlegene Armee des Eugenius, auf deren Fahnen das Bild des Hercules prangte, während die des Heeres des Theodosius mit dem Kreuze geschmückt waren. Theodosius eröffnete den Angriff auf den Gegner mit den fremdländischen Hülfstruppen des Gainas. Arbogast warf sich ihm auf allen Punkten entgegen, und seine Truppen fochten mit solcher Hartnäckigkeit und Wuth, dass an 10,000 Gothen auf dem Platze blieben. Theodosius sah sich genöthigt, zur Wiederherstellung der Schlacht seine Kerntruppen in's Gefecht zu führen. Arbogast aber setzte seinen verzweifelten Widerstand fort, so dass Bacurus, des Theodosius Feldherr, nach wiederholten Angriffen geschlagen wurde und fiel. Die sinkende Nacht beendete die Schlacht, bevor der Sieg auf einer von beiden Seiten entschieden war. Eugenius hielt sich jedoch für den Sieger, weil Theodosius die grösseren Verluste gehabt hatte. Statt aber dies auszunutzen, wurde im Lager des Eugenius die ganze Nacht durch geschmaust, und nur der erfahrene Arbogast schickte den *comes* Arbitrio mit einem Truppencorps in den Rücken des Theodosius. Während dessen waren in dem Kriegsrathe des Letzteren Alle der Meinung, dass man keine neue Schlacht wagen dürfe, sondern zurückgehen müsse, um im nächsten Frühjahr mit erneuten Kräften einen neuen Feldzug zu beginnen. Allein Theodosius widersetzte sich dieser Ansicht, in Folge eines Traumgesichtes voller Selbstvertrauen und Siegeshoffnung, mit Tagesanbruch sammelte er die Trümmer seines Heeres und rückte kühn gegen den weit zahlreicheren Feind vor. Arbogast rückte ihm entgegen, und schon wurde Theodosius von ihm in Front und von Arbitrio im Rücken angegriffen, als der Letztere plötzlich mit seinem ganzen Corps zu ihm überging. Nun machte Theodosius an der Spitze seiner Kerntruppen einen so ungestümen Angriff auf des Eugenius Heer, dass dieses nicht Stand zu halten vermochte und theils niedergehauen wurde, theils die Waffen streckte. Eugenius ward von seinen Truppen an Theodosius ausgeliefert und hingerichtet, Arbogast, der sich zur Flucht gewendet hatte, stürzte sich in sein eigenes Schwert, um der Gefangenschaft und Hinrichtung zu entgehen.

So war auch dieser Bürgerkrieg mit einem Schlage gleich zu Anfang durch die geschickten und entscheidenden Operationen des Theodosius und dessen Sieg beendet.

Der Letztere, schon den Keim einer tödtlichen Krankheit in sich tragend und die Abnahme seiner Kräfte fühlend, bestimmte seinen 11jährigen Sohn **Honorius** zum Kaiser des Abendlandes unter der Vormundschaft und Leitung des Feldherrn **Stilicho**, eines Vandalen, — seinen 18jährigen Sohn **Arcadius** hatte er schon vorher zum Kaiser des östlichen römischen Reiches ernannt, unter Führung des Galliers **Rufinus**. Am 17. Januar starb Theodosius nach 16jähriger, fester, weiser und ruhmreicher Regierung, in staatsmännischer wie in kriegerischer Beziehung würdig des Beinamens **der Grosse**.

Die Historiker und Schriftsteller seiner Zeit klagen einstimmig über die raschen Fortschritte von Luxus, Ueppigkeit und Sittenverderbniss im römischen Reiche. In Bezug auf das Kriegswesen waren diese Fortschritte den römischen Truppen und Heeren bereits verderblich geworden, denn hier herrschte kaum noch ein Schatten der altrömischen Disciplin und Strammheit. Die römischen Soldaten hatten sich mehr und mehr von den Beschwerden des Kriegsdienstes entwöhnt, ihre Offiziere zeigten dabei eine solche Nachsicht, dass sie schliesslich den Soldaten erlaubten, Helm und Panzer abzulegen. Sogar das kurze Schwert und der Wurfspiess (*pilum*) wurden leichter gemacht. Diese Missbräuche nahmen besonders seit des Gratian Zeit zu, und die römischen Krieger, nicht mehr gegen die sicheren Geschosse der Gothen, Hunnen, Alanen und anderer Völker geschützt, zogen nur ungern und mit Widerstreben zum Kampfe gegen sie aus und waren leicht Verwundungen und der Besiegung durch Jene ausgesetzt. Vergeblich bemühten sich die Nachfolger Gratian's die frühere Bewaffnung wieder einzuführen, die römischen Legionare blieben bei der leichteren Bewaffnung und wurden immer unfähiger, den nordischen Völkern Europas Widerstand zu leisten. Um so grössere Ehre gebührt schon Kaisern wie Constantin d. Gr., Julian und Theodosius d. Gr. dafür, dass sie es verstanden, in den römischen Truppen und Heeren eine strenge Disciplin herzustellen und aufrecht zu erhalten, sie durch Muth, Festigkeit und Tapferkeit zu begeistern und mit ihnen im äusseren wie im inneren Kriege Siege zu erfechten. Und dies kann bei der schwierigen und gefahrvollen Lage, in welcher das römische Reich sich damals befand, einzig und allein dem aussergewöhnlichen moralischen Einflusse dieser Kaiser und ihrer hohen persönlichen Begabung zugeschrieben werden, wie dies von allen grossen Feldherren ihren Truppen gegenüber gilt.

§. 422.

Feldzüge des Stilicho und Alarich (395—408).

Nach des Theodosius Tode warfen Stilicho wie Rufinus bald die Maske ab, mit welcher sie das Vertrauen des Theodosius getäuscht hatten, und strebten, wenn auch auf verschiedenen Wegen, unverholen nach der obersten ungetheilten Gewalt. Für Geld verkauften sie die Staatsämter und hatten sich bald mit einem zahlreicheren und glänzenderen Hofe umgeben, als Honorius und Arcadius selbst. Zum Unterhalte dieser Höfe wurden alle Provinzen, auch die bis dahin verschont gebliebenen durch Steuern, Abgaben und Erpressungen auf's Aeusserste ausgesogen, die Disciplin in den Truppen verfiel von Neuem.

Stilicho hatte kaum sein Ansehen in den Abendländern befestigt, so beschloss er Rufinus zu stürzen, und um sich nach der Seite der germanischen Völker im Rücken zu decken erneute er mit denselben die alten Verträge und wollte dann mit einem Heere direct auf Constantinopel rücken!

Rufinus dagegen, der für das beste Mittel zur Wiederherstellung und Befestigung seines Einflusses auf Arcadius die Erregung eines grossen Krieges (!) hielt, hatte insgeheim die jenseits der Donau wohnenden Hunnen zu einem Einfall nach Asien über die kaukasische Landenge aufgereizt (!).

Das waren nach Theodosius d. Gr. Tode die ersten Anfänge jener Politik, welche von da an von den in beiden Reichen an der Spitze stehenden Staatsministern und Feldherrn befolgt wurde, Männer, die, mit Ausnahme von Aëtius, fast alle Barbaren waren, Germanen, Franken, Vandalen, Gothen u. s. w. Diese bis zum Untergange des Weströmischen Reiches fortgesetzte und zu demselben hauptsächlich mit beitragende Politik bestand darin, dass die angeführten Personen, denen die, hauptsächlich und schliesslich fast ausnahmslos aus Barbaren bestehende bewaffnete Macht zu vollster Verfügung stand, nicht selber Kaiser sein, sondern nur in unumschränkter Weise und im Namen der macht- und bedeutungslosen Kaiser über das eine oder das andere Reich herrschen wollten. Solchergestalt waren denn nicht Römer, sondern Barbaren, wie Stilicho, Alarich, Ricimer und Odoaker die hauptsächlichsten und hervorragendsten kriegerischen Acteurs während der letzten 70 Jahre des Bestehens des Weströmischen Reiches. Aëtius allein war ein Römer. er erhielt später in der Geschichte den Beinamen »der letzte Römer«.

So beschlossen denn also Stilicho und Rufinus, nur ihre persönlichen Ziele. Erlangung der obersten Gewalt im Namen des Honorius resp. des Arcadius, im Auge habend und ohne Mitleid mit dem beklagenswerthen Zustande beider Reiche, — der Erstere gegen Rufinus zu Felde zu ziehen, — der Letztere die Hunnen nach Asien und die Gothen nach Europa (!) in das Oströmische Reich zu führen.

Hunnen wie Gothen, stets geneigt und bereit zu Plünderung und Verheerung, entsprachen gern und mit Freuden dem Aufrufe des Rufinus und ergossen sich gleich einem reissenden Strome, — die Hunnen über die römischen und persischen Provinzen in Asien, die Gothen unter Anführung ihres Königs Alarich über Pannonien, Mösien, Thracien und Thessalien nach Europa (395).

Während dessen war Stilicho, nachdem er die Grenzen Galliens gesichert, den Seeräubereien der Sachsen und den Einfällen der Picten und Scoten in Britannien ein Ende gemacht, und mit den am Rhein wohnenden germanischen Stämmen Verträge abgeschlossen hatte, an der Spitze eines starken Heeres gegen Alarich und die Gothen aufgebrochen. Ueber die julischen Alpen und durch Dalmatien vorrückend, zog er die Truppen des Arcadius unter Befehl des Gothen Gainas an sich und stiess endlich in den Ebenen von Thessalien auf die Gothen Alarich's, welche hier ihrer Gewohnheit gemäss seinen Angriff hinter ihrer Wagenburg erwarteten. Vergebens suchte sie Stilicho zu offener Feldschlacht zu bewegen, und schon war er entschlossen, sie in ihrer Wagenburg anzugreifen, als gerade in diesem Augenblick die Truppen des Gainas durch Arcadius, d. h. Rufinus, nach Thessalonica zurück berufen wurden. Durch ihren Abzug geschwächt, sah Stilicho sich gezwungen, den Angriff auf die Gothen aufzugeben und nach Italien zurück zu gehen. Im höchsten Grade aber hierdurch gegen Rufinus erzürnt, rächte er sich an demselben durch Gainas, welcher vor seinem Einzuge in Constantinopel dem ihn entgegenkommenden Rufinus erschlug. Nach dem Abzug des Gainas wie des Stilicho durchzog Alarich mit seinen Gothen plündernd und verwüstend ohne auf Widerstand zu stossen ganz Griechenland bis zu den äussersten Küsten des Peloponnes, bemächtigte sich Athens, zerstörte Eleusis, plünderte Megara, und erstürmte Corinth, Argos und Lacedämon. Arcadius aber und der an des Rufinus Stelle getretene Eunuch Entropius widersetzten sich dem in keiner Weise! Zur selben Zeit plünderten und verwüsteten die Hunnen Armenien, Cappadonien, Cilicien, Syrien und die persischen Provinzen am linken Tigrisufer auf's Gründlichste.

Im Frühjahr 396 setzte Stilicho mit einem Heere zu Schiffe nach dem Peloponnes über und besiegte die Gothen in vielen Treffen mit grossem

Verluste für sie. Alarich zog sich in die Gebirge und Wälder Arcadien's zurück und verschanzte sich auf dem Berge Philö. Hier schloss Stilicho ihn ein. Während Letzterer sich aber sinnlichen Ausschweifungen hingab und den Alarich nur schlecht bewachte, entkam dieser mit Leichtigkeit nach Epirus, wo er fortfuhr das Land zu verheeren und auszusaugen. Anstatt ihn zu verfolgen, kehrte Stilicho ruhig nach Italien zurück und erregte dadurch allgemein den Verdacht, dass er im heimlichen Einverständniss mit Alarich gehandelt habe. Eutropius veranlasste den Arcadius, dass er Stilicho für einen Feind des Staates erklärte und seine Besitzungen im östlichen Reiche einzog, den Alarich aber mit seinen Gothen in seinen Dienst nahm und zum *magister* der Truppen des östlichen Illyriens ernannte.

Im Sommer 397 hatte sich der römische Statthalter der Provinz Afrika, der *comes* oder Graf Gildo in der Absicht sich zum selbständigen Herrscher zu machen, offen empört und durch Zurückhaltung einer mit Getreide für Rom beladenen Flotte in Carthago eine furchtbare Hungersnoth in Rom hervorgerufen. Stilicho erklärte im Namen des Honorius und des Senates den Gildo für einen Feind des Vaterlandes und schickte dessen Bruder Mascezil, der in römischem Kriegsdienste stand und der römischen Regierung ganz ergeben war, mit 8000 Mann auserlesener, aus alten Jovianern und Herculianern (illyrische Legionen, welche noch von Diocletian her diesen Namen führten) bestehenden Kerntruppen gegen ihn. Gildo rückte ihm in Afrika mit einem an 70,000 Mann starken Heere entgegen, das aber aus sehr schlecht geschulten und bewaffneten afrikanischen Barbaren bestand. An den Ufern des Ordalion zwischen Thebaste (oder Theveste) und Amedera in Numidien stiessen beide Brüder und Heere auf einander. Gildo umfasste den Mascezil auf allen Seiten, dieser aber eröffnete nichtsdestoweniger den Kampf. Gleich zu Anfang wurde einer der Fahnenträger aus Gildo's erster Linie, der vorging, durch Mascezil verwundet, fiel und verlor seine Fahne. Gildo's Heer nahm dies für eine Vorbedeutung, die erste Linie legte die Waffen nieder, wandte sich zur Flucht und wurde durch die nachsetzenden Truppen Mascezil's theils niedergemacht, theils zersprengt, Gildo fiel in Gefangenschaft und erdrosselte sich im Gefängniss. Stilicho aber, der in Mascezil einen gefährlichen Nebenbuhler erblickte, liess diesen ermorden!

Indessen hatte Alarich, der von 396 bis 400 die Truppen des Arcadius im östlichen Illyrien befehligte und nach dem Oberbefehl auch in Westillyrien strebte, ein Bündniss mit Radagais geschlossen, dem Fürsten eines Theils der jenseits der Donau ansässigen Gothen, und durchzog ganz Pannonien in der Absicht, von da mit Radagais gemeinschaftlich das schutzlose Italien zu überfallen. Sie belagerten Aquileja und verheerten dessen Umgegend, ohne dass weder Arcadius noch Honorius sich dem widersetzten: sie konnten aber Aquileja nicht einnehmen und wandten sich über die julischen Alpen zurück, um ihre Heere neu zu verstärken.

Nachdem Alarich dies gethan, ein zahlreiches Heer zusammengebracht und dasselbe mit Waffen aus den Eisenminen Illyriens vortrefflich ausgerüstet hatte, zog er im Herbst 401 abermals nach Italien, zu einer Zeit, wo die abendländischen Legionen gerade mit Vertreibung der Germanen aus Rhätien zu thun hatten. Nach Ueberschreitung der julischen Alpen setzte er theils durch Gewalt, theils durch Bestechung sich in den Besitz vieler Städte, verheerte Venetien und Ligurien und verbreitete in Italien solchen Schrecken, dass viele vornehme Familien sich auf die Inseln Sardinien, Corsica und Sicilien in Sicherheit brachten. Honorius selbst wollte aus Mediolanum nach Gallien flüchten, Stilicho aber, ein Mann von fester Entschlossenheit, hinderte ihn daran, eilte nach Rhätien, schloss Frieden mit den Germanen, zog die Cohorten vom Rhein an sich und rückte nun in Geschwindmärschen nach Mediolanum, er selber mit der leichten Reiterei voraus. Alarich hatte schon die Adda überschritten und sich der Brücken über dieselbe bemächtigt, als Stilicho Nachts den Fluss in einer Furt überschritt und mit der Avantgarden-Reiterei glücklich Mediolanum erreichte, die Hauptmacht aber war zurückgeblieben und noch nicht heran. Alarich befand sich also zwischen zwei römischen Heeren und knüpfte Unterhandlungen mit Honorius an. Diese hatten zur Folge, dass Honorius dem Alarich nebst seinen Gothen Länder jenseits der Alpen zur Ansiedelung überwies, welche Gallien von Italien trennten, wofür Alarich Frieden zu halten versprach. Schon hatte er den Po überschritten und zog den Alpen zu, als Stilicho, der durch diesen Vertrag ihn nur zu täuschen beabsichtigt hatte, mit seinem Heere ihm nacheilte, ihn bei Pollentia am Tanaro einholte, und ihn zum Kampf zu zwingen beschloss. Um aber von sich den treulosen Bruch des geschlossenen Vertrages abzuwälzen, übergab er dem Saulus, einem der früheren Feldherrn des Theodosius den Oberbefehl über das Heer.

Alarich, durchaus keines Angriffes gewärtig, formirte sein Heer schleunigst in Schlachtordnung und wurde durch Saulus mit Ungestüm angegriffen. Ein alanisches Hülfscorps in des Letzteren Armee, von den Gothen zurückgeworfen, riss in seiner Flucht die römische Reiterei mit fort und schon begann der Sieg sich auf die Seite der Gothen zu neigen, als Saulus mit dem Fussvolk den Kampf wieder herstellte. Nach heftiger Gegenwehr wurden die Gothen zum Weichen gebracht und geschlagen, ihr Lager und in demselben Alarich's Familie fiel in die Hände der Römer. Während aber Saul's Soldaten noch das Lager der Gothen plünderten, sammelte Alarich einen Theil seiner zersprengten Truppen, warf sich mit diesen auf die Römer und brachte ihnen eben solchen Verlust bei, wie er selbst erlitten hatte; indessen behaupteten die Römer das Schlachtfeld und ihre Beute, und Alarich war genöthigt über die Apenninen zurück zu gehen. Stilicho aber, in dessen Händen sich Weib und Kinder Alarich's befanden, zwang ihn auf demselben Wege Italien zu verlassen, auf welchem er hereingezogen war, und folgte ihm auf dem Fusse, um für jeglichen Schaden, welchen er dem Lande unterwegs zufügte, sofort Rache zu nehmen, oder eine günstige Gelegenheit abzupassen, wo er ihm eine Niederlage bereiten könnte. Bei Verona traf er die Gothen plündernd und griff sie an. Alarich spannte alle Kräfte zur Gegenwehr an und setzte sich im Kampfe so sehr der Gefahr aus, dass er fast in Gefangenschaft gerathen wäre. Aber auch Stilicho zeichnete sich durch persönliche Tapferkeit wie durch geschickte Dispositionen aus, die Gothen wurden geschlagen, Alarich entkam nur Dank der Schnelligkeit seines Pferdes. Er wollte sich durch Rhätien nach Gallien durchschlagen, Stilicho aber liess alle Gebirgspässe besetzen, und Alarich, der sich in einer starken Stellung festgesetzt hatte, litt bald solchen Hunger, dass die Gothen in ganzen Haufen zu Stilicho übergingen. Als er sich von ihnen verlassen sah, wandte sich Alarich durch die Berge nach Illyrien, wo er, fest entschlossen an den Römern Rache zu nehmen, ein neues Heer zu sammeln begann.

Der Schrecken seines Namens nöthigte den Honorius, seine Residenz aus Mediolanum nach Ravenna zu verlegen, in den römischen Legionen aber verursachte er zahlreiche Desertionen. Honorius erliess hiergegen strenge Gesetze, hob die Gladiatorenkämpfe auf und siedelte auf dringendes Bitten des Senates auf 6 Monate nach Rom über (404). Stilicho befand sich beständig bei ihm und war darauf bedacht, die Nachfolge auf dem Throne seinem Sohne zu sichern. Zu diesem Zwecke knüpfte er heimliche Unterhandlungen mit Alarich an, welcher Letztere den Arcadius schwächen, dann aber die abendländischen Provinzen anfallen sollte, damit in der allgemeinen Verwirrung Stilicho dann seine ehrgeizigen Pläne durchsetzen könne! Alarich, obgleich von Rachsucht gegen Stilicho entbrannt, fühlte sich dennoch zum Kriege gegen denselben vorläufig noch zu schwach und gab daher seinen Vorschlägen zunächst Gehör. Honorius nahm ihn in seinen Dienst und übergab ihm die Verwaltung von Westillyrien.

Im J. 405 zog Alarich mit einem Gothenheere nach Epirus, wo er seine Postenkette längs des Meeres bis Dyrrhachium h. Durazzo ausdehnte. Stilicho sollte ihm mit einem römischen Heere folgen, wurde aber durch einen Einfall des Radagais in Italien aufgehalten. Ueber die grossen dem Alarich eingeräumten Vorrechte erzürnt zog nämlich dieser Letztere an der Spitze eines zahlreichen ca. 200,000 Mann starken Heeres über die Alpen und verbreitete Schrecken bis selbst nach Rom hin. Stilicho zog eiligst 30 Legionen zusammen, nahm ein starkes Corps der Alanen in Sold, zog den Hunnenkönig Uldes und den unabhängigen germanischen Fürsten Sarus an sich und rückte nun rasch dem Radagais entgegen. Der Letztere war inzwischen bereits durch die Provinz Tuscien gezogen und belagerte Florenz. Sein in 3 grosse gesonderte Heerhaufen getheiltes Kriegsvolk war aber so nachlässig, dass schon bevor er Stilicho's Anmarsch erfuhr, eines dieser Corps durch die Hunnen geschlagen und aufgerieben war, so dass Radagais sich gezwungen sah, die Belagerung von Florenz aufzuheben und sich zurück zu ziehen. Er verstand so wenig von der Kriegführung, dass, anstatt die weiten Ebenen zu Actionen seiner zahlreichen Reiterei zu verwerthen, er sich in den Bergen von Fessulae einschliessen liess. Der gänzliche Mangel an Lebensmitteln brachte seine Truppen bald zur Verzweifelung, und als er sich durch die Flucht dem Untergange entziehen wollte, wurde er von ihnen festgehalten und enthauptet. Dann legte sein ganzes Heer die Waffen nieder, Mann für Mann wurden die Krieger als Sklaven verkauft, ein grosser Theil von ihnen starb jedoch in Folge der ausgestandenen Entbehrungen, 12,000 der auserlesensten Männer nahm Stilicho in römischen Sold.

Nachdem Italien von dieser drohenden Gefahr befreit war, traf Stilicho im J. 406 Anstalten zu gemeinschaftlichem Handeln mit Alarich, schlug ihm vor den Feldzug zu eröffnen und versprach, dass er binnen Kurzem mit seinem Heere zu ihm stossen wolle. Ehe er dies aber ausführen konnte, rief ein verheerender Einfall der Vandalen, Sueven und Alanen in Gallien ihn in dieses schon lange fast allen Schutzes entbehrende Land. Die genannten Völker hatten Mainz, Worms, Speyer, Cöln, Strassburg, und viele andere Städte eingenommen und zerstört und ergossen sich einem Strome gleich durch ganz Gallien und Belgien, nur Laon leistete ihnen ausdauernden Widerstand, während Toulouse durch seine feste Lage vor ihnen gerettet blieb. Aber wer von den unglücklichen Landesbewohnern nicht durch das Schwert umkam, der erlag dem Hunger. Drei Jahre 406—408 währte diese furchtbare Verwüstung. Stilicho war nicht im Stande ihr Einhalt zu thun, sondern musste sich auf eine vorsichtige Defensive beschränken. Dem Beispiele aber der drei genannten Völker folgten die Alemannen und Burgunden. Die Ersteren bemächtigten sich des ganzen Landstriches von Mainz bis Basel, bis sie von den Franken verdrängt wurden, die Burgunder setzten sich in Helvetien, dem südöstlichen Gallien und dem heutigen Savoyen fest und breiteten sich bald auch über das Gebiet der Sequaner und Aeduer aus. 407).

Der Schrecken dieser Einfälle der Barbaren erstreckte sich bis nach Britannien. Die dort stehenden Legionen, von den östlichen Barbaren und den nördlichen Picten und Scoten bedroht und ohne Aussicht auf

Hülfe aus Italien, riefen einen einfachen Frontsoldaten, Constantin, zum Kaiser aus! Und dieser beschloss nichts Geringeres, als das ganze Weströmische Reich zu unterwerfen! In Gessoriacum (Boulogne) gelandet, wurde er von ganz Gallien anerkannt, dessen *praefectus praetorio*, Limenius, die Flucht nahm. Constantin theilte sein Heer in 4 Theile, schlug die Barbaren in einer grossen Schlacht im Lande der Nervier, gab ihnen aber, indem er den Sieg nicht ausnutzte und sie nicht rasch und energisch verfolgte, Gelegenheit sich zu erholen: dann zum Rhein aufbrechend schloss er ein Bündniss mit denjenigen Alemannen, welche sich im heutigen Elsass niedergelassen hatten.

Stilicho entsendete aus Ravenna den Präfekten Sarus mit einem Heere gegen ihn. Anfänglich besiegte Sarus einen der Feldherren Constantin's, Justinus, und liess einen anderen, Nebiogast, der in Unterhandlungen mit ihm trat, umbringen. Dann aber wurde er durch die beiden anderen Feldherren Constantin's, Edobinc und Gerontius, über die Alpen zurückgedrängt, und Constantin, welcher sämmtliche Alpenpässe besetzte, schlug zu Arelate (h. Arles) seine Residenz und eine üppige Hofhaltung auf. Da er den Besitz von Spanien als sehr wichtig für sich erkannte, so schickte er im J. 408 seinen Sohn Constantin dorthin, ernannte ihn zum Cäsar, und gab ihm den Gerontius als Leiter, sowie Hülfstruppen der Barbaren mit, welche vordem im Dienste des Honorius gestanden hatten. Die zahlreiche und mächtige Familie des Theodosius d. Gr. in Hispanien leistete Anfangs Widerstand, wurde aber bald zur Unterwerfung gezwungen. Nun schickte Constantin an Honorius eine Gesandtschaft mit dem Verlangen, ihn, Constantin, als Kaiser anzuerkennen.

Inzwischen war Alarich, der in Epirus vergeblich 3 Jahre auf die Ankunft Stilicho's mit dem versprochenen Hülfsheere gewartet hatte, bei seinem ehrgeizigen, kriegerischen und unternehmenden Geiste nicht länger im Stande, die fortgesetzte Unthätigkeit zu ertragen. Er wandte sich zurück, durchzog Dalmatien, drang durch die pannonischen Gebirge nach Noricum und forderte, an der Grenze von Italien angelangt, eine Geldentschädigung für seinen dreijährigen Aufenthalt in Epirus. Stilicho reiste von Ravenna nach Rom, um darüber mit Honorius und dem Senate zu berathen, und setzte es bei ihnen durch, dass Alarich 4000 Pfund Goldes erhielt, um welchen Preis er sich ruhig verhielt.

Der Tod des Arcadius und der Regierungsantritt seines Sohnes, Theodosius II., vereitelte die ehrgeizigen Pläne Stilicho's: von der Eroberung ganz Illyriens konnte nun keine Rede mehr sein, da Honorius öffentlich erklärte, er werde Theodosius II. in den ungetheilten Besitz des ganzen östlichen Reiches setzen, und Stilicho ward mit 4 Legionen nach Constantinopel geschickt, um Theodosius dort auf den Thron zu setzen. Während aber Honorius von Rom nach Ravenna reiste, blieb Stilicho, weil er fürchtete bei längerer Abwesenheit seinen Einfluss auf Jenen zu verlieren, unthätig zu Bononia (Bologna) zurück. Allein Olympius, der sich in das Vertrauen des Honorius einzuschmeicheln gewusst hatte, entdeckte diesem die Absichten und Intriguen Stilicho's und dessen geheimes Einverständniss mit Alarich behufs Thronentsetzung des Arcadius. Die Folge davon war die Aufreizung des Honorius, des Volkes und der Truppen durch Olympius gegen Stilicho und dessen Anhänger, zuerst wurden diese zu Pavia niedergemacht, dann aber ward auch Stilicho, der nach Ravenna geflohen war, am 23. August 408 enthauptet. So endete dieser höchst ehrgeizige, aber auch ungewöhnlich begabte Staatslenker und Feldherr, die festeste Stütze des Weströmischen Reiches, der dieses zwei Mal gerettet, dessen Ehrgeiz ihn aber vom Wege der Pflicht und Treue gegen Honorius abgebracht, der dann aber hierbei zur Ausführung seiner verbrecherischen Pläne wiederum nicht entschlossen genug gehandelt hatte.

§. 423.

Letzte Feldzüge Alarich's (408—410).

Während dessen hatte Alarich, da ihm die versprochenen Gelder noch nicht gezahlt worden, von Olympius die Auszahlung dieser Summe gefordert, Geiseln angeboten, und versprochen, nach erfolgter Zahlung von den Grenzen Italiens (Noricum) nach Pannonien abzurücken. Als er seine Anträge verworfen sah, beschloss er sofort geraden Weges auf Rom zu marschiren (408). Hierin bestärkten ihn besonders die thörichten Maassnahmen des Olympius, welcher die wichtigsten militärischen Aemter an unfähige und unwürdige Offiziere verlieh und in Italien nicht eine einzige Legion zurückbehalten hatte, — und ebenso sehr auch die, nach den Begriffen der Barbaren, unerlässliche blutige Rache für die Ermordung Stilicho's, wie endlich noch ihr Hang zur Plünderung und ihre Beutegier. Gothen, Alanen und andere Stämme der Barbaren, welche bislang die freundschaftlichen Beziehungen zu den Römern aufrecht erhalten hatten, — nur widerstrebend allerdings, aber im Zaum gehalten durch die Achtung oder Furcht vor Stilicho's Feldherrnkunst —, boten jetzt dem Alarich ihre Dienste an, indem sie forderten, dass er sie als Rächer nach Italien führe. Alarich ging mit Freuden hierauf ein, forderte seinen Schwager Athaulph, welcher ein starkes Corps von Gothen Hunnen und Alanen in Pannonien befehligte, auf, ihm nach Italien zu folgen, und zog in Geschwindmärschen, ohne auf Widerstand zu stossen an Aquileja, Concordia und Altinum vorüber, überschritt, ohne sich mit der Belagerung von Ravenna aufzuhalten, den Po bei Cremona, und er schien nachdem er Picenum durchzogen unerwartet vor Rom selbst. Unverzüglich schloss er die Stadt eng ein, bemächtigte sich der Tiber-Schifffahrt und schnitt Rom von aller Verbindung mit seiner Umgegend ab. Rom, das seit den Zeiten der Einnahme durch die Gallier niemals einen Feind in seinen Mauern gesehen hatte, und seit Hannibal ebenso keinen Feind mehr vor seinen Mauern, war in keiner Weise gerüstet, eine Belagerung auszuhalten und litt daher binnen Kurzem entsetzlich durch Hungersnoth und eine verheerende Seuche (Pest). Der römische Senat sah sich daher genöthigt in Unterhandlungen mit Alarich zu treten, und gegen 5000 Pfund Gold, 30,000 Pfund Silber, eine Menge kostbarer Stoffe und anderer Dinge und Stellung von Geiseln aus den Kindern der vornehmsten Römer versprach er nicht nur Frieden zu halten, sondern auch Schutz gegen jeden Feind zu gewähren. Bis zur Aufbringung und Auszahlung der geforderten Summe bezog dann Alarich im Winter (Ende 408) in der Provinz Tuscien Winterquartiere. Hier stiess Athaulph zu ihm, und ausser diesem noch eine Menge von barbarischen Sklaven. Alarich erwartete sowohl die Abzahlung der geforderten Geldsumme, als auch die Erlangung der von ihm schon früher gemachten und neuerdings wiederholten Anträge, Sturz des Staatsministers (*magister officiorum*) Olympius und seine eigene, Alarich's, Ernennung zum Oberbefehlshaber sämmtlicher Truppen des Weströmischen Reiches (*magister utriusque militiae*). Sein erster Antrag wurde erfüllt, Olympius durch Jovinus ersetzt, — aber auf das zweite Ansinnen wollte weder Honorius noch Jovinus eingehen. Statt dessen riefen sie 5 Legionen (etwa 6000 Mann Kerntruppen zum Schutze von Rom (409) aus Dalmatien herbei. Diese Legionen aber wurden von Alarich besiegt und fast sämmtlich niedergemacht, und nach vergeblichen Unterhandlungen und längerem Warten belagerte Alarich Ravenna und den darin sich aufhaltenden Honorius. Schon hatte der Letztere Anstalten zur Flucht getroffen, als er von Theodosius 6 Cohorten Verstärkung erhielt, welchen er die Beschützung von Ravenna anvertraute, seine Flucht von dort aber verschob er bis zur Erlangung von Nachrichten aus Afrika, wo ein Aufstand ausgebrochen war. Die Einschliessung und Belagerung von Ravenna zog sich in die Länge, und Alarich kehrte unter Zurücklassung eines Heerestheiles zur Fortsetzung derselben mit seiner Hauptmacht nach Rom zurück, wo er den Senat und das Volk bewog, den Präfekten von Rom, Attalus, mit dem Purpur zu bekleiden. Dieser ernannte dagegen den Alarich zum Commandeur der Leibgarden (*comes domesticorum*). Alarich wollte den Honorius hierdurch nur schrecken und nachgiebiger machen. Da ihm das aber nicht gelang, so setzte er im J. 410 den Attalus wieder ab, weil durch dessen Schuld die dem Honorius treu gebliebene Provinz Afrika verloren gegangen sei, hob die Belagerung von Ravenna auf, knüpfte

20*

erneute Unterhandlungen mit Honorius an und schloss endlich mit ihm einen Vertrag ab. Allein Honorius hielt diesen Vertrag nicht, er brach ihn sofort: auf dem Marsche von Ravenna nach Ariminum ward Alarich plötzlich von einem gothischen im Solde des Honorius stehenden Heerhaufen angegriffen. Dies zu rächen, rückte Alarich zum dritten Male vor Rom und belagerte es abermals. Die Détails dieser Belagerung sind unbekannt; nur soviel steht fest, dass sie ziemlich lange dauerte, und dass in Rom wieder eine furchtbare Hungersnoth ausbrach. Obgleich diesmal die Einwohner von Rom sich zur Vertheidigung eingerichtet hatten, so half ihnen das Nichts: in der Nacht vom 23. zum 24. August wurde dem Alarich durch Verrath die *porta Salariana* geöffnet, sein Heer drang in Rom ein und plünderte und mordete daselbst ganz furchtbar, — nur die Kirchen wurden verschont, denn die Gothen waren Christen. Ein grosser Theil der Stadt ging in Flammen auf, — am vierten Tage brach Alarich nach Süditalien auf, eine Menge von Gefangenen mit sich schleppend, darunter Placidia, des Honorius Schwester. Unterwegs eroberte er Nola mit stürmender Hand, Rhegium wurde ausgeplündert. Von hier wollte er nach Sicilien übersetzen und von dort nach Afrika, da er aber keine Flotte besass, begann er seine Truppen auf Fahrzeugen überzusetzen, wie er sie eben bekommen konnte, darunter Kähne und Nachen; mit Kummer musste er sehen, wie sie auf dem Meere untergingen, und bald danach starb er zu Cosentia (oder Consentia). Die Gothen bestatteten seinen Leichnam auf dem Grunde des Bucentinus- (Busenzio) Flussbettes und setzten ihm zum Nachfolger den Athaulph, welcher sich sogleich bemühte mit Honorius Frieden zu machen und im J. 412 mit demselben einen Vertrag schloss, mit den Gothen nach Gallien ging, und sich in dessen südwestlichem Theile mit ihnen niederliess.

§. 424.

Feldzüge des Aëtius (425—432).

Nach dem Tode des Honorius im J. 425 ging das Anrecht auf den Thron an den Sohn seiner Schwester Placidia, Wittwe des Constantius, den minderjährigen Valentinian über. Theodosius II. wollte seine eigenen Rechte auf den Thron des Abendlandes geltend machen und hatte seine Truppen bereits nach Dalmatien geführt. Allein der Truppenbefehlshaber in Italien, Castinus und der Feldherr Aëtius, welcher unter Alarich's Leitung die Kriegführung gelernt hatte und in allgemeinster Achtung so bei den Gothen, wie bei den Hunnen stand, riefen den früheren obersten Minister des Honorius, Johann, zum Kaiser aus. Dieser sandte an Theodosius eine Botschaft mit der Bitte um Anerkennung, wurde aber abgewiesen, und gab nun den Sklaven die Freiheit, rief die

Hunnen zu Hülfe und schickte ihnen den Aëtius mit dem Befehl, die Truppen des Theodosius im Rücken anzugreifen, wenn sie in Italien einfielen (424). Theodosius aber beschloss das abendländische Reich an Placidia, die er zur Augusta ernannte, und an deren Sohn Valentinian III. abzutreten, ein zahlreiches Heer und Flotte unter den Befehlen der Feldherren Ardaburus, dessen Sohnes Asparus und des Candidianus wurde von ihm gen Westen entsandt, um Placidia und Valentinian auf den Thron zu heben und daselbst zu befestigen. Wegen der vorgerückten Jahreszeit brachte indessen das Heer des Theodosius den Winter in Dalmatien zu. Alle Provinzen des Weströmischen Reiches hatten Johann anerkannt, Afrika ausgenommen, welches der der Placidia ergebene dortige Statthalter in deren Gewalt erhielt.

Im Frühling des J. 425 eröffneten Heer und Flotte des Theodosius den Feldzug. Salona, die Hauptstadt Dalmatien's ward mit Sturm genommen, Aspar rückte mit der Cavallerie, und mit ihm Placidia nebst Valentinian, nach Aquileja und nahm es ein. Candidian unterwarf mit einem anderen Theile des Heeres mehrere Städte, die den Johann anerkannt hatten. Ardabur aber, der mit einem Theile der Flotte die Küsten von Italien hatte angreifen wollen, gerieth bei einem Seesturm mit seiner Galeere mitten in die feindliche Flotte, wurde gefangen genommen und nach Ravenna geführt, wo sich Johann befand, welcher ihn mit Milde behandelte. Bald hatte Ardabur sich sogar das Vertrauen Johann's erworben, dessen Truppen bestochen und machte nun heimlich dem Aspar eine Stelle bekannt, wo dieser bequem die stark gelegene und befestigte Stadt Ravenna angreifen konnte. Aspar drang in dieselbe ein, bemächtigte sich Johann's, der von seinen eigenen Truppen ausgeliefert wurde, und liess ihn hinrichten, während Castinus nach Afrika verwiesen wurde. Inzwischen hatte Candidianus ganz Dalmatien, Istrien und Pannonien unterworfen, und Aëtius, der mit 60,000 Hunnen dem Johann zu Hülfe nach Ravenna marschirt, aber erst nach dessen Tode eingetroffen war, hielt es für besser, der erste Diener der Placidia zu sein, als gegen sie Krieg zu führen, und ebenso zog sie es vor, ihn auf ihrer Seite zu haben. So wurde denn Aëtius der oberste Minister der Placidia und der Oberfeldherr über alle Truppen des westlichen Reiches.

Im J. 426 belagerte der König der Westgothen in Aquitanien, Theodorich, welcher seine Herrschaft nach Osten erweitern wollte, Arelate (h. Arles). Aëtius eilte dieser Stadt zu Hülfe, zwang Theodorich zur Aufhebung der Belagerung und zur Rückkehr nach Aquitanien, nachdem dieser um Frieden gebeten und mit Aëtius einen Vertrag abgeschlossen hatte

In demselben Jahre hatte in Afrika der von Placidia zum *comes domesticorum* ernannte Bonifacius Ordnung und Ruhe aufrecht erhalten.

sah sich aber durch die Intriguen des Aëtius und des Feldherrn Felix gezwungen sich zu empören, um nicht zu Grunde zu gehen. Er hob Truppen aus und leistete den gegen ihn entsandten Feldherren: Mavorcius, Galbio, Sinöces und Sigisvult nachdrücklichen Widerstand, — Sigisvult bemächtigte sich Carthagos und Hippos. Von ihnen auf's Aeusserste in die Enge getrieben, rief Bonifacius die Vandalen aus Hispanien zu seiner Hülfe herbei, indem er ihnen die Hälfte von Afrika unter der Bedingung fortdauernder gegenseitiger Unterstützung versprach. Genserich, der König der Vandalen, ein Mann von ausserordentlichen Gaben, tapfer, umsichtig, allen Luxus verachtend, aber grausam, nahm den Antrag des Bonifacius an und setzte auf, von Letzterem gesandten, Schiffen mit seinen Vandalen nach Afrika über, deren Zahl, ausser den Weibern, Greisen und Kindern, sich auf 80,000 waffenfähige Männer belief. Bonifacius trat ihm die 3 Mauretanien ab, so dass der Fluss Ampsaga die Grenze zwischen ihnen bildete.

Während solchergestalt durch des Aëtius Umtriebe gegen Bonifacius das abendländische Reich eine seiner wichtigsten Provinzen einbüsste, den K o r n s p e i c h e r von Rom und Italien, machte Aëtius auf der anderen Seite diesen Schaden wieder gut. Er brachte den auf dem linken Ufer des Mittelrhein (h. Elsass) ansässigen Franken starke Niederlagen und Verluste bei und zwang sie, über diesen Fluss zurück zu gehen. Dieser wichtige Erfolg vermochte indess nicht den Einbruch der Barbaren auf anderen Punkten zu hemmen. Noch nie war das Weströmische Reich von so vielen Seiten bedroht gewesen, als in dieser Zeit (429), nämlich: von den Franken am Rhein, den Westgothen in Aquitanien, Sueven und Alanen in Hispanien, Vandalen in Afrika, den Juthungen und anderen Alpenvölkern in Norditalien. In dieser für das Abendland so gefahrvollen Lage konnte es Stütze und Schutz nur von Seiten der beiden begabten Feldherren Aëtius und Bonifacius erhalten, und der Letztere war selber zuerst zum Aufstand und Abfall gezwungen worden. Alle übrigen an den Grenzen befehligenden römischen Feldherren waren so wenig fähig und würdig, dass die Geschichte kaum ihre Namen aufbewahrt hat.

Placidia, welche die Verdienste des Aëtius und Bonifacius und die Unentbehrlichkeit ihrer Hülfe für das Reich richtig erkannte und die Dienste Beider zu gewinnen wünschte, söhnte sich mit Bonifacius aus und verlangte nur, dass er das Unglück, das er über Afrika gebracht, lindern sollte. Aber alle Bemühungen des Bonifacius, den Genserich zur Rückkehr nach Hispanien zu bewegen, blieben vergeblich: Genserich, der dies für eine Treulosigkeit von Bonifacius erklärte, hob den Vertrag mit ihm auf und erklärte ihm den Krieg, der nun von den Vandalen mit unerhörter Grausamkeit geführt wurde (430). Alles verheerten sie auf's

Furchtbarste mit Feuer und Schwert, in Numidien und dem proconsularischen Afrika bemächtigte Genserich sich aller Städte mit Ausnahme von Cirtha, Hippo und Carthago. Bonifacius, der mit unverhältnissmässig schwächerer Streitmacht den Vandalen Einhalt zu thun suchte, ward von ihnen besiegt und in Hippo eingeschlossen. Aber, unwissend und unerfahren in der Belagerungskunst, lagen die Vandalen 10 Monate (nach Anderen 14 Monate) vergeblich vor Hippo und gaben dann die Belagerung auf, nachdem sie durch Hunger einen grossen Verlust an Mannschaft erlitten hatten.

Während dessen lag Aëtius an verschiedenen Punkten mit den Barbaren im Kriege und schlug Schwärme der Westgothen, welche die Umgegend von Arelate (Arles) verheerten, dann der Juthungen, welche in Rhätien eingefallen waren, und der Vindelicier, die schon bereit waren zu diesen zu stossen.

Im J. 431 brach Bonifacius, der aus dem Orient Verstärkungen unter Aspar's Befehl erhalten hatte, mit diesem zusammen gegen Genserich auf, sie wurden aber Beide besiegt und gingen, Aspar nach Constantinopel, Bonifacius nach Ravenna zurück. Genserich eroberte und schleifte Hippo, und gründete, als der im vollen Besitze von Afrika Befindliche, daselbst das neucarthagische Vandalenreich, mit der Hauptstadt Carthago.

Als Bonifacius nach Ravenna zurückgekehrt war, ernannte Placidia ihn zum Oberbefehlshaber über alle Truppen des Weströmischen Reiches, Aëtius dagegen wurde seiner ehrgeizigen Ränke halber dieser Würde enthoben. Die Folge davon war ein Bürgerkrieg zwischen Aëtius und Bonifacius, dem neuen Rebellen gegen den alten. Der Erstere rückte sogleich mit einer Armee von den Ufern des Rheins über die Alpen in Norditalien ein, Bonifacius zog mit allen in und um Ravenna befindlichen Truppen ihm entgegen (431). In der zwischen ihnen sich entspinnenden Schlacht (deren Ort unbekannt) wurde Aëtius besiegt, Bonifacius aber von Jenem mit eigener Hand schwer verwundet, an den Folgen dieser Verwundung starb er nach wenigen Monaten. Placidia ernannte an seiner Statt den Grafen Sebastian zum Oberfehlshaber, Aëtius zog sich zu seinen alten Freunden, den Hunnen, zurück und fiel dann mit einem bei ihnen zusammengebrachten Heere auf's Neue in Italien ein, Schrecken bis nach Ravenna hin verbreitend, wo Placidia Hof hielt. Sie verlangte Hülfe von Theodorich, da hierzu aber viele Zeit erforderlich war, so beschloss sie lieber mit Aëtius Friede zu machen, gab ihm seine frühere Würde als Oberbefehlshaber wieder und ernannte ihn ausserdem zum Patrizier.

Drei Jahre danach, im J. 435, besiegte Aëtius mit einem grösstentheils aus Hunnen, Herulern, Franken und Sarmaten bestehenden Heere die Burgunden, welche in Belgien eingedrungen waren, und bewilligte ihnen den nachgesuchten Frieden. Die von ihm hiernach aus der Armee entlassenen Hunnen fielen in das Land der Burgunder ein, in Südost-Gallien und Helvetien, die Westgothen aber in die narbonensische Provinz in Südgallien. Theodorich belagerte, nachdem er viele Städte eingenommen, Narbo. Die Besatzung dieser Stadt leistete standhafte Gegenwehr bis der, von Aëtius aus dem Armorischen (in Nordwestgallien) zum Entsatz geschickte Präfekt Litorius mit einem Hülfstruppencorps herbei kam. Litorius durchzog mit einem Corps hunnischer Reiterei schnell das Land der Arverner (h. Auvergne) und erschien vor Narbo. Allein die Westgothen setzten die Belagerung fort und hoben sie erst dann auf, als der römische Feldherr Avitus mit neuen Truppen sie zum Rückzuge nach Aquitanien zwang.

Im J. 438 brachen die Franken den vor 6 Jahren mit Aëtius geschlossenen Frieden, ihr König Chlodio beschloss, sich endgültig und dauernd in Gallien nieder zu lassen. Er überschritt den Rhein, drang bis Camaracum (h. Cambray) vor, schlug dort ein Truppencorps, das sich ihm entgegenstellte, nahm diese Stadt ein, dehnte seine Eroberungen bis an den Fluss Samara (Somme) aus, und nahm Samarobriva sowie viele andere Städte ein. Aber während er in der Ebene bei Vicus-Helena (h. Lens) die Vermählung eines seiner Anführer feierte, erschien plötzlich und ganz unerwartet Aëtius mit der Reiterei und überwältigte die Franken noch ehe sie hatten zu den Waffen greifen können. Sie waren indessen noch immer hinreichend stark, um sich in dem Besitz der von ihnen eroberten Städte zu behaupten. Aëtius, dessen Anwesenheit an anderen Orten erforderlich war, zog es vor, mit Chlodio einen Vertrag zu schliessen und ihm das Land zwischen Rhein und Samara zu überlassen.

Im südlichen Gallien hatte (439) Theodorich, von Litorius in Tolosa (h. Toulouse) eingeschlossen, diesen unter den Mauern der Stadt besiegt, aber obgleich ihm hiernach das ganze Land bis zum Rhodanus (Rhône) vollkommen offen stand, so gab er doch den Vorstellungen des römischen Präfekten von Gallien, Avitus, Gehör und erneuerte die früheren Verträge mit ihm.

Das Weströmische Reich war in diesem Zeitpunkte (440) bereits so geschwächt und so ohnmächtig, dass Aëtius, von allen Seiten in Gallien bedroht, sich genöthigt sah, an Theile der Alanen (Slaven) unter Führung ihres Fürsten Sambida Länder bei Valentia (h. Valence) an dem Rhodanus und selbst an den Ufern des Liger (Loire), als Wohnplätze zu überlassen.

Während dessen rüstete Genserich, der sich in Afrika festgesetzt hatte, zu einem Unternehmen auf der See gegen Italien und dessen Inseln. Valentinian III. liess sogleich die Magazine in Rom füllen und traf Maassregeln zum Schutze Italiens und der Süd- und Westküsten dieses Landes.

mit deren Ausführung der Feldherr Sigisvult beauftragt wurde. Aëtius, der einzige Beschützer des Reiches zu dieser Zeit, eilte mit einem Heere aus Gallien nach Italien, und Theodosius II. schickte ein starkes Truppencorps eben dahin. Genserich griff zuerst mit seiner Seemacht Sicilien an, verwüstete dessen Ebenen und belagerte Panormus (h. Palermo). Aber der römische Präfekt Cassiodor vertheidigte diese Stadt kräftig, und nach langer Belagerung sah Genserich sich zum Rückzuge genöthigt.

Während dies Alles im Westen vorging, befand das Oströmische Reich, während der Minderjährigkeit seines Kaisers Theodosius II. von dem prätorischen Präfekten Anthemius verwaltet, sich in fast fortwährendem Kampfe mit den Persern in Asien und den Hunnen in Mösien und Thracien. Der Kampf mit diesen Letzteren war anfänglich von weit grösserer Wichtigkeit für das östliche Reich, dann aber wurde er es besonders für das Weströmische Reich.

§. 125.

Feldzüge des Aëtius und Attila (451—454).

Oben (§. 108) wurde schon gesagt, dass seit 375, als die Hunnen über die Gothen gesiegt und sich von der Wolga bis zur Donau ausgebreitet hatten, wo sie nun ihre Einfälle in die römischen Donauprovinzen begannen, diese Einfälle für das römische Reich noch nicht allzu gefährlich gewesen waren, weil die Hunnen aus vielen einzelnen Horden bestanden, welche noch keinen gemeinschaftlichen obersten Führer besassen. Aber vom J. 433 an hatte sich dies vollkommen geändert, als nach dem Tode des Rua oder Rugilas, des Anführers einer hunnischen Horde, der in Pannonien hauste, die Nachfolger desselben, Attila und Bleda, Söhne seines Bruders Munzuk, die benachbarten Hunnenstämme zu unterwerfen begannen und diese wie die zwischen ihnen wohnenden germanischen Stämme zur Unterwerfung zwangen, den Theodosius II. aber nöthigten, den den Hunnen gezahlten jährlichen Tribut zu verdoppeln (700 Pfund Goldes jährlich, statt 350 Pfund). Im J. 445 ermordete Attila seinen Bruder Bleda und war nun der alleinige Beherrscher sämmtlicher Hunnen, welche die aussergewöhnliche Ueberlegenheit seines Geistes und Charakters anerkannten. Seine Residenz in eine ungeheure, nach ihm genannte und als Stadt Attila's bekannte, zwischen Donau, Theiss und Karpathen belegene hölzerne Stadt verlegend, begann er von hier aus mehr und mehr das Oströmische Reich zu bedrängen, zu verwüsten und auszuplündern. Nach dem Tode Theodosius II. aber, im J. 450, und nachdem dessen Schwester und Nachfolgerin, Pulcheria, sich mit dem Senator Marcianus vermählt hatte, den sie zum Kaiser erhob, machte dieser Letztere der schimpflichen sklavischen Unterwürfigkeit des Reiches gegen die Hunnen ein Ende. Nun wendete Attila, Jenen in Ruhe lassend, sich gegen das Weströmische Reich, wozu ihn sowohl der König der Vandalen in Afrika, Genserich, als einer der beiden sich bekämpfenden Frankenfürsten bewogen hatte, der die Hunnen zu Hülfe rief, während der Andere sich an die Römer gewandt hatte. Attila beschloss seine Verbündeten mit Gewalt der Waffen zu unterstützen und warf sich zugleich zum Beschützer der Honoria auf, der Schwester Valentinian's III., welche dem Attila ihre Hand angetragen hatte. Als er aber schon zum Kriege gegen das abendländische Reich fest entschlossen war, forderte er direct die Hand der Honoria und als angemessene Mitgift einen Theil des Reiches, und als er abgewiesen wurde, brach er im J. 451 mit seiner gesammten Streitmacht, nach Einigen 500,000, nach Anderen 700,000 Mann, aus seiner Hauptstadt zwischen Donau, Theiss und Karpathen gegen Westen auf, längs der Donau nach Gallien. Alle Völker, durch welche sein Weg führte, Rugier, Gepiden, Heruler, Turcilinger, Ostgothen, Sueven, Marcomannen, Quaden, Thuringer, Franken am Neckar u. A. wurden gezwungen sich mit ihren Heerhaufen ihm anzuschliessen. In besonderem Ansehen stand bei ihm A r d a r i c h, der König der Gepiden, und W a l a m i r, der König der Ostgothen. In der Nähe des heutigen Bodensees ging Alarich über den oberen Rhein, die Burgunder, welche sich ihm zu widersetzen wagten, wurden besiegt und niedergehauen. Bei dieser Gelegenheit wurden die Städte Rauracum, Vindonissa und Argentovarium von Grund aus zerstört. Auf dem linken Rheinufer durchzog Attila das ganze erste oder obere römische Germanien, stiess auf heftigen Widerstand Seitens der heutigen Stadt Metz, und zog dann weiter durch das ganze Gebiet zwischen Rhein, Mosel, Sambre und Seine. Ueberall auf seinem verheerenden Zuge verbreitete er das Gerücht, dass er als Freund und Verbündeter der Römer komme, nur den rechtmässigen König der Franken gegen dessen Bruder Meroväus schützen, und hierauf die Westgothen auf dem linken Loireufer züchtigen wolle. Viele Städte liessen ihn ein und wurden ausgeplündert, andere versuchten sich zu vertheidigen, wurden aber erobert und gleichfalls geplündert, darunter auch die wichtigste und blühendste Stadt Galliens, Trier, das zum fünften Male zerstört ward.

Inzwischen war Aëtius auf die Nachricht von dem Einfalle Attila's in Gallien mit wenigen Truppen über die Alpen aus Italien nach Arelate geeilt. Hier rechnete er auf die Mitwirkung der in Gallien stehenden Legionen und Theodorich's, welchen die gemeinsame Gefahr mit den Römern verbünden musste. Als er erfuhr, dass Theodorich, durch die lügnerischen Versprechungen Attila's getäuscht, beschlossen habe, unthätig zu bleiben, schickte er den Feldherrn Avitus zu ihm, der ihn davon überzeugen sollte, dass Attila nur die Westgothen von den Römern zu trennen beabsichtige, um sie einzeln um so leichter zu überwinden; zum Beweise dafür sollte Avitus dem Theodorich ein Schreiben Attila's an Valentinian vorzeigen. Nun entschloss Theodorich sich mit allen seinen Streitkräften die Römer zu unterstützen. Vier seiner Söhne liess er in seinem Lande zurück, mit den beiden ältesten, Thorismund und Theodorich, und der ganzen waffenfähigen Mannschaft marschirte er nach Arelate und vereinigte sich mit Aëtius. Der Letztere hatte indessen hierher schleunigst Hülfstruppen aus allen den Provinzen beordert, welche nicht von Hunnen besetzt waren. Bald trafen denn auch nach und nach zu Arelate ein: Meroväus mit den Franken, Burgunder, Armoriker, Läti, Ripuarier und Sarmaten, und nach Ankunft des Theodorich mit den Westgothen war unter des Aëtius Befehlen ein Heer beisammen, das dem Attila's an Zahl nicht nachstand.

Attila hatte sich indessen, zur Loire marschirend, schon der Stadt Aurelianum (h. Orléans) genähert. Hier commandirte der Alane Sangiban; aber der Bischof Arianus, der ihm nicht traute, ihn vielmehr beargwöhnte im Einverständniss mit Attila zu stehen, traf eiligst und eifrig Vorkehrungen zur Vertheidigung der Stadt, wendete sich nach Arelate, um Hülfe von Aëtius und Theodorich zu erbitten, und kehrte dann nach Aurelianum zurück, fest entschlossen, lieber mit der Stadt unterzugehen, als sich dem Attila zu ergeben, wenn keine Hülfe von Aëtius und Theodorich käme. Bald nach seiner Rückkehr kamen unermessliche Schaaren von Hunnen von Norden her vor Aurelianum an und griffen den auf dem rechten Loireufer gelegenen Theil der Stadt an. Aber ein dreitägiger gewaltiger Regen hielt sie vom Sturm zurück: Arianus benützte diese Zeit, um Attila um Schonung der Stadt zu bitten. Aber Attila wies dies hochmüthig ab, am vierten Tage schritten die Hunnen zum Sturm, fanden aber heftigen Widerstand. Endlich jedoch gelang es ihnen, durch mehrere Thore zugleich einzudringen. In Bestürzung warfen sich die Bewohner in den anderen Stadttheil auf dem linken Loireufer, da erschien plötzlich zu gleicher Zeit Aëtius in der Stadt, gefolgt von Theodorich. Aëtius stürzte sich sofort auf die in der Stadt plündernden Hunnen und richtete ein furchtbares Blutbad unter ihnen an. Die eilige Ankunft und Angriff des Aëtius kam für Attila so unerwartet, dass er, nachdem er die aus der Stadt geworfenen Reste der Hunnen draussen gesammelt hatte, mit grossem Verluste an Todten und Gefangenen seinen Rückzug nach Belgien antrat. Aëtius und Theodorich folgten ihm in grosser Ordnung, ohne ihn indessen anzugreifen. So gelangten beide Heere, unfern von einander marschirend, auf die weiten catalaunischen Felder (*campi catalaunici*, in der Gegend des h. Châlons sur Marne). Hier machte Attila auf einer wenig durchschnittenen und besonders für die Action seiner zahlreichen Reiterei geeigneten Stelle Halt. Beide

Theile beschlossen, am folgenden Tage hier eine grosse und entscheidende Schlacht zu schlagen.

Das dafür von Attila ausgewählte Terrain erstreckte sich, nach Angabe des Schriftstellers Jornandes, 30 Meilen in die Länge und 20 Meilen in die Breite; westlich lag eine für beide Theile sehr wichtige Anhöhe.

Der im Kriegswesen erfahrene Attila, welcher die ganze Wichtigkeit der bevorstehenden Schlacht für sich einsah, befragte seine Wahrsager über deren Ausgang. Sie antworteten, dass die Eingeweide der Opferthiere keinen Sieg für ihn weissagten, dass aber der feindliche Anführer im Kampfe sein Leben einbüssen werde. Attila verstand hierunter den für ihn gefährlichsten Gegner, Aëtius, und beschloss um den Preis des Verderbens des Aëtius sein halbes Heer, wenn es sein müsse, zu opfern. Um aber die Schlacht möglichst abzukürzen und sich durch die Nacht den etwaigen Rückzug zu sichern, beschloss er den Kampf erst bei Sonnenuntergang zu beginnen.

Beide Heere bezogen einander gegenüber Lager: in der folgenden Nacht, es ist unbekannt aus welchem Anlass, vermuthlich aber bei Gelegenheit einer Recognoscirung, stiess ein starkes Frankencorps mit einem gleich starken Haufen der Gepiden zusammen, und kam es zwischen ihnen zu solch heftigem und blutigen Nachtgefecht, dass von beiden Seiten gegen 15,000 Mann auf dem Schlachtfelde blieben.

Am folgenden Tage entsandte Attila einen Heerhaufen, um die Höhe im Westen, auf der linken Flanke des feindlichen Heeres zu besetzen. Allein Aëtius und Theodorich kamen dem zuvor, Thorismund vertrieb die Hunnen mit Verlust, bemächtigte sich der Anhöhe und setzte sich auf derselben fest.

Da er nicht wollte, dass dieser erste Unfall von übelem Einflusse auf sein Heer werde, so berief Attila einen Kriegsrath, und hielt, obgleich für gewöhnlich nicht redselig, dabei eine lange begeisterte Rede, in welcher er sich über den alten Kriegsruhm der Hunnen, über ihre augenblickliche Lage und die vielversprechende Zukunft ausliess, mit Verachtung die kläglichen Anstrengungen der Römer, dem unvermeidlichen Verderben zu entgehen, darlegte, wobei sie ihre Hoffnung auf die ihnen verbündeten Barbaren setzten, und, nachdem er gesagt hatte, dass das menschliche Leben nicht in der Hand und Macht des Gegners liege, endete er mit dem Versprechen, dass er selber sich zuerst auf den Feind stürzen werde. Nachdem er hierdurch seine Heerführer angefeuert hatte, stellte er sein Heer in Schlachtordnung: die Hunnen unter seinem persönlichen Befehle in der Mitte, seinen Freund Ardarich mit den Gepiden auf dem rechten Flügel und Walamir mit seinen Ostgothen auf dem linken Flügel.

Auf Seiten des Gegners stand Aëtius mit den römischen Truppen auf dem linken Flügel (Ardarich gegenüber), der sehr betagte Theodorich mit seinen Westgothen auf dem rechten Flügel (Walamir gegenüber), in die Mitte (Attila und den Hunnen gegenüber) stellte Aëtius den Sangiban, Fürsten der Alanen, mit den übrigen Hülfstruppen, weil er ihm nicht traute und es für geboten erachtete, ihn zwischen beiden Flügeln zu haben.

Leider haben die zeitgenössischen Schriftsteller uns keine näheren Détails über diese so bedeutende Schlacht hinterlassen, welche über das Schicksal des Weströmischen Reiches, und möglicher Weise von ganz Europa entscheiden sollte. Alle sind sie darin einig, dass die Schlacht höchst wechselvoll, complicirt, erbittert und blutig war, und dass ihr keine frühere oder spätere zu vergleichen war oder sein wird. Im Uebrigen weiss man nur, dass um die Abendstunden eines kurzen Herbsttages Attila mit den Hunnen zuerst ungestüm gegen die Mitte des feindlichen Heeres anprallte, welche unter Sangiban stand, sie zurückdrängte, durchbrach, und sofort die linke Flanke der Westgothen angriff. Theodorich, welcher in den vordersten Reihen kämpfte und durch sein Beispiel seine Westgothen anfeuerte, wurde durch den Speer eines vornehmen Ostgothen, Andeges, tödtlich verwundet. Im selben Augenblicke aber warf sich sein Sohn Thorismund, der die Anhöhe in des Aëtius linker Flanke besetzt hatte, den Hunnen in die Flanke, drängte sie zurück und gab dadurch den Westgothen Zeit, sich von Neuem zu sammeln und zu ordnen. Nun wurden die Hunnen von vorne und von beiden Seiten angegriffen, sie geriethen in Unordnung, wendeten sich zur Flucht, in welche sie selbst Attila mitrissen, und nur die sinkende Nacht rettete sie vor gänzlicher Niederlage. Zum ersten Male auf's Haupt geschlagen, mit einem Verluste von ca. 100,000 Mann, zog Attila sich in seine Wagenburg zurück, wo er einen Scheiterhaufen aus seinen kostbarsten Sätteln und übrigem Pferdegeschirr aufrichten liess, fest entschlossen sich auf demselben zu verbrennen, wenn der Feind zum Sturme schritt; durch lärmende Musik und wildes Geschrei bemühte er sich, den Muth seiner Truppen neu zu beleben und dem Feinde seine schwierige Lage zu verbergen. Aber dieser Letztere hatte selber an 10.000 Mann verloren und dachte gar nicht daran, Attila's Wagenburg zu erstürmen. Nur Thorismund, von der Hitze der Verfolgung fortgerissen, stiess in der Dunkelheit der Nacht auf die hunnische Wagenburg, ward in dem Scharmützel mit den Hunnen aus dem Sattel geworfen, und wäre fast in Gefangenschaft gerathen. Auch Aëtius kam in gleiche Gefahr und liess, in sein Lager zurückgekehrt, da er das schliessliche Resultat der Schlacht noch nicht kannte, sein Heer die Nacht unter den Waffen zubringen.

Am nächsten Morgen versuchte er, Attila in seiner Wagenburg anzugreifen, stiess aber auf so heftigen Widerstand, dass er von weiteren Angriffen abstand und sich anschickte, den Attila in seiner Wagenburg einzuschliessen. Aus Furcht, dass die Ansprüche Thorismund's, welchen die Westgothen zu ihrem Könige ausgerufen hatten, und des Frankenkönigs Meroväus die Römer der Früchte des eben erfochtenen Sieges berauben könnten, wusste Aëtius sie Beide zu überreden, dass sie in ihre Länder zurückkehrten, um dieselben zu schützen: er selbst war auch nach ihrem Abzuge noch dem Attila an Zahl gewachsen, infolge des ungeheuren Verlustes, welchen dieser Letztere erlitten hatte. Nach einigen Tagen folgte er dem Rückzuge Attila's zum Rhein und liess ihn, ohne ihn anzugreifen und ungehindert über diesen Fluss gehen, von wo dann Attila längs der Donau durch Pannonien in seine Staaten zurückkehrte.

Das gänzliche Misslingen dieser Unternehmung im J. 451 erschütterte weder den Muth, noch die Macht Attila's, sondern erhöhte sie nur noch. Im J. 452 traf er mit einem neuen Heere in Pannonien und Noricum ein, verwüstete beide Lande mit Feuer und Schwert, und bedrohte Italien. Aëtius, durch diesen plötzlichen Einfall geschreckt, zog sich nach Gallien zurück, Valentinian ging nach Rom.

Nach Ueberschreitung der julischen Alpen belagerte Attila Aquileja. Diese reiche Stadt, welche muthig und tapfer den Anstrengungen eines Alarich und Radagaisus widerstanden hatte, leistete dem Attila den gleichen Widerstand, da sie eine hinlänglich starke Besatzung hatte. Schon machte Attila Anstalten zur Aufhebung der Belagerung, als ein Zufall ihn in den Besitz der Stadt brachte, welche nun so gründlich zerstört wurde, dass später nicht einmal mehr die Stelle aufgefunden werden konnte, wo Aquileja gestanden hatte. Dann setzte Attila seinen Verheerungszug nach Italien weiter fort, seine ganze Rache für die in Gallien erlittene Niederlage an diesem unglücklichen Lande auslassend. Die Städte Altinum, Concordia, Padua, Brescia, Verona und Bergamo wurden in Asche gelegt, Mailand und Pavia, welche sich freiwillig unterwarfen, mussten starke Kriegssteuern zahlen. Die Einwohner der Provinz Venetia retteten sich auf die Inseln des Adriatischen Meeres, wo sie die in der Folge so berühmte Stadt Venedig gründeten. Attila rückte bis dahin vor, wo der Mincius in den Po tritt, hier machte er kurzen Halt, um zu erwägen, ob er auf Rom marschiren solle.

Inswischen hatte Aëtius Truppen in Gallien zusammengezogen und Verstärkungen von dem Kaiser des Ostreiches, Marcianus, erhalten, und fing an, den Attila im Rücken zu bedrohen, d. h. von der Seite der julischen Alpen her; er schlug und vernichtete die von Attila gegen ihn ausgesandten Streifcorps und fügte dem Heere desselben dadurch erhebliche Verluste bei. Dieser Verlust erhöhte sich noch bedeutend durch den Umstand, dass in Attila's Heere, welches in dem während des Sommers sehr ungesunden Landstrich an dem Einflusse des Mincio in den Po lagerte, unter Menschen und Pferden Krankheitsepidemieen und grosse

Sterblichkeit ausbrachen. Unter diesen Umständen wagte der kleinmüthige Valentinian III. auf Anrathen des Senates den Versuch, durch Absendung einer Friedensgesandtschaft an Attila von diesem zu erlangen, was er mit Gewalt der Waffen nicht zu erringen wagte. Der römische Papst Leo I. ward von ihm zu Attila gesendet, und ihm der in Behandlung von Friedensanträgen sehr gewandte Consul Avienus und der *praefectus praetorio* Tigretius beigesellt. Diese Gesandtschaft ward von Attila mit Wohlwollen aufgenommen und war von grösserem Erfolge, als man erwartet hatte. Das würdevolle Benehmen und die überzeugende Kraft der Vorstellungen des Papstes Leo I., sowie die schwierige Lage, in welcher Attila sich befand und die ihm beim Marsche auf Rom noch bevorstand, machten ihn zu Friedensunterhandlungen geneigt, und es kam zu einem Waffenstillstande unter der Bedingung jährlicher Abzahlungen von Tribut an ihn. Dann zog er aus Italien fort, gab aber sein Wort, dass er mit weit grösserer Macht wiederkehren werde, wenn ihm nicht Honoria mit einer angemessenen Mitgift, Gebietstheilen des römischen Reiches, ausgeliefert werde. Zum Glück aber für Italien und des Weströmischen Reiches befreite Attila's Tod sie von dem Schrecken eines erneuten Einfalles desselben. Bei der Rückkehr in seine Stadt an der Donau, starb er plötzlich an einem heftigen Blutsturze. Nach seinem Tode erhoben sich Zwistigkeiten zwischen seinen vielen Söhnen und Nachfolgern, in Folge dieser Streitigkeiten theilten sich die hunnischen Horden, wurden über den Dnjepr bis zur Wolga zurückgeworfen und verschwanden seitdem aus der Geschichte. Das Königreich Attila's zerfiel ebenso rasch wieder, wie es entstanden war.

Kaum aber war Italien und das ganze Abendland von Attila befreit, so wandte der unwürdige Valentinian III., statt dem Aëtius, der mehr als einmal das Reich gerettet hatte, dafür dankbar zu sein, seinen ganzen Hass gegen diesen. Der niedrig denkende Eunuch Heraclius, der sich in des Kaisers Gunst eingeschlichen, verläumdete den tapferen Aëtius, indem er ihn des Strebens nach der höchsten Gewalt beschuldigte. Valentinian berief den Aëtius nach Rom, und hier, in den Gemächern seines eigenen Palastes erniedrigte er sich so weit, dass er ihm eigenhändig sein Schwert in die Brust stiess; seinem Beispiele folgten die Höflinge alle, und von zahllosen Wunden durchbohrt sank der unglückliche Aëtius zu den Füssen des Kaisers todt nieder! Ein gleiches Schicksal erlitt der *praefectus praetorio* Boethius, ein Freund des Aëtius, sowie alle treuen Anhänger desselben im J. 454.

Der Kriegsruhm des Aëtius hatte bei seinen Lebzeiten auf mehreren Seiten die Barbaren abgehalten, das Weströmische Reich anzufallen, und dadurch dessen schliesslichen Untergang aufgehalten. Nach seinem Tode aber bedrohten sie es nun doppelt heftig, weil sie überzeugt waren, dass mit ihm die letzte Stütze des Reiches gefallen sei. Die Seeräuber des *Pontus Euxinus* (Schwarzen Meeres) fielen in Armenien ein, das sie verheerten, Meroväus mit den Franken dehnte seine Macht in Gallien mehr und mehr aus, das ganze Volk der Sueven brach von jenseits des Rheins in dasselbe ein, und Valentinian, der den Beschützer des Reiches, Aëtius, ehrlos ermordet hatte, sah sich genöthigt, die mit den Barbaren durch Letzteren abgeschlossenen Verträge zu erneuern. Aber von Allen gehasst, ward er selbst im J. 455 auf dem Marsfelde Angesichts der Truppen durch Verschworene aus den Offizieren niedergestossen, welche dazu durch einen vornehmen Patrizier, Maximus, angereizt waren. Valentinian hatte diesen persönlich beleidigt. Am folgenden Tage ward Maximus zum Kaiser ausgerufen.

§. 426.

Feldzüge Ricimer's (457—472).

Nach der Ermordung des Maximus und der Plünderung Roms durch den Vandalenkönig Geiserich im Juni 455 veranlasste Theodorich II., König der Westgothen, im August desselben Jahres den Präfekten Avitus den Purpur zu nehmen, und versprach ihm seine Hülfe, wofür Avitus ihm einen Theil von Spanien abgetreten zu haben scheint. In Rom wurde Avitus kühl empfangen, sogar unfreundlich, weil die Römer ihn den gallischen Usurpator nannten, die im römischen Dienste stehenden Barbaren aber unter ihm ihre alte Macht und Einfluss einzubüssen fürchteten, da er von den Westgothen gewählt war. Unter den Anführern dieser Barbaren stand damals Ricimer besonders hoch im Ansehen, der Sohn eines Sueven und einer Gothin. Er kündigte dem Avitus den Gehorsam auf, und dieser, der Hülfe der Westgothen beraubt, entsagte dem Throne, trat in den geistlichen Stand, floh aber, sein Leben in Gefahr glaubend, nach Gallien und starb auf dem Wege dorthin (Ende 456). Nach seiner Abdankung ging die höchste Gewalt mit dem 16. Oktober 456 in Ricimer's Hände über. Klug, tapfer, im Kriegswesen erfahren, das er in den Kriegen und Feldzügen des Aëtius erlernt hatte, und gleich fähig zu heroischen wie zu verbrecherischen Thaten, war Ricimer ganz der Mann, um in diesen letzten Jahren des Weströmischen Reiches eine Rolle zu spielen. Hätte er sich nicht zum Kaiser desselben, sondern zum Könige von Italien ausrufen lassen, so würde das Weströmische Reich schon im J. 456 zu bestehen aufgehört haben. Er zog es aber vor, über dasselbe unter dem Namen seines Freundes Majorianus zu herrschen, der wegen seiner Befähigung, Eigenschaften und Tapferkeit in bestem Ansehen stand und nach seiner Erhebung auf den

Thron (am 1. April 457) sich desselben weit würdiger erwies, als Ricimer es erwartet hatte. Den Letzteren ernannte er zum Oberbefehlshaber über alle Truppen.

Kaum hatte er sich auf dem Throne befestigt, als im J. 458 ein Schwarm von Vandalen und Mauren, von Afrika an den campanischen Küsten landend, die reiche Gegend zwischen Liris und Vulturnus zu plündern begann. Majorian entsendete sogleich ein römisches Truppencorps gegen sie, welches sie besiegte und mit grossem Verluste zur Einschiffung und Rückkehr nach Afrika zwang. Aber das einzige Mittel, diesen räuberischen Einfällen von Afrika her ein Ende zu machen, war die Vernichtung des Vandalenreiches daselbst. Dies erklärte der morgenländische wie der abendländische Hof ganz offen; ehe aber Majorian noch dazu schreiten konnte, sah er sich genöthigt, die Ruhe in Gallien herzustellen, wo Theodorich II. mehrere Völker zum Aufstand gegen die Römer aufgereizt hatte: selbst die Sueven hatte er herbeigerufen und ein Bündniss mit Genserich geschlossen. Arelate ward von Theodorich belagert, der Präfekt Egidius aber zwang ihn die Belagerung aufzuheben.

Während dessen hatte Majorianus die Angelegenheiten in Italien geordnet und eine Armee zusammengezogen, und brach nach Gallien auf, von wo er nach Hispanien zu gehen und von da nach Afrika überzusetzen beabsichtigte. In seinem Heere befanden sich ausser römischen Truppen noch viele Bastarnen, Sueven, Hunnen, Rugier, Burgunden, Ostgothen, Alanen und Sarmaten, mit einem Wort Barbaren, — und zwar weit mehr als Römer. Trotz der späten Jahreszeit (Herbst 458) überstieg er die mit Schnee bedeckten Alpen, indem er durch sein eigenes Beispiel strenge Disciplin in seinem Heere aufrecht hielt.

In diese Zeit fällt ein Ereigniss in Gallien, welches diese Zeitepoche scharf kennzeichnet und nur in ihr vorkommen konnte. Die im nördlichen Gallien bereits vollkommen festsitzenden Franken hatten ihren König Childerich um seiner zügellosen Ausschweifungen willen verjagt und den römischen Feldherrn Egidius zum König gewählt! — Dieser Letztere vereinigte somit mehrere Jahre hindurch in sich die Würde eines Königs der Franken mit der Stellung eines römischen Feldherrn! Majorian, wie es scheint zu ohnmächtig, um an Stelle des Egidius einen König der Franken zu ernennen, begnügte sich während des Winters 458—459 damit, der Stadt Lugdunum ihren alten Glanz und Ruhm wiederzugeben, im Frühjahr 459 begab er sich nach Arelate, wo sein Heer bereits versammelt war. Gleichzeitig wurde in den Häfen von Aquileja, Ravenna und Misenum eine Flotte von 300 Kriegsschiffen ausgerüstet. Eine dem Theodorich durch die Römer in Südgallien beigebrachte Niederlage zwang diesen, sich von dem Bündniss mit Genserich los zu sagen und ein solches mit Majorian zu schliessen.

Im J. 460 ging Majorian mit seinem Heere über die Pyrenäen und war bis zum heutigen Saragossa gelangt, auf dem Wege nach Cadix, wo seine Truppen sich auf der Flotte einschiffen sollten, als Genserich, durch das Unternehmen Majorian's geschreckt, ihm Friedensanträge machte. Majorian wies diese von sich, und nun verheerte Genserich Mauretanien, vernichtete alle Lebensmittelvorräthe, vergiftete selbst die Quellen, und wusste durch Bestechungen mehrere römische Flottenführer dahin zu bringen, dass sie ihm einen Theil ihrer Schiffe überliessen. Hierdurch wurde Majorian's Unternehmen vollständig vereitelt, er sah sich genöthigt über die Pyrenäen zurück zu gehen und in Arelate neue Schiffe zu bauen.

Im J. 461 hatte eine zweite Gesandtschaft Genserich's an Majorian bereits mehr Erfolg, es kam zu einem neuen Vertrage zwischen ihnen. Aber der Misserfolg des Unternehmens Majorian's bot in seinen Folgen dem Ricimer einen Anlass, letzteren der Unfähigkeit des von ihm selbst erwählten Majorianus zuzuschreiben, welcher wegen der Energie seines Charakters und der Achtung des Heeres vor ihm nicht, wie Ricimer es gewollt und gehofft hatte, von diesem abhängig sein konnte. Majorian wurde daher am 2. August 461 gezwungen dem Throne zu entsagen, und starb 5 Tage danach, wie man annimmt, eines gewaltsamen Todes. Während dreier Monate herrschte Ricimer nun allein im Reiche, im November aber desselben Jahres wählte er einen gewissen Vibius Severus zum Kaiser, einen ganz unbedeutenden Menschen von unbekannter Herkunft. Der Kaiser des Ostreiches, Leo I., erkannte den Severus nicht an, suchte aber Genserich zur Einstellung seiner Plünderungen in Sardinien, Sicilien und an den Küsten von Italien zu bewegen. Allein Genserich fuhr trotz aller Vorstellungen und ohne sich um die früheren Verträge zu kümmern mit seinen Verwüstungen fort.

Im J. 462 suchte Ricimer, der den tapferen Grafen Marcellinus fürchtete, welcher, noch von Majorian in Sicilien eingesetzt, dieses Land tapfer gegen die Vandalen vertheidigt hatte, durch Bestechung die ostgothischen Soldtruppen des Marcellinus zum Abfalle von diesem zu bewegen. In Folge dessen ging Marcellinus persönlich nach Dalmatien, erklärte sich zum unabhängigen Beherrscher desselben und hatte sich bald so verstärkt, dass er dem Ricimer grosse Gefahr drohte. Aber der Abfall des Egidius in Gallien und die fortgesetzten Einfälle der Vandalen machten es Ricimer unmöglich, einen Krieg gegen Marcellinus zu unternehmen. In Folge dessen suchte er die Vermittelung Leo's I., um Marcellinus zum Gehorsam zurück zu bringen. Der Letztere aber versprach nur, gegen beide Reiche keine Feindseligkeiten auszuüben, so lange sie ihn im ungestörten Besitze von Dalmatien belassen würden.

Zu derselben Zeit erklärte Egidius in Gallien, aufgebracht über die

Ränke Ricimer's gegen ihn, sich zum obersten Truppenbefehlshaber in Gallien im Namen des römischen Senates und Volkes, und zum offenen Feinde des Severus und Ricimer. Schon schickte er sich zum Einmarsch in Italien mit einem starken Heere an, als Ricimer, um die Gefahr abzuwenden, Theodorich gegen Abtretung von Narbo bewog, den Egidius mit Krieg zu überziehen. Auch die Burgunder erhoben sich gegen die Franken, ihr König Gondiac erhielt den Titel eines Reichsfeldherrn und mehrere Städte in der Nähe der Rhône. Egidius dagegen trat in ein Bündniss mit den Alanen, Armorikern, Anglo-Sachsen, und sogar mit Genserich, welcher die Römer von der Seeseite her anzugreifen versprach,

An den Ufern des Liger (Loire) nahe bei Aurelianum (Orléans) kam es zwischen Franken und Westgothen zur Schlacht, in welcher Egidius die Westgothen besiegte, deren Führer Friderich fiel. Zu gleicher Zeit ward Genserich von Sicilien zurückgewiesen, und Ricimer trug einen so entscheidenden Sieg über die in Italien eingedrungenen Alanen davon, dass sie mit ihrem Anführer fast alle aufgerieben wurden.

Das Alles aber konnte dem unglücklichen abendländischen Reiche nicht im Geringsten mehr nützen. In Folge der mehr und mehr zunehmenden Unruhen, Unordnungen und Zerstückelungen ging es mit raschen Schritten seinem endlichen Untergange entgegen. Inmitten dieser schwierigen Umstände starb Severus im J. 465, wie man glaubt von Ricimer vergiftet, und der Thron des Weströmischen Reiches blieb 1½ Jahr lang unbesetzt. Ricimer, dessen Macht sich weder Senat noch Volk widersetzen konnten, herrschte unumschränkt über das Reich. Die Barbaren fürchteten seinen Namen, und nur die Vandalen hörten mit ihren Einfällen an den Inseln und Küsten Italiens nicht auf. Ricimer beschloss ihr Reich in Afrika zu zerstören und hatte schon eine grosse Flotte ausgerüstet, mit welcher er sich nach Afrika überzufahren anschickte, aber heftige Stürme hinderten ihn daran (466).

Endlich sah er selbst ein, dass man unmöglich länger diese Lage ertragen könne, und so überliess er es Leo I., einen Kaiser für das Abendland zu ernennen. Leo traf eine sehr glückliche Wahl, indem er den Schwiegersohn des Marcian, Anthemius zum Augustus ernannte, welcher im J. 467 mit einem Heere und Schatze in Rom eintraf, mit Jubel daselbst empfangen wurde und, zur Befestigung des guten Einvernehmens mit Ricimer, diesem seine Tochter zur Gemahlin gab.

Die seit dieser Zeit zwischen beiden Reichen bestehenden freundschaftlichen Beziehungen führten bald zur Erneuerung des unter Majorian nicht zur Ausführung gelangten Planes gegen die Vandalen. Genserich selbst gab den Anstoss dazu: nach wiederholter Verwüstung der Inseln und Küsten Italiens trieb er es ebenso an den Inseln und Küsten Griechen lands. Nun rüsteten Leo und Anthemius eine ungeheure Flotte von 1113 Schiffen aus, schifften an 100,000 Mann Truppen darauf ein, übergaben den Oberbefehl dem Basiliscus, Bruder der Gemahlin Leo's, und sendeten sie an die Küste von Sicilien, von wo sie nach Afrika hinüberfahren sollten. Zur selben Zeit erhielt Marcellinus, der die Herrschaft Leo's bereits anerkannt hatte, den Befehl, die Vandalen aus Sardinien zu vertreiben, die Feldherren Heraclius und Marsus wurden angewiesen, die Küsten der tripolitanischen Provinz anzugreifen.

Nachdem er Sardinien von den Vandalen gesäubert hatte, vereinigte Marcellinus sich mit Basiliscus; Heraclius und Marsus, welche nach ihrer Landung in Afrika die Vandalen zurückgedrängt hatten, marschirten auf Carthago, wo sie den Basiliscus bereits zu finden hofften. Der Letztere aber, auf 14 Stunden Entfernung von Carthago in unthätiger Ruhe liegend, liess dem Genserich Zeit, sich aufzuraffen und ein Heer zusammenzuziehen. Dieses Verhalten des Basiliscus war theils eine Folge seiner Unfähigkeit, theils auch davon, dass die Feldherren Leo's, Ardabur und Aspar, schon seit längerer Zeit mit ihm unzufrieden, dem Basiliscus den Purpur versprochen hatten, wenn er die Unternehmung gegen die Vandalen scheitern machen werde. Ausserdem liess sich der zur Habsucht geneigte Basiliscus auch von Genserich bestechen und ging einen fünftägigen Waffenstillstand ein. Während dieser 5 Tage aber hatte Genserich eine grosse Anzahl von Branderschiffen zusammengebracht, die er unter Benutzung eines Südwindes eines Nachts unter die römischen Schiffe trieb, welche dadurch in Brand geriethen. Mit wenigen Trümmern kehrte Basiliscus schimpfbeladen nach Sicilien zurück, Heraclius und Marsus eilten nach Tripolis zurück und gewannen von dort zu Lande Aegypten, die Vandalen aber setzten sich vollkommen in den Besitz von Sicilien. Ein solches Ende nahm das letzte Unternehmen gegen die Vandalen in Afrika, und von dieser Zeit an wagten weder Leo I., noch die Kaiser des Abendlandes sie je wieder anzugreifen.

Um das Unglück des Weströmischen Reiches vollkommen zu machen, welches Reich sich jetzt nur noch auf die Grenzen von Italien allein beschränkte, brach im J. 469 zwischen Anthemius und Ricimer ein Zwist aus, welcher bald zu offenem Kriege führte. Anthemius beschuldigte den Ricimer geheimer Verbindungen und Einverständnisses mit den Barbaren, Ricimer verübelte dem Kaiser diesen ungerechten Verdacht. Ricimer entfernte sich von Rom nach Mediolanum, auf beiden Seiten begann man zum Kriege zu rüsten. Den Bemühungen des Bischofs Epiphanes von Pavia gelang es indessen, eine Versöhnung zwischen Ricimer und Anthemius zu Stande zu bringen, die aber von Ricimer nicht aufrichtig gemeint war, denn er beabsichtigte den Kaiser in einen Krieg mit den Barbaren zu verwickeln, in welchem derselbe seinen Untergang finden sollte. Auf sein heimliches Anstiften brach der Westgothenkönig Eurich in Römisch-Gallien ein, um sich des Landes zwischen Loire und Rhône zu bemächtigen. Anthemius gab sogleich Befehl, die römischen Truppen in Gallien zusammen zu ziehen und bot zugleich den Riotham, König der Bretonen, zu einem Angriffe gegen die Westgothen auf. Riotham griff, um den Ruhm des Sieges nicht mit den Römern theilen zu müssen, die Westgothen ohne Beihülfe der Römer an, obgleich sie viel stärker waren als er, er wurde entscheidend geschlagen, und die Sieger setzten sich in Folge dessen in der Provinz Berry fest.

Zwei Jahre darauf, im J. 472, stand Ricimer offen gegen Anthemius auf, zog an der Spitze eines Heeres aus Mediolanum nach Rom und bezog am Ufer der Tiber bei der mulvischen Brücke ein Lager. In Rom selbst war die eine Partei für Anthemius, die andere für Ricimer.

Auf die erste Kunde hiervon hatte Kaiser Leo I. den Senator Olybrius abgeschickt, um den Frieden zwischen Anthemius und Ricimer herzustellen. Der Letztere aber bewog den Olybrius, der mit der Tochter Valentinian's III., Placidia, vermählt war, selber den Purpur zu nehmen, und schloss mit ihm vereint den Anthemius in Rom ein. Anthemius behauptete sich 3 Monate lang in Rom, endlich aber nahm Ricimer die Stadt mit Sturm und überliess sie seinen Truppen zur Plünderung (11. Juni 472). Dies war in 62 Jahren die dritte Plünderung Roms, eine besonders furchtbare deshalb, weil ausserdem, dass die Stadt mit Feuer und Schwert verheert ward, auch noch eine Pest sich hinzu gesellte. Anthemius ward hierbei ergriffen und ermordet. Allein auch Ricimer überlebte ihn nicht lange, denn am 20. August desselben Jahres erlag er selbst der Pest, und hinterliess das Andenken an sich als an einen fähigen, aber unwürdigen Herrscher und Feldherrn.

§. 427.

Feldzüge Odoaker's (476—480).

Nachdem im J. 473 auch Olybrius gestorben war, ging im Weströmischen Reiche, das nur noch aus Italien, Dalmatien und einem kleinen Theile von Nordgallien bestand, die höchste Gewalt 3 Jahre lang in die Hände von Truppenbefehlshabern über: des Burgunderfürsten Gundobald, des Orestes, eines geborenen Römers, der aber seinem Charakter nach vollkommen Barbar war, und endlich des Germanen Odoaker oder Ottokar, aus dem Stamme der Rugier, welche sämmtlich im Namen der unbedeutenden Kaiser Glycerius, dann des Julius Nepos, und endlich des Sohnes des Orestes, des noch im Knabenalter stehenden Romulus Augustulus herrschten. Durch den häufigen Wechsel der Kaiser und die Unbestimmtheit ihrer Beziehungen zur römischen Regierung aufgebracht, forderten die in der römischen Armee in Italien stehenden Barbaren endlich gegen Ende des J. 475 von Orestes den dritten Theil von Italien, um sich darin anzusiedeln. Da ihnen dies abgeschlagen wurde, so wandten sie sich an den Oberbefehlshaber Odoaker, in der Hoffnung, durch ihn mit Gewalt zu erlangen, was sie forderten. Um Odoaker sammelten sich die Barbaren aus allen Lagern und Städten Italiens, und er führte sie nach Pavia, wohin Orestes sich geworfen hatte. Pavia wurde belagert und im August 476 von Odoaker eingenommen und zerstört, Orestes gefangen genommen und enthauptet. Dann zog Odoaker nach Ravenna, und nahm nach Besiegung des Paulus, Bruder des Orestes, auch diese Stadt, in welcher der unmündige Romulus Augustulus in seine Hände fiel. Im Namen dieses Knaben hätte er die oberste Gewalt in seine Hände nehmen und ebenso regieren können, wie Stilicho, Aëtius, Ricimer und Orestes geherrscht hatten; aber er hatte seinen Truppen das bestimmte Versprechen gegeben, dass er ihre Forderung nach Land in Italien erfüllen werde, und so setzte er den Romulus Augustulus ab und wies ihm die frühere Besitzung des Lucullus in Campanien zum Aufenthalt, und 6000 Goldstücke jährlich zum Unterhalt an. Seinen Truppen gab er den dritten Theil des Landes in Italien zum Eigenthum, er selbst blieb ihr Führer unter dem Titel eines Königs von Italien; der von dem oströmischen Kaiser Zeno ihm verliehene Rang eines römischen Patriziers verschaffte ihm die gesetzliche Gewalt auch über die römische Bevölkerung. Rom unterwarf sich ihm, er aber verlegte seine Residenz und Hauptstadt nach Ravenna, und änderte Nichts an den alten Regierungsformen. Die sein Heer bildenden Barbaren verbreiteten sich über ganz Italien und liessen sich darin nieder. Genserich trat ihm Sicilien ab, wofür Odoaker sich zur Zahlung eines jährlichen Tributes verpflichtete.

Auf diese Weise hörte im J. 476 n. Chr., 1229 Jahre nach der Gründung Roms das Weströmische Reich definitiv zu existiren auf: in seinen gewesenen Provinzen bildeten sich neue Staaten der germanischen Völker, in dem eigentlichen Italien das italienische Königreich. Indessen lebte noch 2½ J. danach der römische Kaiser Julius Nepos, der sich in Salona hielt, und obschon er nur nach dem Namen nach, und ohne Reich, Kaiser war, so berechnen doch einige neuere Schriftsteller den gänzlichen Untergang des Weströmischen Reiches und des Kaisertitels desselben erst mit dem 4. Mai 480, wo Nepos ermordet wurde.

Einundsechzigstes Kapitel.

Allgemeiner Ueberblick über die römische Kriegsgeschichte von Augustus bis 476 n. Chr.

I. *Die römische Welt, Christenthum und Barbaren, in kriegerischer Hinsicht.* — §. 428. *Die römische Welt.* — §. 429. *Christenthum.* — §. 430. *Barbaren.* — §. 431. *Einfluss dieser 3 Elemente zusammengenommen.* — II. *Militärische Organisation, Kriegskunst und Kriege.* — §. 432. *Militärische Organisation des Staates, der Armeen und Truppen.* — §. 433. *Kriegskunst.* — §. 434. *Kriege.* — III. *Die hervorragendsten und bedeutendsten Heerführer.* — §. 435. *Augustus.* — §. 436. *Hermann oder Arminius, und Civilis.* — §. 437. *Tiberius.* — §. 438. *Drusus und Germanicus.* — §. 439. *Vespasian und Titus.* — §. 440. *Trajan.* — §. 441. *Marcus Aurelius.* — §. 442. *Diocletian.* — §. 443. *Constantin d. Gr.* — §. 444. *Julian.* — §. 445. *Theodosius d. Gr.* — §. 446. *Stilicho, Aëtius, Ricimer.* — §. 447. *Alarich.* — §. 448. *Attila.* — §. 449. *Odoaker.*

I. Die römische Welt, Christenthum und Barbaren. in kriegerischer Hinsicht.

§. 428.

Die römische Welt.

Die vierte und letzte Periode der allgemeinen Kriegsgeschichte des Alterthums von Augustus bis zum Untergang des Weströmischen Reiches, welche 5 ganze Jahrhunderte umfasst, ist eine Periode des allgemeinen Verfalls der Heeresorganisation und Kriegskunst der Römer, — sie hat indessen auch in kriegerischer Hinsicht dieselbe grosse Weltbedeutung, wie in religiöser, in politischer und allgemeiner Hinsicht. Von der einen Seite hatte der gänzliche Verfall, die totale Auflösung der alten heidnischen Welt im Allgemeinen und der römischen im Besonderen, von der anderen Seite deren gänzliche Umwandelung durch den Einfluss des Christenthums und der Barbaren, d. h. der nördlichen Völker Europas, natürlicherweise nicht ohne wesentliche Einwirkung auch auf das gesammte römische Kriegswesen bleiben können. Das beständige Ringen und einander Entgegenwirken dieser 3 Elemente macht aus diesem Zeitabschnitt die Periode des Uebergangs aus der alten in eine neue Welt, er enthält, wenn auch noch im Keime, alle Anfänge des neuen Lebens in der Welt überhaupt, vorzugsweise aber in der europäischen Welt. Umgebildet und erneut durch die beiden mächtigen Gewalten, Christenthum und Barbarenthum, trat die alte heidnische Welt, nachdem sie ihre Zeit vollbracht, die Frucht ihrer durch 25 Jahrh. sich erstreckenden Thätigkeit als naturgemässe Erbschaft an die Menschengeschlechter der folgenden Jahrhunderte des Mittelalters ab. Und noch lange nachher machte ihr Einfluss auf die neue Civilisation Europas wie auf alle Seiten des neuen öffentlichen Lebens in Europa sich mächtig fühlbar.

Bei dem innigen Zusammenhange dieses gesammten Lebens mit dem ganzen Heerwesen machten sich auch bei letzterem alle Einwirkungen der verfallenden und sich zersetzenden alten heidnischen Welt, und der diese umbildenden Faktoren, Christenthum und Barbarenthum, geltend. Deshalb ist es auch ebenso interessant wie lehrreich, einen kurzen Blick auf diese verschiedenen Einflüsse und vor Allem auf die römische Welt in der Periode von Augustus bis zum Untergange des Weströmischen Reiches zu werfen.

Die römische Welt hatte unter der Regierung des Augustus die höchste Stufe ihrer geschichtlichen Entwickelung erreicht, die gesammte Civilisation des heidnischen Alterthums in sich concentrirt, und damit zugleich auch den höchsten Grad ihrer Corruption und ihrer Auflösung erreicht, über welchen hinaus zu gelangen unmöglich war. Ohne den Einfluss dieser Verderbniss und Zersetzung auf das Staatswesen und öffentliche Leben, auf den geistigen und sittlichen Standpunkt der Römer dieser Zeit näher zu beleuchten, wenden wir unsere Aufmerksamkeit ausschliesslich jenem Einflusse auf das gesammte römische Kriegswesen während der letzten 4 Jahrh. des Alterthums zu.

Rom, dieses anfangs kleine, zügellose kriegerische Gemeinwesen, verdankte in den ersten 552 Jahren nach seiner Gründung (752—200 v. Chr.) seine unglaublichen Erfolge, ausser seinen vortrefflichen militärischen Einrichtungen, der Einfachheit, Reinheit und Strenge seiner Sitten, seinem ausgezeichneten kriegerischen Geiste, und seiner ausserordentlich strengen militärischen Disciplin. Aber schon nach dem zweiten punischen Kriege begannen, in dem Maasse wie die Römer die Erfolge ihrer Waffen ausserhalb der Grenzen Italiens nach dem Osten, nach Griechenland, Macedonien, und weiter nach Asien hinein zu tragen anfingen, in den kriegerischen Sitten und Gebräuchen sich allmälig mehr oder minder wichtige Veränderungen zum Schlechteren einzuschleichen, zur Habsucht, Luxus,

Weichlichkeit und Sittenverderbniss des Orients, zur Erschlaffung der militärischen Disciplin und Ordnung. Die Bürgerkriege seit 134 v. Chr. gaben einen weiteren harten Stoss und hatten in dem Zeitraum von 100 Jahren bis zu Augustus die römischen Heere vollkommen umgestaltet, so dass an Stelle der altrömischen kriegerischen Tugenden, vor allen der strengen Mannszucht, die vollkommen entgegengesetzten Laster, besonders Willkür und meuterischer Geist getreten waren.

Durch seine Verbesserungen, seine weisen Einrichtungen und deren energische Aufrechthaltung und Durchführung hatte Augustus während seiner 44jährigen Regierung der Zersetzung und Verderbniss des Heeres eine Schranke gesetzt und aus demselben das gemacht, was das Heer sein soll, — nach dem schönen Ausspruch Friedrich's d. Gr. — *das Fundament von dem Ruhm und der Conservation des Staates* (Instruction an seine Generale).

Aber nach dem Tode des Augustus brach das alte Uebel, dessen Wurzel schon in den Bürgerkriegen lag, auf's Neue hervor und erlangte solche furchtbare Höhe und Macht, wie sie bis dahin die Geschichte, selbst nach dem Tode Alexander's d. Gr. im Orient nicht gekannt hatte. Das Beispiel gaben, noch zu des Tiberius Zeit, die Prätorianer, indem sie sich nicht zu den Wächtern der Person des Kaisers, sondern zu deren unbeschränkten Tyrannen und Herrschern, zu einer Pestbeule, Drohung und Schrecken für den Staat machten, so lange bis sie von Diocletian beseitigt wurden. Aber ihr Beispiel hatte auch die Legionen angesteckt, welche in den Provinzen und an den Grenzen standen, wo sie, gleich den Prätorianern in Rom, sich das Recht anmaassten, Kaiser zu ernennen und abzusetzen, Ersteres für Geld, Letzteres durch Ermordung. Mit erschreckender Schnelligkeit und Gewalt nahmen von Jahrhundert zu Jahrhundert, ja von Jahr zu Jahr im Heere die abscheulichsten Laster zu, welche den vollkommensten Gegensatz zu den altrömischen Tugenden bildeten, den Namen des Heeres beschimpften und es, statt zu einem Schmutze, zu einer Pest, zum Verderben des Staates machten. Sittenverderbniss, Müssiggang, Trägheit, Liederlichkeit, Verweichlichung, unermessliche Geldgier und Beutesucht, Plünderungssucht, Lust am Verheeren und Morden, und zugleich dabei Hang zu Aufruhr, freche Willkür, Ungehorsam gegen die Gesetze, Verachtung der Heiligkeit von Eid und Pflicht, Meineidigkeit, Treulosigkeit, Hinterlist, dabei Feigheit und Muthlosigkeit vor dem Feinde, mit einem Worte die rohesten thierischen Instinkte und die niedrigsten gemeinsten Triebe und Leidenschaften des Menschen beseelten selbst die eigentlichen *römischen* Truppen, d. h. diejenigen, welche aus römischen Unterthanen, besonders aus städtischer Bevölkerung und vor Allem aus dem niedrigsten Pöbel Roms zusammengesetzt waren, und setzten sie auf die Stufe von Räubern.

ja noch weit unter diese herab. Vergeblich waren einerseits die bis zu unmenschlicher Grausamkeit gesteigerten Strafen für militärische Vergehen und Verbrechen, und andererseits die maasslosen Belohnungen in Geld und kostbaren Gegenständen, Befreiungen von Abgaben und Vorrechte. Nichts konnte mehr der Seuche eine Grenze setzen, welche das römische Heer, wie die ganze römische Welt besonders in den höheren Schichten ergriffen hatte, und die sich immer weiter und heftiger ausbreitete, Nichts vermochte wiederzubringen was unwiederbringlich verloren war. Der ungemein tiefe sittliche Verfall des Heeres wie des gesammten römischen Volkes liess dasselbe nicht mehr eine Stütze und Schutzwehr des Staates bleiben, sondern musste es vielmehr zu einem inneren Feinde des Reiches machen, der unvergleichlich gefährlicher war, als alle äusseren und furchtbaren Feinde des Reiches in dieser finsteren Zeit.

§. 429.

Christenthum.

Wenden wir uns nunmehr zu den beiden mächtigen Gewalten, welche die Vorsehung zur Umbildung und Erneuerung der alten heidnischen Welt überhaupt, und der römischen insbesondere, bestimmt hatte, und sehen wir uns deren Einwirkung gleichfalls speziell in Bezug auf das Kriegswesen näher an.

Im 31. Jahre der Regierung des Augustus war jenes grosse Weltereigniss eingetreten, welches der Ausgangspunkt einer Erneuerung des menschlichen Geschlechtes wurde, — die Geburt Jesu Christi zu Bethlehem in Judäa, der durch seine dreijährige Lehre und Predigt in Jerusalem, Judäa und Galiläa, durch seinen Kreuzestod und Auferstehung den Grund zu einer neuen göttlichen Lehre und zum christlichen Glauben legte. Diese, durch seine Jünger, die Apostel, in allen Enden der Welt, d. h. der damals bekannten Welt verbreitete Lehre hatte, trotz der grausamen und schrecklichen Verfolgung derselben durch die heidnischen römischen Kaiser und Regierungen, während der 3 ersten Jahrh. n. Chr. überall, in allen Ständen und Klassen ohne Unterschied des Alters und Geschlechtes, und somit auch in dem römischen Heere so viele Anhänger gefunden, dass sie der alten mehr und tiefer sinkenden Religion bereits eine neue und bedeutende Macht entgegengesetzte. Im entschiedensten Gegensatze zu den heidnischen Lastern leuchteten die wahrhaft christlichen Tugenden Derer, welche der Lehre Christi nachfolgten, nach dem zutreffenden Ausdrucke der christlichen Schriftsteller dieser Zeit (Origines, Justinus, Tertullian u. A.) hervor »wie ein Licht in der Finsterniss, wie das Licht der Welt«. Ein kurzer Blick auf die sittlichen

Anfänge des Lebens und auf das Verhalten der ersten Christen inmitten der heidnischen Welt überhaupt und der römischen insbesondere kann einen Begriff geben von dem Einflusse dieses Lebens auch in specifisch militärischer Hinsicht und mitten unter den römischen Soldaten.

1) In Bezug auf den Staat. Die ersten Christen, im Volke wie im Heere, befanden sich niemals unter den Aufrührern gegen die Kaiser, sondern gehorchten ihnen im Gegentheil gern, erwiesen ihnen aufrichtige Ehrfurcht und beteten für sie, denn sie sahen in denselben die von Gott eingesetzte Obrigkeit. Niemals gehörten sie zu den offenen oder geheimen Feinden der Kaiser oder ihrer Regierungen, noch zu den Uebertretern der Gesetze für die öffentliche Wohlfahrt. Die Heiden dagegen hielten die Christen stets für Feinde der Kaiser und für Empörer, das war aber eine heidnische Lüge, wie sie das Heidenthum überhaupt, das römische aber besonders vollkommen erklärlich machte, während für das Christenthum Wahrheit und Recht ein Gesetz des Glaubens und Gewissens war. In Bezug auf die Christen, im Volke sowohl wie im Heere, sind die Worte Tertullian's in seinem Apologeticus bemerkenswerth: »Wenn wir, statt durch Stillschweigen uns zu rächen, uns als offene Feinde hätten verhalten wollen, so würde es uns weder an Macht, noch an Truppen gefehlt haben. Die Mauren, Marcomannen, Parther und andere Völker, ausserdem in ihre Grenzen eingeschlossen, sind nicht so zahlreich wie unsere Nation (d. h. die christliche), deren Grenzen die ganze Welt sind. Wie hätten wir nicht fähig sein sollen zu kämpfen, selbst bei ungleichen Kräften, zu einer Zeit, wo wir so gern bereit waren zu sterben, wenn wir uns nicht zur Regel gemacht hätten, dass es besser sei, den Tod zu ertragen, als Andere zu tödten? Ohne sogar zu den Waffen zu greifen, ohne zur Empörung zu schreiten, hätten wir Euch besiegen können schon dadurch allein, dass wir uns von Euch trennten.« Unfähig Aufruhr und Empörung zu stiften, nahmen die ersten Christen auch nie an Verschwörungen gegen die Kaiser Theil. Im Gegentheil waren sie mehr als alle Anderen bemüht zur allgemeinen Ruhe im Volke wie im Heere beizutragen. Sie erwiesen der heidnischen Regierung und Obrigkeit alle Ehre, gehorchten ihnen in Allem, was sich nicht auf den Götzendienst bezog, und zwar nicht nur äusserlich oder sklavisch, sondern aus freiem Antriebe, willig und aufrichtig, nicht aus Heuchelei, Schmeichelei oder Furcht, sondern aus aufrichtigem Herzen und in voller Erkenntniss ihrer Pflicht. Sie beteten zu Gott nicht nur für die Kaiser, sondern für das ganze Reich, dessen Bewohner und deren Wohlergehen. Nur in einem Stücke gehorchten sie nicht, nämlich in der gesetzlichen Begehung heidnischer Ceremonien, welchem sie die allergrausamsten Qualen und den Tod vorzogen.

Dessen ungeachtet hassten die Kaiser und die römischen heidnischen Regierungen die ersten Christen und verfolgten sie im Heere wie im Volke ohne Unterschied auf die grausamste Weise. Die Christen bewiesen in der Zeit dieser Verfolgungen eine seltene Aufrichtigkeit und hochherzige Standhaftigkeit, vereint mit staunenerregender Einsicht, und waren auf diese Weise, soweit wie möglich den Geboten der Kaiser gehorsamend. beständig bemüht die Gesetze ihres Glaubens und ihrer Moral unverletzt aufrecht zu halten. Wie viele giebt es nicht solcher Beispiele von Seiten der Christen in allen Schichten und Ständen ohne Unterschied des Alters und Geschlechtes, im Volke sowohl — vom einfachsten Landmann bis zu dem vornehmsten Senator und Würdenträger, wie im Heere — vom gemeinen Soldaten bis zu den höchsten Offizieren hinauf! Mit Seelen-Gleichmuth die grausamsten Foltern von den Heiden ertragend, zeigten die ersten Christen eine ungewöhnliche Sanftmuth und Milde gegen ihre Verfolger, denen sie nicht nur kein Uebles, sondern noch Gutes erwiesen. Stets auf die öffentliche Ruhe bedacht, suchten sie auch zur Zeit der Verfolgung dieselbe auf alle Weise in den Provinzen aufrecht zu erhalten, wo sie verfolgt wurden.

2) In Bezug auf das öffentliche Leben zeigten sie in ihrem Verhältniss zu den Heiden eine beständige Liebe zu denselben und Wohlthätigkeit aller Art, waren auch auf jede Weise bemüht, in Friede und Eintracht mit denselben zu leben. Von ihrer Jenen bewiesenen Gastfreundlichkeit zeugt u. A. ein Vorfall aus dem Leben des heiligen Pachomius. In jungen Jahren diente er als Heide im römischen Heere: einst fuhr er mit seiner Legion über See und landete bei einer Stadt, wo er sich über das Entgegenkommen der Bewohner höchlichst verwunderte, welche die Soldaten so herzlich aufnahmen, als ob sie ihre alten Freunde wären. Auf des Pachomius Frage, was das für Leute seien, erhielt er die Antwort, dass sie sich zu einer besonderen Religion bekennten, welche die christliche heisse. Nun regte sich in Pachomius der Wunsch, die Lehre derselben kennen zu lernen, und damit war der Anfang seiner Bekehrung gemacht. Namentlich zu Zeiten allgemeinen Unglücks, bei Hungersnöthen, Krankheiten, Seuchen, Feuersbrünsten, Ueberschwemmungen, Kriegen u. s. w. erwiesen die ersten Christen den Heiden ihre Wohlthätigkeit. Sie liessen sich auch in diesen offen oder heimlich und bei jeder Gelegenheit vollbrachten Wohlthaten weder durch Zeit, noch durch Ort oder äussere Umstände beschränken.

Was die verschiedenen öffentlichen Pflichten, Aemter und Vergnügungen in dem bürgerlichen und militärischen Leben der heidnischen Römer anbelangt, so hielten sich die Christen von denselben fern, als unvereinbar mit den Regeln ihres Glaubens und im Zusammenhange stehend mit der Ablegung eines heidnischen Eidschwures oder mit

Aeusserungen der Freude an den öffentlichen heidnischen Feiern und Festen und den verschiedenen dabei üblichen heidnischen Gebräuchen. Uebrigens gab es unter den Christen auch solche, welche die Annahme von öffentlichen Aemtern für sich erlaubt hielten. Daher war auch unter ihnen kein Mangel an Beamten aller Art, als Senatoren, Präfekten, Tribunen, Quästoren, Consuln, ja an Höflingen, Vornehmen und Adeligen. Was den Kriegerstand anbetraf, so machten die ersten Christen bei demselben mehr Schwierigkeiten, als bei den bürgerlichen Aemtern. Ausserdem, dass der Kriegerberuf den Christen die unerlässliche Theilnahme an einigen heidnischen Gebräuchen auferlegte, schien derselbe ihnen auch unverträglich mit dem Geiste ihres Glaubens, welcher ihrer Ueberzeugung nach überall Frieden und Eintracht einführte, und Allen lehrte, friedlich und einträchtig beisammen zu leben. Da es ihnen schliesslich aber unmöglich war, sich ganz dem Kriegsdienste zu entziehen, so verurtheilten sie auch diejenigen nicht, welche, wenn sie Soldaten geworden waren, diesem Berufe treu blieben, so lange er nicht ihrem Glauben Gewalt anthat. Standen sie einmal im Heere, so erfüllten sie ihre Pflichten eifriger, treuer und weit nutzbringender, als die Heiden. Und sie dienten im Heere nicht vereinzelt oder in geringer Zahl: es gab christliche Legionen. Wie viel Nutzen dem Marc Aurel in dem Feldzug gegen die Germanen die Donnerlegion *legio fulminatrix* gebracht hatte, das erkannten selbst die Heiden an. Und eine andere christliche Legion, die thebanische (*legio thebana*), erduldete insgesammt, dem Beispiele ihres Präfekten Mauritius folgend, unter dem Kaiser Maximianus Herculius, dem Mitregenten Diocletian's, die Folter und den Tod. Wenn sich aber die ersten Christen bisweilen des Kriegsdienstes weigerten, so lag dies darin, dass die Heiden sie zwingen wollten, ihrem Glauben zu entsagen und an heidnischen Ceremonien Theil zu nehmen (so z. B. die Märtyrer: der Centurio Gordius unter Diocletian, der Tribun Urpasianus unter Maximian, der Centurio Marcellus unter Galerius, u. v. A.). Mit den Heiden in denselben Städten und Dörfern lebend, theilten die ersten Christen mit ihnen nicht den Hang zu sinnlichen Genüssen, auch mit einigen derselben nicht die Abwendung von der ganzen Welt und von den erlaubten Vergnügungen in derselben, sie hielten vielmehr die verständige Mitte inne zwischen diesen Extremen, indem sie mässig und enthaltsam waren, und sich demüthig den Gefühlen der Liebe und den geistigen Freuden und Genüssen hingaben. Dem entsprechend mieden sie weder die Beziehungen zu den Heiden, noch Industrie und Handel, hielten sich aber stets in den Grenzen ihrer Glaubensvorschriften. Die Heiden aber blickten in dieser Hinsicht auf die Christen wie auf ein Volk, das die Welt nicht liebe, für dieselbe abgestorben und nutzlos sei. Auf diese Verläumdungen antworteten die Christen mit Ehrenhaftigkeit, Rechtlichkeit, Mangel an

Gewinnsucht, Enthaltung von allen bei den Heiden üblichen Lastern. Hinsichtlich der Wissenschaften und Künste hielten sie nur diejenigen ihnen verboten, welche in engem Zusammenhange mit dem Götzendienste standen (so z. B. die Anfertigung und Ausschmückung von Götzenbildern, Erbauung von heidnischen Tempeln und Altären, die Astrologie, Magie, die Künste der Wahrsagerei und Zauberei, ja sogar auch die heidnische Philosophie und Werke verschiedener Art, wenn diese letzteren dem christlichen Glauben Abbruch thaten). Von den Gladiatorenkämpfen, wilden Thierhetzen und anderen ähnlichen öffentlichen Schauspielen, welche die Heiden und besonders die Römer so leidenschaftlich liebten und welche mit aussergewöhnlicher, ja bestialischer, Grausamkeit verknüpft waren, wandten sich die ersten Christen ab und gestatteten sich nicht, daran Theil zu nehmen. Dasselbe ist auch von den übrigen heidnischen Schauspielen zu sagen, als da waren: mimische Spiele, Komödien und Tragödien, Pferderennen, wie überhaupt von jedem Besuch der Circus und Theater, welche die Christen für direkt aus dem Götzendienst herstammende Sitze der Abgötterei und Sittenverderbniss betrachteten.

Endlich 3) in Bezug auf Haus und Familie waren die ersten Christen der vollkommenste Gegensatz zu den Heiden. Die Letzteren, mehr mit den öffentlichen Angelegenheiten befasst, wo sie Befriedigung für ihre Ehre und Habgier fanden, bekümmerten sich sehr wenig um ihr häusliches Familienleben, das weibliche Geschlecht stand bei ihnen in sehr geringem Ansehen, die Kinder erzog nicht die Mutter, sondern eine Sklavin oder Magd. Diese Art des häuslichen und Familienlebens gab vielfach Anlass zu Untreue und Lüderlichkeit, zerstörte das Familienglück und raubte die reinen häuslichen Freuden. Bei den ersten Christen dagegen war die Ehe ein kirchliches Sakrament, das den Familienbund und die ganze Familie, wie das häusliche Leben und die gegenseitigen Beziehungen zwischen den Gatten und deren Kindern und Alles, was damit zusammenhing heiligte. Gemischte Ehen zwischen Christen und Heiden waren nicht erlaubt, als dem Frieden und der Eintracht des christlichen ehelichen Lebens zuwider. Trat aber ein Heide oder eine Heidin zum Christenthum über, so war es dem Christen nicht gestattet, sich scheiden zu lassen, sondern es sollte der Ehebund geheiligt werden, indem die Ehe zu Nutz und im Sinne des christlichen Bekenntnisses geführt wurde. Traten hierbei Misshelligkeiten ein, so wurden die Gatten geschieden. In solchen Mischehen suchte der Mann oder die Frau (der christliche Theil) die Kinder im christlichen Glauben zu erziehen. Aber es kam vor, dass die Kinder heidnischer Eltern sich dem Christenthum zuwandten und doch ihren Eltern in Achtung und Gehorsam ergeben blieben, so lange damit kein Hinderniss für ihr Bekenntniss zum christlichen Glauben verknüpft war, in welchem Falle sie das elterliche Haus verliessen, ja sich sogar Züchtigungen und Foltern aussetzten. Die freundschaftlichen Beziehungen zwischen Christen und Heiden wurden nicht abgebrochen, sondern nur durch das Betragen der Ersteren geheiligt, welche die Bekehrung der Letzteren herbeizuführen trachteten. Dabei enthielten in heidnischen Häusern sich die Christen des Genusses der dem Dienste der Götter geweihten Speisen: Fleisch und Wein, Thierblut und anderer Nahrungsmittel.

Vollständig aber war die Aenderung, welche das Christenthum in dem Verhältniss zwischen Sklaven und Herren herbeiführte, indem es die Einen wie die Andern vor Gott zu gleichen Kindern Gottes machte und den Sklaven die innere Freiheit gab, wenn auch die äusserlichen Verhältnisse dieselben blieben. Der Sklavendienst von Christen bei Heiden erstreckte sich nur so weit, als er dem christlichen Glauben nicht zuwiderlief. So wurden denn auch christliche Sklaven bei Christen wie Glieder der Familie gehalten, bei Heiden aber dienten sie treu und ehrlich.

Endlich hatte das Christenthum auch die Begriffe von der äusseren Schmückung des Körpers, welche bei den heidnischen Römern zu argem Missbrauch geführt hatten, vollkommen umgewandelt. In diesem Sinne sich zu schmücken war den Christen verboten, ihnen vielmehr nur eine höchst bescheidene einfache Kleidung erlaubt, welche nicht sowohl den Körper verschönern, als die Gesundheit conserviren sollte, und zwar galt dies für Männer wie für Frauen. Besonders aber war ihnen untersagt jegliche körperliche Schmückung, welche mit heidnischen Formen und Gebräuchen in Zusammenhang stand (z. B. Kränze auf dem Haupte zu tragen, Gesicht und Haar zu salben, den Männern sich die Haare zu schneiden, den Bart zu rasiren u. s. w.[1]).

Dies war im Allgemeinen das Verhalten der Christen in Bezug auf die Heiden in den ersten und besten 3 Jahrh. n. Chr. Man kann sich hieraus einen deutlichen Begriff machen, welcher Art das Christenthum zu jener Zeit inmitten der Heiden im römischen Reiche überhaupt und im römischen Heere speciell gewesen. Besonders im Heere war, bei der ausserordentlich raschen Ausbreitung des Christenthums, die Zahl der, noch heimlichen, Christen mit jedem Jahrhundert gewachsen, sie bildeten zu Ende des 3. Jahrh. bereits einen grossen Bestandtheil aller Heere. Unter diesen Heeren war es das gallische, britannische und hispanische zu Anfang des 4. Jahrh., unter Constantius Chlorus und dessen Sohne Constantin, welche den Christen wohlgesinnt waren und sie schützten, wo diese zuerst grosse Freiheiten bei Ausübung ihres Gottesdienstes erlangten und ihren Glauben ohne Gefahr bekennen konnten. Die wunderbare Bekehrung Constantin's zum Christenthum, zu welchem er sich sogar taufen liess, im J. 312 nach dem Feldzuge in Gallien und Italien gegen

Maxentius, die Aufpflanzung des christlichen Paniers (*labarum*) durch ihn und die Weihung der Feldzeichen, Helme und Schilde der Soldaten mit dem Kreuze und dem Monogramme des Namens Jesu Christi erweckten in dem Heere Constantin's, in welchem viele Christen standen, solche religiöse Begeisterung, dass es die doppelt so starke heidnische Armee des Maxentius siegreich überwand und als triumphirendes christliches Heer in das heidnische Rom einzog, welches nun sofort zu einem christlichen umgewandelt wurde, wie dies Alles früher (§. 410) erzählt wurde. Im weiteren Verfolge gab Constantin den Christen in der ganzen Ausdehnung des römischen Reiches volle Freiheit ihres Bekenntnisses und gründete, nach Besiegung aller Nebenbuhler und Gegner, in Byzantium eine neue christliche Hauptstadt, Neu-Rom oder Constantinopel, welche er dem Christengotte weihete, berief das erste öcumenische Concil, ordnete die Angelegenheiten der Kirche und liess sich vor seinem Tode im J. 337 taufen. Von diesem Zeitpunkt ab war der christliche drei Jahrhunderte lang grausam verfolgte Glaube der siegende und herrschende geworden im römischen Staate, Volke und Heere.

Dennoch war derselbe in der Folge noch grossen Missständen ausgesetzt. Kaum war ein halbes Jahrh. nach dem Tode Constantin's d. Gr. verflossen, so musste schon ein Johannes Chrysostomus von der Kanzel herab öffentlich die Laster der Kirche verdammen, die fast den heidnischen gleichkamen, nicht allein im Volke und Heere, sondern hauptsächlich auch in den vornehmen Ständen, am Hofe des Kaisers, ja sogar in der Geistlichkeit! Eine traurige Thatsache in der Geschichte des gesunkenen Menschengeschlechtes! Die Reinheit der christlichen Sitten und Gebräuche in den 3 Jahrh. der Verfolgung war schon in den folgenden $1^1/_2$ Jahrhunderten nach der Befreiung des Christenthums einer Mischung dieser Sitten und Gebräuche mit heidnischen gewichen. Dies wirkte auch auf das Heerwesen in beiden römischen Reichen, auf deren Heere und Truppen wie auf die Befehlshaber und Offiziere, ja sogar auf die Kaiser selbst zurück, ausgenommen die besten und würdigsten. Die Christen ergaben sich hier wie dort den Leidenschaften und begingen nicht sowohl christliche als vielmehr heidnische Thaten und Handlungen, wie sie in der römischen Welt in früher geschilderter Weise üblich waren. Und in diesem Zustande trat das Christenthum (mit Ausnahme des Mönchsthumes, das seit Constantin d. Gr. und nach dessen Tode sich entwickelt) nach dem Untergange des Weströmischen Reiches auch in die auf den Trümmern desselben entstehenden neuen christlichen Reiche über. Denn, muss man hinzu setzen, im 4. und 5. Jahrh. hatte das Christenthum sich auch weit über die Grenzen des römischen Reiches hinaus ausgebreitet, unter den von den Römern Barbaren und Scythen (nach dem Worte des Apostel Paulus) genannten Völkern, d. h. den germanischen und slawischen Völkern, von welchen die ersteren, namentlich die Gothen, der Mehrzahl nach Christen waren. Man kann als wahrscheinlich annehmen, dass auch unter den an der Donau wohnenden Slawen, welche neben den germanischen Völkern wesentlichen Antheil an dem Angriffe auf beide römische Reiche und an der Zerstörung des Weströmischen Reiches nahmen, das Christenthum gleichfalls mehr oder weniger verbreitet war.

§. 430.

Barbaren.

Die Römer bezeichneten in ihrem maasslosen Hochmuth alle fremden Völker ausserhalb der Grenzen des römischen Staates mit dem gemeinschaftlichen Namen Barbaren, was bei ihnen ungebildete Fremdlinge bedeutete. Specieller aber wurde die Benennung Barbaren von ihnen vorzugsweise den Germanen beigelegt: die Völker Ost-Europas (die späteren Slawen) nannten sie allgemein Scythen, was indessen bei ihnen mit Barbaren gleichbedeutend war.

So bildeten denn diese Barbaren das dritte wichtige Element, welches einen wesentlichen Einfluss auf die Umformung der hinfälligen römischen Welt ausübte. Oben (§. 395—402) wurde schon der öffentlichen Organisation, der Sitten, Gebräuche und des Heerwesens derselben Erwähnung gethan. Zur Ergänzung des Gesagten fügen wir hier noch an: 1) die Darstellung der germanischen Völker, ihrer Sitten und Gebräuche durch Tacitus (*De situ, moribus et populis Germaniae*), und 2) eine Schilderung der germanischen Völker und des wichtigsten derselben, der Sueven, nach den neueren germanischen Schriftstellern.

Dem Tacitus verdanken wir eine sehr vollständige und zusammenhängende Darstellung des Wesens und der Eigenthümlichkeiten der Germanen in der 2. Hälfte des 1. und in der 1. Hälfte des 2. Jahrh. n. Chr. Bei Abfassung seines Werkes hatte er die Absicht, in übersichtlicher Weise den Gegensatz zwischen den unverderbten Sitten dieses Volkes in seiner Naturwüchsigkeit und der Verderbniss der Römer hervor zu heben und an der Art dieses starken, zwar ungebildeten, aber nicht wilden Volkes gleichsam wie in einem Spiegel die ganze Nichtigkeit und Verwerflichkeit des raffinirten Lebens der Römer zu zeigen. Darum stellt er jedem römischen Laster eine germanische Tugend gegenüber, und sein Zeugniss verdient, — als das eines Römers —, um so mehr Glauben und Beachtung. Ausserdem kann seine Beschreibung in grösserem oder geringerem Maasse auch auf alle Völker Nordeuropas überhaupt übertragen werden, wie auf die westlichen so auch auf die östlichen, welche sich zu jener Zeit in eben solchem primitiven Zustande befanden, wie die Germanen.

Nach Aussage des Tacitus war das öffentliche Wesen der germanischen Völker ein naturwüchsiges und einfaches. Die einzige Grundlage desselben bildete die Familie und die Beschäftigung mit dem Kriege. Jeder Besitzer eines Landstriches, der ihn und seine Familie zu ernähren vermochte, war freier Bürger des gemeinsamen Vaterlandes und hatte mit allen seinen übrigen Mitbürgern gleiche Rechte auf die Theilnahme an den öffentlichen Angelegenheiten. Er lebte auf seinem Besitzthum, die um ihn her ansässigen Landleute zahlten ihm einen Zins von den ihnen durch ihn abgetretenen Ländereien. Wo mehrere solcher Ansiedelungen nahe bei einander lagen, entstand eine grosse in gewisser Weise zusammenhängende Burg, nicht Stadt: denn das städtische Leben mit seinen gewerblichen und Handels-Beschäftigungen war den Germanen unbekannt. Uebrigens existirte von Anfang an nicht Gleichheit an Habe und Besitz. Eine schlechte Wirthschaft, zahlreiche Kinderschaar, welche bei geringem Besitze nicht alle hinlänglich versorgt werden konnten, Unglück im Spiel, welchem die Germanen leidenschaftlich ergeben waren, — dies Alles erzeugte unter ihnen eine Menge von Leuten, welche, wenn auch frei, doch nicht im Stande waren, irgend welche öffentliche Bedeutung zu gewinnen. Diese Leute traten in Dienste bei würdigen, namentlich bei reichen Männern und bildeten sein Gasindi, von welchem jedes Mitglied Than, Thegn, Degen, oder Gefariun (Graf) hiess. Je zahlreicher das Gesinde war, welches der reiche Mann auf seine Kosten unterhalten konnte, desto mehr gewann er die Stellung eines regierenden Fürsten. Zu der Zeit, als die Römer die Germanen kennen lernten, gab es bei den Letzteren schon viele Geschlechter (Familien), welche durch ihr zahlreiches und glänzendes Gesinde (Gefolge) in hohem Ansehen standen und aus welchen die Volks- und Heerführer gewählt wurden. Die Römer nannten solche Geschlechter oder Familien *stirpes regiae* (Königs-, Fürsten-Geschlechter), obschon es bei den Germanen noch keine Spuren von königlicher Gewalt gab. Dies war die öffentliche Organisation und der politische Zustand der germanischen Völker, als die Römer ihre Herrschaft bis zum Rhein ausdehnend mit denselben in Berührung kamen*). Die Namen der einzelnen germanischen Stämme wurden früher (§. 350) angegeben, sie verschwinden alle später aus der Geschichte, indem sie sich in den grossen Bündnissen vieler Völker verlieren, welche zu grossen Kriegsunternehmungen oder behufs Bildung grosser politischer Gemeinwesen zusammentreten. Die Geschichte ihres Zusammenstosses

*) Lorenz: Leitfaden der allgemeinen Geschichte, 2. Theil, 1. Abtheilung.

mit den Römern seit Jul. Cäsar's Zeiten bis zu dem Untergange des Weströmischen Reiches wurde im 4. und 5. Bande der Allgemeinen Kriegsgeschichte des Alterthums dargestellt.

Bei Beginn des 1. Jahrh. n. Chr. war Germanien mit dichten Wäldern und ungeheuren Sümpfen bedeckt, zwischen welchen sich Strecken Ackerlandes befanden. Das Klima war rauh und feucht. Die Bewohner waren von ungeheurem Wuchse und starker fester Körperbeschaffenheit, blond und blauäugig, von rohen aber einfachen, unverdorbenen Sitten, ehrlich und aufrichtig, ebenso kriegerisch und tapfer, schlau und grausam im Kriege, als gutherzig und gastfrei im Frieden. Sie beschäftigten sich vorzugsweise mit Ackerbau, Viehzucht, Jagd und Krieg: die von Arbeit freie Zeit liebten sie mit Schmausereien, Wein und Spiel zuzubringen. Ihre Haupt- und Lieblingsbeschäftigung, den Krieg, suchten sie entweder indem sie in benachbarte Länder und Gebiete einfielen, oder in inneren Fehden, in gesonderten oder allgemeinen Kriegsunternehmungen (Heerfahrten), oder auch in dem Dienste als Söldner in fremden Heeren, wozu sie durch ihre Beutegier und ihre Leidenschaft zu Plünderung und Raub getrieben wurden. Dem weiblichen Geschlechte erwiesen sie grosse Achtung und hegten hohe Begriffe von der weiblichen Keuschheit und der ehelichen Treue. Die allgemeine Regierungsform war zu verschiedenen Zeiten eine verschiedene. Zum grössten Theile war sie eine Volksregierung, die obersten Führer (Herzöge, Truppenanführer) wurden nur für den Krieg gewählt. Einige Völker hatten Fürsten (der firste, fürderste, erste), andere, wie Gothen, Vandalen, Franken, Alemannen u. s. w. erbliche Könige (Chunige, Kühne). Den Einen wie den Anderen aber wohnte nur eine sehr beschränkte Macht bei, sie herrschten über Volk und Heer mehr durch die Macht alten Herkommens und persönlichen Beispiels, als in Kraft der Gesetze oder einer bestimmten obersten Gewalt. Das Volk theilte sich in Edelgeborene (Edelinge), Freigeborene (Freilinge) und Sklaven oder Knechte (Schalke, Thrälle; die Letzteren bestanden grösstentheils aus Kriegsgefangenen und Missethätern).

Die wichtigsten öffentlichen Angelegenheiten wurden in Volksversammlungen (Thing Mal) erledigt, in welchen unter Vorsitz der Aeltesten (Grauen, Graffen) alle edel- und freigeborene Männer theilnahmen, welche das Recht hatten Waffen zu tragen (Freye Wehren, Warmannen, Thing- oder Malmannen, Rachimburgen). Die Berathungen fanden gewöhnlich unter Gelagen, Volksspielen und Belustigungen statt. Die Streitigkeiten Einzelner oder ganzer Stämme wurden entschieden — die ersteren durch Zweikampf, die letzteren durch Bürgerkriege (Fehden). An Stelle des Richterspruches entschieden Ordalien (Urtheile) oder Gottesgerichte.

Fürstliche und andere reiche oder vornehme Personen umgaben sich mit einer Schaar von Gefährten (Gefolge, Geleite) aus freigeborenen aber unbemittelten Jünglingen, welche von ihrem Oberhaupte Waffen, Lebensmittel und Beuteantheile erhielten, an allen Kriegs- und bürgerlichen Geschäften, Spielen und Belustigungen desselben theilnahmen, seine Leibwache bildeten, und einen Schwur leisteten, dass sie mit ihm siegen oder sterben wollten. Traten wichtigere Kriegsunternehmungen ein, so verbanden sich mehrere solcher Geleite, wählten sich ihren obersten Führer oder Herzog und bildeten eine Heermanney, Arimanie, Armee. Solche Volksheere, welche ihren Namen von ihren Ortschaften, ihrem Anführer, ihrer Hauptwaffe oder dergeichen hernahmen, erscheinen öfter in der Geschichte als Völkerschaften (Markmannen, Grenzleute, Alemannen, alle Krieger, Franken, Freie, Freiwillige, Hermunduren, Hermann's Männer, Lange-Barden, lange Lanzen u. s. w.). Die Macht oder der Ruhm des Herzogs, der Reichthum der erhofften Beute, das Gelingen des Unternehmens selbst vergrösserten die Stärke der Arimanie, bestärkten die Macht des Führers über sie, und so entstanden, indem das eroberte Land in den Händen der Eroberer blieb, neu sich bildende Reiche. Im Fall des Misslingens ging die Heeresmasse aus einander und der Name dieser Arimanie verschwindet dann aus der Geschichte. Bei allgemeinen Volkskriegen waren alle freigeborenen und volljährigen Jünglinge zur Betheiligung verpflichtet, — solche allgemeine Volksaufgebote hiessen Heerbann*).

Die Ureinwohner Germaniens waren die Sueven, unter ihnen das edelste Volk die Semnonen, welche zwischen Elbe und Oder wohnten, und die ihnen benachbarten kriegerischen Longobarden aus der Altmark. Im Lande der Semnonen befand sich das grösste Heiligthum der suevischen Stämme, der heilige Hain mit der Statue des Kriegsgottes Odin. Er galt für den vornehmsten von allen germanischen Göttern, weil er, nach der Ueberzeugung der Germanen, in jedem Kriege den Sieg und Beute verlieh, die Thore von Walhalla nur den im Kampfe Gefallenen öffnete u. s. w. Es kann daher nicht in Erstaunen setzen, dass das Leben der freien Sueven in fortwährenden Kämpfen, bald mit wilden Thieren, bald mit fremden Völkern bestand. Als höchste Tugenden galten bei ihnen Tapferkeit und Ausdauer in der Schlacht. In grösster Ehrfurcht näherten sich die Semnonen wie die übrigen suevischen Stämme dem Haine, welcher dem Odin geheiligt war. Da sie nicht wussten, wie sie ihm besser ihre Verehrung bezeugen könnten, so brachten sie ihm ihr höchstes Gut, die Freiheit, zum Opfer und nahten sich diesem heiligen Haine nicht anders, als in Fesseln und in der demüthigendsten

---

*) Baron Seddeler: Uebersicht der Geschichte der Kriegskunst. 2. Theil.

Gestalt. Erst in weiter Ferne vom Haine legten sie ihre Ketten ab, hoben stolz ihr Haupt empor und wurden wieder freie und kühne Männer*).

§. 431.

Einfluss dieser drei Elemente zusammengenommen.

Erwägt man mit Aufmerksamkeit die Bedeutung eines jeden dieser drei bezeichneten Elemente wie deren gleichzeitiges Zusammen- und Entgegenwirken in spezifisch militärischer Hinsicht, so kommt man unschwer zu folgendem allgemeinen Schlusse:

Auf die im höchsten Grade verderbte und sittenlose römische Welt hatte vor Allem und mehr als Alles das hehre, reine und leuchtende Christenthum der ersten und besten 3 Jahrh. desselben einen mächtigen Einfluss. Dieser machte sich in der ungemein raschen Zunahme der Christen im römischen Volke und Heere, sowie durch die Herbeiführung von Anfängen eines neuen und besseren Lebens mitten in dieselben hinein, geltend, wie dies trotz des Hasses und der Verfolgung der Christen durch die Heiden stattfand. Je mehr der Hass zunahm, je heftiger die Verfolgung wurde, desto mehr wuchs auch von Jahrhundert zu Jahrhundert, ja von 50 zu 50 Jahren sowohl die Zahl der Christen in Volk und Heer, wie der segensreiche Einfluss dieser Vermehrung und der hohen christlichen Tugenden. Im 2. Jahrh., als schon die Angriffsactionen der nordischen Völker gegen das römische Reich begannen, wird in den römischen Heeren etwa die Hälfte Heiden, die Hälfte Christen gewesen sein, gegen Ende des 3. und Anfang des 4. Jahrh. wohl über die Hälfte Christen. Aber so lange die heidnische Religion die herrschende war, und die oberste Gewalt sich in den Händen heidnischer Kaiser und Regierungen befand, die Christen dagegen gehasst, vertrieben und verfolgt wurden, nur heimlich ihren Glauben üben durften, nur sich untereinander bekannt waren, so lange war auch ihr Einfluss äusserlich noch unbemerkbar. Zudem war, wie schon oben (§. 429) bemerkt wurde, der Krieg den Gesetzen und Gefühlen der ersten Christen zuwider: aufrichtig und gewissenhaft erfüllten sie ihre Pflichten gegen den Staat und die Regierung, traten, wenn es unabweislich war, in den Kriegsdienst, zogen zu Felde, kämpften mit Tapferkeit, aber sie waren ein friedliches, nicht ein kriegerisches Volk. Aus allen diesen Gründen bietet das christliche Element im römischen Heere während der ersten 3 Jahrh. den diametralen Gegensatz zu dem heidnischen, in sittlicher Beziehung es übertreffend, in politischer und

*) Skizzen aus der Geschichte und den Erzählungen des Volkes. 2 Theil. (Mittlere Geschichte.)

kriegerischer aktiver, handelnder Energie ihm dagegen nachstehend, sich vielmehr mehr passiv oder leidend verhaltend.

Inzwischen begann gleichzeitig mit dem Christenthum seit dem 1. Jahrh. n. Chr. allmälig mehr und mehr das barbarische Element in das römische Heer einzudringen. Schon unter Augustus und seinen nächsten Nachfolgern fingen viele vornehme Germanen an, im römischen Heere Dienste zu nehmen und sich auszubilden, wenn auch die Reihen der römischen Legionen sich noch nicht mit einer irgend erheblichen Anzahl derselben füllten. Später aber, je weiter hin, desto mehr, wurden die römischen Armeen mit Barbaren ergänzt, welche theils gezwungen, theils freiwillig gegen Sold gemiethet waren. Dieses Element bietet seinerseits, gleich dem christlichen, einen vollkommenen Gegensatz gegen das heidnische, ja auch gegen das christliche, obgleich es in mehrfacher Hinsicht Aehnlichkeit mit letzterem hat. Durch die Grösse ihres Wuchses, ihre Körperkraft, ihren kriegerischen unruhigen Geist, durch ihren Muth, Zähigkeit, Tapferkeit, ihre einfachen rauhen unverderbten Sitten übertrafen die Barbaren entschieden die heidnischen Römer im Heere, die Art aber ihrer Tugenden, ob schon heidnischer, ihre Rechtschaffenheit und Treue, durch welche sie gleichfalls über den heidnischen Römern standen, liess sie in keiner Weise hinter den Christen zurückstehen. Sie übertrafen dagegen die Letzteren insofern, als sie durchaus nicht, wie Jene, ein passives oder leidendes Element, sondern im Gegentheil ein höchst aktives, thätiges bildeten.

Das Christenthum, das römische Heidenthum und das barbarische heidnische Element im römischen Heere während der ersten 3 Jahrh. stellen sich daher in folgenden gegenseitigen Beziehungen dar:

Das christliche und das barbarische Element erlangen und bewahren allmälig das Uebergewicht über das römische Heidenthum, das Christenthum in Bezug auf Zahl und Gesittung, das Barbarenthum gleichfalls in numerischer und, in seiner Weise, in sittlicher Hinsicht, hauptsächlich jedoch in kriegerischer. Aber das römisch-heidnische Element ist ihnen entschieden insofern überlegen, als ihm die Macht gehört, politisch, bürgerlich und militärisch, ihm sind im Heere sowohl die Christen, als die Heiden und die Barbaren untergeordnet. Da aber das römisch-heidnische Element auf's Aeusserste verderbt und corrumpirt war, so ist auch diese seine Macht im Heere eine solche und fördert solche ungeheuerlichen Erscheinungen zu Tage, wie deren die Geschichte sonst kein Beispiel aufweist: Meutereien der Truppen, Ermordung ihrer Befehlshaber durch sie, Ernennung der Kaiser, Eigenmächtigkeit, Gesetzlosigkeit, Lüderlichkeit, und alle gemeinsten Laster, und daneben Feigheit, Ehrlosigkeit u. s. w. Durch diese römisch-heidnische Macht lässt sich auch nur der scheinbare Widerspruch zwischen der Ueberlegenheit der Christen und der Barbaren an Zahl, Moralität und kriegerischen Sinn und der entsprechenden Schwäche des römisch-heidnischen Elementes im römischen Heere während der ersten 3. Jahrh. erklären. Darum erscheinen aber auch die einseitigen Urtheile alter wie neuer Schriftsteller, als wenn alle Missethaten des römischen Heeres während der ersten drei Jahrhunderte auf dasselbe in seinem ganzen Umfange zurückgeführt werden müssten, nicht aber allein auf das römisch-heidnische Element, das die Macht hatte, unbegründet. Die Christen mit ihrer reinen Moral nahmen, den Gesetzen ihres Glaubens gemäss, ausserdem gehasst, verachtet und verfolgt, wie sie es waren, niemals und in keiner Weise an diesen Uebelthaten Theil. Von den Barbaren im Allgemeinen kann dasselbe nicht unbedingt gesagt werden, weil sie, obschon von einfachen Sitten, unverderbt und rechtlich, dennoch leidenschaftlich den Krieg, Plünderung und Geld liebten und weil sie immer durch diese beiden ersten Dinge sich fortreissen, für Geld aber sich erkaufen liessen. Ausserdem hassten und verachteten sie ihrerseits die Römer, und wurden sowohl durch ihr Bedürfniss, die römischen Provinzen zu rauben und in denselben Land zu ihrer Niederlassung zu suchen, wie durch eine eigenthümliche unüberwindliche Macht mehr und mehr zu einem Angriffs-, Raub- und Vernichtungskriege gegen das ihnen verhasste römische Reich getrieben.

Und so leitete sich das ganze Kriegsübel im römischen Reiche während der ersten drei Jahrhunderte aus der einzigen verdorbenen und verpesteten Quelle der römisch-heidnischen Welt her, welche noch immer die höchste politische Macht besass.

Als aber diese Macht in die Hände Constantin's d. Gr., überging, der, obgleich noch nicht Christ, doch den Christen die Freiheit ihres Bekenntnisses gegeben hatte, da änderte sich Alles, oder wenigstens sehr Vieles. Das römische Heer bestand bereits grösstentheils aus Christen und Barbaren, von denen letzteren viele auch schon Christen waren. Diese beiden Elemente erlangten das entschiedene Uebergewicht und den Vorrang über das römische Heidenthum und wurden für das Letztere ein Hemmniss seines verderblichen herrschenden Einflusses. Die römischen Armeen waren vollkommen christliche geworden, und unter den weisen Regierungsmassregeln Constantin's d. Gr. verwandelte sich das frühere Kriegsübel in eine neue Wohlthat.

Aber leider dauerte das nicht lange, nur während der Lebzeiten Constantin's d. Gr. und später Theodosius d. Gr., im Ganzen also während der 31 Regierungsjahre des Ersteren und der 16 des Letzteren, zusammen 47 Jahre oder ungefähr ein halbes Jahrhundert von den letzten 170 Jahren der Existenz des Weströmischen Reiches. Unter den unfähigen Nachfolgern derselben, Julian ausgenommen, bietet sich ein vollkommen anderes, neues und trauriges Bild dar. Das christliche wie das barbarische Element fangen allmälig zu entarten an, obschon das letztere mehr und mehr christlich wird, aber mit beginnendem sittlichem Verfall. Von den ursprünglichen guten Sitten ist Nichts mehr vorhanden, es sind nur die schlechten geblieben und neue hinzu gekommen. Und auf's Neue kam in beiden Reichen dasselbe Uebel, wenn auch in etwas veränderter Form, zum Vorschein, welches der Fluch und das Verderben dreier Jahrhunderte gewesen war, — Meutereien, Empörungen, Bürgerkriege, Verzagtheit, Feigheit, Treulosigkeit, Meuchelmord. und alle Arten Laster und Missethaten. Und dies übertrug sich, nachdem es das Weströmische Reich zu Grunde gerichtet hatte, wie eine Erbschaft auch auf die folgenden Geschlechter der sogenannten mittleren Jahrhunderte (Jahrhunderte des Mittelalters) .... Dieses war, ganz allgemein gezeichnet. der Einfluss der römischen Welt, des Christenthums und der Barbaren auf das Heerwesen des römischen Reiches, das in den ersten 4 Jahrh. n. Chr. noch nicht getheilt war, dann aber in dem letzten kläglichen 5. Jahrh. in das Ost- und Weströmische Reich zerfiel. Im Einzelnen jedoch waren diesem Heerwesen nicht wenige mehr oder minder helle und erquickende Erscheinungen im Verlaufe dieser 5 bemerkenswerthen Jahrhunderte beigemischt. Die Ehre und der Ruhm dieser Erscheinungen gebührt ganz und gar den so leuchtenden und erfreulichen, ausserordentlichen Persönlichkeiten vieler Kaiser, Feldherren und Kriegshelden bei den Römern wie bei den Barbaren, Heiden wie Christen, von welchen noch im Besonderen die Rede sein wird.

Zum Schluss sei hier noch erwähnt, dass über den Einfluss der genannten drei Elemente während der ersten 5 Jahrh. n. Chr. in spezifisch militärischer Hinsicht die Urtheile und Meinungen sowohl der alten heidnischen und christlichen, als, erstaunlicher Weise, auch der neueren Schriftsteller mehr oder weniger auseinandergehen, ja einander widersprechen, entweder einseitig, oder oberflächlich, oder irrig und ungerecht sind, einige der neuesten aber (vorzugsweise aus der zweiten Hälfte des 18. und der ersten des 19. Jahrh.) in ihren Anschauungen mehr auf classisch heidnischem, als auf wahrhaft christlichem Boden stehen.

II. Militärische Organisation, Kriegskunst und Kriege.

§. 432.

Militärische Organisation des Staates, der Armeen und Truppen.

Werfen wir nun, nachdem wir von dem höchsten vorzugsweise sittlichen Standpunkte aus die gegenseitigen Beziehungen und Einwirkungen der römischen Welt, des Christenthums und des Barbarenthums im römischen Reiche bis zum J. 476 in kriegerischer Beziehung dargelegt haben, und indem wir das Gesagte beständig im Auge behalten, einen allgemeinen Blick auf den Standpunkt der militärischen Organisation des römischen Staates, seiner Armee und Truppen, auf die Kriegskunst bei den Römern und auf ihre Kriege in jener Zeitperiode.

Die militärische Organisation des Staates, der Armee und der römischen Truppen bietet in dieser Periode zwei Hauptformen dar: 1) die von **Augustus eingesetzte**, welche mit einigen theilweisen Abänderungen oder Ergänzungen 3 Jahrh. lang, vom J. 30 v. Chr. bis 284 n. Chr. fortbesteht, und 2) die von **Diocletian angeordnete**, und von **Constantin d. Gr. weiter entwickelte**, von 284 und 306 n. Chr. bis zum Untergange des Weströmischen Reiches.

Die Erstere war eine monarchische unter republikanischen, aber mehr äusserlichen Formen, die keine Bedeutung mehr hatten, — nach des Augustus Tode ging sie in zügellosen, in der Geschichte beispiellosen, militärischen Despotismus über. Sie bietet sowohl zu Augustus' Lebzeiten, als auch nach dessen Tode eine sehr interessante Erscheinung dar.

Das Militärsystem des Augustus bildet in Wahrheit eine Zierde des sogenannten **goldenen Zeitalters** seiner 44jährigen Regierung in allen Theilen der militärischen Organisation des Staates, der Armee und der römischen Truppen. Die weisen militärischen Einrichtungen des Augustus verdienen in allen diesen Theilen eine gerechte Aufmerksamkeit und Anerkennung. In vollem Maasse sicherten sie die Ruhe und den Wohlstand des Staates im Innern und schützten ihn nach aussen, heilten die Wunden, welche ein ganzes Jahrhundert innerer Bürgerkriege dem Staate geschlagen, brachten die beste Ordnung in das militärische Befehls- und Verwaltungswesen, in die taktische und innere Organisation des Heeres und der Truppen, und besonders erneuten, belebten und befestigten sie den Geist in denselben durch Aufrechthaltung der nothwendigen strengen militärischen Disciplin. Dank ihm wurde das römische Heer unter Augustus endlich wieder, was es in den besten Zeiten der Republik gewesen war, was es immer und überall sein sollte, — die Stütze des Reiches im Innern, und sein Schutz nach aussen, ein Zeichen seiner Macht nur zum Wohle und Ruhme des Reiches, ein Schrecken für dessen innere und äussere Feinde. Und mit wahrer Würde und Ruhm erfüllte es diese Pflicht gegen den Staat während der ganzen Regierungszeit des Augustus, und so ist es hell und leuchtend in die Blätter der Geschichte eingetragen.

Der Tod des Augustus aber zerstörte und änderte Alles, und die 44 Jahre lang durch den Verstand und Willen eines Augustus niedergehaltene, furchtbare Corruption der römischen Welt im Allgemeinen und des römischen Heeres im Besonderen warf die ihr gesetzte Schranke nieder. Wie ein rasender Strom den Damm zerreisst, so brach sie, nachdem sie die Schranke niedergeworfen, mit um so stärkerer Gewalt und Wuth hervor, ergoss sich nach allen Seiten und nahm nun sofort die Form des schrecklichsten ungezügeltesten Militär-Despotismus an, zunächst bei den prätorianischen Cohorten, dann auch bei den Legionen, namentlich den Grenzlegionen. Mit einem Schlage waren die wohlthätigen Anordnungen und Einrichtungen des Augustus vernichtet und verschwunden, das römische Heer ward aus einem wohlorganisirten, wie es unter Augustus gewesen war, ein Heer von Räubern, weit gefährlicher und furchtbarer für den Staat, als für die inneren und namentlich für die äusseren Feinde. Und wohin waren gleichzeitig alle die ihm von Augustus geschaffenen Vorzüge gerathen: die Ordnung in der militärischen Befehlsführung und Verwaltung, in der taktischen und inneren Organisation des Heeres und der Truppen, und vor Allem die militärische Disciplin und der erforderliche ächt soldatische Geist nebst allen kriegerischen Tugenden, welche ein Heer schmücken sollen? Es war muthig und tapfer, aber auch grausam, wie eine Räuberbande; es galt in demselben mehr weder Recht, noch Ehre, noch Gewissen, noch Treue gegen Eid und Pflicht, noch Liebe zum Vaterlande, noch alle diesen ähnliche edle und erhabene Tugenden. *Ubi bene, ibi patria* war auf's Neue die Devise geworden, wie zur Zeit der Bürgerkriege: Eigenliebe, Habsucht, Geldgier, Hang zu Reichthum, zu Ueppigkeit, zu Plünderung und Blutvergiessen, und eine unbegrenzte Willkür — waren die an die Stelle der früheren Tugenden getretenen Laster. Desorganisation, Unordnung, Missbräuche und alle möglichen Scheusslichkeiten auf allen Gebieten der militärischen Organisation folgten einander und übertrafen Alles, was nach dem Tode Alexander's d. Gr. im Orient, oder in den römischen Bürgerkriegen bis zu Augustus vorgekommen war. Die Krone von Allem aber bildete eine Niedrigkeit der Gesinnung, eine, gerade heraus gesagt, Gemeinheit und Niederträchtigkeit, welche das ganze Heer von oben bis unten durchsetzte, und welche in der Geschichte ohne Beispiel dastand! — Und dies Alles floss, wie schon bemerkt, aus einer und derselben trüben Quelle, der vollständig verderbten und verpesteten römischen Welt, der Herrscher und Befehlshaber im Heere wie im Volke, trotz der sich mehrenden Zunahme der christlichen und barbarischen Elemente in Beiden. Und so ging Alles in steigender Ausdehnung und Gewalt weiter bis Diocletian und besonders Constantin d. Gr. demselben, leider nur für kurze Zeit, eine Grenze setzten.

Diocletian und Constantin d. Gr. wollten das verderbliche Uebel durch eine neue Form des Staats- und Heerwesens überwinden und gaben diesen die den orientalischen unbeschränkten Monarchien von Alters her bekannte Form. Indem sie sich mit einem zahlreichen und glänzenden Hofe umgaben, deren sogar mehrere, für jeden Augustus und Cäsar schufen (die Usurpatoren ungerechnet), eine königliche Leibwache oder Garde und verschiedene Truppenarten einführten, active, Feld-, Provinzial-, Grenz-, Colonisten-, Hülfs-, Söldner-Truppen u. s. w. errichteten, eine sehr zahlreiche und vielgestaltige Hierarchie von Offiziersstellen, Aemtern und Stellen einsetzten, den Sold und Unterhalt erhöhten, auch die militärische Disciplin wieder herstellten, und wieder Ordnung machten in der inneren Organisation des Heeres und der Truppen u. s. w., — so erreichten sie dennoch ihr Ziel nur für die Dauer ihres Lebens und keineswegs in vollem Maasse. Nach ihrem Tode widerholte sich, was nach dem des Augustus geschehen war, wenn auch nicht mit derselben gewaltigen Kraft und Gefährlichkeit, weil sich auch die Umstände geändert hatten, das Heer mit Barbaren gefüllt war und von aussen immer neue Barbarenhorden mit verdoppelten Schlägen das Reich erschütterten. Und gerade da, als ob es mit Absicht geschähe, sinnt Julian bei allen seinen unzweifelhaften Verdiensten darauf, sich vom Christenthum loszusagen und das Heidenthum mit dessen verderblichem Einflusse auf Heer, Volk und Staat wieder herzustellen. Aber Theodosius d. Gr., der mit fester Hand das Reich regiert und für 16 Jahre dem Uebel Einhalt gethan hatte, theilte vor seinem Tode das Reich in ein östliches und westliches und vertraute diese Reiche seinen unfähigen und unwürdigen Söhnen an. Diese und ihre Nachfolger waren nur die blinden und unbewussten Werkzeuge ihrer ersten Minister und Feldherren, ehrgeiziger, die oberste Gewalt an sich reissender Männer, welche ihr eigenes Vaterland durch sinnlose Bürgerkriege zerrütteten. Auf diese Weise geriethen, nach dem Tode Constantin's d. Gr. bis zum Untergange des Weströmischen Reiches die Militärorganisation und Einrichtungen desselben, ihren europäischen Charakter einbüssend und dafür einen orientalischen asiatischen annehmend, im äussersten Verfall und in allen ihren Theilen in die kläglichste Verfassung, in welcher Gestalt sie dann im Westen in die neuen germanischen Staatenbildungen übergingen, während im Osten sie in dem byzantinischen Reiche noch lange beibehalten wurden.

§. 133.

Kriegskunst.

Die römische Kriegskunst während dieser Periode bietet ein seltsames Bild, indem sie in einigen Zweigen, in einzelnen Epochen, Kriegen und Feldzügen mehrerer der besseren Kaiser und Feldherren, blüht, in anderen sich sehr verändert, im Ganzen aber ist sie ein Bild des Verfalls von Anfang bis zu Ende.

Im besten, ja blühendem Zustande befand sie sich zur Zeit des Augustus, wo sie oft an die Zeit Julius Cäsar's und der früheren besten römischen Feldherren erinnert. In den Kriegen und Feldzügen des Tiberius, Drusus, Germanicus, Agrippa und anderer geschickter Feldherren des Augustus wetteiferten, kann man sagen, alle Zweige derselben an Gediegenheit mit dem Zustande derselben, wie er bis zu den Bürgerkriegen und während derselben gewesen war. Und selbst in der dunkeln Periode bis zu Diocletian und Constantin d. Gr., auch noch während des Lebens derselben, und sogar nach ihnen, unter Julian und Theodosius d. Gr. namentlich standen sie in vielen Stücken noch nicht hinter ihrem früheren Standpunkte zurück. Die einzigen Ursachen hiervon lagen in den hohen persönlichen und kriegerischen Gaben vieler Kaiser, welche aus der Zahl der besten Feldherren erwählt waren, sowie auch in der Befähigung vieler von den ihnen unterstellten Armee- und Truppenbefehlshaber. Solche waren z. B., in chronologischer Reihenfolge: Tiberius, Drusus und Germanicus (besonders), Agrippa, Agricola und Corbulo, Vespasian und Titus (besonders), Cerealis, Trajan und Marc Aurel (besonders), Septimius Severus, Pescennius Niger, Alexander Severus, Maximinus, Gordianus III., Decius, Odenatus, und dessen Wittwe Zenobia von Palmyra, Claudius II., Aurelian und Probus (besonders), Carus, Diocletian, Constantin d. Gr. und Julian (besonders), Valentinian I., Theodosius d. Gr. (besonders), Stilicho, Alarich, Ricimer und Odoaker. Wie ersichtlich, ist die Zahl guter Feldherren in dieser Periode nicht gering, und die von ihnen entfaltete Kunst ist mehr oder weniger bemerkenswerth.

Von allen Branchen der römischen Kriegskunst dieser Periode ist unstreitig die Lagerkunst, Ballistik, Fortifikation und Belagerungskunst an die Spitze zu stellen. Diese waren nicht allein nicht in Verfall, sondern hatten eine noch grössere Entwickelung als je zuvor, in vieler Hinsicht sogar eine gewisse Vollkommenheit erreicht. Lagerkunst (*castrametatio*) und Fortification erlangten dieselbe in Folge des zur beständigen Gewohnheit gewordenen Aufenthalts von Truppen an den Grenzen und im Winter in stehenden Lagern (*castra stativa*), welche kleinen Lagern glichen und nicht nur am Rhein, Donau und Euphrat, sondern auch in Germanien, jenseits der Donau und des Euphrat, in Asien, Aegypten, Afrika in grosser Anzahl errichtet waren. Ausserdem waren zu verschiedenen Zeiten und an verschiedenen Orten eine Menge kleiner Festungen (Forts und befestigte Burgen) und lange befestigte Linien, Wälle und sogar Mauern angelegt worden, besonders zwischen Donau, Rhein und Ocean, in Britannien von einem Meere zum andern (so die Wälle des Trajan und Hadrian) und viele andere diesen ähnliche Befestigungen gegen äussere Grenzfeinde. Die Ballistik hatte eine ungewöhnliche Entwickelung und Vervollkommnung erfahren in Folge der ausserordentlichen Vermehrung von Wurfmaschinen im Felde und den Festungen und ihrer erweiterten Anwendung bei Angriff und Vertheidigung. Mit der Ballistik zugleich hatte sich auch die Kunst der Anfertigung und Anwendung von Brandgeschossen (von welcher Art und Form ist nicht mit Sicherheit bekannt) sehr entwickelt und verbreitet, sehr wichtig in ihren Folgen für die spätere Zeit. Die Poliorcetik (Belagerungskunst) endlich mit allen den verschiedenen mit ihr zusammenhängenden unter- und überirdischen Arbeiten befand sich, wie man sagen kann, sogar in blühendem Zustande bis zum Untergange des Weströmischen Reiches hin, zufolge der mehr oder weniger bedeutenden zahlreichen Einschliessungen und Belagerungen in dieser Periode. Und in diesem Zustande gingen die 4 genannten Zweige der Kriegskunst auf die folgenden Geschlechter des Mittelalters über. Es muss hierbei bemerkt werden, dass die hervorragendsten Leistungen in denselben, gelehrte Erfindungen und Construktionen fast stets von Griechen ausgingen, die besten Techniker und Mechaniker meistens Griechen waren, welche sich besonders mit diesen Gegenständen beschäftigten und eine grosse Geschicklichkeit dafür besassen.

Die wichtigsten Veränderungen der römischen Taktik in dieser Periode gingen vor sich in den Zeiträumen: 1) von Augustus bis Nerva (von 30 v. Chr. bis 96 n. Chr., — die Aufstellung der Legionen in Cohorten in 2 Linien), — 2) von Nerva bis zu Diocletian (von 96—284, — Aufstellung der Legionen in Cohorten in einer Linie in Form der Phalanx), — und endlich 3) von Diocletian und Constantin d. Gr. bis zum Untergang des Weströmischen Reiches (von 284 und 306 bis 476, — Aufstellung der Legionen in vollständiger Phalanx, — eine höchst unvollkommene Form). Die ersten beiden taktischen Formen hatten noch begründende und triftige Ursachen in ihrer Anschmiegung an die Aufstellungs- und Kampfart der Barbaren, sie waren in dieser Hinsicht nicht ohne Nutzen. Die dritte Form aber, und auch schon die zweite, der Uebergang von der römischen Aufstellung zu der griechischen, waren bereits eine Folge des allmäligen sittlichen Verfalls der römischen Heere und Truppen, sie bezeichneten einen grossen Rückschritt in der taktischen Kunst, und indem sie den grössten Zeitraum erfüllen (von 500 Jahren ganze 374 Jahre, oder $3\frac{3}{4}$ Jahrh.) beweisen sie dadurch gerade den Verfall dieser Kunst, im Vergleiche zu den früheren Epochen ihrer Blüthe in der Zeit der Republik und selbst noch bis zu Nerva und zum J. 96 nach Chr. hin.

Schliesslich ist noch des Hauptzweiges der römischen Kriegskunst, der Strategie oder Kunst der Kriegführung im Allgemeinen, Erwähnung zu thun. Von ihr wird aber in dem folgenden §. 434 besonders die Rede sein, der von den Kriegen überhaupt handelt, welche die Römer in dieser Periode geführt haben.

§. 434.
Kriege.

Die von den Römern in dieser Periode geführten Kriege sind höchst interessant und verdienen in vieler Hinsicht besondere Beachtung. Während im 1. Jahrh. die Römer überall, am Rhein, Donau und Euphrat, die Barbaren noch angriffsweise bekämpfen, vom 2. Jahrh. an aber schon defensiv, hatten sich im Inneren des Reiches häufige, dann fast ununterbrochene Bürgerkriege abgespielt, entweder gegen aufständische Provinzen, oder gegen Statthalter und deren Feldherren. Im Ganzen fallen in diese 5 Jahrh. 18 grosse Bürgerkriege (der 7. bis 24., wenn man die 6 ersten vom J. 133 v. Chr. bis zu Augustus dazu zählt), und an 80 grosse äussere Kriege, die kleineren ungerechnet. Friedliche Pausen waren selten, namentlich im 3., 4. und 5. Jahrh., am häufigsten unter Augustus und in der Periode der Antonine. Sonst aber kann man sagen, dass das kriegerishe Rom, welches mit dem Schwerte begonnen und sich emporgehoben hatte, während seiner letzten und während der ersten christlichen 5 Jahrhunderte das Schwert nicht mehr in die Scheide steckte und, wie es von Anbeginn das Schwert ergriffen hatte, so auch endlich durch das Schwert unterging!

Um sich einen möglichst vielseitigen Begriff von diesen letzten 5 Jahrh. innerer und äusserer Kriege zu bilden, muss man den Zusammenhang von alle dem erwägen, was sich auf die innere und äussere Politik Roms zu dieser Zeit, wie auch besonders auf die militärische Organisation des Staates, Heeres und der Truppen bezieht, den moralischen Zustand der Truppen, den Standpunkt der römischen Kriegskunst und aller ihrer Branchen, und endlich die Art und Kunst der römischen Kriegführung. Fassen wir dies Alles zusammen, so ergeben sich folgende Bemerkungen:

Die Todeskämpfe Roms in den letzten 5 Jahrh. sind in der Zahl der 12 Jahrh. durchziehenden Kämpfe Roms, im Allgemeinen betrachtet, nicht ohne Ruhm für dasselbe in kriegerischer Hinsicht. Obgleich der endliche Fall des Reiches im J. 476 unrühmlich war, so muss man doch sagen, dass unter den 98 inneren und äusseren Kriegen von Augustus bis zum Untergange eine grosse Anzahl in Bezug auf die Kunst bemerkenswerth sind. Und das ist nicht zum Verwundern, 1) weil Rom, kriegerisch von Anfang bis zu Ende, eine Kriegserfahrung vom 12. Jahrh., und solche Beispiele, wie die Kriege aus der besten Zeit der Republik und der Zeit der Bürgerkriege hinter sich, und zugleich die Vorbilder solcher grossen Feldherren wie Alexander d. Gr., Hannibal und Julius Cäsar. und vieler geschickter Heerführer zweiten Ranges im Alterthum gehabt hatte, — 2) deshalb, weil fast alle seine Kaiser (mit nur wenigen Ausnahmen) nahezu ausschliesslich durch das Heer aus der Zahl der bei demselben um ihrer kriegerischen Begabung, Erfahrenheit, Kunst, ihrer Erfolge und Siege willen in Liebe und Ansehen stehenden Feldherren gewählt worden waren, — und 3) weil diese kaiserlichen Heerführer wirklich Männer waren, welche Begabungen aller dieser Art besassen, einige von ihnen sogar besonders geschickte und bedeutende Feldherren. Ihrer Aller Namen wurden schon öfter erwähnt, hier müssen aber doch besonders Augustus, Tiberius, Drusus und Germanicus, Agrippa, Agricola und Corbulo, Vespasian und Titus, Cerealis, Trajan und Marc Aurel, Septimius Severus, Pescennius Niger, Maximin, Claudius II., Aurelian, Probus, Carus und Diocletian, Constantius Chlorus, Constantin d. Gr., Julian und Theodosius Vater und Sohn, Stilicho, Alarich, Aëtius, Ricimer und Odoaker noch einmal genannt werden. Ihnen besonders ist der Grad von Kunst, Bedeutung und Belehrendem zuzuschreiben, welchen die von ihnen geführten Kriege und geleiteten Feldzüge besitzen. Und da jeder kunstvoll geführte Krieg hauptsächlich den scharfen Stempel der persönlichen Gaben und Eigenschaften des commandirenden Feldherrn trägt, diese aber natürlicherweise sehr verschiedene Naturen sein werden, so sind auch die Kriege solcher Feldherren sehr unterschiedlich, und so gestalten sich denn auch die Kriege und Feldzüge der oben genannten Heerführer dieser Periode, obgleich in den Grundzügen und Hauptlinien einander ähnlich, doch in den Einzelnheiten sehr abweichend und verschiedenartig. Diese Einzelnheiten konnten bei der Darstellung ihrer Kriege und Feldzüge bereits früher aufgezeigt werden, die Hauptgrundlagen und Züge sind dieselben oder doch ähnliche wie die, welche allen grossen Feldherren eigen und die in der Beschreibung der Kriege und Campagnen Alexander's d. Gr., Hannibal's und Julius Cäsar's dargelegt wurden. Wenn man sie mit Aufmerksamkeit, gesondert und im Vergleich mit den anderen dieser Periode und mit den Kriegen und Feldzügen der grossen Feldherren, verfolgt, so wird man leicht ihre Bedeutung hinsichtlich der Kunst erkennen und sich den richtigen Begriff, von dem Standpunkt dieser Kunst, — der Strategie —, in dieser letzten Periode der römischen wie der allgemeinen Kriegsgeschichte des Alterthums überhaupt machen können. Die Grenzen dieses Werkes erlauben nicht, in eine detaillirte kritische Analyse der Kriege und Feldzüge der oben genannten besten und bedeutendsten Feldherren dieser Periode einzugehen. Aber es muss hier im Allgemeinen bemerkt werden, dass in strategischer Hinsicht die römische Kriegsgeschichte dieses Zeitraumes durchaus nicht uninteressant oder weniger lehrreich ist, und die strategische Kunst durchaus nicht auf einer niedrigen Stufe steht, sondern im Gegentheil. Aber, — fügen wir hinzu —, auch nur in den Kriegen und Feldzügen der oben genannten besseren Feldherren; von den übrigen ist dem Aehnliches nicht zu bemerken. Wie im Alterthum überhaupt, und bei den Römern besonders, war die strategische Kunst einfach und wenig complicirt: der Krieg wurde durch den Kampf entschieden, zu welchem Zwecke die beiden gegnerischen Heere direkt einander entgegen gingen; in dem Kampfe, der der alten Bewaffnung gemäss immer ein entscheidender war, siegte das eine, das andere erlitt eine Niederlage verbunden mit ungeheueren Verlusten, bisweilen sogar mit gänzlicher Vernichtung, denn der Kampf war ein Handgemenge. Und obgleich in der vorliegenden Periode, besonders in deren zweiter Hälfte, die Anzahl der Wurfgeschütze und -Maschinen sich vermehrt und deren Anwendung sich sehr verbreitet hatte, so war deren Wirksamkeit doch eine mehr untergeordnete, eine Mithülfe, das Handgemenge mit der blanken Waffe die hauptsächlichste und entscheidende. Das schwerbewaffnete Linienfussvolk war daher, wie vordem schon immer, die wesentlichste und entscheidende Waffengattung. Aber die Theilnahme der schweren und leichten Reiterei und des leichtbewaffneten Fussvolkes bei Erzwingung der feindlichen Niederlage im Kampfe wie im Kriege überhaupt, und bei Erlangung des Sieges wurde viel bedeutender als früher, ihre Verwendung wie ihre Action in Verbindung mit der des schweren Fussvolkes verdienen besondere Beachtung. Nicht weniger bemerkenswerth sind in den Operationen der besten Feldherren die Flankenbewegungen und Operationen auf dem Kriegsschauplatz und im Feldzuge, und eben solche Flankenangriffe im Kampfe, oder auch Angriffe in schräger Schlachtordnung, oder die Massenoperationen der Cavallerie und leichten Infanterie gegen Flanke und Rücken. Die Kriege und Feldzüge der besten Feldherren dieser Zeit zeigen gerade in dieser Beziehung eine besondere Mannichfaltigkeit der Dispositionen wie der Mittel zu deren Ausführung. Die Kriege und Feldzüge der Anderen bieten nichts dem Aehnliches, sowohl im Allgemeinen, wie besonders gegen die Barbaren, welche einfach und direkt in der Front aufzuhalten und möglichst rasch und entscheidend zu besiegen waren. Dies ist auch ein unterscheidender Zug zwischen den äusseren Kriegen gegen die Barbaren und den inneren Bürgerkriegen. In den letzteren operirten und kämpften römische (gegen Ende der Periode nur noch dem Namen nach römische) Heere gegen gleichfalls römische, gleichbewaffnete und organisirte und von römischen (gegen

Ende der Periode auch nur nach dem Namen nach) Heerführern befehligte. Deshalb bieten die Bürgerkriege, im Allgemeinen betrachtet, mehr Interesse und Belehrung, als die äusseren gegen die Barbaren. Solche Kriege und Feldzüge aber, wie Tiberius, Drusus und Germanicus sie in Germanien, Julian in Persien, und die übrigen besseren Feldherren sie in Britannien, Gallien, den Donau- und Orient-Provinzen führten, bilden eine Ausnahme hiervon und verdienen besondere Aufmerksamkeit. Leider muss man sagen, dass die römischen und griechischen Historiker dieser Zeit uns sehr wenige rein kriegerische Nachrichten über die Details dieser Kriege, Feldzüge, Schlachten, Belagerungen u. s. w. geben. Viele ihrer Werke sind uns verloren gegangen, andere nur in Bruchstücken oder in ungeschickten Abkürzungen oder Auszügen auf uns gekommen, und dabei waren die Verfasser meist nicht einmal Kriegsleute. Nur **Dio Cassius**, **Arrianus** und **Ammianus Marcellinus**, die selber Feldherren waren, machen eine Ausnahme, ihre Werke sind die besten kriegsgeschichtlichen Quellen für die Erforschung und das Studium der Kriege und Feldzüge dieser Zeit. Ausführlichere Angaben über diesen Gegenstand sind im Anfange dieses Theiles enthalten, bei der Aufzählung der Quellen und historischen Hülfsmittel.

III. Die hervorragendsten und bedeutendsten Heerführer dieser Periode.

§. 435.

Augustus.

Cajus Julius Cäsar Octavianus, der erste römische Kaiser, vom Heere mit dem Beinamen **Augustus** (der Erhabene, Verehrungswürdige) belegt, von Senat und Volk *Pater patriae* genannt, war im J. 63 v. Chr. geboren, gehörte zu einem vornehmen und zahlreichen Geschlechte in Velitrae (h. Velletri) und war durch seine Mutter der Grossneffe Julius Cäsar's und ein Verwandter des Pompejus*. Im Alter von 19 Jahren, gerade mit dem Studium der Rhetorik bei Apollodor, einem berühmten Redner, zu Apollonia in Epirus beschäftigt, erfuhr er den Tod

* Cäsar's jüngere Schwester Julia hatte eine Tochter Atia, welche, mit Cajus Octavius vermählt, die Mutter des Augustus wurde. Eine Tochter Cäsar's, gleichfalls Julia mit Namen, war Gemahlin des Pompejus gewesen. Anmerk. d. Uebers.

Julius Cäsar's (mit welchem er seinen ersten Feldzug bei dessen letzter Campagne in Hispanien, 46—45, gemacht hatte), der ihn zu seinem Erben eingesetzt hatte. Sofort brach er nach Italien auf; durch seine Leutseligkeit gewann er Anhänger für sein Vorhaben und brachte auch Cicero auf seine Seite, welcher ihn im Senate gegen die Angriffe des Antonius in Schutz nahm. Dann übernahm er die Leitung der Staatsangelegenheiten und führte 5 Bürgerkriege, die mit ungewöhnlichem Erfolge für ihn endigten. Den ersten führte er, die Armee persönlich commandirend, gegen Antonius, besiegte ihn (43), die Früchte davon fielen ihm ganz allein zu und er begann dem Senat Gesetze vorzuschreiben. Dann schloss er das Triumvirat mit Antonius und Lepidus, wobei Cicero und viele namhafte Römer dem endlichen Vergleiche zwischen den Triumvirn zum Opfer fielen. Mit Antonius gemeinschaftlich schritt er dann zum Kriege gegen Cäsar's Mörder Brutus und Cassius und besiegte sie bei Philippi im J. 42, wobei diese Beiden ihr Leben einbüssten. Dann bekämpfte er den Lucius Antonius, Bruder des Triumvirn (im J. 40), den Sextus Pompejus, Sohn Pompejus des Grossen (36), und endlich den Triumvirn Antonius selbst, den er bei Actium (30) schlug. Von diesem Zeitpunkt an ist er unbeschränkter Monarch des römischen Reiches, unter dem Titel: Kaiser und Augustus. Ausser den angegebenen Bürgerkriegen führte er während der 44 J. seiner Regierung erfolgreiche Kriege in Afrika, besonders aber in Hispanien, Gallien und Italien, eroberte Aquitanien, Pannonien, Illyrien, Dalmatien, und hielt die Daker, Numidier und Aethiopier im Zaum. Die Parther schlossen mit ihm einen Friedensvertrag, durch welchen sie ihm Armenien abtraten und die dem Crassus und Antonius abgenommenen Adler zurückgaben. Am Fusse der Alpen errichtete er ein Denkmal zur Erinnerung an seine Besiegung der Bergvölker (die prächtigen Trümmer sind noch heute bei Susa und Aosta sichtbar). Nachdem er überall zu Wasser und zu Lande, den Frieden hergestellt, schloss er im J. 10 n. Chr. den Janus-Tempel, — das dritte Mal seit Gründung Roms. Aber dieser Frieden wurde im J. 9. n. Chr. durch die Niederlage des Varus und die Vernichtung seiner 3 Legionen im Teutoburger Walde in Germanien durch die Germanen unter ihrem Führer Hermann oder Arminius gestört. Die Nachricht hiervon bekümmerte ihn so, dass er wiederholt ausrief; »Varus, Varus, gieb mir meine Legionen wieder!« Aber der von ihm abgeschickte Tiberius hielt die Germanen in ihren Grenzen. Fünf Jahre danach, im J. 14 n. Chr. starb Augustus in seinem Landhause zu Nola in Campanien im 77. Jahre seines Lebens. Er war nicht gross von Wuchs, aber von angenehmem Aeusseren, hatte feurige Augen, schöne Gesichtszüge und eine Ehrfurcht einflössende königliche Haltung. Obgleich er keine besonderen kriegerischen Feldherrngaben besass, führte er die Kriege mit Glück und

Erfolg und leitete die Staatsangelegenheiten desto geschickter, war ein vortrefflicher Redner, und wusste seine Leidenschaften und seine Absichten zu verbergen, die Gedanken der Anderen zu errathen, und vorher zu sehen, was da kommen würde. Seine 44jährige Regierung bietet eine ununterbrochene Reihe unermüdlicher Anstrengungen zur Erhaltung des Friedens und der Ruhe, in Rom wie in den Provinzen, sogar den entferntesten, und Bemühungen um die Reinigung der Sitten, Verschönerung Roms und anderer Städte, und um die Fortschritte von Wissenschaft und Litteratur, Dichtkunst und der schönen Künste, — weshalb denn auch seine Regierung das goldene Zeitalter derselben genannt wird.

§. 436.

Hermann oder Arminius und Civilis.

Gleich hinter den Angaben über Augustus ist es wohl am Platze über Hermann oder Arminius zu reden, der dem Varus die Niederlage beibrachte, und dann zugleich auch Civilis zu erwähnen, obgleich er später als Hermann lebte und wirkte, — denn er ist ein Held wie jener.

Die Siege des Drusus hatten der Macht der Römer alle Länder von Nieder-Germanien zwischen Rhein, Elbe und Saale unterworfen, die Römer trafen alle Anstalten, um sich in denselben festzusetzen. Die Sicambrer wurden an die Ufer des Rhein, ja bis in das Innere von Gallien verpflanzt, die Treue der übrigen Stämme durch Geiseln verbürgt, und die Kinder der vornehmsten germanischen Fürsten wurden nach Rom geschickt, um daselbst erzogen zu werden. Die Germanen, obschon tapfer und kriegerisch und die Freiheit über Alles liebend, konnten doch den Römern nicht nachhaltig und kräftig widerstehen, weil sie zersplittert und entzweit sich untereinander befehdeten, und den Krieg gegen die Römer nicht mit Geschick zu führen verstanden. Um diese Zeit lebte im Lande der Cherusker, zwischen Harz und Elbe, der jugendliche Sohn des Sigimer (Sigmar), eines hervorragenden Cheruskerfürsten, Hermann genannt, bei Tacitus aber und anderen römischen Schriftstellern heisst er Arminius. Er war 18 v. Chr. geboren, in Rom erzogen worden und hatte im römischen Heere gedient. Sein lebhafter und hoher Geist hatte daselbst viele Nahrung gefunden; Arminius hatte neben der römischen Sprache die römische Kriegskunst erlernt, aber auch römische List sich angeeignet und in Rom sich solche Liebe erworben, dass Augustus ihm das römische Bürgerrecht verlieh und ihn zum römischen Ritter machte. Nach dem Tode seines Vaters kehrte Hermann mit Erlaubniss der Römer in sein Vaterland zurück, sie dachten wohl, dass er aus Dankbarkeit für die ihm erwiesene Güte ihnen ergeben bleiben und seinen Landsleuten

23*

die gleichen Gefühle einflössen werde. Hermann aber war mit Leib und Seele ein treuer Sohn Germaniens geblieben. Bei der Rückkehr in seine Heimath sah er die raschen Fortschritte der Römer in Germanien und die bevorstehende Unterjochung desselben durch sie. Ausserdem, dass sie die deutschen Jünglinge in's römische Heer einreihten, schickten sie eine Menge von ihren Beamten und Advokaten nach Germanien, welche die Streitigkeiten der Germanen nach römischem Rechte schlichteten und dieselben auf alle Weise aussogen. Mehr noch aber bedrückte sie der römische Proconsul Quinctilius Varus, ihn hassten sie noch mehr, als die übrigen Römer. Das Herz Hermann's entbrannte in Zorn beim Anblick der Demüthigung seines Vaterlandes, und in Eifer zur Befreiung desselben vom Joche der Römer. Aber das war äusserst schwierig, denn die Römer hatten in Germanien eine grosse Heeresmacht und viele feste Punkte, die Germanen waren uneins und schwer zur Eintracht zu bringen, schwerer noch darin zu erhalten. Im offenen Felde konnten die Germanen den Römern nicht die Stirn bieten, Erfolg war nur zu hoffen in den ihnen wohlbekannten Wäldern und Sümpfen. Darauf namentlich gründete Hermann den von ihm entworfenen Plan.

Sein Bruder Flavius war vollkommen zum Römer geworden; Varus, der ihn oft zu seiner Tafel zog, hoffte, dass auch Hermann diese Gefühle theile. Hermann liess ihn in diesem Wahne, sein Plan war noch nicht gereift. Endlich berief er die besten Männer seines Stammes in der Waldestiefe zusammen, und Alle erkannten an, dass sie nur dann sich gänzlich von den Römern befreien würden, wenn sie dieselben ganz aus Germanien vertrieben. Zu diesem Zwecke rief Hermann die Mitwirkung der Brukterer, Marsen und einiger anderer Stämme an und schloss mit ihnen ein Bündniss auf Leben oder Tod. Einstweilen aber beschloss man durch scheinbare Unterwürfigkeit die Römer vollkommen einzuschläfern.

Inzwischen hatte Hermann die Tochter des Cheruskers Segest, Thusnelda, liebgewommen, sie liebte ihn wieder und theilte auch seine Gefühle und Ansichten von der Befreiung des Vaterlandes. Segest aber, ein Anhänger der Römer, mit deren Hülfe er die Obergewalt über die Cherusker zu erlangen hoffte, verweigerte Hermann die Hand seiner Tochter. Nun entführte Hermann seine Thusnelda, vermählte sich mit ihr, und aus Rache klagte Segest ihn vor Varus des Verraths an. Varus aber glaubte das nicht und schlug die Warnungen des Segest in den Wind.

Im Sommer, als er sich im Lager an der Weser befand, erhielt er die Nachricht von einem Aufstande der Germanen am Flusse Amisia (Ems), wobei dieselben alle Römer dort ermordet hätten. Es war dies der wohlberechnete Anfang der Ausführung von Hermann's und seiner Verbündeten Plane, da sie überzeugt waren, dass Varus sofort mit seinen

Truppen dorthin aufbrechen werde, wie es denn auch in der That geschah. Am Tage vor des Varus Abmarsch waren noch Segest und Hermann zum Abendessen bei ihm, der Erstere warnte Varus auf's Neue, aber er wollte abermals nicht glauben, sondern befahl im Gegentheil dem Hermann, dass er alle seine ihm unterstellten Hülfstruppen der Germanen sammeln und sie den Römern zur Unterstützung herbeiführen solle. Dann marschirte er mit den drei in Kämpfen erprobten Legionen zu dem Gebirge an der Weser, da, wo heute die Städte Herford und Salzuffeln liegen. Hermann hatte seine Truppen gesammelt und führte sie nun auf einem kürzeren ihm allein bekannten Wege in den Rücken der Legionen des Varus, dessen Arrièregarde er unvermuthet überfiel. Der selbstgefällige Varus hielt anfänglich nur für einen kühnen Streich einiger verwegener Männer, was der tief und wohl überlegte Plan Hermann's war: der Letztere wollte die Kräfte des Varus zuerst theilen und schwächen, um sie dann um so gewisser zu vernichten.

In der gebirgigen waldigen Gegend, welche Varus nothwendiger Weise in aufgelöster Ordnung durchziehen musste, machten die Germanen bei jedem Schritte, in jedem Engpass und Hohlweg seine Soldaten einzeln nieder. Zur Nacht liess Varus die Legionen halten, befahl ihnen sich rasch mit einem Graben zu umgeben und Alles zu verbrennen, was dem weiteren Marsche beschwerlich sein könnte. Am anderen Tage zogen seine Legionen trotz der sie umringenden Abtheilungen der Germanen in die Ebene in Schlachtordnung und kamen in das Land, wo die hohe Teutoburg stand, wo heute die Stadt Detmold liegt. Hier aber flog aus jedem Busch, jedem Hohlweg, hinter jedem Baume hervor ein wahrer Hagel von Geschossen auf die Römer, gleichzeitig erhob sich ein Sturmwind, von furchtbarem Regenguss begleitet. Die Römer versanken im Schmutze; gewaltige Eichen, vom Sturm niedergerissen, stürzten im Fallen über sie: die Germanen drangen von allen Seiten heftig auf die Römer ein, sie mussten jeden Schritt erkämpfen und konnten erst zur Nacht sich einigermaassen erholen. Varus bezog mit ihnen ein verschanztes Lager, aber auch da hatten sie keine Ruhe vor dem Kriegsgeschrei der Germanen. Am dritten Morgen sahen die Römer, wie sehr ihre Reihen sich gelichtet hatten, allein eng zusammenschliessend setzten sie sich in Marsch und kamen in ein offenes, Senna genanntes Feld. Hier sahen sie mit Schrecken vor sich die ganze Masse der Verbündeten, welche mit dem lauten Ruf: »Freiheit, Freiheit!« von allen Seiten sich mit Ungestüm auf sie stürzten, Hermann an ihrer Spitze, bald die Seinigen anfeuernd, bald mit gewaltiger Kraft selbst kämpfend. Bald waren die Römer durchbrochen, in Unordnung gebracht, geschlagen und grösstentheils niedergehauen, nur wenige wurden zu Gefangenen gemacht oder retteten sich durch die Flucht: die Gefangenen wurden den Göttern geopfert.

Varus stürzte sich in Verzweiflung, römischem Gebrauche folgend, in sein Schwert.

Nach diesem entscheidenden Siege zerstörten die Germanen die römischen Befestigungen in Germanien und auf dem rechten Rheinufer, an Eroberungen jenseits des Rheines dachten sie nicht. Hermann war nur auf die Befestigung der Freiheit und Unabhängigkeit Germaniens bedacht, durch Herstellung eines allgemeinen Bündnisses aller seiner Völker. Das verhinderten aber die ehrgeizigen germanischen Fürsten, welche die Macht in ihrer Hand behalten wollten, so namentlich Segest, der geschworene Feind Hermann's. Einmal überfiel er sogar den Hermann unvermuthet und legte ihn in Fesseln, aber die Kämpfer des Letzteren befreiten ihn und nahmen an Segest Rache.

Als man in Rom von den Misshelligkeiten bei den Germanen hörte, beschloss man davon Nutzen zu ziehen und für die Niederlage des Varus Rache zu nehmen. Augustus sandte den Tiberius mit einem starken Heere an den Rhein, die Germanen aber zogen sich in ihre Wälder. Des Drusus Sohn Germanicus schlug die Katten und Marsen, verwüstete ihr Land und befreite, von Segest herbei gerufen, diesen von der Belagerung durch die Germanen in seinem Schlosse. Hierbei gab Segest den Römern viele vornehme Frauen zu Gefangenen, die sich in seiner Burg befanden, darunter auch Thusnelda. Auf die Kunde hiervon eilte Hermann überall hin, die Germanen zur Rache aufreizend. Germanicus drang sogar in den Teutoburger Wald ein, bestattete die Gebeine der gefallenen Legionen des Varus und rückte noch weiter vor, als Hermann mit seinen Schaaren herbeieilte, die Römer verjagte und sie über den Rhein zurück zu gehen zwang.

Danach griff Germanicus, der ein Heer und eine Flotte zusammengebracht hatte, die Germanen von der See her an, indem er die Amisia (Ems) hinauf fuhr und von ihr sich zur mittleren Weser in das Land der Cherusker wandte. Hermann hatte sich über die Weser zurückgezogen und stellte sich auf ihrem rechten Ufer nahe dem heutigen Minden mit den Cheruskern zur Schlacht auf. Er hatte einen geschickten Plan zum Kampfe entworfen und führte ihn geschickt aus, aber die Cherusker, von ihrer Kampfbegier fortgerissen, rückten zu früh von den waldigen Anhöhen in das Weserthal hinab und geriethen in Unordnung. Die Römer benutzten dies, warfen sie zurück und behaupteten das Schlachtfeld; Hermann, welcher Wunder der Tapferkeit verrichtet hatte und mit Wunden bedeckt war, vermochte nur mit Mühe sich durchzuschlagen und in Sicherheit zu bringen. Als aber die Römer sich zur Ems zurückwendeten, wurden sie von den ihnen den Weg verlegenden Germanen angegriffen, und nachher ihre Flotte durch einen Seesturm vernichtet. Dessen ungeachtet griff Germanicus auf's Neue die Katten und Marsen an, verheerte ihr Gebiet, ward aber bald von Tiberius nach Rom zurückberufen. Thusnelda hatte er mit den übrigen Gefangenen nach Rom geschickt, sie hat ihren Gemahl nicht wieder gesehen. Der einzige Trost des Letzteren hierbei war seine unablässige Thätigkeit für die Freiheit und das Wohl Germaniens. Nachdem er es von den Römern befreit, wollte er es auch von dem Einflusse des schlechten Beispiels des Alleinherrschers Marbod, Fürsten der Marcomannen, freimachen, welcher ein mächtiges Reich von den Alpen bis zur Elbe gegründet hatte, mit unumschränkter Macht darin herrschte und, um seine Macht zu befestigen, mit Tiberius in freundschaftliche Beziehungen getreten war. Zwei der tapfersten Suevenstämme, die Semnonen und Longobarden, wollten dieses Bündniss nicht ertragen und vereinigten sich mit den Cheruskern. Ingiomar, der Onkel Hermann's, bislang mit diesem thätig, ging jetzt aus Neid gegen ihn auf Marbod's Seite über. Der Letztere war zwar stärker, er kämpfte aber um seine eigene Macht, Hermann dagegen und seine Verbündeten, obgleich schwächer, kämpften für die Freiheit Deutschlands. Marbod ward zum Rückzuge gezwungen und bat die Römer um Hülfe. Da drang ein edler Jüngling aus dem Stamme der Gothen, Katwald, in das Land und Schloss Marbod's ein, bemächtigte sich des Schatzes, und Marbod floh zu den Römern, welche ihm Ravenna zur Residenz anwiesen. Den edlen und verdienstvollen Hermann aber beschuldigten seine neidischen und undankbaren Landsleute des Trachtens nach der Alleinherrschaft. Lange behauptete er sich mit wechselndem Erfolge, endlich aber im J. 21 n. Chr., gerade 12 Jahre nach der Teutoburger Schlacht, überfielen ihn seine verrätherischen eigenen Leute und ermordeten ihn, im 38. Jahre seines Lebens. Sein Ruhm aber als Volksheld Germaniens, in zeitgenössischen Liedern besungen und von Tacitus und anderen römischen Schriftstellern anerkannt, lebt in der Geschichte, in der dankbaren Erinnerung der Nachwelt, und in neuerer Zeit in einem Gedichte Klopstock's weiter.

Ein ihm ähnlicher Held ist ein halbes Jahrhundert später der Bataver Civilis (J. 70), der gleich ihm die Bataver vom Joche der Römer befreien wollte. Er war von edler vornehmer Abkunft und hatte die batavischen Cohorten, welche im römischen Heere standen, befehligt, war aber schon lange empört über die schimpflichen Handlungen der verderbten und habgierigen Römer in Batavia und grämte sich auf's tiefste über die Erniedrigung seines Vaterlandes. Nero, der hiervon erfuhr, liess ihn in den Kerker werfen, Galba aber befreite ihn. Vitellius beraubte ihn auf's Neue der Freiheit, aber Civilis entfloh, liess sich Bart und Haar wachsen und schwur, sie nicht eher scheeren zu lassen, bis nicht an den

Römern Rache genommen und sein Vaterland befreit sei. Er schickte Boten zu den Batavern, welche bei den römischen Truppen in Mainz standen, ebenso zu den Friesen und Caninefaten. Diese beiden Stämme griffen die Römer an und besiegten sie, und auf dieses Zeichen erhoben sich auch die Belger gegen sie, ebenso die Germanen, welche das rechte Ufer des Unterrheins bewohnten, und die in Mainz dienenden Bataver eilten ihren Landsleuten zu Hülfe.

Um dieselbe Zeit lebte im Lande der Brukterer in den Wäldern an den Ufern der Lippe eine bei den Germanen im höchsten Ansehen stehende Prophetin, die Jungfrau Velleda. Sie verkündete, dass die Götter diesen Krieg segneten, und dass die Römer in dem alten Lager (*castra vetera*, h. Xanten) fallen würden. Dem Ausspruche Velleda's folgend warfen sich die Brukterer und Tenchterer, nachdem sie sich mit den Batavern vereint, auf *castra vetera*, nahmen es und machten die aus demselben ausgerückte römische Garnison nieder. Civilis, in dem Glauben, dass sein Gelübde schon erfüllt sei, liess sich die Haare und den Bart scheeren, und schickte den besten Theil der Beute an Velleda.

Darauf traten die Gallier und Bataver in ein Bündniss mit den niederrheinischen Germanen. Aber der geschickte und erfahrene römische Feldherr Cerealis, welchen Vespasian mit auserlesenen Truppen nach Gallien geschickt hatte, schlug bei Trier die ganze Macht der Verbündeten, — und die Gallier fielen von den Germanen ab. Die Ubier überfielen bei Nacht die Chauker und Friesen und machten sie nieder; die bei dieser Gelegenheit in ihre Hände gefallenen Frauen, Gattin und Schwester des Civilis, lieferten sie den Römern aus. Trotz seines tiefen Kummers hierüber liess Civilis den Muth nicht sinken, sondern setzte den Kampf für die Freiheit Bataviens nur um so hartnäckiger fort. Bei *castra vetera* sammelte er ein Heer, erbaute am Rhein einen Damm, um die Römer zu erträuken, formirte sein Heer in Keilform und warf sich auf 6 römische Legionen. Ein Ueberläufer aber zeigte den Römern einen Seitenweg, auf welchem sie Civilis in den Rücken kamen, und sie besiegten ihn. Aber die Hoffnung verliess ihn nicht: er zerstörte einen Damm, der einst von Drusus aufgeführt war, setzte das ganze Land bis zum Waalflusse unter Wasser und griff nun mit 4 Abtheilungen die Römer an. Aber auch hier erfochten sie durch ihre Tapferkeit und die Kunst des Cerealis einen Sieg. Die verbündeten Germanen wandten sich zur Flucht, vergebens versperrte Civilis ihnen den Weg und wollte sie zu erneutem Kampfe bewegen; endlich ward sein Pferd unter ihm getödtet, und er konnte sich nur retten, indem er durch den Rhein schwamm. Bald jedoch erschien er von Neuem in Batavien und bekämpfte die Römer zu Schiffe. Der Sieg blieb unentschieden, Civilis wandte sich zum Waalflusse, um von hier aus neuerdings die Römer anzugreifen. Aber Cerealis hatte endlich eingesehen, dass er die Bataver im offenen Felde nicht überwinden werde, so lange Civilis mit seiner Ausdauer und Beharrlichkeit an ihrer Spitze stehe. Darum reizte er Adel und Volk gegen Civilis auf und wusste sie so zu bearbeiten, dass ihre Treue wankend wurde. Nun musste dieser, von Allen verlassen, in einen Frieden mit seinen geschworenen Feinden einwilligen.

§. 437.

Tiberius.

Tiberius Claudius Nero, ein Nachkomme des Censors Appius Claudius, Sohn des Tiberius Claudius Nero, welchem Augustus seine Frau, Livia Drusilla, fortgenommen hatte, war im J. 42 v. Chr. geboren. Von Natur mit Verstand und kriegerischen Fähigkeiten begabt, hatte er bis zu des Augustus Tode den Ruhm eines geschickten Feldherrn erworben. Nachdem er die Bewohner von Rhätien und Vindelicien unterworfen, Pannonien zu einer römischen Provinz gemacht und nach dem Tode seines Bruders Drusus die Länder zwischen Rhein und Weser nicht sowohl durch die Waffen, als durch schlaue Politik unterworfen, zog er sich im J. 4 v. Chr. auf die Insel Rhodus zurück, gekränkt durch die Bevorzugung der direkten Nachkömmlinge des Augustus, Cajus Cäsar und Lucius. Nach 6 Jahren, 2 n. Chr., rief Augustus ihn nach Rom zurück, adoptirte ihn und schickte ihn nach Germanien. Hier drang Tiberius siegreich vom Rhein zur Elbe vor, vermochte aber Marbod nicht zu überwinden. Nachdem er einen Aufstand in Pannonien und Dalmatien gedämpft, unternahm er einen Feldzug in Illyrien, der Tod des Augustus rief ihn nach Rom, wo er zum Kaiser ausgerufen wurde (im J. 14 n. Chr.). Von nun an warf er seine scheinheilige Maske ab, und tyrannisirte, rachsüchtig, missgünstig, argwöhnisch, heimtückisch, grausam und wollüstig, 23 Jahre lang das römische Reich, bis er im J. 37 ermordet wurde. Aber in den 20 Jahren seiner Befehlsführung über das Heer und der Kriege und Feldzüge, welche er in Rhätien, Vindelicien, Pannonien, Dalmatien und besonders in Germanien bis zu des Augustus Tode unternommen, hatte er sich als begabter und geschickter Feldherr gezeigt, und steht er in dieser Hinsicht sehr viel höher wie in den 23 Jahren als Kaiser.

Er war es, der in Folge seines Misstrauens und Argwohns die Prätorianer bis auf 10,000 Mann vermehrte, welche von nun an der Schrecken und die Geissel des Reiches wurden. Sie mussten seine Person bewachen, seine blutigen Befehle vollbringen, und erhielten, in ihrem befestigten Lager (*castra praetoriana*) vor dem viminalischen Thore Roms in Luxus, Unthätigkeit und Ausschweifungen lebend, die ganze Stadt in beständiger

Furcht. Ihnen wie dem Tiberius entsprach vollkommen ihr Befehlshaber Sejanus, ein lasterhafter grausamer Mensch, der eben deshalb im Namen und mit Hülfe des Tiberius in Rom schrecklich regierte, bis er auf Befehl des Tiberius selbst, der ihn im Verdacht der Untreue hatte, ermordet wurde.

§. 438.

Drusus und Germanicus.

Das gerade Gegentheil von diesem, der Zeit nach, ersten Ungeheuer Roms bilden Drusus und dessen Sohn Germanicus, reine, glänzende, wohlthuende Persönlichkeiten und zugleich ausgezeichnete Feldherrn.

Drusus war der Sohn der Livia, der Gemahlin des Augustus, aus ihrer ersten Ehe mit Tiberius Claudius Nero, welcher, nach des Augustus Willen, sich von ihr schied, als sie schwanger war. Drei Monate nach ihrer Vermählung mit Augustus gebar sie den Drusus, und Augustus nahm ihn, wie dessen älteren Bruder Tiberius an Sohnes Statt an. Schon in frühester Jugend zeigte Drusus bedeutende Naturanlagen und eine besondere Neigung zum Kriegsdienste. Seine militärische Laufbahn begann er mit Kriegsthaten in Rhätien, mit Tiberius zugleich, und von Anfang an zeigte er grosse kriegerische Befähigung und Geschick. Seine späteren glänzenden Thaten und Erfolge in Germanien machten ihn noch berühmter: seine Operationen zwischen Rhein und Elbe zeichnen sich durch unzweifelhafte Geschicklichkeit aus und führten zu der Unterwerfung der diesen Theil Germaniens bewohnenden Völker unter die Herrschaft des Augustus. Aber der Tod endete zu früh sein tugendhaftes und ruhmreiches Leben. Gerade als er beabsichtigte, in das nördliche Germanien einzudringen, starb er im J. 9. v. Chr., 30 J. alt) an einer plötzlichen Krankheit, nach Titus Livius in Folge eines Sturzes mit dem Pferde. Augustus, der von seiner Erkrankung gehört hatte, schickte ihm sofort den Tiberius hin, welcher ihn zwar noch am Leben fand, aber nur wenige Stunden vor seinem Tode. Diess gab Anlass zu dem Glauben, als ob Drusus auf des Augustus Befehl von Tiberius vergiftet worden sei, aber der grössere Theil der Historiker spricht Letzteren hiervon frei. Das Heer, den Tod seines geliebten Feldherrn tief betrauernd, errichtete ihm am Ufer des Rhein ein prächtiges Denkmal. Sein Leichnam wurde nach Rom übergeführt, wo Augustus selber ihm die Grabrede hielt, und nachdem der Körper auf dem Marsfelde verbrannt, wurde dessen Asche in dem Mausoleum des Augustus beigesetzt. Auf Senatsbeschluss wurde zu Ehren des Drusus ein Triumphbogen und seine Statue auf dem Hauptmarkt-Platze errichtet. Ausserdem wurden zur Erinnerung an seine Thaten eine Menge Medaillen geschlagen und der Beiname Germanicus seinem

Geschlechte beigelegt. Drusus war mit Antonia vermählt, der Tochter des Triumvir Antonius, Schwester des Augustus Octavius, und hatte von ihr eine Tochter Livilla und zwei Söhne: Drusus Germanicus, Vater Caligula's, und Claudius I., Nachfolger des Letzteren.

Drusus Germanicus war ebenso tugendhaft als Mensch und geschickt als Feldherr, wie sein Vater es gewesen. Unter Augustus bekleidete er das Amt eines Quästor und erlangte die Würde als Consul, noch ehe er die gesetzlich dafür vorgeschriebenen Jahre erreicht hatte. Vor dem Tode des Augustus befehligte er die Truppen in Germanien, deren Liebe er in solchem Maasse besass, dass, nachdem Augustus gestorben, sie ihm die Kaiserwürde antrugen, was er jedoch ablehnte. Sein Onkel Tiberius nahm ihn, nachdem er Kaiser geworden, an Sohnes Statt an. Nach Ueberschreitung des Rheins schlug Germanicus die Marsen und Katten, verwüstete ihr Land, zündete ihre Stadt (h. Marburg) an, befreite sodann den von den Germanen belagerten Segestus, zerstreute die Truppen Hermann's und kehrte zur Ems und zur Rheinmündung zurück. Nachdem er hier ein neues Heer gesammelt und eine Flotte erbaut hatte, schiffte er zur See in die Ems-Mündung, ging mit dem Heere zur Weser und erfocht im J. 16 n. Chr. bei dem heutigen Minden einen Sieg über Hermann und die Cherusker. Von hier kehrte er zur Ems-Mündung zurück, dann segelte er mit der Flotte zur Rhein-Mündung, verlor hierbei aber einen grossen Theil seiner Schiffe und Soldaten durch einen Sturm, besiegte indessen noch einmal die Marsen und verheerte deren Gebiete. Tiberius aber, der schon ihn zu beneiden und noch mehr ihn zu fürchten anfing, berief ihn ab und schickte, um ihn los zu werden, ihn nach Asien, um dort ausgebrochene Unruhen zu unterdrücken. Germanicus vollbrachte dies mit Geschick und Erfolg, starb aber bald, durch Piso, den Statthalter von Syrien auf des Tiberius Anstiften vergiftet, 19 n. Chr., im 35. Jahre seines Lebens.

§. 439.

Vespasian und Titus.

Diese gehören zu den besten Kaisern und Feldherrn der Römer aus dem Zeitraume zwischen den beiden trüben Perioden von Tiberius bis Vespasian und von Commodus bis Diocletian.

Titus Flavius Sabinus Vespasianus war im J. 9 n. Chr. in einem bescheidenen hölzernen Landhause bei Reate aus dem alten Plebejergeschlechte Roms, der Flavier Sabiner, geboren, dessen anderer Zweig, die Flavier Fimbrier, mehrere bedeutende Männer zur Zeit der Republik hervorgebracht hatte. Nachdem er in Kriegsdienst getreten, durchlief er alle Grade desselben mit Auszeichnung und erlangte die höchsten Stellen. Unter Caligula stand er an der Spitze der Truppen in Germanien, dann in Britannien, und dann wurde er in der Stellung eines Proconsul nach Afrika geschickt. Hier aber zog er durch seinen Geiz sich den allgemeinen Unwillen zu, büsste bei einem Volksaufstande seine gesammte Habe ein und kam nur mit Mühe mit dem Leben davon. Nero nahm ihn gelegentlich seiner lächerlichen Reise nach Griechenland mit sich, bei welcher ein alter Krieger sein Wohlwollen verscherzte, da er einst eingeschlafen war, als Nero seine Gedichte vorlas. Als indessen im J. 64 die Juden aufstanden, übertrug Nero dem Vespasian die Dämpfung des Aufstandes. Diese Aufgabe war sehr schwierig, denn die Juden leisteten verzweifelten Widerstand, auch kostete sie dem Vespasian und seinem Heere grosse Anstrengungen und viele blutige Treffen. Die Belagerung von Jotapata allein schon hielt ihn volle 7 Wochen auf. Nachdem diese Stadt durch Verrath eingenommen, begnadigte Vespasian den geschickten und tapferen Vertheidiger von Jotapata, den jüdischen Historiker Josephus, schenkte ihm die Freiheit und überhäufte ihn mit Gunst, da derselbe ihm vorher gesagt hatte, er werde bald Kaiser sein; Vespasian nahm ihn sogar in sein Geschlecht auf, indem er ihm gestattete, sich zu der Familie der Flavier zu zählen. Dann schickte er sich schon an, die einzige, aber auch sehr feste Stadt Judäas, die noch zu unterwerfen blieb, Jerusalem, zu belagern, als er im J. 69 nach Rom gerufen wurde, wo inzwischen Nero gestorben und nacheinander die Proklamation der Kaiser Galba, Otho und Vitellius erfolgt war. Die syrischen Legionen riefen Vespasian (Juli 69) zum Kaiser aus, er weigerte sich lange, endlich musste er nachgeben und übertrug seinem Sohne Titus den Oberbefehl über die Armee und die Beendigung des Krieges in Judäa. Bald erkannten auch die Donaulegionen den Vespasian als Kaiser an. Sein Feldherr Antonius Primus besiegte bei Cremona das Heer des Vitellius, der Letztere wurde in Rom (20. December 69) ermordet, bei Gelegenheit eines gegen ihn gerichteten Volksaufstandes. Der 60jährige Vespasian, der als alleiniger Kaiser übrig blieb, musste den Aufstand der Bataver unter ihrem Anführer Civilis dämpfen, sein geschickter Feldherr Cerealis zwang endlich (im J. 70) den Civilis zum Frieden. Zu gleicher Zeit hatte sein Sohn Titus Jerusalem und ganz Judäa unterworfen, im J. 71 schloss Vespasian den Janus-Tempel zu Rom zum sechsten Male seit Numa —, und ernannte Titus zu seinem Mitregenten. Ausserdem wurden Rhodus, Samos, Lydien, Cilicien, Commagene, Thracien und Achaja in römische Provinzen verwandelt. Nachdem er dem Reiche den Frieden gegeben, erbaute Vespasian zu Rom einen prächtigen Tempel des Friedens (J. 75) und richtete nun seine ganze Sorge auf die innere Ordnung und den Wohlstand des Reiches in jeder Beziehung, und dies gereicht seiner 10jährigen Regierung zum hauptsächlichsten Ruhme. In finanzieller Hinsicht grenzte seine Sparsamkeit an Geiz, zu welchem er immer, auch in seinem Privatleben, ein wenig neigte. Indessen stellte er das eingeäscherte Capitol in noch grösserer Pracht wieder her, erbaute ein ungeheures Colosseum*), führte noch viele andere Prachtbauten in Rom aus, und erbaute, verschönerte, oder befestigte auch andere Städte. Er förderte den öffentlichen Unterricht, die Wissenschaften, Litteratur, die Künste sämmtlich, die Industrie, den Handel und alle nützlichen Gewerbe, verfolgte aber den Luxus, die Verschwendung, Sittenverderbniss und Laster, duldete auch die Philosophen, namentlich die Stoiker und Cyniker, nicht in Rom, ja schickte einige von diesen sogar in die Verbannung auf die Inseln. Trotz seines Alters aber hatte er eine Schwäche für das weibliche Geschlecht und hielt viele Beischläferinnen. Er verabscheute alle Grausamkeit und liess nicht nur die gegen ihn Uebles Thuenden nicht hinrichten, sondern suchte sie durch Wohlthaten an sich zu ketten. Trotz einer unheilbaren inneren Krankheit führte er bis zu seinem Tode die Angelegenheiten unermüdlich weiter, indem er sagte: »Der Kaiser muss den Tod stehend erwarten.« Er starb im Jahre 79, im Alter von 70 Jahren, in demselben Hause, in welchem er geboren war, nach Augustus war er der erste Kaiser, der eines natürlichen Todes starb und seinem Sohne den Thron vererbte. Das Geschlecht der Flavier-Sabiner, dessen würdiges Oberhaupt er gewesen war, obgleich durch seinen jüngeren Sohn Domitianus sehr beschimpft, gelangte in den Kaisern Constantius Chlorus und dessen Sohne Constantin d. Gr. zu neuem Glanze, welche ihre Dynastie daraus herleiteten. Es ist bemerkenswerth, dass Vespasian, gleich Napoleon I., Unterricht Künste, Wissenschaften, einen Quinctilian, Plinius sen. u. A. beschützend, doch die Ideologen nicht leiden mochte und vertrieb. Mit einem Worte, — er war ein ausgezeichneter Mensch, Herrscher und Feldherr, und kann und muss in letzter Hinsicht zu den besten und bedeutendsten der römischen Heerführer gezählt werden.

Titus Josephus Flavius Vespasianus, der älteste Sohn und Nachfolger Vespasian's, wurde im J. 40 n. Chr. geboren, an Nero's Hof mit dem unglücklichen Britannicus zugleich erzogen, mit welchem ihn eine innige Freundschaft verband. Von früher Jugend an widmete er sich der Schönredekunst (Rhetorik) und der Advocatur und zeichnete sich in Beidem aus. In der Stellung eines Tribunen gewann er in dem Kriege in Germanien und dann in Britannien die allgemeine Liebe und Verehrung seiner Untergebenen durch sein würdiges und freundliches Benehmen, durch seinen Muth, seine kriegerischen Gaben und seine Leutseligkeit. Nach Rom zurückgekehrt beschäftigte er sich wieder mit

*) Das Amphitheatrum Flavianum. Anmerk. d. Uebers.

Gerichtsangelegenheiten und führte mehrere derselben glänzend durch. Dann bekleidete er das Amt eines Quästor mit Aufmerksamkeit und begleitete in der Stellung als Legions-Legat seinen Vater in dem judäischen Kriege. Nach der Ermordung Nero's und der Ernennung Galba's wurde er von seinem Vater zu Letzterem geschickt, um ihn von Jenes Treue zu versichern. Da er aber unterwegs erfuhr, dass Galba ermordet, zwischen Otho und Vitellius aber ein Bürgerkrieg ausgebrochen sei, kehrte er zu seinem Vater zurück, um nicht in jener Beiden Hände zu fallen. Nachdem Vespasian zum Kaiser ernannt, erhielt er von diesem den Oberbefehl über das Heer in Judäa, und beendete ruhmreich den dortigen Krieg durch die denkwürdige Belagerung von Jerusalem und Einnahme der Stadt nach mörderischem Kampfe. Obgleich er hierbei so viel Menschlichkeit walten liess, wie die Umstände irgend erlaubten, so ist es doch schwer zu rechtfertigen, dass er viele Gefangene an's Kreuz heften liess. Nach der Einnahme von Jerusalem ging er für einige Zeit nach Alexandria, empfing hier eine Gesandtschaft des parthischen Königs und kehrte sodann nach Rom zurück, wo er einen glänzenden Triumph feierte. Er wurde von Vespasian zum Mitregenten gemacht und stand während des ganzen Lebens des Letzteren mit ihm in bester Eintracht. Wenn man dem Sueton glauben darf, so war dieser Lebensabschnitt ein keineswegs rühmlicher für Titus, denn dieser ergab sich der Unmässigkeit, verkehrte mit den lüderlichsten jungen Leuten Roms, war grausam, in richterlichen Dingen bestechlich, vertheilte ohne Erlaubniss seines Vaters wichtige Aemter, und erregte in Rom grosses Aergerniss dadurch, dass er aus Judäa die schöne Berenice mitgebracht hatte, Tochter des jüdischen Königs Agrippa I., Wittwe des Herodes, Königs von Chalcis, welche er leidenschaftlich liebte u. s. w. Allgemein glaubte man damals in Rom, wie Sueton versichert, dass Titus ein zweiter Nero werden würde. Aber das geschah keineswegs, sondern nach Vespasian's Tode ging in Titus eine totale Veränderung vor. Herzensgüte und Leutseligkeit bildeten die Hauptzüge seines Charakters, weshalb er mit Recht »*amor et deliciae generis humani*« genannt wurde. Sein Grundsatz war, »dass Niemand unbefriedigt von ihm scheiden solle«, und als er einst einen ganzen Tag hindurch keine Wohlthat hatte erweisen können, sagte er zu seinen Freunden: »ich habe einen Tag verloren.« Aber man warf ihm zu grosse Nachgiebigkeit gegen die Höflinge und gegen die rohen Leidenschaften des römischen nach Schauspielen dürstenden Pöbels vor. Allgemeine Freude verursachte er in Rom dadurch, dass er Berenice nach Judäa zurückschickte. Herculaneum, Pompeji, Stabiae und andere Städte wurden unter seiner Regierung durch einen schrecklichen Ausbruch des Vesuv verschüttet, in Rom wüthete ein furchtbarer Brand und danach eine Seuche. Mit rührender Güte suchte Titus dieses allgemeine Elend zu lindern und den davon Betroffenen zu helfen. Leider war seine Regierung keine lange; im J. 81, als er eine Reise in das Sabiner Land unternehmen wollte, erlag er einem tödtlichen hitzigen Fieber und starb in demselben Landhause, wo auch sein Vater gestorben war, 41 Jahre alt, nachdem er 1 Jahr und 9 Monate regiert hatte: er hinterliess keine Kinder oder Nachkommen. Von den Römern, welche gewöhnlich ihren Kaisern nicht volle Gerechtigkeit und Ehre erwiesen, wurde er aufrichtig betrauert. Als Kaiser muss man ihn unbedingt mit Trajan und den Antoninen auf gleiche Stufe stellen, jedenfalls aber ihn zu den besten römischen Kaisern zählen, in kriegerischer Hinsicht aber zu den vorzüglichsten römischen Feldherrn.

§. 440.

Trajan.

Marcus Ulpius Trajanus, der Sohn eines vortrefflichen Feldherrn Vespasian's, Trajanus, wurde in Hispanien geboren, begleitete schon in jungen Jahren seinen Vater in dem Feldzuge gegen die Parther an den Euphrat und diente dann am Rhein. Immer und überall that er sich durch Muth und Tapferkeit hervor, suchte seinen Körper durch grosse Fussmärsche zu stärken, eignete sich alle erforderlichen kriegerischen Kenntnisse an, und erwarb sich durch sein freundliches Wesen gegen die Soldaten, ohne seiner Würde Eintrag zu thun, deren besondere Liebe. Im J. 86 wurde er zum Prätor ernannt, im J. 91 zum Consul. Dann lebte er einige Zeit als Privatmann in Hispanien, von wo er durch Domitian abberufen und nach Nieder-Germanien als oberster Heerführer geschickt wurde. Als der hochbetagte Nerva Kaiser wurde, fand dieser keinen Würdigeren als Trajan, um ihn zu seinem Mitregenten zu machen. er adoptirte ihn daher und ernannte ihn im J. 97 zum Cäsar.

Zu dieser Zeit war Trajan 42,— nach A. 45 Jahre alt: er besass ausser allen den persönlichen Vorzügen, welche ihm volles Anrecht auf die höchste Stellung gaben, eine majestätische Haltung und ein schönes, kluges Gesicht. Sogleich nach seiner Ernennung zum Caesar beschränkte er die Rechte der Prätorianer, welche Nerva gezwungen hatten, ihnen die Mörder Domitian's zur Bestrafung zu überlassen, und liess die Rädelsführer hinrichten. Im J. 98, nach Nerva's Tode, nahm er ohne irgend welchen Widerspruch Caesar's Stelle ein und bezauberte von Anfang an Alle ohne Ausnahme, sowohl in Rom als in den Provinzen durch seine Herzensgüte, sein Entgegenkommen und seine Leutseligkeit. Er stellte den Lebensunterhalt in Rom sicher, exilirte die *delatores* Denuncianten, welche unter Domitian sich ungeheuer vermehrt hatten, auf die Inseln, gab Gesetze für strengste Bestrafung lügnerischer Anklagen, führte die grösste Sparsamkeit und Einschränkung in finanzieller Hinsicht ein, und besetzte die Staatsämter mit gedienten, kenntnissreichen und rechtschaffenen Männern; die Senatoren und die übrigen Vornehmen, selbst die Privatleute behandelte er fortdauernd in der alten freundschaftlichen Weise, so dass Plinius von ihm sagen konnte: »er hatte Freunde, weil er selbst ein Freund war.« An seinem Hofe war er Jedermann vollkommen zugänglich; zu seinem stets maassvollen und einfachen Tische versammelte er die bedeutendsten, weisesten, angesehensten Männer. Obgleich in seinem ursprünglichen Kriegsdienste er keine gelehrte Bildung erhalten hatte, so schätzte und beschützte er doch die Wissenschaften, die Gelehrten, und die Litteratur und gründete Bibliotheken. Alle diese Beweise von ausgezeichneten Herrschertugenden, deren einziges Ziel das Glück seines Volkes war, veranlassten den Senat, ihm den Beinamen Optimus beizulegen, und obgleich ihm dieser schon zu Anfang seiner Regierung gegeben wurde, so zeigte er sich desselben niemals unwürdig. Im 4. Jahre seiner Regierung brach ein Krieg mit dem Fürsten oder König der Daker — Decebalus — aus, der mit dessen Tode und dem Triumphe Trajan's endete, wofür dieser Letztere noch den Beinamen Dacicus erhielt. Seine angeborene Neigung zum Kriege, die einzige, die man ihm vorwerfen kann, wurde durch sein beständiges Glück noch mehr genährt, und so zeigt die übrige Zeit seiner Regierung ihn vorzugsweise als geschickten und siegreichen Feldherrn, dessen Ziel die Erweiterung der römischen Grenzen war. Der alte Zwist zwischen Römern und Parthern um den Besitz des Thrones von Armenien gab für Trajan den Anlass zu dem Kriege mit dem Parther-Könige Chosroës und zur Eroberung Armeniens im J. 107. Dann stellte Trajan freundschaftliche Beziehungen zu Augares, dem Könige von Edessa, her, eroberte das ganze Mesopotamien, unterwarf alle die kleinen Reiche in Nord-Armenien zwischen schwarzem und caspischem Meere, und verwandelte das steinige Arabien in eine römische Provinz. Im J. 114 erbaute er zu Rom das prächtige Forum Trajanum und die bis heute stehende Columna Trajani, auf welcher alle seine Siege verzeichnet waren. Im J. 115 wollte er, von dem Ruhme Alexander's d. Gr. berauscht, nicht allein diesem es gleich, sondern noch zuvor thun in seinen Erfolgen in Parthien, dem persischen Meerbusen und dem indischen Ozean. Nach Ueberschreitung des Tigris unterwarf er die Provinzen Adiabene und Assyrien, die Hauptstädte Ctesiphon und Susa, und war der erste und letzte römische Feldherr, der mit einer Flotte im persischen Meerbusen und indischen Ozean erschien, und die Küsten des glücklichen Arabiens verheerte: er bedauerte nur, dass er nicht jung genug sei, um seine Waffen bis nach Indien selbst zu tragen. Aber trotz des Glanzes solcher Erfolge ist es ein betrübender Gedanke, dass ein so weiser und menschenfreundlicher Herrscher, vom Durst nach Kriegsruhm fortgerissen, sich zu einem ehrgeizigen Eroberer umwandelte, der diesem Ruhme die Wohlfahrt seines Reiches und Volkes opferte. Indessen setzte der Tod bald seinen ruhmsüchtigen Kriegsthaten ein Ende: im J. 117, als er auf's Neue mit einer Armee nach Mesopotamien rücken wollte, erkrankte er, ibergab die Armee seinem von ihm an Sohnes Statt angenommenen Verwandten Hadrian, reiste zu Schiffe nach Italien ab, starb aber am 11. August 117 in der cilicischen Stadt Selinus (Trajanopolis), 64 Jahre ilt, im zwanzigsten Jahre seiner Regierung, das beste Andenken hinterassend. Ausser seiner Leidenschaft zum Kriege und Kriegsruhme ist hm als Herrscher nicht das Geringste vorzuwerfen. Auf das Sorgfältigste var er um die Beachtung der Gesetze bemüht, er war gerecht, herablasend, gutherzig und wohlthätig, auf alle Weise bedacht, die Wohlfahrt les Reiches und Volkes zu heben, erbaute neue Städte, Wege, Brücken, läfen u. a. Centumcellä, Hafen Civita Vecchia), förderte die Industrie, len Handel, die Wissenschaften, Künste und Litteratur, und war in väerlicher Weise um die Erziehung der Jugend überhaupt und der Waisen nsbesondere bemüht. Die unter ihm vorkommenden Christenverfolgungen waren eine Folge der von ihm adoptirten Maxime, keinerlei geheime Gesellschaften (Hetärien, Brüderschaften u. s. w.) zu dulden. Als Beveis dafür kann sein Briefwechsel mit dem jüngeren Plinius dienen, velchen er zum Consul und dann zum Statthalter von Pontus und Bithyien ernannt hatte, und der ihm ein sehr schönes Lob ertheilte. Die Liebe und Achtung der Römer zu ihm war so gross, dass sogar 100 bis 00 Jahre nach seinem Tode die Senatoren dem neu erwählten Kaiser en Wunsch aussprachen, »glücklicher als Augustus und besser als Traan zu sein«. Namentlich in kriegerischer Beziehung war er unstreitig ein usgezeichneter militärischer Administrator und als Truppenführer benso erfahren und geschickt, als glücklich und bemerkenswerth.

§. 441.

Marcus Aurelius.

Marcus Annius Verus Antoninus, bekannter unter dem Naen Marcus Aurelius, genannt der Philosoph oder der Weise, us einem alten vornehmen römischen Geschlechte, war der Sohn des nnius Verus und wurde am 26. April 121 n. Chr. geboren. Von seiem Schwiegervater, dem Kaiser Antoninus Pius an Sohnes Statt doptirt, bestieg er nach dessen Tode, im März 161, 40 Jahre alt, den hron und theilte die Regierung freiwillig mit dem von ihm adoptirten ohne des verstorbenen Commodus, Commodus Lucius Verus, 'elchen er zum Cäsar, später zum Augustus ernannte und mit seiner

Tochter Lucilla vermählte. Erzogen und unterrichtet von Sextus, dem Enkel Plutarch's, dem Rhetor Herodes aus Athen und dem berühmten Juristen Lucius Volusius Mecianus, hatte er sich zum Gelehrten gebildet und besonders die stoische Philosophie liebgewonnen. Während seine Feldherren: Statius Priscus, Avidius Cassius, Marcius Verus und Fronto die Parther besiegten, Armenien, Medien und Babylonien eroberten und die grosse Stadt Seleucia am Tigris zerstörten, wendete er sein Augenmerk auf Rom und Germanien. Das Erstere wurde von Pest, Hungersnoth und Ueberschwemmungen heimgesucht, die germanischen und Donau- (slawischen Völkerschaften beunruhigten unaufhörlich die Nordgrenzen des Reiches durch ihre Einfälle. Sie wurden indessen zurückgeschlagen, und dem Elend in Rom steuerte Marc Aurel nach Möglichkeit, wobei er sich zugleich Mühe gab, die Sitten und die Gerechtigkeitspflege zu heben. Nach Beendigung des parthischen Krieges feierten beide Kaiser den Triumph und nahmen den Titel P a r t h i c u s an. Bald aber brach in der syrischen Armee die Pest aus, welche sich von Syrien aus über das ganze Reich verbreitet hatte und lange mit furchtbarer Gewalt darin herrschte. Dazu kamen grosse Ueberschwemmungen, heftige Erdbeben und ein allgemeiner Aufstand aller an das Reich grenzenden Barbarenvölker von Gallien bis an das schwarze Meer. Unter diesen waren die mächtigsten und gefährlichsten die Marcomannen. Beide Kaiser zogen mit dem Heere gegen sie, ein Theil derselben unterwarf sich, aber bald führten sie alle einen erneuten allgemeinen Angriff aus, und der Krieg gegen sie, bekannt unter dem Namen des m a r c o m a n n i s c h e n, dauerte volle 8 Jahre unter wechselndem Erfolge. Verus starb im ersten Jahre dieses Krieges (169), worauf Marc Aurel ihn allein weiter führte. Kurz danach brachten die Marcomannen dem Präfekten Vindex eine schwere Niederlage und einen Verlust von etwa 20,000 Mann bei und drangen bis Aquileja vor. Um diese Zeit war der Staatsschatz zu Rom so erschöpft, dass Marc Aurel sich gezwungen sah, alle seine Kostbarkeiten und seine Frauen zu verkaufen, um den Unterhalt für die Truppen und den Sold für die Gothen, Vandalen und andre Barbaren aufbringen zu können. Die Barbaren fuhren indessen fort, Pannonien, Illyrien und Griechenland zu verwüsten, bis der Feldherr Pertinax die Germanen aus Rhätien (im J. 171) und Marc Aurel selbst die Marcomannen und Jazygen (Slawen) über die Donau vertrieben hatte. Nachdem der Frieden mit ihnen hergestellt, wandte sich Marc Aurel gegen die Quaden jenseits der Donau und drang bis zur Stadt Neitra vor. Hier, bei der heutigen Stadt Gran in Wengrien, ward er von den Quaden eingeschlossen und gerieth aus Mangel an Wasser in die äusserste Noth. Aber da erhob sich plötzlich ein furchtbares Unwetter, ein Platzregen erfrischte die römischen Armeen, die Quaden wurden geschlagen und baten mit den

Marcomannen um Frieden: sie erhielten ihn und gaben an 113,000 römische Gefangene zurück. Nun beschäftigte Marc Aurel sich angelegentlich mit der Staatswohlfahrt und reiste bald danach nach dem Orient, um einen Aufstand seines Statthalters in Syrien, Avidius Cassius, zu dämpfen. Aber noch vor seiner Ankunft daselbst wurde Avidius Cassius von seinen eignen Anhängern ermordet, und Marc Aurel brachte durch grösste Milde die Theilnehmer an jenem Aufstande zum Gehorsam zurück. Kaum aber nach Rom zurückgekehrt, war er gleich wieder genöthigt, sich gegen die Marcomannen und andere Barbaren zu wenden, welche über die Donau hereinbrachen. Seine Feldherren Pertinax und Quinctilius operirten erfolgreich in Illyrien, Paternus besiegte die Marcomannen (178). Marc Aurel befand sich stets bei der Armee im Felde, leitete die Operationen und trug durch seine geschickten Anordnungen und persönliche Tapferkeit wesentlich zu den Siegen über die Barbaren bei. Als er sich zum dritten Feldzuge gegen die Marcomannen anschickte, starb er am 11. März 180 zu Vindobona (Wien) an der Donau durch die Pest, im 59. Lebensjahre, dem 19. seiner Regierung. Er war einer der besten römischen Kaiser und Feldherren, der letzte von den weisen und wohlthätigen Antoninen, deren goldenes Zeitalter für Rom mit seinem Tode ein Ende nahm. Dennoch hatten aber weder seine angeborene Seelengrösse, noch seine Philosophie ihn von der Verfolgung der Christen im Reiche abgehalten, welche übrigens nur dazu beitrug, die Zahl der Christen im Heere und Volke zu vermehren.

§. 442.

Diocletian.

Marcus Valerius Diocletianus*, (lateinisch, oder richtiger Dioclitian griechisch, da er im Orient lebte und starb, wurde 245 geboren. Sein früherer Name war Dokles oder Diokles, wahrscheinlich von der Stadt Dioclea in Dalmatien entnommen, von wo seine Mutter herstammte. Sein Vater war Schreiber (*scriba*), ein Freigelassener. Günstige Prophezeiungen und mehr als Alles die eigne Neigung bewogen ihn, als gemeiner Soldat in den Kriegsdienst einzutreten. Durch seine Fähigkeiten, Eifer, Tapferkeit sich auszeichnend, erlangte er die höchsten Kriegschargen, wurde Statthalter von Mösien, Consul und endlich Befehlshaber der Garde (*regens domesticorum*) bei dem Kaiser Carus und dessen Sohne Numerianus. Nach des Letzteren Tode rief die Armee desselben auf dem Rückmarsche aus dem persischen Feldzuge

* N. A. Cajus Aurelius Diocletianus. Anmerk. d. Uebers.

am 17. September 284 bei Chalcedon den 39jährigen Diocletian zum Kaiser aus, und seine erste That war, dass er eigenhändig den Präfekten der Garde, Arrius Aper, erstach, welcher der Ermordung des Numerianus beschuldigt war. Man erzählt sich, dass die Wahrsager dem Diocletian prophezeit hätten, er werde Kaiser werden, wenn er einen aper (Eber) tödte, und deshalb habe Diocletian viele Eber getödtet; als er aber den Arrius Aper erstach, habe Maximian (der von ihm zum Mitregenten erwählt war) gesagt: »jetzt erfüllt sich die Prophezeiung.« Aber nach Aper musste er sich noch des Sohnes des Carus und Bruders des Numerianus, Carinus, entledigen, welcher über alle Truppen im Westen verfügte. Sie zogen Beide einander entgegen, im August 285 kam es bei Margus in Mösien, nahe der Donau, zur Schlacht, und das Heer Diocletian's, durch Krankheiten und viele Todesfälle geschwächt, von dem weiten Marsche aus Persien ermattet, ward von Carinus besiegt. Schon wollte Diocletian sich der Verzweiflung überlassen. Da wurde Carinus von einem seiner Tribunen ermordet, und nun erkannte sein Heer gleichfalls den Diocletian an, welcher jetzt ohne Nebenbuhler alleiniger Kaiser blieb. Seine niedere Herkunft lässt der Annahme nicht Raum, dass er diejenige Erziehung und Bildung genossen, welche nicht allein für das Amt des Kaisers, sondern selbst für die höchsten kriegerischen Stellen erforderlich waren. Da er dennoch die Letzteren erlangt hatte, so muss man ihm kriegerische Begabung zusprechen; mehrere aber behaupteten, er verdanke alle seine Erfolge dem rohen und grausamen, aber befähigten und tapferen Maximianus, mit welchem er immer befreundet war. Die Historiker sagen, er habe keinen unternehmenden heroischen Geist gehabt, dafür aber andere, wenn auch nicht glänzende, so doch in Bezug auf die Regierung des Staates erspriesslichere Gaben besessen: Festigkeit der Seele, gestärkt durch Erfahrung und Menschenkenntniss, Gradheit und Scharfblick in allen Dingen, eine verständige Mischung von Sparsamkeit und Freigebigkeit, von Nachsicht und Strenge, eine tiefe Verstellung, aber unter der Maske der Offenheit und Jovialität des Kriegers, Beständigkeit in Verfolgung des Zieles, Leichtigkeit und Gewandheit im Auffinden von Mitteln, besonders aber die grosse Kunst, seine und Anderer Leidenschaften den Interessen seines Ehrgeizes dienstbar zu machen und diesen Ehrgeiz unter dem Schein der Rechtlichkeit und der Sorge für das allgemeine Beste zu verbergen. Aus diesen Eigenschaften erklären sich auch die ersten Schritte Diocletian's nach seiner Thronbesteigung: 1) sein Bestreben, den Hass gegen seine Feinde und gegen die Anhänger seiner Vorgänger, welche die höchsten Staatsämter bekleideten, nur aus Rücksicht auf ihren Nutzen für den Staat zu verbergen, und 2) die von ihm vollzogene Ernennung seines Freundes Maximianus, zum Mitregenten, zunächst als Cäsar, dann als Augustus, nicht blos aus Freundschaft, sondern mit geheimer Nebenabsicht. Maximian, auch von niederer Herkunft, besass weder Bildung noch Feldherrngaben und zeichnete sich nur dadurch aus, dass er lange in dem Heere an den Grenzen gedient hatte, er war dagegen aber muthig, tapfer, fest und erfahren, unerlässliche Eigenschaften zur Ausführung der schwierigsten Unternehmungen, obgleich er dabei von grausamem Gemüthe war. Diocletian suchte seine Grausamkeit zu mildern, wo es sich aber um Rache und grausames Vorgehen handelte, liess er dem Maximian seinen Willen. Auf diese Weise gewann er sich die Liebe des Volkes, während er dessen Hass gegen Maximian kehrte. Deshalb nannte das Volk die Regierung Diocletian's das goldene, die Maximian's das eiserne Zeitalter. Dessen ungeachtet bestand zwischen beiden Kaisern ungestört die alte Freundschaft fort. Es ist unentschieden, ob Aberglaube oder Hochmuth sie zu dem Gedanken brachte, sich die Beinamen Jovius (für Diocletian) und Herculius (für Maximian) beizulegen. Diese ganze Charakteristik Beider kann einen Begriff von der sittlichen Verkommenheit der Römer zu jener Zeit geben.

Was die Staatsactionen des Diocletian anbelangt, so hatte die von ihm und Maximian vorgenommene Ernennung noch zweier Mitregenten unter dem Titel Cäsaren, des Galerius und Constantius Chlorus, die Theilung des ungeheueren römischen Reiches in 4 Regierungen, wobei sie untereinander stets einig blieben und dem Diocletian die erste Stelle einräumten, — also das, was in der Geschichte das neue System der Regierung des Reiches genannt wird, — es hatte für den Staat heilsame Folgen und bildete die Grundlage für dessen weitere Verwaltung und Theilung in zwei grossen Hälften, deren jede wieder in zwei Theile getheilt war. Während Maximian, Galerius und Constantius Chlorus über die inneren und äusseren Feinde in Gallien, Britannien, am Rhein und in Afrika triumphirten, hatte Diocletian, welcher nicht in Rom, er liebte es nicht und war nur einmal zu einem Triumphe dort gewesen, sondern in Mediolanum, noch häufiger und länger aber in Nicomedien residirte, keinen unmittelbaren Antheil an den kriegerischen Entwürfen und Operationen genommen. Als aber Aegypten sich los riss und die Arabier sich Alexandriens bemächtigten, nahm er durch persönliche Anordnungen diese Stadt mit Sturm wieder ein, züchtigte die Aufrührer und stellte die Ruhe in Aegypten wieder her. Gegen Persien aber, das sich in Besitz von Armenien gesetzt hatte, schickte er den Galerius, und als Letzterer eine Schlacht verloren und mit Mühe sich durch die Flucht gerettet hatte, empfing Diocletian ihn freundlich als Mitregenten und Cäsar, liess ihn jedoch eine ganze Meile zu Fuss und im kaiserlichen Ornate an der Spitze und Angesichts des ganzen Heeres hinter seinem Wagen hergehen. Als dann Galerius seine Niederlage später durch einen Sieg über die Perser wieder gut gemacht hatte, feierte Diocletian mit ihm gemeinschaftlich zu Rom einen Triumph.

So hatte er also sich nur durch Kriegsthaten während seines längern Kriegsdienstes vor der Thronbesteigung ausgezeichnet, von diesem Momente an bis zu seiner Abdankung nur in Aegypten durch die Einnahme von Alexandria. Den Versuch, welchen der Senat später im Einverständniss mit den Prätorianern machte, einen Regierungswechsel herbei zu führen, unterdrückte er nicht persönlich, sondern durch Maximian, welchen er bei solchen Gelegenheiten stets verwendete.

Endlich, im J. 305, dem 21. seiner Regierung, sich der Liebe seiner Unterthanen und der Achtung, ja fast des Gehorsams seiner Mitregenten erfreuend, legte Diocletian wegen seiner schwachen Gesundheit und aus eigenem Antriebe die Herrschaft nieder und zog sich in die Einsamkeit nach Salonae zurück. Hier beschäftigte er sich nach seiner Wiedergenesung noch 8 Jahre mit Gartenbau, seinen Freunden versichernd, »dass er erst begonnen habe zu leben, seitdem er vom Throne gestiegen«, — ein bemerkenswerther, wenn auch seltsamer Zug in seinem Charakter. Im J. 313 starb er, 68 Jahre alt, das Andenken eines, mehr als Herrscher, wie als Feldherr bedeutenden Mannes hinterlassend. Er liebte den Luxus und verschönerte Rom, Mediolanum, Nicomedien, Karthago und viele andere Städte durch prächtige Bauten. Sein Luxus gereichte dem Staate zum Nutzen insofern, als er in den Augen des Volkes das kaiserliche Ansehen hob. Er that auch viel für die kaiserliche Macht, durch Theilung derselben unter 4 Mitregenten, wodurch er dem Heere (freilich nur während seiner Regentschaft) die Macht nahm, Kaiser zu proklamiren, und aus den Cäsaren bildete er die zukünftigen Augusti. Im Allgemeinen kann man ihm grosse Herrscherverdienste nicht absprechen: indem er das gewaltige Reich bei aller Charakterverschiedenheit seiner Mitregenten und trotz der zahlreichen äusseren und inneren Feinde des Reiches regierte, gelang es ihm zugleich, die Ordnung im Inneren und die Sicherheit nach aussen zu befestigen. Dazu gehörte viel Verstand, Erfahrung, Menschenkenntniss, politische Gewandtheit und Klugheit. Nur seine unaufhörlichen Christenverfolgungen, die grausamsten von allen, beflecken sein Gedächtniss. Namentlich die im J. 303 beginnende war so grausam, dass die christliche Kirche — den 29. August 284, den Tag der Thronbesteigung Diocletian's, lange Zeit hindurch als Aera für die Zeitrechnung annahm und sie die diocletianische nannte, (diese Aera ist noch heute bei den Abyssiniern und Kopten im Gebrauche).

§. 443.

Constantin der Grosse.

Constantin (Cajus Flavius Valerius Aurelius Claudius), Sohn des römischen Kaisers Constantius Chlorus und seiner Frau Helena, wurde am 28. Februar 274 in der Stadt Naissus in Mösien geboren. Als Diocletian den Constantius Chlorus zum Cäsar ernannt hatte, nahm er dessen 18jährigen Sohn, gleichsam als Bürgen, an seinen Hof, liess ihm aber eine sorgfältige Erziehung geben. Als Constantius Chlorus in Gallien und Britannien zu Felde lag, machte Constantin in der Stellung eines Tribunen mit Diocletian seinen ersten Feldzug in Aegypten gegen den Empörer Achilleus. Bald hatte er sich durch seine edle Haltung, seine Klugheit und Fähigkeiten, seine Bescheidenheit und maassvolles Verhalten die allgemeine Liebe erworben. Aber gerade hierdurch zog er sich den Hass des Nachfolgers Diocletian's, Galerius, zu, welcher mehr als einmal ihn zu verderben trachtete, indem er ihn zu gefahrvollen Kriegsunternehmungen gegen die Sarmaten und andere barbarische Völker entsandte. Constantin war überall und immer siegreich, da er aber die unüberwindliche Abneigung des Galerius gegen sich bemerkte, so erbat und erhielt er von demselben die Erlaubniss, zu seinem Vater zu reisen, um an dessen Kriegsoperationen in Britannien Theil zu nehmen. Aber kurz nach seinem Eintreffen daselbst starb sein Vater zu Eboracum (York) im Sommer 306, nachdem er den Constantin zu seinem Nachfolger ernannt hatte. Heer und Volk riefen Constantin zum Imperator aus, Galerius erkannte ihn jedoch nur als Cäsar an. Dessen ungeachtet trat Constantin die Regierung von Gallien, Britannien und Hispanien an und eröffnete seine ersten Kriegszüge gegen die Franken, welche den Rhein überschritten hatten und Gallien verheerten. Er schlug sie, nahm ihre beiden Fürsten gefangen und warf sie den wilden Thieren vor, um die Franken und die übrigen Germanen für die Zukunft abzuschrecken. Die geschlagenen Franken verfolgte er bis zum Rhein, verwüstete die eroberten Länder und machte eine Menge Gefangene, welche gleich ihren beiden Fürsten von den wilden Thieren zerrissen wurden. Dann sicherte er Gallien gegen Osten durch eine Reihe von Festungen auf dem linken Rheinufer, eine Flotte auf diesem Flusse und eine stehende Brücke über denselben bei Colonia (Cöln).

Kurz danach zog er nach Italien gegen Maxentius und auf dem Marsche dorthin, in Gallien, erblickte er die Erscheinung eines flammenden Kreuzes am Himmel, liess ein christliches *labarum* (Panier) aufrichten und weihete die Feldzeichen, Helme und Schilde in seinem Heere durch das Kreuz, wodurch er bei den zahlreichen in seinem Heere befindlichen Christen den grössten Enthusiasmus hervorrief. Siegreich durchzog er ganz Norditalien von Segusa (h. Susa) bis Verona, und von Verona bis zur Tiber; und nachdem er auf dem rechten Tiberufer bei der mulvischen*) Brücke unweit Rom am 2. October 312 den Maxentius besiegt hatte, zog er als Sieger in Rom ein, schmückte das Capitol mit dem Kreuze, befreite und begnadigte alle von Maxentius Eingekerkerten oder Vertriebenen, und erregte durch eine ganze Reihe von Wohlthaten und weisen Regierungsmaassregeln allgemeines Entzücken, Dankbarkeit und Anhänglichkeit. Der Senat proclamirte ihn zum ersten oder obersten Augustus, und Constantin ernannte den Licinius zum Cäsar und vermählte ihm seine Schwester Constantia, worauf Beide im J. 313 den Christen ganz dieselbe Freiheit ihrer Religionsübungen bewilligten, wie allen übrigen Andersgläubigen. Hierbei wurde den Christen alles, bis dahin ihnen fortgenommene, unbewegliche Eigenthum zurückgegeben und ein Verbot gegen deren Verfolgung, ja sogar gegen ihre Fernhaltung von den öffentlichen Aemtern erlassen. Das war ein feierlicher Sieg des Christenthums über das Heidenthum, welches 3 Jahrh. hindurch jenes grausam und unerbittlich verfolgt hatte.

Bald wandten Constantin und Licinius sich gegen die Franken und den Mitregenten des Galerius, Maximin, welche Erstere in die nördlichen, Letzterer in die südlichen Provinzen eingefallen waren und dieselben verheerten. Dann führten sie selber einen Bürgerkrieg gegen einander, in Folge des Hasses und der Feindschaft des Licinius gegen Constantin und der Verfolgung der Christen durch Ersteren. Von Constantin bei Cibalis, an dem Einfluss der Drau in die Donau, in Pannonien, am 8. October 314 besiegt, brachte Licinius in Thracien ein neues Heer zusammen, schloss aber nach einer zweiten unentschiedenen Schlacht bei Mardia Frieden und trat 5 Provinzen ab (315).

Während der folgenden 8 Jahre war Constantin ausschliesslich mit der Ordnung des Staates im Inneren und dem Schutze desselben nach aussen beschäftigt. Er schlug die Sarmaten und Gothen, welche in Illyrien eingedrungen waren, im J. 320 bei Campona, unweit des heutigen Ofen, im J. 321 bei Bononia und 322 bei Margus, wo der Gothenkönig Rosimund fiel. Im J. 323 erhob sich Licinius zu neuem Kriege gegen Constantin, wurde aber im Juni 323 bei Adrianopel besiegt, seine Flotte durch einen Seesturm vernichtet. Constantin verfolgte den Licinius in Kleinasien, schlug ihn abermals bei Chrysopolis, nahe Chalcedon, 324, und liess ihn 325 nebst seinem Sohne Licinianus hinrichten, und da Galerius wie Maximin schon vorher gestorben waren, so blieb er alleiniger Kaiser des ganzen Reiches. Nach langjährigen Wirren und Unruhen

*) Oder milvischen Brücke (*Ponte molle*). Anmerk. d. Uebers.

auf's Neue unter dem kräftigen und weisen Scepter Constantin's vereinigt, erholte es sich, sammelte sich und erfreute sich des Friedens. Die Hauptsorge Constantin's war die dauernde Befestigung der öffentlichen Ruhe und Wohlfahrt, und die Verbreitung des Christenthums.

Zu diesem Zwecke erliess er viele weise Anordnungen und Gesetze, verminderte die Grundsteuern, liess eine neue Messung und Schätzung der Ländereien (Kataster) vornehmen, nahm eine Menge von Einrichtungen zur Vermehrung der Einkünfte des Fiscus oder des Staatsschatzes, zur Versorgung der Greise, Kranken, Armen, der Wittwen und Waisen vor, sorgte für die Volksbildung, Verbesserung der Rechtspflege, für Entwickelung und Hebung des Ackerbaues, der Industrie und des Handels u. s. w. An Stelle Roms machte er Byzanz zur neuen Residenzstadt, weihete sie dem Gotte des Christen und nannte sie Neu-Rom, zugleich ihr den Zunamen Constantinopel beilegend. In religiöser Hinsicht stellte er im Reiche das Christenthum gänzlich nach der Seite der Juden hin sicher, in dem Rechte des Besitzes u. s. w., berief das erste ökumenische Concil zu Nicaea, das die Angelegenheiten der Kirche ordnen sollte, und dem er selbst beiwohnte. Das ganze Reich theilte er in vier Präfekturen: die des Orients, die illyrische, die italische und die gallische, in 13 Diöcesen und 117 Provinzen. In militärischer Beziehung legte er die römischen Legionen, in Folge ihres Verfalles in Bezug auf Tüchtigkeit und Geist, in das Innere des Reiches, die Miethstruppen von Barbaren aber an die Grenzen, wodurch er indessen den Schutz der Grenzen schwächte und einen grossen, wenn auch durch die Nothwendigkeit gebotenen Fehler machte. Den Oberbefehl über das Heer übertrug er einem *magister peditum* und einem *magister equitum*, denen die Befehlshaber der verschiedenen Art und die sogenannten Präfekten unterstellt waren.

Im Ganzen erschien das römische Reich unter Constantin von 325 bis zu dessen Tode 337 in seiner inneren Organisation vollkommen verändert. Obgleich der Gedanke Diocletian's, die oberste Gewalt zu theilen, nicht aufrecht gehalten blieb, so war doch hierdurch die Entwickelung aller übrigen Elemente dieses Systemes keineswegs gehindert worden. Die daraus herfliessende neue Theilung des Reiches und seiner Provinzen, die erhebliche darin begründete Vermehrung der Staatsämter und die vollkommene Trennung der bürgerlichen Gewalt von der militärischen gaben dem Staate eine total andere Gestalt. Und wenn lediglich die äusseren Formen der Regierung noch die Wohlfahrt des Staates zu erhalten vermochten, so konnte das römische Reich in dieser Hinsicht zu Constantin's Zeit sich glücklich schätzen. Aber anstatt die Kraft des Staates durch dieses neue staatsmännische System Constantin's zu schützen, zu heben und zu verstärken, konnte dasselbe durch seine zunehmende Anzahl von Beamten nur diese Kraft erschöpfen und führte zur Vermehrung der Steuern, welche schliesslich für die Unterthanen unerschwinglich wurden*).

So erreichten also trotz der besten Absichten Constantin's dessen staatliche Maassnahmen und Verfügungen nicht ganz ihren wohlthätigen Zweck und ihre volle Entwickelung und hatten neben und bei vielen erspriesslichen Resultaten auch viele verderbliche Folgen, welche besonders später hervortraten.

Die zweite Hälfte der Regierungszeit Constantin's verfloss fast ganz in Frieden und Ruhe. Seit Augustus war er der Erste, der seine 30jährige Regierung feierte (im J. 336), in derselben Zeit, in welcher das römische Reich des tiefsten Friedens genoss und für die äusseren Barbaren ebenso furchtbar, wie in den fernsten Ländern geachtet dastand. Daher konnte im J. 336 Constantin ohne Gefahr sich zum Kriege gegen die Perser entschliessen, deren König Schapur oder Sapor II. in diesem Jahre die nach dem Feldzuge Diocletian's abgetretenen persischen Provinzen zurückverlangte und auf den ablehnenden Bescheid hin den Krieg erklärte. Constantin hatte im Frühjahr 337 sich persönlich mit einem Heere nach dem Orient aufmachen wollen, erkrankte aber plötzlich und starb am 31. Mai 336 in dem Schlosse Archinum**) nahe bei Nicomedia im 63. Jahre seines Lebens und dem 31. seiner Regierung. Vor seinem Tode liess er sich feierlich taufen, in seinem hinterlassenen Testamente aber theilte er, der das ganze römische Reich unter seiner Alleinherrschaft vereinigt hatte, dasselbe auf's Neue unter seine drei Söhne, Constantinus, Constantius und Constans, aus seiner zweiten Ehe mit Fausta, — ein Akt, der als politischer Fehler von verderblichen Folgen zu betrachten ist. So glücklich er in allen seinen Staatsactionen gewesen war, so unglücklich in seiner Familie. Sein ältester Sohn aus erster Ehe mit Minervina, Crispus, fiel als Opfer der Ränke seiner Stiefmutter Fausta, er wurde im J. 326 durch Constantin umgebracht. Als in der Folge seine Unschuld an den Tag kam, liess Constantin die Fausta hinrichten, auf deren drei oben genannte Söhne dann das Reich überging: sie wurden alle drei nach einander noch bei Constantin's Lebzeiten zu Cäsaren ernannt und nahmen an der Regierung Theil. Zur selben Zeit hatte Constantin auch zwei andere Verwandte ausgezeichnet, Dalmatius und Hannibalianus, indem er den Ersteren zum Cäsar, den Andern zum König von Armenien ernannte. Aber diese einer Seitenlinie angehörenden Verwandten hatten am Hofe und im Heere eine starke Partei gegen sich, denn aus der Theilung des Reiches unter so viele Nachfolger Constantin's fürchteten Alle neue Streitigkeiten und Bürger-

---

*) Lorentz, Handbuch der Allgem. Geschichte. 2. Theil. 1. Abtheilung.

**) N. A Achyron. Anmerk. d. Uebers.

kriege. Noch war daher der Leichnam Constantin's in Constantinopel, wohin er aus Nicomedia gebracht worden, nicht beerdigt, als das Heer schon laut erklärte, dass nur die Söhne des verstorbenen Kaisers über das Reich herrschen dürften. Die Brüder und Verwandten des Letzteren erwarteten zu Constantinopel die Ankunft des Constantius, von welchem sie Schutz und Sicherung der ihnen verliehenen Rechte erhofften. Constantius aber war zu schwach, um mit Ehren aus dieser schwierigen Lage hervorgehen zu können, und wenn er es nicht befahl, so liess er es doch zu, dass seine beiden Onkel, sechs Vettern und viele andere Verwandte des kaiserlichen Hauses ermordet wurden, mit alleiniger Ausnahme der 2 minderjährigen Söhne des Julius Constantius: des 12jährigen Gallus und des 6jährigen Julianus in der Folge Kaiser. Eine solche blutige, durchaus nicht christliche, sondern heidnische Todtenfeier wurde Demjenigen gehalten, der dem Christenthume im Reiche die Freiheit gegeben hatte, selber als Christ gestorben war, und der von der Kirche für heilig erklärt, von der Geschichte aber der Grosse genannt worden ist.

§. 444.

Julian.

Flavius Claudius Julianus, Sohn des Julius Constantius, des Bruders*, Constantin's d. Gr., und der Vasilissa, seiner zweiten Frau, der Tochter des Präfekten Julianus, wurde am 6. Novbr. 331 zu Constantinopel geboren. — Bald nach dem Tode Constantin's des Gr. entging er, kaum 6 Jahre alt, nebst seinem 12jährigen älteren Bruder Gallus, mit genauer Noth der allgemeinen Ermordung sämmtlicher Verwandten des verstorbenen Kaisers, mit Vorwissen und Einwilligung des Bruders desselben Constantius. Gallus wurde verschont, weil er todtkrank lag, den Julianus verbarg der Bischof von Arethusa unter dem Altar. Später wurden Beide dem Bischof Eusebius von Nicomedien zur Erziehung übergeben, welcher sie zum Christenthume erzog und sie sogar zum geistlichen Stande von Kirchenvorlesern bestimmte, um sie vom Hofe zu entfernen und nach dieser Seite hin jede Gefahr zu vermeiden. Diese Erziehung war auf jeden von Beiden von sehr verschiedener Einwirkung. Gallus schwor das Christenthum nicht ab und erntete dafür die Lobpreisungen der christlichen Schriftsteller. Julian dagegen ward durch die Verfolgungen aller seiner Verwandten, sowie durch die Beengung und die Furcht, in welcher man ihn erzog, aufs Tiefste und Lebhafteste ergriffen. Als Constantius den Gallus zum Cäsar und Statthalter von Syrien ernannte, liess dieser sich aus Rache in eine Verschwörung ein und wurde dafür im J. 354 auf Befehl des Constan-

* N. A. des Vetters. Anmerk. d. Uebers.

tius umgebracht. Das gleiche Schicksal drohte auch dem Julian, und nur der Fürsprache der Kaiserin Eusebia verdankte er sein Leben: nach 7monatlichem Aufenthalte am Hofe zu Mediolanum wurde ihm sogar gestattet, nach Athen zu gehen, zu seiner weiteren Ausbildung. Hier brachte er 6 Jahre zu (348—354, von seinem 17. bis 23. Jahre) den schönen Wissenschaften und der Philosophie bei den besten Lehrern jener Zeit, namentlich bei dem Sophisten Libanios obliegend. Diese Zeit erachtete er für die glücklichste seines Lebens, und wenn Etwas sein Glück störte, so war es nur die ihm verhasste Nothwendigkeit, seine Abneigung vom Christenthum und Hinneigung zum Heidenthum zu verbergen. Aber, wie Einige richtig bemerken, trotz seiner aussergewöhnlichen Anlagen hatte er, wie es scheint, doch nicht genug Urtheilskraft, um sich über die groben Irrthümer der heidnischen Lehrer zu erheben. Wenigstens ist es bekannt, dass er an die Astrologie, an die Wahrsagekunst, an die Kunst, irgend welche vermittelnde Geister zu seinen Gunsten zu stimmen und durch sie die Zukunft zu erfahren, wie an andere dem ähnliche heidnische Ungereimtheiten glaubte. Unter seinen gleichaltrigen Studiengenossen zu Athen befanden sich u. A. die später so berühmten Bischöfe und Kirchenlehrer Basilius d. Gr. und Gregorius von Nazianz (der Theolog genannt), aber, wie verschieden waren die Wege, welche sie gingen, und die Ziele, welche sie anstrebten! Nach Verlauf von sechs Jahren, im J. 355, rief Constantius den Julian nach Mediolanum, denn er fühlte, dass er allein zu regieren nicht die Kraft habe, um so mehr, da die Perser im Orient, die Germanen an Donau und Rhein drohten: seine Gemahlin Eusebia bewog ihn, seine Schwester Helena mit Julian zu vermählen, ihn zum Cäsar und zum Regenten der westlichen Provinzen: Gallien, Britannien und Hispanien zu ernennen. Er wurde in feierlicher Versammlung zu Mediolanum, Angesichts der Truppen, mit dieser Würde bekleidet. Die Letzteren nahmen den noch etwas schüchternen und befangenen jugendlichen Cäsar mit offenem Mitgefühl auf, und als Constantius seine lange und wohlgelungene Rede bei dieser Gelegenheit beendete, gaben die Krieger durch lebhaftes Schlagen der Schwerter an die Schilde ihrer Zufriedenheit und Billigung der Ernennung Julian's zum Cäsar Ausdruck.

Auf solche Weise plötzlich aus dem Privatleben in die Laufbahn staatsmännischer Thätigkeit, von dem Studium zu den Waffen gerufen, entwickelte Julian sich während der folgenden neun Jahre (355—363) zu einer der interessantesten Persönlichkeiten in der Geschichte der römischen Imperatoren. Betrachtet man ihn ohne Leidenschaft und Vorurtheil, so stellt er sich dar als ein Mensch von ungewöhnlicher Begabung, feuriger Phantasie und heftigen Leidenschaften, welcher grosse Dinge hätte vollbringen können, wenn er seine Zeit begriffen und dem entsprechend gehandelt hätte. Leider aber hatte das ihm in seiner Jugend widerfahrene Unglück ihn auf einen ganz falschen Weg geleitet, und, in der christlichen Wahrheit erzogen, wendete er sich von derselben ab und wurde ein eifriger Heide. In Folge dessen nimmt sein ganzes Wesen eine gewisse unnatürliche Gestalt an und tragen sein ganzes Leben wie seine Handlungen den Stempel einer gewissen Eitelkeit und Leere, so dass es nur zu bedauern bleibt, dass ein Mann von solchem Verstande sich zur Leidenschaft für die Unsinnigkeiten des Heidenthums hinreissen liess, an welche zu glauben er sich selbst gewaltsam zwingen musste, und an welche die Besseren unter den Heiden jener Zeit schon nicht mehr glaubten.*) Auch nachdem er Cäsar geworden, verbarg er noch seine Abneigung gegen das Christenthum; als ihn aber seine Truppen zum Augustus ausgerufen und seine Beziehungen zu Constantius sich feindlich gestaltet hatten, im J. 360, erklärte er sich offen zum Heiden und war von diesem Augenblicke an bis zu seinem Tode im J. 363 einer der grausamsten Verfolger des Christenthums. Und wenn er im J. 363 nicht gestorben wäre, so würde er das Opfer seines unbesonnenen, heftigen und bemitleidenswerthen Widerstandes gegen das Christenthum geworden sein, welches mit übermenschlicher Gewalt schon die ganze Welt, oder wenigstens die römische Welt ergriffen hatte.

Uebrigens muss man ihm als Herrscher und Feldherr volle und wohlverdiente Gerechtigkeit gewähren. In beiden Hinsichten zeigte er viel Weisheit, Begabung, Kunst und vortreffliche Eigenschaften, durch welche er sich die Liebe seiner Unterthanen im Allgemeinen und des Heeres im Besondern erwarb, und dem Staate in kriegerischer Beziehung eben so viele Dienste leistete, wie in politischer und bürgerlicher. Weder durch bezügliches Studium, noch durch Dienstleistung in den niederen Graden zum Feldherrnamte vorbereitet, trat er mit einem Schlage in die Reihe der besten und geschicktesten Heerführer, sich in sehr kurzer Zeit durch Kriegsstudien und praktische Kriegserfahrung ausbildend. Seine vier ersten Feldzüge in Gallien, am Rhein und in Germanien waren vortrefflich und sehr bemerkenswerth: sie trugen ihm mit einem Male den vollkommen verdienten Ruhm eines ausgezeichneten Feldherrn ein. Seine folgenden Campagnen, bis zur persischen einschliesslich, sind gleichfalls aller Beachtung und Anerkennung werth, die persische namentlich, wegen des geschickten Entwurfes und der nicht minder geschickten Ausführung, bis zum Uebergange über den Tigris. Danach aber brachte eine verhängnissvolle Fügung den Julian in solche verzweifelte Lage, dass er seine Flotte verbrannte, zu einem schwierigen und gefahrvollen Marsche am linken Ufer des Tigris stromauf gezwungen

*) Lorentz, Handbuch der Allgem. Geschichte. II. [illegible]

war, und, von den Persern gedrängt und verfolgt, selbst im Kampfe gegen sie fiel, obgleich er sowohl, wie die von ihm geführten Truppen aussergewöhnlichen Muth, Standhaftigkeit, Ausdauer und Tapferkeit entwickelten. Im Allgemeinen war Julian in kriegerischer Beziehung als Feldherr nach jeder Richtung hin würdig, eine hervorragende Stelle unter den ausgezeichnetsten Heerführern des Alterthums einzunehmen.

Die Urtheile über ihn als Mensch und Herrscher gingen im Alterthume, wie noch jetzt, sehr weit auseinander. Während die Einen seine aussergewöhnlichen Gaben und Fähigkeiten, seine Bildung, seinen hohen Geist, Mässigung und Enthaltsamkeit, Umsicht, richtiges Urtheil offen hervorhoben, warfen ihm Andere Leichtsinn, Unbeständigkeit, Wunderlichkeit, Aberglauben, Ehrgeiz, Sophisterei und falsches Urtheil vor u. s. w. Es kann sein, dass dies daher kam, weil wirklich in seinem Charakter viele Gegensätze und so viel gute und schlechte Eigenschaften lagen, dass er leicht ebenso zu loben wie zu tadeln, ohne der Wahrheit Eintrag zu thun, und dass alle die erwähnten Charakterzüge in einer spöttischen, sophistischen Gleichgültigkeit und Verstellung wurzelten. Von seinen vielen Werken sind uns Reden, Gedichte und Satyren erhalten geblieben, welche von Begabung, Verstand, Lebhaftigkeit und Leichtigkeit der Darstellung neben einer gewissen Weitschweifigkeit zeigen, zugleich aber auch den Einfluss des verderbten Geschmackes seiner Zeit tragen, und statt wahrer Schönheit der Diction mehr rhetorische Declamation, statt tiefer Gedanken nur Antithesen und Gegensätze, statt geistiger Schärfe ein Spiel mit Worten enthalten.

§. 445.

Theodosius der Grosse.

Flavius Theodosius, ein Nachkomme Trajan's, wurde im J. 345 zu Cauca in Nord-Hispanien (heutiges Gallizien) geboren, Sohn des *comes* oder Grafen Theodosius, welcher im J. 376, zu Anfang der Regierung Gratian's, auf Grund von Verläumdungen, welche die Freunde Gratian's aussprengten, hingerichtet wurde. Sein Sohn Theodosius, 31 Jahre alt, von Jugend auf im Kriegsdienste und bereits in allem Kriegswesen sehr erfahren, trat nach der Hinrichtung seines Vaters aus dem Dienste und zog sich in's Privatleben auf seine Familienbesitzung in Hispanien (unweit des heutigen Valladolid) zurück. Drei Jahre später aber rief Gratian ihn, 379, an seinen Hof, ernannte ihn zum Augustus und zum Regenten des Orients, um zunächst diesen von den dort eingedrungenen Barbaren zu säubern. Gratian that dies nicht sowohl aus Reue über die Tödtung des Vaters Theodosius', als vielmehr, weil Theodosius im Heere grosses Ansehen genoss und weil die gefährliche Lage des von den Barbaren bedrohten Staates einen begabten und geschickten Kaiser und Feldherren erforderte, wie grade Theodosius es sein mochte. Der Letztere rechtfertigte die Wahl Gratian's aufs glänzendste: durch verständige und geschickte Maassnahmen brachte er die Gothen zur Unterwerfung, siedelte die West-Gothen in Thracien, die Ost-Gothen in Phrygien und Lydien an, und liess sich dafür von ihnen 40,000 Mann Hülfstruppen stellen. Inzwischen hatte er, im 38. Jahre, sich taufen lassen und unterdrückte als eifriger, rechtgläubiger Christ und entschiedener Gegner der arianischen Ketzerei während seiner Regierung diese Lehre im östlichen Theile des Reiches gänzlich. Bald machte auch im Westen sein Einfluss sich geltend: nach der Ermordung Gratian's im J. 383 durch den Thronräuber Maximus warf Theodosius sich zum Beschützer des minderjährigen Bruders des Gratian, Valentinian II. auf und besiegte den Maximus. Als aber Valentinian sich nicht auf dem Throne zu behaupten vermochte und von seinem *magister*, dem Franken Arbogast, ermordet wurde, wandte Theodosius sich gegen den von Letzterem aufgestellten Kaiser Eugenius und besiegte im J. 394 zwischen den Alpen und dem adriatischen Meere mit einer nur aus Barbaren zusammengesetzten Armee das Heer des Eugenius und Arbogast, welches gleichfalls nur aus Barbaren bestand. Durch diesen einen Sieg entschied er den Krieg, ganz ebenso, wie er vordem mit einem Schlage den Krieg gegen Maximus beendet hatte, und nachdem er somit zweimal den Westen erobert hatte, vereinigte er denselben mit dem Osten unter seiner alleinigen Herrschaft (394). Hierbei zeigte er in allen seinen Kriegsunternehmungen, sowohl gegen die Gothen, wie gegen Maximus und Eugenius, die ungewöhnliche kriegerische Begabung eines Feldherrn ersten Ranges und leistete dem Staate durch seine Siege den grössten Dienst. Zwei andere wichtige Verdienste erwarb er sich in Bezug auf Religion und Gesetzgebung: durch Abschaffung des Heidenthums als Staatsreligion und Einsetzung der christlichen Kirche nebst deren Geistlichkeit, und durch Erlassung weiser Gesetze hinsichtlich der Kirchenverwaltung, des öffentlichen und privaten Lebens, welche Gesetze später unter Theodosius II. in dem bekannten Theodosianischen Codex aufgenommen wurden.

Theodosius I., mit Recht der Grosse genannt, hatte unzweifelhaft weit mehr Rechte auf den römischen Kaiserthron, als seine Mitregenten und Gegenkaiser. Die Kraft und Lebhaftigkeit seines Geistes, seine ausdauernde und unausgesetzte Thätigkeit und Wachsamkeit, seine je nach Umständen bald mit Strenge, bald mit Milde gepaarte Klugheit, die grösstentheils glückliche Wahl seiner Rathgeber, Helfer und Statthalter machten ihn zu einem der verdienstvollsten und berühmtesten römischen Kaiser unter allen seinen Vorgängern und Nachfolgern. Er stellte die Ordnung im Innern des Staates, die Achtung vor dem römischen Namen nach aussen bei den Barbaren in Europa, Asien und Africa wieder her und bewies auch in seinem Privatleben und bei persönlichen Beleidigungen weit mehr Selbstbeherrschung und Seelengrösse, als man zu jener Zeit bei den römischen Kaisern zu finden gewohnt war. Für seinen ungewöhnlichen Eifer für die Kirche und sein rechtgläubiges Bekenntniss erntete er einstimmiges und grosses Lob von Seiten der christlichen Schriftsteller, der weltlichen wie besonders der kirchlichen. Einige treten dem nicht bei, sondern behaupten, dass Theodosius zuerst der Geistlichkeit zu grosse Macht und Einfluss auf sich selbst eingeräumt, und, während er das Heidenthum verfolgte, verhältnissmässig weit nachsichtiger gegen das Judenthum gewesen sei u. s. w. Das ist aber Alles einseitig und unrichtig aufgefasst. Uebrigens rechnet man in politischer Beziehung ihm mit Recht zum Fehler an, dass er, nach Herstellung der Einheit des Reiches, vor seinem Tode diese auf's Neue zerriss und zwar für immer, indem er das Reich in ein westliches und ein östliches theilte, die er seinen beiden Söhnen gab, von welchen der Eine 18, der Andere sogar erst 12 Jahre alt war, und welche ausserdem, unfähig und schlecht erzogen, unter der Vormundschaft schlauer, ränkesüchtiger und ehrgeiziger Barbaren, eines Stilicho und Rufinus, standen. Und dies geschah binnen weniger als 4 Monaten nach Absetzung des Eugenius: am 17. Januar 395 starb Theodosius zu Constantinopel (an einer Krankheit, deren Keim er schon in sich getragen hatte, und die sich dann in Folge des letzten Feldzuges 394 rasch entwickelte), 50 Jahre alt und im 15. Jahre seiner ruhmreichen Regierung.

§. 424.

Stilicho, Aëtius und Ricimer.

Nach dem Tode Theodosius d. Gr. traten als hauptsächliche und bemerkenswertheste politische und kriegerische Führer in beiden römischen Reichen, bis zum Untergange des Weströmischen, nicht mehr römische Kaiser auf, welche grösstentheils unfähig, unwürdig, oder unbedeutend sind, sondern vielmehr deren erste Minister und Feldherren, die in ihrem Namen regieren, oder besonders hervorragende Führer barbarischer Völker. Unter den Ersteren verdienen Stilicho, Aëtius, Ricimer, Odoaker, — unter den Letzteren Alarich und Attila besonders genannt zu werden.

Stilicho oder Stiliko, von Geburt Vandale, Sohn eines Feldherrn des Kaisers Valens, hatte durch seine Fähigkeiten sich allmälig zu dem höchsten militärischen Range eines *magister utriusque exercitus* emporgeschwungen und an allen Kriegen und Feldzügen Theodosius d. Gr. Theil genommen. Er hatte sich in des Letzteren Vertrauen eingeschlichen und wurde durch ihn zunächst mit einer Nichte des Kaisers, Serena, vermählt, vor seinem Tode aber noch zum Vormund des 11jährigen Sohnes des Kaisers, Honorius, des weströmischen Kaisers, ernannt. Die Verwandtschaft mit dem regierenden Hause vermehrte seinen Ehrgeiz, und nachdem Theodosius gestorben, beschloss er den Vormund des Arcadius, den Gallier Rufinus, zu stürzen, um im Namen der Söhne Theodosius' in beiden Reichen selbständig zu regieren. Rufinus hegte seinerseits dieselbe Absicht, die Folge davon war ein Bürgerkrieg, welcher für beide Reiche verderblich wurde. Durch die Ränke Stilicho's fiel Rufinus: dessen Nachfolger aber, Eutropius, von einem römischen Feldherrn, dem Gothen Gainas, unterstützt, reizte den Führer der Westgothen, Alarich, gegen Stilicho auf, welcher in den Heeren und Kriegen des Theodosius die römische Kriegskunst erlernt hatte. Alarich machte sich die feindlichen Beziehungen zwischen beiden Reichen zu Nutze und fiel in Italien ein, nach der Schlacht aber bei Polentia (in Piemont) und Verona (403) zog er aus Italien ab, schloss mit Stilicho Frieden und ward von diesem zum Kriege gegen das Oströmische Reich aufgestachelt. In dem folgenden Jahre (404) fielen die Vandalen, Sueven und Burgunder in Gallien ein, die Truppen in Britannien empörten sich und riefen den Usurpator Constantinus zum Kaiser aus, welcher sich der ganzen gallischen Präfektur bemächtigt hatte. Die Feinde Stilicho's an des Honorius Hofe benutzten diese Umstände, um den Stilicho sowohl dieserwegen, als eines geheimen Einverständnisses mit Alarich anzuklagen, da Stilicho die Absicht haben sollte, seinen Sohn auf den Oströmischen Thron zu setzen. Der schwache Honorius, uneingedenk der Verdienste Stilicho's, der zwei Mal das Weströmische Reich gerettet hatte, liess ihn zu Ravenna (408) umbringen und beraubte dadurch sein Reich der festen Stütze und des Schutzes, welche es an dem fähigen und geschickten, wenn auch ehrgeizigen Feldherrn Stilicho gehabt hatte. Die Kriegsthaten des Letzteren im J. 396 im Peloponnes gegen Alarich und die Westgothen, 398 in Afrika gegen Gildo, 403 in Norditalien gegen Alarich, und 405 ebendaselbst gegen Radagais und die Germanen lassen durch ihre Kunst den Stilicho als ausgezeichneten Feldherrn erkennen und tragen ihm einen um so grösseren Ruhm ein, als sie zwei Mal das Weströmische Reich aus grosser Gefahr erretteten. Man muss anerkennen, dass er grosse Energie und ungewöhnliche Gaben besass, in kriegerischer wie bürgerlicher Beziehung, und dass seine dem Staate geleisteten Dienste wichtig und augenscheinlich sind, während die verbrecherische Absicht, deren er bezüchtigt wurde, unerwiesen und unwahrscheinlich ist.

Aëtius, ein Römer von Geburt, wurde zu Ende des 4. Jahrh. geboren und war der Sohn eines gemeinen römischen Soldaten. In seiner Jugend befand er sich als Geisel bei den Gothen und Hunnen und wurde obgleich von römischer Herkunft, durch seine Erziehung mehr zum Barbaren, auch gelang es ihm, einen gewissen Einfluss auf die Gothen und Hunnen zu gewinnen. Nachdem er dann in den römischen Kriegsdienst getreten, erreichte er rasch durch seine ungewöhnlichen Gaben und seine Tapferkeit, alle Grade durchlaufend, die höchsten Stellen im westlichen Reiche. Nach dem Tode des Honorius im J. 423 proklamirten Castinus und Aëtius den Johannes zum Kaiser, zu dessen Hülfe Aëtius 60,000 aus Gothen und Hunnen geworbene Krieger heranführte. Er traf aber zu spät ein: Ravenna war von Aspar eingenommen, dem Feldherrn Theodosius' II., der darin gefangen genommene Johann hingerichtet. Da er ihn nicht retten konnte, so mochte Aëtius ihn auch nicht rächen: für ihn war es ganz gleich, ob er dem Johann oder Valentinian III. diente, denn das von ihm befehligte Heer sicherte ihm einen wichtigen Einfluss im Reiche. In der That wünschte Placidia, die Mutter des unwürdigen Valentinian, welche das Reich regierte, den Aëtius lieber für als gegen sich zu haben, sie nahm ihn mit seinem Heere in ihren Dienst und ernannte ihn zum *magister* aller Truppen und zum obersten Minister, Castinus verlor allen Einfluss. Aëtius aber verfolgte mit seinem Hasse den bei Placidia in hoher Gunst stehenden Bonifacius, in welchem er einen gefährlichen Nebenbuhler fürchtete, und beschloss ihn zu stürzen. Diese persönliche Feindschaft zwischen den beiden Männern, welche durch ihre Begabung das sinkende Reich hätten halten können, war für dasselbe von traurigen Folgen. Bonifacius fiel, in Folge der Intriguen des Aëtius gegen ihn, von Placidia in Afrika ab und rief Genserich, den König der Vandalen aus Hispanien zu Hülfe. Als der Letztere aber im J. 429 in Afrika mit 80,000 Vandalen, Alanen, Westgothen und anderen Barbaren erschien, welche Afrika furchtbar zu verheeren begannen, bereute Bonifacius, dass er sie herbeigerufen, söhnte sich rasch mit Placidia aus, wurde aber, obgleich durch Aspar mit einem Heere verstärkt, von Genserich geschlagen und verliess, gleich Aspar, im J. 431 Afrika, das nun von Genserich vollständig occupirt wurde, welcher daselbst das neukarthagische Reich gründete und sich bald auch Sardinien's und Corsica's bemächtigte. Nach der Rückkehr des Bonifacius nach Ravenna an Placidia's Hof und nach seiner Ernennung zum *magister* aller Truppen verwandelte sich die Feindschaft zwischen ihm und Aëtius in einen Bürgerkrieg. Sie rückten, Bonifacius von Ravenna und Aëtius aus Gallien, mit ihren Heeren einander entgegen, es kam im J. 432 zur Schlacht. Bonifacius erfocht den Sieg, ward aber von Aëtius selbst schwer verwundet und starb nach drei Monaten. Aëtius ging zu seinen Freunden, den Hunnen, stellte sich an die Spitze eines bei ihnen geworbenen Heeres, rückte in Italien ein und zwang Placidia, sich mit ihm auszusöhnen und ihm das Amt eines *magister utriusque exercitus* zu übertragen.

Hatte er bis dahin seine kriegerischen Fähigkeiten und seine Feldherrnkunst als Waffe zur Erlangung seiner ehrgeizigen Ziele gebraucht, indem er Bürgerkriege zum Schaden des Staates anstiftete, so machte er dies jetzt wieder vollkommen gut, indem er sie zum Schutz und zur Rettung des Weströmischen Reiches vor dem dreifachen furchtbaren Einfall der Hunnen unter Attila in Gallien und Italien anwendete. Bei dieser Gelegenheit verdienen seine politischen und kriegerischen Maassnahmen volle Anerkennung, und erwarb er sich mit Recht den reinen Ruhm eines Beschützers und Erretters des westlichen Reiches. In eigentlich kriegerischer Hinsicht verdienen seine Thaten gegen Attila in Gallien bei Aurelianum, auf den catalaunischen Feldern und am Rhein, wie in Italien in den Apenninen besondere Beachtung. Anstatt aber seine Verdienste dankbar anzuerkennen, erniedrigte der unfähige und unwürdige Valentinian III. im J. 454 sich bis zur eigenhändigen Ermordung des Aëtius in den Gemächern des kaiserlichen Palastes, um sich von seinem Einflusse frei zu machen und allein und selbständig zu herrschen. Auf diese Weise kam der verdienstvolle Aëtius um's Leben, nachdem er fast 30 Jahre die Staats- und Kriegsanlegenheiten des westlichen Reiches geführt, es drei Mal vor Attila gerettet, und sich dadurch die allgemeine Achtung die Valentinian's ausgenommen und Anerkennung erworben hatte, in der Geschichte der letzte Römer genannt.

Ricimer, auch Recimer oder Retimer, der Sohn eines Sueven-Fürsten in Hispanien und der Tochter des westgothischen Königs Wallia, zeichnete sich von früher Jugend an durch Tapferkeit und Anlagen aus, hatte sich unter den Barbarenführern der römischen Hülfstruppen hervorgethan, und wurde nach des Aëtius Tode zum Oberbefehlshaber aller Truppen ernannt. Nach der Plünderung Roms durch Genserich, den Vandalenkönig, im J. 455, und Besteigung des leerstehenden Weströmischen Thrones durch Avitus, den Präfekten von Rom, welchen die Westgothen und deren König Theodorich II. erhoben hatten, verweigerte Ricimer diesem den Gehorsam. Avitus entsagte dem Throne und starb bald danach, und 5½ Monat lang (16. October 456 bis 1. April 457) befand die oberste Gewalt im Weströmischen Reiche sich in Ricimer's Händen. Wenn er sich zum Soldatenkönig von Italien erklärt hätte, so hätte das Weströmische Reich schon jetzt zu existiren aufgehört. Er verlängerte aber noch dessen Bestehen, da er, gleich Stilicho und Aëtius fand, dass es angenehm für ihn sei, dessen Geschäfte zu leiten und auf die darin lebenden Barbaren Einfluss auszuüben — im Namen seines von ihm zum Kaiser gemachten Freundes Majorianus. Der Kaiser des Orients, Marcianus, bestätigte seine Wahl und verlieh dem Ricimer den Rang eines Patriciers. Demnächst beschlossen beide Kaiser, Afrika den Vandalen zu entreissen und es dem westlichen Reiche wieder einzuver leiben. Majorian entfaltete bei den Zurüstungen dazu ebensoviel Energie wie Geschick, aber Genserich verbrannte unvermuthet die römische Flotte im Hafen von Neu-Carthago. Dies diente dem Ricimer zum Anlass, sich von Majorian loszusagen, der sich als Mensch von festem Charakter gezeigt hatte und bei dem Heere in Achtung stand, und deshalb nicht mehr, wie Ricimer gewünscht und gehofft hatte, von diesem abhängig sein konnte. Indem er ihm das Misslingen der Unternehmung gegen Afrika Schuld gab, es auf seine Unfähigkeit schiebend, bewog er ihn im J. 461 zum Verzicht auf den Thron, er steht sogar im Verdacht, die 5 Tage später erfolgende Ermordung des Majorian herbeigeführt zu haben. Abermals war der Thron des Reiches 3 Monate lang von Niemandem besetzt, Ricimer führte die Geschäfte. Drei Monate danach, im November 461 proklamirte er einen gewissen, gänzlich unbekannten Vibius Severus zum Kaiser! Weder die germanischen Heereskönige, noch die römischen Statthalter in Gallien und Dalmatien erkannten Severus an, seine, richtiger gesagt, Ricimer's Herrschaft reichte nur über Italien und Sicilien. Auf sich selbst angewiesen, geriethen sie in solche Bedrängniss, dass Ricimer nach Absetzung oder Ermordung des Severus im J. 465, dem Orientkaiser Leo I. vorschlug, den Kaiser für den Westen zu ernennen, was Leo auch that, indem er den Schwiegersohn des gestorbenen Marcianus, Anthemius, auf den Thron setzte. Der Letztere wurde, als er im J. 467 mit einem Heere und reichen Geldmitteln in Rom ankam, mit Jubel aufgenommen und gab, behufs besserer Befestigung seines Einvernehmens mit Ricimer, diesem seine Tochter zur Gattin. Beide Reiche erneuerten den Plan gegen die Vandalen in Afrika und rüsteten dazu eine zahlreiche Armee und Flotte aus. Aber auch dies Unternehmen misslang, zum Theil durch heimliche Verrätherei des obersten Führers Basiliscus, und abermaliges Verbrennen der römischen Flotte durch Genserich. Die Folge davon war, dass Genserich sich Siciliens bemächtigte und das Weströmische Reich nur noch auf die Grenzen von Italien beschränkt blieb. Hierzu kam noch Unfriede zwischen Ricimer und Anthemius, der bald zum offenen Kriege zwischen Beiden aufloderte. Ricimer wählte und proklamirte den Senator Olybrius zum Kaiser, Gemahl der Placidia, einer Tochter Valentinian's III., marschirte mit demselben sogleich auf Rom und belagerte den Anthemius in dieser Stadt. Der Letztere vertheidigte sich 3 Monate lang, endlich, am 11. Juli 472 erstürmte Ricimer Rom und gab es seinen Truppen zur Plünderung preis. Diese dritte Plünderung war die furchtbarste, denn zu ihr gesellte sich noch die Pest. Anthemius ward ergriffen und hingerichtet, aber auch Ricimer überlebte nicht lange dieses letzte Opfer seines Ehrgeizes, denn am 20. August desselben Jahres erlag er der Pest. Unzweifelhaft ein geschickter und befähigter Heerführer und Staatsmann, war er zugleich, wie Stilicho, selbstsüchtig und ehrgeizig, und strebte nur nach dem einen kläglichen Ziele, das Reich unter fremdem Namen zu beherrschen, dabei rücksichtslos in der Wahl seiner Mittel, zu jedem Verbrechen zur Erlangung seines Zieles fähig.

Diese drei Männer, Stilicho, Aëtius und Ricimer, und nach ihnen Gundobald und Orestes waren charakteristische Typen derjenigen Persönlichkeiten, von deren Interessen und Willen während der letzten 81 Jahre der traurigen Existenz des Weströmischen Reiches es allein abhing, ob das Trugbild politischen Bestehens dieses Reiches noch auf kurze Zeit aufrecht bleiben sollte, oder nicht. Sie Alle bekleideten den Posten eines *magister* des Staates und aller Truppen, ernannten und entthronten die Kaiser, um in deren Namen Einfluss auf die Barbaren zu haben, welche mehrere Provinzen des Reiches und schliesslich ganz Italien inne hatten. Sie Alle waren mehr oder minder fähige und geschickte Feldherren, wandten ihre Fähigkeiten und Kunst aber ausschliesslich oder vorzugsweise zur Befriedigung ihres erbärmlichsten Ehrgeizes, offenbar zum Schaden des Staates, an. Bei alledem ist Stilicho noch immer höher zu stellen, als Ricimer, Gundobald und Orestes. — Aëtius aber noch über Stilicho und über sie Alle.

§. 447.

Alarich.

Als nach Theodosius' d. Gr. Tode Stilicho und Rufinus in offene Feindschaft gegen einander traten, um sich gegenseitig zu stürzen, bestanden die Truppen, von denen der Schutz beider Reiche abhing, grösstentheils aus Germanen, Gothen und anderen Barbaren, und an ihrer Spitze standen gleichfalls Barbaren. Diese Anführer gehorchten den Statthaltern des Reiches nur widerwillig, und wenn Jene nicht ihren Wünschen und Forderungen nachkamen, so plünderten und verwüsteten sie deren Provinzen.

Das erste Beispiel dieser Art gaben die Gothen, indem sie gleich nach dem Tode Theodosius' d. Gr. unter ihrem tapferen und verschlagenen Führer Alarich eine drohende Haltung gegen das östliche Reich einnahmen. Alarich stammte aus einem der edelsten gothischen Geschlechter, der Balten, hatte mehrmals gegen Theodosius gekämpft, später ihm gedient, und fühlte sich, als Jener starb, dadurch verletzt, dass man ihn nicht zum Oberbefehlshaber aller Truppen des östlichen Reiches ernannte. Aus dem römischen Dienste scheidend, bewog er die in diesem Dienste stehenden gothischen Miethstruppen, den Vertrag zu brechen, welchen sie mit Theodosius geschlossen, und ihm, Alarich, den Eid zu leisten. Bald danach wurden sie durch Abtheilungen der Hunnen,

Alanen und Sarmaten, welche im Winter die zugefrorene Donau passirt hatten, verstärkt und ergossen sich nun, ohne auf Widerstand zu stossen, über Thracien, Macedonien, Thessalien, drangen durch die Thermopylen selbst in Griechenland und den Peloponnes ein, das durchzogene Land furchtbar verheerend und ausplündernd, und bedrohten sogar Italien (396).

Stilicho rüstete gegen sie, setzte mittelst einer Flotte mit seinem Heere aus Ravenna nach dem Peloponnes über, marschirte gerades Weges auf Alarich's Gothen los, besiegte sie in Arcadien, schloss sie in den Bergen eng ein und hätte sie dort vollständig vernichten können, wenn er nicht seine Zeit bei Gelagen und Festlichkeiten verschwendet hätte. Alarich schlug sich tapfer und geschickt durch Stilicho's ihn umstellende Truppen nach Epirus durch und brachte dort eine neue Heeresmacht zusammen. Stilicho kehrte in Folge des Hasses und der Hindernisse, welche Rufinus ihm entgegensetzte, nach Italien zurück ohne Alarich's Niederlage zu vervollständigen. Rufinus schloss im Namen des Arcadius mit Alarich einen Friedensvertrag, kraft dessen er ihm die Würde eines *magister* der Truppen im östlichen Illyrien übertrug, welche Provinz zum östlichen Reiche gehörte. Alarich zog hiervon Nutzen um seine Truppen zu verstärken, und besser nach römischem Muster zu bewaffnen und auszubilden. Hier war es, wo die für Alarich begeisterten Gothen ihn in einer Volksversammlung auf die Schilde hoben und ihn zu ihrem Heerkönig ausriefen. Auf diese Weise konnte nun Alarich, der König der Gothen und Feldherr des Arcadius, auf der Grenze zwischen beiden einander feindlichen Reichen stehend, bald dem einen, bald dem anderen zu Hülfe kommen und plante insgeheim wichtige Unternehmungen gegen das westliche Reich.

Endlich, nachdem er sich ausreichend dazu gerüstet, überschritt Alarich im J. 402 die julischen Alpen und drang in Norditalien ein, in der Absicht, auch im westlichen Reiche dieselbe wichtige Stellung einzunehmen, welche er im östlichen inne hatte. Sein Einfall und Marsch gegen Mediolanum versetzte Honorius und alle Bewohner Italiens und sogar Roms in Bestürzung. Stilicho raffte alle Truppen aus Italien zusammen, liess Rom in Vertheidigungszustand setzen, und eilte selbst nach Gallien, zog die hier und in Gallien und Britannien und die in Germanien ausgehobenen Truppen zusammen, und eilte dann nach Norditalien. Im J. 403 in der Osterwoche zwang er Alarich bei Polentia (unweit Asti in Piemont) zur Schlacht, deren Ausgang zwar nicht entscheidend war, in welcher aber doch die Hauptvortheile auf Stilicho's Seite blieben. Alarich zog sich mit Verlust seiner Bagage und vieler Gefangener nach Verona zurück, wo er eine neue Niederlage erlitt. Nun bewilligte Stilicho, zufrieden damit, dass er Jenen seine überlegene Macht hatte fühlen lassen, dessen Forderung und überliess ihm die Verwaltung von Westillyrien. Solchergestalt war Alarich Regent von ganz Illyrien geworden und begann sich zu erneutem Einfalle in Italien zu rüsten und zu verstärken, um sich für die dort erlittenen Niederlagen und Unfälle zu rächen.

Nach Stilicho's Ermordung im J. 408 wandten die Gothen, Alanen und anderen Barbaren, welche die Furcht vor seiner Kriegstüchtigkeit und der Schrecken seines Namens bislang noch von Einfällen in das Weströmische Reich abgehalten hatte, sich an Alarich mit der Erklärung, dass sie ihm zu folgen bereit seien, wenn er sie nach Italien führe, um für die Ermordung Stilicho's und seiner Verwandten blutige Rache zu nehmen. Alarich willigte mit Freuden ein, und nachdem ihm von Honorius sein Ansinnen, in Stilicho's Stelle zu rücken, abgeschlagen worden war, drang er auf's Neue in Italien ein (408). Da er es ganz von Truppen entblösst fand, so drang er ohne Widerstand bis Ravenna vor, wandte sich aber, ohne sich mit der Belagerung dieser Stadt aufzuhalten, direkt gegen Rom. Das Letztere war durchaus nicht zu einer Vertheidigung gerüstet, und als Alarich es einschloss und ihm die Zufuhr abschnitt, brach eine furchtbare Hungersnoth in Rom aus. Der Senat war gezwungen, mit Gold sich von der Belagerung frei zu kaufen, und zu Ende des Jahres 408 zog Alarich sich nach Tuscium (Toscana) zurück, wo er im Winter durch neue Corps von Gothen, Hunnen und anderen Barbaren verstärkt wurde, welche Athaulph ihm zuführte. Unterdessen aber knüpfte er mit Honorius Unterhandlungen an, forderte den Sturz des ersten Ministers Olympius, seine des Alarich' Ernennung zum Oberbefehlshaber über alle Truppen, und die Abtretung von Noricum, Venetien und Dalmatien an ihn, später dann nur noch Noricum. Seine erste Forderung wurde erfüllt und Olympius durch Jovius ersetzt, aber in die letztere wollte weder Honorius noch Jovius einwilligen. Nun, im J. 409, rief Alarich den Präfekten von Rom, Attalus, zum Kaiser aus und erlangte von ihm, was Honorius ihm verweigert hatte, die Stellung als *magister* der Truppen für sich, und als Befehlshaber der Garde für seinen Schwager Athaulph. Als er aber sah, dass Honorius dadurch nicht nachgiebiger wurde, zog Alarich im J. 410 auf's Neue gegen Rom, und obgleich er es jetzt zur Vertheidigung vorbereitet fand, so drang er doch in der Nacht zum 24. August durch das ihm geöffnete salarianische Thor in die Stadt ein. Drei Tage währte die schreckliche Plünderung Roms, am vierten Tage zog Alarich mit ungeheurer Beute ab und ging nach Süditalien, um nach Sicilien und Afrika überzusetzen. Da er keine Flotte hatte, so liess er seine Truppen auf Barken, Kähnen und kleinen Nachen nach Sicilien überschiffen, und musste mit Schmerz vom Ufer aus sehen, wie sie auf der See untergingen; seine Kraft war gebrochen und zu Cosentia (oder Consentia h. Cosenza am Bucentinus (h. Busenzo) starb er, 34 Jahre alt. Die Gothen versenkten seinen Leichnam in den Boden des Bucentinusbettes und ernannten Athaulph zu seinem Nachfolger, welcher sogleich mit Honorius Frieden zu schliessen bemüht war.

Dies waren die Kriegsthaten des jungen, tapfern, kühnen und unternehmenden Gothenkönigs Alarich, der Rom und ganz Italien in Schrecken setzte, der dem Weströmischen Reich hätte ein Ende machen und in Italien ein gothisches Königreich gründen können, wenn er nicht so grossmüthig und gemässigt gewesen wäre, dass er nur über Illyrien, Noricum, Venetien und Dalmatien herrschen und der erste Minister und Befehlshaber sein wollte. Und wie in dieser Hinsicht, so auch durch seine unzweifelhaften Gaben bei so jungen Jahren, ist Alarich eine der interessantesten Erscheinungen in dieser letzten Zeit des Weströmischen Reiches.

§. 448.

Attila.

Von ganz anderer Art war jener für beide Reiche, ja für ganz Europa furchtbare Hunnenführer, der **Gottes Geissel** genannt wurde. Er war im J. 406 geboren, ein Sohn des Munzuk oder Mundsuk, welcher mit seinem Bruder Roas (Rua) oder Rugilas, der Anführer einer hunnischen Horde war, die sich in Pannonien niedergelassen hatte. Von hier aus zwangen sie die oströmische Regierung, ihnen einen jährlichen Tribut zu zahlen, der schliesslich bis auf 350 Pfund Goldes angewachsen war. Zu Aëtius standen sie in freundschaftlichen Beziehungen und halfen ihm zweimal, als es sich darum handelte, die Kaiserin Placidia zu veranlassen, dass sie denselben zum *magister utriusque exercitus* ernannte. Mundsuk setzte seine beiden Söhne, Attila und Bleda, zu seinen Nachfolgern ein, welche von ihrem Onkel Roas erzogen waren und ihm nach seinem Tode 433 in der Herrschaft folgten. Sie begannen damit, dass sie die benachbarten Hunnenhorden zu unterwerfen suchten. Ueber sie herfallend, brachten sie entweder deren Fürsten um, wenn sie sich nicht unterwerfen wollten, oder sie nöthigten sie, Zuflucht in den Provinzen des Ostreiches zu suchen. Als sie sie auch dahin verfolgten, geriethen sie bei dieser Gelegenheit in kriegerische Verwickelungen mit Theodosius II., welche durch den Frieden von Margus in Mösien im J. 444 beglichen wurden, einen Frieden, der für Theodosius schimpflich, für die hunnischen bei ihm Schutz suchenden Fürsten der Untergang war. Der Tribut an Attila und Bleda wurde verdoppelt (700 Pfund Goldes statt 350), die flüchtigen hunnischen Fürsten mussten ausgeliefert werden und wurden vor den Augen der Römer auf die grausamste Weise hingerichtet. In den darauf folgenden Jahren wurden alle übrigen hunnischen Stämme und ebenso die zwischen und neben ihnen wohnenden germanischen zur Unterwerfung unter Attila und Bleda gezwungen. Auf diese Weise bildete sich allmälig und ziemlich rasch ein ungeheures hunnisches Königreich und es fehlte auch nicht der Mann, der dasselbe zu befestigen vermochte. Dieser Mann war Attila. Die Anführer der hunnischen Horden waren ihm ergeben, weil sie seine geistige Ueberlegenheit anerkannten. Im J. 445 liess er seinen Bruder Bleda umbringen und war somit der alleinige Beherrscher des weiten Hunnenreiches. Um seine Macht durch die Religion zu sanctioniren, machte er sich den Aberglauben der Hunnen zu Nutze. Ein hunnischer Hirt bemerkte, dass eine seiner Kühe sich auf der Weide den Fuss verletzt hatte. Er folgte der von ihr hinterlassenen Blutspur, fand im Grase ein spitziges Stück Eisen, das in der Erde steckte und entdeckte, als er es herauszog, ein ungewöhnlich grosses Schwert, das er zu Attila trug. Dieser nahm es als das Schwert des Kriegsgottes und verbreitete die Sage, als ob dies Schwert ihm und den Hunnen vom Himmel herabgesendet sei als Zeichen ihrer zukünftigen Herrschaft über alle Völker der Erde. Von diesem Augenblicke an begleitete das Wunderschwert den Attila auf allen seinen Zügen und wurde der Hauptgegenstand der Verehrung für alle ihm unterworfenen Völker.*) Attila schlug seine Residenz in einer grossen hölzernen Stadt auf, die nach ihm Attila's Stadt genannt wurde und in der Ebene zwischen Donau, Theiss und Karpathen lag. Von hier aus bedrängte er unaufhörlich das Oströmische Reich, verhandelte mit der Regierung desselben in der rohesten demüthigendsten Weise und trat mit einer Forderung nach der andern an dieselbe hervor. Und diese Regierung fürchtete einen Krieg mit ihm in dem Maasse, dass, so lange der schwache Theodosius II. am Leben war, sie dem durch unterwürfige Gesandtschaften, Zahlung beträchtlicher Geldsummen und reiche Geschenke vorzubeugen suchte. Als aber nach Theodosius' Tode, 450, seine Schwester Pulcheria ihm in der Regierung gefolgt war und ihren Gemahl, den Senator Marcianus, auf den Thron gehoben hatte, wusste dieser die Würde des Thrones aufrecht zu halten und machte der sklavischen Unterwürfigkeit gegen Attila ein Ende. Nun liess dieser das Reich in Ruhe und wendete seine Aufmerksamkeit und seine Waffen gegen das westliche Reich. Anlass dazu gaben die Bitten um Hülfe von Seiten Genserich's, der für seine Herrschaft in Africa besorgt war, von Seiten eines fränkischen Fürsten gegen einen andern, welcher von den Römern Hülfe

*) Es wurde früher (§. 399 und 400) erzählt, dass auch die Scythen und Sarmaten den Kriegsgott in Gestalt eines, ihnen vom Himmel herabgesandten Schwertes verehrten.

erbeten hatte, — und endlich von Seiten der Honoria, Schwester Valentinian's, welche, nachdem sie um eines Verhältnisses willen zu einem Höflinge in ein Kloster gesperrt worden, ihre Hand dem Attila anbot, um sich daraus zu befreien! Der Letztere, fest entschlossen, gegen das westliche Reich zu den Waffen zu greifen, forderte die Hand der Honoria nebst der Hälfte des Reiches als Mitgift. Dies wurde verweigert, und nun zog er im J. 451 mit seiner gesammten Streitmacht die Donau hinauf, die Krieger aller an seinem Wege liegenden Stämme zur Vereinigung mit sich zwingend. Diese ganze unzählbare Masse (nach einigen Angaben 700,000—800,000 Mann) überschritt den Rhein auf der ganzen Länge desselben vom Bodensee bis zur Niederung und drang in Nord- und Ostgallien ein. Attila selber ging über den oberen Rhein und marschirte längs dessen linkem Ufer hinab, verwüstete ganz Nord-Gallien, wandte sich dann nach Süden und belagerte Aurelianum (heutiges Orléans). Von hier durch Aëtius und den Westgothenkönig Theodorich I. verjagt, zog er sich zurück und erlitt auf den catalaunischen Feldern durch Aëtius und Theodorich eine solche Niederlage, dass er über den Rhein zurück in seine Heimath ging. Im nächsten Jahre, 452, wandte er sich auf's Neue gegen das Westreich, aber nicht in Gallien, sondern gegen Nord-Italien, welches er unbeschützt fand, verheerte und aussog; im Juli lagerte er einige Zeit auf dem linken Po-Ufer bei der Mincio-Mündung. Hier, in einer zur Sommerszeit ungesunden und vom Fieber heimgesuchten Gegend brachen in seinem Heere epidemische Krankheiten und Pferdeseuchen aus. Dieser Umstand, verbunden mit den Vorstellungen der aus Rom von Valentinian geschickten Gesandten, vornehmlich des bei Allen hoch angesehenen römischen Pabstes Leo I., bewog Attila zum Abzuge aus Italien. Nun zog er abermals nach Gallien*), traf aber dort auf heftigen Widerstand von Seiten der Westgothen unter ihrem Anführer und Könige Thorismund, so dass er genöthigt war, zum zweiten Male ohne Erfolg in seine Stadt an der Donau zurückzukehren. Hier nahm er zu der grossen Zahl seiner Weiber noch eine, die schöne Ildico oder Hildegunde, Tochter des germanischen Fürsten Herich, die bereits mit einem Andern verlobt war, von dem Vater aber gegen ihren Willen an Attila abgetreten wurde. Die Vermählung ward mit ungewöhnlichem Prunke gefeiert, in der Nacht aber tödtete Ildico den schlafenden Attila. Nach andern Angaben starb Attila, von Natur im höchsten Grade sinnlichen Ausschweifungen ergeben, in dieser Nacht an einem Blutsturz in Folge einer solchen Unmässigkeit. In jedem Falle war sein Tod seines Lebens würdig, und sein barbarisches Königreich stürzte, zum Glück, ebenso rasch zusammen, wie es entstanden war.

*) Dieses zweiten Einfalles in Gallien thut nur Jornandes Erwähnung.

Nicht umsonst wurde ihm der Name »Geissel Gottes« beigelegt: er war es in der That in jeder Hinsicht gewesen. Wild, roh und grausam, ein Barbar in des Wortes vollster Bedeutung, hatte er doch vielen gesunden Verstand, war höchst listig und verschlagen, besass im höchsten Grade die Kunst, die Menschen nach seinem Willen zu lenken, und war, gegen einzelne Personen grossmüthig, im Allgemeinen gegen das menschliche Geschlecht schonungslos, das er verachtete und hasste, wie Nero. Ueberhaupt hatte er weit mehr wilde Instinkte, als menschliche Gefühle. Und dem entsprach sein Aeusseres: klein von Wuchs, hatte er eine eiserne Constitution und Willen. Seine Haltung war stolz und hochmüthig; vor dem Blitze seiner kleinen aber feurigen Augen zitterten die Kühnsten. Der Krieg war sein Element und seiner Ueberzeugung nach das Mittel, alle Völker der Welt zu unterjochen. Die ihm ergebenen Hunnen, eben solche Wilden wie er, welche nur auf Raub und Plünderung sannen, verehrten ihn fast gleich einem Gotte. Seine Grossen führten ein unmässiges, ausschweifendes Leben, er selber lebte sehr einfach. bei Gelegenheit bewirthete er seine Gäste mit einer Menge von Gerichten und Getränken in goldenen und silbernen Gefässen, er selbst ass und trank mit Maass aus hölzernem Geschirr. Im Allgemeinen nicht redselig, konnte er bei einzelnen, wenn auch seltenen Gelegenheiten sehr schön und hinreissend reden. In seinem maasslosen Hochmuthe sich fast für einen Gott ansehend, hielt er in seinem Geiste die ganze Welt für seinen Besitz und glaubte, dass Niemand in der Welt es wage, in seine Hände zu fallen oder gegen ihn aufzusteln. Er wurde jedoch in Gallien durch Aëtius und Theodorich auf's Haupt geschlagen und dann mit Verlust durch Thorismund hinausgedrängt, in Italien aber gab er den Vorstellungen des Papstes Leo I. und der schwierigen Lage seiner wilden Haufen nach, welche von Seuchen aufgerieben wurden. Eins allein war ihm gelungen, die furchtbare Verwüstung aller Länder, welche er von Ost nach West und Süd durchzog und bei welcher er Nichts verschonte, weder Menschen, noch Städte und Flecken.

§. 359.

Odoaker.

Was weder Stilicho, noch Aëtius, noch Richmer, Gundobald oder Orestes hatten thun mögen, sich nämlich zum Heerkönig von Italien erklären und damit endlich, noch im Anfang oder der Mitte des V. Jahrhunderts, die Scheinexistenz des Weströmischen Reiches beseitigen, das war auszuführen dem Odoaker zu deutsch Ottokar bestimmt. Weder seine Herkunft, noch seine Kriegsthaten bilden seinen eigentlichsten Ruhm: derselbe besteht vielmehr lediglich darin, dass er mit einem

Schlage, in 1 Jahre, in 1 oder 2 Monaten das Schicksal und die Existenz des Weströmischen Reiches entschied und ein neues Militair-Königreich Italien schuf.

Seine Herkunft und sein Vaterland sind nicht genau bekannt: die Tradition sagt, dass er von niedrigem nicht adeligem Geschlechte stammte, aber in frühester Jugend schon unklare hochfliegende Pläne und Vorahnungen seiner zukünftigen Grösse hatte. Diese Erzählungen besagen, dass einmal einige germanische Christen verabredet hatten, nach Italien zu gehen, um dort das Glück zu suchen. Unter ihnen befand sich ein hochgewachsener, kräftiger, schöner Jüngling mit feurigen Augen, mit Namen Odoaker. Auf dem Wege, da, wo heute Passau liegt, sprachen sie bei einem Eremiten, dem Missionar Severinus, vor, um seinen Segen zu erbitten. In der niedrigen Hütte desselben war der Riese Odoaker gezwungen, mit gebücktem Haupte zu stehn, und der Einsiedler sprach, auf ihn blickend: »Zieh mit Gott nach Italien; jetzt trägst Du ein schlechtes Gewand, aber die Zeit wird kommen, wo Du über Viele befehlen wirst.«

Die grösste Unordnung herrschte in Italien, als Odoaker daselbst anlangte. Dem allgemeinen Drange nach Uebersiedelung von dem Norden nach dem Süden, nach Italien folgend, überschritten viele kleine germanische Stämme die Alpen und breiteten sich in dem Thale des Po aus. Von allen diesen Stämmen waren nach Zahl und Macht die Rugier die bedeutendsten, welche aus ihrer Heimath an dem Südgestade des baltischen Meeres, dem heutigen Pommern, herabgekommen waren, wo der Name der Insel Rügen noch an sie erinnert. Man nimmt an, dass Odoaker gleichfalls diesem Stamme angehörte. In den römischen Kriegsdienst eingetreten, stieg er durch seine Klugheit und seine hervorragenden Kriegsthaten allmälig im Range empor und erlangte endlich den Grad eines *magister militum*. Als im October 475 der *magister utriusque exercitus* Orestes den Kaiser Nepos zur Flucht nach Salona genöthigt und an dessen Stelle seinen (des Orest) minderjährigen Sohn Romulus eingesetzt hatte, forderten die germanischen und die übrigen barbarischen Truppen in Italien, des häufigen Wechsels der Imperatoren, wie der Unbestimmtheit ihres Verhältnisses zu der römischen Regierung müde, von Orest eine genaue und bestimmte Festsetzung dieses Verhältnisses und den dritten Theil von Italien, um sich daselbst niederzulassen. Als sie eine abschlägige Antwort erhielten, wandten sie sich mit derselben Forderung an Odoaker, und dieser gab ihnen die entschiedene Zusage, dass er ihre Forderung erfüllen wolle. Nun sammelten sich um ihn die Barbaren aus allen Garnisonen und Lagern Italiens, und im J. 476 führte er sie nach Pavia, wo Orestes sich zu vertheidigen entschlossen war. Im August desselben Jahres eroberte Odoaker Pavia, Orestes wurde enthauptet. Dann zog er nach Ravenna, schlug daselbst den Paulus, Bruder Orest's, nahm Ravenna ein und bekam hierbei den Sohn des Orest, den Kaiser Romulus Augustulus in seine Gewalt. Seiner Jugend schonend, entsetzte er ihn nur des Thrones und wies ihm zum Aufenthalte den einst dem Lucullus gehörenden Landsitz in Campanien und ein Gehalt von 6000 Goldstücken jährlich an. Dann gab er seinen Truppen den dritten Theil des Landes in Italien und blieb selbst unter dem Namen eines Königs von Italien an ihrer Spitze: der ihm von dem oströmischen Kaiser Zeno I. verliehene Rang eines Patriciers ertheilte ihm die gesetzliche Gewalt auch über die römische Bevölkerung von Italien. Nepos hielt sich in Salona bis zum 4. Mai 420, wo er ermordet wurde, und nun endlich hörte das Weströmische Reich zu bestehen auf und verschwand auch der Titel eines Kaisers desselben.

—

Zweiundsechzigstes Kapitel.

Allgemeiner Ueberblick über die Kriegsgeschichte des Alterthums.

I. Militärische Organisation und Einrichtungen. — §. 450. Militärische Einrichtungen. — §. 451. Militärische Ausbildung. — §. 452. Bewaffnung. — §. 453. Verschiedene Truppengattungen. — §. 454. Innere Organisation der Truppen und des Heeres. — Unterhalt. — 1) Bei den Urvölkern und den Hebräern. — 2) Bei den Aegyptern. — 3) Bei den Karthagern. — 4) Bei den Persern. — 5) Bei den Griechen. — 6) Bei den Macedoniern. — 7) Bei den Römern. — 8) Bei den germanischen und übrigen Völkern Europas. — §. 455. Befehlsführung, Disciplin, Belohnungen und Strafen, Geist der Truppen.

I. Militärische Organisation und Einrichtungen.

§. 450.

Militärische Einrichtungen.

Bei dem Abschlusse dieses letzten Theiles der Allgemeinen Kriegsgeschichte des Alterthums werfen wir einen Rückblick auf dieselbe und ziehen daraus allgemeine Schlüsse nach drei Haupt-Gesichtspunkten: I. der militärischen Organisation und Einrichtungen, II. der Kriegskunst und III. der Kriegswissenschaft. Jeder einzelne und sie alle zusammengefasst bieten ein besonderes Interesse schon dadurch, dass sie die ursprünglichsten und ältesten der Welt waren und die Grundlage und erste Stufe zu deren weiteren Entwickelung in den folgenden Jahrhunderten bildeten. Indem in dieser Periode des Alterthums ihr erster Anfang zugleich mit ihrer ersten Quelle und Ursache, — dem Kriege —, liegt, befinden sie sich bei ihrer fortschreitenden Entwickelung in naturgemässem, begreiflichem, engem und ununterbrochenem Zusammenhange mit dem Gange und der Entwickelung der allgemeinen und politischen Organisation der menschlichen Gesellschaft, deren Staatenbildung und deren Erfolgen auf geistigem und sittlichem Gebiete.

immer gleichen Schrittes neben diesen hergehend, heben sie sich gleich diesen, erreichen die höchste Stufe ihrer Ausbildung, gerathen dann allmälig in Verfall und treten ihren Platz an andere aufkeimende, sich entwickelnde und ihrerseits wieder verfallende Erscheinungen, zu anderen Zeiten und Orten und unter anderen Acteurs auf der geschichtlichen Schaubühne der alten Welt ab. So bietet in Bezug auf Zeit und Ort die Geschichte ihrer Entwickelung im Ganzen drei Hauptperioden: 1) die des Anfangs — im Orient, Asien und Africa, 2) die der weiteren, hohen und besten Entwickelung in Europa —, in Griechenland, und 3) die der vollsten und abschliessenden Höhe in Europa—, in Rom und dessen weitem Weltreiche. Auf jeder dieser Stufen hatten sie, wie der einzelne Mensch und wie das menschliche Geschlecht im Ganzen ihre Abstufungen: Kindheit, Jugend, Reife und endlich Altersschwäche und Gebrechlichkeit. Aber ihre Resultate erbten sich fort von der einen Generation auf die andere, von Jahrhundert auf Jahrhundert, in historischem Fortrücken von Westen nach Osten und in alle Länder der im Alterthum bekannten Welt, und auf diese Weise übertrugen sie sich auf die folgenden Geschlechter, Völker und Staaten, welche nach dem Falle des Weströmischen Reiches sich in Europa bildeten, und dienten den neuen Formen des Lebens zur Grundlage.

Hierbei ist aber ein scharfer Unterschied zwischen ihrem Entwickelungsgange im Orient, in Asien und Africa, und im Westen, in Europa, in Griechenland und Rom nicht zu verkennen. Wenn dem Orient der Anfang und die Kindheit angehört, so fällt die weitere Reife und die Erfolge bis zur höchsten Endstufe dem Westen und besonders Europa zu, welchem Erdtheil schon im Alterthume beschieden war, in dieser Hinsicht an der Spitze aller Welttheile zu stehen. In Europa machte sich schon von Alters her eine beständige ununterbrochene immer weiter treibende Vorwärtsbewegung geltend, während der Orient, nachdem er eine gewisse Höhe seiner eigenthümlichen Entwickelung erreicht hat, sich schon seit lange einer gewissen Unbeweglichkeit hingab, wenigstens in Bezug auf sein Vorwärtsschreiten nach dem Westen, in Europa. Als Beweis dafür kann dienen sowohl das Misslingen des Lieblingsgedankens Alexander's d. Gr., den Orient der griechischen Civilisation theilhaftig zu machen, als die Unempfänglichkeit des asiatischen Orients, jenseits des Euphrat und Tigris, d. h. jenseits der Grenzen der römischen Republik, später Kaiserreiches, für die europäisch-griechisch-römische Civilisation, während die Barbaren von Nordeuropa leicht und rasch sich dieselbe aneigneten. Mit Ausschluss des kurzen Zeitraumes nach dem Tode Alexander's des Gr. hatte der Orient stets seine eigenthümliche Staaten- und anderweite Bildung, welche, von der griechisch-römischen wesentlich verschieden, sich daselbst dauernd behauptete, gleichsam unbeweglich fest liegend, und so durch alle folgenden Perioden des Mittelalters, der neueren und neuesten Zeit geblieben ist.

In Folge des oben erwähnten engen Zusammenhanges des Kriegswesens mit dem staatlichen Leben und der Bildung bezieht sich Alles, was oben von dem Gange, der Entwickelung und dem Standpunkte der Letzteren gesagt wurde, auch auf das Erstere und kann als Anleitung zu einer gründlichen, richtigen und wahren Beurtheilung desselben in den drei wesentlichsten, vorher angegebenen, Beziehungen dienen. Wir wenden uns zuerst zu den militärischen Einrichtungen und der militärischen Organisation überhaupt.*)

In dem Urzustande der Völker sind, je einfacher dieser ist, auch desto einfacher die militärischen Einrichtungen, in dem Grade sogar, dass sie als eigentlich nicht existirend bezeichnet werden können. Jeder erwachsene waffenfähige Mann war ein Krieger, der für sein Leben, seine Familie, seine Habe, Freiheit, seine Heimath kämpfte.

Die Hirten- oder Nomadenvölker waren stets zum Kampfe bereit und zogen mit ihrer ganzen dazu fähigen Mannschaft zu demselben aus. Ein Beispiel dafür sind die Hebräer bei ihrem Auszuge aus Aegypten in das Gelobte Land, ebenso die Völker Nord-Europas und Asiens bei ihren ersten Wanderungen nach Westen und Süden im 3., 4. u. 5. Jahrh. n. Chr.

Aber bei den ansässigen, Handel, Gewerbe und Ackerbau treibenden Völkern machte sich die Nothwendigkeit militärischer, im Einklange mit dem öffentlichen Wesen und Organisation stehender Einrichtungen geltend. Wie verschieden dieselben auch im Einzelnen sein mochten bei jedem Volke, sie hatten während des ganzen Alterthums eine und dieselbe Grundlage — die allgemeine Wehrpflicht.

Jeder Bürger war Soldat, das hob die bewaffnete Macht des Volkes oder Staates auf die höchstmögliche Stufe. Eine Ausnahme hiervon machen nur einige der unbeschränkten Monarchieen Asiens und Africas, wie Aegypten, Indien, wo Kasten existirten, deren eine die Kriegerkaste war. Aber diese können nicht zu den kriegerischen Staaten gezählt werden, obschon sie die ältesten waren. In Aegypten sind die militärischen Einrichtungen des Sesostris bemerkenswerth; er theilte den Staat in 36 Nome oder militärische Bezirke, welche 160,000 Hermotybier und 250,000 Kalasirier stellten, die an sie vertheilte Ländereien besassen und jährlich und abwechselnd 2000 Mann königliche Leibwache gaben. Hierbei ist zu beachten, dass Sesostris, wie man behauptet, die körperliche Züchtigung im Heere abschaffte.

*) Wir sind hier der »Handbibliothek für Offiziere«, I. Bd., 1. Abth., Geschichte des Kriegswesens des Alterthums (von Brandt) gefolgt.

Aber auch bei denjenigen Völkern, bei denen die allgemeine Kriegspflicht bestand, wurde für gewöhnlich nur ein bestimmter Theil der Streitmacht zum Kriege aufgeboten. Eins der ältesten Beispiele hierfür geben die militärischen Einrichtungen der Hebräer unter den Königen Saul, David und Salomo. Unter David zählte man 1,300,000 kriegsfähiger über 20 Jahre alter Männer; von diesen wurden aber nur 288,000 zur Ableistung des Kriegsdienstes herangezogen, in 12 Abtheilungen à 24,000 Mann getheilt, die jeden Monat im Jahre abwechselten. Jede dieser Abtheilungen that während des ihr zufallenden Monats den Wachtdienst. Unter dem unmittelbaren Befehle des Königs stand seine Leibwache.

Die kriegerischen Einrichtungen Cyrus I., des Aelteren, sind nicht weniger bemerkenswerth, obgleich der Zeit nach später. Die Eroberungskriege des Cyrus forderten die Aufstellung stehender Heere, welche theils im Felde lagen (Feld-), theils in Städten garnisonirten (städtische Truppen), jede unter ihren besonderen Führern. Die militärische Gewalt war getrennt von der bürgerlichen. Jährlich fanden Truppen-Revüen an bestimmten Sammelpunkten in jedem Militärbezirke statt. Die Truppen waren zu 10, 100, 1000 und 10,000 eingetheilt. Ausser den königlichen Truppen gab es auch eigene Truppen der Satrapen.

So ist der Anfang der stehenden Heere schon in den ältesten Zeiten zu bemerken und steht in natürlichem Zusammenhange mit der Bildung der grossen Monarchieen. Aus den Aeltesten oder Häuptern der Familien, Geschlechter, Stämme, welche sie zum Kriege führten und über die sie die alleinige Gewalt hatten, — Verhältnisse, wie sie wahrscheinlich jeder Staatenbildung vorhergingen —, wurden mit der Zeit Heerführer und Staatsregenten, und später Herrscher. Zur Aufrechthaltung ihrer Macht bedurften sie unzweifelhaft einer stehenden Heeresmacht. Im Orient, wo seit Alters sich grosse Staaten gebildet hatten und immer bestanden, unbeschränkte Monarchieen, mussten damit zugleich auch die ersten stehenden Heere entstehen (deren Kern die Schaaren der königlichen Leibwachen ausmachten) und einen wesentlichen Theil der gesammten Streitkräfte bilden. So sind die 10,000 Unsterblichen des Xerxes ein stehendes Heer, der Kern, Haupt- und beste Theil der Kriegsmacht Persiens. Die anderen Truppen waren mehr oder weniger Provinzial-Heeres-Aufgebote.

Dem ähnliche Erscheinungen bieten sich auch im Westen, in Europa, jedoch vorwiegend in der Periode der Völkerwanderung. Hier führte aber die Liebe dieser Völker zur Freiheit und ihr Hass gegen die uneingeschränkte Herrschaft und sogar gegen Alleinherrschaft zur Bildung von Republiken mit Volksherrschaft. Dies übte aber einen fühlbaren Einfluss auf die militärischen Einrichtungen, wie auf den kriegerischen Geist dieser Völker. In den ältesten europäischen Republiken liess die

Liebe zur Freiheit und Unabhängigkeit und die allgemeine Theilnahme an den öffentlichen Angelegenheiten es noch in höherem Maasse möglich und nöthig werden, alle erforderlichen öffentlichen Kräfte dazu heran zu ziehen. Und dann floss die allgemeine Kriegspflicht direkt aus der ganzen öffentlichen Einrichtung dieser Republiken her, oder, besser gesagt, sie war das Hauptfundament derselben. Unter diesen Republiken lenken die griechischen und die römischen vorzugsweise die Aufmerksamkeit auf sich. Die ersteren besiegten und unterwarfen für einige Zeit den Orient, die anderen sogar die Hälfte der damals bekannten Welt, und ihre militärischen Einrichtungen übertrafen durch ihr inneres Gefüge und ihre Vollkommenheit alle vorhergehenden und wurden nach einander die herrschenden in der damaligen Welt.

Bei den Griechen befinden sie sich in der Urzeit noch in der vollsten Kindheit und sind sogar weniger gut ausgebildet, als die gleichzeitigen in Kleinasien und Aegypten. Dies tritt deutlich hervor in den ersten griechischen Kriegen der heroischen Zeit, namentlich bei deren wichtigstem, dem trojanischen. In der Folgezeit erreichen die allgemeine Betheiligung an den öffentlichen Angelegenheiten und die allgemeine Kriegsfähigkeit im Verein mit der Einfachheit und Strenge der Sitten, Gewohnheiten und Lebensweise den höchsten Grad von Kraft und Ausdehnung durch die politische Entwickelung und Organisation der Republiken mit Volksregierungen bei den Griechen, durch die ihnen zu Grunde liegenden Gesetze. In dieser Beziehung verdienen die Republiken Athen und Sparta die höchste Beachtung. Der Schutz des Vaterlandes war bei ihnen die erste und heiligste Pflicht, das ehrenvolle Vorrecht eines jeden Bürgers, und gab allein Anrecht auf Ehrenbezeugungen und öffentliche Aemter. Auf dieses Recht gründete sich auch die Theilung des Volkes in Klassen. In Athen theilte Solon das Volk in vier Klassen, von denen die erste, die vornehmste und reichste, die Reiterei bildete, die zweite und dritte die Hopliten oder das schwerbewaffnete Fussvolk, die vierte ärmste das leichtbewaffnete oder Psiloi. Nur die drei ersten Klassen hatten ein Recht auf Aemter, die vierte nur ein Stimmrecht bei Besetzung der Aemter und der Gesetzgebung. In jeder Klasse waren Alle von 18 bis 20 Jahren zum inneren Dienste in Athen und Attica, von 20 bis 40 Jahren zum Dienste ausserhalb verpflichtet. In Sparta begann die Heerespflicht mit 30 Jahren. Die Staatsorganisation, Sitten, Gebräuche, Lebensweise, Beschäftigungen, Alles war durch des Lykurgus Gesetze genau geregelt, — hatte zum alleinigen Zwecke und Gegenstande den Krieg, die Erweckung und Erhaltung des kriegerischen Geistes, und stellte die kriegerische Tugend über alle. Sparta glich einem beständigen Kriegslager, in welchem Alle sich fortwährend zum Kriege übten, wovon sogar das weibliche Geschlecht nicht ausgeschlossen war. Alle waren gleichermaassen verpflichtet, arm, mässig, enthaltsam, kräftig, stark, und besonders muthig und tapfer zu sein. Eine Besonderheit der militärischen Einrichtungen Spartas war der Gebrauch, auch die Heloten oder Sklaven zum Kriege heran zu ziehen (hier, wie bei den übrigen Griechen mussten die Sklaven vorher die Freiheit oder das Versprechen derselben erlangt haben). Der Grund davon war vermuthlich, dass es mehr Sklaven als freie Bürger gab. Deshalb durften die Letzteren, wenn sie zu Felde zogen, Jene nicht zu Hause lassen, um so weniger, da sie dieselben grausam behandelten. Dies bildet eine finstere Seite des Kriegseinrichtungen Spartas und war der Grund zu vielen inneren Unruhen und Kriegen, zu Schaden und Gefahren für diese Republik.

Bei den Römern hatten die ursprünglichen militärischen Einrichtungen dieselben oder ähnliche politische und sittliche Grundlagen, wie bei den Spartanern. Rom, aus dem Kriege hervorgegangen, im Kriege herangewachsen und gebildet, verschlang durch Krieg die halbe damals bekannte Welt. In voller Waffenrüstung ging es aus der Hand seines ersten Begründers und Gesetzgebers, Romulus, hervor, und seine erste Formation war die Legion. Romulus theilte das Volk in 3 Tribus, jede zu 10 Curien, und aus diesen wählte er die Krieger für den Krieg aus. Servius Tullius fügte eine vierte Tribus hinzu, in der Folge vermehrte sich deren Zahl auf 6, um die Mitte des 3. Jahrh. v. Chr. sogar bis auf 35. Ausserdem theilte Servius Tullius das Volk in 6 Klassen, jede zu mehreren Centurien. Jede Klasse bestand aus Bürgern von 17 bis 45 Jahren für den Dienst im Felde, und über 45 Jahre für den städtischen Dienst. Die Klassen wurden nach ihrem Besitz eingeschätzt (*census*) und eingetheilt: die erste war die reichste, die sechste die ärmste. Die erste bestand aus Patriciern und Rittern, und aus 98 Centurien. Die Ritter bildeten 18 Centurien und die Reiterei. Die zweite, dritte und vierte Klasse hatten je 20 Centurien, die fünfte 30. Die sechste Klasse, aus den den ärmsten Bürgern und Freigelassenen bestehend, war vom Kriegsdienste befreit. Der Schutz des Vaterlandes war nicht ihnen anvertraut, sondern den reicheren, welche eben deswegen mehr Anlass und mehr Mittel hatten, das Vaterland zu schützen. Auf diese Weise war das *jus militiae*, das Recht zum Kriegsdienste, gleich von Anbeginn und in seinem Fundamente vollkommen geadelt. Aber nach Einsetzung einer Volksregierung wurden die Würdigsten aus der sechsten Klasse, die inzwischen erheblich zugenommen hatte, zum Dienste im Landheere, die Uebrigen zum Seedienste verwendet. Marius hob auch diesen Unterschied auf, indem er die ganze sechste Klasse zum Kriegsdienste heranzog. In Fällen von besonderer Wichtigkeit oder Gefahr, wie z. B. im zweiten punischen Kriege, nahm man dann Handwerker, Freigelassene und Sklaven, seit Marius und in der Zeit der Bürgerkriege sogar Verbrecher, Räuber und anderes Gesindel in die Armee auf. Unter Augustus ward die Zusammensetzung der Legionen bedeutend verbessert, nach Augustus aber verschlechterte sie sich mehr und mehr, die Legionen ergänzten sich vorzugsweise aus den ärmsten und schlimmsten Elementen des niedrigsten Volkes und des Pöbels der Städte, ja auch durch Barbaren, welche später die Hauptstärke, endlich sogar den ausschliesslichen Bestandtheil der Legionen und Heere bildeten.

In dieser Weise war das Recht und die Pflicht im Heere zu dienen im Allgemeinen der charakteristische Zug der militärischen Einrichtungen des Alterthums, und von dieser Pflicht waren eigentlich nur die Priester befreit. Bei den Römern kamen davon nicht einmal diejenigen frei, welche unwichtigere oder weniger bemerkbare körperliche Gebrechen hatten.

§. 451.

Militärische Ausbildung.

Mit den militärischen Einrichtungen der Völker des Altherthums und mit der diesen zu Grunde liegenden allgemeinen Heerespflichtigkeit ging auch die Fähigkeit zum Dienst im Heere und im Kriege eng Hand in Hand. Die Erlangung dieses Zieles war immer und überall ein Gegenstand von allgemeiner oder staatlicher Wichtigkeit, als Mittel dazu diente die militärische Ausbildung. Da jeder Bürger Krieger und verpflichtet war, das Vaterland zu vertheidigen, so war auch die Ausbildung des Bürgers identisch mit der Ausbildung des Kriegers. Spuren von öffentlichen Einrichtungen für eine solche militärische Ausbildung finden sich schon bei Assyriern, Aegyptern und Persern. Die Tradition erzählt, dass Ninus zu diesem Zwecke eine militärische Schule errichtete, über welche indess weitere Nachrichten fehlen, — und der Vater des Sesostris liess alle die Knaben, welche mit seinem Sohne am selben Tage geboren waren, zusammen bringen, mit Letzterem gemeinschaftlich in körperlichen Uebungen und im Kriegswesen unterrichten, und wählte später aus denselben die höheren Befehlshaber seines Heeres. Historisch glaubwürdiger sind die Nachrichten über derartige Einrichtungen bei den Persern unter Kambyses. Die Gesammtzahl der Bürger, 120,000 Mann wurde in 4 Klassen getheilt: Knaben, Jünglinge, Männer und Greise. Jede Klasse hatte ihren Aeltesten: die Knaben einen Greis, die Jünglinge einen Mann, die Männer und Greise einen aus ihrer Klasse. Alle Bürger mussten vom 10. Lebensjahre an diese Klassen durchlaufen und blieben je 10 Jahre in der ersten und zweiten Klasse, 25 Jahre in der dritten. Jede Klasse hatte ihre bestimmten Einrichtungen und Beschäftigungen, die Knaben übten sich in Handhabung der Waffen. die Jünglinge und Männer in kriegerischen Uebungen, die Männer zogen ausserdem in den Krieg. Die Greise über 45 Jahre alt. waren vom Kriegsdienste befreit und erhielten die Staatsämter. Ausserdem wurden die 3 ersten Klassen in allen körperlichen und sittlichen Kriegstugenden. Stählung des Körpers, Mässigkeit, Enthaltsamkeit u. s. w. geübt. Aus einer solchen Kriegsschule waren auch Cyrus und die Gefährten seiner Eroberungen hervorgegangen.

In ähnlichem Sinne waren auch die militärischen Schulen der Griechen und Römer organisirt. In ihnen wurden nicht allein die Knaben, Jünglinge und Bürger der einzelnen Städte unterrichtet, sondern auch die Männer und überhaupt alle Bürger des Staates. In Sparta namentlich fing die militärische Erziehung schon mit der Geburt an und wurde bis zum hohen Alter fortgesetzt. In allen Hauptstädten Griechenlands waren Gymnasien, in welchen Gymnastik, Taktik und andere kriegerische und nicht kriegerische Uebungen, Wissenschaften und Künste getrieben wurden. Diese Gymnasial-Erziehung und -Bildung hing eng zusammen mit der damaligen Bewaffnung und der Kampfart mit der blanken Waffe. sie hatte daher den Hauptzweck, damit vollkommen vertraut zu machen und die dazu erforderliche Körperkraft und Gewandtheit zu verleihen. Die öffentlichen Spiele (nemeïschen, pythischen, und besonders die olympischen) boten den Bürgern Gelegenheit und Möglichkeit, ihre Kunst vor allem Volke zu zeigen, sie entsprachen in gewissem Sinne unseren öffentlichen Prüfungen. Und da sie Volksfeste und -Feiern waren, so erachteten die Jünglinge und Männer es für eine besondere Ehre, an denselben Theil zu nehmen, in der Aussicht auf Erlangung ehrenvoller Auszeichnungen für den Sieger. In diesen Gymnasien wurden auch taktische Uebungen vorgenommen, namentlich in Sparta. Dieser Zweig der militärischen Ausbildung wurde besonders entwickelt und in ein regelmässiges System gebracht bei den Macedoniern unter Philipp und Alexander d. Gr., ja es wurden sogar mit hölzernen Waffen Muster-Schlachten ausgeführt.

Im Allgemeinen aber war die militärische Erziehung und Ausbildung weit mehr eine rein praktische, als eine theoretische. Nichtsdestoweniger existirte bei den Griechen eine Art von Theorie der Taktik und Strategie die zugleich mit Mathematik, und anderen Wissenschaften überall in Griechenland, hauptsächlich in Athen, aber auch Sparta nicht ausgenommen, gelehrt wurde. Aber man lehrte sie nicht theoretisch aus Büchern, sondern praktisch, mündlich, und im Krieg geübte und erfahrene Männer waren die Lehrer, — ein Verfahren, das seine unzweifelhaften und grossen Vorzüge und Nutzen hatte. In diesem Sinne war jeder

Familienvater der Kriegslehrer seiner Familie und es übertrug sich solchergestalt die Erfahrung der Väter auf die Söhne.

Aber ausserdem noch waren die Traditionen des Kriegsruhmes des Volkes Allen bekannt, Alle zogen daraus Belehrung und Begeisterung, — zunächst in den Volks-Gesängen (-Gedichten) und deren Sängern, später in den Werken solcher Historiker, wie Herodot, Thucydides, Xenophon u. A. Die Geschichte des Volkes war auf diese Weise die Lehrerin der Jünglinge und Männer, sie entflammte in ihnen den kriegerischen Geist und den Eifer zur Nachahmung der Thaten der Vorfahren.

Es ist augenscheinlich, dass ein solches System kriegerischer Erziehung und Ausbildung grossen Werth, mancherlei Nutzen und Vortheile hatte, und wesentlich zu den Erfolgen der Griechen beitragen musste.

Bei den Römern, als einem praktischen Volke war die kriegerische Erziehung und Bildung gleichfalls eine rein praktische und ebenso strenge, wie in Sparta, aber sie hatte gar nichts Theoretisches. Sie umfasste körperliche und gymnastische Uebungen, zugleich aber auch taktische, neben welchen alle die Arbeiten und Uebungen einhergingen, welche im Kriege zur Anwendung kamen, z. B.: Bau von Lagern, Uebungsmärsche, Gefechtsmanöver u. s. w. Die Exercitien dieser Art entwickelten und vermehrten sich in dem Maasse, wie die römische Republik und die Kriegskunst in derselben zunahm. Als Uebungsfeld diente meistens das Marsfeld in Rom, auf welchem schon Romulus seine Bürger-Krieger geschult hatte. Später führte Scipio grosse taktische Uebungen aus, und zur Zeit der Bürgerkriege, unter Pompejus, Cäsar, Augustus, und den besten seiner Nachfolger gab es besondere Vorschriften hierfür. Von diesen Ausnahmen aber abgesehen, verfiel im Laufe der Zeiten die militärische Bildung bei den Römern mehr und mehr und gerieth gänzlich in Misscredit.

Die militärischen Einrichtungen, auf die allgemeine Kriegspflicht gegründet, und die eng mit derselben zusammenhängende mehr praktische als theoretische, aber ebensowohl moralische wie physische, militärische Ausbildung und Erziehung, waren es also, in denen die gewaltige Kraft der Völker des Alterthums überhaupt, besonders aber der Perser unter Cyrus, der Griechen und Römer in der besten Zeit ihrer Geschichte, hauptsächlich unter Alexander d. Gr., Julius Cäsar und Augustus wurzelte. Ihren militärischen Einrichtungen und ihrer militärischen Ausbildung verdankten Griechen wie Römer vorzugsweise die ausserordentlichen Erfolge ihrer Waffen und ihren Kriegsruhm, welcher so viele Jahrhunderte überlebte und noch heute gerechte Bewunderung erweckt. Sobald diese militärischen Einrichtungen und Ausbildung ihre innere

Kraft verloren und zu verfallen begannen, da begann auch der Erfolg ihrer Waffen und der Kriegsruhm dieser Völker zu schwinden und zu sinken. Diese innere Kraft war eben eine moralische Kraft, deren Sinken stets den Verfall der Völker und Staaten nach sich zieht: wird das moralische Fundament untergraben und erschüttert, so bricht der ganze staatliche Bau zusammen. Auf diese sittliche Kraft war immer vor Allem und über Alles von schädlichem Einfluss der Reichthum, welcher zu Luxus, Verweichlichung, Sittenverderbniss und damit zugleich zur Abneigung gegen den Kriegsdienst, Mangel an kriegerischer Ausbildung und Kriegsfähigkeit, zum Verfall der militärischen Disciplin, des kriegerischen Geistes und aller jener Eigenschaften führt, welche man unter dem Namen militärische Tugenden zusammenfasst. Alle Vornehmeren und Reicheren im Volke entzogen sich der militärischen Pflicht, deren ganze Last nun auf die grosse Masse der unteren Klassen des Volkes fiel. Das führte dahin, dass der Kriegerstand sich im Staate mehr und mehr isolirte, fremd wurde, und zur Entstehung von Söldnerheeren statt der Nationalheere. Die ärmeren Völker mit unverderbten Sitten besiegten stets die in Reichthum corrumpirten, und verfielen in der Folge, nachdem sie selber reich geworden und in Sittenverderbniss versunken, ihrerseits dem gleichen Schicksale. Die Perser unter Xerxes und Darius waren längst nicht mehr, was sie unter Cyrus gewesen, die Griechen nach dem peloponnesischen Kriege und nach ihren Eroberungen in Asien nicht mehr dieselben wie vorher, die Macedonier unter dem letzten Philipp nicht mehr, was sie unter Alexander d. Gr. waren, die Römer endlich zur Zeit der Bürgerkriege und besonders des Kaiserreiches nicht dieselben, wie zur besten Zeit der Republik bis zum Ende des zweiten punischen Krieges. Die Kriegskunst vermag zwar sich auf demselben Standpunkte zu halten, ja sie vervollkommnet sich, wie dies bei den Griechen und Römern zur Zeit des Verfalles wirklich stattfindet, aber das ist vollkommen unwesentlich, wenn damit zugleich die sittliche Kraft erlahmt und endlich ganz erlischt, — dann ist Alles verloren.

§. 152.

Bewaffnung.

Die Bewaffnung der Menschen für den Krieg stand von Anfang an stets im Verhältniss zu ihrer staatlichen und sonstigen Bildung, zu der öffentlichen, staatlichen und militärischen Organisation. Je naturgemässer und einfacher die letzteren, desto einfacher und weniger complicirt war auch die letztere. In dem Urzustande der Völker waren die Vertheidigungs- und Angriffs-Waffen: die Keule*) und der Stein, die Jedermann zur Hand waren, später: Schleuder, Bogen und Pfeile. Als die Menschen mit den Eigenschaften und der Bearbeitung der Metalle bekannt geworden, zunächst des Kupfers, dann des Eisens, wurde die Keule damit beschlagen, oder die Sichel daraus geschmiedet an den Streitwagen, endlich begann man Schwerter, Dolche, eisengespitzte Pfeile und Lanzen, bleierne Kugeln für die Schleudern herzustellen, zuletzt auch Schutzwaffen: Helme, Brustpanzer, Arm-, Beinschienen, Schilde u. s. w. Der erprobte Einfluss der Eigenthümlichkeiten der Bewaffnung führte zu deren allmäliger Vervollkommnung, dabei wurde aber meistens auf Gewohnheit, Leichtigkeit und Kunstfertigkeit im Gebrauche der einen oder anderen Waffe gerücksichtigt, und dies wiederum entsprang aus den Eigenthümlichkeiten der einen oder anderen Gegend und des einen oder anderen daselbst wohnenden Volkes. So z. B. wendete der grösste Theil der Völker Asiens: Assyrier, Meder, Babylonier, Lydier, Perser, Parther u. s. w. meist Fernwaffen an: Bogen, Schleuder, Wurfspiess, sie hatten aber keine Schutzwaffen, ausgenommen leichte und grosse Schilde und bei anderen waren lange Lanzen im Gebrauch, grosse Schwerter und Schilde, so z. B. bei Aegyptern, Hebräern, Philistern u. s. w. Die Letzteren namentlich zeichneten sich durch Schönheit der Waffen aus. Die Aegypter hatten grosse, manneshohe, dicke und schwere Schilde, lange Lanzen und kurze, aber sehr breite Schwerter. Es ist merkwürdig, dass bei den Hebräern das Schwert die Lieblingswaffe war, wie später bei den Römern. Cyrus bewaffnete die Perser mit Schilden, Harnischen, Schwertern und Kriegssicheln, um sie zum Handgemenge brauchbar zu machen. In der Folge jedoch (unter Xerxes) übertrafen die Griechen die Perser an Güte der Waffen. Ihre Lieblingswaffe war die Lanze, bei den Macedoniern die (bis zu 24 Fuss) lange Sarissa, bei den Römern dagegen das kurze zweischneidige Schwert und der Wurfspiess (*pilum*). Aehnliche, nur weit schlechtere Arten von Waffen bei den Galliern und Germanen (und wahrscheinlich auch bei den Völkern Osteuropas) waren diesen, den Römern gegenüber, sehr nachtheilig.

Die Art der Bewaffnung war, in Bezug auf die Entfernung zwischen den Kämpfenden, von solchem Einflusse, dass sie zwei wesentlich verschiedene Kampfarten hervorbrachte: den Fernkampf und den Nahekampf. Der ausschliessliche Fernkampf bezeichnete die niedrigste Stufe des kriegerischen Geistes und des Kriegswesens, — der aus-

*) Der Knittel, die Keule, war die erste Waffe, die der Mensch anwendete: mit ihr erschlug Kain den Abel und legte damit den traurigen hassenswerthen Anfang zum Kriege auf der Erde!

schliessliche Nahekampf das Gegentheil, — die Mischung beider Kampfarten die verständige Mitte und die wahre Kunst. Der Fernkampf diente zur Vorbereitung und Unterstützung des Nahekampfes, dieser letztere war die Hauptsache und brachte die Entscheidung. Die kriegerische Erfindungskraft begnügte sich indess nicht mit den lediglich durch Wurfgeschosse erreichten Vortheilen, wenn ebenso der Kampf sich nicht allein auf den im offenen Felde beschränkte. Die Nothwendigkeit eines Beschützens der Wohnungen, später der Lager der Truppen, gegen plötzliche Angriffe des Feindes führte zur künstlichen Befestigung derselben, namentlich auch der Städte, und dieses wiederum zur Erfindung und Einführung von Wurfgeschützen, welche bei Griechen und Römern Catapulte und Ballisten genannt wurden. Anfangs wurden diese Maschinen nur zu Angriff und Vertheidigung von Lagern und Städten angewendet, dann aber auch im freien Felde, nur waren sie hier von geringeren Dimensionen, leichter und handlicher. Daher wurden sie eingetheilt in: Festungs-, Belagerungs- und Feldgeschütze. Philipp und Alexander von Macedonien waren die Ersten, welche sie im offenen Felde anwendeten, aber nur bei Flussübergängen, Vertheidigung von Engpässen, Wäldern u. dgl. Die Perser bedienten sich ihrer bisweilen auch gegen Alexander d. Gr. zum Schutze von Pässen, Festungen u. s. w. Die Nachfolger Alexander's d. Gr., ebenso die Macedonier und Griechen in Europa und Asien begannen schon sie häufiger im freien Felde anzuwenden. Bei den Römern kamen sie noch mehr in Aufnahme nach den punischen Kriegen und in den Bürgerkriegen, sogar unter Julius Cäsar, aber mehr zum Schutz der Lager und der Festungen. Jede Legion führte 30 Feld-Catapulten und -Ballisten mit sich, deren jede durch 10 Mann bedient wurde. Unter den Kaisern dehnte sich die Anzahl und die Anwendung derselben im offenen Felde mehr und mehr aus, es erschienen unter denselben noch kleinere und leichtere, *onager* genannt, nach Vegetius gab es sogar Handgeschütze, für einen einzelnen Mann bestimmt, die Scorpione genannt wurden. Aber bei den Griechen wie namentlich bei den Römern zeigte die übermässige Vermehrung der Anzahl und der Anwendung der Wurfgeschütze deutlich den Verfall der Kriegskunst und besonders der moralischen Kraft an, mit welchem sie der Zeit nach zusammen fällt. Als dem spartanischen Feldherrn Archidamus Catapulte gezeigt wurden, welche aus Sicilien gebracht waren, rief er verwundert aus: »Die Tapferkeit ist entschwunden!« — und er hatte Recht.

Ausser allen den Waffenarten, von denen eben die Rede gewesen, ist noch der Streit-Sichelwagen, der gewappneten Elephanten, Kameele und sogar Pferde zu gedenken, die alle im Alterthum sehr gebräuchlich waren, ursprünglich und stets in Asien und Africa, dann mehr oder weniger auch in Europa. Die Anwendung der Kriegswagen mit Sicheln, sowie der mit Bogenschützen und sogar mit Thürmen besetzten Elephanten, ist sehr alt, — in Asien schon in den ersten Monarchieen, bei Persern, Parthern u. s. w., in Indien, in Africa — im alten Aegypten, in Nordwest-Africa, bei den Karthagern, Mauretaniern u. s. w. schon bekannt. In Europa existirte der Gebrauch der Streitwagen in der ältesten heroischen Zeit Griechenlands, dann kam er abhanden, nach Alexander d. Gr. aber verbreitete er sich aus Asien zugleich mit der Anwendung der gewappneten Elephanten, wie bei den Griechen, so später auch bei den Römern und über Asien, Africa, und theilweise über Europa. In den Gegenden Asiens und Africas, besonders in den Wüsten, wo Kameelzucht getrieben wurde, kamen auch diese letzteren zur kriegerischen Verwendung in den Kämpfen, ausgerüstet wie die Elephanten, mit Bogenschützen. Was die Pferde anbelangt, so kommt in Asien und Africa, wie bei Griechen und Römern in Europa, nach Alexander d. Gr., der Gebrauch auf, dieselben ebenfalls mit schweren Panzern zu bedecken, ja sogar sie mit eisernen Spitzen auf Stirn und Brust zu versehen, so namentlich bei den schweren gepanzerten Reitern, welche bei den Griechen Kataphrakten hiessen. Aber Sichelwagen, Elephanten, Kameele und gepanzerte Pferde, bei den orientalischen Völkern in Asien und Africa zu entschuldigen, wurden von Griechen und Römern, von Alexander d. Gr. und Julius Cäsar gering geschätzt, verbreiteten sich aber nach dem Tode der beiden Letzteren bei den Römern unter den Kaisern nicht allein in Asien und Africa, sondern zum Theil auch in Europa, und bezeichnen gleichfalls den Verfall der sittlichen Kraft und der Kriegskunst, mit welchem sie der Zeit nach zusammenfallen.

Im Allgemeinen waren alle die vorbezeichneten Arten von Waffen und von Mitteln zur Schädigung des Feindes, oder Kriegsmitteln im Alterthum gebräuchlich, vom Anbeginn der historischen Zeit bis zum Untergange des Weströmischen Reiches. Damit zugleich musste auch der Krieg im Alterthum, trotz häufiger aber lediglich auf Formen bezüglicher Veränderungen, im Ganzen immer derselbe bleiben. Aber nicht allein ausschliesslich die Kriegsmittel sind es, welche auf die Veränderungen in der Kriegskunst Einfluss üben. Die inneren politischen Verhältnisse der Völker und Staaten kommen hierbei gleichfalls wesentlich zur Geltung. So lange diese nicht von Grund aus eine Umänderung erlitten, wie dies eigentlich erst nach dem Untergange des Weströmischen Reiches geschah, so lange musste die Kriegskunst des Alterthums auch im Wesentlichen unverändert bleiben.

§. 453.

Verschiedene Truppengattungen.

Die erste, der Zeit nach älteste und ursprünglich einzige Truppengattung war das Fussvolk. In der Urzeit kämpfte man zu Fusse. Weit später erscheinen die Streitwagen und die Reiterei. Zuerst tauchen diese in der Geschichte auf in Aegypten unter Sesostris, unter Ninus und Semiramis. Der Erstere hatte, nach Diodor, 600,000 M. zu Fuss, 24,000 Reiter und 27,000 Sichelwagen. Das ist die erste Angabe über das relative Verhältniss der Truppengattungen im Heere zu einander. Als Saul zum Kriege gegen die Philister auszog, führten die Letzteren ihm 6000 Reiter und 30,000 Sichelwagen entgegen, an Fussvolk aber, nach dem Ausdrucke der Schriftsteller, so viel wie Sand am Meere. Von ihnen scheinen auch die Hebräer den Gebrauch der Streitwagen entlehnt zu haben. David brachte in seinem Kriege gegen Hadad-Eser 1000 Streitwagen, 7000 Reiter und 20,000 Mann Fussvolk zur Anwendung. Unter Salomo gab es 1400 Streitwagen, 40,000 Wagenpferde und 14,000 Mann Reiterei, welche Salomo, wie es scheint, beständig unterhielt. Obgleich Einige diese so grosse Zahl von Streitwagen entschieden in Zweifel ziehen, so unterliegt es doch keinem Zweifel, dass sie die Hauptmacht der Armeen bei den alten asiatischen und africanischen Völkern bildeten. Die Griechen schafften nach dem trojanischen Kriege dieselben bei sich ab, bei den asiatischen Völkern dagegen bestanden sie noch zur Zeit Alexander's d. Gr. und sogar noch den Römern unter Julius Cäsar gegenüber, obgleich in erheblich geringerer Zahl. So hatte Cyrus I bei Thymbra deren nur 300, Darius bei Arbela 200, und Archelaus, der Feldherr Mithridat's, bei Chäronea 90. Ueber die Ausrüstung und Anwendung giebt Homer in der Iliade die ersten genauen Nachrichten. Die vornehmsten Anführer hauptsächlich bedienten sich derselben, und zwar mehr mehr als Transportmittel, denn als Kampfmittel, da sie eigentlich zu Fusse kämpften; die Zügel führte ein Rosselenker. Bei Porus befanden sich auf jedem Streitwagen zwei schwere und zwei leichtbewaffnete Krieger und zwei Rosselenker, im Ganzen sechs Personen. Eine besondere Art von Streitwagen kommt unter Cyrus I. vor, an deren Achse vorn, seitwärts und hinten Sicheln angebracht waren, während die Pferde Harnische trugen. Julius Cäsar fand bei den Britanniern gleichfalls Streitwagen.

Reiterei kam zuerst in Asien und Africa, und vermuthlich später, als die Streitwagen, in Gebrauch. Die orientalischen Völker bildeten von jeher eine vorzügliche Kriegsreiterei besonders berühmt war die lydische, später die parthische, persische, numidische Reiterei, und ebenso die der Scythen, Sarmaten und Hunnen in Europa. Bei den Griechen gab es zur Zeit des trojanischen Krieges keine Cavallerie, in späterer Zeit kommt sie vor, aber in geringerer Stärke als das Fussvolk. Die beste und zahlreichste war die thessalische und aetolische.

Kameele und Elephanten (von welchen eben die Rede gewesen) sind seit der ältesten Zeit in Asien, in Assyrien und Indien und in Africa gebräuchlich. Cyrus I. hatte bei Thymbra 300 Kameele, mit Bogenschützen besetzt. Der Gebrauch von Elephanten zum Kriege wurde Alexander dem Grossen durch Porus bekannt, dann verbreitete er sich in Asien und erscheint späterhin sogar in Griechenland, namentlich unter Pyrrhus, — die in seinem Heere befindlichen Elephanten versetzten die Römer in Schrecken. Sie waren mit Thürmen besetzt, in welchen 10, 15, ja 30 Bogenschützen placirt waren. Arrian erzählt, dass sogar die Stosszähne der Elephanten mit eisernen Spitzen versehen waren. Bald nach Pyrrhus hört aber der Gebrauch von Elephanten in Europa auf.

Im Allgemeinen kann man sagen, dass, abgesehen von den Streitwagen, Elephanten und Kameelen, während des ganzen Alterthums die Reiterei in Asien und Africa, das Fussvolk dagegen in Europa die Hauptstärke der Armeen bildete. Die Bedeutung und Wichtigkeit einer jeden dieser beiden Truppengattungen treten in der ganzen Kriegsgeschichte des Alterthums deutlich hervor. Das Fussvolk war überall und bei jeder Gelegenheit die erste und wichtigste Truppenart. Der Nutzen und die Wichtigkeit hingen von vielen Zufälligkeiten ab, sie waren daher nur von relativer Bedeutung. Die Reitervölker waren geschickt zu raschen Einfällen in Länder und Streifzügen durch dieselben, aber nicht geeignet, solche Länder zu unterwerfen oder dauernd in Besitz zu nehmen, die zu Fuss kriegführenden Völker grade umgekehrt. Cyrus I. hatte zu Anfang gar keine Cavallerie; erst später bildete er sich ein Reitercorps von 10,000 Mann. Mit der Vermehrung der Reiterei unter seinen Nachfolgern gerieth auch das Kriegswesen bei den Persern in Verfall. Alexander d. Gr. dagegen eroberte halb Asien mit seinem Fussvolke und nur einer geringen Anzahl Cavallerie, — die Römer die Hälfte der damals bekannten Welt, die nördlichen Barbarenvölker von Europa aber zerstörten sogar das Weströmische Reich. Der Einfall der Reiterhorden der Hunnen wurde zurückgeschlagen und hinterliess keine Spuren (ausser Verwüstung und Verheerung). Die Hauptstärke der Armeen lag daher stets im Fussvolk, so lange die sittliche Kraft in ihm lebte. Aber das Aufhören dieser Kraft und die Vermehrung der Reiterei über ein gewisses Maass hinaus standen stets im Zusammenhange mit dem Verfall des Kriegswesens, — bei den Persern wie bei den Römern.

Die Eigenthümlichkeiten der Bewaffnung (s. oben) führten schon früh zu einer Unterscheidung zwischen schwerem und leichtem

Fussvolk, resp. Reiterei. Anfänglich waren sie nicht getrennt und kämpften zusammen, dann aber bildeten sie getrennte Truppengattungen: die schwerbewaffneten für das Nahegefecht, das Handgemenge, die leichtbewaffneten für das Ferngefecht, den Geschosskampf. Ihr gegenseitiges Stärkeverhältniss hing von den Gewohnheiten und Gebräuchen der Völker ab, wie von der Beschaffenheit der von ihnen bewohnten Länder. Die ältesten Nachrichten über verschiedene Gattungen des Fussvolks beziehen sich auf die Hebräer zur Zeit der Richter. In dem Kriege Israels gegen den Stamm Benjamin werden 26,000 Schwerttragende, 700 Schleuderer aus der Stadt Gibea, und ausserdem leicht bewaffnete Bogenschützen erwähnt. Ganz ebenso gab es, nach Homer, im trojanischen Kriege besondere schwer- und leichtbewaffnete Krieger, und unter den letzteren Schleuderer und Bogenschützen. Dieselben Unterscheidungen traten bei allen Völkern des Alterthums überhaupt hervor. Jedoch war das asiatische Fussvolk leichter bewaffnet, als das griechische, und die Leichtbewaffneten sind nicht alle und nicht immer Schleuderer und Bogenschützen. Sie unterscheiden sich im Allgemeinen von den Schwerbewaffneten durch die geringere Ausrüstung mit Schutzwaffen und durch ihre grössere Behendigkeit, auch durch den Wurfspiess statt der Lanze. Bei den Griechen bildete diese Art Leichtbewaffneter ein mittleres Fussvolk, unter dem Namen Peltasten (von ihren leichten kleinen Schildern, *pelta*, *ae*). Xenophon rechnete diese noch zum leichten Fussvolk, Iphicrates aber formirte aus ihnen ein besonderes Corps von Fussvolk, und Philipp wie Alexander d. Gr. folgten seinem Beispiele. Von gleicher Art waren die spartanischen Heloten. Bei dem Rückzuge der 10,000 Griechen ist ersichtlich, dass es bis dahin wenig Schleuderer und Bogenschützen bei ihnen gab, denn Xenophon war gezwungen, 200 rhodische Bogenschützen zusammen zu stellen und ihnen höheren Sold zu bewilligen. Später zeichneten sich in Handhabung der Wurfgeschosse besonders die Akarnarier aus, und die Schleuderer von Aegina, Patrae und Dyme übertrafen sogar die von den Balearen.

Die Cavallerie bei den Griechen war gleichfalls schwer und leicht, ausserdem gab es eine mittlere, die zu Pferde und zu Fusse kämpfte. Die schwere Reiterei bestand aus den vornehmsten und reichsten Bürgern, die leichte aus Söldnern. Die athenische war schwer, die aetolische leicht. Bei Alexander d. Gr. kommen auch berittene Bogenschützen vor. Später hatten die Griechen als schwere Panzerreiter die Kataphrakten, deren Pferde gleichfalls mit Harnischen bedeckt waren.

Bei den Römern gab es, wie bei den Griechen, schweres und leichtes Fussvolk, — das erstere — die Legionen, das zweite — Bogenschützen und Schützen, unter diesen die besten Bogenschützen die cretischen und thrazischen, die besten Schleuderer die balearischen. Julius Cäsar und Titus Livius reden auch von mittlerem Fussvolk, in der Art der griechischen Peltasten, — den cetrati. Die römische Reiterei war anfänglich leichte, später, zu Polybius' Zeit, schwere, nach Art der griechischen. Den grössten Theil der römischen Reiterei bildeten die der Bundesgenossen und Hülfstruppen, in dem Maasse aber, wie die Römer ihre Eroberungen ausdehnten, erhielten sie mehr und bessere Reiterei von denjenigen Völkern, bei welchen sie sich durch besondere Güte auszeichnete, nämlich von den Thessaliern, Thraziern, Numidiern, Hispaniern, Galliern und rheinischen Germanen, später auch von den Hunnen, Sarmaten und Scythen.

§. 454.

Innere Organisation der Truppen. — Unterhalt.*)

Seit der Entstehung des Krieges in der Welt erfolgte der dauernde Unterhalt der Kämpfer mit allem dazu Nöthigen durch dieselben Mittel, wie zur Zeit des Friedens. So z. B. hat bei den jagdtreibenden Völkern jeder Mann, in gleicher Weise Krieger und Jäger, in jeder dieser Beschäftigungen die gleichen Quellen des Lebensunterhaltes. Bei den Hirtenvölkern, welche etwas höher stehen, ist ebenfalls jeder Erwachsene männlichen Geschlechts Krieger, und der ganze Stamm, das ganze Volk wechselt seinen Aufenthaltsort, zieht marschirend weiter je nach der Jahreszeit oder aus andern zufälligen Ursachen, deshalb wird auch im Kriegsfall ihnen solches Weiterziehen eben so leicht, wie während des Krieges ihr Unterhalt durch ihre Heerden. Bei den noch höher stehenden, ansässigen, Ackerbau, aber nicht Handel und Gewerbe treibenden Völkern ist gleichfalls jeder erwachsene Mann ein Krieger, durch Arbeit im Freien und bei jeder Witterung gestählt, und wenn nicht ebenso kriegerisch wie der Jäger, so doch ebenso weniger Dinge zu seiner persönlichen Ausrüstung und Unterhaltung für den Krieg bedürfend. Das sesshafte Volk kann nicht in seinem ganzen Bestande zum Kriege ausziehn, ja seine Krieger können zur Zeit der Saat und Ernte nicht zu Felde ziehn. Daher dauern die Kriege solcher Völker nicht lange, nur von der Saat bis zur Ernte, oder in dieser Zeit. So scheinen die Griechen ihre Kriege bis zum Ende des zweiten persischen Krieges, die Bewohner des Peloponnes die ihrigen bis zum Ende des peloponnesischen Krieges geführt zu haben. Bei den noch höher stehenden, d. h. Ackerbau, Gewerbe und Handel treibenden Völkern können die in den Krieg Rückenden sich während desselben

*) Wir sind hier vorzugsweise der Handbibliothek für Offiziere V. Band. 1. Theil historischer: der Haushalt der Kriegsheere (von Freiherr v. Richthofen, gefolgt.

nicht mehr auf ihre eigenen Kosten ernähren. 1. wegen der Nothwendigkeit beständiger Weiterführung der erwähnten Beschäftigung. 2. wegen der Vervollkommnung des Kriegswesens selber. Ihr Unterhalt während der Kriegsdauer liegt daher auf Denjenigen, zu deren Nutzen der Krieg geführt wird, eines Einzelnen, einer Gemeinde, eines ganzen Stammes, oder des ganzen Volkes. Endlich bei denjenigen Völkern, welche die höchste Stufe der staatlichen und Culturentwickelung erreicht haben, im Kriegswesen schon eine eigentliche Kunst besitzen, bei denen der Krieg nicht von der Saat bis zur Ernte dauert und nicht durch ein einziges Treffen oder Schlacht entschieden wird, sondern sich mehr oder weniger lange durch mehrere Feldzüge fortsetzt, ergiebt sich die zwingende Nothwendigkeit, dass die den Krieg Durchführenden wenigstens während der Dauer des Krieges von Jenen unterhalten werden, zu deren Nutz und Frommen, seien es nähere oder entferntere, einzelne Personen oder ganze Staaten, eben dieser Krieg geführt wird. Hier gewinnt der Unterhalt der Kämpfenden den Charakter öffentlicher Obliegenheit und Verpflichtung, und in Folge dessen bildet sich eine besondere Verwaltung, welche den Unterhalt der Kämpfenden während des Krieges zum Gegenstande hat (Kriegs-Verpflegungs-Verwaltung, Kriegs-Oekonomie-Administration), zuerst vielleicht nur für die Lebensmittel, später für Alles überhaupt zu sorgen verbunden. Hieraus ergab sich direct: 1) die Nothwendigkeit eines Ueberflusses von für den Unterhalt der Kämpfer nöthigen Gegenständen, gegenüber dem durch die Nichtkämpfer mit Mühe für sich selbst Erlangten, — 2) die Abhängigkeit des Krieges und der Kämpfenden von den Vorräthen der Ackerbauer, Handel- und Gewerbetreibenden, welche durch ihrer Hände friedliche Arbeit diese Vorräthe aufgehäuft hatten, — 3) die Möglichkeit oder Unmöglichkeit, einen Krieg zu führen, bedingt durch den grösseren oder geringeren Ueberfluss an solchen Mitteln zur Unterhaltung der Kämpfenden. — und 4) die Unerlässlichkeit eines Anpassens der Forderungen des Krieges an die Productionskraft der Orte des Landes und seiner Bewohner, sodass sie sich ausgleichen und decken, und der ersteren genügt wird, ohne die Letzteren zu erschöpfen. In den Hauptzügen trägt die militärisch ökonomische Verwaltung diesen Charakter auf allen Stufen ihrer Entwickelung, den untersten wie den höchsten, sie bildete somit einen Theil der gesammten Staats- (national- oder politischen) Oekonomie, den speciell dem Kriege gewidmeten Theil.

Auf dieser Grundlage werfen wir einen allgemeinen kurzen Blick auf den Unterhalt der Heere im Alterthum mit Allem, was für die Kriegführung während der Dauer des Krieges erforderlich ist, Verpflegung ganz besonders, Bekleidung, Bewaffnung, Sold, Pferde, Bagage u. s. w.

1) Im tiefen Alterthum und speciell bei den Hebräern. Bis zur Mitte des 4. Jahrh. v. Chr. (350) waren die Kriege meist Bürgerkriege, d. h. ganzer Völker gegen einander. Zu Anfang erforderten sie den Unterhalt der Krieger blos mit Lebensmitteln, nicht mit Bekleidung, Waffen, Sold u. s. w., später auch mit allem diesem, als die Kriege nicht mehr durch die ganze Masse des Volkes, sondern nur durch einen gewissen, grösseren oder geringeren Theil derselben geführt wurden, welcher hierfür bestimmt war und Heer oder Armee hiess. So unterhielten die Hebräer sich anfänglich im Kriege durch eigene Mittel und aus der Kriegsbeute, geriethen dadurch aber auch häufig in sehr missliche Lagen. Gideon versah, bei einem Unternehmen mit 300 Kriegern, sich mit Brot für dieselben durch Requisition aus den Städten. Simeon war der Erste, der den Kriegern Sold zahlte und zwar aus eigenen Geldmitteln, — wie viel ist unbekannt, und der für sie Vorräthe von Getreidekörnern ansammelte.

Es ist interessant, dass bei den älteren Völkern, wo und wann immer von Truppenbesichtigungen im Frieden oder von Steuern die Rede ist, diese beiden Dinge immer in engerem Zusammenhange stehen. So fand bei den Hebräern die Zahlung der ersten gesetzmässigen Abgaben bei einer jährlichen Revue statt, und ähnliche Erscheinungen treten auch bei anderen Völkern des Alterthums hervor. Der Grund hiervon lag theils darin, dass die Geldsteuer zugleich auch eine Kriegssteuer war, theils darin, dass nur die zum Kriegsdienste Verpflichteten auch der Geldsteuer unterlagen, und umgekehrt die Abgaben Zahlenden auch der Kriegspflicht unterworfen waren.

2) Bei den Aegyptern erforderte die erbliche Kaste der Krieger besondere Kosten und damit zugleich die Verwaltung der für sie bestimmten Unterhaltsmittel. Denn mit Wahrscheinlichkeit kann man annehmen, dass diese Kaste nicht das Recht hatte, sich mit Ackerbau oder Handwerken zu befassen, sie musste also auf Kosten der Ueberschüsse von den Erträgen der übrigen Kasten leben. Die Besoldung der 41,000 Krieger bestand in Landbesitz von gleicher und bestimmter Grösse für jeden Krieger: die Besitzer dieser Landantheile gaben sie in Pacht gegen Zahlung der auf denselben hervorgebrachten Naturprodukte. Die 1000 Krieger, welche jährlich abwechselnd die Schaar der königlichen Leibwache bildeteten, erhielten für diese Zeit, ausser den Erträgen ihrer Ländereien je 5 Pfund Brod, 2 Pfund Fleisch und 2 Maass Wein täglich. Dieser reichliche Unterhalt veranlasste sie sich zu verheirathen, und so vermehrte sich die Kriegerkaste und die Zahl der Beschirmer des Staates. Der Priesterkönig Sethon nahm der Kriegerkaste ihre Ländereiantheile, die Art und Weise des Unterhaltes der Kaste blieb aber dieselbe. Als Psammetich mit Hülfe griechischer und karischer Miethstruppen die

oberste Gewalt erlangt hatte, vertheilte er an diese Landbesitz in einem Kreise, welcher vordem den Kriegern zugesprochen gewesen war, was dann Anlass zur Auswanderung der Kriegerkaste wurde.

Eine der hier dargestellten ähnliche Art des Unterhalts der Krieger findet sich in der Geschichte anderer Länder und Völker selten und setzt an und für sich eine schwer lastende Verpflichtung für die das Land bebauenden Krieger voraus. Nähere Détails über diesen Modus giebt die Geschichte nicht, obgleich die genaue Angabe der Ausdehnung der den Kriegern überwiesenen Ländereien den Schluss rechtfertigt, dass diese Ländereien unter einer bestimmten und geregelten Verwaltung standen.

3) Bei den Karthagern bemerken wir schon weit früher, als bei Aegyptern, Mieths- und ständige Truppen und dem entsprechend auch einen geregelten Unterhalt derselben. Wie im Speciellen dies organisirt war und ausgeführt wurde, ist nicht gewiss. Aus den wenigen Nachrichten aber, welche wir besitzen, geht hervor, dass für den Unterhalt der Miethstruppen allgemeine Steuern eingeführt waren in Form von Abgaben Seitens der verbündeten, unter karthagischem Schutze stehenden Städte, der afrikanischen Unterthanen Karthagos, der auswärtigen Provinzen, namentlich Sardiniens, und der Nomadenvölker Afrikas, — von den Letzteren in *natura*, von den übrigen in Gelde. Ausserdem gab es: 1) Zölle und Auflagen, wichtiger noch, als die Abgaben, zum Unterhalt der Truppen, — 2) Erträge aus den Minen, besonders in Hispanien, vor Allem aus den Silberminen bei Neukarthago, — und 3) Kriegsbeute, welche in regelmässiger Weise (theils in Form von Requisitionen, theils als Contribution) aus den Gegenden eingetrieben wurde, durch welche die karthagischen Armeen zogen, oder in welchen sie operirten, — wenn diese Gegenden nicht andernfalls der Plünderung ausgesetzt sein wollten. Die letztere Art von Beschaffung des Unterhaltes wendete Hannibal vorzugsweise während seines ganzen Zuges aus Hispanien über die Pyrenäen, durch Gallien und die Alpen nach Italien und während seines 17jährigen Aufenthaltes in Italien an. Von den Lebensmitteln, welche die karthagischen Truppen mit sich führten, ist zu erwähnen Mehl, Wein, Butter, Granat-Aepfel (von den Römern »punische« genannt), Feigen, Datteln, und besonders gesalzene Thunfische (*scomber thynnus*). Die Abbildung dieses Fisches auf karthagischen Münzen lässt die Annahme zu, dass er einen Hauptbestandtheil der Verpflegung der Truppen bildete und als Maass für den Werth anderer Verpflegungsobjekte diente. Dies waren im Allgemeinen die Quellen und Mittel der Verpflegung und des Unterhaltes der karthagischen Miethstruppen, die hauptsächlichsten darunter sind aber die aus den regelmässig beigetriebenen Zöllen und den Minenerträgen. Die Verpflegung der Truppen erfolgte unzweifelhaft

grösstentheils durch Naturallieferungen, welche theils an die Truppen unmittelbar, theils in die Magazine zu Karthago stattfanden. Der Sold wurde in Gelde oder in ledernen Werthscheinen (etwa unseren Assignaten entsprechend) wie es scheint nur in der Garnison Karthago und einigen der wichtigsten See- und Handelsstädte gezahlt. Der eingeführte Unterhaltsmodus wurde zur Kriegs- wie zur Friedenszeit beibehalten. Die dreifache Mauer der Citadelle von Karthago enthielt, nach Appian, Wohnungen und Magazine. In jeder dieser 3 Mauern befanden sich unten an der inneren Seite unter den Mauergewölben Räume für 300 Elephanten und deren Führer, oben aber Räumlichkeiten für 4000 Pferde. 20.000 Mann Fussvolk und 4000 Mann Reiterei, und Magazine mit allen Lebensmittel-Vorräthen. Aus dem Allen lässt sich mit Wahrscheinlichkeit schliessen, dass die Karthager eine Verwaltung sämmtlicher Theile des Truppenunterhalts besassen, welche unzweifelhaft in Karthago selbst ihren Sitz hatte und von den beiden höchsten Behörden, der Gerusia (Senat) und der Sygkletos ressortirte. Von diesen waren selbst die Feldherren abhängig und wurden den Letzteren während der Kriegszeit Mitglieder derselben beigegeben, sowohl als politischer Beirath und Ueberwacher, als behufs aller kriegsökonomischen Anordnungen, Maassregeln und Controlle. Es ist interessant, dass bei diesen ältesten Spuren einer militärischen Administration in der Geschichte ersichtlich wird, wie dieselbe nicht der militärischen, sondern der bürgerlichen Gewalt zugehört, der politischen, staatlichen und militärischen Organisation der karthagischen Republik und deren auf den Handel gerichteten Zwecken entsprechend. Bis zu dem ersten punischen Kriege (gegen Rom) erwies sich dies auch als nützlich und vortheilhaft. Von diesem Zeitpunkt an aber erwuchsen aus den sich mehrenden Anforderungen in kriegerischer Hinsicht an die Hauptmacht, die maritime, wie an die Landmacht, und aus der Verminderung und schliesslich Erschöpfung aller Mittel, grosse finanzielle Schwierigkeiten und in Folge dessen häufige, bisweilen für Karthago höchst gefährliche Empörungen der Miethstruppen, der Abfall derselben, dann ganzer Provinzen, und endlich der Untergang des Staates selber.

4) Bei den alten Persern erscheint schon eine geregelte militärisch-ökonomische Verwaltung. Zu Anfang, in ihrem Urzustande, halb Jäger-, halb Nomadenvolk, wanderten sie mit der ganzen Masse des Volkes, mit ihren Familien und Heerden umher, wodurch ihre Armee bedeutend vergrössert wurde. Nachdem sie aber Hoch- und Klein-Asien erobert hatten und in Folge dessen stehende Heere unterhalten mussten, entsteht hiermit zugleich auch bei ihnen eine regelmässige militärisch-ökonomische Administration. Sie ging nicht von der militärischen, sondern von der bürgerlichen Gewalt aus, — den Satrapen in den Provinzen,

welchen die Regierung über deren Bewohner, Erhebung der Abgaben, Zahlung des Soldes an die Truppen und Sorge für deren Bedürfnisse oblag. Die Truppenbefehlshaber hatten mit dem Unterhalt der Truppen gar Nichts zu thun. Die Einwohner lieferten alles für diesen Unterhalt von ihnen zu Leistende in *natura* an die Satrapen ab, welche die Vertheilung an die Truppen durch ihnen unterstellte Eparchen oder Oekonomen, wie die Griechen sie nannten, ausführen liessen. Später empfingen die Truppen selber die ihnen zustehenden Lebensmittel in *natura* von den Bewohnern der Provinzen auf besondere Anweisungen. Noch später erhielten nur die griechischen Miethstruppen Gehalt in Gelde (das, wie bekannt, erst unter Darius Hystaspis geprägt wurde), und zwar: vor der Zeit des jüngeren Cyrus pro Mann und Monat 1 daricus (ungefähr 1 Dukaten); der jüngere Cyrus erhöhte dies Gehalt um die Hälfte (1½ daricus monatlich)*). Auf der einen Seite des daricus war Darius dargestellt, auf der anderen ein Bogenschütze, und da die griechischen Söldnertruppen theilweise aus Bogenschützen bestanden, so geht hieraus hervor, dass die Einführung der Miethstruppen und deren Besoldung erst zur Prägung von Münzen geführt haben. Alle Jahre besichtigte der König selbst oder seine Bevollmächtigten die Provinzen, die darin dislocirten Truppen und deren Zustand und Unterhalt. In der Folgezeit wurde den Satrapen, besonders wenn sie von königlichem Geschlechte waren, auch der Befehl über die Truppen in ihren Provinzen übergeben, demzufolge also auch deren Unterhalt. Diese Maassregel führte mit der Zeit zu Empörung und Abfall der Satrapen und war eine der Ursachen zu dem Untergange der persischen Monarchie.

Im Falle eines Krieges wurden für den Unterhalt der grossen persischen Heere und namentlich der Söldner die Abgaben erheblich erhöht und theils in *natura*, theils in Gold- und Silberbarren gezahlt, nach Herodot jährlich 14,500 Talente (14—15 Millionen Thaler). Ausserdem bestimmte der König Summen aus seinem Privatschatze, und zu den Kriegsausgaben flossen auch verschiedene Steuererträge (z. B. vom Fischfang u. s. w.). Aber der Unterhalt aus dem Schatze scheint nur dem Hofe und den Söldnern bestimmt gewesen zu sein. Der Unterhalt des Königs und seines Hofes war so kostspielig, dass er die Mittel der Provinzen und besonders der Städte vollkommen erschöpfte. In den Provinzen und fremden Ländern, welche passirt werden sollten, wurden bei Zeiten ungeheure Vorräthe von Brod und Fourage vorbereitet, zusammengebracht und aufgespeichert. Die Perser selbst erhielten weder Sold noch Lebens-

*) Der daricus war eine altpersische Goldmünze, etwa gleich 2½ bis 3½ Thaler.
Anmerk. d. Uebers.

mittel, sie mussten ihren Unterhalt auf eigene Kosten bestreiten. Die botmässigen Völker zogen mit ihren Familien und Heerden zum Kriege und nahmen alles für ihren Unterhalt Nöthige mit sich. Auf den Flüssen oder zur See folgten der Armee ganze Flotten von beladenen Transportschiffen. Für Bekleidung und Bewaffnung hatte ein Jeder selbst zu sorgen. Zelte hatte nur der König und sein Hof; die Armee und die ihr folgenden Völker etc. lagerten unter freiem Himmel. Es begreift sich, dass für die Verpflegung solcher ungeheuren Anzahl von Menschen, Pferden, Kameelen u. s. w. nie hinreichende Vorräthe vorhanden waren, und dass als natürliche Folge hiervon stets Mangel an Lebensmitteln eintrat. Dies gerade veranlasste Xerxes, seine Armee schon in Asien in drei Theile zu theilen und ihren Marsch in drei Richtungen zu dirigiren, aber auch das half wenig. Aus dem Mangel an Lebensmitteln entstanden Hungersnoth, Krankheiten, Sterblichkeit, — die davon verschont Gebliebenen ereilte das Schwert der Griechen (so nach der Schlacht bei Plataea), oder sie fielen durch die Landeseinwohner bei dem Rückzuge (oder eigentlich der Flucht) nach Persien. Der Mangel an Lebensmitteln war somit die Hauptursache des Misslingens dieser persischen Einfälle, namentlich in Griechenland, und der beste Verbündete der bedeutend schwächeren Griechen, ebenso auch einer der Gründe für den Misserfolg von des Darius Defensive gegen Alexander d. Gr. und umgekehrt für den Erfolg der durch Letzteren vollbrachten Eroberung der ungeheuren persischen Monarchie mit einem kleinen, aber regelmässig mit Vorräthen versehenem Heere.

Als zu Anfang des 3. Jahrh. n. Chr. die persische Monarchie durch den ersten Sassaniden, Artaxerxes I. wieder hergestellt wurde, da sprach er, nach des Herodianus und des Ammianus Marcellinus Zeugniss seine gesunden Anschauungen über die Regierung und über die Bedingungen einer Kriegsmacht in folgenden Worten treffend aus: »Das Ansehen des Herrschers muss durch die Kriegsmacht gesichert sein; die Kriegsmacht kann nur durch Steuern unterhalten werden; diese Abgaben lasten auf der Landbevölkerung, der Ackerbau aber kann nur unter dem Schutze der Gerechtigkeit und Mässigkeit blühen.« Diese weisen Regeln waren denjenigen, welche die späteren Nachfolger Cyrus' I. befolgt hatten, vollständig entgegengesetzt; sie waren es, welche die Wiederherstellung der persischen Monarchie ermöglichten, die dann ja noch über 400 Jahre bestand.

5) Bei den Griechen treten die ersten Zeichen einer Kriegs-Oekonomie erst seit den persischen Kriegen hervor. Aber auch in der heroischen Zeit, namentlich während des trojanischen Krieges, scheinen, wie aus der Iliade zu folgern, die Griechen für eine gute Verpflegung ihrer Truppen gesorgt zu haben. Das war auch bis zu den persischen

Kriegen hin nicht sehr schwierig, weil die Heere der kleinen griechischen Staaten gleichfalls nur klein waren, und sogar die Verbindung mehrerer Staaten und Aufstellung grösserer verbündeter Armeen keine besonderen Schwierigkeiten betreffs deren Unterhalt darbot. Das private Leben und der Vortheil des Einzelnen standen in solch' engem Zusammenhange mit dem öffentlichen Leben und Nutzen, dass der Kriegsdienst nicht allein eine allgemeine Pflicht, sondern die persönliche Angelegenheit jedes Bürgers war, der für sich selbst sorgte. Aber seit der Zeit der persischen Kriege tritt eine Aenderung dieser Verhältnisse ein und neben allen Zweigen der Kriegskunst erscheinen zugleich, entwickeln und stabiliren sich die Anfänge einer geregelten militärisch-ökonomischen Administration, namentlich in der athenischen Republik, von deren militärischen Einrichtungen wir bessere Nachrichten besitzen, als über die der anderen. Zuerst waren die Erfordernisse des Krieges nicht gross, sogar wenn Alle zu Felde zogen, war die Truppenzahl doch eine beschränkte. Grössere Heere wurden nur von einzelnen unter sich verbündeten Republiken gestellt, am stärksten war die Armee bei Plataea, 111,000 Mann, darunter 38,000 Hopliten und 37,000 spartanische Heloten. Von dieser Zeit an bis zu Epaminondas, d. h. also in der besten Zeit Griechenlands, pflegten die Heere selten über 30,000 Mann stark zu sein. Desto mehr wuchs dagegen die Kriegsmacht zur See an, und ihr Unterhalt war weit kostspieliger, als der der Landmacht; der Dienst auf der Flotte war weder für den Bürger obligatorisch, noch mit dessen bürgerlicher Ehre vereinbar, und deshalb wählte man zu Ruderern Sklaven, und für die Seetruppen Söldner, deren Unterhalt theuer war. Auf diese Weise wurde die ökonomische Verwaltung der Seemacht früher eine öffentliche, vom Staate gehandhabte, als die der Landmacht, welche noch lange Zeit mehr eine Privatsache blieb. Indessen nicht alle Kosten für die Flotte wurden von vornherein auf öffentliche Mittel übernommen, sondern nur der Bau der Schiffe und der Sold für die Seesoldaten: das Uebrige zu tragen waren nur einige geeignete und würdige Bürger verpflichtet oder es wurde durch Natural-Leistungen beschafft, deren wichtigste die Ausrüstung und Unterhaltung der Kriegsschiffe (Triremen u. s. w.) war. Zunächst war diese Verpflichtung keine immerwährende, sie wurde es aber allmälig und wechselte zugleich mit jedem Jahre. Deshalb wurde der ein Kriegsschiff (Trireme) ausrüstende und unterhaltende Trierach genannt, er stach selber in See mit diesem Schiffe, oder sendete einen Bevollmächtigten dazu. Später stellte man fest, dass 2 Trierarchen (Syntrierarchen) die Kosten je zur Hälfte tragen und einer von ihnen allein, oder jeder $1/2$ Jahr auf der Trireme sich befand. Zur Zeit des Demosthenes waren die Trierarchien sogar aus mehreren Theilnehmern auf gemeinschaftliche

Kosten zusammengesetzt, ein Trierarch aber war gleichsam der oberste Verwalter. Auf den Vorschlag des Demosthenes wurde die Trierarchie durch mehrere Theilnehmer unterhalten, deren Jeder nach Vermögen, bis zu einem bestimmten niedrigsten Satze betheiligt war, Einer von ihnen nahm die Trierarchie auf diese Kosten hin in eigenes Unternehmen und Unterhalt. Diese Einrichtung gründete sich auf den Ehrgeiz und Wetteifer der Bürger, wer von diesen sich durch schnellste und beste Ausrüstung eines Kriegsschiffes auszeichnete, erhielt den Trierarchenkranz, — eine äusserst ehrende Belohnung. Der Trierarch stand in enger Beziehung zum öffentlichen Schatze insofern als, wenn er das Kriegsschiff, häufig mit allem Zubehör, sogar auch Geld zur Besoldung der Matrosen und Söldner von demselben empfangen hatte, er den Letzteren Lebensmittel auf Kosten des Staates lieferte und diesem über Alles Rechnung legte. Daher hatten auch die Trierarchen ihre Schatz-(Zahl-)meister für die Contoführung. Die Zahl der Triremen war je nach den Umständen eine verschiedene: in Athen gab es deren 400, jede mit 200 Matrosen und Soldaten (im Ganzen 80.000 Mann). Was die Kosten der Trierarchie anbelangt, so sind die Angaben der alten Schriftsteller darin einig, dass sie nicht unter 40 Minen (1 Mine = etwa 22 Thlr., 40 Minen also = über 880 Thlr.) und nicht über 1 Talent (= 60 Minen = 1320 Thlr.) betrugen, die Hälfte einer Trierarchie also zwischen 20 und 30 Minen (400—600 Thlr.). Im Allgemeinen war die Trierarchenpflicht, bei regelrechter Vertheilung und guter Ordnung nicht lästig, sondern im Gegentheil. Wurde die Flotte nicht mit Hülfe dieses Mittels unterhalten, so fiel die ganze Last ihrer Unterhaltung auf die Allgemeinheit und war für dieselbe drückend. Die Verpflichtung, für den Bau der Schiffe zu sorgen und streitige Fälle in den Trierarchieen zu entscheiden, lag in Athen dem Rathe der 500 ob, durch eine besondere Commission von Schiffsbauern. Da aber in Athen und auch in den übrigen Staaten des alten Griechenlands, die Personen, welche die öffentlichen Einkünfte verwalteten, meist nicht gewissenhaft oder uneigennützig waren, so wurden die Schiffe im Allgemeinen schlecht gebaut; unter Demosthenes wurden ein ganzes Jahr lang gar keine erbaut, weil der Schatzmeister mit dem Gelde durchgegangen war! Gehalt wurde an die Seetruppen früher gezahlt, als an die Landtruppen, es schwankte insofern, als es erst höher war, dann herabging, dann aber wieder stieg. In der Flotte (wie später auch beim Landheere) unterschied sich Sold und Unterhalt. Der letztere erfolgte meist aus Geldern und aus dem Staatsschatze, nach des Demosthenes Berechnung monatlich 20 Minen (440 Thlr.) für die 200 Mann einer Trireme (etwa 2 Obolen = über 2 Thlr. pro Kopf). Da aber der Satz für Gehalt und Unterhalt derselbe war, so stand sich ein Seesoldat auf 4 Obolen*) monatlich, (etwas über 4 Thlr.).

Alles bisher über den Unterhalt der Flotte Gesagte bezieht sich vorzugsweise auf Athen und Attica; in den anderen Staaten waren ähnliche oder wenig verschiedene Verhältnisse. Die Nachrichten über diesen Gegenstand wurden, wie gesagt, hier deshalb angeführt, weil die Kriegsverwaltung für die Marine in Griechenland vor jener der Landmacht eingeführt wurde, zu welcher wir uns nun noch zu wenden haben.

Die griechischen Truppen bestanden bekanntlich aus schwerem Fussvolk (Hopliten) der wichtigsten und angesehensten Truppengattung, leichtem Fussvolk (Psiloi) mehr Hülfstruppen, weniger wichtig, und aus Cavallerie, — der ehrenvollsten, aber wenig zahlreichen, und, die thessalische ausgenommen, grösstentheils sehr mittelmässigen, ja schlechten Truppe, deren Pferdeunterhalt dem Staate sehr viel kostete (in Athen, nach Xenophon, 1000 Pferde — 40 Talente = etwa 50.000 Thaler, unter Aufsicht und Controlle des Rathes der 500). Reiterei erschien erst seit der Zeit, da die Volksregierung eingeführt wurde, vorher gab es keine.

Pericles war der Erste, der den Truppen Löhnung zahlte, bis dahin hatten nur die Miethlinge Sold erhalten. Aber schon früher, ehe Löhnung gezahlt wurde, hatte man den Truppen, wie der Flotte, Geld zum Unterhalte gegeben, später in gleichem Betrage wie an die Flotte, d. h. 4 Obolen im Ganzen pro Kopf und Monat (s. oben). Aus ihrer Löhnung mussten die Soldaten sich Kleidung und Waffen besorgen, den Rest konnten sie nach ihrem Belieben verwenden. Die Waffen waren nicht wohlfeil in späterer Zeit war, nach Aristophanes, der höchste Preis für einen Ringpanzer 10 Minen = ca. 250 Thlr., ein Helm 1 Mine = 25 Thlr., eine Kriegstrompete 60 Drachmen = 15 Thlr. u. s. w.). Für die Anfertigung der gebräuchlichsten Waffen. — Schwert und Schild, gab es sehr viele Privatfabriken; der Handel mit Waffen war frei von Abgaben. Im Allgemeinen waren die freien Bürger als Soldaten für die damalige Zeit gut besoldet, besser sogar, als die Offiziere und Feldherren, weil sie als Bürger wenig von denen sich unterschieden, welchen die Ehre der Commandoführung und der grössere Beute-Antheil zur Entschädigung gereichten. Auch die Reiter der Cavallerie erhielten später Löhnung und Geld zum Unterhalt, das Doppelte, Drei- und Vierfache des Fusssoldaten in Athen das Dreifache). Der Unterhalt der Pferde auf Staatskosten lag

* Obolus ist der sechste Theil der altgriechischen Drachme und wechselt häufig, wie diese, an Werth (1 ath. Talent = 1500 preussische Thaler = 6000 Drachmen, 1 mina = 100 Drachmen, 1 Drachme = 75 Pfg; 1 Obolus = ca. 13 Pfg. Die obige Berechnung gründet sich auf eine andere Werthbestimmung der Mine. Anm. d. Ueb.

in dieser Summe nicht eingeschlossen. Die höhere Besoldung der Cavallerie gegen das Fussvolk hatte ihren Grund in den grösseren Kosten der Bekleidung, Bewaffnung und Ausrüstung, und des Unterhaltes zweier Pferde und eines Pferdeknechtes. Die Auszahlung von Gehalt und Geldunterhaltung erklärt sich daraus, dass eine Requisition zu weitläufig und auch zu unbequem, in Feindesland aber sehr schwierig gewesen sein würde, eine Einquartirung der Mannschaften nebst Verpflegung durch die Einwohner existirte bei den Griechen noch nicht, sie war nicht erforderlich und im eigenen Lande ausserdem den Sitten und Gebräuchen der Griechen zuwider, im Feindeslande aber nach damaligen Kriegsbegriffen und aus mannigfachen Gründen unmöglich.

In jedem Falle lag den Feldherren zur Zeit des Krieges die absolute Pflicht, ob, sowohl zu Lande, wie besonders zur See für die Verpflegung ihrer Truppen zu sorgen. Gewöhnlich wurde da, wo die Armee lagerte. ein grosser Markt etablirt, auf welchem die Soldaten sich mit allem Nöthigen versahen; die Diener der Hopliten und Reiter führten die Lebensmittel auf Lastthieren dorthin. Ausserdem folgten hinter dem Heere Marketender und Handwerker. Nach Plataea zogen aus dem Peloponnes hinter dem griechischen Heere grosse Proviantcolonnen her, unter dem Schutze von Dienern. Nicias nahm bei seiner Expedition nach Sicilien aus Attica Vorräthe an Weizen und guter Gerste nebst Getreidekorn und Brodbäckern, 100 kleineren Schiffen und vielen privaten Handelsleuten auf einer Transportflotte von 30 Schiffen mit sich. Aber auch im Frieden waren, wenigstens in Athen stets Vorräthe von Getreide, gebackenem Brode u. s. w. vorhanden, die auf Staatskosten aufgekauft wurden. Zur Empfangnahme, Abwägung und Ausgabe derselben waren besondere Einrichtungen getroffen und Personen bestimmt, zu welchen nur die zuverlässigsten Männer gewählt wurden.

Wenn Lebensmitttel in *natura* ausgegeben wurden (an Landtruppen selten, an Seetruppen häufiger), so kauften die Anführer dieselben aus den vom Staate dazu gegebenen Geldern. Die Trierarchen gaben Weizenkörner, Käse und Lauch oder Knoblauch aus, was in Säckchen fortgeschafft wurde. Aus dem Weizen wurde mit Wasser und Fett, bisweilen auch mit Zusatz von Wein ein Gebäck hergestellt. Es gab sehr verschiedene Arten gebackenen Brodes bei den Griechen, besonders bei den Athenern, die gewöhnlichsten waren aber Weizenbrod (*artos*) und Gerstenbrod (*maza*); *alitoi* (*aletria*) nannten sie bald die Weizenkörner, bald eine besondere daraus fabricirte schmackhafte Art von Brod.

Obgleich Gutherzigkeit im Allgemeinen keine Tugend der Griechen war, so machten doch die Athener hiervon eine Ausnahme und bei ihnen zuerst kommen Spuren von Sorge für die alten und verstümmelten Krieger (Invaliden) und für die Soldatenwaisen vor. Als Urheber solcher Maassregeln wird Pisistratus genannt: die verstümmelten Krieger empfingen eine Art von Pension, 1 bis 2 Obolen monatlich, nach vorhergängiger Untersuchung durch den Rath der 500 und Bewilligung Seitens des Volkes. Die Soldatenwaisen erhielten als Knaben bis zu 18 Jahren freien Unterhalt und Unterricht, im 18. Jahre aber volle Bewaffnung. Isocrates sagt, dass ihrer sehr viele waren.

Was nun die Verwaltung alles Dessen anbelangt, was sich auf Löhnung, Unterhalt u. s. w. bezog, so scheint in dieser Hinsicht in den verschiedenen Staaten Griechenlands eine grosse Verschiedenheit geherrscht zu haben, was ja natürlich und zu begreifen ist. In denjenigen Staaten, wo an der Spitze der Regierung die vornehmsten und reichsten Geschlechter standen, fiel diesen auch die militärisch-ökonomische Administration zu. Schon zwischen den beiden Hauptstaaten bestand in dieser Hinsicht eine grosse Verschiedenheit: in Athen war es der Rath der 500, in Sparta die Ephoren. Unzweifelhaft bestand ein ähnlicher Unterschied auch in der Zusammensetzung der Persönlichkeiten dieser Verwaltung. Aber nur über die atheniensische Republik haben wir in dieser Beziehung (wie auch in anderen) genaue Nachrichten. Der öffentliche Schatz bildete sich aus zwei Quellen, die beide nicht solide waren. Nach altem Gesetze waren die Ueberschüsse in Kriegszeiten für das Heer bestimmt, später aber forderte das Volk deren Verwendung für die Theorika, d. h. Summen, welche für allgemeine Feiern und Volksfeste bestimmt waren. Ausserdem war für den Kriegsschatz eine ausserordentliche Vermögenssteuer bestimmt; da sie aber sehr ungern festgesetzt worden war, so brachte sie auch fast keinen Ertrag. Als Athen zur Hegemonie gelangt war, erhob es, ausser diesen beiden Steuern, noch Tribut von den Verbündeten. Für die Verwaltung desselben bestand einige Zeit lang eine besondere Behörde oder Schatzmeisterstelle auf der Insel Delos, von Aristides eingesetzt und anfänglich nur aus Athenern bestehend. Sie erhoben den Tribut und bewahrten ihn in der Schatzkammer des Apollotempels auf, wo auch die Versammlungen der Verbündeten stattfanden, dann in Athen, wohin der Schatz der Verbündeten behufs grösserer Sicherheit transportirt wurde. Zuerst wurden aus diesem nur die Ausgaben für die verbündeten Truppen und für Festlichkeiten gedeckt, später verwendeten die Athener ihn für ihre eigenen Kriegsausgaben. Nach Euklid existirten Einrichtungen dieser Art zu jener Zeit noch nicht, aber die Mittel für Kriegsausgaben und für öffentliche Festivitäten waren von einander getrennt und wurden durch gesonderte Behörden verwaltet. Für die ersteren war ein besonderer Schatzmeister angestellt, wie es scheint aber nur während der Kriegszeit. Uebrigens waren für die Aufbewahwahrung und Verwaltung der Kriegsgelder eine Menge höherer und nie derer Beamten angestellt. Nicht alle Feldherren und Befehlshaber, wenigstens zur Zeit des Demosthenes, befehligten ausschliesslich die Truppen, die Einen commandirten die Infanterie, die Andern die Cavallerie, und noch Andere leiteten die Kriegsverwaltung, sowohl in den militärischen gerichtlichen Dingen, als bezüglich der Soldzahlung, wofür sie Zahlmeister unter sich hatten. Demosthenes namentlich forderte, dass für die Aufbewahrung und Verwaltung des Kriegsschatzes Zahlmeister und öffentliche Diener ernannt wurden, dass sie möglichst beaufsichtigt und Rechnungslegung von ihnen, nicht aber von den Feldherren verlangt wurde. Indessen scheinen die Schatzmeister der Feldherren von diesen privatim angestellt, nicht aber öffentliche Beamte gewesen zu sein.

Die Controlle und Rechnungslegung über die Kriegssteuern und Ausgaben waren sehr verschieden in den verschiedenen Staaten Griechenlands. In den aristokratischen, wie Sparta und Creta, unterlagen die höchsten Behörden gar keiner Controlle und Rechenschaft, in den demokratischen dagegen, besonders in Athen, fand das Gegentheil statt. In den letzteren existirten daher gewisse Formen der militärischen Verwaltung, der Rechnungslegung, Buchführung und Geschäftsführung, welche von Subalternbeamten und Schreibern der Behörden zu erfüllen waren; diese Beamten waren grösstentheils Freie, bisweilen auch Sklaven, und dafür besonders ausgebildet. Vollkommen verschieden von diesen waren die wirklichen Schreiber des Rathes und Volkes, welche andere Hülfsschreiber unter sich hatten, und die Oberaufsichtsführer dieser Schreiber beim Rathe (Obersecretäre). Diese Staatssecretäre standen, nach Cornelius Nepos, bei den Griechen in grossem Ansehn; es waren Personen von höchstem Rang und Würden darunter. Gleich den Rathsmitgliedern wurden sie nur für ein Jahr, und niemals zwei Jahre hintereinander gewählt. Nach Ablauf der Wahlfrist waren sie für die Rechnungsführung und deren Controlle absolut verantwortlich. Die letztere ging in Athen sehr weit und wurde sehr strenge gehandhabt; Niemand wagte sich ihr zu entziehen, besonders die Feldherren und Trierarchen nicht. Rechnung und Bilanz wurden auf einen Stein geschrieben und öffentlich zu Jedermanns Einsicht ausgestellt. Der Feldherr musste nach Beendigung des Feldzuges in bestimmter Frist die vorgeschriebene Abrechnung vorgelegt haben, sonst konnte er weder Belohnungen, noch Auszeichnungen, noch Urlaub erhalten, er war gesetzlich mit seinem gesammten Vermögen regresspflichtig. Diejenigen Behörden und Personen, welche in Athen die Rechnungen und Abschlüsse zu prüfen hatten, waren berechtigt, dieselben ungenügend zu befinden oder Missbräuche nachzuweisen, und in solchem Falle wurde die Sache dem Gerichte zur Entscheidung übergeben. Wer aber seine Berechnung nicht rechtzeitig vorlegte, konnte gerichtlich verfolgt werden.

Es war somit in Athen in dieser Hinsicht kein Mangel an guten Gesetzen und an Einrichtungen, welche sogar in der Theorie vollkommen genannt werden konnten. Anders freilich stand es mit der praktischen Ausführung, wozu es ehrlicher moralischer Charaktere und tüchtiger Verwaltungstalente bedurfte. Aber gerade daran fehlte es den Griechen: mit Ausnahme weniger guter, sittenreiner und uneigennütziger Männer, wurde die Mehrheit, die Masse des Volkes von eigennützigen Beweggründen geleitet, waren Regierung und Regierende von ungezügelten Leidenschaften und bösen Neigungen getrieben, alle von schädlichen Grundsätzen und schlechtem Geiste beseelt. Es ist daher nicht zu verwundern, dass wie im Staate überhaupt, so auch in der militärisch-ökonomischen Administration im Besondern, Betrügereien, Missbräuche und Beeinträchtigungen des Staatsschatzes vorkamen. Schon Aristides, der Zeitgenosse des Themistocles, führte darüber Klage, später Demosthenes noch in höherem Maasse. Fast alle Feldherren, besonders Memnon der Rhodier, Cleomenes, Alcibiades, Chabrias und viele Andere befleckten sich durch Missbräuche und Aneignung der Gelder, welche für den Unterhalt der Truppen bestimmt waren. Sogar Themistocles und Pericles waren von Vorwürfen in dieser Hinsicht nicht frei. Aus demselben Grunde ist es nicht erstaunlich, dass die Griechen in ihren Kriegen sich häufig in schwierigen Lagen befanden. Nicht weniger kann man hiernach sich wundern, dass die Griechen, ausser den oben bezeichneten Mitteln für den Truppenunterhalt, noch zu solchen griffen, wie persische Subsidien (z. B. Sparta gegen Athen), Kriegsbeute, Aufforderung zu freiwilligen allgemeinen Spenden, Anleihen, Prägung schlechten Geldes u. s. w. Als Kriegsbeute galt, nach altem Gesetze im Volke, jeder Einwohner eines eroberten Landes ohne Ausnahme, mit Weibern, Kindern, Sklaven, beweglicher und unbeweglicher Habe u. s. w., dies Alles ging in den vollen und ganzen Besitz der Sieger oder Eroberer über und wurde von den Griechen häufig verkauft; der Geldertrag wurde theils für den Unterhalt der Truppen verwendet, theils ging er in unrechte Hände über. Im Allgemeinen aber gereichen alle hier nachgewiesenen Mittel zur Erlangung von Geld, vereint grösstentheils mit Betrügereien, Habgier und Spitzbübereien aller Art, den Griechen überhaupt, insbesondere aber den Athenern (von welchen alles oben Gesagte vorzugsweise gilt) zu Schimpf und Schande.

Alles dies zusammengenommen führt zu der allgemeinen Folgerung, dass die gesetzlichen wie die nichtgesetzlichen Kriegs-Geldquellen bei unehrlicher Verwaltung derselben nicht sicher und solide waren, dass die Kriegskosten die Mittel der griechischen Staaten, besonders Athens, überschritten und bei Aussaugung des feindlichen oder eroberten, und sogar des eigenen Landes nicht allein zu einer guten Unterhaltung der

Truppen nicht hinreichten, sondern ihr sogar entgegenwirkten und schädlich waren. Und da dies Uebel im Laufe der Zeit mehr und mehr zunahm, so ist es nur natürlich, dass neben vielen anderen Ursachen auch dieses den Verfall Griechenlands und dessen Unterwerfung durch Rom herbeiführte.

6) Bei den Macedoniern sind bis zur Zeit Philipp's und Alexander's d. Gr. Einrichtungen für den Unterhalt der Truppen historisch nicht nachweisbar, vermuthlich aber waren es dieselben, wie bei allen im primitiven Zustande befindlichen Völkern. Aber über ihr Vorhandensein selbst unter Philipp und Alexander giebt es weit weniger Nachrichten, als über deren Bestand bei den Griechen. Das ist um so bedauerlicher, als nach vielen übereinstimmenden Angaben bei Diodor, Plutarch und Quintus Curtius sie die gleichen Zwecke wie bei den Griechen gehabt zu haben scheinen, von deren Einrichtungen sie wohl auch nicht wesentlich abgewichen sein mögen, da ja Philipp wie Alexander in Macedonien griechische Staatsformen, Civilisation, Sitten und Gebräuche einführte. Ihr einziger Unterschied von den Griechen bestand unzweifelhaft darin, dass sie von einer monarchischen Regierung ausgingen, welche mehr Einheit und eine straffe Verwaltung im Allgemeinen, und des Kriegswesens im Besonderen involvirte. Schon Philipp wird in der Geschichte dafür gelobt, dass er mit umsichtiger Sorgfalt für den Krieg mit Griechenland alles erforderliche Material an Menschen, Waffen, Geldern u. s. w. zusammenbrachte und hauptsächlich durch die vortreffliche Organisation seiner Kriegsmacht den Sieg gewann. Es ist hierbei ziemlich verbürgt, dass die macedonischen Truppen Sold und Unterhalt in gleicher Weise empfingen, wie die Griechen.

Besondere Beachtung verdienen die kriegsökonomischen Maassregeln Alexander's d. Gr. in seinen Kriegen, leider aber giebt die Geschichte nur sehr geringe Nachrichten darüber. Ein geistreicher französischer Schriftsteller bemerkt, dass, wenn die Geschichte von kriegsökonomischen Maassregeln und Anordnungen schweigt, dies bedeute, dass sie gut gewesen seien: wären sie nicht gut gewesen, so würde die Geschichte dies hervorheben. Nehmen wir dies an, so kann man sagen, dass die bezüglichen Maassnahmen und Dispositionen Alexanders d. Gr. im Allgemeinen wahrscheinlich gute waren, da die Geschichte ihrer so wenig Erwähnung thut. Als Grund davon lässt sich denken, dass Alexander d. Gr. mehr als irgend einer der Feldherren aus jener Zeit klar erkannt hatte, wie sehr das Heer von den zur Verfügung stehenden Mitteln zu seiner Verpflegung und seinem Unterhalte überhaupt abhing, und wie eine genaue Regelung dieses Verhältnisses erforderlich sei, und dass er es daher verstand, den Hauptfehler der damaligen Kriegführung in dieser Hinsicht zu vermeiden.

Er eröffnete den Krieg gegen Persien mit nur 35,000 Mann, welche auf 30 Tage mit Vorräthen versehen waren, da er hoffen durfte, in dieser Zeit den Krieg unabhängig von anderweitigen Mitteln führen und sein kleines Heer im feindlichen Lande leichter ernähren zu können, als wenn seine Armee stärker gewesen wäre. Daher wäre auch der Rath Memnon's, unter Verwüstung des Landes sich zurück zu ziehen, aus diesem Grunde für Alexander's Heer nicht von grossem Nachtheil gewesen. Dem entsprach auch die Beschränkung des Trains dieser Armee, der nur die absolut erforderliche Anzahl von Fahrzeugen, Menschen und Thieren, und nichts Ueberflüssiges führte, und ferner auch dieses, dass in den persischen Provinzen und vor allen in den kleinasiatischen die Unterhaltsmittel, welche für die persischen Truppen bestimmt waren, sofort und ohne weitere Schwierigkeiten für den Unterhalt der kleinen Armee Alexander's d. Gr. verwendet werden konnten. Das geschah denn auch durch Letzteren nach der Schlacht am Granicus und später: er verwandelte die persischen Satrapen in seine Statthalter und befahl ihnen, dieselben Abgaben wie früher, und durchaus Nichts mehr zu erheben. Dadurch vermied er jeden Wechsel in der bürgerlichen und militärischen Verwaltung des Landes, welcher nur eine Verminderung der Einkünfte und Unterbrechungen in der Regelmässigkeit des Unterhalts der Truppen hätte herbeiführen können. Auf diese Weise trug ganz Kleinasien zum Unterhalte dieses Heeres bei; Tyrus schickte noch, bis es durch Alexander belagert wurde, Lebensmittel und Geschenke an diesen, um ihn günstig für sich zu stimmen, und in allen reichen Küstenprovinzen Syriens, Phöniciens, Palästinas und bis zu den Grenzen Aegyptens hin litt die Armee niemals Mangel an Lebensmitteln, sondern die Landeseinwohner lieferten dieselben im Ueberfluss. Als Alexander später seinem Heere bei Hekatompylos Ruhe gab, wurden von allen Seiten Vorräthe herangebracht, so dass eine Art geregelten Requisitionssystems eintrat unter Mitwirkung der Lokalbehörden. Und auch bei dieser Gelegenheit war die Verpflegung der kleinen Armee Alexander's d. Gr. weit bequemer und leichter, als die der ungeheuren persischen Heere. Nach den übereinstimmenden Angaben Diodor's, Arrian's und Curtius' fand Alexander zu Damascus 2600 Talente (500 derselben in Barren), zu Arbela 4000, in Susa 40,000 und 9000 darieus, in Persepolis 120,000, zu Pasargadae 6000, in Ekbatana 180,000, im Ganzen über 352,600 Talente (ca. 530 Millionen Thaler) in dem öffentlichen Schatze und verwendete sie zu Gunsten seines Heeres wie der eroberten Länder, in gleichmässiger und gerechter Vertheilung. Wäre in den persischen Provinzen gar keine bürgerliche oder Specialkriegsverwaltung für den Unterhalt der Truppen vorhanden gewesen, so war ein geordnetes Requisitionssystem unmöglich, und ein ungeordnetes würde für das Heer wie für das Land höchst nachtheilig gewesen sein.

Später, als Alexander keine solche Civil- und Militärorganisation in den nordöstlichen Provinzen Persiens und besonders auf dem Marsche über den Paropamisus nach Norden vorfand, machte sich in seinem Heere der Mangel an Lebensmitteln, Hungersnoth, Kälte im Gebirge, Krankheiten und Sterblichkeit sehr fühlbar. Nun wurde ein regelmässiges Requisitionssystem unmöglich und trat nothwendiger Weise durch eine dürftige Verpflegung der Truppen seitens der Landeseinwohner Ersatz dafür ein. Aber die Letzteren versteckten ihre Vorräthe und zuletzt waren die Truppen gezwungen, sich von Wurzeln, Fischen, sogar von ihren eigenen Lastthieren zu ernähren. Erst in Baktrien stiessen eine Menge von Lastthieren und zwei Kameele mit Proviant und Viehheerden zu ihnen. Zu dem weiteren Zuge mussten die Truppen gekochte Speisen für sechs Tage mit sich nehmen (welche Art von Speisen ist unbekannt). Zu Nysa rastete, nach Uebergabe der Stadt, das Heer zehn Tage, feierte religiöse Feste zu Ehren des Bacchus und zog die zu dieser Gelegenheit gesammelten Vorräthe heran. Dass aber hierbei Alexander stets den Plan einer geregelten Verpflegung des Heeres befolgte, bezeugt Curtius. Nach dessen Worten wurden bei Alexander's Feldzuge zum Indus und denselben hinab die Bewohner der angrenzenden Bezirke geschont und nur verpflichtet, für die Verpflegung der Armee mit zu sorgen. Dessenungeachtet brach bei dem weiteren Vordringen Hungersnoth aus und in Folge davon sogar verheerende Krankheiten. Deshalb wurde den Statthaltern der im Rücken gelegenen Provinzen der Befehl ertheilt, eiligst der Armee auf Kameelen Lebensmittel und bereitete Speisen und Nahrung zu schicken. Bei dem 60tägigen Rückmarsche aber durch Gedrosien und Caramanien kamen, nach Plutarch, $^{3}/_{4}$ der Armee an Hunger und Krankheiten um.

Nach der Rückkehr nach Babylon hielt Alexander über die Satrapen und Statthalter Gericht, welche er der Nachlässigkeit und Säumigkeit bei Sendung von Proviant an die Armee schuldig gefunden. Daraus lässt sich schliessen, dass sie verpflichtet gewesen waren, diese Art von Lieferungen regelmässig zu leisten, und dass Alexander zu diesem Zwecke besondere Sorgfalt auf die Abschaffung vieler Missbräuche und Bedrückungen der Landesbewohner, auf Einführung ordentlicher bürgerlicher und militärischer Verwaltung, aber zugleich auch auf dauernde Erhaltung guter Beziehungen zwischen Truppen und Einwohnern gerichtet hatte. So z. B. befahl er nach der Rückkehr nach Babylon seinen Soldaten, ihre Schulden anzugeben, und als sie sich dabei argwöhnisch und säumig zeigten, liess er im Lager Tische mit Geld aufstellen und die Schulden eines Jeden bezahlen, ihm aufs Wort glaubend und sogar ohne seinen Namen aufzuschreiben, und auf diese Weise bezahlte er im Ganzen etwa 20,000 Talente (ca. 30,000.000 Thlr.) Schulden.

So unterschieden sich also die Kriege Alexander's d. Gr. gegen Persien von den früheren Kriegen dadurch, dass er, von einem richtigen Gesichtspunkte ausgehend, auf die Verpflegung des Heeres und alle damit zusammenhängenden Anordnungen und Maassregeln, welche in das Gebiet der Strategie gehören Bedacht nahm. Er hielt eben die Sicherung und Organisation dieser Dinge für einen wichtigen Theil der Pflichten des Feldherrn, kannte ihren wahren Werth, brachte die eigentlichen Kriegsoperationen damit in Uebereinstimmung und vermied dadurch die nachtheiligen Folgen, welche die Nichtbeachtung dieser weisen und unerlässlichen Grundsätze häufig nach sich zog.

Nach Alexander's d. Gr. Tode und dem Zerfalle seines Reiches in vier Theile befolgten seine Feldherren und Nachfolger noch dasselbe System, wenngleich nicht mit gleichem Geschick. Nähere Nachrichten darüber besitzen wir nicht, und ausserdem geriethen die aus der Monarchie der Griechen gebildeten Staaten bald in den Kreis der Politik Roms, welches sie in der Folge ganz unterjochte.

7) Bei den Römern verdient Alles, was sich auf den Unterhalt der Truppen bezieht, um so mehr Beachtung, als es im Alterthum den höchsten Grad der Vollkommenheit erreicht hat, und als darüber zuverlässige und eingehende geschichtliche Angaben vorhanden sind. Die Spezialgeschichte dieses Gegenstandes lässt sich in vier Hauptperioden theilen: 1) von der Gründung Roms bis zur Einführung der Besoldung im Heere im J. 404 v. Chr., 2) von diesem Zeitpunkte bis zu Augustus, 3) von Augustus bis zu Diocletian, 4) von Diocletian bis zum Untergange des Weströmischen Reiches. Bei der Betrachtung einer jeden derselben (wie überhaupt der militärisch-ökonomischen Verwaltung des Alterthums) muss man stets folgende Fragen im Auge haben: welche Bedürfnisse lagen vor? welche Mittel gab es, diesen zu genügen? wie wurde Alles ausgeführt? wie war das ganze kriegswirthschaftliche System der Verwaltung?

In Bezug auf die erste Periode erledigen sich alle diese Fragen in höchst einfacher Weise. Rom, mit seinem geringen Landumfange, seinen von Ackerbau lebenden Bürgern, konnte von vorneherein keine grossen militärischen Bedürfnisse haben. Vor Allem erforderte die Befestigung Roms, und zwar der Aussenwall oder Mauer, und die innere Festung oder Citadelle, das Kapitol, in welchem alle Schätze und Kostbarkeiten Roms aufbewahrt wurden und die Instandhaltung derselben einen Aufwand von öffentlichen Geldern. Die Erbauung derselben gehörte zu den Dingen, welche die Römer *opera publica* nannten, d. h. welche auf Staatskosten ausgeführt und unterhalten wurden. Sie waren übrigens fast die einzigen Kosten dieser Art, denn die Soldaten erhielten weder Sold noch Unterhalt, und mussten sich selbst mit Kleidung, Waffen und Lebensmitteln versorgen. Aber das war nicht allzu schwierig, weil auch die kriegerischen Handlungen nach Ausdehnung und Zeitdauer sehr beschränkt waren. Die Hauptnahrung der römischen Soldaten während des Feldzuges bestand ursprünglich aus Mehlbrei (*puls*), später bereiteten sie in kupfernen Kesseln eine Art Brod (*panis clibanites*) und Zwieback (*buccellatum*); letzteren vielleicht aus demselben Mehl und in denselben Kesseln (oder Pfannen) gebacken. Mehlprovision hierzu trug jeder Soldat für fünfzehn Tage mit sich in einem ledernen Sacke oder Schlauche auf dem Rücken, später an einem Lagerpfahl auf der rechten Schulter). Aber die Pferde der Reiterei kaufte und unterhielt die Regierung, und ebenso war sie zur Beschaffung der für eine Belagerung nöthigen Maschinen und Geschütze verpflichtet. Titus Livius sagt, dass unter Servius Tullius hierzu 10,000 Ass (1 Pfund Erz an Gewicht*)) bestimmt waren. Ausserdem wurden den Consuln und Proconsuln im Frieden die mit Purpur verbrämten Mäntel (*praetexta*), im Kriege aber die Zelte, sowie die Marsch- und Lagerrequisiten auf Kosten der Regierung geliefert. Die Ausgaben für alle diese Gegenstände waren jedoch noch sehr unbedeutend, selbst die für den Aufbau und die Erhaltung der Befestigungen Roms, wozu die Steinbrüche und Sklaven umsonst benutzt wurden, und nur die Ernährung der Letzteren erforderte Geld. Die sämmtlichen Kriegsbedürfnisse wurden im Allgemeinen aus öffentlichen Abgaben der römischen Bürger bestritten, bis zu Servius Tullius durch Kopfsteuern, von da an durch Vermögenssteuer nach Schätzung (*census*). Titus Livius nennt die Kriegssteuern *belli munia*, woraus man schliessen kann, dass Kriegsbedürfnisse den Anlass zu derselben gaben und sie ursprünglich ausschliesslich zu Kriegszwecken erhoben wurden. Ueber eine militärisch-ökonomische Verwaltung in der ersten Periode ist Nichts mit Gewissheit bekannt.

In der zweiten Periode, seit Einführung der Soldzahlung an die Truppen und demzufolge eines stehenden Heeres erlangten die Staatsfinanzen allmälig grössere Dimensionen, Verschiedenartigkeit und Complicirtheit, und erforderten grössere Gewandtheit in der Verwaltung. Der ursprüngliche Gedanke, den Legionen Sold zu zahlen, entstand im Senate 348 J. nach Gründung Roms, 404 v. Chr., zur Zeit des Krieges gegen die Volsker. Der ausgesprochene Grund desselben war die Ab-

*) Rechnet man 1 Ass = 2—$2\frac{1}{2}$ Sgr., so sind 10,000 Ass = ca. 700 preuss. Thlr., nach Richthofen aber = 4000 preuss. Thlr., dies erklärt sich vielleicht dadurch, dass unter Servius Tullius das Geld noch weit höheren Werth hatte, als später.

sicht, die Legionen für ihre bei Einnahme einer volskischen Stadt bewiesene Tapferkeit zu belohnen; im Hintergrunde aber lag der andere Gedanke, dass es den Römern unbedingt und um jeden Preis geboten schien, sich der festen und zu nahe bei Rom gelegenen Stadt Veji zu bemächtigen, was aber in einem einjährigen Feldzuge unausführbar war. Daher der Beschluss, zum ersten Male die Einschliessung und Belagerung von Veji den Herbst und Winter hindurch fortzusetzen, bis diese Stadt genommen sein würde; und um die Legionen, welche bis dahin an Herbst- und Wintercampagnen nicht gewöhnt waren, leichter hierzu zu bewegen, beschloss der Senat nun noch speciell, hierzu ihnen für diese Zeit Löhnung zu zahlen, und mit Freude und Dankbarkeit gegen die Senatoren, die Väter, stimmte das Volk diesem Beschlusse bei. Die Löhnung der Soldaten diente also anfänglich nicht als Lockmittel zum Kriegsdienste, sondern nur zur Unterstützung der Soldaten während dieser Zeit. Auf diese Weise trat ein neues Stadium von Kriegsabgaben ein, das, schon weit bedeutender als alle früheren, allmälig zu einer dauernden und immer anwachsenden, zuletzt dann dieselbe Unermesslichkeit, ja Uebermass wie der Staat selbst, erlangenden Einrichtung wurde.

Der Sold *(stipendium)* war ursprünglich für den Fusssoldaten auf täglich 2 obolus, für den Reiter auf 6 obolus = 1 Drachme festgesetzt (so giebt Polybius es nach griechischem Gelde an, wobei 1 Drachme = 10 römische as war). Da Rom in der ersten Zeit gewöhnlich 4 Legionen unterhielt = 4000 Mann zu Fuss und 300 Mann zu Pferd, so erhielten diese täglich 6534 Drachmen (d. h. also, die Drachme zu ca. 5 Sgr. berechnet, etwa 1090 Thaler oder jährlich 398,000 Thaler) *. Man kann hiernach leicht berechnen, in welchem Umfange diese Steuer mit der Vermehrung der Anzahl und der Kopfstärke der Legionen zunehmen musste. Es ist dabei noch in Erwägung zu nehmen, dass zu jener Zeit Gold und Silber in Italien sehr selten waren (Silbermünzen kommen erst um's J. 485 nach Gründung Roms, oder 267 v. Chr., Goldmünzen erst im 547. Jahre der Gründung oder 205 v. Chr. in Rom vor). Bis zum zweiten punischen Kriege standen 10 römische Kupferas einer griechischen Silberdrachme gleich, welche die Römer denarius nannten, in solchen denaren wurde den Fusssoldaten alle drei Tage, den Reitern täglich (je 1 denarius) ihr Sold gezahlt.

Als in der Folge, wegen finanzieller Schwierigkeiten, der Senat gezwungen wurde Kupfermünzen von sehr geringem Werthe zu schlagen, nämlich aus 1 Pfund Kupfer nicht 10, sondern 12, endlich sogar 24 as, er-

* Da die Drachme ca. = 75 Pfg. galt, so ergeben sich noch höhere Zahlen (1635 Thlr. täglich, und 586,775 Thlr. jährlich. Anmerk. d. Uebers.

höhte er dem entsprechend den Sold, und er that weise daran, denn Alles hing davon ab, die Soldaten zufrieden und zum Dienen geneigt zu erhalten.

Indessen wurden Löhnungsabzüge gemacht: dem Fusssoldaten für $^2/_3$ einer attischen medimne (griechisches Maass nach Polybius)*) Weizen, dem Reiter für 2 medimnen Weizen und 7 medimnen Gerste, die monatlich vom Staate ihnen geliefert wurden. Aber Weizen und Gerste standen zu jener Zeit sehr niedrig im Preise, so dass dem Infanteristen alle 30 Tage (jeder Monat hatte 30 Tage) ein Tagesgehalt abgezogen wurde. Die Soldaten führten auf Pferden Handmühlen mit sich, um die Weizenkörner mahlen zu können. Später wurden von dem Solde auch Abzüge für Bekleidung, Waffen und Zelte, welches Alles der Staat lieferte (wie Tacitus bezeugt), zurückbehalten, in welchem Maasse aber ist nicht genau bekannt.

Als ausser den römischen Legionen auch bundesgenössische herangezogen wurden, welche von den sie stellenden Völkern Waffen und Sold erhielten, da gab die römische Regierung denselben ebenso viel Weizen und Gerste, wie den römischen Legionen, ohne Entschädigung oder Bezahlung zu fordern.

Es ist bemerkenswerth, dass zu dieser Zeit die Legionen sich niemals über nicht genügende Quantität oder Qualität der ihnen verabfolgten Lebensmittel beschwerten. Die Ursache dazu lag theils in der Mässigkeit der Römer hinsichtlich der Nahrung und in der ursprünglichen Beschränktheit der Verpflegungsmittel, theils in der, während der ersten 5 Jahrhunderte nach Erbauung Roms ganz allgemeinen Ehrlichkeit bei der Lieferung und Ausgabe der Lebensmittel, welche bei allen Bürgern herrschte, und in der Ausschliessung der Freigelassenen und der Sklaven, welche dazu nicht zugelassen wurden. Ausserdem hielten es die Feldherren selber für ihre Pflicht, immer persönlich bei der Ausgabe der Lebensmittel zugegen zu sein. Julius Cäsar kehrte, wenn er aus dem Lager abwesend war, stets zu dem Ausgabetage der Victualien in dasselbe zurück.

Die an sie vertheilten Getreidekörner mahlten die Soldaten selber, entweder zwischen 2 Steinen oder auf Handmühlen, deren es per Centurie eine gab, und dann bereiteten sie den Mehlbrei (*puls*) oder buken Brod. Jeder hatte Essig bei sich, um ihn bei grosser Hitze unter das Wasser mengen zu können.

Zu jedem Feldherrn gehörte ein Quästor, welcher die gesammte Kriegsökonomie im Heere leitete, Sold und Proviant vertheilte, Lebensmittel, Vieh u. s. w. nach Anzahl und Güte überwachte.

*) Die attische medimne war etwa $^{15}/_{16}$ berliner Scheffel. Anmerk. d. Uebers.

Die Kleidung der römischen Soldaten wurde früher schon hinreichend beschrieben. Ursprünglich bestand sie aus der *subucula* (einem auf blossem Leibe getragenen Hemde), darüber der *tunica* ohne Aermel, und der *toga* darüber als Ueberwurf getragen, bei Regen oder Kälte ferner die *paenula* mit Caputze, und die ihr ähnliche *lacerna*. Der Kopf blieb gewöhnlich unbedeckt, nur bei grosser Hitze wurde er mit einem Zipfel der *toga* bedeckt, oder es diente ein Hut mit breiten Rändern (Krämpen) (*petasus*) oder ein kleiner Lederhelm (*cudo*), oder endlich der eherne Helm (*cassis*) als Kopfbedeckung. Die Beine waren meist bloss, im Winter trugen die Krieger *udones*, eine Art lederner Strümpfe (Filzschuhe von Bockshaaren). Beinkleider (Hosen) trugen sie nicht und verachteten sie, als nur bei den Barbaren üblich (sie kamen erst nach Augustus in Gebrauch). Als Fussbekleidung dienten *caligae*, eine Art Halbstiefel, *soleae* (Sandalen), auch *calceus* und *sculponea* (Holzschuhe). Julius Cäsar setzte eine Belohnung aus für die Erfindung einer besten, keine Feuchtigkeit durchlassenden Fussbekleidung, und wählte von den ihm vorgelegten Proben eine von Leder und höher hinauf reichende aus (in der Art der heute gebräuchlichen Stiefeln), indem er äusserte: *isti valent* (diese sind gut); aus der Zusammenziehung dieser beiden Worte soll, nach der Meinung der Gelehrten, das spätere italienische Wort *Stivale*, und aus diesem das deutsche Stiefel entstanden sein.

Die Bewaffnung ist früher beschrieben worden. Nach neueren Ermittelungen betrug das Gesammtgewicht alles dessen, was der römische Soldat auf dem Marsche trug, 60 Pfund (weit mehr, als das heute von dem Soldaten zu tragende). Die Kleidung beschafften sich die Krieger selbst; möglich, dass in einzelnen Fällen der Staat das Material lieferte, gegen Abzüge vom Solde. Eine vollkommene Gleichheit der Bekleidung (wie heutzutage) existirte nicht, die Offiziere hielten nur auf Sauberkeit und Zweckmässigkeit derselben für die Gesundheit der Soldaten. Nimmt man hierzu noch die Hütten aus Brettern oder Schilfrohr und die späteren Zelte aus Fellen, welche seit der Zeit des Pyrrhus stets den Truppen nachgeführt wurden, so erhellt, dass des römischen Kriegers Gesundheit hinlänglich gegen den Wechsel der Witterung geschützt war.

Die Geldkosten für den gesammten Unterhalt der Truppen nach Einführung des Soldes wurden aus den von den römischen Bürgern selbst gezahlten und ausschliesslich vom Senate festgesetzten Abgaben bestritten, das Volk hatte keine Stimme dabei. Das ist sehr wichtig, denn wenn das römische Volk die Abgaben hätte bestimmen dürfen, so wäre Rom niemals im Stande gewesen, Armeen zu unterhalten, Eroberungskriege zu führen und die Weltherrschaft zu erlangen. Schon 6 Jahre nach der Eroberung von Veji murrte das Volk über die Abgaben, aber es bezahlte sie. Titus Livius erzählt, dass, je mehr die Truppenzahl sich ver-

28*

mehrte, desto mehr Geld auch für ihren Unterhalt gefordert wurde, aber die Steuern dazu, über welche Alle murrten, mussten erhoben werden und wurden eingetrieben, selbst dann noch, als mit der Ausdehnung der Eroberungen der Römer sich neue Einnahmequellen erschlossen. Diese Einnahmen aber flossen in den Staatsschatz, das Volk musste nichts desto weniger Abgaben zahlen, nach der Schlacht bei Cannä sogar doppelte. Und je mehr Eroberungskriege die Römer führten, desto grössere Steuern musste das Volk bezahlen. Das Wort Julius Cäsar's: »der Krieg ernährt den Krieg« findet in dieser Hinsicht durchaus keine Anwendung: in der That wurden die Eroberungen Roms nicht allein mit dem Blute und Leben, sondern auch mit dem Vermögen seiner Bürger erkauft. Die Abgaben bezahlten sie nach dem *census*, in genauem Zusammenhange mit dem Unterhalte der Truppen. Der, alle 5 Jahre vorgenommene, *census* bestand: 1) in einer allgemeinen Stellung aller zum Kriegsdienste fähigen Männer auf dem Marsfelde, Anfangs vor den Königen, dann vor den Consuln, und nach Einsetzung der Censoren vor diesen letzteren, wobei Jeder nach Namen, Alter, Dienstjahren u. s. w. verzeichnet wurde, und 2) in einer Kopfzahl- und Vermögens-Aufnahme, d. h. Verzeichniss der Familien, der freien Personen, und des Geschlechtes, des Land- und Viehbesitzes u. s. w. Auf Grund des *census* fand die Eintheilung in Volks- und Truppenklassen statt, der Senat setzte dann genau fest, wie viel und in welchem Verhältniss die verschiedenen Klassen zu den erforderlichen Abgaben beisteuern sollten. Eine Eigenthümlichkeit hierbei war, dass nur die höchsten Klassen Abgaben, oder wenigstens relativ die grössten Abgaben zahlten, und dass dies als eine besondere Ehre für sie galt. Aus diesem Zuge des Nationalcharakters lässt sich schon entnehmen, dass die Abgaben nach dem *census*, ausserdem eidlich erhärtet, gewissenhaft gezahlt wurden. Nach Ansicht des Polybius trug Nichts so zur Grösse Roms bei, als diese Redlichkeit und Gewissenhaftigkeit des Nationalcharakters zu jener Zeit bei Zahlung der Abgaben und Verwaltung des öffentlichen und Kriegsschatzes. Sie waren, wie sie es jederzeit sein werden, die feste und dauerhafte Grundlage der regelmässigen und gesicherten Unterhaltung der Truppen wie der kriegswirthschaftlichen Verwaltung, und die Ursache zur Fernhaltung von Noth, Entbehrungen und Missgeschick von den Truppen.

Ausser den durch die Schätzung (*census*) festgestellten Steuern gab es noch folgende Quellen für den Unterhalt der Truppen: 1) die Abgaben der Freigelassenen bei ihrer Freilassung, 2) das Salzmonopol, worauf auch das Wort *salarium* (Salzration) hinzuweisen scheint, aus welchem die späteren Worte: das französiche *salaire* und das deutsche Sold entstanden sind.

Nachdem die Eroberungen von Italien und ausserhalb Italiens vollbracht waren, vermehrten sich die Quellen des Unterhaltes für das Heer bedeutend, sie zerfallen theils in zufällige und unbestimmte, theils in fortlaufende, beständige. Zu den ersteren gehörten: der Erlös für die, nach der Sitte jener Zeit als Sklaven verkauften, Kriegsgefangenen, 2) die Kriegsbeute, d. h. alles im eroberten Lande Weggenommene, ohne Ausnahme, 3) alles Werthvolle an barem Gelde, Metallen u. s. w., ebenda gewonnen, 4) die Abgaben aus dem eroberten Gebiet, in Gestalt von Kriegscontributionen, Lebensmitteln, Bekleidungsmaterial, Waffen, Zelten, Pferden, Schiffen u. s. w., und 5) der Tribut, welcher den Einwohnern solches Landes behufs Zulage oder Besoldung für die Truppen auferlegt wurde. Alle diese Quellen lieferten ungeheure Mittel.

Aber zuverlässiger waren die fortlaufenden Quellen: 1) die Kopfsteuern und Zölle, wie von den Römern, 2) die Grundsteuern aus den Erträgen des Landes, Vieh u. s. w., 3) die Abgaben von Naturprodukten des Landes, welche theils zur Verpflegung der Truppen im eroberten Lande dienten, theils in die Vorrathsmagazine zu Rom flossen, wobei der Transport dieser Vorräthe vorzugsweise zur See oder auf den Flüssen, weit seltener zu Lande auf Lastthieren stattfand, deren es nicht viele gab. Indessen hatte jede Legion ihre bestimmte Anzahl an Lastthieren und Fahrzeugen, auf denen die Zelte nebst allem Zubehör, Waffen, Kleidungsstücken, Arbeitswerkzeugen, Proviant, Wein u. s. w. mitgeführt wurden. Alles dies wurde von den Römern *impedimenta* (wörtlich: Hindernisse, nämlich für raschen Marsch, der eigentliche Tross, h. Bagage, genannt. Aber Lastthiere (hauptsächlich Maulthiere) waren mehr im Gebrauche, als Fahrzeuge, da sie leichter auf schlechten Wegen fortkommen konnten. Unter der Zahl der *impedimenta* befanden sich auch Pontons (*ponticuli*) für den Brückenschlag, die auf besonderen Wagen fortgeschafft wurden, und in ihnen verschiedene Bagagestücke.

Bei der Verschiedenartigkeit der Quellen und der Zunahme der Ausgaben für den Truppenunterhalt erforderte auch die Verwaltung der Einnahmen und Ausgaben dafür neue Einrichtungen. Hier ist vor Allem zu bemerken, dass alle dem Staate gehörenden Gelder in der Staatsschatzkammer (*aerarium*, von *aes*, *aeris* — Erz, woraus zuerst die Münzen geprägt wurden) gesammelt und aufbewahrt wurden, einem gemauerten Gewölbe unter dem Tempel des Saturn im Capitol. Eine besondere Eintheilung der Gelder in diesem Raume gab es nicht, aber eine besondere Abtheilung existirte, das *aerarium sanctius*, der heilige Schatz, in welchem ein unantastbares Kapital für die äusserste Noth aufbewahrt wurde. Der Schatzbewahrer durfte nicht die kleinste Geldsumme ohne

Befehl des Senats aus dem Schatze verabfolgen, dem Senat allein stand die Verfügung über den Schatz zu.

Nach Angabe des Titus Livius wurden alljährlich nach der Wahl des Senats die Ausgaben für das folgende Jahr festgestellt, die hauptsächlichsten waren die für das Kriegswesen. Wir finden also bei den Römern zum ersten Male in der Geschichte einen Militäretat (Budget) aufgestellt. Je nach Umständen war derselbe in den verschiedenen Jahren ein anderer, je nachdem mehr oder weniger Legionen aufgeboten wurden. Es folgt hieraus gleichfalls, dass die Römer in dieser Periode stets die Kriegsausgaben mit den vorhandenen Mitteln in Uebereinstimmung brachten, und gerade hierdurch erlangten sie eine systematische und dauerhafte Unterhaltung ihrer Armeen.

Die kriegsökonomische Verwaltung war nicht von der allgemeinen Staatsverwaltung getrennt. beide lagen den Quästoren ob, welche schon unter den Königen, dann auch unter den Consuln, vom Volke gewählt wurden. Ursprünglich gab es deren zwei. sie verwalteten den Staatsschatz, zahlten den Sold an die Truppen. verkauften auf offenem Markte die Kriegsbeute und die Kriegsgefangenen, sowie das dem Staate zufallende Gut, sie prägten auch die Münzen. Aber schon im 333. Jahre Roms, dem J. 421 v. Chr. wurden neben diesen zwei in Rom verbleibenden Quästoren noch zwei andere gewählt, welche bestimmt waren, als Schatzmeister und Verwalter der gesammten kriegsökonomischen Angelegenheiten (nach Tacitus: *ad ministeria belli*, wir würden heute sagen als General-Intendanten) bei den Consular-Heeren zu wirken. In der Folgezeit wählte man wahrscheinlich so viel Quästoren, wie es Provinzen und Armeen in diesen gab. Von Sulla an wurden, wie Tacitus bezeugt, jährlich ihrer 20 gewählt, welche durch das Loos ebenso vielen Provinzen zugetheilt wurden. Um als Candidat für dieses Amt auftreten zu können. musste man 10 Jahre im Heere gedient (oder 10 halbjährige Feldzüge mitgemacht) haben und also, da der Kriegsdienst vom 16. Jahre an gerechnet wurde, mindestens 26 Jahre alt sein. Die Quästoren standen nicht so hoch, wie die Censoren, es scheint. dass sie sich unter deren Aufsicht und Controlle befanden. Den Einen wie den Anderen waren viele Beamte unterstellt: Schreiber (*scribae*), von denen die zu den Quästoren gehörenden *scribae quaestorii* genannt wurden, und mit der Buch- und Rechnungsführung, Bezahlung und Ausgabe der Lebensmittel, Aufstellung der Rapporte, Listen und Etats etc. beauftragt waren, — *metatores* und *mensores*, denen die Auswahl der Lagerplätze und das Aufschlagen der Lager oblag, — *frumentarii*, welche für den Transport der Lebensmittel zu sorgen hatten, — Alle gemeinsam auch *librarii* genannt, d. h. Buch- und Rechnungsführer. Alle diese Beamtenklassen standen bei den Römern in geringem Ansehen und wurden nur für Freigelassene passend erachtet. Dies erscheint ziemlich befremdlich, weil die Quästoren jährlich wechselten, und alle Détails der Kriegsökonomie-Verwaltung speciell den Schreibern oblagen, welche, wie Plutarch bemerkt, vorzugsweise alle diese Verwaltungsangelegenheiten allein führten; Cicero sagt sogar geradezu, dass die Römer nur das als gesetzlich anerkennen mussten, was die Unterbeamten der Quästoren und der Censoren dafür erklärten. Auf diese Weise hatten also die Männer, welche zum Personal der kriegsökonomischen Administration gehörten, da sie nicht zu der Klasse der römischen Bürger zählten, sondern unter diesen und ausserhalb des Volkes und Heeres standen, keine mit jenen zusammenfallende, sondern oft sogar ganz entgegengesetzte Interessen. Und dies musste natürlicher Weise von grösserem oder geringerem Einflusse auf den Wohlstand des Heeres, ja des Staates überhaupt sein. Die Freigelassenen theilten mit den römischen Bürgern nicht jene Ehrlichkeit, welche die Geschichte als deren grösste Tugend hinstellt und so hoch preist. Plutarch sagt, dass, als der jüngere Cato zum Quästor ernannt wurde, er selbst in alle Détails der Quästur einging und viele theils unwillkürliche, theils absichtliche Nachlässigkeiten und Missbräuche der Unterbeamten aufdeckte, welche ihn deswegen hassten und auf jede Weise ihm zu schaden trachteten. Aus Allem, was Plutarch überhaupt hierüber erzählt, geht hervor, dass diese Klasse von Leuten sich grosse Missbräuche aller Art um so mehr erlaubte, als sie nur geringes Gehalt erhielten und ihre Aemter käuflich waren. Die Schreiber wurden im Allgemeinen in Decurien zu 16 eingetheilt, von ihren Vorgesetzten versetzt und befördert, waren aber auf Lebenszeit und unabsetzbar angestellt. Ausser ihnen hatten die Quästoren in den Provinzen noch Dolmetscher (*interpretes*) bei sich, und bei dem Staatsschatze gab es noch *tribuni aerarii*, durch deren Hände, wie es scheint, auch der Sold der Truppen ging, über welche aber weitere Nachrichten nicht vorliegen. Aus diesem Allen folgt überhaupt, dass bei den Römern in dieser Zeit eine geregelte und ausgedehnte militärisch-ökonomische Verwaltung mit vollem Personal und zweckmässiger Organisation und Arbeitstheilung bestand.

Die Verwaltung der eroberten oder von römischen Heeren besetzten Länder und Provinzen war eine verschiedene: zur Zeit der Kriegsoperationen, und nach denselben. Im ersteren Falle konnten weder Requisitionen, noch unregelmässige Fouragirungen, noch der für einen halben Monat ausreichende Proviant, welchen die römischen Soldaten mit sich führten, von der Nothwendigkeit einer im Rücken der Armee liegenden Verpflegungs- und anderweitigen Operationsbasis entheben. Dies war begründet theils darin, dass die Kriegsoperationen nicht selten sich lange ausdehnten und bei Beginn derselben es schwierig war, auf dem

Kriegs- oder Operations-Schauplatze die erforderlichen Mittel zu finden, theils aber auch darin, dass die Römer bei ihren fortschreitenden Eroberungen die ihnen neuen Länder, deren Beschaffenheit, Einwohner, die Sprache, Sitten und Gebräuche der Letzteren nicht kannten. Daher bildeten die Verbindungslinien nach hinten und die Zufuhr auf denselben stets die Hauptgrundlage für den sicheren Unterhalt der operirenden Armee, anfänglich aus den eigenen römischen Provinzen, dann nach und nach aus der ersten eroberten in die zweite, in die dritte u. s. w., in welchen die zugeführten Vorräthe auch in besonderen Magazinen aufgehäuft wurden. Vegetius sagt, dass der Hunger das furchtbarste einer Armee drohende Uebel, und der Feldherr daher verpflichtet sei vor Allem und über Alles darauf Bedacht zu nehmen, dass er dem Feinde die Lebensmittel abschneide, dem eigenen Heere aber eine beständige, freie und genügende Zufuhr sichere, und deshalb bei Zeiten eine genaue Berechnung von allem für die Armee Nöthigen aufstellen, in geeigneten und gut befestigten Orten Magazine einrichten, aus dem besetzten Lande Proviantvorräthe zusammenbringen, sie sorgsam aufbewahren und sparsam damit umgehen und sie mehr nach der Kopfzahl als nach dem Range ausgeben, im Winter für Holz und Fourage, im Sommer für frisches Wasser, zu jeder Zeit für hinreichende Vorräthe von Korn, Wein, Essig und Salz sorgen, und die Magazinplätze für alle diese Vorräthe mit ausreichender Besatzung, Waffen und Wurfgeschützen versehen müsse. Bei der Versorgung der Festungen mit Lebensmitteln sagt Vegetius, dass man die Festungen durch Sturm oder dadurch einnehmen könne, dass man ihnen Lebensmittel und Wasser abschneide und sie durch Hunger zur Uebergabe zwinge. Um dies abzuwenden, räth er, die Festungen rechtzeitig mit jeder Art Proviant, Fourage u. s. w. zu versehen und die Weiber, Greise und Kinder hinaus zu schicken. Aus Cäsar's Commentaren ist ersichtlich, welche Schwierigkeiten immer durch die Verzögerung oder das gänzliche Ausbleiben von Lieferungen seitens der verbündeten Völker für sein Heer verursacht wurden, von welchem schädlichen Einflusse auf die Kriegsoperationen diese Vorkommnisse sowohl, als die, wenn auch nur zeitweilige, Unterbrechung der freien Bewegung auf den Verbindungen im Rücken seines Heeres waren, und wie sorgfältig er stets darauf bedacht war, diese Bewegung, diese Verbindungslinien und die an denselben liegenden Vorrathsmagazine sicher zu stellen. Ueberhaupt ist die Geschichte seines Krieges in Gallien reich an Beweisen, bis zu welchem Grade Cäsar von dem maassgebenden Einflusse der Truppenverpflegung und deren Administration auf die Kriegsoperationen selbst überzeugt war, und wie er selber dies als einen Gegenstand von hoher Wichtigkeit für den Feldherrn ansah.

Auch in den Augen des römischen Senats hatten diese Maassregeln und in deren Folge die gute Verwaltung der eroberten Provinzen grosse Wichtigkeit und Werth. Deshalb richtete bis zum Beginn der Bürgerkriege der Senat auch seine besondere Aufmerksamkeit auf eine gute Verwaltung dieser Provinzen, sowohl in bürgerlicher wie in kriegerischer Hinsicht, und nicht zu dem Zwecke der Bereicherung, sondern dem möglichster Schonung. Später freilich änderte sich dies vollkommen, und bei der fest in's Auge gefassten Aufgabe der Welteroberung und Beherrschung, bei der Verbreitung von Luxus und Sittenverderbniss, diente die Verwaltung der eroberten Provinzen nur noch zur Verheerung und Aussaugung derselben und zu der Bereicherung der Statthalter mit allen gesetzwidrigen Mitteln.

Bis zu dieser Zeit war nach der Eroberung einer neuen Provinz und Ernennung des Statthalters für dieselbe die erste Handlung des Senates immer gewesen, den Kriegsetat derselben mit einem Quästor bei der Verwaltung festzustellen. Dieser Quästor sollte neben allen seinen oben angegebenen Obliegenheiten vornehmlich für die Einrichtung einer Kriegsbasis in dieser Provinz und in jeder Hinsicht Sorge tragen, einer Basis für weitere Operationen in einer oder mehreren angrenzenden Provinzen, besonders nach der Seite der Verpflegung der darin operirenden Truppen. Und bei dem oben erwähnten Systeme des Senats konnte eine solche Art von Verwaltung der Provinzen doppelt nützlich werden, sowohl für diese Provinzen, wie für die römischen Heere, wie für den ganzen Staat, wenn sich dem nicht zwei Ursachen unangenehm entgegengestellt hätten. Die erste war die Verpachtung der Einkünfte der Provinz an in Rom lebende Personen, welche die Einkünfte an Ort und Stelle durch Agenten einsammeln liessen und sich, wie die letzteren, auf Kosten der Provinz bereicherten. Die reich gewordenen Pächter traten in den Stand der *equites* oder Ritter und erlangten mit der Zeit einen politischen Einfluss in Rom, so dass es ganz unmöglich wurde, an die Abschaffung dieser schädlichen Pachte der Einkünfte zu denken. Die andere Ursache war die, dass die Statthalter der Provinzen und ihre Unterbeamten nicht allein diese Provinzen nicht schonten, sondern, mit den Pächtern unter einer Decke steckend, zu Jener wie zu ihrem eigenen Nutzen verfuhren und sich in ungesetzlicher und ganz unglaublicher Weise bereicherten, die Provinzen aber aussogen. Sie entblödeten sich nicht, den Städten grosse Contributionen aufzuerlegen, so dass diese gewissenlosen Steuern den besonderen Namen *vectical praetorium*, Revenue der Prätoren, erhielten, aus dem später die andere Bezeichnung *epidemeticum* hervorging. Der Zustand der Provinzen hing daher vollkommen von der grösseren oder geringeren Rechtschaffenheit oder Unehrlichkeit solcher Statthalterprätoren ab, wie Cato oder Verres, Cicero oder Appius Claudius.

Diese Ursachen waren von wesentlichem Einflusse auf den Unterhalt der Truppen in den Provinzen nach jeder Hinsicht. Indem die Prätoren sich bereicherten und das Land ruinirten, setzten sie auch die Truppen, welche darin standen und für deren Bedürfnisse und Interessen sie nicht genügend sorgten, in die Lage, auf ungesetzliche, ungeordnete und gewaltsame Weise sich das zu verschaffen, woran sie Mangel litten. Uebrigens waren bis zu Ende dieser Periode alle diese Erscheinungen noch nicht allgemein, sondern mehr vereinzelte Ausnahmen von der allgemeinen Regel, von den Gutgesinnten strenge getadelt, und der Unterhalt der ganzen römischen Heeresmacht ward dadurch noch keineswegs in Frage gestellt. Im Gegentheil war sie noch immer wesentlich dadurch gesichert, dass der Sinn der Mehrheit des römischen Volkes noch immer ein edler, und ihr Streben noch immer auf das hohe Ziel, den Ruhm Roms, gerichtet blieb. Beweise dafür finden wir bei Titus Livius, besonders in der sehr schönen Rede an seinen Kriegsgefährten Spurius Ligustinus, der mit Ehren und Auszeichnung 22 Jahre in verschiedenen Ländern unter verschiedenen Feldherren gedient und von ihnen allen ehrende Belohnungen erhalten hatte. Diese Rede (im 32. bis 35. Kap. des 42. Buches des T. Livius) giebt Zeugniss von der erhabenen und edlen Denkweise und Sinnesart der römischen Bürgerschaft (zur Zeit des ersten macedonischen, des Krieges gegen Antiochus u. s. w., in den Jahren 182—160 v. Chr.).

In der dritten Periode, von Augustus bis zu Diocletian, tritt in dem Unterhalte der römischen Truppen und dessen Administration eine erhebliche Veränderung ein. Augustus hatte erkannt, dass Derjenige, welcher die Truppen befehligt, in Bezugnahme auf deren Unterhalt und Besoldung aber von Andern abhängt, ohne rechte Macht ist, Derjenige hingegen, der die Macht über die Truppen und die Gelder hat, zugleich auch die über den Staat besitzt, er richtete deshalb sein Hauptaugenmerk auf Erlangung der vollen und unbeschränkten Verfügung über die Mittel zur Unterhaltung der Truppen. Den Fehler Cäsar's, welcher sich des Staatsschatzes bemächtigt und dadurch seine Popularität eingebüsst hatte, wusste er zu vermeiden: indem er den Staatsschatz in der Hand des Senates beliess, gründete er einen andern ausschliesslichen Kriegsschatz *(aerarium militare)*, dessen Einkünfte zunächst der Senat festsetzen musste, während Augustus allein über die Ausgaben verfügte; bald gingen aber die einen wie die andern gänzlich in die Hände des Augustus über. Solchergestalt hatten die römischen Kaiser schon von Augustus an sich allmälig vollkommen in Bezug auf die Auszahlung des Soldes an die Truppen vom Senate unabhängig gemacht. Sie konnten, wenn und um wie viel es ihnen beliebte, die Löhnung erhöhen,

Geldgeschenke machen, und das Heer wurde somit zu ihrem Werkzeuge, selbst gegen den Senat.

Dieser neue Kriegsschatz wurde Fiscus genannt (*fiscus* heisst wörtlich ein grosser Korb; die römischen Etymologisten erklären diese Bezeichnung des römischen Kriegsschatzes damit, dass grössere Summen dieser Gelder in grossen Körben transportirt wurden, während Privatleute ihr Geld in Kasten oder Beuteln aufbewahrten und trugen). Er stand lediglich unter der Aufsicht, Verwaltung und zur Verfügung des Kaisers. In der That, sagt Dio Cassius (III, 16) hing auch das *aerarium* gänzlich von ihm ab, wenn gleichfalls das Heer ganz zu seiner alleinigen Verfügung stand. Dies führte dazu, dass die Bezeichnungen *aerarium* und *fiscus* gleichbedeutend wurden, und später ersetzten die römischen Juristen das erstere Wort gänzlich durch das zweite. Die den *fiscus* verwaltenden Präfekten wurden anfänglich durch den Senat, nachher durch die Kaiser erwählt. Unter Augustus wurde sogar die Verwaltung des *aerarium* den Quästoren abgenommen und drei Präfekten übertragen. Beide Kategorien von Präfekten wurden den Prätoren und Consuln gleichgestellt, ja nach Dio Cassius sollten sie sogar vorher als Prätoren und Consuln gedient, einige Jahre im Senate gesessen haben und deshalb mit den Finanzangelegenheiten bekannt sein. Augenscheinlich hatte Augustus hierbei die doppelte Absicht — einerseits dem ehrgeizigen Streben nach diesen Aemtern ein Ziel zu setzen und die Präfekten nur sich allein zu unterstellen, und andererseits diese Aemter, von welchen die regelmässige Unterhaltung der Truppen abhing und die folglich die Hauptstützen und Werkzeuge seiner Macht waren, nur mit vollkommen geeigneten und zuverlässigen Leuten zu besetzen.

Dies Alles führte zu der, für die militärisch-ökonomische Administration sehr erspriesslichen, Concentration und Vereinigung derselben in den Händen des Augustus, gab dem Heere einen nationalen Charakter und machte es zu einer persönlichen Macht in der Hand des Kaisers.

Es ist leicht zu begreifen, dass, wie Augustus, so auch seine Nachfolger auf jede Weise bemüht waren, die Einkünfte des *fiscus* und folglich die Zahl des Heeres zu erhöhen. Der gesammte Unterhalt des Heeres und alle Einnahmen dafür gingen vom Senat und dem *aerarium* auf den Kaiser und den *fiscus* über; — von den Einkünften namentlich die Kopf- und die Grundsteuern, die Weideabgaben und der Zehnt in natura von den an Korn reichen Provinzen (Africa, Aegypten u. s. w.). Dadurch hatte Augustus den Unterhalt des Heeres wie mit Geldmitteln, so besonders mit Naturallieferungen vollständig sichergestellt.

Bald aber standen die dem *fiscus* zufliessenden Einnahmen immer weniger im Verhältniss zu der anwachsenden Zahl der Truppen, der Entfremdung des Heeres vom Volke, der Vermehrung der Bedürfnisse und der Kostspieligkeit des Unterhaltes des Heeres und besonders der Prätorianer, welche doppelten Sold und überhaupt Unterhalt empfingen. Ueberhaupt kostete das römische kaiserliche Heer unvergleichlich mehr, als das frühere römische Volksheer, weil es, gleich einem Söldnerheere, nur um des Soldes willen und zu Geldzwecken diente. Im Bewusstsein ihrer Bedeutung und Wichtigkeit, ihrer Macht und ihrer Nothwendigkeit für die Kaiser persönlich wuchs im Heere, und besonders bei den Prätorianern der Hochmuth und stiegen die Forderungen eines hohen Soldes für ihre, den Kaisern, nicht dem Staate, geleisteten Dienste. Die unmittelbare Folge war die Erhöhung des Gehaltes der Truppen. Schon Cäsar hatte dasselbe verdoppelt, die letzte Lohnerhöhung war eine Maassregel des gegen den Senat misstrauischen Domitian. Unter ihm wurden die grösseren Geldsummen in Golde ausgezahlt, in *aureus* genannten Münzen (einem, nach heutigem Werthe etwa 5 Thaler = 15 Mark geltenden Goldstücke). Domitian erhöhte die Löhnung der Truppen um ein Drittel, den drei Stipendien fügte er ein viertes hinzu (jedem Krieger wurde bis zu Domitian's Zeit ein Stipendium von drei, von ihm an ein solches von vier Goldstücken in jedem Drittel Jahre, für jedes ganze Jahr also zwölf Goldstücke = etwa 60 Thaler) gezahlt. Hierdurch erhöhten sich die Ausgaben für das Heer ausserordentlich. Zur Zeit der Republik war die Anzahl der im Felde stehenden Legionen nur zweimal (im zweiten punischen Kriege, (213 und 210 v. Chr.) bis auf 23 angewachsen. Unter den Kaisern aber betrug die Zahl der Legionen beständig 30; die Stärke derselben war anfänglich fast die gleiche an Fussvolk 6000 Mann), aber weit grösser (über 800 Mann) an Kavallerie. Später wuchs die Stärke der Legionen bis zu Constantin d. Gr. immer noch und erreichte schliesslich die Höhe von 12,000 Mann.

Der Ehrgeiz Cäsar's und das Misstrauen Domitian's erklären leichtlich die von ihnen vorgenommene Erhöhung des Gehaltes der Truppen zu dem Zwecke, sich dieselben persönlich zu attachiren. Schon vor Cäsar hatten gleich ehrgeizige Männer, wie Marius, Sulla, Pompejus u. A. die Bestechung der Truppen für das wirksamste Mittel hierzu erachtet, und die Legionen hatten sich daran gewöhnt, sich für die Beschirmer — nicht des Vaterlandes, sondern ihrer Feldherren und Kriegsgenossen anzusehen. Cäsar versprach, als er über den Rubicon ging, den Legionen grosse Belohnungen, und nachdem er alle seine politischen Gegner überwunden, schenkte er am vierten Tage seines Triumphes jedem Legionar 5000 Drachmen oder 20,000 Sesterzien (etwa 600 Thaler)! Als Octavian zum ersten Male nach Italien ging und durch Drohungen die Consularwürde erlangt hatte, schenkte er jedem Legionar 2500 Drachmen oder 10,000 Sesterzien (etwa 300 Thaler). Und von da an, sagt Dio Cassius, gewöhnten die Legionen sich an den Gedanken, dass eine so bemessene Geldbelohnung ihnen jedesmal gebühre, wenn sie ihren Feldherrn nach Rom begleiteten. Ja, für jeden seiner Person geleisteten Dienst waren sie von ihm ausserordentliche Geldbelohnungen zu erwarten gewohnt. Unter den Nachfolgern des Augustus griffen besonders die despotischen, argwöhnischen oder schwachen Kaiser zu diesem Mittel; die Truppen wussten, dass sie von ihnen erlangen würden, was sie vom Senate niemals erreicht hätten.

Die Belohnungen in Gelde für die Truppen hiessen *donativa* (Geschenke): sie hätten eigentlich aus der Privatchatoulle der Kaiser gezahlt werden müssen, nach Dio Cassius aber wurden sie fast jedes Mal aus dem *aerarium* oder *fiscus* gegeben, welche man allmälig als Privatschatz der Kaiser anzusehn sich gewöhnt hatte. Vegetius bemerkt, dass die Krieger die Hälfte der Geldgeschenke zur Aufbewahrung abgeben mussten, um von Verschwendung und von der Flucht abgehalten und zur Tapferkeit und Erlangung von Kapitalien angereizt zu werden, wahrscheinlich auch, um damit eine Bürgschaft für die Treue und den Eifer der Truppen zu besitzen. Zu diesem Zwecke waren bei jeder Cohorte eine, in der Legion also zehn Börsen oder Geldbeutel zur Aufbewahrung der unantastbaren Belohnungsantheile vorhanden. Ausserdem legte die Legion in denselben noch die Gelder für Bestattungskosten nieder. Diese Börsen oder Kassen wurden vor den Adlern (*ante signa*) mit den Beiträgen gefüllt und dann den Adlerträgern anvertraut. Diese Maassregel bewahrte aber die Soldaten dennoch nicht vor Verschwendung.

Galba war der Erste, der dem Heere Geldbelohnungen verweigerte, indem er sagte, dass »er gewohnt sei, die Soldaten auszuwählen, nicht aber zu kaufen«; aber theils besass er nicht die Kraft, diesen seinen Worten entsprechend zu handeln, theils waren die Truppen schon zu sehr vom Miethlingsgeiste angesteckt und davon durchdrungen, dass sie nicht dem Staate und den Kaisern dienten, sondern die Kaiser ihnen, sie fielen daher von Galba ab und ermordeten ihn. Hundert Jahre später war dieses dermassen angewachsen, dass nach der Ermordung des Pertinax die Prätorianer die Kaiserwürde öffentlich, wie eine Handelswaare, Demjenigen feilboten, der das meiste Geld bezahlte und sie dem Didius Julianus zuschlugen, welcher 6250 Drachmen versprochen hatte, und nicht dem Schwiegervater des Pertinax, Sulpicianus, der nur 5000 Drachmen geboten hatte! Später vertheilte Caracalla, wie Dio Cassius erzählt, an 70 Millionen Drachmen (etwa 1,700,000 Thaler) jährlich an das Heer! Er trieb die von Septimus aufgestellte (durch die Umstände erzwungene und mit Verstand und in gewissen Grenzen anwendbare) Regel, »sich die Neigung der Truppen zu sichern, alle übrigen Unterthanen aber für Nichts zu achten«, bis zu der äussersten Höhe des Missbrauchs. Um sich das Heer geneigt zu machen, erniedrigte er sich sogar so weit, dass er die rohen Sitten und Gebräuche, ja selbst die Kleidung der gemeinen Frontsoldaten annahm!

Während das Heer mit aller Art von Reichthümern überschüttet wurde, und anstatt zu strenger Manneszucht in den Lagern angehalten zu werden, sich der Ueppigkeit in den Städten ergab, wurden Volk und Staat mehr und mehr erschöpft. Zu den oben angegebenen militärischen Ausgaben kamen noch andere wirklich nothwendige hinzu, welche die Truppen aber als Mittel zur Befestigung ihrer Willkürherrschaft ausnutzten. So z. B. gab es bei den Römern bis zum Jahre 219 v. Chr. keine Aerzte, weder im Frieden, noch im Kriege, sie curirten sich selbst so gut sie konnten und wussten. Aber seit dem Jahre 219 begannen sie Aerzte aus Griechenland heran zu ziehen: indessen waren bis zu Augustus bei den Legionen noch keine Aerzte. Augustus stellte zuerst einen Arzt für jede Cohorte, oder zehn bei der Legion an. In des Hyginus Beschreibung des römischen Lagers sind schon die Plätze für die Feldlazarethe der Krieger (*valetudinaria*), und für die Pferde (*veterinaria* *) angegeben. Aber diese wirklichen Bedürfnisse waren in Bezug auf ihre Kosten unbedeutend gegen die angeführten Ausgaben blosser Verschwendung, welche ganz neue Quellen zu ihrer Deckung erheischten. Deshalb wurden schon unter Augustus neue Zollabgaben eingeführt, vorzugsweise von Gegenständen des Luxus, ebenso ein Aufschlag von einem Procent von dem Preise aller Handelsartikel auf Märkten und öffentlichen Verkaufsplätzen. Anfangs suchte man solche Quellen nur in allgemeinen Maassregeln: Augustus selber führte für sich und für Tiberius aus seinem eigenen Vermögen gewisse Summen an den Fiscus ab und versprach alle Jahre dasselbe zu thun: das Gleiche versprachen einige Könige, Gemeinden und Privatpersonen: die Letzteren indessen hielten ihr Versprechen nicht. Nun wiederholte Augustus seinen Vorschlag bei dem Senate; da aber der Letztere zögerte und Nichts ersinnen konnte oder wollte, so führte Augustus seinen eigenen Plan aus, wonach von allen Erbschaften und Vermächtnissen römischer Bürger bis zu einem gewissen Minimalwerthe herab, mit Ausnahme der nächsten Verwandten und Angehörigen, der zwanzigste Theil dem Fiscus anheimfallen sollte. Diese neue Ausgabe (*vigesima hereditatum*) war höchst einträglich, besonders als unter den Nachfolgern des Augustus die Gerechtsame des römischen Bürgers immer freigebiger an die Bewohner der Provinzen ertheilt wurden. Caracalla endlich, von den unersättlichen Soldaten zu

*) Ueber die Frage nach militärisch-ärztlichen Einrichtungen vgl. W. Gaupp »Das Sanitätswesen in den Heeren der Alten«, René Briau, »*Du service de santé chez les Romains*«. Anmerk. d. Uebers.

immer neuen Belohnungen bewogen, fand kein anderes Mittel, sie zu befriedigen, als dass er alle Einwohner der Provinzen zu römischen Bürgern machte, lediglich, um ihnen die entsprechenden Abgaben auferlegen zu können, welche er gleichzeitig von 5 auf 10 pCt. erhöhte. Einige Zeit lang wurde auch das Vermögen verurtheilter Staatsverbrecher ganz oder zum Theil, je nach der Strenge des Urtheilsspruches vom Fiscus eingezogen. Diese Quelle wusste man bisweilen sehr ergiebig zu machen. So liess Commodus, wie Dio Cassius angiebt, als es ihm an Geld für seine maasslose Verschwendung mangelte, ganz unschuldige Personen auf erdichtete Verbrechen anklagen, um sich ihres Vermögens bemächtigen zu können, und diese opferten entweder ihr Vermögen, um ihr Leben zu retten, oder sie wurden hingerichtet und ihr Besitzthum zu Gunsten des Fiscus confiscirt. Plinius sagt, dass dieser letztere einer Räuberhöhle gleiche, angefüllt mit dem geraubten Eigenthum unschuldiger und ermordeter Bürger. Es gab noch viele andere Einnahmequellen für den Fiscus, auf welche die Nachfolger des Augustus einzig ihren militärischen Despotismus gründeten, und darunter so niedrige und gemeine, dass man sich schämt, sie zu nennen, zu denen man aber ohne Scham griff, — so gross waren die kriegerischen Forderungen und Ausgaben. Um die letzteren zu Ende dieser Periode beurtheilen zu können, muss bemerkt werden, dass für den etatsmässigen Stand von 30 Legionen (und häufig waren deren noch mehr) jede zu 12,000 Mann, eine Besoldung von im Ganzen 360,000 Mann erforderlich war. Jeder Fusslegionar erhielt jährlich 12 Goldstücke, jeder Reiter 36. Da die Reiterei ein Achtel des Fussvolkes betrug, so erhielten die 315,000 Mann Fussvolk (jeder 12 Goldstücke jährlich) im Ganzen 3,780,000 —, und die 45,000 Mann Reiterei (jeder 36 Goldstücke jährlich) im Ganzen 1,620,000. — Alle zusammen also 5,400,000 Goldstücke oder etwa 27,000,000 Thlr. das Jahr, und zwar sind hierbei nur die unteren Chargen berechnet. Fügt man diesen Summen noch die Geldbelohnungen hinzu, die unter Caracalla sich auf ca. 17,000,000 Thlr. beliefen, so erreichten die gesammten nur für Personen zu zahlenden Ausgaben an Gehalt und Belohnungen die Höhe von 44 Mill. Thalern im Jahre!

Zieht man aber in Erwägung, dass noch sehr viele andere militärische Ausgaben vom Fiscus gefordert wurden: Ausrüstung und Unterhalt der Flotten, der Belagerungs-Maschinen und -Geschütze, die Ausführung von Befestigungen, die den Legionen späterhin gelieferte vollkommene Ausrüstung mit Waffen etc., zur Zeit Marc Aurel's auch noch gebackenes Brod statt der Körner, ohne Abzüge vom Solde, ferner noch Gehalt und Unterhalt der Offiziere und der Chargen der militärischen Verwaltung, so kann man die Totalsumme aller militärischen Ausgaben unter den Kaisern zu dieser Periode mindestens auf 100 Mill. Thlr. jährlich veranschlagen, was, dem heutigen Werthe des Goldes entsprechend, etwa drei Mal so viel bedeutete (d. h. 300 Mill. Thlr.)!

Obgleich Jedermann das Uebermaass dieser colossalen militärischen Ausgaben anerkannte, welches schliesslich unvermeidlich zu dem Ruin und Untergange des Reiches führen musste, so hatte das Uebel doch schon so feste Wurzeln geschlagen, dass sogar den besten und von den redlichsten Absichten geleiteten Kaisern dieser Periode es unmöglich war, diesen Untergang aufzuhalten, oder auch nur ihn zu verzögern. Wenn noch eine Umbildung der ganzen militärischen Einrichtungen möglich gewesen wäre, so hätten wohl die ebenso sehr die Schonung des Staates und seiner Einwohner bezweckenden. als mit Weisheit und Kraft gepaarten Maassregeln des Alexander Severus von Erfolg in dieser Richtung gekrönt sein können. Bei Ausführung seines in dieser Absicht begonnenen Unternehmens suchte er Liebe zum Kriege, nicht aber Furcht vor demselben zu zeigen. Die strengste Sparsamkeit in allen Zweigen der Staatsökonomie lieferte das Gold und Silber für die gewöhnliche Besoldung wie für aussergewöhnliche Belohnungen an die Truppen. Er erliess dem Heere die lästige Verpflichtung, bei den Feldzügen für 17 Tage Proviant bei sich zu tragen. An den Kriegsstrassen legte er Magazine an, in fremden Gegenden wurde eine regelmässige Zufuhr aus diesen Magazinen mittelst Maulthiere und Kameele und damit ein regelmässiges Truppen-Verpflegungssystem organisirt, er hielt die Krieger zur Ordnung an und von willkürlichen Erpressungen bei den Einwohnern ab. Da er nicht zu hoffen wagte, sie gänzlich vom Luxus zu entwöhnen, so suchte er wenigstens diesem Luxus eine andere Richtung zu geben, auf kriegerischen Prunk, schöne Pferde, reiche Waffen u. s. w. Alle Beschwerden, die er den Truppen auferlegte, theilte er mit ihnen, er besuchte die Kranken und Verwundeten, liess sich stets über den Dienst der Soldaten und die ihnen ertheilten Belohnungen genau informiren, und indem er so die wärmste Aufmerksamkeit und Theilnahme am Kriegerstande zeigte, von dessen gutem Zustande, wie er häufig äusserte, das Wohl des Staates abhing, bemühte er sich, die zügellose Soldateska in der mildesten Weise zur Ordnung und Gehorsam zurück zu führen und ebenso die militärischen Ausgaben zu vermindern und in Ordnung zu bringen. Aber alle seine trefflichen und weisen Bemühungen waren vergeblich: seine Umbildungsversuche dienten nur zur Verschlimmerung des Uebels, welches er ausrotten wollte, und er wurde von denselben Soldaten umgebracht, denen er so viele Wohlthaten erwiesen hatte*).

---

*) Wir erinnern bei dieser Gelegenheit daran, dass wie schon früher (§. 362) bemerkt wurde, er in den Grundsätzen reiner Sitten durch seine Mutter Mammaea erzogen worden war, welche, wenn sie auch nicht, wie Orosius behauptet, Christin

Und der Kaiser Decius suchte die Rettung der Kaiserwürde in der thatsächlichen Wiederherstellung des Censorenamtes in dessen alter Bedeutung, ohne sie darin finden zu können.

Die grösste und schwerste der dem Fiscus zufallenden Ausgaben war noch lange nach Alexander Severus die für den kaiserlichen Hofhalt, da der Kaiser gleichzeitig die oberste Spitze des gesammten Heeres war. Das Streben der Kaiser nach persönlichem Prunk, die Vermehrung des Luxus und des Aufwandes am Hofe und dem zu Folge die Einführung neuer drückender Steuern nahmen immer mehr zu. Aber auf der andern Seite nahm auch die Verminderung des Vermögens von Staat und Privaten und die allgemeine Verarmung in gleichem Maasse zu, besonders in der niederen arbeitenden Klasse des Volkes, und ebenso das Missverhältniss zwischen Nachfrage und Angebot, zwischen Einnahmen und Ausgaben des Fiscus für den Hof und das Heer.

In der vierten und letzten Periode (284—476), und zwar schon unter Diocletian, gewann das Heer in der allgemeinen Meinung den Charakter — nicht des bewaffneten Schirmes und Schutzes für den Staat, sondern einer rein persönlichen Kriegsmacht, der Kaiser nicht gegen äussere Feinde, sondern gegen den Staat selber. Unter Kriegsdienst verstand man schon die persönliche Dienstleistung, die man nicht dem Staate, sondern dem Kaiser erwiese. — wie man sich damals ausdrückte: *in sacro palatio militare.* Der Unterhalt dieser Dienstthuer fiel lediglich dem Fiscus zu, welcher bereits ausschliesslich Kriegsschatz zu sein aufgehört und sich in einen Hofhaltsschatz verwandelt hatte. Die Ausgaben desselben und mit diesen zugleich die gewaltsamsten Mittel zu deren Deckung wuchsen mit erschrecklicher Schnelligkeit und in ungeheuren Dimensionen. Seit Diocletian's Zeiten kamen zu diesen bisherigen Mitteln noch zwei neue: die *indictio* und die *lustratio*, schwere und verheerende für das Volk, die die einstimmigen bittersten Klagen aller gleichzeitigen Schriftsteller, der heidnischen wie der christlichen ohne Unterschied, hervorriefen. Die *lustratio* war eine Art Auflage auf das Vermögen, die *indictio* auf den Landbesitz auf Grund vorgenommener Katasteraufnahmen. Die *indictio* wurde theils *in natura*, in Getreide, Wein, Butter, Pferden etc., theils in Geld und vorzugsweise in Gold abgezahlt, sie war zum grössten Theile für den

---

war, doch jedenfalls von der christlichen Religion und Sitte sehr beeinflusst wurde, was sich denn auch bei der Erziehung Alexander's geltend machte. Es genügt zu sagen, dass er Christum sehr verehrte, dessen Bildniss unter den anderen der ihm bekanntesten Wohlthäter der Menschheit aufbewahrte, viele christliche Gebote wiederholte und hielt u. s. w., — und dies Alles schon in der ersten Hälfte des dritten Jahrhunderts.

Unterhalt des Hofes und Heeres bestimmt. Die Naturalien-Ablieferung erfolgte in Gegenwart von Beamten (*ponderatores* und *mensores*), Inspektoren, denen die Controlle von Maass und Gewicht oblag, — die Geldabgabe vor Kassenbeamten (*defensores*) zur Sicherung der Zahlenden wie des Fiscus gegen die Missbräuche der unmittelbaren Einsammler. Die Naturalabgabe erfolgte 3 Mal im Jahre, alle 4 Monate, die Geldzahlung in den letzten 40 Tagen des Jahres. Wer weder das Eine noch das Andere einlieferte, wurde mit Einziehung des Vermögens belegt. Für die Weiterschaffung der Abgaben *in natura* aus den an der See oder an Flüssen gelegenen Provinzen waren eine grosse Anzahl von Hafen- und Schiffs-Unterhaltenden (Rhedern) verpflichtet, nicht allein die dazu nothwendigen Schiffe zu stellen, sondern auch die Transporte zu besorgen. Dafür waren sie ganz oder theilweise frei von andern Abgaben und hatten noch einige anderweitige Privilegien. Dies Alles war durch eine Unzahl von Bestimmungen und Verfügungen geregelt. In ähnlicher Weise war auch der Landtransport der Vorräthe organisirt vermittelst einer dazu verpflichteten und privilegirten Klasse von Leuten oder, besser, Gesellschaft, Compagnie, welche *bastago* genannt wurde, ihre einzelnen Mitglieder *bastagarii* (Frohnfuhrleute). Die Naturalabgaben wurden in den Provinzen eingeliefert: 1) an den Wegpoststationen (*mutationes*), wo Pferde und Wagen gewechselt und Lebensmittelvorräthe für die Postknechte und Postpferde aufbewahrt wurden: — 2) an eben solchen Poststationen mit Herbergen (*mansiones*), wo die auf Kosten des Schatzes Reisenden mit Speisen versorgt wurden; — besonders aber 3) in den Garnisonmagazinen (*horrea*) der grösseren Städte, aus denen die Truppen und die vom Schatze ihren Unterhalt Beziehenden ihre Rationen *in natura* empfingen: — und 4) in die Hauptkriegsmagazine, aus welchen an die Feldtruppen Verpflegung und Fourage abgegeben wurde (*per limites et castra*).

Da es nun ausser der gewöhnlichen *indictio* noch ausserordentliche (*super — indictiones*) und in erhöhtem Maasse gab, da überdem hierbei noch Missbräuche Seitens der Schatzbeamten vorkamen, so wurden die Ackerbauer dadurch mehr und mehr dem Ruin entgegengeführt. Ebenso ging es mit den Kapitalisten, den Gewerbe- und Handeltreibenden, welche der *lustratio* unterlagen. Fast keine der Steuern von dieser Seite wurde leicht und ohne Schwierigkeiten eingetrieben. Deshalb verringerte sich sowohl das Staatsvermögen, wie die Bevölkerung, und schon konnten die Legionen nicht mehr in ihrer alten Stärke erhalten werden. Hierzu kam noch die Abneigung vom Kriegerberufe und Dienste, welche sich Aller in solchem Maasse bemächtigt hatte, dass die jungen Männer in Italien und den Provinzen gar nicht mehr zauderten, sich den Daumen der rechten Hand abzuhauen, um so dem Kriegsdienste zu entgehen.

Trotz der strengsten darauf gesetzten Strafen war die Zahl solcher absichtlich Verstümmelter so gross, dass sie sogar mit dem besonderen Namen *murci**) belegt wurden.

Aus allen diesen Gründen war Constantin d. Gr. gezwungen, die Stärke der Legionen auf $1/4$, also 3000 Mann, sogar auf $1/6 = 2000$ Mann herab zu setzen, und dafür, um die Armee auf gleicher Stärke wie früher zu erhalten, barbarische Truppen in Sold zu nehmen. Allerdings waren schon seit Cäsar's Zeit Fremde in das römische Heer aufgenommen worden, aber doch nie anders als in die Legionen selbst, so dass sie zu römischen Legionaren gemacht und nach römischer Art geschult wurden. Constantin nahm ganze Massen von Barbaren mit deren eigener Organisation und Bewaffnung an. Mit ihren Fürsten, Königen oder Herzogen schloss er förmliche Contrakte, zahlte ihnen bestimmte festgesetzte Geldsummen, ihnen selber überlassend, wie sie ihre Truppen bewaffnen und verpflegen und in Disciplin erhalten wollten. Diese Maassregel. einer irrigen finanziellen Berechnung entsprossen. schien anfänglich vortheilhaft für den Fiscus. Die rohen unverderbten Barbaren kosteten weit weniger, als die Legionen: der Unterhalt von ihrer 20,000 reichte nicht für den zweier Legionen aus, selbst als deren Stärke auf 2000, 1500 und sogar 1000 Mann herabgesetzt war. So wurde zunächst also der Fiscus dadurch entlastet. Im Laufe der Zeit aber begannen die Anführer der Barbaren, welche ihre Wichtigkeit und Unentbehrlichkeit erkannt hatten. immer höhere Bezahlung zu fordern. so dass endlich diese Zahlungen sich in einen die Kosten für den Unterhalt der Legionen weit überschreitenden Tribut verwandelten. Die damaligen Schriftsteller geben die Höhe eines solchen Tributes nicht genau an, sie vermerken nur einstimmig die beständige Zunahme der Zahl der auf Sold dienenden Barbaren in der römischen Armee. die Steigerung der unverschämten Forderungen ihrer Führer. die Thatsache, dass endlich alle diese Miethsvölker, Gothen, Vandalen. Sueven, Heruler, Alanen. Sarmaten u. s. w. ihre Waffen gegen eben die kehrten, welche ihnen Tribut zahlten, sowie dass sie gerade die Provinzen, welche sie schützen sollten. von Rom abrissen. Dies Alles lässt keinen Zweifel darüber, dass die Barbaren in dem Maasse wie sie sich von der Ohnmacht des römischen Reiches überzeugten auch ihre Forderungen steigerten und die eine Hälfte, das Weströmische Reich, nicht durch ihr kriegerisches Wesen allein und ihre Tapferkeit zerstörten. Rom, seine Kaiser und sein Heer hatten ihre eigene Macht untergraben, und namentlich das Heer hatte. auf dem Gipfel seiner Macht angelangt, deren Erhaltung die Mittel und Leistungsfähigkeit des Staates überschritt, diese selbst vernichtet. die Quellen seines Unterhaltes erschöpft,

*) *murcus* = träge, feige Anmerk. d. Uebers.

und nachdem es sich der Mittel dazu beraubt, unvermeidlich auch seinen eigenen Fall wie den des Staates herbeigeführt. Mit einem Worte — Rom ging zu Grunde vornehmlich durch die im Verhältniss zu der Macht und den Mitteln des Staates geradezu unerschwinglichen Ansprüche und Ausgaben des Hofes wie des Heeres. Sobald die natürliche, wesentliche und unerlässliche Uebereinstimmung zwischen ihnen aufgehoben war oder mehr und mehr zerfiel, musste die naturgemässe Folge hiervon der Untergang des Staates sein. Das römische Heer aber war neben den beständigen heftigen Schlägen von aussen eine Mitursache, nicht des Widerstandes, sondern geradezu des Unterganges dieses Reiches.

Gerade das Festhalten der oben bezeichneten Uebereinstimmung oder Gleichgewichts war zu dieser Zeit bei den Römern, wie es immer und überall und bei allen Völkern gewesen, noch ist, und stets sein wird, eine der schwierigsten, ja wohl die schwierigste aller militärisch-ökonomischen, oder militärisch-politischen Verwaltungsaufgaben. Der Grund dazu lag darin, dass man die Macht des Staates und Heeres nach der Zahl der Köpfe im Heere schätzte: man wollte den Nachbaren durch die Stärke des Heeres Furcht einflössen (imponiren) und deshalb auch im Frieden eine grosse Truppenmenge unterhalten. Es kam noch hinzu, in Folge des Wechsels in der Regierungsform, dass ein starkes Heer, welches die Macht des Monarchen sichtlich darstellen sollte auch für den Thron den schönsten Glanz ergab; beim Unterhalte desselben konnte man nicht immer in den Grenzen des absolut Nöthigen verbleiben. Die Truppen wurden ein Mittel zu äusserem Glanze, zu Pracht, Luxus, Pomp, namentlich in den dem Throne am nächsten stehenden Heerestheilen, den palatinischen oder Hof-Truppen, den kaiserlichen Leibgarden oder *scholae*. Und dies führte zu hohlem Gepränge in Entfaltung nicht allein äusseren Prunkes, sondern auch gewaltiger Heeresmassen. Das war aber dem Staate in keiner Weise zu Nutz und Frommen, sondern im Gegentheil, es führte dahin, dass der Unterhalt des Heeres schon unter gewöhnlichen Umständen und zu Friedenszeiten jedenfalls gerade so viel, wenn nicht mehr, kostete, als die Mittel des Staates zu tragen vermochten. Wenn auch nur ein kleiner Theil des Heeres zum Kriege auszog, so vermehrte sich der Kostenaufwand für denselben vielleicht um das Dreifache und wurde äusserst schwierig, wenn nicht unerschwinglich. Wurde aber das ganze Heer zum Kriege verwendet, so wuchsen diese Verlegenheiten, verzögerten die Bewegungen und Operationen des Heeres, konnten es sogar zur Unthätigkeit und ohnmächtigem Abwarten zwingen, weil es an Mitteln, sowohl in Gelde als in Naturalvorräthen fehlte. Zu spät erkannte man seine Versehen: hätte man sich weniger durch den eiteln und jämmerlichen Glanz numerischer Stärke des Heeres verblendet, es um $1/4$ vermindert und die Ausgaben für dieses $1/4$ nicht dem Staatsvermögen entzogen, so hätte man Geld und Mittel genug gehabt, um im Nothfalle die übrigen $^3/_4$ jederzeit in genügender Weise mobil machen zu können. Wenn hierbei ferner die Ausgaben für diese $^3/_4$ auf rein militärische und unerlässliche Erfordernisse, unter Ausschluss alles Aufwandes für die Gardetruppen und für äusserlichen Glanz, beschränkt geblieben wären, so konnte mit den beweglicheren und weniger kostenden $^3/_4$ des Heeres weit mehr erreicht werden, als mit der unbeweglicheren und mehr kostenden Gesammtmasse des Heeres.

Die Richtigkeit dieser Betrachtung war im Alterthum sehr gut bekannt und begriffen. Wenn die kriegspolitische und die reine Kriegsökonomie auch noch nicht theoretisch in Form einer Wissenschaft entwickelt war, so waren doch in Bezug auf die Praxis die Fundamentalanfänge derselben vorhanden. Schon in den ältesten Zeiten sagte man, dass zur Führung eines Krieges: »Geld, Lebensmittel, Waffen und Soldaten« (*pecunia, commeatus, arma et viri*) nothwendig seien. Quintilian sagt: »ehe man den Krieg beginnt, muss man alles dazu Erforderliche vorbereiten« (*prius enim est parare bellum, quam exercere*), und Publius Mimus fügt hinzu: »rüste Dich lange vorher, damit Du um so rascher siegest« (*diu apparandum est, ut vincas celerius*). Aber trotzdem man dies wusste und aussprach, in Wirklichkeit führte man es nicht aus. Wort und That waren nicht eins.

Constantin d. Gr. theilte das Heer in zwei Hauptarten: die palatinischen oder Hof-(Garde-)Truppen, und die Feld- oder Grenz-Truppen. Von nun an entstand zwischen beiden eine grosse Verschiedenheit und eine unfreundliche Entfremdung. Die palatinischen kosteten sehr viel, waren in Friedenszeiten in grossen und reichen Städten des Innern einquartirt, führten ein üppiges Wohlleben, beschäftigten sich nicht mit kriegerischen Uebungen und bedrückten die Einwohner, denen sie ein Schrecken waren, während sie selber vor dem Feinde zitterten. Die Feldtruppen hingegen standen an den Grenzen in ständigen Lagern, trugen die Beschwerden des Grenzdienstes, hatten kaum $^2/_3$ des Gehalts, Unterhalts, der Vorrechte und Lebensbequemlichkeiten wie die palatinischen, und waren diesen feindlich gesinnt. Solchergestalt war also der am meisten kostende Theil des Heeres zugleich der dem Staate am wenigsten nützliche, ja sogar demselben höchst gefährlich.

Auf der anderen Seite kamen die Barbaren, welche nicht allein in die Grenz-, sondern auch in die palatinischen Legionen eintraten, bald genug zur Erkenntniss von der Ohnmacht des Staates, wie von ihrer eigenen Kraft, und nahmen allmälig immer mehr die Stellung von Gebietern ein.

Hierzu kam noch das, dass bei dem Missverhältniss zwischen den Kriegsausgaben und Einnahmen in dem Unterhalt der Truppen häufig

Mangel oder schlechte Beschaffenheit eintrat. Um Abhülfe zu schaffen, wurde es nöthig, zu verschiedenen neuen Maassregeln zu schreiten, die immer drückend, sehr häufig aber unsittlich waren. Daher wurde die kriegsökonomische Verwaltug immer schlechter und schlechter und erhielt nicht allein den Unterhalt der Truppen in keinem glänzenden Zustande, sondern brachte denselben immer weiter zurück. Nicht nur das Volk wurde durch Steuern, Abgaben, Zölle u. s. w. bedrückt und ausgesogen, auch das Heer ward in gewissenloser und schonungsloser Weise bestohlen und betrogen von den Beamten der kriegsökonomischen Administration, es erhielt nicht Alles, was ihm zustand, oder in schlechtem Zustande. Vergeblich waren die Maassnahmen der besseren Kaiser gegen die Unredlichkeiten dieser Leute. Man kann sagen, dass sie mit Allen im Kampfe lagen, denn Egoismus, Selbstsucht, Habgier, Gewinnsucht, Hang zu Bereicherung, zu Luxus, Genusssucht u. s. w. hatten alle im Staatsdienste Befindlichen ergriffen. Le Beau sagt (XXIII. *Mémoire sur la légion romaine*, in den *Mém. de l'Acad. des Inscriptions* Bd. XLI.): »Von Beamten der kriegsökonomischen Administration gab es ein ganzes Heer, und die obersten unter denselben plünderten den Staat, die Armee und ihre Untergebenen aus, die Letzteren dann aber nahmen das, was für die Truppen noch übrig geblieben war. Die Einen empfingen in den Provinzen die Vorräthe *in natura*, die Anderen revidirten sie, wieder Andere besorgten den Transport, Vierte bewahrten sie in den Magazinen auf, noch Andere gaben sie aus. Ueber ihnen waren Controleure, über diesen Andere, Dritte u. s. w. Es gab Protokolle, Journale, Rechnungsbücher, Abrechnungen u. s. w. Und dabei kamen die Armeen vor Hunger um, während die Beamten, Controleure und Lieferanten satt und reich wurden. Der theodosianische und justinianische Codex enthielten eine Fülle von Gesetzen gegen diese Missbräuche und deren Urheber, und diese Gesetze wurden immer strenger, woraus hervorgeht, dass die vorhergehenden zu Nichts genutzt hatten. Und wie konnten sie auch helfen, wenn die Gesetzgeber selbst nur auf die Befriedigung ihrer eigenen Begierden, nicht aber auf das Wohl ihrer Provinzen, noch auf die Gesundheit und das Leben ihrer Truppen bedacht waren. Was der Eine Gutes geschaffen hatte, das verdarb der Andere, der bisweilen sogar selbst lernte, wie die Truppen zu betrügen seien (wie z. B. Valentinian I., der verdorbenes, muffiges Korn mit frischem vermengen liess, um dem Schatze keinen Abbruch zu thun). Das Endresultat von dem Allen aber war, dass Verpflegung und Unterhalt der Truppen immer schlechter und schlechter wurde. Die Soldaten ihrerseits verschafften sich das ihnen nicht Gelieferte von den Einwohnern durch gewaltsame Wegnahme der letzten für deren eigene Existenz erforderlichen Ueberbleibsel. So wurden die unglücklichen

Landbewohner von den äusseren Feinden wie von den eigenen Soldaten, und besonders von den Beamten der militärisch-ökonomischen Administration im Einverständniss mit den Civil-Statthaltern ausgeplündert.«

Die Organisation dieser Administration anlangend, so war sie, wie auch in der vorhergehenden Periode, eine Provinzial-Verwaltung, d. h. jede Provinz hatte ihre besondere mit besonderer Kasse, in welche alle Abgaben und Steuern flossen. Solcher Provinzen und Kassen gab es seit Constantin d. Gr. je 59 in der östlichen wie in der westlichen Reichshälfte, im Ganzen 118. Die höchsten Vorgesetzten dieser Kassen oder obersten Steuerempfänger *(thesaurensium praefecti)* gaben die für den Unterhalt der Truppen in den Provinzen bestimmten Gelder an die *comes* oder Grafen (d. h. Vorsteher der Geldausgaben- oder Spendenkasse *(comes largitionum)*, und diese verabfolgten den Truppen den Sold und waren verpflichtet, für die Befriedigung aller Bedürfnisse derselben zu sorgen. Was übrig blieb lieferte der Obereinnehmer an den Statthalter der Provinz ab, der es an den Staatsschatz in der Hauptstadt abführte.

Die zahllosen Détails der Rechnung, Zahlung, Controlle und Prüfung aller Einnahmen und Ausgaben beschäftigten viele Hunderte von Personen, welche in verschiedene Abtheilungen und Unterabtheilungen zerfielen. Ihre Zahl wuchs immer mehr an, und mehr wie einmal versuchte die Regierung, allerdings umsonst, die überflüssigen, aber nach Bereicherung in ihrem Amte trachtenden Personen daraus zu entfernen. Der Staatsschatz (zuerst *aerarium*, dann *aerarium militare*, schliesslich *fiscus*) hiess seit Constantin d. Gr. *arca largitionum* wörtlich »der Kasten der Spenden und Gnadengeschenke«. Er stand, ebenso wie die ganze Verwaltung der Staatsfinanzen überhaupt, unter der Direction eines Oberschatzmeisters (*comes sacrarum largitionum*), der zu den höchsten Staatswürdenträgern gehörte und den Titel *illustris* (Erlaucht) führte. Er verwaltete alle Angelegenheiten der Fabriken und Gewerke, welche zu den militairischen Erfordernissen in Beziehung standen, wie Leinwand-, Papier-Fabriken u. dgl. m.

Bis zu Constantin d. Gr. gehörte der Sold für die Truppen zu denjenigen Staatsausgaben, welche *necessitates* genannt wurden, und nur das *donativum* zählte zu den *largitiones*. Aber seit Constantin d. Gr. wurde die Bezeichnung *largitiones* auch auf das Gehalt der Truppen übertragen, um damit anzudeuten, dass es nicht eine Verpflichtung, sondern nur eine Gnade und Spende des Kaisers selber sei, und dass die Truppen von diesem allein abhängen, ihm allein zu dienen und zu gehorchen haben. Und der Zusatz *sacrae* zu den *largitiones* sollte den ungeheuren Unterschied zwischen Geber und Empfänger markiren und dem Letzteren in Erinnerung bringen, dass er Alles aus den Händen des Kaisers, gleichsam einer freigebigen Gottheit erhalte. Dies kann zur Charakteristik der damaligen kriegsökonomischen Administration dienen, welche solchergestalt auf schrankenlose Willkür basirt und folglich eine ganz unzuverlässige Einrichtung war. Das Heer wurde dem Volke gänzlich entfremdet, welches in ihm nur die blutige Geissel seines eigenen Wohles erblickte. Indem das Heer einen entscheidenden Einfluss auf die Thronerhebung und Absetzung der Kaiser gewonnen und sich dies zum Bewusstsein gebracht hatte, war es zúm unbeschränkten Herrscher im Staate geworden und stabilirte in demselben den absoluten Militairdespotismus.

Die Censoren und Quästoren hatten schon zu Anfang des Kaiserreiches erheblich, gegen das Ende hin gänzlich ihren ehemaligen Einfluss auf die Militairverwaltung eingebüsst. Für die Feldherren waren sie nur ein Hinderniss bei deren gewissenlosem und nach der Gewalt trachtendem Treiben und Streben. Vergebens suchten die Kaiser den Einfluss der Censoren und Quästoren zu heben, sie wurden schliesslich gezwungen, die Controlle durch dieselben ganz abzuschaffen. In Folge dessen ging die ganze Kriegsverwaltung vollkommen in die Hände der obersten Truppenbefehlshaber, der kaiserlichen Legaten, über. Jedem derselben wurde für die Uebernahme der früheren Quästorengeschäfte noch ein *praefectus legionis* beigegeben, welchem die Ueberwachung über die Auszahlung des Soldes, Ausgabe der Bekleidung, Lebensmittel und aller Kriegserfordernisse oblag. Auf diese Weise war den Truppen und deren Führern die volle und unbeschränkte Macht in die Hand gegeben, selber zu bestimmen, was sie brauchten und zur Befriedigung ihrer Bedürfnisse über die Reste des fast gänzlich erschöpften Volks- und Staatsvermögens zu verfügen. Und diese Unbeschränktheit führte zur zügellosesten Verschwendung Seitens des Heeres und brachte das Volk an den Bettelstab. Unter solchen Umständen konnte von einer geregelten militairisch-ökonomischen Verwaltung keine Rede, kein Gedanke mehr sein. An die Wohlfahrt des Staates dachte Niemand: es handelte sich nur um die Befriedigung der Begierden des corrumpirten Heeres und um die Bereicherung seiner Anführer. Die Kriegstribunen nahmen von den Soldaten Alles und verkauften ihnen Alles für Geld: Sold, Urlaub, Entlassung, Befreiung von Dienstpflichten u. s. w. Und nicht ohne Grund nannte der Satyriker Juvenalis das halbe Jahr des Aufenthaltes der Tribunen im Lager der Soldaten das *aureum semestre*, das goldene halbe Jahr. Trotz der Bemühungen vieler Kaiser, besonders Otho's, Hadrian's, Pescennius Niger, und Alexander Severus, diese Missstände abzuschaffen, nahmen dieselben immer mehr zu. Die Ueppigkeit der Hauptquartiere der Tribunen, von welcher die gleichzeitigen Schriftsteller berichten, kann daher nicht Wunder nehmen. Eine zahlreiche und glänzende Suite

(Stab) und besondere Herolde umgaben die Tribunen, welche gleich den Senatoren goldene Ringe trugen und deren mannichfache in's Lager mitgeführte Gegenstände schwer aufzuzählen sind. Ihrem Vorgange folgend entfalteten auch alle unter sie Gestellte, bis auf den letzten Krieger herab, einen gleichen Luxus, der Tross vermehrte sich in's Maasslose, ebenso die Fahrzeuge der Armee und die Zahl der dazu gehörigen Diener, Trossknechte *(calones)* und freiwillig Mitziehenden *(lixae)*, welche Letztere zugleich Marketender waren und verschiedene Waaren feilhielten. Die Zahl derselben überstieg, nach Tacitus' Angabe, schliesslich die Zahl der Combattanten bei den Armeen.

Unter allen diesen Verhältnissen musste die westliche Hälfte des Reiches besonders leiden. In Italien, namentlich in Rom, wo es seit lange üblich war, nicht nur die Truppen, sondern auch das Volk durch Lieferungen aus anderen Provinzen (Africa, Aegypten u. a.) zu verpflegen, bedurfte es nur eines äusseren Unfalls zu Lande oder zu Wasser, um mit einem Schlage Heer und Volk der Mittel zu ihrem Unterhalt durch diese Zufuhren zu berauben. Dies war auch schon vor der Theilung des Reiches theilweise zum Ausdruck gekommen, als Constantin d. Gr. der alexandrinischen Flotte befohlen hatte, die Vorräthe aus Aegypten nach Constantinopel, und nicht nach Rom, zu bringen, wo sie den Unterhalt der Truppen in der Stadt und in ganz Italien für vier Monate sicherten. Die an Stelle der Legionen gemietheten Truppen der Barbaren mussten trotzdem sich in den Provinzen, wo sie standen, im Wege der Lieferung oder der Fouragirung selber verpflegen. Zu dieser Maassregel Constantin's d. Gr., welche die allgemeinsten Klagen in Rom hervorrief und einer der hauptsächlichsten Anlässe zu dem späteren Untergange des Weströmischen Reiches wurde, kam noch die andere Einbusse hinzu, welche dieses Reich durch Verlegung der Residenz nach Constantinopel erlitt. Dahin wurden nun alle die besten Kräfte, Mittel und Capacitäten des Staates gezogen, von dort ging der Einfluss aus auf alle inneren und äusseren Verhältnisse der Organisation, der Kräfte, des Wohlstandes, der Vertheidigungs- und Verpflegungsmittel u. s. w. Es ist daher begreiflich, welche nachtheilige Wirkung dies auf die Mittel des Unterhalts und der Verpflegung der Truppen im westlichen Reiche ausüben musste. Das letztere ging der Möglichkeit, seine Truppen selbstständig zu unterhalten und zu verpflegen verlustig. Die Hülfstruppen der Barbaren würden schon früher diese Westhälfte vollkommen überwältigt haben, wenn sie mit der Osthälfte nicht noch so eng verbunden gewesen wäre. Aber nach der Trennung beider erfolgte bald der Untergang der westlichen Hälfte, während die östliche noch fast 1000 Jahre weiter bestand.

So hatten denn die fehlerhaften kriegswirthschaftlichen Maassregeln dieses geschichtliche Ereigniss theils zur unmittelbaren Folge, theils beschleunigten und begünstigten sie es. In der That bietet die Geschichte kein anderes gleich auffallendes Schauspiel, wie den Untergang des weströmischen Reiches, herbeigeführt durch die scharfe Trennung der Nation in zwei einander feindliche, nach Bedingungen und Regeln der Existenz vollkommen entgegengesetzte Klassen: Bürgerstand und Soldatesca, von denen die erstere, dem Gesetze unterworfen, ohne Widerspruch und Klagen Alles zu erdulden hatte, was die Willkür, Grausamkeit und Habgier der letzteren, über das Gesetz erhabenen, nur zu ersinnen vermochte.

Hundert Völker, fest unter der Herrschaft Roms verbunden, die Quellen des Volksreichthums der besten Provinzen von drei Erdtheilen, alle Ansklügeleien einer erfahrenen Staatskunst, alle Vorzüge einer geregelten und festen Militärorganisation, ein stehendes Heer, dreimal so stark, als jenes, mit welchem Rom einst die Welt erobert hatte, — dies Alles konnte überwältigt, cerasirt und vernichtet werden durch die Heerhaufen armer barbarischer, aber verbündeter und unter einander einiger Völker. Und warum? Weil die Verschwendung, der Mangel an Controlle, die vollkommenste Willkür in der militärisch-ökonomischen Administration beim römischen Heere herrschte, dessen Eigenwille und Habgier alle Grundlagen zu seinem eigenen Unterhalte wie alle Vertheidigungsmittel des Staates unterwühlt und zerstört hatte.

Bei den germanischen und den übrigen Völkern Nordeuropas, welche das Weströmische Reich zerstörten, gewährt der Unterhalt der Truppen im Kriege etwa folgenden Anblick:

In der Geschichte erscheinen die Germanen ganz zu Anfang getrennt in grössere und kleinere Stämme und Gemeinden, welche, in ihren inneren Angelegenheiten ganz selbständig, zur Zeit des Krieges sich einem Heerführer unterstellten, welchen die Römer König nannten. Ein grosser Theil aber ihrer Kriegsunternehmungen wurde nicht von der ganzen Volksmacht, sondern von besonderen Schaaren, Genossenschaften, ausgeführt, gebildet aus Edelingen oder Adeligen. Indessen scheint von Anbeginn bei den einzelnen Völkern ein Heerbann oder ein allgemeines Volksaufgebot organisirt gewesen zu sein mit einem eigenthümlichen und keineswegs ungeordneten Verpflegungsmodus. Schon Cäsar bemerkt in seinen Commentaren, »dass das sehr mächtige und höchst kriegerische germanische Volk der Sueven, welches an 100 Gauen besass, jährlich eben so viele Tausende von Bewaffneten über die Grenze in den Krieg schickte. Die zu Hause Zurückbleibenden ernährten diese, wie sich selber, sodass weder der Ackerbau noch der Krieg unterbrochen wurde. Aber es gab bei ihnen keinen festen Landbesitz, noch war es gebräuchlich, länger als ein Jahr auf derselben Stelle behufs Ackerbau zu verweilen. Im Allgemeinen nährten sie sich weniger von Getreidebrod, als von Milch, Fleisch und Jagdbeute. Daher hatten Handelsleute mehr um des An- und Verkaufs willen von Kriegsbeute als um mit irgend welchen Handelsobjecten Handel zu treiben, Verkehr mit ihnen, da die Germanen selbst keine fremden Arbeitsthiere verwendeten, sondern die bei ihnen einheimischen Arten von mittlerer Güte alle erforderlichen Arbeitskräfte für die täglichen Beschäftigungen hergaben.«

Indessen mussten bei einem so kriegerischen Volke bald allgemeinere kriegerische Erfordernisse hervortreten, welche gleichzeitig als Vertheidigungs- und Angriffsmittel dienten und dazu zwangen, einen gewissen Theil des einzelnen Bestandes dem allgemeinen Besten zu opfern. Aus den oben angeführten und andern ähnlichen Angaben Cäsar's, auch aus Tacitus lässt sich schliessen, dass die Verpflegung der zum Kriege ausrückenden Germanen im Allgemeinen hauptsächlich aus dem Vieh, welches hinter ihnen nachgetrieben wurde, und aus Jagdbeute erfolgte, nicht aber allein durch Plünderung oder Kriegsbeute, wie Einige annehmen. Diese letzteren Mittel kamen zur Aushülfe in Anwendung, nicht aber als Hauptsache. Dies wird auch dadurch bestätigt, dass die Kriegsgeschichte kein Beispiel aufzeigt, dass die Kriegführenden, selbst im primitivsten Zustande der Völker, vom Anfang bis zum Ende des Krieges lediglich von Plünderung und Beute existiren konnten, ohne Zuhülfenahme von besonderen Unterhaltsmitteln. Diese Mittel der alten Germanen konnten nicht bedeutend sein, denn auch die Bedürfnisse dieses Volkes waren gering: Fleisch, Milch, kräftiges Bier und Kornbranntwein genügten ihnen vollständig. Aber sie mochten noch so gering sein, immerhin waren sie vorhanden und mussten befriedigt werden, nicht aus fremden Mitteln allein, sondern auch aus eigenen. Nach der Beschreibung des Tacitus lag den Fürsten der Volksstämme oder den Anführern der Schaaren die Verpflichtung ob, für Befriedigung dieser Bedürfnisse zu sorgen. Da sie zu den angesehensten und mächtigsten adeligen Landbesitzern gehörten, so hatten sie auch die meisten Mittel in der Hand, durch ihren Einfluss auf die öffentlichen Angelegenheiten im Allgemeinen und auf die Versorgung der Kämpfenden mit Lebensmitteln im Besonderen. Daneben war es gebräuchlich, dass die Gaue oder Gemeinden den Fürsten und Anführern Gaben an Waffen, an Proviantvorräthen, später sogar auch an Gelde zu ihrem und dem allgemeinen Besten brachten. Aus diesen Mitteln bestritten die Führer ihren eigenen und ihrer Schaaren Unterhalt. Nach Tacitus waren das Schlachtross, der Speer und eine reichliche, wenn auch grobe, Kost der einzige Sold, den der

Eine geben, die Andern aber annehmen mochten. Ueberhaupt stellen die gegenseitigen Beziehungen der Glieder in den germanischen Stämmen und Gemeinden sich vielmehr als freiwillige, nicht beständige Kriegergenossenschaften dar, nicht aber wie allgemeine oder Stammesbündnisse, als welche sie von den Römern betrachtet wurden. Ihre Kriegsökonomie, obgleich noch in der Kindheit, trug doch einen eigenen Charakter hinsichtlich der Befriedigung der Kriegsbedürfnisse, einen Charakter, der später mehr die Gestalt eines Systems annahm. Der Grundgedanke dabei blieb lange dieser: vermittelst der von Allen anerkannten Gewalt des Anführers über die eroberten Länder und des Rechtes, sie nach allgemein feststehenden Grundsätzen zu vertheilen, wurde die Bearbeitung und der Ertrag derselben von den Freien an Unfreie übergeben, immer unter der Bedingung der einen oder anderen Verbindlichkeit, in Form von Abgaben zum Unterhalt der Führer, der Edlen und Freien, oder mit andern Worten — des ganzen Kriegerstandes. Darin fanden die alten Germanen die einzige Belohnung für die Erfolge ihrer Waffen. Und auf solche Weise entstand das Lehnsrecht in dem Sinne des Erhaltens von Land für Kriegsdienst, bildete sich das Verhältniss der Unfreien zu den adeligen und freien Landbesitzern, das in Steuern, Abgaben und sogar Festungsfrohndienstobliegenheiten bestand, schon sehr früh und war in seinen Grundzügen Nichts als eine Einrichtung zur Ernährung und Unterhaltung der Krieger und Befriedigung der Kriegsbedürfnisse, kurzum eine kriegsökonomische Einrichtung. Natürlich waren sie Anfangs noch höchst roh und unentwickelt, aber selbst da lag schon die Möglichkeit des Unterhalts der Truppen ihnen zu Grunde. In dem Maasse, wie die Kriegsbedürfnisse sich in den Kriegen, namentlich gegen die Römer, vermehrten, mussten sich auch diese Einrichtungen entwickeln, befestigen und erspriesslich werden. Diese Vervollkommnung stand daher in Uebereinstimmung mit der Kriegsbildung und den Erfolgen der militärischen Einrichtungen, und sie kamen einander bei Erlangung des auf die Eroberung und Ausdehnung von Landbesitz gerichteten Zieles zu statten.

Die Folge der oben angeführten Ursachen, da die alten Germanen Jagd- und Viehzucht als die Hauptnahrungs- und Unterhaltsquellen für sich und für die im Kriege Befindlichen ansahen, waren häufige Aufenthaltsveränderungen, Nomadisiren derselben, das Aufsuchen anderer geeigneter fruchtbarer Gegenden, die Verdrängung der daselbst Wohnenden, welche dadurch ihrerseits gezwungen waren, andere Wohnsitze aufzusuchen. Hieraus ergab sich überhaupt ein beständiges Wandern der Völker und Stämme, welchem endlich der Einfall der Hunnen den Charakter einer allgemeinen Völkerwanderung gab, in der die germanischen Völker die Hauptrolle spielten. Bei dieser Völkerwanderung konnte natürlich nicht von irgend welcher regelmässigen militär-ökonomischen Verwaltung die Rede sein, welche nur da möglich ist, wo die kriegerischen Bedürfnisse sich aus den privaten und allgemeinen Bedürfnissen besonders hervorheben, und wo die Krieger nicht durch die ganze erwachsene Mannschaft der Völker, sondern nur aus einzelnen Theilen derselben gebildet werden. Bei der Völkerwanderung führten die Völker nicht nur Alles, was sie für den Krieg gebrauchten, sondern ihre gesammte Habe und Alles mit sich, was zum Unterhalt der nicht Kämpfenden, Greise, Weiber und Kinder dienen sollte. Die Wandernden lebten wo und wie sie konnten, ohne irgend welche Einmischung der Anführer, theils von dem, was sie mit sich führten, theils von dem, was ihnen die neuen Wohnplätze boten, bis deren Erschöpfung und Aussaugung die Führer veranlasste, das Volk weiter zu führen. Bei solchen Wanderungen wurde Alles verheert, Alles mitgenommen, was mitzuführen war, die eingeborenen Bewohner aber wurden in Gefangenschaft geschleppt. Dabei konnte natürlich keine Regelmässigkeit herrschen, diese erste und hauptsächlichste Bedingung zu einer militärisch-ökonomischen Verwaltung, und deshalb gab es auch keine solche.

Trotz alledem aber hatte die Völkerwanderung einen wesentlichen Einfluss auf die militärisch-ökonomische Verwaltung der späteren Zeiten und Völker. Sie gab Europa und allen Einrichtungen dieses Erdtheils eine vollkommen andere Gestalt. Neue Menschen, Sitten, Organisationen, Gesetze, Beziehungen, Staaten, Art der Kriegführung und Modus der Zusammensetzung, Formation und des Unterhaltes der Truppen traten plötzlich an die Stelle der vorherigen alten. Eine neue Ordnung der Dinge, fast ganz zusammenhangslos mit der alten, aber die Quelle und Wurzel der späteren, werdenden, keimt empor und setzt sich fest in Europa, dessen Völker durch ihre Kriegsorganisationen einst die Herrschaft der Welt erringen sollten.

Zum Schluss sind noch einige Bemerkungen hinsichtlich der Arten des Unterhalts während der Kriegszeit, wie sie bei den Völkern Osteuropas bestanden, zu machen, welche Völker mit den germanischen sich wie an den Einfällen in das römische Reich, so auch an der Zerstörung der westlichen Hälfte desselben und an der allgemeinen Völkerwanderung betheiligten. Es ist nicht von den Gothen die Rede, welche derselben Abstammung sind wie die Germanen, noch weniger von den Hunnen, die tiefer aus dem fernsten Asien in Europa auftauchen, sondern von den Scythen, Sarmaten, Alanen, Roxalanen, Jazygen und andern Völkern, den Ureinwohnern Osteuropa's, im 6. Jahrh. n. Chr. bekannt unter dem allgemeinen Namen der Slawen. Ihre Urgeschichte, Ethnographie und Kriegsthaten wurden bereits früher kurz dargestellt: man kann daraus die Hauptzüge der Aehnlichkeit, wie der Unähnlichkeit mit den Germanen erkennen. Die Aehnlichkeit bestand darin, dass beide Völker theils Jäger-, theils Hirtenvölker, grösstentheils aber Ackerbauer und kriegerisch waren, ein Familien- und Gemeindewesen besassen, und mit dem ganzen Stamme oder Volke zum Kriege zogen, unter Anführung ihrer Aeltesten oder obersten Fürsten, mit ihren Familien, Heerden und gesammten Habe, neue Gegenden zur Ansiedelung und Unterhalt aufsuchten, nachdem sie diese ausgesogen weiter zogen, und dass — wie die Germanen in die westliche Hälfte des römischen Reiches, so später die Slawen in die Osthälfte einbrechen, obgleich sie auch mit den Germanen bedeutenden Antheil an den Einfällen in die westliche Hälfte nahmen und sogar (die Alanen) in Gallien, Hispanien und Africa eindrangen.

Ein wesentlicher Unterschied aber gegen die Germanen bestand darin, dass bei den Slawen keine herrschende Klasse von Edel- oder Freigeborenen und Botmässigen, — Sclaven oder Arbeitern existirte, sondern dass sie alle frei und gleichberechtigt waren; Sclaven gab es überhaupt nicht bei ihnen, selbst die Kriegsgefangenen waren nur auf eine gewisse Zeit ihre Arbeiter und konnten gegen Lösegeld frei werden. Daher waren auch ihre ökonomischen und wirthschaftlichen Verhältnisse in Friedens- und Kriegszeiten andere als die der Germanen, wie sie eben dargestellt wurden, und fussten auf anderen Vorbedingungen und Ansprüchen der Friedens- wie der Kriegszeit. — Die den Grenzen des oströmischen Reiches zunächst Wohnenden, welche den Raum zwischen Donau, Don und Wolga einnahmen, wurden theils in den Zug der germanischen Völker nach Süden über die Donau mit hineingerissen, theils von den hinter ihnen drängenden Völkern ihres eigenen Stammes oder fremder Stämme gedrängt und fielen nun in das oströmische Reich theils auf dem Landwege über Donau und Kaukasus, theils von dem schwarzen und selbst von dem mittelländischen Meere her ein, indem sie Land zur Niederlassung und Beute für ihren Unterhalt suchten. Nachdem sie Beides erlangt, vertheilten sie es unter sich und verwendeten es zu ihrem Nutzen und den eigenthümlichen Gebräuchen ihrer öffentlichen Organisation entsprechend, welche von der oben angegebenen, der germanischen, wesentlich abwich. Dann aber ist bei ihnen zu dieser Zeit auch nicht die leiseste Spur von den Anfängen des späteren Lehnsrechtes zu bemerken, welches bei den Germanen (s. oben) sich entwickelt, dagegen treten die Anfänge eines Antheilrechtes hervor, welches schon früher und auch später bei ihnen bestand, und das in der Folge eine so wesentliche Verschiedenheit zwischen der öffentlichen und staatlichen Organisation der slawischen und germanischen Völker in Europa ausmachte.

Was die eigentlich kriegerischen Erfordernisse und die Mittel zu deren Befriedigung, sowie ihres Unterhaltes während der Kriegszeit mit allem Nothwendigen anbetrifft, so konnte in dieser Hinsicht unzweifelhaft bei ihnen kein grosser Unterschied vorhanden sein gegen das, was darüber bereits bei den Germanen angeführt wurde.

Indem wir hiermit die Betrachtungen *über den Unterhalt der Soldaten und Heere im Alterthum* abschliessen, bleibt noch zu bemerken, dass dieser Gegenstand mit verhältnissmässiger Ausführlichkeit behandelt wurde, aus folgenden wichtigen Gründen:

1) Weil die *Kriegsökonomie*, ebenso wie alle übrigen Zweige der staatlichen Einrichtungen, ihre gewissen allgemeinen, für alle Verhältnisse und Völker stets gleichen Fundamentalgesetze hat, deren Untersuchung und Darstellung nur vermittelst der Erforschung der Vergangenheit möglich ist, welche die Lehren auch für die Jetztzeit und für die Zukunft enthält. Der sicherste Weg dazu ist die Betrachtung des kriegsökonomischen Theiles der Verwaltung in ihren primitivsten Anfängen, in ihrem Zusammenhange mit den übrigen öffentlichen Einrichtungen, in den Perioden ihrer Entwickelung und ihrer Bedeutung für das ganze staatliche Leben, in der vergangenen Zeit sowohl, wie in der Gegenwart. Denn die Kriegsökonomie oder die kriegswirthschaftliche Verwaltung bewahrt ihren Grundcharakter in allen Perioden und Zweigen ihrer Entwickelung, von den ältesten Anfängen bis heute, sie bildet eine der vielen Branchen der Staats- oder politischen Oekonomie.*)

2) Weil sie von wesentlicher Bedeutung und Wichtigkeit in Bezug auf den Krieg und dessen Geschichte ist, deren Erforschung und Studium ohne historische Untersuchung der Kriegsökonomie nicht vollständig sein kann. Denn die kriegerische Thätigkeit des Menschen erfordert nicht allein sittliche Kraft, beruht nicht allein auf moralischen, sondern auch auf materiellen Factoren, und eine regelmässige Organisation, Regelung und Verwaltung erstreckt sich auf die eine, wie auf die andere dieser beiden Seiten.**)

Und 3) im Besonderen, weil die, wenn auch nur gedrängte Darstellung der kriegsökonomischen Verwaltung im Alterthum von der ersten historischen Zeit an bis zum Untergange des Weströmischen Reiches in den verschiedenen Epochen und bei den verschiedenen Völkern ihre besondere Wichtigkeit und Bedeutung in Bezug auf die Kriegs-

* Handbibliothek für Offiziere. V. Bd. I. Th. Der Haushalt der Kriegsheere von Richthofen.

** Ebenda.

geschichte — nicht allein des Alterthums, sondern auch der folgenden, der nächsten wie der neuesten Zeiten hat. Indem die verschiedenen Stufen des ursprünglichen Ganges, der Entwickelung und des Zustandes der Kriegsökonomie im Alterthum dargestellt werden, wird, um des engern Zusammenhangs willen, in welchem sie zu der Geschichte der Kriege und der Kriegskunst im Alterthume steht, auch der Aufklärung und dem besseren Verständniss dieser letzteren erheblich Vorschub geleistet.

§. 455.

Befehlsführung, Disciplin, Belohnungen und Strafen, Geist der Truppen.

Geborene Fürsten und Anführer waren bei allen Völkern im hohen Alterthume und überhaupt in den ältesten Zeiten überall die Aeltesten der Familien, Geschlechter, Stämme und Völker. So war es zu Anfang auch bei den Hebräern, wo später Vorsteher über 100 Mann, 500 Mann u. s. w. eingeführt wurden. David ernannte Joab zum obersten Heerführer und stellte unter sein Kommando 37 der vornehmsten Anführer, darunter die zwölf der früher erwähnten monatlich wechselnden Truppenkorps.

Im Allgemeinen scheint es, dass seit der ältesten Zeit bei allen Völkern die decadische Eintheilung der Truppen und dem entsprechend auch der Anführer beliebt war. Sie existirte auch bei den alten Persern unter Cyrus I. und später. Nach Xenophon bildete Cyrus I. den Kern seines Heeres aus einer Phalanx von 10,000 Mann Fussvolk, die in zehn Abtheilungen à 1000 Mann getheilt war: — diese zerfielen in vier Unterabtheilungen à 250 Mann, und diese wieder in solche à 25 Mann; jede dieser Abtheilungen stand unter dem Befehle eines besonderen Anführers. Bekanntlich aber scheint die Cyropädie des Xenophon nicht allein Das zu enthalten, was bei den Persern unter Cyrus I. wirklich vorhanden war, sondern auch was Xenophon in Form von Beispielen und Rathschlägen für Cyrus II., den Jüngern, vortrug, und deshalb ist seine Erzählung nicht ganz glaubwürdig.

Aus Homer's Iliade geht hervor, dass bei den alten Griechen in dem heroischen Zeitalter und im trojanischen Kriege die obersten Anführer die Könige und Kriegshelden oder Heroën waren. Aber erst im zehnten Jahre des trojanischen Krieges wurde auf Nestor's Rath das verbündete griechische Heer nach Stämmen und Völkerschaften getheilt, unter Anführung ihrer Aeltesten und dem Oberbefehle Agamemnon's. Aber im Allgemeinen trachteten die Heerführer der Griechen in dieser

Zeit mehr danach, sich selbst im Zweikampfe hervorzuthun, als an die Organisation der Bewegungen und Operationen der Truppen zu denken.

Nach dem trojanischen Kriege und Einführung der Volksregierung wurde die Leitung der griechischen Heere überhaupt unter mehrere Feldherren vertheilt, welche jährlich bei der Volksversammlung gewählt wurden. Sie waren mit gleicher Gewalt bekleidet, commandirten abwechselnd je für einen oder mehrere Tage die Armee und bildeten alle zusammen den Kriegsrath. Häufig befanden sich bei den Heeren auch ein oder mehrere Mitglieder der höchsten Regierungsbehörden zur Oberaufsicht über die Handlungen der Feldherren, Erhaltung der Eintracht der Letzteren, Führung des Vorsitzes bei dem Kriegsrath u. s. w. Diese Art von Befehlsführung über die Armeen, welche aus den Eigenthümlichkeiten der Regierungsform bei den Griechen entsprang, war ohne die genügende Einheitlichkeit und mit vielen Nachtheilen verbunden.

Die Befehlshaberstellen in den griechischen Armeen oder **Phalangen** entsprechen ihrer taktischen Eintheilung in grosse und kleinere Theile, die in den verschiedenen Republiken nicht ganz die gleiche, aber doch eine ähnliche war. In den zwei bedeutendsten Staaten, Sparta und Athen, waren die einzelnen Offizierstellen folgende: in der ersten, bei der *mora* oder dem Regiment Infanterie (nach Xenophon 1 Polemarch, 4 Lochagen, 8 Pentekostyrier und 16 Enomotarchen, — in der andern, 10 Chiliarchen über 1000 Mann), den 10 Chiliarchieen entsprechend, und 10 Strategen oder Oberanführer; die Letzteren hatten gleiche Gewalt, befehligten alle 14 Tage abwechselnd und bildeten alle zusammen den Kriegsrath. In Sparta commandirten zur Kriegszeit die Könige mit unumschränkter Gewalt die Heere, waren aber der Volksversammlung gegenüber zu strenger Rechenschaftslegung verpflichtet. Wenn zwei Armeen im Felde standen, so befehligte jeder der beiden Könige eine derselben, war nur eine Feldarmee vorhanden, so wurde einer der Könige durch das Loos an ihre Spitze gestellt, der andere aber blieb in Sparta. Bei den Königen befanden sich: je 1 oder 2 Polemarchen zur Aushülfe, einige der Sieger bei den öffentlichen Athleten- oder Kampfspielen, und die von den Ephoren gewählten jungen berittenen Krieger, welche gleichsam die königliche Leibwache bildeten. Die Ephoren selber pflegten, bald nach Lykurg's Zeit, die Könige in den Krieg zu begleiten und den Kriegsrath zu bilden.

Diese Art der Befehlsführung blieb bei den Griechen auf derselben Grundlage bestehen auch noch in der Zeit vom Anfang der griechisch-persischen Kriege bis zu Philipp und Alexander von Macedonien. In Theben wurde das Commando unter mehrere Feldherren, 1 bis 11 an der Zahl, getheilt, welche von den verschiedenen Städten Böotiens gewählt und deshalb Böotarchen genannt wurden. Sie führten abwechselnd den

Oberbefehl über das Heer und waren verpflichtet, nach Ablauf eines Jahres das Commando freiwillig niederzulegen, widrigenfalls sie mit dem Tode bestraft wurden.

Auf diese Weise bildete die Commandoführung in Griechenlands Heeren, da sie der erforderlichen Einheit ermangelte, eine der schwächsten Seiten der Heeresorganisation bei den Griechen und zog häufig ungünstige und schädliche Folgen nach sich. Und ebenso entbehrten die Unterbefehlshaberstellen in den griechischen Phalangen in Folge der Eigenthümlichkeiten der Regierungsform, des Volkscharakters, der Sitten und Gewohnheiten der Griechen aller erforderlichen Bedingungen zu Festigkeit und Kraft.

Ganz anders erscheinen diese Verhältnisse bei den Macedoniern unter Philipp und Alexander. Das Commando über die Truppen übertraf bei ihnen das oben beschriebene bei den Griechen wesentlich insofern, als es mit der königlichen Gewalt zusammen in der Hand Philipp's resp. Alexander's concentrirt war und daher den wichtigen Vorzug der Einheitlichkeit, Festigkeit und Kraft besass. Dem entsprechend waren auch die Verhältnisse der Unterbefehlshaber in der macedonischen Phalanx geregelt, wo jeder kleinste Theil, vom Lochos (eine Rotte von 16 Hopliten) und diesen Unterabtheilungen (2 Dimörien und 4 Enomotien, bis zu den grössten, der einfachen, Doppel- und grossen Phalanx, hinauf seine besonderen Anführer hatte, welche für strenge Ordnung und Ausführung verantwortlich waren. Dasselbe ist auch von der Befehlsführung in den taktischen Abtheilungen und Unterabtheilungen der Peltasten und der Reiterei zu bemerken.

Nach Alexanders d. Gr. Tode behielten die Befehlsverhältnisse bei Griechen und Macedoniern, bis zu deren Unterjochung durch die Römer, dieselben äusseren Formen bei, verloren aber schon an innerem Werthe, an Einheit, Festigkeit und Kraft, geriethen sogar in Unordnung und Verfall.

Bei den Karthagern litt die Commandoorganisation an wichtigen Mängeln insofern, als die Heerführer durch das Volk gewählt wurden (stets aus den karthaginiensischen Bürgern), meist nicht nach ihren persönlichen Eigenschaften und Fähigkeiten, Kriegsauszeichnungen oder dem Vaterlande geleisteten Diensten, sondern nach Gunst und Neigung des Volkes, Adel des Geschlechts, Reichthum, Verbindungen, oder Einflüssen der politischen Parteien. Der unaufhörliche Hader dieser letzteren, der Neid auf die Siege und Eroberungen geschickter oder glücklicher Feldherren, und besonders die Besorgniss, dass sie ihre Macht gegen die Freiheit von Karthago wenden könnten, waren die Ursachen zu häufigem Wechsel der Feldherren, selbst während eines Krieges und der Kriegsoperationen, zur Verweigerung von Geld, von Verstärkungen der Kriegsbedürfnisse, zur thunlichsten Einschränkung ihrer Anordnungen und Handlungen, endlich zur gänzlichen Beschneidung ihrer Macht. Sie war schon früher dadurch beschränkt gewesen, dass, aus Misstrauen gegen die Heerführer, diesen besondere vom Senate bestimmte Senatsmitglieder oder Specialbevollmächtigte mitgegeben wurden, um ihre Handlungen zu controliren und sie zu leiten; von diesen waren die Feldherren vollkommen abhängig.

Aber im 5. Jahrh. v. Chr. (zwischen 480 und 410) begann der Senat (*Gerusia*) selbst von Karthago aus den Krieg und die Operationen sogar in entfernten Ländern zu leiten, die Operationspläne zu entwerfen, von den Feldherren deren unveränderte und pünktliche Ausführung zu verlangen, und für Abweichungen von denselben, für unglückliche Unternehmungen oder Niederlagen sie mit strengen, ja grausamen Strafen zu belegen. Die natürliche Folge davon war, dass die Kriegspläne des Senates selten den Verhältnissen entsprachen, dass die in ihrer Action eingeengten Feldherren keine kühnen und entscheidenden Unternehmungen wagten, und dass daher die Kriege der Karthager meist langsam, unentschlossen, ohne Nachdruck und oft ohne Erfolg geführt wurden.

Bei den Römern hingegen übertraf von der Gründung Roms an und bis zum Ende der punischen Kriege, in der besten Periode unter den Königen und unter der Republik, die Organisation der Befehlsführung alles bis dahin im Alterthum Dagewesene, nicht allein in Afrika und Asien, sondern auch in Europa bei den Griechen und selbst bei den Macedoniern unter Philipp, Alexander d. Gr., und nach diesem. Von Anfang an fand bei den römischen Heeren eine genaue Festsetzung der militärischen Gewalt und eine strenge Rangordnung in allen Abtheilungen und Unterabtheilungen der Legion statt. Die Armeen wurden mit absoluter und unbegrenzter Gewalt befehligt. Anfangs von den Königen, dann von den Consuln geführt, waren zwei Armeen aufgestellt, so standen an ihrer Spitze je ein Consul, — wenn sie sich aber vereinigten, so commandirten beide Consuln abwechselnd je 24 Stunden was indessen die Einheitlichkeit des Befehles störte und nicht selten üble Folgen nach sich zog. Vom J. 497 v. Chr. an wurden in Fällen von besonderer Wichtigkeit oder Gefahr Dictatoren gewählt, welche die unbeschränkte Befugniss hatten, das Heer zusammen zu rufen und zu entlassen, Krieg zu erklären oder Frieden zu schliessen u. s. w., aber nur auf 6 Monate, oder bis nach Beendigung der Gefahr. Der Dictator war der unmittelbare Vorgesetzte des gesammten Fussvolkes, er wählte sich, bisweilen auch ernannte das Volk oder der Senat ihm Gefährten und Gehülfen mit dem Titel *magister* oder *magister equitum*. Die Unterbefehlshaber bei den Legionen waren die Legaten, Kriegstribunen, Centurionen über 100 Mann, Untercenturionen, Decurionen über 10 Mann und Unterdecu-

0*

rionen, bei den Bundesgenossen-Legionen die ihnen vorgesetzten Präfekten.

Nach dem zweiten punischen Kriege ging der Oberbefehl über die römischen und anderen Truppen in den unterworfenen und eroberten Provinzen an die Statthalter, Proconsuln, Proprätoren oder Proquästoren über, mit unumschränkter militärischer und bürgerlicher Gewalt, aber mit der Verpflichtung der Verantwortlichkeit vor Volk und Senat hinsichtlich der Verwendung dieser Gewalt.

Die Anführer der römischen Heere waren auch äusserlich bedeutend ausgezeichnet, wie durch besondere Kleidung und Waffenschmuck, so durch die sie umgebenden Lictoren, die ihre Befehle und Aufträge auszuführen hatten, und durch die Verwaltungsbeamten des Heeres: Quästoren oder Zahlmeister, Contubernales oder Gefährten (*suite*), Mensoren, Metatoren, Librarii, Frumentarii, Auguren u. s. w.

Aber seit der Zeit des Beginns der Bürgerkriege wurde das Amt eines Dictators schon das Ziel und zugleich eine Waffe für Ehrgeizige, welche nach Erlangung der obersten Gewalt strebten, und es war fast ununterbrochen bekleidet. Der Posten der Legaten ward der oberste Offiziersgrad im Heere: man vertraute ihnen den Oberbefehl über 1 oder mehrere Legionen oder gar Armeen an, ihre Zahl nahm sehr zu. Die Kriegstribunen befehligten die Cohorten, Centurionen die Centurien, der erste Centurio der ersten Cohorte hiess von Alters her *primipilus* (erster Spiess), bewahrte den Legions-Adler und war ein stimmberechtigtes Mitglied des Kriegsrathes.

Unter Augustus blieb die militärische Rangstufenfolge noch fast unverändert die frühere, ausgenommen dies, dass die Legaten die Legionen befehligten, den prätorianischen Cohorten zwei *praefecti praetorii* vorstanden, die Armeen aber von kaiserlichen oder Consular-Legaten (Statthaltern der kaiserlichen Provinzen) geführt wurden, denen Quästoren und Procuratoren zur Hülfe beigegeben waren. Augustus selbst war in seinem Amte als Kaiser der oberste Anführer sämmtlicher Streitmacht des Reiches. Aber seit Otho's Zeit pflegten Legionspräfekten die Legionen zu commandiren, seit Septimius Severus begannen die prätorianischen Präfekten ausser dem Befehl über die prätorianischen Cohorten auch die Finanzen und das Gerichtswesen im Reiche zu leiten und gehörten zu den ersten und bedeutendsten Staatsbeamten im Reiche.

Diocletian beschränkte die Macht und den Einfluss der prätorianischen Präfekten und des Heeres erheblich, indem er strenge Gesetze darüber erliess und eine strenge gesetzliche Ordnung einführte. Constantin d. Gr. trennte die militärische Gewalt vollkommen von der bürgerlichen, vermehrte die Zahl der militärischen Verwaltungsbeamten und Offiziere, stellte die gegenseitigen Subordinationsverhältnisse fest auf

Grund einer neu eingeführten Rangfolge und unterstellte Alle den höchsten Staatsbehörden (Ministerien), durch welche die Regierung sich in der Person des Kaisers concentrirte, unter dem die beiden *magistri peditum* und *equitum*, sowie die beiden Anführer der Garde zu Fuss und zu Pferde standen. Nach Constantin d. Gr. wuchs die Zahl dieser *magister*, nach der Theilung des Reiches durch Theodosius d. Gr. in das östliche und westliche gab es in jeder Reichshälfte einen *magister* sämmtlicher Truppen, der nächst und unter dem Kaiser die militärische wie die bürgerliche höchste Gewalt besass, im Weströmischen Reiche sogar im Namen des Kaisers regierte.

Dies war der Entwickelungsgang und Zustand der Commando-Verhältnisse im Alterthum überhaupt und bei Griechen und Römern im Besonderen. In der besten Verfassung befanden sie sich, wie aus dem oben Gesagten hervorgeht, bei den Macedoniern unter Philipp und Alexander d. Gr. und namentlich bei den Römern bis zum Ende der punischen und dem Beginn der Bürgerkriege.

Mit der militärischen Rangstufenfolge und Commandostellung sind militärische Subordination und Disciplin eng verbunden, ebenso steht der Geist der Truppen und alle die Einrichtungen, welche zur Erhaltung, Anregung, Befestigung und Hebung desselben, wie zu Bestrafungen für Verletzung desselben bestimmt waren, damit im engsten Zusammenhange. Ihre Entwickelung im Alterthume, zu verschiedenen Zeiten und bei den verschiedenen Völkern durchläuft gleichfalls bessere und weniger gute Perioden und Epochen, und der schlechteren gab es fast mehr als der guten. Im Ganzen genommen war dieser wesentliche und wichtigste Theil des Zustandes der Truppen zu allen Zeiten und bei allen Völkern des Alterthums anfänglich mehr oder weniger zufriedenstellend, gegen das Ende hin dagegen in Verwirrung, Unordnung und Verfall.

Bei den alten Völkern Asiens und Afrikas, bei denen die Kastentheilung existirte, machten die kriegerische Erziehung und die beständige Beschäftigung mit kriegerischen Uebungen die Kriegerkaste zur Kriegführung besonders geeignet, vertraut mit dem Kriegswesen und an militärische Ordnung und Gehorsam gewöhnt, der kriegerische Geist wurde in ihnen genährt. Dass der Kriegerberuf forterbte, wirkte gleichfalls in diesem Sinne mit, andererseits aber war dies den Erfolgen der Kriegskunst entgegen. Ferner konnten die Kriegerkasten, da sie ausschliesslich die bewaffnete Macht des Staates bildeten, leicht demselben gefährlich werden, indem sie seine Interessen den ihrigen nachstellten, was um so mehr vorkommen konnte, da diese Kaste den übrigen Kasten und überhaupt dem ganzen Volke entfremdet war. Diese Mängel und Nachtheile traten auch in der That früher oder später hervor, besonders in Folge des zunehmenden Reichthums, Luxus, Verweichlichung, Sittenverderbniss und demnächst des Verfalles des militärischen Geistes und der militärischen Ordnung. Wir bemerken ein für allemal, dass diese selben Ursachen und Wirkungen in allen Perioden und Epochen des Alterthums und bei allen Völkern vorkommen. Die Einfachheit, selbst Rauhheit der Sitten, die Armuth der Lebensweise und der Gewohnheiten, für die kriegerische Disciplin und Geist sehr vortheilhaft im Anfange, verlieren und verschlechtern sich stets in dem Maasse, wie der Reichthum mit allen seinen Consequenzen zunimmt, sie treiben schliesslich zu einem mehr oder minder vollkommenen Verfall, der der wahren und nothwendigen militärischen Disciplin und Gesinnung diametral entgegengesetzt ist. Dann traten an die Stelle der Achtung vor den Vorgesetzten, des Gehorsams, der Ordnung, des militärischen Geistes und aller kriegerischer Tugenden, ohne welche ein gut organisirtes Heerwesen undenkbar ist, die Anarchie, Eigenmächtigkeit, meuterischer Geist, Habgier, Sucht sich gewaltsam durch Rauben und Plündern zu bereichern, Bedrückung und Grausamkeit gegen die friedlichen Bewohner, Zaghaftigkeit und Feigheit gegen die äusseren waffenfähigen Feinde u. s. w., Laster, welche das Heer beflecken und es seines Berufes unwürdig machen. Zu einer furchtbaren bewaffneten Bande von Räubern herabgesunken, ist das Heer nicht mehr, was es sein sollte, die wahre und zuverlässige Stütze, der Schirm und Schutz des Staates, sondern dessen schlimmster innerer Feind, Pest und Geissel, unvergleichlich gefährlicher als alle äusseren Feinde desselben, welcher Art diese auch sein mögen. Das ist eine Erscheinung, welche sich beständig und regelmässig in grösserem oder geringerem Maasse zu allen Zeiten und bei allen Völkern des Alterthums wiederholt. Zweck und Umfang dieses Werkes erlauben und fordern nicht, dass alle Ursachen dieser Erscheinung untersucht und ausgeführt werden könnten. Es sind deren sehr viele, die hauptsächlichsten aber und stets allen Völkern gemeinsamen sind die oben angegebenen, das Reichwerden und alle dessen Folgen. Wir ziehen nur die Perioden, Epochen, und den Charakter dieser Erscheinung bei den Völkern des Alterthums in Betracht.

Unter den alten asiatischen und afrikanischen Völkern und Staaten, welche historisch bekannter werden seit dem Anfang des 8. Jahrh. v. Chr., sind es die Assyrier, bei denen kriegerischer Geist und Disciplin der Truppen bis zur Mitte des 7. Jahrh. hin in guter Verfassung gewesen zu sein scheinen, von da an aber bis zur Zerstörung des assyrischen Reiches durch Nabopolassar von Babylon und Cyaxares von Medien zu Ende des 7. Jahrh. (610 v. Chr.) sind sie in Verfall. — Bei den Babyloniern von dieser Zeit an nur unter den beiden ersten Königen der neuen babylonisch-chaldäisshen Dynastie, Nabopolassar (610—606) und besonders Nabuchodonosor (606—562). Bei den Medern nur von der Zeit ihrer Losreissung von den Assyriern und der Bildung eines unabhängigen medischen Reiches bis zum Abschluss des Friedens mit dem lydisch-phrygischen Reiche in Kleinasien (585), denn 25 Jahre später (560) wurde das medische Reich schon von Cyrus I. unterworfen. Bei den alten Persern nur unter Cyrus I., Cambyses, Darius Hystaspis und Xerxes (560—465), wonach sie allmälig in den furchtbaren Verfall geriethen, in welchem sie sich zur Zeit der Kriege Alexander's d. Gr. (336—324) befanden. Bei den alten Hebräern von dem Auszuge aus Aegypten und dem Einzuge in das Gelobte Land bis zur Theilung des jüdischen Königreichs, nach Salomo's Tode, in das judäische und israelitische (1491—975), wonach bald ein rascher Verfall eintritt, bis zur Unterjochung des israelitischen Reiches durch Salmanassar von Assyrien (720) und des judäischen Königreiches durch Nabuchodonosor von Babylon (587). Nach der Wiederherstellung des judäischen Reiches unter der Herrschaft der Hohenpriester im J. 536, und besonders unter den Maccabäern (166—135) erhebt sich auch die militärische Disciplin und der Geist im jüdischen Heere in alter Kraft und zu altem Ruhme. Vom J. 135 an aber, unter dem Hohenpriester, später Fürsten, Hyrcanus bis zur Eroberung und Zerstörung von Jerusalem und Unterwerfung Juda's durch Titus im J. 70 n. Chr. nehmen der sittliche Verfall, Unfolgsamkeit, Willkür, Empörungsgeist und alle möglichen Uebelstände im jüdischen Heere und Volke mit solcher Gewalt zu, dass ähnliche Beispiele wie dieses erste in der Geschichte überhaupt, besonders aber im Alterthum kaum wieder vorkommen. Bei den Aegyptern war die in dieser Hinsicht glänzendste Periode die Regierungszeit der 19. Dynastie der Pharaonen-Sesostriden (1485—1200 v. Chr.), namentlich unter dem Ersten derselben, Ramses III. oder Sesostris I. (1485—1416), dessen Regierung 6 Jahre nach dem Auszuge der Juden aus Aegypten unter Pharao Kenchres oder Menephthes beginnt. Mit dem 12. Jahrh. (1200) beginnt der Verfall, welcher im 8. Jahrh. (800—700) die grösste Höhe erreicht, unter Psammetich I., dem Begründer der 26. (sais'schen) Dynastie, (660—617) zur Auswanderung des grössten Theiles der aufrührerischen und unruhigen Kriegerkaste nach Aethiopien und zu ihrem Ersatz durch griechische Soldtruppen führte, bis Aegypten selbst durch Cambyses im J. 524 unterworfen wurde. Bei den Karthagern endlich seit der Gründung Karthagos um 878 v. Chr. bis zur Mitte des 6. Jahrh. (550) befand sich das Heer in gutem primitivem Stande in Bezug auf Disciplin und Geist der Truppen, von der Mitte des 6. Jahrh. aber bis zur Mitte des 3. (550—250), der Periode grösster Macht und höchsten Ruhmes Karthagos, in noch besserem, obgleich die Zusammensetzung des Heeres aus Söldnern und Truppen verschiedener Stämme schon den Keim der Desorganisation und des schlechten Geistes in sich enthielt, welcher auch in dieser Periode schon nicht selten schädliche und gefährliche Ausbrüche brachte. Nach dem ersten punischen Kriege aber bis zur Zerstörung Karthagos (241—216) geht der Verfall in dieser Beziehung rasch und entscheidend fort und führt gewaltige innere Erschütterungen und endlich die gänzliche Zerstörung des karthagischen Staates durch die Römer herbei.

Wenden wir uns nun zu den europäischen Völkern, den Griechen, Römern und den Völkern Nordeuropas, welche das Weströmische Reich zerstörten, so begegenen wir derselben Erscheinung, aber in unvergleichlich grösserem und interessanterem Maasse.

Die Perioden des höchsten Standpunktes der kriegerischen Ordnung, Disciplin und Geistes waren unstreitig: bei den Griechen — nach Homer's Iliade — sogar schon die Zeit des trojanischen Krieges, nach Ausweis der Geschichte aber die Zeit von diesem Kriege bis zum Ende des peloponnesischen Krieges, und namentlich die der griechisch-persischen Kriege (1194—404 v. Chr.) —, bei den Römern die Zeit von der Gründung Roms bis zum Ende der punischen Kriege (754—146). Die dann folgenden Zeiten, bei den Griechen von 404 an, bei den Römern besonders von 146 an, bieten das traurigste Bild, dem Nichts in der Geschichte gleicht, und welches gleich einem furchtbaren Fantom für Jahrhunderte hinaus eine gewaltige Lehre und Warnung für die Nachwelt, namentlich die kriegerische, bildet. Als dieselben Ursachen, wie sie oben angeführt wurden, Luxus, Bürgerkriege, Sittenverderbniss, Habsucht u. s. w. in den Griechen und Römern die Gefühle der Ehre und der Vaterlandsliebe, und alle kriegerischen Tugenden der früheren besten Zeiten kriegerischen Ruhmes erstickt hatten, entwickelten sich in ihren Heeren alle Formen der Laster, welche schon oben genannt wurden, zu furchtbarer Höhe. Das hauptsächlichste und wichtigste dieser Laster war aber der Geist der Willkür und des Aufruhr's, welcher jener strengen Disciplin direct zuwider lief, die die Seele jedes wohlgeordneten Heeres sein muss und es bei den griechischen und römischen Heeren jener besten Zeit ihrer Geschichte gewesen war, durch welche sie gerechten Ruhm erlangt hatten. Wie schlecht aber in dieser Hinsicht auch die Verfassung der griechischen Heere sein mochte, sie war doch nicht annähernd mit der der römischen Heere nach Augustus bis zur Zerstörung des Weströmischen Reiches zu vergleichen. Die letzteren vereinten so zu sagen alle Schäden dieser Art, welche bei den oben genannten Völkern des Alterthums vorkamen, in sich. Die ganz natürliche Folge war deshalb der Fall Griechenlands und Macedoniens vor den siegreichen Waffen der Römer, und der des Weströmischen Reiches unter den Streichen jener Völker Nordeuropas, welche von den Römern in ihrem maasslosen Hochmuthe Barbaren genannt wurden, welche aber die

Werkzeuge der Vorsehung waren zur Zerstörung und Umbildung dessen, was nicht länger bestehen konnte und sollte, wohl aber einer radicalen und vollkommenen Umbildung unterworfen werden sollte.

Sie, eben diese nordischen Barbaren, germanischer und zum Theil slawischer Abstammung, waren neue, frische, ursprüngliche Völker, nicht verderbt und geschwächt wie die Römer, die aber bei all' ihrer Rohheit und Ungebildetheit in kriegssittlicher Hinsicht unvergleichlich höher standen, als die abgelebten kläglichen Nachkommen des einst so mächtigen Roms. Strenger Gehorsam gegen ihre Fürsten und Anführer und ein ungemein kriegerischer Geist machte sie zum vollkommensten Gegensatze Derjenigen, welche, nach Erreichung der höchsten Stufe der Civilisation in der alten Welt, in den ersten 5 Jahrh. n. Chr. von dieser bis zur tiefsten Verwilderung, selbst im Vergleich zu ihren Ueberwindern, den Barbaren, herabsanken.

Und welche Mittel wurden nicht bei den Völkern des Alterthums angewendet zur Entwickelung, Aufrechterhaltung und Belebung einer strengen Disziplin und eines ächten Soldatengeistes in den Heeren, sowie zur Züchtigung für jeden Verstoss in dieser Hinsicht! Das System der militairischen Belohnungen und Bestrafungen, von den einfachsten, primitivsten bis zu den complicirtesten und raffinirtesten in der Folgezeit war besonders bei den Griechen, noch mehr bei den Römern entwickelt und dehnte sich um so weiter aus, je tiefer die Disziplin und der Geist der Truppen sanken. Die Geschichte überliefert uns fast gar keine Nachrichten, wie es hiermit bei den alten Völkern und Staaten Asiens und Afrikas stand. Die Ueberlieferungen und die erhaltenen Denkmäler in Aegypten bezeugen, dass unter Sesostris und nach ihm in der besten Zeit Aegyptens (1500—1200 v. Chr.) die kriegerische Disziplin in den ägyptischen Heeren strenge gehandhabt, die Truppen aber vom besten kriegerischen Geiste beseelt waren. Sie bezeugen ferner, dass Sesostris bei den Truppen militairischen Gehorsam und Subordination einführte, deren Nichtbefolgung mit schweren Strafen belegt wurde, die körperlichen Strafen dagegen durch Entehrung ersetzte, wobei der Schuldige zwar die Ehre wieder erlangen konnte, aber nur durch tapferes Verhalten und Kriegsdienste. Xenophon führt in seiner Cyropädie viele weise Maassregeln an, durch welche Cyrus I. in den persischen Heeren Ordnung und guten kriegerischen Geist zu erhalten wusste; es ist nicht gewiss, ob das thatsächlich so war, oder ob Xenophon dem jüngeren Cyrus damit nur Lehren über diesen Gegenstand ertheilen wollte. In den jüdischen Alterthümern des Flavius Josephus finden sich Mittheilungen über denselben Gegenstand bei den Hebräern seit der ältesten

Zeit bis zu Flavius Josephus' Zeit, besonders bis zu den Königen und unter Saul, David und Salomo, — der besten Zeit der hebräischen Geschichte. Was Karthago anbelangt, so scheint es, dass man dort weit strenger gegen die Feldherren verfuhr, als gegen die Miethstruppen, welche nur durch pünktliche Zahlung des Soldes in Gehorsam und Ordnung zu erhalten waren, denn anderenfalls konnte man mit ihnen nicht fertig werden und setzte sich von ihrer Seite grossen Gefahren aus.

Ueber Griechen und Römer hat die Geschichte uns in dieser Hinsicht zuverlässige und ausführliche Nachrichten aufbewahrt.

Aus dem oben bereits über Befehlsführung bei den Griechen Gesagten liessen sich schon die für die militärische Disciplin gefährlichen Momente erkennen. In Sparta waren es Anfangs die Ephoren, später die 30 Rathgeber bei den Königen in der aktiven Armee, welche die letzteren in der Freiheit der Action, der Maassregeln und Anordnungen in jeder Beziehung und somit auch hinsichtlich der Aufrechthaltung einer strengen Disziplin bei den Truppen behinderten. In Athen und den übrigen Staaten mussten die jährliche Wahl und der Wechsel der Strategen, sowie deren Unterwerfung unter die strenge Verantwortlichkeit vor Volk und Regierung entschieden ungünstig und schädlich auf die Selbständigkeit der Dispositionen und Handlungen der Strategen einwirken. Die Letzteren wechselten während ihrer Kriegsunternehmungen und Siege, wurden durch Andere ersetzt, welche nicht die Operationen ihrer Vorgänger fortsetzen konnten oder wollten. Die Griechen im Allgemeinen, die Athener im Besonderen, sahen in jedem siegreichen Strategen einen Unterdrücker ihrer Freiheit und heimlichen Feind des Vaterlandes. Die Zuneigung des Volkes und der politischen Parteien setzte die Strategen ein und ab, nicht immer fiel die Wahl auf die Fähigsten, und bei dem geringsten Misserfolge oder bei dem Verdachte ehrgeiziger Absichten waren die Strategen der schreiendsten Undankbarkeit ausgesetzt, wie die Beispiele des Miltiades, Cimon, Themistocles, Aristides, Alcibiades, Phocion u. A. darthun. Dies lag theils in der Regierungsform der Griechen, theils in ihrem Nationalcharakter, der mit Hang zu Willkür, Aufruhr, Streit und Zwist gemischt war. Darunter litt aber auch die Disziplin in den griechischen Heeren. Es existirten bei den Griechen strenge Kriegsgesetze hierüber, aber die moralische Kraft gaben denselben nicht sowohl die Bestrafungen der Uebertreter, als vielmehr die im griechischen Volke herrschende und ihm eigenthümliche Denkweise und Sinnesart. Ausser Körper-, Todes- und Geldstrafen standen auf Eidbruch, Kleinmuth und Feigheit noch verschiedene öffentliche und beschimpfende Strafen, wie öffentliche Ausstellung in Weiberkleidung, Entziehung des Rechtes zur Betheiligung an religiösen und bürgerlichen Festen oder Ceremonien, Verbot der Verehelichung, öffentliche Prügel (Spiessruthen),

Bekleiden mit schmutzigen Lumpen u. s. w. Nächst diesen öffentlichen Strafen kamen private, in der Familie: die durch jene Beschimpften wurden mit Schanden aus ihrer Mitte ausgeschlossen, aus der eigenen Familie ausgestossen. Besonders strenge, bis zur Grausamkeit, waren in dieser Hinsicht die Kriegsgesetze Spartas. Die Kriegsbelohnungen ihrerseits hingen ebenfalls mit denselben Gefühlen und Gesinnungen des griechischen Volkes zusammen. Beförderungen in Rang und Aemtern, verschiedene Arten an Geschenken u. s. w. dienten zur Anerkennung und Anreizung der Offiziere und Soldaten, Kränze aus Oliven-, Lorbeer- oder Eichenblättern, silberne oder goldene Kronen, Siegesgesänge, Aufhängen der eigenen Waffen in der Acropolis (zu Athen), Geschenke von vollständigen Waffenrüstungen, Errichtung von Bildsäulen u. s. w. waren die Belohnungen der Strategen. Indessen wurden alle diese Belohnungen nur selten und kärglich zuerkannt. Dem Miltiades verweigerte man einst den Olivenblattkranz, und nach einem Siege wurde dem ganzen Heere die erste Belohnung, dem Strategen des Heeres aber nur die zweite zugesprochen, weil Jeder im Heere nach der Belohnung gestrebt hatte und sich ein Anrecht auf dieselbe zusprach.

Auf solchen Grundlagen ruhte die militairische Disziplin in den griechischen Heeren bis zum Anfange des Krieges mit den Persern, und Ordnung, Gehorsam, Mässigung herrschte in denselben. In der Folgezeit aber schlugen unter dem schädlichen Einflusse der orientalischen Verweichlichung und Sittenverderbniss diese kriegerischen Tugenden in ihr Gegentheil, in Laster um. Und in gleichem Maasse vermehrten sich die Strafen sowohl, wie die Belohnungen der Krieger, was schon auf eine moralische Verderbniss der Masse des Volkes und auf ein Sinken der militärischen Disciplin bei den Truppen hindeutet. Die Kriegsgesetze werden zahlreicher und strenger, ihre Beachtung aber hängt schon vorzugsweise von der persönlichen Energie der Strategen ab. Bald nach dem peloponnesischem Kriege that sich in Athen Iphicrates besonders hervor durch Hebung der kriegerischen Disciplin, d. h. also, sie war in diesem Kriege schon etwas in Verfall gerathen. Indessen erreichte das Kriegswesen überhaupt, und besonders die Kriegskunst gerade in dieser Zeit ihre höchste Entwickelung bei den Griechen. Diese beiden Erscheinungen zeigen sich stets zugleich im Alterthum: immer schreiten mit der Entwickelung der Civilisation die Erfolge der Kriegskunst und der sittliche Verfall gleichmässig fort. Die häufigen und lange dauernden Kriege beförderten sowohl das Erstere, wie das Letztere. Neben den höchsten kriegerischen Tugenden brachen auch die entgegengesetzten Laster hervor, Folgen der entfesselten Leidenschaften, deren Befriedigung schon damals als ein Mittel zur Befeuerung des Eifers angewendet wurde, deren Forderungen aber zur Nachsicht zwangen. Ihr gefährliches

Anwachsen trat stets hervor, wenn unausgesetzte Dienstleistungen verlangt wurden, welche nicht unmittelbar aus den Forderungen der allgemeinen Wohlfahrt entsprangen, und wenn in Folge dessen die Sucht nach Belohnungen für dieselben sich geltend machte, denn die edleren Triebfedern dazu waren bereits erlahmt. Dann gingen die Forderungen einzelner Personen im Heere schon über ihre Verdienste hinaus und die Belohnungen wurden zahlreicher als die Thaten. Strenge Strafen erschienen bereits zu grausam, die freigebigsten Belohnungen aber zu klein für die Habsucht und den Ehrgeiz. Die Kriegsgesetze konnten nicht mehr strenge gehandhabt werden, der hierzu entschlossene Feldherr stiess überall auf Widerstand, dessen er nicht Herr werden konnte, weil er nicht die Macht hatte, die Wurzel des Uebels auszurotten. Der Einfluss dieser Art von Männern war in den günstigsten Fällen nur ein zeitweiliger. Nach Iphicrates sank die militairische Disziplin bei den Griechen immer tiefer, bei den Athenern rascher, bei den Spartanern langsamer, als bei den übrigen*).

Bei den Macedoniern unter Philipp und Alexander d. Gr. hingegen erreichte die Kriegsdisziplin einen bis dahin nie erreichten Grad von Vollkommenheit. Dazu trug wesentlich die Einheitlichkeit und Kraft der monarchischen Gewalt bei, welche solche hochbegabte und kriegerische Herrscher, wie Philipp und Alexander, über das Heer besassen. Dies Alles zusammen war auch die begreifliche Ursache, dass weder Griechenland, noch Persien dem vortrefflich disziplinirten Heere der Macedonier unter Philipp's und Alexander's Führung widerstehen konnten. Aber schon zu Lebzeiten des Letzteren traten Anzeichen des Verfalls der ausgezeichneten macedonischen Kriegsdisciplin hervor. Die unmässigen, nirgends Halt machenden Eroberer waren immer mehr oder weniger die Sklaven ihres Heeres. So geschah es auch mit Alexander d. Gr., — die entschiedene Weigerung seiner Truppen, über den Hyphasisfluss zu gehen, bewog Alexander, sich ihrem Willen zu unterwerfen. Nach seinem Tode aber zerfiel sein unermessliches Reich noch rascher, als es entstanden war, zerrissen durch die Zwistigkeiten seiner ehrgeizigen Nachfolger, und durch ihr Instrument, das Heer, in welchem auf einmal jede Spur von militärischer Disziplin erlosch.

So waren, wie in den besten blühendsten Zeiten, so in der Zeit des Verfalls, die Folgen derselben bei den griechischen Heeren nicht dieselben wie bei den macedonischen. Wenn sie in den griechischen Heeren zu weniger glänzenden Resultaten führte, so erzeugte sie nicht weniger ungewöhnliche Thaten, war aber der Welt weniger verderblich, als die macedonischen. Die Grundbedingungen der ersteren hingen enger mit

*) Handbibliothek für Offiziere. I. Bd. I. Abth. (Brandt.)

len sittlichen Eigenthümlichkeiten des griechischen Volkes zusammen, ls die der letzteren, welche mehr eine Frucht der persönlichen hohen Veisheit, Willens- und Verstandeskraft Philipp's und Alexander's war, nd nach deren Tode in sich zerfiel.

Bei den Römern war die Kriegsdisziplin wie überhaupt das ganze Kriegswesen und die Kriegskunst von der der Griechen verschieden. bgleich in einigen Grundelementen sich auch einige Aehnlichkeiten mit lerselben finden. Nicht annähernd so feingebildet wie die Griechen, bertrafen die Römer diese doch bedeutend in eigentlich kriegerischer Beziehung.

In der ersten und dann in der besten Zeit Roms war das der Form ler Aushebung und der Zusammensetzung der römischen Armeen ihren esonderen Kitt und Kraft gebende Element der dieselben beseelende Geist, welcher sich in einer vortrefflichen militärischen Disciplin offenarte, wie sie im Alterthum sonst nicht vorgekommen war und die nustergültig für alle Zeiten geblieben ist. Obgleich der römische Staatsrganismus zur Zeit der Republik eine Mischung von demokratischen, ristokratischen und monarchischen Elementen enthielt, deren gegeneitiges im Gleichgewichthalten so viele und schwere innere Unruhen ervorrief, so litt die Kriegsdisciplin doch wenig hierunter. Die republianischen Tugenden verknüpften sich mit den bürgerlichen Verhältnissen lerart, dass die Achtung vor der Staatsgewalt und den Gesetzen hochstand und unbedingter Gehorsam gegen dieselben geübt wurde. Und ierin übertrafen die Römer die Griechen im Allgemeinen, und sogar die Spartaner im Besonderen um ein Bedeutendes. Die Griechen führten rösstentheils Vertheidigungskriege, bei den Römern lag dem Kriege Eroberung zum Grunde. Daher kam diese Energie der kriegerischen Thätigkeit, die mit der Existenz des Staates so fest zusammenhing, dass ich aus ihr die rücksichtslose Forderung der unbedingtesten Befolgung ler Kriegsgesetze ergab. Und mit unerbittlicher Strenge wurde dies lurchgeführt; die Strafen bestanden im Allgemeinen, wie bei den Grichen, in Geldbussen, körperlicher Züchtigung, Todesstrafe, und Abrkennung der Ehre und des Vermögens. Der römische Soldat, obgleich reier Bürger, ertrug die Körperstrafen, weil das Gesetz sie auferlegte, las keinen Frevler ungestraft liess, er stützte sich aber auch auf das esetz, um sich gegen den Missbrauch dieser Strafen zu schützen. Die eschimpfenden Bestrafungen mit Verlust der Ehre, namentlich für Feigeit, waren weit empfindlicher und furchtbarer für den römischen Bürger und Soldaten. Sie bestanden in Wegnahme der Waffen, in der schimpfichen Ausschliessung vom Kriegsdienste, in der Auferlegung verschielener niedriger und Ackerarbeiten, in Prangerstehen in zerlumpter Kleidung und barfuss, in schlechter Kost, Campiren ausserhalb des

Lagers u. s. w. Zu solcher Art von Strafen wurden bisweilen ganze Legionen verurtheilt. So z. B. wurde den im zweiten punischen Kriege geschlagenen Truppen des Consul Fulvius untersagt, Winterquartiere in Städten zu beziehen, sie mussten aber 2 Meilen von ihrem Lager campiren. Den aus der Schlacht bei Cannae entkommenen Rittern wurden ihre Pferde weggenommen, sie selbst wurden für unwürdig bei der Reiterei zu dienen erklärt.

Wenn die Aberkennung der Ehre und die Schande die stärkste und wirksamste militärische Strafe war, so galt dagegen die Verleihung der Ehre für eine gleich grosse Belohnung. Für die Soldaten und die Offiziere bestand dies in einer öffentlichen Belobigung vor allem Volke, in Beschenkung mit Waffen, Schmuck u. s. w., für die Consuln in Kränzen von Gras, Feldblumen, oder Blättern verschiedener Bäume, in Kronen von Silber oder Gold, in Verleihung des Rechtes, diese bei allen öffentlichen Versammlungen zu tragen, in dem Feinde abgenommener Kriegsbeute (Rüstungen u. dgl.), um sie in den Wohnungen aufzuhängen u. s. w. Die Feldherren wurden in der besten Zeit der Republik durch Anerkennung der von ihnen dem Staate geleisteten Dienste und durch den grossen oder kleinen, aber einfachen Triumph geehrt; erst später, nach den punischen und besonders seit den Bürgerkriegen, verlor der Triumph seinen einfachen bescheidenen Charakter und wurde das Ziel unersättlichen Ehrgeizes und grenzenloser Eitelkeit.

Eine solche Strenge der militärischen Strafen neben Maasshalten mit ehrenden Belohnungen konnte nur bei der Einfachheit der Sitten und der rauhen Tugend der Römer zur besten Zeit Roms bestehen. Wenn aber hierbei die Ehre für erwiesene Dienste höher stand als der persönliche Vortheil, so fanden die persönlichen Fähigkeiten und Verdienste selbst Weg und Schranke geöffnet, sich entschieden und klar vor Allen zu offenbaren. Die Folge davon war, dass nur die anerkannt fähigsten und würdigsten Männer mit Auszeichnungen bedacht wurden, — ein Umstand, der für Aufrechthaltung einer strengen Disciplin besonders günstig war. Sie lag gänzlich in den Händen der Kriegstribunen, Männer von reifem Alter, erprobt, fest, von sittlichen Grundsätzen und im Kriegswesen erfahren. Sie ernannten eben solche Männer zu Centurionen, und diese wiederum eben solche Offiziere in den Centurien.

Mit dem allgemeinen, alle Theile und Beziehungen umfassenden Anfange der Veränderung und Corruption der Sitten bei den Römern nach den punischen Kriegen und besonders seit den Bürgerkriegen (wie schon öfter bemerkt worden) begann auch der rasche Verfall der Kriegsdisciplin in den römischen Heeren. Obgleich noch unter den Triumvirn und sogar unter den ersten Kaisern die Grundzüge der alten römischen Tugenden, unter dem Einflusse solcher republikanischen Elemente, sich zum Theil erhielten und die glänzenden äusseren Erfolge der römischen Waffen herbeiführten, so gingen diese Erfolge schon nicht mehr aus der guten Beschaffenheit der Masse des Heeres, sondern hauptsächlich aus dem Einflusse der persönlichen Begabung der Feldherren hervor. Die allgemeine Demoralisation und die ungeheuerliche Bedeutung des Heeres im Staate der Kaiser wirkte nicht allein den Bemühungen der besten unter diesen Letzteren um Herstellung und Erhaltung der Kriegsdisciplin bei den Truppen entgegen, sondern trug nur noch mehr zu dem gänzlichen Verfall derselben bei. Sobald die Kaiser das stehende Heer vornehmlich zur Stütze ihrer persönlichen Macht unterhielten, waren sie eben dadurch gezwungen, demselben verschiedene und grosse Begünstigungen und Vorrechte zu verleihen, um es dadurch ihrer Person ergeben und treu zu machen. Dies erzeugte natürlicher Weise in dem Heere einen, schon unter den Triumvirn gesäeten, ungewöhnlichen Hochmuth. Unverschämtheit und Frechheit. Die Folge waren Gewaltthaten der Truppen, Anfangs gegen ihre Mitbürger, dann sogar gegen die Kaiser selbst. Auf diese Weise wurde das Heer das Werkzeug zur Bedrückung der eigenen Bürger und des Staates, bald sogar der Tyrann der Kaiser selbst, und begann, nach Belieben und Willkür oder aus Habgier, die Kaiser auf den Thron zu heben und sie dann wieder durch Ermordung zu entthronen. Das erste Beispiel dazu gaben die Prätorianer, diese schlimmste Pest des römischen Reiches, und ihrem Beispiele folgten dann die Legionen in den Provinzen. Die obersten Befehlshaber derselben maassten sich die höchsten Ehrenämter im Staate an, welcher dadurch unter das schreckliche Joch eines maasslosen Militärdespotismus des Heeres gerieth — ein ebenso einziges und auffallendes, wie hoch interessantes und lehrreiches Beispiel in der Kriegsgeschichte des Alterthums.

Während dessen aber stehen die römischen kriegerischen Einrichtungen, welche die Vervollkommnung und Erweiterung der kriegerischen Bildung, Uebungen und Disciplin zum Zwecke haben, gerade zu dieser Zeit in voller Blüthe und wachsen an Zahl. **Vegetius** legte in seinen Schriften die von **Cato**, **Augustus**, **Trajan** und **Hadrian** hierüber getroffenen Festsetzungen nieder. Aber sie erwecken nur ein Gefühl des Bedauerns, denn welche Macht konnten sie haben, wenn die Hauptsache, die **moralische Kraft**, fehlte, wenn dem römischen Heere der **rechte Geist verloren gegangen** war!

Fassen wir nun all' das in den verschiedenen §§ dieses Kapitels Gesagte zu einer allgemeinen Schlussbemerkung zusammen, so kommen wir zu folgendem Resultate:

Die militärischen Einrichtungen, militärischen Formationen, Bewaffnung, verschiedenen Truppengattungen, deren innere Organisation, Unterhalt, Administration, Befehlsführung, Disciplin, Belohnungen und Bestrafungen, Geist der Truppen, mit einem Wort — der gesammte Heeresorganismus, das ganze Kriegswesen der Völker und Staaten des Alterthums befinden sich nur kurze Zeit in Blüthe, dann aber grösstentheils im Zustande des Verfalls, besonders bei den beiden bedeutendsten, gebildetsten Völkern des Alterthums, den Griechen und Römern, und am tiefsten von allen sank das Weströmische Reich, auf dessen Ruinen sich die neuen barbarischen Staaten bildeten.

Das sind zwei Erscheinungen, welche mit Recht das Interesse des die allgemeine Kriegsgeschichte des Alterthums Studirenden auf sich ziehen. Die Erhebung und dann der Verfall, eng verbunden mit gleicher Erhöhung und Verfall der Völker und Staaten selber und in Folge derselben Ursachen, — des hohen Standpunktes und demnächst des Erlahmens der sittlichen Kräfte! — Eine eindringliche Lehre und ernste Warnung, welche die allgemeine Kriegsgeschichte des Alterthums der Nachwelt ertheilt!

Die Erforschung der Ursachen zu dieser, allen Völkern und Staaten des Alterthums gemeinschaftlichen Erscheinung führt über den Rahmen des vorliegenden Werkes hinaus. Wir beschränken uns auf die blosse Hinweisung, die schon zu reiflichem Nachdenken auffordert und dessen würdig ist. Wir werden hier keinen Vergleich ziehen mit dem, was in der Folgezeit bis auf unsere Tage geschah, sondern später an seinem Ort das Letztere mit dem vergleichen, was im Alterthum war, und dann die nöthigen Folgerungen entwickeln.

Hier werfen wir nur die Frage auf: was herrschte im Alterthum vor, nach Zeit und Beschaffenheit: die Erhebung und die Blüthe, oder der tiefe Verfall?

Das Erstere, d. h. Erhebung und Blüthe währte, der Zeit nach, wie bereits gesagt wurde, bei den Assyrern ungefähr 112, bei den Babyloniern ca. 50, bei den Medern etwa 130 Jahre, historisch nachweisbar; bei den alten Persern etwa 111 Jahre, bei den Hebräern etwa 474, bei den Aegyptern ungefähr 300, bei den Karthagern ca. 309, bei den Griechen ca. 790, bei den Macedoniern nur 67 J., bei den Römern etwa 608 J. Folglich fällt von 30 Jahrh. oder 3000 Jahren (seit dem Anfang der geschichtlich bekannten Zeit bis zum J. 476 n. Chr.) abgesehen von den alten Assyriern, Babyloniern, Medern, Persern, Aegyptern und Karthagern, die längste Dauer der Blüthe des Kriegswesens im Alterthum zu: den Hebräern mit etwa 4½ oder 5 Jahrh., nächst ihnen den Römern mit etwa 6, und endlich den Griechen mit ungefähr 8 Jahrh. Die ganze übrige Zeit ist die Zeit des Verfalls, und in hohem Maasse, und bildet bei den Hebräern, Griechen, und besonders bei den Römern die traurigste Zeit ihrer Kriegsgeschichte!

Es unterliegt keinem Zweifel, dass das Heerwesen im Allgemeinen bei den Griechen und Römern in der besten blühendsten Zeit ihrer Kriegsgeschichte auf einer sehr hohen Stufe stand, so dass dies mit Recht die Aufmerksamkeit und das Erstaunen aller Zeitalter bis heute noch erregt hat und die enthusiastische Bezeichnung des klassischen griechisch-römisch-kriegerischen Alterthums, welche im Mittelalter, wie in der neueren und neuesten Zeit gebräuchlich ist, erklärlich macht. Kann diese Zeit der Blüthe aber den unvermeidlichen Vergleich mit der anderen, der traurigen und eine weit längere Periode umfassenden Kehrseite — der des moralischen Verfalls aushalten? Vermag sie die letztere so zu verdunkeln, dass diese dagegen verschwindet? Oder muss man nicht vielmehr im Gegentheil sagen, dass die letztere die erstere verfinstert, erdrückt und verwischt, so dass der allgemeine Eindruck der allgemeinen Kriegsgeschichte des Alterthums in dieser Hinsicht weit mehr finster, drückend und betäubend ist, als hell und erfreulich?

Die Männer unserer Zeit, die gesund denken und empfinden und nicht von einer unbedingten Parteilichkeit für das klassische kriegerische Alterthum erfüllt sind, werden sich unzweifelhaft für das Vorherrschen des Verfalls entscheiden müssen.

Dreiundsechzigstes Kapitel.

Allgemeiner Ueberblick über die Kriegsgeschichte des Alterthums.

(Fortsetzung.)

II. *Kriegskunst.* — §. 456. *Taktik.* — §. 457. *Lagerkunst.* — §. 458. *Befestigungskunst.* — §. 459. *Belagerungskunst.* — §. 460. *Ballistik.* — §. 461. *Strategie.*

II. Kriegskunst.

§. 456.

Taktik.

Die Taktik war der Hauptzweig der Kriegskunst des Alterthums, weil ihr Gegenstand, der Kampf, die hauptsächliche und entscheidende kriegerische Handlung der Soldaten im Alterthum war. Wie die Kampfformen ihren Grundlagen und Hauptzügen nach bei allen Völkern des Alterthums mehr oder weniger dieselben waren, so sind auch die Formen der Taktik dieselben. Die einzelnen Verschiedenheiten derselben gingen aus den geographischen und topographischen Eigenthümlichkeiten der Länder in Asien, Afrika und Europa, und aus den ethnographischen, öffentlichen, bürgerlichen, militärischen, politischen und besonders sittlichen Eigenschaften und Bedingungen der Bewohner, Völker und Staaten dieser Theile der alten Welt hervor.

Aus dem im vorigen, 62. Kapitel Gesagten ergiebt sich schon, dass in den ältesten Zeiten keine besonderen Formen der Aufstellung, Bewegung und kriegerischer Action der Truppen existirten. Beweise hierfür giebt es freilich in der Geschichte nicht.

Die ersten zuverlässigen Nachrichten hierüber enthält die Iliade des Homer, und danach scheint diese die damalige älteste historische Form der Taktik darzustellen. Der wesentlichste Zug derselben ist die lange, in sich zusammenhängende Aufstellung, wo schon die Bezeichnungen rechter, linker Flügel, und Mitte Centrum vorkommen, aber noch ohne eine Idee von einer Front der Linien. Das Fussvolk stellte sich in eng zusammen geschlossenen Rotten und Gliedern auf, hinter den Streitwagen, wobei, nach Nestor's Rath, die weniger zuverlässigen Krieger vorne, in der Mitte die tapferen und hinten die tapfersten standen. Die Zahl der Glieder ist unbekannt, scheint aber, der Art des damaligen Kampfes entsprechend, nicht über drei oder vier hinausgegangen zu sein. Auf einem engen und schmalen Kampfplatze stellten sich die verschiedenen Völkerschaften mit ihren Streitwagen hinter einander auf; Nestor räth zur Aufstellung auf einem breiteren Platze, in einer Linie neben einander, die Streitwagen davor in der ersten Linie. In einigen Ausnahmefällen formirte sich das Fussvolk in der ersten Linie, die Streitwagen in der zweiten. Zum Angriff auf die griechischen Verschanzungen stellte Hector das trojanische Heer in drei gesonderten Massen oder Heerhaufen auf, zu welchem Zwecke ist ungewiss, wahrscheinlich aber deshalb, damit der Erfolg des Angriffs nicht von einer Colonne allein abhing, sondern sie sich gegenseitig unterstützen konnten. Auch die 2500 Thessalier des Achilles waren in 5 Haufen à 500 Mann getheilt, deren jeder seinen besonderen Anführer hatte. Aus der Beschreibung der Feldschlachten in der Iliade ersicht man auch, dass das schwere Fussvolk mit dem leichten untermengt war und die Streitwagen zwischen dem Fussvolk sich befanden. Ueber Marsch- und besonders Schlachtbewegungen liegen keine Nachrichten vor: man kann aber mit Wahrscheinlichkeit annehmen, dass die Beschaffenheit des Terrains die Griechen wie die Trojaner veranlasste, bald in schmaler, bald in breiter Front, bald in Linie oder Colonne, bald in Rotten oder Gliedern u. s. w. sich zu bewegen. Sonst hätte es keinen Sinn, dass Aristides den Palamedes, Vetter Agamemnon's, als den Erfinder der Taktik bezeichnet hätte, Andere den Mnestheus. Auch Nestor hätte wohl ein Anrecht auf die Ehre dieser Erfindung gehabt.

Den Kampf eröffneten die Streitwagen, nach Nestor's Rath in dicht geschlossener Linie, möglichst Kopf an Kopf vorrückend. An die feindlichen Streitwagen heranjagend, sprangen die darauf stehenden Krieger, die Speere in der Hand, von ihnen herab zum Einzelkampfe zu Fuss und zum Handgemenge. Ihrem Beispiele folgten die Krieger der zweiten Linie des Fussvolks, der Kampf wurde allgemein und zwar zu Fusse, Einzelkampf und Handgemenge, in welchem sonach keinerlei taktische Ordnung sein konnte. Die Eigenthümlichkeit dieses Kampfes erforderte um mit den Speeren bequem fechten zu können, die zerstreute Ordnung. Während dessen warfen die leicht bewaffneten Krieger die Speere, Wurfspiesse, schossen Pfeile und schleuderten Steine. Der Kampf währte

31*

auf diese Weise bis zum Abenddunkel, am folgenden Morgen wurden die Todten bestattet, den Sieg entschied meist der Zweikampf der Haupthelden oder Fürsten. Für diese Zeit ruhte der allgemeine Kampf, der sich erst wieder erneute, wenn der Zweikampf unentschieden geblieben war, oder es sich darum handelte, den Leichnam und die Waffen des Gefallenen fortzunehmen oder zu retten.

Das war die erste Form des Kampfes und der Taktik überhaupt. Dabei kommen noch keine besonderen Bewegungen zur Entscheidung des Sieges vor. Einmal nur, als die am Tage vorher besiegten Griechen einen plötzlichen Angriff der Trojaner fürchteten, wagten sie nicht, aus ihren Verschanzungen mit den Streitwagen vorn und dem Fussvolk dahinter auszurücken, sondern machten es umgekehrt. Sobald das Fussvolk in den Kampf eintrat, formirten sich nun die Streitwagen unbemerkt von hinten her auf den Flanken und dehnten dadurch die Linie so aus, dass die Trojaner nicht Stand zu halten vermochten und sich zum Rückzuge unter die Mauern von Troja genöthigt sahen.

Aus alledem folgt, dass der ganze Erfolg des Kampfes von der Anzahl der Kämpfer und deren persönlicher Kraft, Kampffertigkeit und Tapferkeit abhing, und dass überhaupt die Schlacht aus einer Reihe von neben oder nacheinander stattfindenden Zweikämpfen bestand.

Die nächstfolgende zweite Form der Taktik war die Formation, Marsch- und Kampfart in der Form der Phalanx. Der Zweck derselben war die Vermehrung der thätigen Kraft der vereinten und eng zusammengeschlossenen Krieger zur Ausführung eines Stosses nach vorher bestimmtem Plane in geschlossener Ordnung und Kampfart. Wie weit auch die ersten Spuren der Phalanx zurück zu verfolgen sein mögen, gewiss ist, dass ihre Anwendung vor Allem und über Alles durch die Griechen Bedeutung erlangte und bekannt wurde, und deshalb muss sie als die diesem Volke besonders angehörende Form der Aufstellung und Art des Kampfes bezeichnet werden.

Die griechische Phalanx unterschied sich von den ihr ähnlichen Formationen bei den Asiaten und Aegyptern durch die geringere Tiefe der Aufstellung. Bis zu Xenophon haben wir aber keine näheren Nachrichten über dieselbe, auch keine taktischen Détails in den Schlachtbeschreibungen, selbst bei Herodot. Es ist auch ungewiss, ob die Taktik der griechischen Phalanx bereits vor Xenophon ebenso entwickelt war, wie zu seiner Zeit, oder ob sie erst ganz allmälig zu ihrer vollen Entwickelung bei den Griechen und dann bei den Macedoniern gelangte. Nach Xenophon bestanden die Aufstellung und Evolutionen der Phalanx in der Aufstellung und den Bewegungen von Abtheilungen von Kriegern in 4, 8, oder 16 Rotten in der Front. und 24, 12, oder 6 Gliedern Tiefe, oder umgekehrt in 6, 12, oder 24 Rotten Front und 16, 8, oder 4 Gliedern

Tiefe, die Märsche aber aus Bewegungen in 1 Rotte und 100 Mann Tiefe. Die Abtheilungen standen neben einander in einer Linie, zu Xenophon's Zeit betrug die gewöhnliche Tiefe der aufgestellten Phalanx 12 Glieder. Die macedonische Doppelphalanx hatte 500 Rotten Front und 16 Glieder Tiefe, die grosse oder 4fache aber 1000 Rotten zu 16 Gliedern oder 500 Rotten und 32 Glieder. Die geringste Tiefe der Phalanx war im Allgemeinen 8 Glieder, bisweilen nur 6 und sogar 4 Glieder.

Die Frontausdehnung der Phalanx betrug nach Aelian: 1) in der geöffneten Aufstellung für jeden Mann 6 Fuss Breite und Tiefe, 2) in der der gewöhnlichen geschlossenen je 3 Fuss, und 3) in der eng geschlossenen, Schild an Schild, je $1\frac{1}{2}$ Fuss. Die letztere Formation ward zum Angriff wie zur Vertheidigung angewendet. Cornelius Nepos schreibt die Erfindung dieser Art von Aufstellung dem atheniensischen Feldherrn Chabrias zu: dieser ordnete die Phalanx gegen Agesilaus so, dass die Krieger, das linke Knie vorwärtsbeugend und ganz hinter dem Schilde gedeckt, mit vorgestreckten Lanzen den Angriff des Feindes erwarteten, welcher bei diesem Anblick keinen Durchbruch wagte. Bisweilen deckten die Krieger mit dem Schilde den Kopf, indem sie den sogenannten *synaspismus* oder Verschildung bildeten (Schilddach, Schildkröte), das für Pfeile und Steine undurchdringlich war. Die 24 Fuss langen Lanzen ragten über das 1. Glied um 12 Fuss hervor, sogar die aus dem 6. Gliede noch um 3 Fuss, und in dicht aufgeschlossener Colonne reichten noch die aus dem 12. Gliede aus dem 1. heraus. Die macedonische Sarissa oder Lanze war nur 14, 16, oder 18 Fuss lang, sie reichte bei der geschlossenen Aufstellung nur aus dem 4., bei der dicht aufgeschlossenen aus dem 8. Gliede hervor.

In die vordersten und hintersten Glieder der Phalanx wurden stets die tapfersten Krieger gestellt, vorn zum Angriff, und hinten zur Vertheidigung des Rückens.

Die Bewegungen oder Evolutionen der Phalanx bestanden in Viertel-, halben, dreiviertel und ganzen Wendungen, Contremärschen, Verdoppelungen der Front und Märschen vor- und rückwärts. Der Contremärsche in Rotten oder Gliedern gab es verschiedene: der macedonische, lakonische, cretische und dorische oder persische. Die Verdoppelung erfolgte in Gliedern oder in Rotten.

Für den Kampf war die Phalanx in rechten und linken Flügel, oder auch ausserdem noch in ein Centrum getheilt: jede dieser Abtheilungen zerfiel wieder in zwei Theile, welche durch Zwischenräume für den Durchzug der vorn befindlichen leichten Reiterei getrennt waren. Auf diese Weise bildete die Phalanx nicht eine ununterbrochene Linie, sie griff auch nicht immer mit der ganzen Linie an, sondern häufig abtheilungsweise (in der Mehrzahl der Schlachten namentlich Epaminondas' und Alexander's d. Gr.). Je nach der Beschaffenheit des Terrains oder den besonderen Absichten des Feldherrn wurden die Abtheilungen auch wohl hinter einander aufgestellt, also in grösserer Tiefe als zu 16 Gliedern. Bei Leuktra hatte ein Theil der thebanischen Phalanx des Epaminondas 48 Glieder bei 32 Rotten Front. Philipp von Macedonien machte bei seiner Phalanx Tiefe und Front gleich, weshalb sie auch zum Unterschiede von der griechischen die macedonische genannt wurde.

Bisweilen wurde die Phalanx mit zwei Fronten formirt, nach vorn und nach hinten, oder im hohlen oder im vollen Keil, oder in Zangen-, in Rhombusform, oder in Dreiecksgestalt, oder dem Schweinekopf. Diese letztere Form bestand in mehreren Abtheilungen, die allmälig von der Spitze nach der Queue hin grösser wurden. Aber alle diese gewinkelten Aufstellungen dienten mehr zum Exercitium, wie zum Kampfe, für dessen Zwecke die Griechen unter »Keil« überhaupt eine Angriffsformation verstanden, welche mehr Tiefe als Frontausdehnung hatte. Sehr oft machte das Terrain eine ungewöhnlich tiefe Formation der Phalanx erforderlich.

Zur Vertheidigung gegen die Cavallerie wurde Viereck (Carré) formirt, mit der Front nach allen vier Seiten, oder ein hohles Viereck, dessen Flanken länger als die Front waren, und das Thurm genannt wurde.

Die Kampfart der Griechen in der Schlacht war überhaupt höchst einfach: Reiterei und leichtes Fussvolk eröffneten den Kampf, dann zogen sich sie durch die Zwischenräume der Phalanx oder um die Flanken herum zurück, sobald die Phalanx selbst sich mit eingelegten Lanzen zum Angriff in Bewegung setzte (bei den Spartanern beim Klange der Flöten, nach dem Takte der Musik, um Ordnung und gleichmässigen Marsch zu erzielen). Ob das griechische Fussvolk im Gleichschritt oder Tritt marschirte, wird in der Geschichte nirgends erwähnt. Während des Kampfes ertheilte der Feldherr seine Befehle entweder selber mit eigner Stimme oder durch Herolde, oder auch durch Signale mit den Hörnern oder den Feldzeichen.

Die griechische Reiterei focht gleichfalls in dieser Aufstellung, mehr oder minder in Quadratform (eine Ila von 64 Reitern z. B. in 8 Rotten zu 8 Gliedern). Die spartanische Cavallerie kämpfte zu 5, 6, auch 12 Glieder tief. Bei dieser tiefen Aufstellung attakirten die Glieder vermuthlich in Abwechselungen, 2, 3 oder 4 zugleich, die sich dann stets hinter den letzten wieder rangirten. Epaminondas, Philipp und Alexander von Macedonien formirten ihre Cavallerie nur zu 4 Gliedern, was später auch Arrian in der Theorie festsetzte.

Die dritte im Alterthum vorkommende taktische Form war die römische Legion, welche im Verlaufe von zwölf Jahrhunderten, seit

Gründung Roms bis zum Untergange des Weströmischen Reiches, acht hauptsächliche und fundamentale Formen durchmachte, nämlich: 1) die Phalanx-Aufstellung, unter den Königen, 2) die quincunx oder Schachbrettform, seit Anfang der punischen Kriege, 4) dieselbe durch Regulus vervollkommnete Formation aus Anlass der Schlacht gegen die Karthager bei Tunes, 5) die Cohortenaufstellung seit dem Ende des dritten punischen Krieges (nachdem Cato Censor sein Werk über die Kriegskunst bereits geschrieben hatte), oder seit dem Anfang der Bürgerkriege, 6) die zweite Cohortenformation unter Cäsar und bis zu Augustus, 7) die dritte Cohortenaufstellung unter Augustus und Trajan, — und 8) die neue Aufstellung in Phalanx unter Trajan und bis zum Untergange des Weströmischen Reiches. Einige besondere Formen der Aufstellung der Legion bei aussergewöhnlichen Gelegenheiten waren: 1) die Testudo (Schildkröte), ähnlich dem *synaspismus* der Griechen (s. oben), sowohl zur Vertheidigung wie zum Angriff, besonders von Feldbefestigungen oder Städten angewendet; 2) der Kreis (*orbis*), Front nach allen Seiten gegen einen umfassenden und umzingelnden Feind, obgleich nicht in regelmässiger Kreisform; — 3) die viereckige Aufstellung (*agmen quadratum*), innen hohl, in der Marschbewegung, besonders gegen einen von allen Seiten angreifenden Feind; — 4) der Globus, nicht die eigentliche Schlachtordnung betreffend, sondern eine einzelne Abtheilung oder Truppencorps, das sich zusammenballt, um sich durchzuschlagen; — und 5) der Keil (*cuneus*), dessen Bedeutung eine sehr verschiedene war: bald war es ein innen volles Viereck, bald getrennte Manipeln und Cohorten, bald zum Angriff gegen die in unregelmässiger Schlachtstellung kämpfenden Barbaren, bald die eigentliche Aufstellung im Keil, wie bei Cannae, bald im strategischen Sinne das keilförmige Eindringen mit mehreren Colonnen in einem Lande.

Die Kampfart der Legion war in der Hauptsache jener der Phalanx ähnlich insofern, als das leichte Fussvolk den Kampf durch Pfeilschüsse und Steinschleudern eröffnete, dann die erste Linie der Legion ihre Halblanze oder Wurfspiesse (*pilum*) auf 25, auch 50—60 Schritte Entfernung vom Feinde warf und sofort mit dem Schwerte angriff. Die zweite Linie unterstützte die erste, die dritte, die Triarier —, entschied den Kampf. Auch die Reiterei warf zuerst ihre Speere und attakirte dann mit dem Schwerte, bisweilen aber, in durchschnittenem, und selbst auch in ebenem Terrain, sprang sie vom Pferde und kämpfte zu Fuss. Bei der Belagerung von Capua war ihr eine neugebildete besondere Art leichten Fussvolks (*jaculatores*, Voltigeurs*) beigegeben, welche hinter den Rei-

*) Eigentlich wohl »Wurfschützen«. Anmerk. d. Uebers.

tern auf den Pferden sass, dann absprang und mit ihnen zusammen zu Fuss kämpfte. Diese Gewohnheit wurde von da an auch in der Folge beibehalten.

Bei der Aufstellung der Legion in Cohorten war die Kampfart der Truppen die gleiche oder doch eine ähnliche, nur mit dem Unterschiede, dass die zweite und dritte Linie der Cohorten die erste unterstützten. Zur Vertheidigung gegen feindliche Cavallerie schlossen die zweiten und dritten Glieder dicht auf das erste Glied auf und legten die Lanzen ein; das vierte und die folgenden Glieder warfen ihre Speere über jene hinweg.

Die Schlachtordnung der Griechen war in der ersten Zeit nach dem trojanischen Kriege sehr einfach: das Fussvolk stand in einer Linie, das schwere in der Mitte, das leichte zu beiden Seiten desselben, die Reiterei auf den Flanken, wobei das Centrum und beide Flügel ihre besonderen Commandeure hatten. Diese einfachste Form der Schlachtordnung wurde im Laufe der Zeit und der fortschreitenden Kriegskunst mehr oder weniger verändert, ergänzt und vervollkommnet. Das leichte Fussvolk und die Reiterei wurde vor oder hinter dem schweren Fussvolke, oder in den Zwischenräumen desselben aufgestellt, die schwere Cavallerie entweder auf einer Flanke, oder hinter dem schweren Fussvolke. Später mischte man das leichte Fussvolk unter die Reiterei und verwendete es mit derselben gemeinschaftlich. Im Allgemeinen begnügten sich die Griechen stets mit einer Linie, einerseits weil der Haupttheil ihrer Armeen, — die Phalanx —, schon sehr tief formirt stand, dann auch, weil diese Armeen numerisch schwach waren. Doch trifft man auch Ausnahmen hiervon: eine zweite Linie oder Reserve aus Fussvolk oder Reiterei, oder Beidem, hinter der Mitte oder einem der Flügel (so z. B. in der ersten und zweiten Schlacht bei Mantinea, und bei Arbela). Alexander d. Gr. hielt einen grossen Theil der Cavallerie auf der angreifenden Flanke beisammen.

Die Perser stellten ihre grossen Heere in zwei und mehr Linien auf, die Streitwagen vor der ersten Linie. In der Schlacht bei Thymbra hatte Cyrus I., der schwächer war als Crösus, sein Heer in mehreren Linien aufgestellt, Crösus aber, da er stärker war und die Perser umfassen wollte, zwei Linien formirt. In der Schlacht bei Kunaxa war das zahlreiche Heer Artaxerxes' in zwei Linien gestellt, das achtmal schwächere Heer Cyrus II. in einer kurzen Linie. In der Schlacht bei Issus stand das Heer des Darius, der Enge des Terrains halber, in mehreren Linien, nach Arrian nur zu 300 Mann Front und zu 2000 Mann Tiefe! In der Schlacht am Hydaspes-Flusse stand das gesammte Fussvolk des Porus in einer Linie, der grösste Theil der Reiterei in zwei Linien auf der linken Flanke dem Hauptangriffe Alexander's gegenüber, der kleinere

Theil derselben in einer Linie auf der rechten Flanke, vor dem Fussvolk die Elephanten je 100 Schritt von einander entfernt, vor diesen die Sichelwagen.

Nach dem Tode Alexander's d. Gr. fand während länger als 150 Jahren in der macedonischen Schlachtordnung, die in Griechenland, Macedonien, im westlichen und Hoch-Asien angewendet wurde, keine wesentliche Veränderung statt, nur wurde sie nicht mehr mit gleicher Geschicklichkeit benutzt, und hatten sich die einheimischen Gebräuche mit derselben vermischt, wie z. B. die Verwendung von Elephanten. Das Fussvolk war in Phalanx formirt, die Reiterei, von den leichten Fusstruppen unterstützt, stand auf den Flanken, die Elephanten vor dem Fussvolke oder auch vor der Reiterei, gleichfalls von den leichten Fusstruppen unterstützt, oder auch hinter der Cavallerie. Diese Art der Schlachtordnung wurde von Xanthippus auch bei den Karthagern eingeführt, welche vermittelst derselben auch den ersten Sieg über die Römer bei Tunes erfochten. Die Schlachtordnungen Hannibal's waren von gleicher Art, mit Ausnahme der Schlacht bei Zama, in welcher er in die erste Linie 80 Elephanten, dahinter in die zweite die Hülfstruppen, in die dritte die karthaginiensischen und griechisch-macedonischen, und in die vierte die in Italien ausgehobenen Truppen stellte.

In gleicher Weise formirte sich Archelaus, Feldherr des Antiochus, dem Sulla gegenüber, indem er die Streitwagen mit Sicheln vorn, die Phalanx in die zweite Linie, die Hülfstruppen aber in die dritte Linie stellte.

Bei den Römern war die Schlachtordnung der Legion auch die der ganzen Armee. Hierbei stossen wir in der ersten Zeit, als die Legion in Phalanx und in Manipeln aufgestellt wurde, auf Schlachtordnungen des Heeres in zwei Linien, sogar mit einer besonderen Reserve. Als die Bundesgenossenlegionen errichtet wurden, pflegten sie die Flügel der Schlachtordnung zu bilden. Zwei Cohorten von ihrem Fussvolk und vier Turmen der Reiterei bildeten das Corps der *extraordinarii*, $\frac{1}{2}$ Cohorte Fussvolk und eine Turma Cavallerie — die *ablecti*: die Einen wie die Andern dienten als Bedeckung *convoi* des Feldherrn und befanden sich da, wo er commandirte. Der übrige Theil der Bundesgenossenlegion formirte sich dann in zehn Cohorten Fussvolk und zehn Turmen Reiterei.

Die Reiterei wurde gewöhnlich auf den Flanken aufgestellt, die römische auf der Rechten, die der Bundesgenossen auf der linken. Es gab aber Fälle, dass sie mehr oder weniger abweichend postirt wurde. In den Schlachten Cäsar's befand sie sich fast immer auf den Flanken, vor den Schlachten aber vorn. Cäsar hielt sie fast immer beisammen und verwendete sie mit grossem Geschick. In den punischen Kriegen waren die Römer gezwungen, die Zahl ihrer Reiterei zu vermehren und sie durch leichtes Fussvolk zu verstärken. Unter Cäsar agirte die gallische und germanische Reiterei stets mit dem leichten Fussvolke zusammen.

Vergleicht man die Schlachtordnung der Griechen mit der der Römer, so kann man erkennen, dass in ihrer vollen Entwickelung ihr Hauptgrundsatz die Mischung aller Waffengattungen zu gegenseitiger Unterstützung und Verstärkung ihres gemeinschaftlichen Handelns war. Es wird hierbei zugleich klar, dass nur in dieser Mischung die Befähigung der Phalanx zu entscheidendem Kampfe lag, an und für sich besass sie nicht alle Bedingungen zur Erlangung des Sieges. In dem Kampfe Phalanx gegen Phalanx entschied den Sieg hauptsächlich die Ueberlegenheit an sittlicher Kraft (der moralische Factor) und an Kunst. Als nach dem Tode Alexander's d. Gr. das sittliche Element bei den Griechen und Macedoniern herabsank und verfiel, da büsste auch die Phalanx ihre Hauptkraft, die innere moralische Kraft, ein, welche über ihre schwachen Seiten hinweggeholfen hatte; diese waren das Erforderniss eines offenen und ebenen Terrains für ihre Action, ferner der Uebelstand, dass die kleinste Unordnung in derselben sich gleich der ganzen Masse der Phalanx mittheilte, und dann, dass mit der Besiegung der Phalanx Alles verloren war, weil eben keine Truppen mehr vorhanden waren zur Herstellung des Gefechts. Deshalb wird schon bei den Schlachtordnungen Alexander's d. Gr. und nach demselben das Bestreben bemerklich, sich nicht auf die Phalanx allein zu verlassen, sondern Mittel für den Sieg derselben mit Hülfe gegenseitiger Unterstützung der verschiedenen Truppengattungen, der zweiten Linie, einer Reserve, oder mit Hülfe von Hinterhalten zu schaffen. In Folge dessen änderte sich ihr ursprünglicher Gedanke, und ausserdem kämpfte die Phalanx schon nicht mehr mit ihrer ganzen ungetheilten Masse, sondern in getrennten Abtheilungen, von denen einige als Reserve fungirten. Sie behielt aber ihre hauptsächliche Eigenthümlichkeit bei, das Wirken durch den Stoss der Masse von Menschen und Lanzen.

Die Grundformation der Legion stand im graden Gegensatze zu der der Phalanx und machte sie geeignet, den taktischen Schwächen der letzteren gefährlich zu werden. Die Legion bildete nicht eine fest geschlossene Masse, bestimmt zum Stosse auf einen besonderen Punkt, sondern ein biegsames Ganzes, das sich leicht selbst in schwierigem Terrain verwenden liess. Die kleineren, aber selbständigen Theile derselben, die Manipeln, hatten volle Freiheit der Action, wurden in dieser durch die nächststehenden Manipeln unterstützt, konnten von den Unordnungen in der feindlichen Aufstellung Nutzen ziehen, sich in die dadurch entstehenden Lücken werfen, dem Feinde in die Flanke fallen u. s. w. Die Niederlage einer oder mehrerer Manipel brachte nicht gleich die ganze Front in Unordnung. Der verfolgende Feind gerieth zwischen mehrere Manipel und konnte von ihnen in der Flanke gefasst werden. Die Legion trat nicht ganz und auf einmal in den Kampf ein, sondern mit ihren 3 Linien nach und nach, auf einander folgend. So war dasjenige, was bei den Griechen von dem grösseren oder geringeren Geschick der Feldherren abhing, bei den Römern die Grundlage und der Anfang ihrer Taktik.

Unter diesen Umständen musste die Phalanx, von allen Seiten mit den Wurfgeschossen der Römer überschüttet und nach allen Seiten Front zu machen gezwungen, eben hierdurch die Wucht ihres Stosses und die Geschlossenheit ihrer Formation einbüssen, es bildeten sich Lücken in ihr, in welche die Römer mit ihren kurzen Schwertern einzudringen vermochten. Sobald aber Verwirrung und Unordnung in ihr entstand, hörten gleich alle Vortheile der geschlossenen Masse und der langen Lanzen sogar auf und das römische kurze Schwert konnte widerstandslos würgen.

Indessen kann man um dieses einen Grundes willen die Ueberlegenheit der Legion über die Phalanx doch nicht ohne Weiteres zugeben. Die römische Legion und die römische Taktik haben auch ihre schwachen Seiten. Die ganze Front der Legion besass wegen ihrer vielen Intervalle nicht die genügende Festigkeit in sich, und ihre einzelnen Theile — die Manipeln — hatten zu viele Flanken. Das gab dem Gegner die Möglichkeit, ohne Mühe in die Zwischenräume zwischen den Manipeln einzudringen und diese letzteren in Flanken und Rücken zu fassen. Jede Manipel war an sich schwach, compakte feindliche Massen in breiterer Front konnten leicht einige der Manipeln auf die hinteren Linien zurückwerfen und diese dadurch gleichfalls in Verwirrung bringen. Diese Nachtheile führten die Besiegung der Römer durch Pyrrhus und Hannibal herbei (deren Fussvolk in Phalanxformation kämpfte) trotzdem die Manipeln verdoppelt und die Intervalle zwischen ihnen um die Hälfte kleiner gemacht waren. Allerdings muss man dabei auch die überlegene Kunst des Phyrrhus und Hannibal's, sowie die Anzahl der leichten Truppen und der Reiterei des Letzteren in Betracht ziehen. Wenn die Römer später Hannibal und Hasdrubal besiegten, so geschah dies nicht sowohl deshalb, weil sie die Zahl ihres leichten Fussvolkes und ihrer Cavallerie vermehrt hatten, als vielmehr darum, weil ein so ausgezeichneter Feldherr, wie Scipio, sie anführte.

Aehnliche Erwägungen können die Niederlage der Phalanx durch die Legionen bei Kynoskephalae, Pydna und Magnesia erklären. Eine der Ursachen dazu war, dass die Phalanx in diesen Schlachten nicht mit gleichem Geschick verwendet wurde, wie durch Alexander d. Gr., welcher sie stets mit einer grossen Menge von leichten Truppen umgab und verstärkte. Es kamen aber ausserdem bei diesen Schlachten noch andere für die Phalanx ungünstige Umstände und Ursachen hinzu, um die Niederlage derselben herbei zu führen.

Dies Alles beweist, dass nicht immer die Legion der Phalanx entschieden überlegen war, aber unbedingt stand doch die Phalanx der Legion nach. Die geschickte Verwendung der einen oder anderen bedeutet hierbei sehr viel. Einige Legionen Cäsar's erlitten sogar durch die Gallier Niederlagen. In den Kriegen mit den Letzteren kam den Römern ganz besonders die Erkenntniss von der Unzulänglichkeit der Legionsaufstellung gegenüber einem kühnen und heftigen Choc zu statten. Schon Camillus erkannte es für nöthig, zu diesem Zwecke die erste Linie mit Lanzen zu versehen. Später wurden diese an die Triarier in der dritten Linie gegeben, gegen die ungestümen Angriffe aber der Gallier suchten die Römer sich zu helfen, indem sie die Manipular- in die Cohorten-Stellung verwandelten. Nach Augustus näherte sich die Aufstellung der Legion jener der Phalanx in demselben Grade, wie sie sich in der Zeit des höchsten Kriegsruhmes der Römer von ihr entfernt hatte. Damit war denn auch dem Gebrauch der Lanze wiederum grosse Bedeutung gegeben.

Einige Kriegs-Schriftsteller halten die Aufstellung der Legion unter den Kaisern für die beste von allen bis dahin zur Anwendung gekommenen. Aber das ist nicht richtig, denn die grössen Erfolge der Römer wurden vermittelst der Legionsaufstellung in *quincunx* und in Cohorten erfochten, während mit der Annäherung der Legionsaufstellung an die der Phalanx und mit der grösseren Entwickelung der Kriegskunst die Römer die Herrschaft der Welt einbüssten. Daraus folgt, dass alle taktischen Formen im Alterthum einen relativen Werth hatten, indem sie die moralische Kraft und den Geist der Nation erhöhten. Die freien Griechen und die kriegskundigen Macedonier sahen die Bürgschaft des Sieges in dem Angriff einer Masse von Männern und Lanzen ganz ebenso, wie die Römer sie in dem Angriff mit dem Wurfspiess und dem Schwerte in der Formation der Legion erblickten. Was beiden Formationen an taktischer Vollkommenheit abging, ersetzte die moralische Kraft der Masse und der kriegerische Sinn jedes einzelnen Kriegers. Die Griechen waren bei ihren äusseren Kriegen gezwungen, gegen zahllose Gegner und sehr starke Cavalleriemassen zu kämpfen, gegen welche nur die Formation der Phalanx zu schützen vermochte. Die Römer dagegen, stark im Einzelkampfe und auf ihre Behendigkeit und Gewandheit bauend, wagten es, den Gegner in einzelnen Abtheilungen mit Zwischenräumen anzugreifen. Die Formation in Cohorten scheint jedoch die richtigste Mitte und die beste taktische Formation gewesen zu sein, welche dem Muthe der Römer seine Stütze gab und das Mittel zur Erlangung ihrer schönsten Erfolge wurde.

Als die Römer unter den Kaisern längst nicht mehr das waren, was sie zur Zeit der Republik gewesen, da bemühten sie sich, den Mangel an moralischer Kraft durch taktische Künste zu ersetzen. Uebrigens befanden sie sich bei den fortgesetzten Kämpfen gegen die Barbaren im Osten und Westen genau in derselben Lage wie die Griechen in den Kriegen gegen die Perser. Deshalb griffen sie auch zu derselben Formation, in welcher schon die Griechen ihren Schutz gefunden hatten, d. h. zur Phalanx, obgleich die römische Phalanx Nichts mit der griechischen gemein hatte, ausser der Form. Auch die moralische Kraft und die Fähigkeit sie zu verwenden waren wesentlich verschieden: bei den Griechen — der Angriff, — bei den entarteten Römern — die Vertheidigung, — und daher waren auch die Resultate so vollkommen verschiedene.

Die Mehrzahl der Schlachten der Alterthums verlief in offenen Ebenen, worauf ja die Eigenthümlichkeiten der Phalanx, die Action der Reiterei und des Nahegefechtes oder Handgemenges direct hinweisen. Die grösste Freiheit und Fähigkeit zum Kampfe suchten die Kämpfenden in der möglichsten Unabhängigkeit vom Terrain für das beiderseitige Aufeinanderlosgehen, sie strebten so rasch als möglich an einander zu kommen und begannen den Kampf mit gleichzeitigem Angriff von beiden Seiten. Von einer den Gegner stehenden Fusses erwartenden Defensive war eigentlich keine Rede.

Das Hauptziel des Angriffs war, die schwächsten Punkte der Schlachtordnung des Gegners, d. h. seine Flanken zu treffen, gegen welche sich daher von beiden Seiten die Anstrengungen richteten, um sie zu umfassen und auf die Mitte zurück zu drängen. Und häufig wurde der eine Theil auf einer oder auf beiden Flügeln besiegt, bisweilen aber auch beide Theile zur selben Zeit auf ihren rechten oder linken Flügeln.

Der Erfindungsgeist des Menschen führte bald dahin, dass man den Angriffsmitteln und Maassregeln des Feindes eben solche Mittel zur Abwehr entgegen stellte, in Gestalt besonderer Reserven, welche nicht nur dem Umgehenden entgegen zu treten, sondern ihn selbst zu umfassen bereit und im Stande waren. Ein anderes, obgleich seltener angewendetes Mittel, einer Umfassung zu entgehen, bestand in der Anlehnung der Flanken an unzugängliche oder schwer zu überwindende Terraingegenstände. Unter den Schlachten der Griechen kann als Beispiel für solche Verstärkung der Stellung der Truppen, durch das Terrain und für den Einfluss auf Gang und Schicksal des Kampfes in der späteren Zeit die Schlacht bei Sellasia angeführt werden, in welcher die Spartaner in einem bergigen und durchschnittenem Terrain aufgestellt waren und sich ausserdem noch verschanzt hatten.

Die Schlachten der Römer bieten schon einige Beispiele für Ausnutzung des Terrains, wie solche der Legion auch weit eher möglich und leichter war, als der Phalanx. Die Beschaffenheit des Kriegsschauplatzes in Italien bot den Römern selten vollkommen ebene und offene Schlachfelder dar. Deshalb begegnen wir bei ihnen fast immer Anlehnungen der Flanken an Flüsse oder Berge, und Aufstellungen auf Anhöhen oder in Thälern. Darin fand Fabius Cunctator auch das Mittel die taktische Kunst Hannibal's lahm zu legen. Auch die folgenden Feldzüge der Römer in Italien und Gallien bieten nicht weniger zahlreiche Beispiele einer Ausnutzung des Terrains im Kampfe.

Auf Hindernisse des Vordringens des Feindes gegen die Front der Stellung war man anfänglich wenig bedacht, das einzige waren die Flüsse. Aber in Griechenland waren diese grösstentheils nur unbedeutend, und nur in einzelnen Schlachten bilden sie ein wichtiges Hinderniss (z. B. bei Oropus am Asopus-Fluss, und am Crimissus). Im Kriege mit Alexander d. Gr. suchten die Perser und die anderen Gegner desselben die Flüsse zu benutzen, um ihn aufzuhalten (Granicus, Pinarus, Hydaspes u. s. w.). Aber Alexander überschritt sie Angesichts des Feindes und eröffnete damit die lange Reihe gleich erfolgreicher gewaltsamer Flussübergänge.

Geschickte Hindernisse gegen den Anlauf des Feindes, namentlich Befestigungen, kommen bei den Kriegen im offenen Felde meist nur in zwei Beziehungen vor: zum Schutze des Lagers, und zur Absperrung von Engpässen.

Die gesteigerten Mittel seitens der Defensive führten zu neuen Mitteln der Offensive. Da der parallele Angriff in ganzer Front unter Umfassung der Flanken einem an Zahl überlegenen Gegner gegenüber unausführbar war, so stellte man Letzterem die Reserven der zweiten Linie entgegen, und das brachte auf den Gedanken, den Hauptangriff mit überlegenen Kräften auf einen, wo möglich schwächsten Punkt der feindlichen Linie zu dirigiren. Dies war die zweite und bedeutendste taktische Neuerung. Zu diesem Zwecke wurde der angreifende Flügel verstärkt, die Angriffscolonnen bei ihm formirt, der andere Flügel dagegen zurück gebogen oder auf seinem Platze fest gehalten. Dadurch entstand eine schräge Stellung der eigentlichen Schlachtlinie zu der feindlichen Front, die sogenannte schräge Schlachtordnung. Erfunden und zuerst eingeführt wurde sie durch Epaminondas, der durch sie seine beiden berühmten Siege bei Leuktra und Mantinea erfocht und sich damit in die Reihe der ersten Feldherren aller Zeiten stellte. In beiden Schlachten griff er mit seinem verstärkten linken Flügel an und hielt den rechten zurück, bei Leuktra mit dem Fussvolk allein, bei Mantinea dagegen mit Fussvolk und Reiterei gemeinschaftlich, was schon einen grossen Fortschritt der Taktik der damaligen Zeit bedeutete.

Diese Erfindung des Epaminondas wurde in der Folge von Alexander d. Gr. mit ungewöhnlichem Erfolge und Geschick angewendet, welcher vermittelst derselben seine vier berühmten, ihm halb Asien unterwerfenden Siege erfocht. Und indem er zugleich sie geschickt den Umständen anpasste, vervollkommnete er sie noch erheblich. Da er eine an Zahl schwache und (mit Ausnahme der griechischen Söldner) sehr viel schlechtere Infanterie, als seine eigene war, dagegen eine sehr starke und ausgezeichnete Cavallerie sich gegenüber hatte, so war er genöthigt, vor allen Dingen diese letztere zu zersprengen, und dann erst das Fussvolk zu besiegen. Deshalb nahm er vor seinen angreifenden Flügel (den rechten, am Granicus auch den linken) die macedonische Reiterei und dahinter das macedonische Fussvolk, als die besten Kerntruppen. Die erstere formirte er in mehreren Linien, deren vorderste zum Frontalangriff bestimmt war, während die anderen den Angriff auf Flanke und Rücken ausführen sollten. Den Angriff richtete er immer in der Diagonale schräg auf die feindliche Schlachtordnung, und nur in der Schlacht bei den persischen Pforten oder Engpässen stand er, aus besonderen Gründen, parallel zu derselben, fasste dann aber durch eine Umgehung sie im Rücken. Auf der Diagonale in schräger Richtung marschirend, wendete sich nach Erreichung des feindlichen anzugreifenden Flügels sein ganzes Heer in Front gegen den Feind und griff ihn in Flanke und Rücken an. Das waren die allgemeinen und Haupt-Züge der Angriffe Alexander's d. Gr. in schräger Schlachtordnung; aber dabei hatten sie in jeder Schlacht doch noch ihre besonderen Eigenthümlichkeiten, den Umständen entsprechend, und bei jeder Gelegenheit mit den Hauptangriffsmaassregeln auch defensive Anordnungen verbindend.

Nach Alexander d. Gr. gerieth, wunderbarer Weise, die schräge Schlachtordnung vollständig in Vergessenheit. Kein Einziger von Alexander's Nachfolgern wendete sie mehr an, und die Kriegsgeschichte der Römer bietet, ausser der Schlacht bei Ilinga Scipio und der Schlachten Julius Cäsar's, nur parallele Schlachtordnungen mit Umfassung der feindlichen Flanken, um sie auf das Centrum zurück zu werfen, — ganz so wie es bis zu des Epaminondas und Alexander's Zeit gewesen war. Ja, die Schlachtordnung der Römer in drei Linien weist schon darauf hin, dass sie die Entscheidung des Sieges hauptsächlich in der allmäligen Verstärkung des Frontalangriffes durch eine Linie nach der anderen suchten. Die Schlacht bei Cannae ist ein interessantes Beispiel für einen misslungenen verstärkten Angriff der Römer auf das Centrum Hannibal's, wovon die Folge die totale Niederlage und Vernichtung des römischen Heeres war. Die Schlacht Scipio's bei Ilinga hingegen zeigt einen äusserst geschickten Angriff in schräger Schlachtordnung mit beiden Flügeln, auf jedem das schwere Fussvolk, dem auf den äusseren Flügeln das leichte Fussvolk und die Reiterei angehängt war. Die Schlachten Cäsar's hatten einen von den früheren Schlachten der Römer vollständig verschiedenen Charakter. Auch bei ihnen ist, wie bei denen Alexander's, in Cäsar's Angriffsdispositionen die Absicht vorhanden, die Hauptkräfte auf den entscheidenden Punkt des Schlachtfeldes und der feindlichen Schlachtlinie zu dirigiren. Gleich Alexander war auch Cäsar dabei Meister in der Verwendung seiner Cavallerie zur Mitwirkung mit dem Fussvolke. Seine Gegner waren stets stärker und zugleich furchtbarer, als die Alexander gegenüber stehenden Perser, namentlich in Gallien — die Gallier, und während der Bürgerkriege römische Truppen und römische Feldherren. Dies Alles zusammen beraubte ihn oft des Vorzuges der Initiative bei seinen Maassregeln, so dass er häufig unvermuthet in seinen Lagern oder auf dem Marsche angegriffen wurde und sich zu vertheidigen gezwungen war. Dem Allen konnte er nur seine ungewöhnliche Begabung, die Kraft seines Verstandes und Geistes entgegen setzen. In der ersteren fand er unerschöpfliche Quellen und Mittel zur Ueberwindung aller erdenklichen Hindernisse, in den letzteren aber die Festigkeit und Standhaftigkeit zur Bewältigung aller Gefahren und zur Beherrschung aller Umstände und Zufälligkeiten, wie bedrohlich sie immerhin für ihn sein mochten. Häufigen Angriffen sehr zahlreicher Heere ausgesetzt, musste er zu den verschiedensten Vorsichts- und Defensivmaassnahmen schreiten, taktischer wie fortificatorischer Art. Dabei liess er aber niemals die Offensive und Angriffsoperationen aus dem Auge, da er in denselben das beste Mittel zu seiner Defensive erkannt hatte. Seine fortwährende numerische Schwäche aber gestattete ihm nicht, gleich Alexander d. Gr., durch eine Bewegung und mit einem Schlage den Sieg zu entscheiden. Die feurige Tapferkeit seiner Gegner hätte immer seinen Angriff in schräger Schlachtordnung durch entgegengesetzte Maassregeln vereiteln können. Beim Angriff stürzte er sich auf den schwächsten Punkt des Gegners, bei der Vertheidigung dagegen wartete er den geeigneten Moment zum Angriffe ab. Für beide Fälle hielt er einen Theil seiner Truppen in Reserve, um diese entweder dem bedrohten Punkte zu Hülfe schicken, oder sie gegen die schwachen Punkte des Gegners in Flanke und Rücken verwenden zu können. Das war der allgemeine Charakter seiner sämmtlichen Schlachten.

Zum Schluss erübrigt noch, einige allgemeine Bemerkungen bezüglich einiger besonderer Bewegungen, Maassnahmen und Verhältnisse während des Kampfes im Alterthum zu machen. Sie dienen nicht allein zur Charakteristik des Zustandes der Kriegskunst zu einer gewissen Zeit, sondern auch zum Beweise dafür, dass alle diese Verhältnisse aus den geistigen und moralischen Fähigkeiten der Feldherren herfliessen. Darum ist deren Erforschung und Studium in der Kriegsgeschichte höchst interessant und lehrreich. Auch schon die Schlachten der ältesten Zeiten bieten mehr oder weniger Beispiele hierfür. So schickte in der Schlacht zwischen dem spartanischen Könige Theopompus und den Messeniern unter Führung des Euphaës dieser Letztere, als die rechten Flügel beider Heere geschlagen waren, die Reiterei seines linken Flügels dem rechten zu Hülfe, wodurch hier das Gefecht wieder hergestellt und der Sieg für die Messenier entschieden wurde. Dasselbe that mit gleichem Erfolge der spartanische König Agis in der ersten Schlacht bei Mantinea, indem er das Fussvolk und die Reiterei seines rechten Flügels, welcher bereits gesiegt hatte, dem linken zu Hülfe schickte. Bei Ithome verwendeten die Spartaner ihre Reservecavallerie zur Unterstützung ihres umfassten linken Flügels; sie wurde aber selber durch das schwere und leichte Fussvolk, welches in einem Hinterhalt hinter dem rechten Flügel der Messenier gelegen hatte, umfasst und in Folge dessen der Flügel der Spartaner auf das Centrum zurückgedrängt. Bei Caprusema operirten der spartanische Feldherr Anaxander und der messenische Aristomenes so, dass der Sieg auf dem angreifenden linken spartanischen Flügel entschieden werden sollte. Anaxander schickte seine Reservecavallerie zum Angriff auf die rechte äussere Flanke des rechten messenischen Flügels, und Aristomenes ebenso seine Reservereiterei von seinem rechten Flügel zum Angriff auf die linke Flanke der spartanischen Reiterei, was dann den Sieg entschied. In der Schlacht bei Plataea machten, als die Spartaner auf dem rechten Flügel sich im Kampfe mit den Persern befanden, die Athener vom linken Flügel einen Flankenmarsch nach rechts, jenen zu Hülfe, wurden aber selbst in ihrer linken Flanke durch die mit den Persern verbündeten Griechen von deren rechtem Flügel her angegriffen und dadurch genöthigt Front zu machen. Die Schlacht bei Olpae wurde zu Gunsten der Athener entschieden durch die gleichzeitige Bewegung eines Theiles von ihrem Fussvolke aus einem Hinterhalte hinter ihrem rechten Flügel, und der Reservereiterei aus der Mitte der Linie heraus gegen die Flanke und den Rücken beider spartanischer Flügel, welche Bewegung den Sieg errang. Dasselbe geschah auch in der Schlacht bei Oropus.

Die Schlacht bei Kunaxa bietet mehrere verschiedene Momente, welche Anlass zu besonderen Bewegungen und endlich gewissermaassen zu einer zweiten Schlacht unter vollkommen veränderter gegenseitiger Stellung beider Theile gaben. So erfolgte in dem ersten Momente der

Angriff der Griechen auf den linken Flügel des Artaxerxes, und der des Tissaphernes mit der Reiterei dieses Flügels gegen die Flanke und nachher gegen das Lager im Rücken der Griechen. Der zweite Moment war die Niederlage und Flucht des linken Flügels des Artaxerxes durch die Griechen. der dritte Moment ist dann der Angriff des Cyrus mit 600 Reitern auf Artaxerxes selbst und seine 6000 Mann starke berittene Leibwache im Centrum seiner Armee, und der Tod des Cyrus in diesem Kampfe. Der vierte Moment war der Abmarsch des rechten Flügels des Artaxerxes nach links, dessen Sieg über den linken griechischen Flügel, Vereinigung mit Tissaphernes bei dem griechischen Lager und die mit Tissaphernes gemeinschaftlich ausgeführte Bewegung gegen den Rücken des Centrums und des rechten Flügels der Griechen, welche sich durch die Verfolgung des linken persischen Flügels hatten fortreissen lassen. Der fünfte Moment war die Wendung der Griechen mit der Front nach rückwärts, Rücken gegen den Euphrat. Der sechste und letzte Moment endlich war der entscheidende Angriff der Griechen auf die Perser, mehrmalige Abwehr durch Letztere und Rückkehr der Griechen in ihr Lager bei sinkender Nacht, sodass die Griechen am selben Tage in 2 Schlachten den Sieg erfochten hatten.

Einen ähnlichen Verlauf hatte die Schlacht bei Koronea zwischen Spartanern und Böotiern. Die Letzteren waren auf dem linken Flügel geschlagen, hatten aber auf dem rechten gesiegt, wo die Thebaner standen. Die spartanische Reservereiterei retablirte das Gefecht auf ihrem linken Flügel und hielt die Thebaner fest. Nun wandten die Letzteren sich nach links, ihrem linken Flügel zur Hülfe. Agesilaus zog aus seinem Centrum eine Abtheilung Fussvolk vor, um den Thebanern in den Weg zu treten, und griff sie von allen Seiten an. Aber sie formirten Carré, wiesen alle Angriffe zurück, erzwangen sich Durchlass durch das spartanische Fussvolk und zogen sich unbesiegt zurück.

In der Schlacht bei Leuktra wollten die Spartaner den Angriff der Colonne des Epaminondas dadurch abwehren, dass sie ihren rechten Flügel nach rechts ausdehnten, um dann durch Einschwenken nach links diese Colonne in die Flanke zu fassen. Die thebanische heilige Schaar, welche sich an der Queue der Colonne befand, zog sich nach links heraus und fiel selber den Spartanern in die Flanke, und hierdurch ward der Sieg für die Thebaner entschieden. Während dessen hatte auch der linke Flügel der Spartaner eine Bewegung in schräger Front nach rechts vorwärts ausgeführt, die aber gänzlich erfolglos war.

In der zweiten Schlacht bei Mantinea drängte, als der Erfolg des linken thebanischen Flügels sichtbar wurde, die Reiterei und dahinter das Fussvolk vom rechten Flügel der Thebaner die Reiterei der linken athenischen Flanke zurück und attakirte nun die linke Flanke des feindlichen Fussvolks; aber die spartanische Reservereiterei warf sich ihnen entgegen und stellte das Gefecht wieder her. Inzwischen hatte die athenische Reiterei sich wieder formirt, fiel dem böotischen Fussvolk in die rechte Flanke und machte einen grossen Theil desselben nieder. Das war vielleicht eine der Ursachen, dass der Hauptangriff des thebanischen linken Flügels nicht so entscheidende Resultate hatte, als er hätte haben können.

Auch die Schlacht bei Chäronea bietet die Erscheinung, dass die beiderseitigen rechten Flügel geschlagen waren. Aber Philipp führte das Fussvolk aus seinem Centrum gegen die athenische Reiterei der linken Flanke, welche in Unordnung die geschlagene macedonische Reiterei der rechten Flanke verfolgte. Sie ward mit leichter Mühe zurückgetrieben, und dann wurde das griechische Fussvolk durchbrochen und zersprengt.

In den Schlachten Alexander's d. Gr. hatten dessen Angriffspläne stets solchen entscheidenden Einfluss und war die moralische Ueberlegenheit auf seiner Seite so gross, dass bei den Gegnern nur sehr wenige Folgen von irgend welchen geschickten Bewegungen und Operationen hervortraten, und wo sie sichtbar werden, fallen sie dem griechischen Söldnerfussvolk und der Reiterei anheim.

In der Schlacht bei Issus nutzten die persischen Griechen den Umstand, dass die Mitte der macedonischen Phalanx bei dem Uebergange über den Pinarus nicht rasch genug den vordersten Gliedern nachfolgen konnte, aus, indem sie einige Abtheilungen ihres Fussvolkes vom linken Flügel über den Pinarus schickten und die zurückgebliebene macedonische Phalanx angreifen liessen. Aber dieser vereinzelte Angriff wurde nicht unterstützt, Alexander d. Gr. hatte sich inzwischen mit seiner Reiterei zurückgewendet, fiel den Griechen in die Flanke und rieb sie auf.

In der Schlacht bei Arbela entwickelte die persische Cavallerie eine erfolgreiche Thätigkeit, wie durch Gegenangriffe auf beiden Flanken, so auch durch eine Frontal-Attacke aus dem Centrum. Alexander d. Gr. führte diese Schlacht in musterhafter Weise durch. Nachdem er den linken Flügel der Perser geschlagen, eilte er dem Parmenio auf seinem linken Flügel zu Hülfe, welcher von der persischen, theilweise sogar bis zum macedonischen Lager vorgedrungenen Reiterei heftig gedrängt wurde. Auf dem Wege dorthin stösst er auf diese Reiterei, welche sich nun durchschlagen will, es entbrennt ein heisser Kampf mit derselben, endlich wird sie geworfen, und als er nun zu Parmenio kommt, findet er diesen schon siegreich den rechten persischen Flügel zurückdrängend. Darauf eilt er wieder nach seinem rechten Flügel zurück, vervollständigt die Niederlage der Perser und setzt bis zur Nacht hin ihre Verfolgung fort.

In der Schlacht am Hydaspes hält die indische Reiterei des rechten Flügels lange Stand gegen die kühnen und entscheidenden Angriffe der macedonischen linken Flügel-Cavallerie auf Flanke und Rücken, obgleich sie dabei gezwungen wurde, ihre Flanke zurück zu biegen. Dann aber auch im Rücken angefallen, machte sie in zwei Linien Front nach vorn und nach hinten und wich nur der überlegenen Macht der Angreifer.

In der Schlacht bei Raphia wurden Centrum und rechter Flügel des Antiochus geschlagen, sein rechter Flügel hatte den Sieg errungen. Nun eilte Echekrates, Befehlshaber der ägyptischen Reiterei des rechten Flügels, mit dieser nach dem linken Flügel, griff die verfolgende Reiterei des Antiochus in Flanke und Rücken an, und erfocht hier den Sieg.

In der Schlacht bei Sellasia warf die leichte Reiterei des Kleomenes sich in Flanke und Rücken des angreifenden linken Flügels des Antigonus. Der später so berühmte Philopömen, damals noch Anführer von 1000 Mann Fussvolk, lenkte die Aufmerksamkeit des Reiterobersten Alexander auf die Bedrohung dieses Flügels. Alexander aber beachtete es nicht und verblieb in Unthätigkeit. Nun stürzte Philopömen aus eigenem Antriebe, ohne Befehl, sich auf den Feind, verjagte ihn und schaffte dadurch dem linken Flügel die Möglichkeit, seinen Angriff fortzusetzen, welcher denn auch zum Siege führte.

Die Schlachten der Römer bieten nicht weniger Beispiele von besonderen Bewegungen und Operationen, welche den Sieg entschieden.

Im Anfange des ersten Gefechtes bei Fidenae wurden die Römer von den Bewohnern von Alba, welche den rechten Flügel der Römer bildeten, plötzlich verlassen. Tullus Hostilius nahm sofort mit der zweiten Linie ihre Stelle ein und rief laut, dass die Albaner auf seinen Befehl abgerückt seien, um dem Feinde in den Rücken zu fallen. Dies befeuerte seine Krieger und machte die Gegner bestürzt, und die Römer gewannen den Sieg.

In der Schlacht des M. Fabius mit den Vejentern und Etruskern schickte er einen Theil seiner dritten Linie dem rechten Flügel zu Hülfe, den andern dem linken. Unterdessen hatten die Etrusker ihrerseits einen Theil des Fussvolks aus ihrem Centrum um die linke Flanke herum geschickt, zum Angriffe auf das Lager und den Rücken der Römer. Aber der Consul Manlius eilte mit Abtheilungen aus der zweiten Linie zur Hülfe herbei, und der Feind wurde überall besiegt.

In dem zweiten Kampfe bei Fidenae machten die Einwohner dieser Stadt einen Ausfall und griffen mit brennenden Fackeln den linken Flügel der Römer an, sie wurden aber von der römischen Cavallerie in Flanke und Rücken genommen und geschlagen.

In der Schlacht an der Trebia wurden die Römer in Flanke und Rücken angegriffen und von allen Seiten bedrängt, 12000 Mann schlugen sich im Centrum nach heftigem Kampfe durch die karthagische Armee durch und zogen sich nach Placentia zurück.

Die Schlacht bei Cannae bietet ein der Thätigkeit der macedonischen Reiterei bei Issus ähnliches Beispiel. Hasdrubal hatte die römische Cavallerie der rechten Flanke geschlagen und aufgerieben, jagte dann kühn und schnell nach dem anderen Flügel, warf auch dort die römische Reiterei zurück, liess sie durch die numidische verfolgen und fiel seinerseits dem römischen Fussvolk in den Rücken, wodurch er den Sieg zu Gunsten Hannibal's entschied.

Besonders interessant sind aber die augenblicklich, während des Gefechtes, ergriffenen, den Gang desselben bestimmenden und seinen Ausgang entscheidenden Maassregeln Julius Cäsar's, wie sie fast in allen seinen Schlachten hervortreten und ihn eben dadurch als einen der grössten Feldherrn zeigen. Keiner seiner Vorgänger verstand es so ausgezeichnet wie er, die Legionen im Kampfe als selbständige taktische Einheiten zu verwenden. Seine Legaten bildete er zu geschickten Unterfeldherren aus, vollkommen fähig den allgemeinen Verlauf des Gefechtes zu begreifen und dem entsprechend und den Umständen gemäss handelnd einzugreifen. Die Eintheilung der Legion in Cohorten und ihre Aufstellung in 3 Linien boten Cäsar alle Mittel zur Unterstützung bedrohter Punkte, Verstärkung eingeleiteter Angriffe, Bedrohung der Flanken des Gegners, und Verwendung bei unvermutheten Vorkommnissen.

So stellte in der Schlacht bei Bibracte, als die Helvetier Cäsar's Arrièregarde angriffen, um des Letzteren Marsch gegen diese Stadt aufzuhalten, Cäsar unter dem Schutze seiner Cavallerie, welche die Helvetier beschäftigte, die vier alten Legionen in drei Linien auf die halbe Höhe eines Bergabhanges, hinter sie aber auf die Anhöhe die zwei neuen Legionen und die Hülfstruppen mit der Bagage. Die römische Reiterei ward geworfen, das Fussvolk der Helvetier griff die Römer in Phalangen an, wurde aber abgeschlagen und stellte sich auf einer Anhöhe dahinter auf. Die verfolgenden Römer wurden in Flanke und Front gefasst, wobei ihre dritte Linie sich auf die Flanke der Angreifer stürzte. Der von 6 Uhr Morgens bis zum Abend fortdauernde Kampf endete mit der Niederlage der Helvetier, dem entscheidenden Siege der Römer über sie und ihrer Verfolgung bis zu ihrer Bagage, bis zur sinkenden Nacht.

In der Schlacht gegen Ariovist brach Cäsar mit drei Legionen zum Angriffe auf, eröffnete den Kampf mit seinem rechten Flügel gegen den feindlichen linken, als den schwächsten und schlug diesen. Aber Ariovist's rechter Flügel hielt tapfer Stand, bis Crassus mit der dritten Linie dem römischen linken Flügel zu Hülfe kam, mit ihm vereint die Germanen schlug, und dadurch den Sieg entschied.

In der Schlacht bei Bibrax am Axonaflusse stand Cäsar mit dem Rücken gegen diesen Fluss auf einer Anhöhe, sicherte seine Flanken durch Gräben und Verschanzungen und durch Wurfgeschütze, hatte zwei neue Legionen im Lager gelassen, und vor seiner Front einen kleinen ihn von den Belgiern trennenden Sumpf. Die Letzteren gingen abtheilungsweise über die Axona, um die hinter Cäsar's Lager befindliche Brücke über diesen Fluss zu vernichten. Cäsar aber kam ihnen zuvor, indem er mit der Reiterei und dem leichten Fussvolk über die Brücke ging, und Jene angriff und schlug.

In der Schlacht am Sabisflusse hatten ursprünglich die Nervier die Absicht gehabt, die Römer während des Marsches, wo ihre Bagage zwischen den Cohorten sich befand, anzugreifen. Allein Cäsar, der dies erfahren, änderte seine Marschordnung, indem er die Cavallerie und das leichte Fussvolk an die Tête nahm, dahinter die sechs alten Legionen, die Bagage, und an die Queue die zwei jungen Legionen. Als dann die sechs Legionen das Lager am Sabisflusse aufschlugen und befestigten, gingen die Nervier über diesen Fluss und griffen die Legionen mit Ungestüm an. Cäsar begab sich in Person nach dem linken Flügel zur zehnten und neunten Legion, warf die Nervier hier zurück und verfolgte sie über den Sabis. Die achte und elfte Legion im Centrum errangen denselben Erfolg, aber die siebente und zwölfte auf dem rechten Flügel wurden von überlegenen Kräften in Front, Flanke und Rücken angegriffen. Cäsar eilte ihnen zu Hülfe, sprach ihnen Muth ein, und befahl ihnen eng zusammen zu schliessen und nach allen Seiten Front zu machen. Die herankommenden beiden hintersten Legionen des Labienus, die zehnte Legion von vorn, und die sich von Neuem sammelnde Cavallerie halfen die Nervier abwehren, die Römer gingen zum Angriff über, und die Nervier wurden endlich nach verzweifelter Gegenwehr auf's Haupt geschlagen.

Die Schlacht bei Pharsalus muss in ausschliesslich taktischem Betracht schon deshalb als interessanteste von allen Schlachten Cäsar's genannt werden, weil in Bezug auf Bewaffnung, Formation, Ausbildung und moralische Begeisterung die beiden kämpfenden Parteien sich in ganz gleicher Lage befanden, mit Ausnahme dessen, dass: 1) Cäsar nur 80 Cohorten oder 32,000 Mann Fussvolk und 1000 Mann Reiterei im Felde, und 2 Cohorten im Lager hatte, während bei Pompejus sich 47,000 Mann zu Fuss und 7000 Mann zu Pferde im Felde, und 7000 Mann Fussvolk im Lager befanden, — und 2) der grösste Theil von Cäsar's Truppen aus neu ausgehobenen bestand. Bei dieser gegenseitigen Situation musste ein Umstand schwer und entscheidend in's Gewicht fallen, nämlich die geistigen und moralischen Fähigkeiten beider Feldherren. In dieser Hinsicht gehört die Schlacht von Pharsalus zu denjenigen, in welchen der bezeichnete Umstand von maassgebendem Einflusse sein und es zur Entscheidung bringen musste, wer von Beiden der grössere Feldherr sei, Cäsar oder Pompejus. Es ist hierbei noch an einen Umstand zu erinnern, der immer von wesentlichem Einflusse war, aber gleichfalls mit in der Persönlichkeit des Feldherrn lag, nämlich an das Vertrauen der Soldaten zu ihm und an den sie beseelenden Geist. In dieser Hinsicht standen die Truppen Cäsar's entschieden höher als die des Pompejus, sie hatten unbegrenztes Vertrauen zu Cäsar und waren überzeugt, dass unter seiner Führung ihnen Nichts unmöglich sei. Und dieses Vertrauen, diese Ueberzeugung waren von Cäsar's alten Truppen auf die neuen vollkommen übergegangen. Ausserdem waren Cäsar's Legionen arm und nicht verweichlicht, die des Pompejus das gerade Gegentheil. Und da die einen wie die anderen für den persönlichen Vortheil ihrer Anführer kämpften, so musste die Persönlichkeit der Letzteren einen mächtigen Einfluss auf den Geist der Ersteren ausüben. Cäsar beherrschte seine Legionen, Pompejus befehligte die seinigen nur.

All' das hier Dargelegte erklärt vollkommen die Maassregeln und das Verhalten Cäsar's und Pompejus' in der Schlacht bei Pharsalus und wird seinerseits durch sie selber erklärlich und bestätigt. In Bezug auf die der Schlacht vorhergehenden Anordnungen erinnert sie einigermaassen an die Schlacht bei Thymbra: Pompejus beging die Fehler des Crösus, und Cäsar handelte in dem Geiste des Cyrus.

In der Schlacht bei Ruspina stellte sich für Cäsar die Aufgabe vielleicht noch schwieriger, als bei Pharsalus. Nur mit 30 Cohorten und 400 Reitern der an Zahl weit überlegenen Reiterei des Labienus gegenüber, marschirte Cäsar in eng geschlossener Ordnung, das leichte Fussvolk dazwischen, gegen Labienus vor, leichtes Fussvolk vor den Cohorten, die Cavallerie auf den Flanken. Die Reiterei des Labienus wurde geworfen, sein Fussvolk hielt Stand und gab der Reiterei Zeit, sich neu zu formiren, die Linie Cäsar's anzugreifen und mehr und mehr zu umfassen. Der Letztere formirte seine Cohorten in Kreisform (orbis), Front nach allen Seiten und ging endlich zum Angriff über. Die Cohorten warfen sich nach rechts und links, drängten die Flanken des Labienus und dann auch das von diesen abgeschnittene Centrum zurück. Cäsar aber verfolgte den geschlagenen Feind nicht, sondern beschloss in sein Lager zurückzukehren. Labienus dagegen hatte Verstärkungen erhalten und ergriff von Neuem die Offensive, sodass Cäsar zu einem zweiten Kampfe gezwungen war (wie es bei Kunaxa geschah). Nachdem man sich von beiden Seiten beschossen hatte, führten Cäsar's Truppen einen allgemeinen Angriff aus und warfen den Feind gänzlich über den Haufen.

Die Schlacht bei Thapsus fand gegen den Willen Cäsar's statt, welcher nicht angreifen wollte. Aber die zehnte Legion auf dem rechten Flügel liess durch den Trompeter das Signal zum Angriff blasen, die anderen bliesen es nach, alle Cohorten setzten sich nach vorwärts in Bewegung, und Cäsar selbst war genöthigt sein Signal zum Angriff geben zu lassen. Das Resultat war die vollständige Niederlage des Gegners.

In der Schlacht bei Munda hatte Cäsar nur 80 Cohorten und 8000 Mann Reiterei, gegen 13 Legionen nebst Cavallerie und 6000 Mann leichter Truppen und eine fast gleiche Anzahl von Hülfstruppen des Sohnes Pompejus, welche in günstiger Position auf Anhöhen standen. Die Soldaten fochten auf beiden Seiten mit Tapferkeit und Ausdauer, aber die des Pompejus waren sehr ermüdet. Als Pompejus seinen linken Flügel durch die zehnte Legion hart bedrängt sah und fürchten musste, in die Flanke gefasst zu werden, schickte er eine Legion zu Hülfe. Sobald Cäsar dies bemerkte, liess er seine Cavallerie einen entscheidenden Angriff machen. Trotz der standhaftesten Gegenwehr wurden die Truppen des Pompejus endlich mit ungeheurem Verluste total geschlagen.

Wir schliessen hiermit die Bemerkungen und Beispiele aus der Taktik des Alterthums, und haben nur noch anzuführen, dass dieser Zweig der Kriegskunst unter Cäsar und namentlich durch seine Kriege, Feldzüge und Schlachten den höchsten Grad der Entwickelung und Vollkommenheit im Alterthume erlangte. Cäsar selbst wurde durch keinen seiner Vorgänger mit Alexander d. Gr. und Hannibal stand er in dieser Beziehung gleich!, noch weniger durch irgend einen seiner Nachfolger erreicht, obgleich unter denselben sich mehr oder minder geschickte und bedeutende Taktiker und Heerführer befanden. Eine Anführung von taktischen Beispielen aus der Zeit des Kaiserreichs und des Verfalls der römischen Kriegskunst überhaupt und der Taktik ins Besondere kann, nach den Beispielen aus den Feldzügen, Kriegen und Schlachten Cäsar's, nicht annähernd gleiches Interesse und gleiche Belehrung gewähren.

§. 457.

Lagerkunst.

Nächst der Taktik nahmen in der Reihe der verschiedenen Zweige der Kriegskunst des Alterthums die Lagerkunst, Befestigungskunst, Belagerungskunst und Ballistik den zweiten Rang ein, welche sich alle vier auf die Vertheidigung oder den Angriff von Terraingegenständen oder Punkten im Terrain durch verschiedene künstliche Mittel beziehen: Befestigungen und die darauf bezüglichen Arbeiten, Wurfmaschinen und Geschütze. Wir wenden uns zunächst zur **Lagerkunst**, oder der Kunst, die Feldlager der Truppen aufzuschlagen und zu befestigen.

Zuverlässige historische Angaben über den Anfang und Zustand dieser Kunst in den ältesten Zeiten giebt es nicht. Das aber scheint unzweifelhaft fest zu stehen, dass sie schon sehr früh entstanden ist. Ihre Nothwendigkeit ist so natürlich und einleuchtend, dass man eine Befestigung der Feldlager der Krieger schon zu einer Zeit voraussetzen muss, wo die Kriegskunst noch sehr wenig entwickelt war. Die frühesten Angaben darüber enthält Homer's Iliade. Nach dieser zogen die Griechen vor Troja ihre Schiffe auf's Land und ordneten sie in zwei Linien hintereinander. Das Lager der Truppen befand sich zwischen denselben und wurde mit einem Erdwall und Holzthürmen umgeben, vor dem ein breiter, tiefer Graben mit einem Pfahlzaun lag. In dem Lager waren die Krieger in Zelten untergebracht. Es ist aus der Iliade bekannt, dass bei einem Ausfalle der Trojaner die Griechen ihre Rettung lediglich in der Vertheidigung ihrer Schiffe und ihres Lagers fanden.

Später befestigten die Griechen ihr Lager im Felde, aber bestimmte feststehende Formen dafür gab es nicht. Nur die Spartaner lagerten stets in ovaler Form. Als die Thebaner unter Führung des **Epaminondas** den Peloponnes durchzogen, umgaben sie ihr Lager stets mit Verhauen, zu welchem Zwecke alles Gehölz rundum niedergelegt wurde.

Bei Auswahl des Lagerplatzes zogen die Truppen auch die Beschaffenheit des Terrains in Betracht. **Xenophon** beachtete dies stets während der Zeit des Rückzugs der 10,000 Griechen. Später zeichnete sich besonders Pyrrhus durch geschickte Anlage und Befestigung seiner Lager aus. Der Lagerdienst wurde sehr fleissig betrieben.

Im Uebrigen erlangte die Castrametatio bei den Griechen eine weit geringere Entwickelung und Vollkommenheit, als bei den Völkern Italiens, namentlich den Römern. Bei den Ersteren umgaben die Truppen ihr Lager mit Erdwall und Verhau. Die Römer lernten, wie Einige meinen, die Construction und Befestigung ihrer Lager von **Pyrrhus** zur Zeit der Kriege mit ihm, nach der wahrscheinlicheren Annahme Anderer aber gerieth **Pyrrhus** selbst, als er zum ersten Male ein römisches Lager erblickte, in Erstaunen und erkannte die Kunst der Anlage und Befestigung desselben an. Die Form des römischen Lagers war immer ein längliches Viereck. Auf jeder Seite des Lagers befand sich ein Thor. Die Truppen lagerten in dem Lager in bestimmter Schlachtordnung. Die Lager waren vorübergehende oder Marschlager, oder ständige oder Winterlager. Schon die ersteren wurden sorgfältiger und stärker befestigt, als bei den Griechen, die letzteren noch weit mehr. Die Befestigungen derselben bestanden aus einem Erdwall mit Pallisadenzaun und Graben davor von geringerem oder stärkerem Profile, bei den stehenden Lagern noch aus runden, erhöhten Schanzen oder Thürmen auf den ausspringenden Winkeln, wo die Wurfmaschinen (Ballisten und Katapulten) aufgestellt wurden. Die Marschlager befestigten die Truppen selbst und in sehr kurzer Zeit, in der Nähe des Feindes unter Bedeckung von besonderen Abtheilungen. Der Lagerdienst wurde sehr strenge und regelmässig gehandhabt.

Ihre Lager schlugen die Römer mit der vorderen Seite an dem Abhange einer Anhöhe, mit der hinteren Seite auf dem Gipfel derselben auf, in der Nähe von Wasser und Wald und mit ebenem und offenem Terrain davor für den Kampf. Der Dictator Fabius Cunctator war der Erste, der solche Lager als befestigte Vertheidigungspositionen in durchschnittenem Terrain anwendete, auf Anhöhen, sogar auf Bergen. Nach ihm zeichneten sich durch besondere Kunst hierin aus: Julius Cäsar, Vespasian, Agricola u. A.

In Bezug auf den Kampf dienten die Marschlager den Römern als Stützpunkte, wenn er vor und in der Nähe des Lagers stattfand. Bei einigen besonderen Gelegenheiten indessen (Angriffen durch sehr zahlreiche feindliche Schaaren u. s. w.) wurden die Lager auch zur Vertheidigung direct benutzt. Dies kam besonders häufig in späterer Zeit vor, hauptsächlich im Orient gegen die Barbaren und in Europa. Die höchste Stufe der Entwickelung und Vollkommenheit aber erreichte die Lagerkunst bei den Römern in den Kriegen und Feldzügen Cäsar's, in Folge der besonderen Kunst desselben in Anlage und Verschanzung der Lager zum Zwecke der Offensive sowohl, wie namentlich der Defensive gegen die, seinem Heere stets an Zahl überlegenen Feinde. Die Lager desselben hatten bisweilen so grosse Dimensionen an Umfang, Profil und hinsichtlich der verschiedenen fortificatorischen Hülfsmittel und den Raumflächen vor denselben, dass sie weite verschanzte Lager für mehr oder minder zahlzeiche Heere bildeten. So waren besonders die Lager von Alesia, Dyrrhachium, Ruspina, Ucita u. s. w.

Später, zur Zeit des Kaiserreichs, erreichte die Castrametatio bei den Römern eine noch grössere Vollkommenheit nicht allein in taktischer, sondern auch in strategischer Hinsicht. Der Bau grosser, ständiger, fester Lager in der Art von kleinen Festungen, bildete ein besonderes System zur Vertheidigung der Grenzen des Reiches an Rhein, Donau, Euphrat, wie auch zu fortgesetzten Offensivoperationen und Eroberungen jenseits dieser Grenzen, namentlich in Germanien zwischen Rhein, Weser und Elbe. In diese Categorie gehörten auch die grösseren oder kleineren stehenden befestigten Lager (Castelle, Forts, Blockhäuser). In eigenlich technischer Hinsicht kam übrigens die Lagerkunst bei den Römern nicht über die unter Cäsar erlangte hohe Stufe hinaus.

Im Allgemeinen ist zu sagen, dass die Castrametatio im Alterthume bei keinem Volke eine solche Entwickelung, Vollkommenheit und Kunsthöhe erreichte, wie bei den Römern, und zwar sowohl in der besten Zeit der Republik, als zur Zeit der Bürgerkriege, namentlich unter Cäsar, als auch zur Zeit des Kaiserreichs. Selbst bei Griechen und Macedoniern stand sie weit hinter der bei den Römern erlangten Höhe zurück. Die hauptsächlichste Ursache davon waren die besonderen Eigenschaften der Formations- und Kampfweise der Truppen, sowie des ganzen Kriegs systemes derselben.

§. 458.

Befestigungskunst.

Die Befestigungskunst ist fast noch älteren Ursprungs als die Lagerkunst. Schon mit Beginn des Sesshaftwerdens der Menschen und Völker musste nothwendigerweise das Erforderniss eines Schutzes der Wohnungen gegen feindliche Angriffe hervortreten. Diese Absicht suchte man Anfangs wahrscheinlich durch künstliche Umzäunungen von Holz oder von Steinen zu erreichen, später durch Anlage grösserer Niederlassungen, besonders Städte, auf schwer zugänglichen oder ganz unzugänglichen Punkten, z. B. hohen Bergen, steilen Felsen, Vorgebirgen im Meere u. s. w. So entstand früher als alle übrigen die permanente Fortification, und erst später die passagere, oder eigentliche Kriegs- oder Feldfortification.

Die Entwickelung und Vervollkommnung der ersteren erfolgte unzweifelhaft auf ganz naturgemässe Weise. Die ersten Schutzwehren oder Verschanzungen bestanden aus Erdwällen mit Gräben und Pfahlzaun und mit hölzernen Thürmen. Später wurden die Wälle und Thürme von Steinen erbaut, am frühesten in Aegypten und Asien, zum Schutze der Residenzen und Hauptstädte, dann auch der übrigen Städte. Der grosse Umfang der bedeutenderen Städte führte zu den in Höhe und Dicke mächtigen Dimensionen der steinernen Mauern, welche die Städte in einer, zwei und mehreren Reihen umschlossen, mit Thürmen, Gräben, Thoren und inneren Festungen (Citadellen auf dem höchsten Punkte mitten in der Stadt. Die gewaltigsten Städte und Festungen des Orients waren im Alterthum Ninive, Babylon, Ekbatana und Persepolis, deren Beschreibung bei Herodot und Diodor in Erstaunen setzt, aber durch die noch vorhandenen Ruinen derselben bestätigt wird. Sie sind Beispiele für die überaus bedeutende Entwickelung der Befestigung grosser Städte oder der permanenten Fortification im alten Asien.

In Griechenland und Italien finden wir erst später Städte mit Steinmauern und Thürmen. Früher und mehr als andre zieht die ähnliche Befestigung von Athen (zur Zeit des peloponnesischen Krieges die Aufmerksamkeit auf sich, nach der Beschreibung des Thucydides abweichend von jener der vier genannten Städte des Orients, aber doch in vielen Punkten ähnlich. Die Stärke beruhte hier wie dort besonders in ihren Profilen nach Höhe und Dicke, und in ihrer Zusammenfügung aus gewaltigen durch eiserne Klammern verbundenen Steinen. In gleicher Weise wie Athen waren auch die übrigen Hauptstädte Griechenlands mehr oder minder stark befestigt und besassen besondere Citadellen, aber auf nahe gelegenen dominirenden Anhöhen, nicht im Innern der Stadt, wie in Asien (Akropolis, Kadmea, Akrokorinth u. s. w.).

Aber nicht die Städte allein, auch die Häfen, Grenzen und Engpässe wurden mit Steinmauern umwallt oder abgesperrt, z. B. die phalerische Mauer bis an die Aussenmauer von Athen, in einer Länge von 35 Stadien (1 Stadium = 250 Schritte à 2 Fuss 4 Zoll, und 40 Stadien = 1 deutsche Meile = 7 Werst oder circa 7 Kilometer), die Mauern zum Piräeus (40 Stadien), die den Piräeus und Munychia gemeinschaftlich umschliessenden Mauern (60 Stadien), die pelusische Mauer des Sesostris (von Pelusium nach Iliopolis, 180 Meilen = 1260 Kilometer), die Mauer quer über die corinthische Landenge, die Mauer des Miltiades quer durch den thracischen Chersonnes, die Thermopylen, die persischen Pforten oder Engpässe, die Steinwälle oder Mauern der Römer in Britannien u. s. w.

Nur die Spartaner verachteten, nach des Lykurgus Gesetzen, jede Art von Befestigung, dennoch aber wurde die Stadt Sparta in den griechischen Kriegen niemals, und von Niemand eingenommen. Dafür aber zwangen die Spartaner, wenn sie fremde Städte unterworfen hatten, diese, ihre Mauern zu schleifen, weil sie eben so unerfahren in der Belagerung wie in der Befestigung von Städten waren.

Die Herrscher der grossen Reiche sahen das letzte Mittel zu ihrem Schutze in der Vertheidigung ihrer Residenzen, die kleineren Staaten aber, von der Art wie die griechischen, deren Grenzen nicht selten die Mauern ihrer Städte waren, gründeten auf deren Vertheidigung die Bewahrung ihrer Unabhängigkeit und ihrer Freiheit. Bei der Menge dieser kleinen Staaten, namentlich in Griechenland und Italien, gab es daher auch eine Menge befestigter Städte, und so musste der Krieg selbst einen doppelten Charakter tragen und trug ihn stets, — als Feldkrieg und als Festungs- oder Belagerungskrieg.

Die Feldbefestigung, in Form der Castrametatio oder Befestigung von Kriegsfeldlagern entstand vermuthlich ziemlich gleichzeitig mit der permanenten Fortification. Aber, abgesehen von dieser Castrametatio, ist sie in allen auf den Feldkrieg bezüglichen Zweigen wahrscheinlich erst später entstanden und entwickelte sich nur allmälig, zuerst in Asien und Afrika, dann in Europa bei den Griechen und besonders bei den Römern, in jedem Welttheile und bei jedem Volke eigenartig, aber in Europa höher, als in Asien und Afrika, und bei den Römern mehr als bei den Griechen. Bei den Letzteren erlangte sie keine grosse Bedeutung, Entwickelung und Vollkommenheit, bei den Römern aber, — aus den im §. 457 über die Castrametatio angeführten Ursachen —, fand das Gegentheil statt. — Bei diesen hatte sie seit der Zeit der punischen Kriege sich mehr und mehr entwickelt, erreichte ihren Höhepunkt in den Bürgerkriegen, namentlich in den Kriegen und Feldzügen Julius Cäsar's, sowohl hinsichtlich ihrer Dimensionen, als besonders ihrer Kunst, und endlich zur Zeit des Kaiserreichs, aber mehr nach Seite der Dimensionen, als nach Seite der Kunst. Cäsar griff zu ihr, theils den damaligen Begriffen von Kriegführung entsprechend, theils gezwungen, theils auch seiner eigenen Neigung dazu folgend, fast jedesmal und führte so ungeheure Arbeiten aus, dass sie heutzutage unwillkürliche Bewunderung hervorrufen, sowohl durch ihre Maassverhältnisse, wie durch die darauf verwendete Arbeit und Zeit, wie durch die von Cäsar dabei entfaltete Kunst. Zu dieser Zeit, und überhaupt zur Zeit der Bürgerkriege, bestand, ausser Verschanzungen verschiedener Art und in Form von Feld- oder stehenden Lagern, die Feldbefestigung bei den Römern hauptsächlich in der Erbauung verschiedener verschanzter Linien, sowohl im Felde zur Verbindung eines Lagers mit andern oder zu Terrainabsperrungen, als auch zur Einschliessung und Belagerung von Orten, in den beiden Hauptformen der Circum- und Contravallationslinien. Sie bestanden aus Erdwällen mit Graben und Pallisaden, Erd- oder Steinthürmen und verschiedenen künstlichen davor liegenden Hindernissmitteln: Verhauen, Wolfsgruben u. s. w., in der Nähe des Meeres oder von Strömen, auch noch in Verbindung mit Dämmen, Inundationen u. s. w.

Zur Zeit des Kaiserreichs entwickelte sich die Feldbefestigung in dieser Richtung auf's Höchste, in Gestalt von ungeheueren verschanzten Linien auf lange Ausdehnungen, wie z. B. zwischen Rhein und Donau einerseits und dem Ocean, dem mittelländischen Meere und der Nordsee andererseits, in Britannien an der Grenze von Caledonien zwischen den beiden Meeren, in Pannonien, Illyrien, auf der thracischen Halbinsel, in Asien an den Grenzen von Armenien und Persien u. s. w. Damit fiel auch eine gleich unverhältnissmässige Entwickelung der permanenten Befestigungskunst zusammen, in Erbauung einer, von der Menge der bereits vorhandenen festen Städte, unabhängigen, grossen Anzahl von Grenz- und detachirten kleineren oder grösseren Festungen und Forts,

Schlössern oder Castellen u. s. w., sodass alle Grenzen des Reiches und später beider Reichshälften auf dem ganzen Raume zwischen Rhein, Donau und Euphrat damit übersäet waren. Während also in dem römischen Reiche Kriegswesen, Kriegskunst und Geist verfielen, dehnte die Befestigungskunst, passagere wie permanente, ihre Gebiete und ihre Dimensionen mehr und mehr aus, um Schutz gegen die fortwährenden und sich stets verstärkenden Angriffe der äusseren Feinde zu gewähren. Aber diese materiellen Hülfsmittel erwiesen sich bei dem ausserordentlichen moralischen Verfall vollkommen machtlos zur Erreichung ihres Zweckes und hielten den unwiderstehlichen Andrang der nordischen und westlichen Völker nicht auf, welche plündernd, zerstörend und erobernd in die römischen Grenzprovinzen einbrachen, während im Westen Britannien, Gallien, Hispanien und besonders Italien selbst das Hauptziel ihrer Erwerbsgelüste bildeten.

§. 459.

Belagerungskunst.

Die Kunst der Bezwingung befestigter Städte befand sich lange, ja bis zum 6. Jahrh. v. Chr., im Zustande grosser Unvollkommenheit und stand weit hinter der Kunst und Macht der Vertheidigung zurück. Beweis dessen sind die langjährigen Städtebelagerungen, wie z. B. von Asdod durch den ägyptischen König Psammetich (29 Jahre), des alten Tyrus durch Nabuchodonosor (13 Jahre), von Ithome (14 Jahre), von Ira (10 Jahre), durch die Spartaner —, von Babylon durch Cyrus (2 Jahre) und später durch Darius Hystaspis (20 Monate). Gewiss waren dies eigentlich nur Einschliessungen (Blokaden) und nicht Belagerungen mit unaufhörlichen Angriffen, wie es das Beispiel der 10jährigen sogenannten Belagerung von Troja durch die Griechen beweist.

Aber die Unvollkommenheit der Belagerungskunst war nicht der einzige Grund für diese so lange ausgedehnten Belagerungen, oder richtiger gesagt, Einschliessungen. Selbst da noch, als diese Kunst Fortschritte gemacht hatte und bei der gleichzeitigen Vervollkommnung der Vertheidigungsmittel diesen, wenn nicht überlegen, so doch vollkommen gleich geworden war, hielten sich dennoch die Belagerten ausserordentlich lange, wie z. B. die Städte Veji, Tyrus, Karthago, Syracus, Numantia u. a. Die Ursachen hierfür lagen 1) darin, dass im Alterthum die Belagerten nicht für ihr Leben und Eigenthum, sondern auch für ihre Freiheit und politische Existenz kämpften, was ihre Tapferkeit, ihre Ausdauer bei Ueberwindung der grössten Mühsale, Entbehrungen und Uebel aufs Höchste entflammte und sie in Vertheidigungsmitteln höchst erfinderisch machte, und 2) darin, dass an der Vertheidigung die ganze männliche waffenfähige Bevölkerung der Städte Theil nahm, wie denn überhaupt zu jener Zeit jeder Bürger zugleich Krieger war, so dass die Belagerten eine Streitmacht repräsentirten, welche meist der Macht der Belagerer gleich kam oder nur wenig schwächer war, nicht selten aber sie sogar noch übertraf. Es erforderte daher geraume Zeit, bis die fortwährende Vermehrung an materieller Macht und Belagerungsmitteln auf der Seite der Belagerer, und dagegen die stetige Verminderung derselben bei den Belagerten endlich zu voller Wirkung gelangte. Die grösste Schwierigkeit für die Vertheidigung lag in der Verpflegung der ungeheuren Menschenmenge in der belagerten Stadt, welche schliesslich immer von Hungersnoth und von Krankheiten aller Art bedroht war. Dabei muss man aber zugeben, dass der Erfolg für die eine oder andere Seite wesentlich von ihrer grösseren oder geringeren Geschicklichkeit im Angriff oder der Vertheidigung abhing.

Die Mittel zu Angriff und Einnahme der Städte waren ursprünglich: plötzlicher Ueberfall, List, und offene Gewalt oder Sturm, und wenn diese nicht zum Ziele führten, verschiedene künstliche Mittel. Die ersten Spuren hiervon erscheinen in Aegypten und in Asien, besonders in Ersterem, über dessen geregeltes Kriegswesen wir die ältesten, wenn auch nicht vollkommen glaubwürdigen Nachrichten haben. Es ist indessen unmöglich, genau fest zu stellen, wann man anfing, künstliche Angriffsmittel gegen die Städte anzuwenden. Mit Wahrscheinlichkeit kann man nur annehmen, dass sie schon den Hebräern bei ihrem Auszuge in's gelobte Land bekannt waren. Das lässt sich aus den historischen Büchern des alten Testaments schliessen. So schrieb Moses den Hebräern vor, die Obstbäume zu schonen, aus den übrigen Bäumen aber Belagerungsthürme gegen die zu belagernden Städte zu zimmern. Da die Hebräer in Canaan viele befestigte Städte zu erobern bekamen, so hatten sie auch Anlass und Gelegenheit genug, die Belagerungskunst zu erlernen. Unter David wird, gelegentlich der Belagerung der von Seba aufgewiegelten Städte Abel und Beth-Maacha durch Joab, schon von einer Erdanschüttung rund um diese Städte und von Zuschüttung ihrer Gräben durch Erde gesprochen. Der Prophet Hesekiel erwähnt ausserdem der Mauerbrecher. Nabuchodonosor bringt diese gleichfalls bei der Belagerung von Tyrus zur Anwendung, mehr denn 600 J. v. Chr. Usia, der jüdische König 777 v. Chr., erbaute in Jerusalem auf den Thürmen und Ecken der Mauer künstliche Brustwehren für dahinter stehende Bogenschützen, vielleicht auch für Catapulten und Ballisten. Indessen wird bei den Vorgängern des Usia hiervon Nichts erwähnt, selbst nicht bei Josaphat um 888 v. Chr., der bei den Juden die Kriegskunst in Flor brachte. Es ist daher ungewiss, ob Usia der Erfinder der Kriegs-Belagerungsmaschinen ist, aber das ist gewiss, dass er zuerst Magazine für Belagerungs- und Vertheidigungsmaterial anlegte.

Einige griechiche Schriftsteller schreiben den Griechen die Erfindung von künstlichen Mitteln zur Belagerung und Eroberung von Städten zu. Da aber von solchen weder bei den Belagerungen von Theben und Troja, noch auch von Ithome und Ira die Rede ist, so erscheint es unzweifelhaft, dass die Kenntniss und der Gebrauch derselben aus Asien nach Griechenland herüberkam. Den Griechen gebührt jedoch die Ehre, sie vervollkommnet und neue hinzu erfunden zu haben.

Eine gewisse Vervollkommnung der Belagerungskunst wird erst zur Zeit des peloponnesischen Krieges bemerkbar. Aber mit Alexander d. Gr. und Demetrius Poliorcetes erreicht sie bei den Griechen ihre höchste Vollkommenheit. Die Letzteren dienten hierin den Römern zum Muster, welche unter allen Völkern des Alterthums sich nicht allein durch neue Erfindungen, sondern auch durch Anwendung der bereits vorhandenen Belagerungsmittel in ungeheueren Dimensionen hervorthaten. Der Anfang davon fällt in die Zeit des dritten punischen Krieges und die Ehre gebührt dem Scipio. Später verstand es Cäsar, der es Alexander d. Gr. und Demetrius Poliorcetes gleich thut, durch die Kraft seiner aussergewöhnlichen Begabung mit solcher Meisterschaft auch diesen Zweig der Kriegskunst zu beherrschen, dass er dadurch das höchste Erstaunen hervorruft. Endlich wurden unter den ersten Kaisern bei den Belagerungen alle die Mittel entfaltet, welche als die letzten Grenzen der Poliorcetik im 3., 4. und 5. Jahrh. n. Chr. und überhaupt im Alterthum erscheinen, und in diesem Zustande dann auf das Mittelalter weiter vererbt werden.

Kein einziger Zweig der Kriegskunst ist wie die Poliorcetik geeignet zur Anregung des menschlichen Erfindungsgeistes auf dem Gebiete der Wissenschaften, der Kunst und Industrie. Darum vermehrten sich auch die Hülfsmittel derselben auf das Verschiedenartigste in dem Maasse wie die Cultur fortschritt.

Bei Betrachtung der Mittel, welche zur Bezwingung der Städte dienten, sieht man, dass sie zum Zwecke hatten: entweder die Ersteigung der Stadtmauern, oder die Zerstörung derselben an einer bestimmten Stelle, und zugleich die Sicherung der Belagerer gegen die Vertheidiger und gegen Hülfe von aussen. Die Vertheidigung dagegen verfolgte umgekehrt den Zweck, mit allen möglichen Mitteln sich dem zu widersetzen. Durch diese beiderseitigen Anstrengungen bestimmte sich der Charakter des Festungskrieges im Alterthum.

Das älteste und einfachste Mittel der Ersteigung der Stadtmauern waren Leitern. Ihre Anwendung ist unzweifelhaft sehr alt, sie kommt schon in der ältesten historisch bekannten Zeit bei der Belagerung von

Theben um 1230 v. Chr. vor. Später wird es vervollkommnet und verschiedenartig angewendet, so namentlich kommen Strickleitern hauptsächlich zur Erklimmung von Mauern der Seestädte von der Seeseite aus zur Anwendung.

Ein zweites Mittel waren die Schilddächer, indem die Krieger die Schilde zum Schutze über sich hielten; die Griechen nannten dies *synaspismus*, die Römer *testudo*. Bei Belagerungen suchten andere Krieger auf sie steigend die Mauer zu erklimmen. Die Griechen wendeten sie schon bei der Belagerung von Samos an (441 v. Chr.). Mittelst ihrer wurde Heraclea, und, durch Antonius, die Vorstadt von Cremona eingenommen. Den Beschreibungen bei Titus Livius, Dio Cassius, Tacitus u. s. w. zufolge hatte man sie in der Anwendung so vervollkommnet und so fest und stark gemacht, dass auf ihnen nicht bloss Menschen, sondern nöthigenfalls auch Pferde und Wagen sich bewegen konnten.

Die Mangelhaftigkeit des Angriffs mit offener Gewalt vermittelst Ersteigung der Mauern führte zu vorbereitenden Hülfsmitteln oder zur eigentlichen Belagerung. Solche Mittel waren: 1) Maassregeln zum Schutze gegen Ausfälle der Belagerten und gegen Hülfe von aussen, 2) Deckungen gegen feindliche Wurfgeschosse, und 3) Mittel zum eigentlichen Angriffe.

1) Die Maassregeln zum Schutze gegen die Ausfälle der Belagerten sowie gegen Hülfe von aussen bestanden in Contravallationslinien gegen die Stadt, und in Circumvallationslinien nach aussen, nach der Seite des Feldes hin. Bisweilen hatten diese Linien nur die Einschliessung der Stadt zum Zwecke, um sie durch Hunger zur Uebergabe zu zwingen, bisweilen waren sie für den Fall eines Misserfolges der Belagerung bestimmt. Sie kommen schon bei den frühesten Belagerungen vor, die erste umständliche Beschreibung einer solchen enthält Thucydides. Besonders berühmt sind die Belagerungen von Plataea durch die Peloponnesier und von Syracus durch die Athener. Fast bei allen späteren Belagerungen finden wir dieselben oder ähnliche Linien. Als die Thebaner in der Burg von Theben, Kadmea, die macedonische Garnison eingeschlossen und Contra- und Circumvallationslinien erbaut hatten, kam Alexander d. Gr. von Illyrien herbei und bemächtigte sich dieser Linien mit stürmender Hand. Bei der Belagerung von Halicarnass führte er keine solche Linien aus, hatte aber eben in Folge dessen viel von den Ausfällen der Belagerten zu leiden.

Nicht minder bemerkenswerthe Beispiele solcher Linien bietet die römische Kriegsgeschichte dar. Die erste Anwendung von Circumvallationslinien findet sich bei der Belagerung von Lavinium (487 v. Chr.). Später nahmen die Belagerungsarbeiten der Römer ganz ungeheure Dimensionen an. Die berühmtesten waren die von Numantia und von Karthago durch Scipio, und besonders die von Alesia und die Einschliessung von Dyrrhachium durch Cäsar.

Ein besonderes Hülfsmittel des Angriffes war mitunter eine künstliche Inundation der die Stadt umgebenden niedrig gelegenen Punkte. Durch dieses Mittel unterwarfen unter des Agesilaus Führung die Spartaner Mantinea. Besonders interessante Wasserarbeiten führte Cäsar bei Ilerda in Hispanien aus.

2) Die Deckungen gegen feindliche Wurfgeschosse bestanden in:

a) Erdanschüttungen (Dämmen etc.) und bedeckten Gängen. Die ersteren wurden gegen die Angriffsfront bis an den Graben herangeführt und umfassten gewöhnlich mehrere Thürme der Stadt nebst den sie verbindenden Courtinen. Ehe man sie aufführte, begann man in bedeckten Gängen vorzugehen, unter deren Schutze dann der Damm (*agger*) angeschüttet wurde, der je näher an die Stadt, desto höher gemacht wurde, und auf welchem, ebenso wie zu seinen Seiten, man Thürme erbaute, um ihn beschiessen und decken zu können. War er bis an den Graben gelangt, so wurde dieser mit Erde zugeschüttet und dann brachte man die Mauerbrecher heran. Viele Belagerungen im Alterthum wurden mittelst solcher Dämme geführt, z. B. die von Plataea durch Archidamus, von Tyrus, Gaza und des Aornischen Felsens in Indien durch Alexander d. Gr., von Rhodus durch Demetrius Poliorcetes, alle Belagerungen Cäsar's, die von Jerusalem durch Titus, die von Massada durch Sulla*), von Edessa durch Chosroës u. s. w. Unter diesen sind besonders berühmt die Dämme, welche Alexander d. Gr. gegen Tyrus und Gaza, Cäsar gegen Bituriga (Bourges) und Massilia (Marseille), und Sulla gegen Massada ausführte. Der bei der letzteren erbaute Damm dürfte von allen der höchste gewesen sein, er war 286 Fuss hoch, darauf ein Cavalier von 70 Fuss Höhe und in diesem ein 85 Fuss hoher Thurm, im Ganzen also 441 Fuss Höhe über dem Bauhorizont!

b) Hölzernen auf Rollen oder Rädern beweglichen Thürmen, wie sie die Griechen erfanden und an die Mauern heranschoben. Es gab drei Arten: kleine, mittlere und grosse, von 60 Ellen und darunter bis zu 120 und mehr Ellen Höhe, in 4—6 Stockwerken à 10—20 Ellen hoch. Die höchsten Thürme dieser Art, Helepolis genannt, wurden von Demetrius vor Rhodus und von Mithridates vor Cyzicus erbaut. Der

*) Massada, Felsenfestung in Judäa, ward durch Titus' Feldherrn, Flavius Silva, belagert und eingenommen, — Sulla's berühmteste und durch grosse Minenarbeiten besonders interessante Belagerung war die von Athen. Eine Verwechslung zwischen Sulla und Silva liegt hier und im III. Bd., §. 207, S. 269—70 augenscheinlich vor.
Anmerk. d. Uebers.

erstere war 100 *cubitus* hoch (1 *cubitus* = $1\frac{1}{2}$ römische Fuss, 100 römische Fuss = 94,2 rheinländische Fuss), hatte 9 Etagen und wurde von 3400 Mann abwechselnd in Bewegung gesetzt. Bei der Belagerung von Salamis baute Demetrius eine kleinere Helepolis, 90 Ellen in 9 Stockwerken hoch: in dem untersten Stockwerke standen die Ballisten, in den mittleren die grossen, in den oberen die kleinen Catapulten und andere Wurfgeschütze. Die gewöhnlichen Thürme enthielten unten den Widder, und ganz oben standen Bogenschützen und Schleuderer. Vegetius erwähnt einen Thurm, den er Plicatilis nennt; er konnte plötzlich in die Höhe geschraubt oder gezogen werden, über die Höhe der Stadtmauer hinaus, um so den Belagerten keine Zeit zur Erhöhung der Mauer zu gewähren. Es erregt Erstaunen und selbst Zweifel, wie es möglich war, so ungeheure Maschinen zu bewegen, aber das scheint im Alterthum etwas sehr Gewöhnliches gewesen zu sein, denn keiner der alten Schriftsteller erklärt den Mechanismus dieser Fortbewegung. Ausser den beweglichen Thürmen gab es auch noch unbewegliche, bisweilen, bei langwierigen Belagerungen, wurden sogar steinerne erbaut. Bei Belagerung von Seestädten wendete man auch schwimmende Thürme auf Schiffen an, wie z. B. Demetrius gegen Rhodus.

c) Die Schildkröte oder Sturmdach kam zum ersten Mal bei der Belagerung von Pometia (502 v. Chr.) zur Anwendung. Es gab deren 3 Arten: von Erde, um den Graben zuzuschütten, den Boden zu ebnen, einen Wall aufzuführen, oder die Thürme gegen Ausfälle zu schützen: dreieckige mit schrägem Dach zum Schutz der Arbeiten, Minen u. s. w. dicht an der Mauer (bei den Römern hiessen sie musculus) und solche auf Gestellen, höher und breiter, aber nicht so lang als die vorigen, zur Deckung des Widders.

3) Die Mittel des eigentlichen Angriffs waren:

a) Der Widder, die hauptsächlichste und entscheidende Maschine der Angreifer zur Niederwerfung der Mauer. Plinius erkennt als solchen (aber wenig glaubhaft) schon das trojanische hölzerne Pferd. Vitruvius schreibt dessen Erfindung einem tyrischen Schmied Pethasmenos bei den Karthagern bei der Belagerung von Gades (Cadix) zu. Zuverlässige Nachrichten über die Anwendung des Widders bei den Griechen enthält Thucydides bei der Beschreibung der Belagerungen von Samos und Plataea zur Zeit des peloponnesischen Krieges.

Ursprünglich bestand der Widder aus einem langen starken eisernen Balken mit spitzem Ende, welchen die Krieger mit den Händen gegen die Mauer stiessen; dann aus einem gleichen Balken von Holz mit eisernem Widderkopf, der zwischen zwei Balkenständern mit Querbalken hing; endlich aus eben solchem Balken unter einem Schilddache auf einem Gestelle, mit mehr oder weniger vervollkommnetem Mechanismus

33*

der Bewegung, sehr schwer von Gewicht und 50 Fuss (und darüber) lang (bei Antonius gegen die Parther 80 Fuss lang, bei Demetrius gegen Rhodus 120 Fuss lang). Der von Vespasian im judäischen Kriege angewendete Widder maass nur 50 Fuss, hatte aber einen ungeheuren Kopf und ein Hintergewicht von 1500 Talenten (1875 Centner). Zu seinem Transporte bedurfte es 150 Paar Ochsen oder 300 Paar Pferde oder Maulesel, zu seinem Betriebe waren 1500 Menschen erforderlich. Für den Transport konnten die Widder zerlegt werden, aber ihrer gewaltigen Wirkung halber brauchte man bei Belagerungen nicht viele, so z. B. standen vor Karthago und Rhodus nur 2, vor Jerusalem 3 in Thätigkeit.

b) Wurfmaschinen und Geschütze, deren Hauptformen die Katapulten und Ballisten waren. Die römischen Schriftsteller werfen beide Bezeichnungen häufig durcheinander und geben dadurch Anlass zu mancherlei Missverständnissen. Später nannten sie Ballisten diejenigen Maschinen, welche Balken und mächtige Pfeile in horizontaler Richtung schossen, Katapulten dagegen die, welche grosse Steine und andere schwere Gegenstände im Bogen schleuderten oder warfen. Die allgemein angenommene, richtige und den Benennungen beider Maschinen entsprechende Ansicht geht aber gerade umgekehrt dahin, dass die Katapulten horizontal schossen, die Ballisten dagegen im Bogen warfen. Der römische Onager war nach Einigen eine griechische Balliste, nach Anderen aber eine kleinere und sogar mit der Hand zu bedienende Feldballiste, die im Bogen warf. Vegetius thut auch der Scorpionen Erwähnung, einer Art Katapulten und Ballisten in verschiedenen Dimensionen und sogar mit der Hand zu bedienen*). Von der Wirksamkeit und Handhabung der Ballisten wird noch im § 460 die Rede sein.

c) Minen. Die ältesten Nachrichten von der Anwendung derselben reichen bis zum 7. Jahrh. v. Chr. Die Römer wendeten sie schon bei der ersten Belagerung von Fidenae an (610). Dann kommen sie häufiger vor, so bei der Belagerung von Milet und Chalcedon durch die Perser, von Fidenae (zweite Belagerung), Plataea, Veji, Ambracia, Athen, Apollonia, Lilybaeum u. s. w. Die Belagerten wendeten sie an zur Untergrabung und Niederlegung der Mauern, die Belagerten zur Zerstörung der Belagerungsarbeiten und Minen. Die Minen kosteten ausserordentliche Anstrengungen, Mühe und Zeit. Sie mussten natürlicherweise sehr tief und weit sein, um die damaligen ausserordentlich hohen und dicken Mauern niederlegen zu können. Sie wurden durch eine ungeheure Menge von hölzernen Balken gestützt und mit einer Masse von Holz und Brenn-

*) Vegetius erklärt den Namen der Skorpione damit, dass sie, gleich jenem giftigen Thiere, durch kleine spitze Pfeile tödteten; der Onager warf Steine mit grosser Vehemenz. Anmerk. d. Uebers.

material angefüllt. Zur Entdeckung der Minen der Belagerer wendete man verschiedene Mittel an. Das führte von selbst auch zu unterirdischen Minenarbeiten von beiden Seiten. Beispiele dafür bieten viele Belagerungen, u. A. auch die von Ambracia durch den Consul Fulvius, bei welcher die Belagerten, als sie merkten, dass die Römer Minenarbeiten unternahmen, innerhalb der Stadt längs der ganzen Angriffsfront einen tiefen Graben aushoben, aus welchem sie Gegenminen vortrieben, auf die Feinde stiessen, zum Kampfe schritten und endlich die Römer zum Verlassen ihrer Minen zwangen, in Folge des unerträglichen Gestankes von Federn, welche in eisernen, in die Minen gebrachten Kesseln verbrannt wurden.

Um im Einzelnen die verschiedenen Angriffsmittel gegen eine Stadt darzustellen, verfolgen wir den allgemeinen Gang einer Belagerung.

Nach Auswahl der Angriffsfront wurden die angefertigten Belagerungsmaschinen ausserhalb der Schussweite (270—300 Schritt) aufgestellt: die Thürme der Courtine gegenüber, die Schildkröten auf Gestell den städtischen Thürmen gegenüber (sie wurden von einander auf Bogenschussweite gestellt, um Kreuzfeuer zu ermöglichen). Bewegliche bedeckte Gänge, zwischen welchen sich auch Erdschildkröten befanden, verbanden die Einen mit den Anderen. Um die Maschinen vorwärts bewegen zu können, musste erst der Boden geebnet werden, worauf eine Menge Arbeit, Mühe und Zeit verwendet wurde. Hinter der Linie der Maschinen standen an einzelnen Stellen mehrere Katapulten und Ballisten bei einander (wir würden es »Batterien« nennen), auf Entfernungen, die von ihrer Grösse und Schussweite abhingen. Unter dem Schutze ihres Feuers rückten die Maschinen und Schilddächer nebst den sie verbindenden gedeckten Gängen langsam bis an den Stadtgraben vor. Zu gleicher Zeit wurden die Minen unter die Mauern getrieben oder der Graben zugeschüttet, um die Thürme und Schildkröten bis dicht an die Mauer heranbringen zu können. Dies Alles geschah unter dem Schutze eines allgemeinen heftigen Feuers aus allen Geschützen und Maschinen, von den Thürmen und Schildkröten und von dem Raume zwischen und hinter denselben, um die Schüsse der Vertheidiger zu hindern und sie von ihren Mauern und Thürmen zu vertreiben. Dann wurde der Widder herangebracht, die Mauer eingestossen (Bresche gelegt) und endlich in die durch den Widder oder den Einsturz der Mauer durch die Minen entstandene Bresche der Sturmangriff gemacht. Gelang es nicht Bresche zu legen oder die Mauern durch Minen zu zerstören, so wurden von den Belagerungsthürmen die Fallbrücken heruntergelassen und die Angreifer drangen so auf die Mauer und in die Stadt.

Die Mittel zur Vertheidigung entsprachen den Angriffsmitteln und waren verschiedenartig wie diese, da sie das Resultat der momentanen Erfindung im Augenblick der Gefahr, wie der Fortschritte der Belagerungskunst waren. Die letzteren standen Vertheidigern wie Angreifern in gleichem Maasse zu Gebote, namentlich hinsichtlich der Anwendung der Wurfmaschinen und Geschütze. Jeglichem Angriffsmittel wurde das entsprechende Vertheidigungsmittel entgegengesetzt: so z. B. die Leiterersteigung suchte man durch Umwerfen der Leitern oder durch Erhöhung der Mauern mittelst Blendagen zu verhindern, durch deren plötzliche Wegnahme die Leitern dann mit allen darauf befindlichen Kriegern umstürzten. Ausserdem goss man auf die Letzteren siedendes Fett oder Blei, stinkende Flüssigkeiten, schüttete glühenden Sand, warf grosse Steine, Balken u. s. w. auf dieselben herab. Gegen die Erdaufwürfe der Belagerer sicherte man sich durch Verstärkung der Vertheidiger und der Maschinen auf der angegriffenen Front, Erhöhung der Mauern im selben Maasse wie der Damm wuchs, suchte diesen bei Ausfällen oder durch Minen und andere Mittel zu zerstören. Wenn dies nicht gelang oder unmöglich war, so wurde hinter der angegriffenen Mauer eine zweite aufgeführt, wie dies z. B. bei der Belagerung von Plataea und Tyrus, Halicarnass, Athen und Rhodus geschah.

Um sich gegen feindliche Geschosse zu schützen, wie auch zur Action der eigenen Geschütze, wurden die Stadtmauern und Thürme durch Brustwehren erhöht und mit bedeckten Gallerieen oder Gängen versehen.

Zur Sicherung der Kriegsmaschinen gegen Verbrennung wurden sie mit Essig nass gehalten, oder mit Eisen, Kupfer, Blei, rohen Fellen, Rasen u. dgl. bedeckt.

Eines der Hauptvertheidigungsmittel war die Verbrennung der Belagerungsarbeiten und Maschinen durch brennende Pfeile oder andere Gegenstände, wovon im § 460 noch die Rede sein wird.

Gegen die Breschirung durch den Widder bedeckte man die Mauer von oben bis unten mit Sandsäcken, oder Säcken gefüllt mit Steinen, Holz, oder Wolle, oder mit Hurden, Rasen, Segeltuch u. s. w. Ausserdem suchte man den Widder selbst mit Tauen zu umwinden und in die Höhe zu ziehen, oder seinen Kopf durch schwere Balken und Steine abzubrechen. Das Gelingen dieser Versuche bei den Plataeern unter gleichzeitiger Aufführung einer zweiten Mauer veranlasste die Peloponnesier zur Umwandlung der Belagerung von Plataea in eine Einschliessung. Gegen den Widder wurde auch der Rabe, *corvus*, ein Balken mit Klauen, angewendet, der ihn fasste und ihn in die Höhe zog, bisweilen sogar ein Gegenwidder durch die Maueröffnung der Bresche.

Das Heranbringen der Schildkröten auf Gestellen an die Mauer suchte man durch lange, an der Mauer angebrachte und mit scharfen eisernen Spitzen versehene Balken zu verhindern.

Endlich war ein stets angewendetes, häufig sehr erfolgreiches, kräftiges, entscheidendes und hauptsächliches Mittel der Vertheidigung, Ausfälle zu machen, um die Arbeiten des Belagerers zu zerstören und ihn zu vertreiben. Sie wurden gewöhnlich Nachts oder vor Tagesanbruch ausgeführt, die Ausfallenden versahen sich dazu mit Brennstoffen, um die Holzarbeiten des Belagerers anzuzünden. Einer der berühmtesten war der Ausfall der Plataeer, in der Absicht, sich durch die enge Einschliessung der Peloponnesier durchzuschlagen. Nicht minder heftig und energisch waren die Ausfälle der Tyrer während der siebenmonatlichen Belagerung durch Alexander d. Gr. Sehr schöne Beispiele von erfolgreichen Ausfällen bieten die beiden Belagerungen von Syracus, die eine durch die Athener, die andere durch die Karthager. Sehr kräftige Ausfälle machten auch die Rhodier: einer von diesen Ausfällen zwang den Demetrius zur Zurückziehung seiner Belagerungsmaschinen, da sie in die grösste Gefahr geriethen verbrannt zu werden. Die Belagerung und Vertheidigung von Rhodus bietet überhaupt ein Bild von der höchsten Entwickelungsstufe der Poliorcetik, da man dort von beiden Seiten fast alle die angeführten Mittel des Angriffs und der Vertheidigung in Thätigkeit setzte. Demetrius erscheint hier als der geschickteste Belagerer des Alterthums, und der Beiname Poliorcetes (Städtebezwinger) wurde ihm mit Recht beigelegt. Bei der Belagerung von Jerusalem machten die Juden auch sehr heftige Ausfälle, aber in zu geringer Stärke und deshalb erfolglos.

§. 460.

Ballistik.

Es wurde früher (§ 452) gesagt, dass in dem primitiven Stande der Völker als Vertheidigungswaffen Keule und Stein, wie sie gerade Jedem zur Hand waren, figurirten. Der von Menschenhand gegen Menschen geschleuderte Stein war das ursprüngliche Wurfgeschoss, später wurde die Schleuder dazu angewendet. Gleichzeitig oder bald nachher wurde der Bogen und Pfeil zum Gebrauch bei der Jagd gegen Thiere und zum Kriege gegen Menschen erfunden. In Folge dessen bildeten sich die Schusswaffen, Schleuder und Bogen, und eine besondere Gattung leichten Fussvolks, die Schleuderer und Bogenschützen aus, welche Steine, Bleikugeln und hölzerne Pfeile mit eisernen Spitzen warfen oder schossen. Diese Fernwaffen und sie handhabenden Krieger finden wir seit der ältesten Zeit bei allen Völkern bis zum Untergange des weströmischen Reiches, sie sind die Ursachen für das Vorhandensein einer besonderen Truppengattung, der leichten Infanterie, im Alterthum, wie namentlich auch für deren besondere Kampfart, den Fernkampf in zerstreuter Ordnung. Ausserdem aber warf auch das schwere Fussvolk wie die Reiterei mit der Hand den Wurfspeer und die Halblanze, welche somit auch zu den Fern- oder Schusswaffen gehörten.

Der menschliche Erfindungsgeist begnügte sich damit nicht, von der Hand-Fernwaffe schritt man zu den Wurfmaschinen, Katapulten und Ballisten fort, welche grosse Pfeile, Lanzen, Steine, und schwere Gegenstände auf weitere Entfernung schleuderten, die einen in horizontaler Richtung, die anderen im Bogen, anfänglich vorzugsweise bei Angriff und Vertheidigung fester Wohnsitze und Städte, dann auch ausserdem noch bei befestigten Lagern, örtlichen Hindernissen, Flüssen, Engpässen, Wäldern, und selbst gegen die Truppen in offener Feldschlacht. Im Lauf der Zeit entwickelte und erweiterte sich der Gebrauch der Wurfmaschinen und damit zugleich auch die Anzahl dieser Maschinen und Geschütze, und ebenso nahm die Anzahl der damit hantierenden Truppen mehr und mehr zu. Endlich, in der letzten Periode des Alterthums, besonders im 4. und 5. Jahrh. n. Chr., erreichten sie im römischen Heere ihre höchste Entwickelung, sodass ausser dem sich der Hand-Fernwaffen bedienenden Fussvolke, Schleuderern, Bogenschützen, und Wurfspeere Werfenden, sich gleichsam eine neue Art Truppen gebildet hatte, die mit den Wurfgeschützen grosse Pfeile, Steine, Balken, und sogar Brandstoffe horizontal und im Bogen auf weite Entfernungen schleuderte, sowohl bei Angriff und Vertheidigung von Städten und Festungen, als in der offenen Feldschlacht.

Dies Alles zusammen trug im Alterthum zur Entwickelung einer besonderen Kunst bei, die wir Ballistik nennen, d. h. die Kunst, mit der Hand oder durch Maschinen aus der Ferne verschiedene Projectile zu werfen, mit dem Zwecke, dem Feinde Schaden zuzufügen, oder seine künstlichen Kriegsschutzwehren, Deckungen und Materialien zu zerstören. Diese Kunst bestand im Alterthum unzweifelhaft sowohl in technischer wie in taktischer Hinsicht und gehörte theils in die Taktik, theils in die Polioreetik. Es verdient dies eine besondere Beachtung, denn es war so zu sagen die antike erste Gestaltung jener Ballistik oder Schiesskunst, welche 9 Jahrhunderte nach dem Untergange des weströmischen Reiches eine so entschiedene Umwälzung in der Kriegskunst hervorbrachte und, indem sie die alte Kriegskunst gänzlich beseitigte, den ersten Anfang zu der neuen legte. Ausserdem ist dies um so interessanter, weil im Alterthum überhaupt, und speciell in den ersten 5 Jahrhunderten n. Chr. zu der antiken Ballistik auch das Werfen von Brandgeschossen gehörte, das in noch näherer Beziehung zu der späteren Ballistik der neueren Zeit steht.

In dieser Hinsicht wollen wir dem bereits mehrfach über Wurfmaschinen und Geschütze und deren Anwendung im Alterthum Gesagten hier noch einige allgemeine Bemerkungen auch über die antike Ballistik hinzufügen.

Die Wurfmaschinen und Geschütze des Alterthums wirkten durch die Schnellkraft von scharf angespannten und dann plötzlich losgelassenen Bogensehnen, welche zu grösserer Stärke und Haltbarkeit aus trockenen Sehnen, Haaren oder Riemen zusammengeflochten waren, während die elastischen, spannenden Flügel oder Arme aus Holz und Eisen bestanden. Obgleich die solcher Weise erzielte Kraft, Fluggeschwindigkeit, Schussweite, Zielfähigkeit und Treffsicherheit, sowie die schädliche oder zerstörende Wirkung der Wurfgeschosse mehr oder minder bedeutend waren, so können sie doch gar nicht mit dem verglichen werden, was die spätere Ballistik hierin mit Hülfe einer neuen den Alten unbekannten Kraft leistete. Dennoch verdient es an und für sich, und abgesehen von diesem Vergleiche, eine besondere Beachtung.

Die antiken Wurfmaschinen, Catapulten und Ballisten waren eine Herstellung der Schleuder und des Bogens in grossen Dimensionen. Wann sie erfunden worden, ist nicht genau bekannt, unzweifelhaft aber schon in sehr alter Zeit. Sie wurden ursprünglich nur bei der Belagerung und Vertheidigung von Städten angewendet, im Felde zuerst, wie es scheint, durch Philipp und Alexander von Macedonien in ihren Kriegen, und bei den Römern durch Drusus gegen die Germanen. In der späteren Zeit, im 4. und 5. Jahrh. n. Chr. beginnen sie schon die Hauptmacht des römischen Heeres auszumachen.

Ihre allgemeine Bezeichnung bei den Römern war *Tormenta*, die beiden Hauptarten sind bei Römern wie bei Griechen die Catapulten und Ballisten. Die alten Schriftsteller geben uns keine genaue und deutliche Erklärung derselben und verwechseln sogar häufig deren Benennungen. Deshalb haben sich neuere Schriftsteller Mühe gegeben, die Beschreibungen Jener durch eigene Forschungen und Combinationen zu vervollständigen und aufzuhellen, und sind in dieser Beziehung namentlich Folard und Silberschlag zu nennen.

Die diesem Werke beigefügten Zeichnungen von zwei Ballisten und zwei Catapulten können einen Begriff von den Constructionen geben. Die obere Catapulte ist nach Folard's Darstellungen gezeichnet der sie indessen Balliste nennt, die untere nach Silberschlag's; die obere Balliste ist eine einfache, die nur im Bogen warf, die untere complicirter, wirft im Bogen und schiesst horizontal.

Die (horizontal schiessenden) Catapulten hatten verschiedene Grösse. Die grössten, nur in Festungen gebräuchlichen, schossen bis auf 800 Schritte, mit Sicherheit aber nur bis auf 400 Schritte. Die Percussionskraft der von ihnen entsendeten Pfeile oder Lanzen war so gross, dass sie bisweilen vier Reihen dichter Hurdenzäune durchschlugen. Die kleineren Catapulten oder Scorpione wurden vorzugsweise im Felde angewendet, sie waren auch verschieden gross und schossen auf Entfernungen von 300—500 Schritt. Die Catapulten schossen mitunter auch Brandpfeile *(falaricae, malleoli)*, an deren Spitzen mit eisernen Ringen in Schwefel, Pech, oder in eine unbekannte Substanz getränktes Werg befestigt war; diese unbekannte Substanz brannte, nach der Angabe des Aeneas Tacticus, mit unauslöschlichem Feuer sogar im Wasser (was besondere Beachtung verdient im Hinblick auf spätere Brandstoffe).

Die (im Bogen werfenden) Ballisten kamen gleichfalls in verschiedener Grösse vor, einfach, oder complicirter. Die grossen, hauptsächlich bei Belagerung und Vertheidigung von Städten angewendet, warfen Steine von 9—10 Pfund und darüber, Massen von Bleikugeln, und andere Projectile auf Entfernungen von 400—600 Schritt. Die kleineren Ballisten oder *onagri* waren besonders im Feldkriege im Gebrauch. In späterer Zeit nannte man *onager* überhaupt alle im Bogen werfenden Geschütze.

Die alten Schriftsteller sprechen auch von Handscorpionen und Onagern, welche ein Mann mit der Hand bewegen und abschiessen konnte.

Die Wurfmaschinen grösserer Art wurden nicht hinter dem Heere mitgeführt, nur einige Requisiten für dieselben: Sehnen, Eisen u. s. w.; das dazu nöthige Holz oder die Gestelle wurde an Ort und Stelle des Gebrauchs erst beschafft. Die Feldgeschütze aber scheinen jedenfalls auf Rädern gestanden zu haben und wurden von Pferden, Mauleseln oder auch Soldaten gezogen.

Die Ehre der Erfindung und Vervollkommnung aller dieser Wurfmaschinen, sowie Alles dessen, was sich in technischer, mechanischer und mathematischer Hinsicht und den damit zusammengehörenden Dingen auf die Ballistik bezieht, gebührt ausschliesslich oder wenigstens in hervorragendem Maasse den Griechen. Besonders zeichnete sich darin Archimedes bei der Belagerung von Syracus durch die Römer unter Marcellus (213—212 v. Chr.) aus, und in späterer Zeit kommen viele ausgezeichnete griechische Mathematiker und Kriegsbaumeister vor, namentlich in Alexandrien, dem Mittelpunkte der griechischen Bildung. Ihnen verdankt im Allgemeinen die antike Ballistik die wissenschaftliche Entwickelung, welche sie nicht nur zur Höhe einer Kunst, sondern zu der einer Wissenschaft erhebt (siehe oben die Quellen und später §. 466).

§. 461.

Strategie.

Wir wenden uns schliesslich zu dem Hauptzweige der Kriegskunst, der Strategie, welche im Alterthum nicht fehlen konnte und factisch auch vorhanden war, wenn auch nicht unter diesem Namen und sogar nicht einmal in Form eines besonderen Zweiges der Kriegskunst, sondern mehr in Form von Kriegslist und hauptsächlich als persönliches Geschick des Feldherrn, der ja bei den Griechen allgemein den Titel Stratege führte.

Der Begriff des Krieges an sich fasst schon den andern der Führung des Krieges in sich. Der erstere kann ohne den zweiten schon nach dem einfachen Gesetz des gesunden Menschenverstandes nicht gedacht werden. Wann, wo und durch wen auch der Krieg geführt worden, wie naturwüchsig und einfach er und die Kunst seiner Führung auch sein mochte, das Eine konnte nicht ohne das Andere sein. Es unterliegt daher keinem Zweifel, dass der Anfang des Krieges zugleich auch der Anfang zur Kunst der Kriegführung war. Aber auf Grund von historischen Mittheilungen sich ein bestimmtes und deutliches Bild von der Entstehung des Einen wie des Andern zu machen, das ist unmöglich, aus dem einfachen Grunde, weil es keine solche Nachrichten giebt. Unzweifelhaft nahm die Kunst der Kriegführung dort ihren Anfang, wo auch alle übrigen Künste beginnen, im Osten der alten Welt. Aber der antike heidnische Osten hat uns keine volle und glaubhafte Geschichte hinterlassen, was davon zu uns gelangte, ist nur lückenhaft und enthält nichts Historisches dieser Art. Nur von einem Volke des alten Orients, dem der Hebräer, an der Schwelle der fremden heidnischen Welt, besitzen wir eine wirkliche und zuverlässige Geschichte in den sogenannten historischen Büchern der heiligen Schrift Alten Testaments. In ihnen sind u. A. auch die ältesten geschichtlichen Nachrichten über die Kriege und die Art der Kriegführung bei den Hebräern und anderen Völkern des alten Orientes enthalten. Später, im 12. Jahrh. v. Chr., erscheinen zugleich mit den ersten Spuren einer Geschichte in Europa, und zwar bei den Griechen, wenn auch in der Gestalt einer epischen Dichtung — der Iliade Homer's —, auch die ersten Nachrichten über Art und Kunst der Kriegführung in dem heroischen Zeitalter der Griechen. Noch später endlich, vom 5. Jahrh. v. Chr. an, mit dem Beginne einer echten, wahren, historischen Wissenschaft auch die zu uns gelangten geschichtlichen Angaben über Art und Kunst der Kriegführung bei Griechen und Römern.

In Bezug aber auf die vor dem 12. Jahrh. v. Chr. gelegene Zeit sind wir auf mehr oder minder das Richtige treffende Vermuthungen über diesen Gegenstand angewiesen. Wir wissen, dass zu jener Zeit Ninus, Semiramis, Sesostris und deren Vorgänger grosse Eroberungskriege geführt und ungeheure Eroberungen gemacht haben, wir wissen aber nicht, von welchen Erwägungen sie dabei geleitet wurden. Wir können nur mit Wahrscheinlichkeit annehmen, dass, als im alten Orient sich die ersten grossen Monarchieen bildeten, die Völker derselben aus verschiedenen Beweggründen und in verschiedener Absicht gewaltige Einfälle in benachbarte und sogar in entferntere Länder und Staaten machten. Gegenstand ihrer Operationen mochten reiche Städte oder Provinzen, Richtung — der nächste und beste Weg zu denselben, und ihr Ziel die Unterwerfung derselben und ihre eigene Bereicherung sein. Die dem Angriffe Ausgesetzten verlegten dem Angreifer entweder den Weg, oder, wenn sie zu schwach waren, oder im Fall des Misslingens, schlossen sie sich in ihre Städte ein, vorzugsweise in die Hauptstädte oder Residenzen. In jedem Falle stellte sich die Nothwendigkeit heraus, den versperrten Weg sich zu öffnen oder die Hauptstadt durch Kampf zu unterwerfen, und der Sieg entschied für den einen oder den andern der kriegführenden Theile. Das ist der ursprüngliche Grundcharakter der Kunst der Kriegführung, der natürlichste und einfachste.

Es ist anzunehmen, dass bei dessen weiterer Entwickelung die Einwirkung des Terrains mehr in Betracht kam. Der Vertheidiger zog sich, weil er schwächer war, oder auch seiner eigenthümlichen Kampfweise halber, in seine Berge und Wälder zurück, verschloss die Engpässe in denselben, beunruhigte und ermüdete den Anmarsch des Gegners, machte häufige Angriffe auf denselben, schnitt ihm die Verpflegungsmittel ab, verheerte das Land u. s. w., kurz, suchte auf alle Weise dem Angreifer Abbruch zu thun, seinen Angriff zu erschweren oder wenn möglich zu verhindern. So gestaltete sich wahrscheinlich im grauen Alterthum der natürliche Charakter der Vertheidigung, im Einklang mit der Beschaffenheit des Landes und mit der Lebensweise seiner Bewohner. Unter Beschaffenheit des Landes ist hierbei das Terrain jeder Art zu verstehen, bergiges, ebenes, waldiges, offenes u. s. w., und für die Art der Defensive in demselben entschied der Geist des dort wohnenden Volkes.

Es scheint daher unzweifelhaft, dass die erste Entwickelung und Vervollkommnung des natürlichen Charakters der Kriegführung von der Seite des Vertheidigers, als des schwächeren Theiles, ausgehen musste. Der Stärkere baut auf seine Macht, der Schwächere greift zu Hülfsmitteln, um die Ungleichheit der Chancen auszugleichen. Im Allgemeinen aber umfasste die Kunst der Kriegführung auch in ihrer primitivsten Form auf beiden Seiten die vier natürlichen und Hauptgesichtspunkte: Aufstellung, Marsch, Verpflegung und Kampf, von denen der 1., 2. und 4. in das Gebiet der Taktik fallen. Der Kampf war die letzte und entscheidende Action des Zusammenstosses der beiden Gegner und ihrer Absichten, Zwecke, Maassregeln und Anordnungen. Und je naturwüchsiger und einfacher die Kunst der Kriegführung war, desto heftiger trat das Bestreben beider Theile hervor, die Sache so rasch als möglich durch den Kampf zu entscheiden. Dieses Bestreben führte dann die Leitung des Krieges wie die Führung des Kampfes auf die Höhe einer Kunst.

Das Gefecht war also im Alterthume die hauptsächliche, vorherrschende strategische wie taktische Action oder Operation, und die gleichberechtigte Kunst der Bewegung und Aufstellung auf dem Kriegsschauplatz wurde ihr nicht gleichgestellt. Diesen naturgemässen Charakter hatte die Strategie wahrscheinlich im Alterthume, wie in den Händen aller geschickten und selbst grossen Feldherren, aus dem einfachen Grunde, weil er aus der menschlichen Natur entspringt: die wahre Kunst bleibt immer der Natur getreu und strebt ihr nachzuahmen und sie zu veredeln. Deswegen trägt auch in der Kunst der Kriegführung, wie in jeder Kunst, die Uebereinstimmung ihrer Grundzüge mit denen der Natur den Charakter der Einfachheit und Grossartigkeit. Dadurch sinkt sie nicht zu dem einfachen Zweikampf auf dem Schlachtfelde herab, denn noch vorher fällt politischen und kriegerischen Erwägungen und Maassnahmen zu dem Zwecke der Erlangung der grösstmöglichen Vortheile bis zum Augenblicke des Kampfes und während desselben auf beiden Seiten ein grosses und wichtiges Gebiet zu. Hierbei kann, da jeder Theil unter den für ihn günstigsten Bedingungen zu kämpfen wünschen muss, die Auswahl des Kampfplatzes nicht immer für beide Theile gleich günstig sein. Zu solcher Auswahl ist hauptsächlich eine nahe und genaue Kenntniss des Kriegstheaters, seiner Hülfsmittel und Beschaffenheit erforderlich. Bei den Alten existirte dieser Vortheil nicht, denn das einzige Mittel zur Erlangung zuverlässiger Nachrichten über den Kriegsschauplatz, dessen Bewohner, Hülfsmittel und Beschaffenheit waren mündliche Berichte von zu diesem Zwecke ausgesendeten Kundschaftern, und diese Nachrichten konnten daher nicht die erforderliche Genauigkeit haben.

Eine gewisse Regelmässigkeit und System bei Ausstellung und Ausführung der Kriegs- oder Feldzugspläne, welche schon auf den Anfang einer, wenn auch in ihren Grundzügen noch so rohen, Kunst hinweist, lässt sich schon in den ältesten geschichtlich bekannten Kriegen erkennen.

Der erste asiatische Feldherr und Eroberer, von welchem solche

Nachrichten existiren, war Cyrus, der im Alterthum gerade als Feldherr und Eroberer in hohem Ansehn stand. Nachdem er nacheinander das medische, armenische und lydische Reich, letzteres in Folge des geschickten Kampfes und Sieges bei Thymbra, erobert und seinem Feldherrn Harpago die Unterwerfung der kleinasiatischen griechischen Colonieen übertragen hatte (was dieser auch ausführte), eroberte Cyrus alles Gebiet vom mittelländischen Meere bis zum Tigris und vollendete durch die Einnahme von Babylon die Unterwerfung des babylonischen Reiches und von ganz Mittel-, Klein- und Westasien, — und dies Alles in 21 Jahren (560—539 v. Chr.). Gegen Ende seines Lebens wendete er seine Waffen gegen die Massageten, ein Nomadenvolk südwestlich des caspischen Meeres, wahrscheinlich, um die persische Monarchie nach Norden gegen sie zu sichern. Anfangs wollte er sie von jenseits des Araxes hervorlocken und innerhalb der persischen Grenzen schlagen, dann aber ging er auf Crösus' Anrathen auf Brücken über den Araxes, lockte die Massageten in einen Hinterhalt und machte viele nieder, wurde demnächst aber selbst von ihrer Hauptmacht angegriffen und verlor Schlacht und Leben (529 v. Chr.). Die von ihm auf Crösus' Rath angewandte List gegen die Massageten bestand darin, dass, um sie zu locken, im Lager der Perser ein grosses Gastmahl mit reichlichen Speisen und Getränken hergerichtet und die schlechten Truppen dabei zurückgelassen wurden; mit den besten und der Hauptmacht gingen Cyrus und Crösus an den Araxes zurück in einen Hinterhalt. Von hier aus überfiel Cyrus die Massageten grade, als sie im persischen Lager zechten und plünderten, und brachte ihnen eine vollständige Niederlage bei. Aber das war nur ein Drittheil ihrer Macht gewesen, die Hauptmacht hatten sie absichtlich zurückgehalten, und als Cyrus nun vorrückte, wurde er seinerseits aufs Haupt geschlagen. So haben beide Theile eine Kriegslist angewendet, und die eine besiegte schliesslich die andere; und in solchen Kriegslisten bestand, nach damaligem Begriffe, die Kunst der Kriegführung.

Mit noch grösserer Schlauheit, d. h. Kunst, operirten die Scythen gegen Darius Hystaspis. Beständig dem Kampfe ausweichend, die Flanken der Perser umfassend, den Rückweg zur Donaubrücke ihnen verlegend, das Land ringsum und alle Vorräthe verwüstend, Quellen und Brunnen verschüttend u. s. w., verwüsteten sie das Land doch nicht vollkommen, um die Perser dadurch nicht zu schnell zum Rückzuge zu zwingen, liessen vielmehr einen Theil der Landesproducte und Vorräthe unversehrt, um die Perser tiefer in das Innere des Landes zu locken, dadurch noch mehr zu ermüden und zu schwächen und dann um so leichter zu besiegen. Ausserdem, um die Aufmerksamkeit und die Kräfte der Perser zu theilen und Letztere in Ungewissheit zu lassen, wo sich die Hauptmacht der Scythen befände, theilten sie sich gewöhnlich in drei grosse Haufen und zogen sich nach drei verschiedenen Richtungen zurück, aus der Front und von beiden Flanken, und hauptsächlich nach der Seite hin, wo sie die Bewohner dadurch zwingen wollten, sich offen gegen den gemeinsamen Feind zu verbinden. Die Folge aller dieser Listen oder Kunst der Scythen war, dass Darius Hystaspis nie wissen konnte, wo ihre Hauptmacht stand, um sich dorthin zu wenden und sie zu einer Schlacht zu zwingen, und endlich, unaufhörlich von ihnen beunruhigt und geschwächt und an Lebensmitteln Mangel leidend, sich nicht ohne Mühe und Gefahr zur Donau zurückzog, nachdem er über 70 Tage in Scythien zugebracht und mehr als 80,000 Mann daselbst verloren hatte.

Das ist also ein zweites Beispiel für den vollkommenen Erfolg einer Kriegslist gegen überlegene Kräfte, während das erste Beispiel aus dem Kriege der Scythen gegen Cyrus ihren Erfolg gegenüber der kriegerischen Begabung und dem Ruhme vorhergegangener Erfolge und Eroberungen des Cyrus darthut.

Das nächstfolgende Beispiel, schon weit interessanter und lehrreicher. bietet die Geschichte in dem Einfalle der Perser unter Xerxes in Griechenland und in den daraus entstehenden griechisch-persischen Kriegen. Das war kein Krieg zwischen asiatischen Monarchen und Völkern, oder zwischen Persern und Scythen, sondern zwischen den gewaltigen Kräften des Orients, — Asiens und Afrikas —, und den weit schwächeren Kräften des kleinen Griechenlandes in Europa, ja nicht einmal des gesammten Griechenlands, sondern anfänglich fast nur der beiden Hauptstaaten Athen und Sparta. Der schliessliche Erfolg in diesem ungleichen Kampfe blieb auf Seite der Griechen und führte sie in der Folge aus der Defensive zu Offensivoperationen und ausgedehnten Erfolgen in Asien. Die Ursachen hierfür waren mannichfach, sie gipfeln aber und concentriren sich in der einen Hauptursache, der Ueberlegenheit des Kriegswesens, der Kriegskunst und der moralischen Kraft der Griechen.

Vier Jahre hatte Xerxes zu seinen furchtbaren Rüstungen gebraucht und Nichts verabsäumt, so schien es, was den Erfolg seines Unternehmens sicher stellen konnte und sollte. Mehr als 2½ Millionen Menschen, nach Herodot's Berechnung, führte er durch den Hellespont und Thracien nach Griechenland von Norden her auf dem Landwege, begleitet von einer ungeheuern längs der Meeresküste segelnden Flotte. Die Griechen ihrerseits hatten beschlossen, vor Allem den Pass der Thermopylen nach Griechenland zu besetzen und zu vertheidigen, dann aber auf den Rath des Themistocles auf die Vertheidigung zu Lande verzichtet und sich zu energischen Operationen zur See gegen die Perser entschlossen. Das war ein unbestreitbar kluger Operationsplan, denn eine Niederlage der Perser zur See musste ihren ganzen Einfall zu nichte machen, wie es denn auch in der That geschah. Nachdem er Athen zerstört, entschloss sich Xerxes auf des Mardonius Anrathen, statt über die corinthische Landenge in den Peloponnes einzudringen, zu einem Einfall daselbst von der See aus. Die Griechen hatten nach dem Verluste der Thermopylen die corinthische Landenge durch eine Mauer abgesperrt, ihre Flotte bei Salamis zusammengezogen, und erfochten hier jenen entscheidenden Sieg, der Griechenland rettete. Auf demselben Wege, den er gekommen war, kehrte Xerxes nach Asien zurück, den Mardonius mit 300,000 Mann in Griechenland stehen lassend. Aber auch diese wurden im folgenden Jahre in den Schlachten bei Plataea und Mykale besiegt und vernichtet. Wie gross also auch die asiatische Kriegsschlauheit gewesen war, welche in der Absicht und Ueberzeugung gelegen hatte, das kleine Griechenland durch die ungeheuren Kräfte des Orients zu erdrücken, so war sie doch weit übertroffen und siegreich überwunden worden durch die europäisch-griechische Kriegskunst, welche in weisen Plänen und deren tapferer Ausführung in Verbindung mit der Vortrefflichkeit einer geregelten Organisation der griechischen Truppen, mit einem Worte — in der Ueberlegenheit der Kunst und moralischen Kraft der Griechen bestanden hatte.

Das folgende Beispiel bietet in anderer Weise ein noch grösseres Interesse, insofern, als Griechen gegen Griechen einen 27 Jahre währenden Krieg führten, der unter dem Namen des peloponnesischen bekannt ist. Hier waren die materiellen wie die moralischen Kräfte und Mittel fast gleich, und nur die überlegene Kunst konnte und musste schliesslich triumphiren. Man kann indessen nicht sagen, dass in dieser Hinsicht immer und überall grosse und geschickt ausgeführte Entwürfe zu Tage getreten wären. Die beständigen Reibungen und Gegenwirkungen der mehr in zweiter Linie stehenden Interessen und Absichten der kleineren mit Athen und Sparta verbündeten griechischen Staaten, sowie der Einfluss der politischen Parteien und einzelner ehrgeizig nach der Macht strebender Personen waren zu bedeutend und mächtig, als dass in den allgemeinen Entwürfen zum Kriege und den kriegerischen Operationen eine gewisse und unerlässliche Einheit hätte sein können. Das Kriegstheater umfasste ganz Griechenland auf dem festen Lande und dehnte sich sogar bis zu den Küsten von Thracien und Illyrien und bis zu den Inseln des Archipels aus. Dabei war der Krieg zur See der hauptsächliche und vorherrschende. An dem Kriege nahmen nicht Griechen allein Theil, sondern auch die nördlich von Griechenland wohnenden Völker, die Bewohner der Inseln, und schliesslich sogar die Perser, die sich je nach ihren eigenen politischen Zwecken bald für Athen, bald für Sparta erklärten. Im Verlaufe des Krieges traten nicht allein neue Mitkämpfer auf, sondern die Betheiligten wechselten ihre politische Stellung, wenn sie, nur zu oft, durch persisches Gold dazu bewogen wurden. Die Kriegsmacht zersplitterte sich auf verschiedene Unternehmungen, oft nur zu sehr kleinlichen untergeordneten Zwecken.

Aber inmitten dieses Chaos, wie man es wohl nennen darf, war doch **ein** Gedanke der herrschende und ward hartnäckig festgehalten, — die politische Rivalität zwischen Athen und Sparta, welche beide nach der Hegemonie in Griechenland strebten. Sparta hatte Ursache zur Missgunst gegen Athen, welches mit Hülfe seiner bedeutenden Seemacht seinen Einfluss und seine Macht über die griechischen Inseln und an den Küsten von Thracien und Illyrien ausbreitete. Die Hauptmacht Spartas, das keine Flotte besass, lag in seinem vortrefflichen Landheere, mit welchem es auch beständig Athen in dessen eigenen Grenzen, d. h. in Attica, anzugreifen suchte, wenn auch mit kaum einem anderen Erfolge, als der Verheerung des Landes. In den ganzen 27 Kriegsjahren kommen kaum 6 wichtige Schlachten und ohne besondere Folgen vor. Dies kam, abgesehen von der Terrainbeschaffenheit Griechenlands, grösstentheils von der eigenthümlichen Kriegsorganisation der Griechen her, welche weit mehr einer defensiven, als einer offensiven und erobernden Kriegführung entsprach. Bei den Spartanern war es ja sogar oberster Grundsatz, den besiegten Feind nicht zu verfolgen.

Alle diese Ursachen zusammen genommen machen es begreiflich, weshalb dieser Krieg so lange währte, ohne eigentlich ein anderes Resultat, als die gänzliche Erschöpfung aller daran Betheiligten herbei zu führen.

Dennoch sondern sich aus diesem allgemeinen Bilde des peloponnesischen Krieges hier und da einzelne Momente aus, welche von einem nicht geringen Grade von Kunst bei vielen der begabteren Feldherren zeugen, wie sich das in ihren Plänen und Entwürfen wie in deren Durchführung bekundet. Der weitaus kleinere Antheil fällt hierbei den Spartanern zu, von welchen **Brasidas** allein durch Fähigkeiten und Kühnheit, selbst im Vergleich zu seinen Gegnern eine der höchsten Stufen unter den sämmtlichen geschickteren Feldherren einnimmt. Unvergleichlich höher in der Kunst der Kriegführung stehen die Athenienser, namentlich zu der Zeit, als **Pericles** sich an der Spitze ihrer Regierung befand. In der Rede, in welcher er, nach **Thucydides**, den Athenern seinen Feldzugsplan entwickelt, erscheint uns dieser als eine ausserordentliche weise, tiefe, und vielseitig durchdachte, alle Umstände und die gegenseitige Situation, Organisation, Kräfte, Mittel und Hülfsquellen beider Theile genau erwägende Leistung. Pericles erblickte den Vorzug der Ueberlegenheit der Athenienser hauptsächlich in drei Umständen:

in der Einheit der Leitung des Krieges, in dem Ueberfluss der Hülfsmittel, und in der Herrschaft zur See. Dabei nannte er Geld das Hauptmittel zum Kriege, wobei er sich des Ausdrucks bediente: »Die Hauptsache im Kriege ist Verstand und Geld«. Sein Plan bestand namentlich darin, dass die Athener sich mit all' ihrer Habe in Athen einschliessen, es stark befestigen und sich auf die Vertheidigung der Stadt beschränken, sich in keine offene Feldschlacht einlassen, dagegen zur See in der energischsten Weise operiren sollten. Und so lange Pericles am Leben war und den Krieg nach seinem Plane leitete, war das Uebergewicht bei den Athenern. Nach seinem Tode aber gerieth die athenische Republik in Folge der Zerwürfnisse zwischen ehrgeizigen Männern in einen Zustand innerer Uneinigkeit, durch welchen die Einheit und Energie der Leitung des Krieges vollkommen verloren ging.

Das Glück blieb indessen den Athenern noch einige Zeit hold, die hohen Gaben des einen von ihren Heerführern, Demosthenes, verschafften ihnen vermittelst eines trefflich entworfenen Unternehmens (gegen Pilus) sogar ein solches Uebergewicht über die Spartaner, dass diese Letzteren sich zwei Mal genöthigt sahen, um Frieden zu bitten. Ueberhaupt treten gerade in diesem Kriege neben vielen fehlerhaften strategischen Maassnahmen, — Folge der Einwirkung der verschiedenen angeführten Gründe (wie beispielsweise ganz besonders die Expedition der Athener gegen Sicilien) — auch einige mehr oder weniger geschickte und bemerkenswerthe strategische Maassregeln hervor, welche vorwiegend und sogar ausschliesslich in dem persönlichen Einflusse der besten und befähigtesten Männer und Feldherren begründet lag. Hierher ist z. B. zu rechnen die Vertheidigung von Sicilien durch Harmocrates und Gylippus, die Einnahme und Befestigung von Decelea in Attica, durch die Spartaner, auf Rath der Alcibiades, der Feldzug des Brasidas in Thracien und seine Operationen gegen die Illyrier, der Rückzug des Nicias aus Syracus und dessen Verfolgung durch die Syracusaner u. s. w. Das Errathen der Absichten des Gegners, das Bestreben, ihn über die eigenen Absichten zu täuschen und zu falschen Maassregeln zu verleiten u. s. w., — kurzum die Aufbietung von List, Heimlichkeit und reiflich durchdachten Anordnungen und Maassregeln, um unter möglichst günstigsten Bedingungen zu schlagen und sich den Sieg zu sichern, — dies Alles führte zu verschiedenen Kriegslisten, Strategemen, wie man sie im Alterthum nannte, welche, wie eingeengt auch der Kreis ihrer Wirksamkeit sein mochte, dennoch, da sie mit den gegebenen Zielen, Umständen und Mitteln im Einklange standen, von wirklichem Werthe in Bezug auf strategische Kunst waren.

Der peloponnesische Krieg war ein hervorragender Schul- oder Belehrungskrieg, der viele gute Feldherren herangebildet hat. Unter denselben zeichneten sich ausser den oben genannten gegen Ende des Krieges und nach demselben aus: Thrasybulus, Konon, Iphikrates, Chabrias, Timotheus, Lysander, Pelopidas und ganz besonders Agesilaus und Epaminondas, welche alle Uebrigen sowohl in der Kunst der Kriegführung wie an Ruhm der Kriegsthaten übertrafen.

Agesilaus trug zuerst den Krieg gegen die Perser nach Asien hinein und war ganz der Mann, um Alexander d. Gr. den Weg zur Eroberung Persiens zu zeigen und zu erschliessen. Ihm selbst war es nicht beschieden, auf diesem Wege weiter vorzudringen, aber auch dies schon bringt ihm grosse Ehre, dass er ein so hohes Ziel in's Auge zu fassen wagte. Seine Feldzüge in Kleinasien gegen die Perser, und dann seine wie des Epaminondas Campagnen in Griechenland zeigen eine Reihe von geschickten strategischen Entwürfen, Märschen und Operationen und beweisen die ungewöhnliche kriegerische Begabung dieser beiden berühmten Feldherren, sowie die hohe Stufe, auf welche sie die Kunst der Strategie in Griechenland gehoben, und welche dann die würdige Vorstufe der höchsten Entwickelung in den Feldzügen Philipp's und Alexander's von Macedonien ist.

In dem Letzteren namentlich fand die strategische Kunst endlich den grossen Menschen, Monarchen und Feldherrn, welcher, vollkommen frei von jeglicher Abhängigkeit und Einengung in seinen Handlungen, zuerst im Alterthum diese Kunst auf eine Höhe brachte, welche sie bis dahin nie und nirgend inne gehabt hatte. Nicht mehr sich mit den engen Grenzen des kleinen Griechenlands und mit den geringfügigen Dimensionen von dessen inneren Kriegen begnügend, erhob sie sich zu Zwecken und Maassen grösster und weitester Art, und konnte unter diesen Bedingungen und dem Einflusse der hohen Gaben Alexander's sich in breitester und bislang nicht vorgekommener Weise entwickeln. Schon des Zweckes halber, den sein Krieg gegen Persien verfolgte, wie auch wegen seiner sehr beschränkten ursprünglichen materiellen Mittel zur Erreichung dieses Zweckes tritt Alexander aus der Schaar der gewöhnlichen Eroberer heraus und steht höher als seine Vorgänger. Bis zu seinem Feldzuge nach Indien hatte er nie über 40,000 Mann, daher musste auch die Fähigkeit, sie zur Erlangung so grosser Ziele auf so weitem Kriegsschauplatze zu verwenden, den Stempel der Erhabenheit an sich tragen. Dies stellt Alexander in die Reihe der grössten Feldherren aller Zeiten und macht seine Thaten mustergültig für die Kunst der Kriegführung in Bezug auf seine Entwürfe dazu, wie hinsichtlich aller der Operationen, der Thätigkeit, klugen Vorsicht, Beständigkeit, Festigkeit und Geduld, mit welcher er diese Unternehmungen zur Ausführung brachte und die sich entgegenstellenden Hindernisse überwand.

Nachdem er seinen Rücken nach Seite Griechenlands, Illyriens und Thraciens gedeckt hatte, und mit 35,000 Mann, welche einen dreissigtägigen Mundvorrath mit sich führten, über den Hellespont nach Kleinasien gegangen war, unterwarf er in drei Feldzügen und nach zwei grossen Schlachten und drei grossen Belagerungen die ganze Ostküste des mittelländischen Meeres, Kleinasien, Syrien, Palästina und Aegypten. So war eine zweite Erneuerung der Operationen gegen Persien mit der Herrschaft zur See gesichert, und nun eroberte er in einem Feldzuge und nach dem einen Siege bei Arbela die inneren Provinzen Persiens und setzte sich in denselben fest. Aber die Eroberung der nordöstlichen gebirgigen Provinzen Persiens, wo kriegerische und tapfere Völker wohnten, kostete ihm vier beschwerliche Feldzüge, deren äusserste Ausdehnung nach Norden sich bis an den Jaxartes erstreckte (jetzt der Fluss Syr-Darja). Dann machte er einen Feldzug nach Indien, und endlich den letzten vom Hyphasisflusse nach Babylon zurück, wo sein vorzeitiger Tod ihm nicht mehr gestattete, seine Eroberungen in Asien und Afrika zu befestigen.

Die allgemeinen Resultate seiner acht Feldzüge sind wahrhaft erstaunlich. In acht Jahren hatte er ein Gebiet von 100,000 Quadratmeilen erobert, war vom Hellespont bis zum Hyphasis vorgedrungen (1500 Meilen), vom Hyphasis bis Babylon (500 Meilen) im Ganzen also 2000 Meilen, hatte in 5 Hauptschlachten und vielen kleineren Treffen gesiegt, einige grosse und kleinere Belagerungen durchgeführt, und eine bedeutende Zahl von Festungen unterworfen, darunter die grössten und Hauptstädte von Persien. Sein Sieg am Granicus unterwarf ihm halb Kleinasien, der bei Issus — Syrien, Palästina und Aegypten, der bei Arbela — das innere eigentliche Persien, der am Hydaspes — Indien. In allen diesen acht Feldzügen ging seine Armee über Ströme, wie Nil, Euphrat, Tigris, Oxus, Indus, Hydaspes, über alle die hohen Gebirgszüge Asiens bis zum heutigen Tübet, und durch die unfruchtbaren, wasserarmen und menschenleeren Wüsten Gedrosia und Carmania. Ueberall trug er Sorge, dass die in seinem Rücken liegen bleibenden eroberten Provinzen und Städte durch Truppen besetzt und gesichert wurden, wozu er an 20,000 Mann verwendete, ungerechnet die übrigen Garnisonen, deren Besatzungszahl nicht genau bekannt ist. Ausserdem wurden aus seinem Heere während seiner Feldzüge diejenigen macedonischen Krieger entlassen, welche ihre Zeit ausgedient hatten. Seine Verluste in den Schlachten waren verhältnissmässig, ja fast unglaublich gering, besonders in den vier Hauptschlachten, und zwar: am Granicus — todt 129 Mann, bei Issus — 450 Mann, bei Arbela — 500 Mann, am Hydaspes — 980 Mann, im Ganzen 2059 Mann, verwundet bei Issus 504 Mann. Eine allgemeine zuverlässige Angabe über die Zahl der Gefallenen, Verwundeten, ihren Wunden oder Krankheiten Erlegenen zu machen ist unmöglich, man nimmt an, dass bis zum Hydaspes die Zahl der Todten sich ungefähr auf 10,000 belaufen habe. Bei dem Rückmarsch aus Indien nach Babylon büsste Alexander, nach Plutarch's Angabe, von den 135,000 Mann seines Heeres über $^{3}/_{4}$, also über 100,000 Mann ein und brachte nur noch $^{1}/_{4}$, etwa 34,000 Mann mit sich. Danach aber stiessen aus Macedonien und Griechenland im Ganzen an 38,000 Mann Verstärkung zu ihm, ungerechnet die Truppenaushebungen in den eroberten Provinzen. Dadurch wurde der Verlust des Heeres wieder ersetzt und das Heer noch erheblich verstärkt. So war dasselbe in der Schlacht bei Arbela schon 50,000 Mann, in Indien sogar 135,000 Mann stark. Alle nachgeschobenen Verstärkungen schlugen einen bestimmten Weg ein, von einem Sammelplatze zum andern, der Hauptpunkt dieser Art war Ekbatana. Von hier bis zu den äussersten Grenzen Mediens waren 11 Marschtage, von diesen Grenzen bis nach Baktrien ungefähr 225 Meilen.

Alle diese Daten bezeugen hinlänglich, dass Alexander d. Gr. bei seinem ungewöhnlichen Unternehmen eine wunderbare Kühnheit, Thätigkeit und Raschheit, zugleich aber auch eine kluge Vorsicht entfaltete. Unter den gegebenen Umständen mit den entsprechenden Mitteln immer es verstehend, die richtigen Maassregeln zur Erlangung seiner Ziele anzuwenden, handelte er unzweifelhaft den Bedingungen und Forderungen der höchsten Kriegsführungskunst angemessen. Diese Kunst nahm durch ihn solche Verhältnisse an, dass sie Alles für den menschlichen Geist möglich erscheinen liess und hinfort jedem ungewöhnlichen Heerführer eine unbeschränkte Bahn für grosse Unternehmungen eröffnete. Für sie verschwand die weiteste Entfernung der Länder, die Ausdehnung der Meere, die Breite der Ströme, Höhe der Gebirge, für sie gab es keine Schwierigkeiten mehr der Feldzüge, Kriege und Eroberungen in anderen Erdtheilen. Aber eine andere Lage der Verhältnisse, andere Umstände und Schwierigkeiten bringen wiederum einen anderen verschiedenartigen Widerstand der Kräfte hervor. Die in dieser Hinsicht bedeutendste und wichtigste Erscheinung nach Alexander d. Gr. bietet der als grosser Mann und Feldherr ihm gleichende Hannibal dar.

Eine der grossartigsten Kriegsunternehmungen im Alterthum, zu welcher Hannibal den Grundgedanken von seinem Vater und Onkel ererbt hatte, wurde von ihm tief durchdacht und angelegt, richtig berechnet, sorgfältig vorbereitet, hinlänglich sichergestellt und dann zur Ausführung gebracht mit ungewöhnlicher Energie des Willens, Festigkeit, Beharrlichkeit, Entschlossenheit und Kunst. Nach Ueberschreitung der Pyrenäen, der Rhône und der Alpen führte er während drei Jahren in Italien Offensiv-Operationen gegen die Römer durch, welche einen Verein von erstaunlicher Kühnheit und Entschiedenheit mit kluger Vorsicht und feiner listiger Schlauheit zeigen und ebenso sehr seine weise

Politik, als seine hohe Kunst im Entwerfen und Ausführen darthun. Alle seine strategischen Pläne, Märsche und Operationen während dieser drei Jahre bieten Muster der Kunst der Kriegführung, deren Quelle allein in seiner grossartigen Persönlichkeit lag. Seine Bewegungen aus Hispanien über die Pyrenäen, Rhône, Alpen, Po, Arno, und in Süditalien, und seine vier grossen Siege am Tessin, Trebia, Trasimenischen See und bei Cannae stellen sich würdig in eine Reihe mit denen der anderen grössten Feldherren und machen Hannibal zu einem der grössten Heerführer nicht nur des Alterthums, sondern aller Zeiten.

Nach der Schlacht bei Cannae aber, in der zweiten Hälfte des Krieges, erscheint er noch grösser. Fast ohne alle Unterstützung von seiner Regierung, die ihn vollkommen der Willkür des Schicksals preisgiebt, gezwungen, mit sehr schwachen Kräften in immer mehr eingeengtem Kreise der Operationen einen mühseligen und gefahrvollen Offensiv-Defensivkrieg gegen energische, thätige, geschickte und sich mehr und mehr verstärkende Gegner zu führen, vollbringt Hannibal Alles, was, die Operationen Alexander's d. Gr. ausgenommen, die Kriegsgeschichte der vergangenen Zeiten Bestes aufzuweisen hat in Bezug auf Kunst der Kriegführung überhaupt und der Führung eines Offensiv-Defensivkrieges, der schliesslich fast zum reinen Defensivkriege wird, in's Besondere. Einzig und allein durch die Kraft seines Genies stellt er sich noch fast dreizehn Jahre lang den Römern entgegen und hält sich in Italien, nicht selten seine Feinde besiegend und sie in beständiger Furcht vor seinem blossen Namen erhaltend. Gerade in dieser Zeit leuchtet sein kriegerisches Genie noch in hellerem Glanze und grösserer Kraft, als zu Anfang, wenn auch Hannibal's Thaten nicht so glänzend und gewaltig mehr sind. Endlich aber wendet das Glück ihm gänzlich den Rücken, ein Zusammentreffen der allerungünstigsten Umstände verfolgt ihn und raubt ihm die letzten Chancen in dem letzten Kriege und in der Schlacht bei Zama: machtlos und vergeblich sind seine hohen Gaben gegen den Beschluss des Schicksals, — aber glücklich im Beginne, unglücklich beim Ende, blieb er im Unglück wie im Glück stets gleich gross.

Als grosser Feldherr bietet er viele Vergleichspunkte mit Alexander d. Gr., sowohl hinsichtlich der kriegerischen Begabung, als der Hauptgrundlagen ihrer Kunst der Kriegführung. Dennoch sind in beiden Hinsichten natürlich auch verschiedene Züge bei ihnen sichtbar. Speciell bezüglich ihrer Kriegführung liegt der Hauptunterschied in der weit weniger günstigen Lage Hannibal's als Unterthan und abhängiger Feldherr, der die Römer im Centrum ihrer Macht und Kraft bekämpfte, von seiner Regierung fast gar nicht unterstützt wird, wenig zuverlässige Verbündete und sehr geringe Kräfte hat, der gezwungen ist, alle seine Mittel und Kräfte an die Führung eines Offensiv-Defensivkrieges zu setzen gegenüber dem von Seiten der Römer ebenso geführten Kriege, und der endlich bei all' seiner Begabung und seinem Anrecht auf Erfolg der Ungunst des Schicksals und der Laune des Glücks weit mehr ausgesetzt, — weit unglücklicher, aber auch noch grösser in seinem Unglück ist.

Seine in den Hauptgrundzügen und zu Anfang der Alexander's sehr ähnliche Art der Führung des Krieges wich doch schon dadurch wesentlich von jener ab, dass nur die ersten drei Jahre dieser Krieg entschieden offensiv, in den letzten vierzehn Jahren aber offensiv-defensiver, endlich von defensiver Natur war. In dieser letzteren Beziehung sind seine Operationen höchst bemerkenswerth, als die ersten im Alterthum von einem so grossen Feldherrn, in einem so wichtigen und in kriegerischer Beziehung so interessanten Kriege und gegen solche Gegner, wie die Römer, ausgeführten.

Aus diesem selben Grunde ist der zweite punische Krieg von ausserordentlichem Interesse in strategischer Hinsicht. Bis dahin hatte, mit Ausnahme der Feldzüge und Kriege Alexander's d. Gr., die Taktik im Kriege die Hauptrolle gespielt, während die mehr oder weniger einfache und klare Strategie wenig hervortrat. Wenn auch kriegerische Operationen vorkamen, die mehr aus dem rein taktischen Gebiete heraustraten, so war dies doch eine Folge der Anwendung von Kriegslisten oder Strategemen verschiedenster Art, oder in Folge der besonderen persönlichen Maassnahmen der Heerführer. Solche Dispositionen und Operationen aber, welche den Zweck gehabt hätten nicht den Kampf zu suchen, sondern ihn zu vermeiden, den Gegner nicht durch Gewalt der Waffen, sondern durch die Klugheit des Verstandes, nicht durch die Action im Gefecht, sondern durch Bewegungen, Manöver im Felde gegen Flanken, Rücken, Verbindungen u. s. w. zu überwinden, kommen nur sehr selten vor, eben deshalb, weil beide Theile immer nur auf das eine Ziel, den Kampf, losgingen. Dann aber, seit dem Zeitpunkte, wo die Römer nach des Fabius Plan das System der offensiven Defensive adoptirten und dadurch Hannibal zu gleichem Verhalten veranlassten, tritt zum ersten Male im Alterthum eine, man kann sagen, ganz neue Erscheinung hervor. Sie ist unstreitig hochinteressant in Bezug auf die Kunst der Kriegführung und die neuen Formen der Entwickelung und der Erfolge derselben, weil sie schon deutlich die Ueberlegenheit der Schlauheit, Klugheit, des Verstandes und der Kunst über die rohe materielle Gewalt bekundet.

Die Führung des Krieges durch die Römer zu dieser Zeit ist sehr bemerkenswerth vom strategischen Gesichtspunkte aus. Gleich zu Anfang von einer für sie unerwarteten Seite mit Nachdruck angegriffen, wurden sie mit einem Male auf das bislang ihnen unbekannte Gebiet der reinen Defensive gedrängt. In unbegreiflicher Verblendung und Sorglosigkeit zeigten sie, statt ihrer früheren gewöhnlichen Klugheit, eine gänzliche Urtheilslosigkeit, indem sie statt der reinen Defensive die offensive Defensive wählten und zu deren Durchführung lauter unfähige Feldherren bestimmten. Aber die vier furchtbaren, von Hannibal ihnen in den ersten drei Kriegsjahren beigebrachten Schläge brachten sie zur Besinnung und bewogen sie zuerst, nach dem Gedanken des Fabius, zu einer bis dahin noch nie von ihnen angewandten Art der Kriegführung, zuerst der reinen Defensive, dann zur offensiven Defensive, zu schreiten, gleichzeitig ihre Kräfte mehr und mehr verstärkend, geschickte Heerführer erwählend und in auffallend geschickter Weise operirend. Allein der ihnen furchtbare Name Hannibal's und der gewaltige moralische Eindruck seiner ausserordentlichen Persönlichkeit auf sie waren die Ursachen, dass sie, wenige Fälle ausgenommen, im Allgemeinen betrachtet sich zu lange und zu buchstäblich an dieses System des Fabius hielten. Beständig hatten sie zwei oder drei Armeen gegen Hannibal im Felde, aber nicht einmal kam ihnen der Gedanke in den Sinn, mit diesen Armeen gleichzeitig ihn anzufallen, wodurch sie, wenn nicht ihm eine entscheidende Niederlage beibringen, so doch mindestens und in jedem Falle ihn weit rascher und früher aus Italien hinausdrängen gekonnt hätten. Ueberhaupt verhielten sie sich nach der Schlacht bei Cannae dem Hannibal gegenüber zwar sehr klug, vorsichtig und geschickt, aber nicht kühn genug, ja sogar schüchtern und furchtsam, wodurch sie den Krieg auf ganze vierzehn Jahre ausdehnten und ihn erst dann mit ihrem Triumphe beendigten, als sich bei ihnen ein so aussergewöhnlicher Heerführer und würdiger Rival Hannibal's fand, wie es Scipio war, der den Krieg kühn nach Afrika verpflanzte, dort Karthago selbst angriff, sämmtliche Armeen dieses Staates und zuletzt Hannibal selbst besiegte. Das grossartige Kriegsunternehmen, mit welchem Spicio den Krieg eröffnete, stellt sich daher würdig jenem zur Seite, mit welchem Hannibal den Krieg begann, und gleich jenem ist es hinsichtlich der eigentlichen Kunst der Kriegführung von grosser Bedeutung.

Im Allgemeinen aber, die zu ängstliche und furchtsame Art des Verhaltens gegen Hannibal in der zweiten Hälfte des Krieges abgerechnet, muss man den Römern die volle Gerechtigkeit widerfahren lassen, dass sie sehr geschickt verfuhren. Das jährliche Eintheilen und Aufstellen von zwei Armeen, stets mit sehr weisen Zwecken und in höchst verständiger Weise, die Verstärkung und Unterhaltung dieser Heere, deren Märsche und Operationen, das Alles war sehr geschickt entworfen, berechnet, sichergestellt und durchgeführt. Viele ihrer Bewegungen und

Operationen sind höchst bedeutend nach Entwurf und Ausführung: aber eine der merkwürdigsten war der Marsch des Claudius Nero aus Süd- nach Nord-Italien in 7 Tagen, und zurück in 6 Tagen, nach Besiegung des zur Vereinigung mit Hannibal aus Hispanien herangekommenen Hasdrubal. Sehr interessant sind auch ihre Operationen vor und während der Belagerung von Capua, gegen Hannibal sowohl in Lucanien und Apulien, als in Bruttien und Calabrien.

Mit einem Worte — der zweite punische Krieg bietet eine in jeder Hinsicht beachtenswerthe Erscheinung in der Geschichte der Kunst der Kriegführung im Alterthum, er zeigt deren erhebliche Entwickelung und Erfolge und ist von diesem Gesichtspunkte aus in hohem Grade interessant und lehrreich.

Nach dem zweiten punischen Kriege nahm die Art und Kunst der Kriegführung durch die Römer im Allgemeinen einen bedeutenden Aufschwung in Maass und Umfang, erreichte eine hohe Entwickelung, Bedeutung und Wichtigkeit, und zeigt eine den Umständen gemässe Vereinigung von List und Kraft, von Vorsicht und Entschiedenheit. Von jetzt an tritt bei den Römern schon das deutliche Streben nach Eroberungen ausserhalb Italiens hervor. Als Hauptmittel dazu diente die kluge Politik des römischen Senats, und die Waffen vervollständigten, was durch jene mit Geschick vorbereitet war. Der beständige Grundsatz Roms war — von Anfang an den Krieg in das feindliche Land selbst zu tragen und früher oder später ihn durch einen einzigen gewaltigen Schlag, einen Kampf, zu beenden. Darum rückten die römischen Armeen kühn und rasch direkt in das Innere des feindlichen Landes oder dem feindlichen Heere entgegen und suchten demselben eine Niederlage beizubringen entweder im Treffen, oder durch andere Mittel, z. B. Theilung der Kräfte desselben, Schwächung, Zersplitterung, Einschliessung, Zwingung zur Uebergabe u. s. w. Dabei kam ihnen sehr zu statten, wie es zu jener Zeit gebräuchlich war: die geringe Kopfstärke der römischen Armeen und deren geringer Train, ihr Beziehen von befestigten Lagern für jede Nacht, ihre Verproviantirung mittelst Vorräthen, welche theils von den Soldaten getragen, theils durch Fouragirungen und Wegnahme im Lande eingetrieben, theils durch Nachfuhr von weiter hinten herbeigeschafft wurden. Die feindlichen Städte nahmen die Römer vorzugsweise durch offene Gewalt, Sturm, plötzlichen Ueberfall, List, Verrath u. s. w., nur in besonders wichtigen oder nöthigen Fällen durch Einschliessung oder regelrechte Belagerung. Auf diese Weise hemmte im Allgemeinen die Wegnahme feindlicher Städte nicht die Operationen im Felde, noch schwächte sie deren Energie; diese Operationen, besonders der Kampf, waren die Hauptsache, das Wichtigste, und die Taktik entschied, ganz wie früher, den Krieg und das Schicksal der Staaten auf den Schlachtfeldern, sie war das hauptsächlich wirkende Mittel in der Kunst der Kriegführung.

Das sind die allgemeinen Züge dieser Kunst bei den Römern nach dem zweiten punischen Kriege. Aber die Verschiedenheit in den Umständen, wie in den persönlichen und Charaktereigenschaften der Feldherren, welche die römischen Heere befehligten, waren selbstverständlich die Ursachen, dass jeder Krieg ausser den allgemeinen noch seine besonderen Züge trug. Die römischen Kriege aus dieser Zeit wurden, ihren Zwecken nach, überhaupt geführt: entweder zur Ausführung neuer Eroberungen, oder zur Erweiterung und Befestigung der früher gemachten. Kurzum, ihr Charakter war im Allgemeinen der von Eroberungskriegen und dem entsprach auch die Art und Kunst, wie sie geführt wurden, und so fand eine allmälige Erweiterung der Verhältnisse, Vermehrung der Mittel, Vervielfachung der Mittel statt, welche auf die weitere Entwickelung der Kunst der Kriegführung einwirkte.

Seit der Zeit der griechischen Kriege somit allmälig entwickelt, erweitert und vervollkommnet, erreichte die Kunst der Kriegführung endlich den höchsten Grad ihrer Ausbildung im Alterthum in der 100jährigen Periode der römischen Bürgerkriege, welche in dieser Hinsicht gleichfalls eine interessante, beachtenswerthe und lehrreiche Epoche der Kriegsgeschichte des Alterthums bildet. Gerade zu dieser Zeit führten die Römer, von Feldherren wie Marius, Sulla, Metellus, Lucullus, Pompejus, und besonders dem grössten von Allen, Cäsar, befehligt, in den verschiedensten Ländern und gegen die verschiedensten Völker in Europa, Asien und Afrika die grossen Kriege, sowohl äussere — gegen Jugurtha und Mithridates, die Cimbern und Teutonen, die Hispanier, Gallier, Germanen und Parther, wie innere Bürgerkriege — gegen Sertorius, Marius gegen Sulla, Pompejus gegen Cäsar. In dieser Zeit erlangte die Strategie, wie alle übrigen Zweige der Kriegskunst, welche in dem Kopfe dieser hochbegabten Heerführer thronten, eine Vielseitigkeit und Mannichfaltigkeit der Entwickelung, wie sie bis dahin nicht vorhanden gewesen war, und sie verdankte dies vorzugsweise Cäsar.

Cäsar, der in seinen Kriegen und Feldzügen das von ihm im vollsten Umfange adoptirte Hauptziel der uralten Politik Roms auf das Nachdrücklichste verfolgte: die Ausbreitung der Macht Roms über Italien und weiter hinaus bis zu den fernsten Grenzen der damals bekannten Welt, — griff auch mit Energie zu dem Hauptmittel dieser Machtausdehnung, dem Eroberungskriege. Deshalb war er im vollsten Sinne ein grosser römischer Feldherr und in seiner Art der Kriegführung prägte sich die der Römer überhaupt vollkommen aus, und zwar in ihrer ganzen Höhe und Grösse. Damit im Einklange verstand es Cäsar ausgezeichnet, Kriegspolitik als Hülfsmittel der Kriegführung zu treiben. Nachdem er den Krieg gegen die Helvetier in der Defensive geführt, führte er danach immer den Krieg offensiv, auch in strategischer Hinsicht, und wenn er auch bisweilen in die Defensive überging, so war das doch nur zeitenweise, um Zeit und Kraft zu gewinnen zu demnächstigen um so energischeren Angriffsoperationen. Objecte seiner ersten Angriffsbewegungen und Operationen waren die nächstgelegenen oder wichtigsten Punkte, wo die Kräfte des Feindes concentrirt standen. Die kürzeren Defensivmomente zwischen den Offensivoperationen Cäsar's blieben nicht bei der reinen Defensive, sondern waren mit kühnen Angriffs- und Defensivactionen unter Anwendung aller Vorsichtsmaassregeln und Sicherung nach allen Seiten verbunden. Im Frühjahr, Sommer und Herbst den Krieg führend, legte er zum Winter die Truppen in feste Lager, bisweilen aber nahm er die Feindseligkeiten gegen Ende und sogar inmitten des Winters wieder auf. Bevor er seine Feldzüge und Kriege eröffnete, war er immer bemüht, Nachrichten über das Land, wo, und über den Feind, gegen welchen er zu operiren beabsichtigte, einzuziehen. Während er stets numerisch schwächer war als seine Gegner, übertraf er sie an kriegerischer Tüchtigkeit seiner Soldaten, die unbedingt an ihn und an den Sieg glaubten, wie in Bezug auf deren ausserordentliche Leistungsfähigkeit im Ertragen von unsagbaren Beschwerden und Entbehrungen, und in Ausführung unglaublicher Märsche, Operationen und Arbeiten. Die numerische Ueberlegenheit des Feindes bewog ihn, so selten und so wenig wie möglich seine Kräfte zu theilen, sie vorzugsweise zusammenzuhalten, oder, wenn er sie zu theilen genöthigt war, sie sofort wieder zusammen zu ziehen. Den Feind dagegen suchte er zur Theilung seiner Kräfte zu verleiten, um dann die einzelnen Theile plötzlich und ungestüm anzufallen und zu schlagen. Er selbst theilte seine Kräfte auch bei solchen Gelegenheiten, wo es erforderlich wurde die Verbindungen der Armeen mit dem Lande hinter seinem Rücken zu schützen, welches ihm zur Operationsbasis diente. Ein Mittel hierfür boten ihm auch die auf den Verbindungslinien im Rücken der Armee in Städten, festen Lagern u. s. w. zurückgelassenen Truppencorps. Um geschickt entworfene Operationen mit Erfolg ausführen und deren Ziele erreichen zu können, sorgte er u. A. für zuverlässige Sicherstellung der Verpflegung seiner Truppen, auf welche er stets ausserordentlich bedacht war.

Einen wesentlichen Unterschied zwischen der römischen methodischen und der barbarischen ungeregelten, ungeordneten Art der Kriegführung erkannte er in der Besetzung entscheidender strategischer Punkte, Auswahl und Befestigung der Lager, und Unterbrechung der Verbindungen des Feindes. Als hauptsächliches Kennzeichen für entscheidende Punkte erachtete er es, dass sie geeignet waren zum Erschliessen des Eingangs in das feindliche Gebiet. Die Auswahl der Lagerplätze traf er danach, dass sie ihm gestatteten, den Feind zu einem ungünstigen Kampfe zu zwingen, — die Unterbrechung der feindlichen Verbindungen sollte den Gegner zum Verlassen seiner Stellung, zum Kampfe, zum Rückzuge, oder sogar zur Niederlegung der Waffen zwingen.

Als bestes Mittel zur Geheimhaltung seiner Operationen erkannte er die Schnelligkeit der Bewegungen oder die Ausführung derselben unmittelbar, nachdem er sie entworfen hatte.

Nach Besetzung eines entscheidenden Punktes zog er den Kampf bei demselben im offenen Felde, als Mittel zur schnellen Erreichung seiner Absichten, vor. Wenn aber der Feind dem Kampfe auswich, sich in verschanzte Lager. Linien oder feste Städte einschliessend, so schritt Cäsar erforderlichen Falles zur Einschliessung oder Belagerung.

Bei Auswahl des Lager- und Kampfplatzes liess er sich ebenfalls leiten durch Erwägungen über Operationen auf die feindlichen und besonders über die Sicherung seiner eigenen Verbindungen, über Besiegung und womöglich Vernichtung des Gegners, vornehmlich aber über seine eigne Sicherheit gegen solche Vorkommnisse, und schliesslich über die Besetzung des entscheidendsten Punktes und Verhinderung des Feindes, diesen Punkt zu besetzen.

Nachdem er den Sieg erfochten im offenen Felde, verfolgte er den Besiegten nachdrücklich mit seiner Cavallerie und hielt hierbei, auf den moralischen Eindruck des erkämpften Sieges rechnend, es für möglich, seine geeinten Kräfte zu theilen. Wenn er Misserfolge erlitten hatte, zeigte er eine nicht geringere, sondern womöglich noch grössere Energie und Thätigkeit, als nach Erfolgen und Siegen. Vor Allem und mehr als Alles bemühte er sich, einer Muthlosigkeit seiner Soldaten entgegen zu wirken und so rasch als möglich aus der ungünstigen Lage heraus zu kommen, und zwar als Sieger, nicht als Besiegter.

Obgleich er namentlich in Gallien, beim Beginn seiner kriegerischen Laufbahn, nicht ganz frei war von unwillkürlich gemachten Fehlern, so machte er im Bürgerkriege doch sehr wenige solcher Fehler mehr. In diesem letzten Kriege erscheint er schon als wirklich grosser Feldherr auf der vollen Höhe und Kraft seiner ungewöhnlichen kriegerischen Gaben und im Besitze einer ungemeinen, in dem gallischen Kriege gewonnenen, Kriegserfahrung. Von Anfang bis zu Ende blieb er denselben Haupt- und Grundmaximen getreu, welche wir oben angegeben haben.

Seine Kunst erscheint um so grösser, als er römische regelmässig ausgebildete und an Zahl ihm überlegene Truppen unter römischen, mehr oder minder tüchtigen Anführern sich gegenüber hatte, an deren Spitze sein Nebenbuhler Pompejus stand. die allerdings aber Alle ihm selber (Cäsar) in Bezug auf Kriegsbefähigung und Kunst nachstanden. Häufiger als in Gallien war er zu manövriren gezwungen, zu Einschliessungen und grossen fortificatorischen Arbeiten. Nach Erlangung aber von entscheidenden Siegen verfolgte er die Besiegten mit ungewöhnlicher Anspannung der Kräfte, Raschheit und Entschiedenheit.

Das sind im Wesentlichen die Fundamente und Züge der Strategie Cäsar's, die in der That, wie aus dem Gesagten hervorgeht, den höchsten Grad der Entwickelung, Mannichfaltigkeit und Vollkommenheit im Alterthum erreicht hatte. In ihr war, kann man wohl sagen, die ganze Strategie des Alterthums mit allen ihren Erfahrungen und Zügen concentrirt, gleich wie Cäsar selbst in sich alle Züge des Ideales eines grossen Feldherrn des Alterthums in sich vereinigte, über den hinaus nach ihm Keiner mehr gelangte.

Zur Zeit des Kaiserreiches, von Augustus bis Diocletian, in den mehr oder minder geschickten und bemerkenswerthen Kriegen, Feldzügen und Kriegsoperationen verschiedenster Art, wo die römischen Heere von Feldherren wie Drusus, Tiberius, Germanicus, Vespasian, Titus, Trajan, Marc Aurel, Septimius Severus, Alexander Severus, Maximin, Claudius III., Aurelian und Probus geführt werden, hält sich die Kunst der Kriegführung, obgleich sie sich mit der Cäsar's nicht mehr vergleichen kann, doch noch fern vom Verfall und zeigt sich noch ihres Ruhmes in früheren Zeiten würdig.

Auch später noch, von Diocletian bis zum Untergange des Weströmischen Reiches wurden die Kriege und Feldzüge der Römer nicht ohne Geschick und Ruhm geführt durch Anführer wie Constantius Chlorus, Constantin d. Gr., Julian, Theodosius Vater und Sohn, Stilicho, Alarich, Aëtius, Ricimer und Odoaker. Es trug dazu die Kriegserfahrung von 12 Jahrhunderten, wie sie aus den Kriegen der besten Zeit der Republik, und so grosser Feldherren wie Alexander d. Gr., Hannibal und Julius Cäsar, und vieler geschickter Heerführer zweiten Ranges sich gebildet hatte, und auch der Umstand bei, dass ein grosser Theil der Imperatoren durch die Truppen aus der Zahl der durch kriegerische Begabung, Erfahrung, Kunst, Erfolge und Siege hervorragenden Feldherren gewählt wurde. Ein aufmerksames Studium dieser Kriege, Kaiser und Heerführer zeigt, dass die Kunst der Kriegführung noch immer auf einer ziemlich hohen Stufe der Vollendung steht. Die materiellen und moralischen Factoren der

Kriegführung hatten sich vielfach geändert, aber die Kriegführung selbst, jetzt wie jederzeit aus den persönlichen Fähigkeiten und Eigenschaften der Feldherren herfliessend, hält sich noch immer auf einer gewissen Höhe der Mannichfaltigkeit, Bedeutung und des Interesses in vieler Hinsicht. Dies zeigt sich besonders in den Bürgerkriegen, in welchen römische Heerführer und Truppen gegen einander standen, — aber auch jene Kriege und Feldzüge, wie sie Julian in Persien, und die anderen genannten besseren Feldherren sie in Gallien, Britannien und Afrika, an Rhein, Donau und Euphrat führten, verdienen hinsichtlich der dabei entfalteten Kunst die vollste Beachtung.

Vierundsechzigstes Kapitel.

Allgemeiner Ueberblick über die Kriegsgeschichte des Alterthums.

(Schluss.)

III. *Kriegswissenschaft.* — §. 462. *Taktik.* — §. 463. *Lagerkunst.* — §. 464. *Fortification.* — §. 465. *Belagerungskunst.* — §. 466. *Ballistik.* — §. 467. *Strategie.* — §. 468. *Die Werke des Frontinus und Polyänus.* — §. 469. *Das Werk des Vegetius.* — §. 470. *Das Werk Onosander's.*

III. Kriegswissenschaft.

§. 462.

Taktik.

Aus den ältesten Zeiten und von den Völkern des Orients, aus Asien und Afrika sind uns keine Werke über die Kriegskunst oder irgend einen ihrer Zweige hinterblieben, und aus den ersten Zeiten der Griechen und Römer sehr wenige, und diese meist nur bruchstückweise. Sehr viel ist verloren gegangen und nicht auf uns gekommen, sogar die Namen der Autoren jener verloren gegangenen Bücher sind uns grösstentheils unbekannt. Was wir besitzen, gehört mehr den späteren Zeiten an, etwa vom 5. Jahrh. v. Chr. ab, und vorzugsweise den Griechen. Der Einfall der Perser in Griechenland hatte die Griechen zur Entfaltung aller ihrer Kraft und Thätigkeit für die Abwehr der Perser und Bewahrung ihrer politischen Unabhängigkeit angefeuert und war eine Hauptursache gewesen zur allmäligen Vervollkommnung der Kriegskunst nebst deren sämmtlichen Branchen, nicht allein in praktischer, sondern auch in theoretischer Beziehung; ja, sie hatte sich zu einer Wissenschaft erhoben, wie dies der eigenthümliche reiche Geist der Griechen und ihr für Künste und Wissenschaften befähigter und geneigter Sinn sehr begünstigt hatte. So kann man im Allgemeinen sagen, dass die Kriegswissenschaft im

Alterthum ihre Entstehung, Entwickelung, Vervollkommnung, ihren ganzen Standpunkt vorzugsweise den Griechen verdankte und nach ihnen daher die griechische genannt zu werden verdient. Obschon auch die Römer daran einen gewissen Antheil haben, so ist dieser doch sehr viel geringer, sowohl der Zeit nach (erst vom 2. und 1. Jahrh. v. Chr. an), als auch in quantitativer und qualitativer Hinsicht; ein grosser Theil der römischen Kriegsschriftsteller waren geborene Griechen. Wir werden das, was in der alten Zeit durch Griechen und Römer in dieser Beziehung geleistet worden, hier nach den einzelnen Zweigen der Kriegswissenschaft betrachten, in derselben Reihenfolge, wie im vorigen Kapitel, und mit der Taktik anfangen.

Von den griechischen Schriftstellern, welche in der ersten Zeit der Griechen über verschiedene Gegenstände der Taktik geschrieben haben, deren Werke uns aber nicht erhalten geblieben sind, thun einige spätere griechische Schriftsteller Erwähnung. So Aelian, ein Schriftsteller aus dem 2. Jahrh. n. Chr., genannt der Taktiker, der in seinem Werke *τακτικά* (*de instruendis aciebus*) 12 solche alte Schriftsteller nennt: Stratokles und Hermeias, welche über das Kriegswesen zur Zeit Homers geschrieben haben, Aeneas, der ein grosses Werk über das ganze Kriegswesen verfasste, Kireas den Thessalier, der einen Auszug aus dem vorigen gab, Pyrrhus, König von Epirus, und dessen Sohn Alexander, welche über denselben Gegenstand schrieben, und Pausanias, Euangelos, Eupolemos, Iphikrates, den Stoiker Posidonius und Frontinus, welche mehr über Kriegswesen im Allgemeinen schrieben (Frontinus schrieb hierüber mehr, als über Kriegslisten, welches letztere Werk wir besitzen, s. u. §. 468). Hierüber schrieben auch Demokritos, Klearchos, Demetrius von Phalereus, und Brion oder Bilon, der sich indessen nur auf die Anfangsgründe beschränkt. In den Commentaren des Eustathios zur Iliade geschieht eines Hermolithos Erwähnung, (*Tacticus*), dessen Werk verloren gegangen ist, wie auch das des Makros, zwei Bücher über Kriegswesen, und die Werke des Paulus über Bestrafungen der Soldaten, des Tarrutenus Paternus und des Menander. Diese letzteren Alle werden bei der Aufzählung der Schriftsteller erwähnt, welche in den Titel der Pisanischen Pandekten eingeflochten ist. Verloren gegangen sind ferner das von Suidas*) hochgepriesene Werk des Atheners Simon »über Eigenschaften der Pferde«, und des Sarmenes, welcher (nach Plinius) zuerst über Reiterei geschrieben hat.

*) Suidas war ein griechischer Grammatiker des 11., n. A. des 10. Jahrh. n. Chr., der ein Real-Lexicon, vorzugsweise geographischen und historischen Inhaltes, schrieb.

Ein gleiches Schicksal hatten fast alle die Werke der ersten römischen Schriftsteller. Mit den 6 Büchern des C. Cinnius *De re militari*, welche Agellius erwähnt, und dem Werke des Cornelius Celsus, von welchem Vegetius und Raphael Volaterranus reden, der Letztere in seiner Anthropologie, sind auch die taktischen Schriften des Alimentus, Plinius, Varro und M. Tullius Cicero verloren gegangen; einige von des Letzteren erhalten gebliebenen Werken werden übrigens von Angeles December in dessen Werke *de politia litteraria* als schlecht und entstellt bezeichnet. Wenn schon aus den Werken der besseren Schriftsteller: Diodor von Sicilien, Dionys von Halicarnass, Dio Cassius und Titus Livius nur einige Fragmente uns erhalten sind, so ist es leicht zu begreifen, dass die Schriften der übrigen Schriftsteller aus jener oder noch früherer Zeit vollständig verloren gegangen sind, wie z. B. die eines Antimachus, Menelaus, Argios und vieler anderer, welche über die thebischen Kriege schrieben, aller Schriftsteller des trojanischen Krieges, welche von Aelianus, Suidas und Athenaeos genannt werden, die ca. 300, welche allein die Schlacht bei Marathon beschrieben, u. s. w.

Die auf uns gekommenen Werke der griechischen und römischen Historiker enthalten u. A. auch Nachrichten über Stärke, Stand und Bewaffnung der Armeen. Dahin gehören:

Homer, der in der Iliade 1186 Schiffe aufzählt, auf denen die Griechen nach Troja segelten, und Angaben über die Aufstellung, Plätze, Dispositionen und Kämpfe der Griechen und der Trojaner macht; Herodot, der den griechisch-persischen Krieg bis zur Schlacht bei Plataea beschreibt: **Thucydides**, als Augenzeuge des peloponnesischen Krieges, der ausführlich die Aufstellung und Formation der Truppen, die Schlachten, Befestigungen und Belagerungen schildert, und nach ihm Xenophon, der in der Anabasis den Zug der 10,000 Griechen nach Hochasien bis Kunaxa und von da zurück nach Kleinasien und Griechenland beschreibt, in der Cyropädie Anleitung über Heeresorganisation und über Ausbildung der Krieger und Heere giebt, in 2 anderen Werken aber Abhandlungen über Erkennen der Eigenschaften der Pferde, über das Reiten und die Aufsicht über Pferde, und über die Eigenschaften und Obliegenheiten eines Reiterführers bringt.

Die ersten Schriftsteller der Römer waren gleichfalls Griechen: Diodor von Sicilien, Dionys von Halicarnass und Appian von Alexandrien sprechen gelegentlich auch vom Kriegswesen, obgleich mit weniger Umständlichkeit und Gründlichkeit als Polybius. Der Letztere beschreibt genau und ausführlich sowohl Kriegsorganisation und Lager der Römer, als ihre Aufstellung und Kampfweise im Gefecht, er gewann dadurch die besondere Beachtung der späteren Kriegsmänner und Schriftsteller. Aelianus Tacticus, von dem oben die Rede war, lebte, wie man annimmt, in der 1. Hälfte des 2. Jahrh. n. Chr. und schrieb ein Werk über Taktik unter dem Titel *τακτικά* (in lateinischer Uebersetzung — *de instruendis aciebus*), auf welches sich viele spätere Schriftsteller beziehen. Ein unbekannter griechischer Schriftsteller widmete im J. 132 n. Chr. dem Kaiser Hadrian sein Werk über Aufstellung und Bewegung der Truppen für den Kampf, die Formen schildernd, wie sie bei den Macedoniern unter Alexander d. Gr. üblich waren. Arrian von Nicomedien, gleichfalls Zeitgenosse Hadrian's, hat die Geschichte oder Feldzüge Alexander's d. Gr. geschrieben und ausserdem ein Werk über Taktik: *ars tactica* zusammengestellt, auch über die Aufstellungen and Evolutionen der Reiterei und über die besten Schlachtordnungen und Kampfarten gegen die Alanen geschrieben. Unter Valentinian II. (383—393) fasste Vegetius in seinem Werke: *De re militari* überhaupt Alles zusammen, was bis dahin über Kriegswesen geschrieben oder durch die früheren Regenten der Staaten angeordnet worden war, obgleich er es ohne Auswahl und Kritik that, Altes und Neues, und darunter auch alles auf Taktik Bezügliche, mit einander vermengend. Dies war das hauptsächlichste und zugleich das letzte Werk im Alterthum über Kriegskunst überhaupt, welches in der Folgezeit noch lange als Muster und Leitfaden über diesen Gegenstand diente. Von demselben wird in §. 470 noch die Rede sein.

Unter den späteren, eigentlich römischen, Schriftstellern und Historiographen sind besonders wichtig Julius Cäsar, Sallust, Titus Livius und Cornelius Nepos. Julius Cäsar giebt in seinen Commentaren über den Krieg in Gallien (7 Bücher) u. A. sehr werthvolle Mittheilungen über die römische Taktik, Aufstellung, Marsch- und Kampfart der römischen Truppen, beim Marsche wie im Gefechte. In dieser, wie in allen andern Hinsichten, waren seine Commentare in der späteren und bis auf die neueste Zeit ein höchst interessantes und lehrreiches Werk für Militairs, an welchem sich alle die grossen und besten Feldherren gebildet haben, und das zu kennen für jeden gebildeten Militair unbedingtes Erforderniss war.

Die Werke der griechischen Historiker Herodot, Thucydides, Xenophon, Polybius, Diodor und Dionys, und der römischen (Julius Cäsar ausgenommen) Sallust, Titus Livius und Cornelius Nepos, welche in der Zeit zwischen dem 5. bis 1. Jahrh. v. Chr. und später lebten, beziehen sich sämmtlich, wenn nicht direkt, so doch indirekt gleichfalls auf Kriegsangelegenheiten und im Besonderen auf Taktik, indem sie mit mehr oder weniger Ausführlichkeit und Zuverlässigkeit die taktische Formation, Aufstellung und Kampfweise der

Truppen und die Schlachten schildern. Bekanntlich hatte die Geschichte des Alterthums von Anfang bis zu Ende immer mehr oder minder neben dem politischen und staatlichen Charakter einen vorzugsweise, später sogar ausschliesslich kriegerischen Charakter, denn der Krieg war beinahe der Normalzustand der Völker und Staaten, die Kriegspflicht war eine allgemeine, jeder Bürger war Soldat, der Kriegerstand der wichtigste und angesehenste, die höchsten Träger der Staats- und öffentlichen Gewalt waren zugleich auch Heerführer und nicht selten Historiker und Kriegsschriftsteller. So kann man, ausser von Herodot, Thucydides, Xenophon, Polybius und Julius Cäsar, die schon erwähnt wurden, auch von den Werken des Diodor, Dionys, Sallust, Titus Livius und Cornelius Nepos sagen, dass auch in ihnen mehr oder weniger direkte oder indirekte Angaben enthalten sind, welche sich auf Taktik beziehen und mehr oder weniger ausführlich und genügend sind. Die Werke von Diodor und Dionys enthalten viele interessante Mittheilungen über Heerwesen im Allgemeinen und über Taktik insbesondere, die des Dionys zeichnen sich hauptsächlich durch ausführliche Schlachtenbeschreibungen aus. Die Schriften Sallust's, der, wie es scheint, nach dem Muster des Thucydides verfährt, sind zwar in kriegerischer Hinsicht nützliche Quellen, genügen aber nicht in Bezug auf Genauigkeit in der Beschreibung der kriegerischen Actionen überhaupt und der taktischen Dinge im Speciellen. Bei Titus Livius sind sie mit grosser Ausführlichkeit, aber nicht immer zuverlässig behandelt, weil Livius oft leichtgläubig und nicht immer unparteiisch ist. In den Biographien des Cornelius Nepos finden sich neben Anderem auch historische auf Taktik bezügliche Angaben, aber von diesen sind die wichtigeren oft zu kurz behandelt, die weniger wichtigen dagegen zu breit, und im Allgemeinen hat er nicht immer aus richtigen Quellen geschöpft.

Dasselbe, was hier von den Historikern und Schriftstellern des 5.—1. Jahrh. v. Chr. gesagt worden, lässt sich auch von denen des 1.—5. Jahrh. n. Chr. sagen. Von ihnen enthalten, in der Geschichte Alexander's, die Schriften des Quintus Curtius viele taktische Angaben über macedonische, griechische und persische Truppen, sie verdienen aber bekanntlich nicht viel Glauben. In der Geschichte des Flavius Josephus über den judäischen Krieg hingegen finden sich viele solche Angaben, sie sind mit Sachverständniss und gewissenhaft geschrieben und verdienen Glauben. In den historischen Werken des Suetonius, Tacitus, Plutarch, Appian (von Arrian war schon oben die Rede), Justinus, Dio Cassius, Ammianus Marcellinus (von Vegetius ist bereits oben die Rede gewesen und wird später noch ausführlicher gesprochen werden), und Onosander finden sich auch auf

Taktik bezügliche Nachrichten, in den einen mehr, in den andern weniger quantitativ wie qualitativ genügend und nützlich. Besonders gilt dies von Tacitus (über Germanien), von Dio Cassius und Ammianus Marcellinus, die Beide Heerführer waren, und von Onosander, der, zwar kein Kriegsmann, sondern ein Philosoph, in seinem Werke *Στρατηγικὸν λόγον* oder Feldherrnwissenschaft sehr gute Regeln und Anleitungen, sowohl strategischer wie taktischer Natur giebt (es wird von ihm in §. 470 besonders die Rede sein).

Ueberblicken wir so im Ganzen, was im Alterthum von Griechenland (hauptsächlich) und von Rom direct oder nebenher über Taktik und taktische Organisation, Aufstellung, Bewegungs- und Kampfart der Truppen geschrieben worden und uns erhalten geblieben ist, oder wenigstens von späteren Schriftstellern erwähnt wird, so lässt sich der allgemeine Schluss ziehen, dass dieser Hauptzweig der antiken Kriegskunst theoretisch und wissenschaftlich in ziemlich hohem Grade sowohl quantitativ wie qualitativ durchgearbeitet und in seiner Art und in gewisser Weise zur Stufe einer Wissenschaft erhoben worden war, wenn auch vielleicht nicht in vollkommen systematischer Weise. Wenigstens kann man aus ihr mit grösserer kritischer Gründlichkeit, als die war, welche Vegetius in so schwacher und ungenügender Weise bekundet, einen so zu sagen historischen und systematischen Codex der taktischen Theorie oder Wissenschaft des Alterthums aufstellen.

§. 463.

Lagerkunst.

Von der Lagerkunst, Fortification, Belagerungskunst, Ballistik und Strategie als Wissenschaften, lässt sich im Allgemeinen dasselbe sagen, was oben über die Taktik gesagt wurde. Ueber eine jede derselben finden sich zerstreut und fragmentarisch zwischen dem Uebrigen mehr oder weniger vollständige und genügende Angaben in den Werken der oben genannten griechischen und römischen Historiker und vorzugsweise der Kriegsschriftsteller, besonders bei Herodot, Thucydides, Xenophon, Polybius, Diodor, Dionys, Jul. Cäsar, Titus Livius, Flavius Josephus, Tacitus, Plutarch, Frontinus, Hyginus Gromaticus (Feldmesser), Arrian, Polyänus, Dio Cassius, Ammianus Marcellinus, Vegetius, Onosander.

Im Besonderen enthalten in Bezug auf Lagerkunst die wichtigsten Nachrichten die Werke des Polybius, Julius Cäsar und Hyginus Gromaticus.

Polybius aus Megalopolis in Arcadien (geb. 202, gest. 121 v. Chr.) gab eine uns erhalten gebliebene Beschreibung der römischen Lager in der besten Zeit der Republik (punischen Kriege), bemerkenswerth deswegen, weil die Anlage der römischen Lager jener Zeit durch Regelmässigkeit, Zweckmässigkeit in der Eintheilung für die Truppen und Brauchbarkeit für die Vertheidigung sich auszeichnete, sowie auch dadurch, dass Polybius sie sehr ausführlich und deutlich beschreibt.

Julius Cäsar stellt in den sieben von ihm herrührenden Büchern de bello Gallico u. A. die Lagerdispositionen seiner Truppen bei den verschiedenen Gelegenheiten vortrefflich dar, wie er sie selbst mit der ihm eigenen Kunst immer vollkommener den Umständen und dem Terrain anzupassen wusste.

Hyginus Gromaticus, zur Zeit des Kaisers Trajan (88—117 n. Chr.) lebend, giebt, gleich Polybius, eine uns erhalten gebliebene Beschreibung der Anordnung der römischen Lager aus seiner (des Hyginus) Zeit, welche übrigens weit hinter der Anordnung, wie sie Polybius beschreibt, zurückbleibt, wie das ja auch die sehr veränderte Zusammenstellung und Organisation, die kriegerischen Begriffe und die Zeitverhältnisse, wie sie bei Hyginus Lebzeiten sich gestaltet hatten, mit sich bringen.

Diese drei Schriftsteller geben einen deutlichen Begriff von dem Standpunkte der antiken Castrametation zur Zeit der römischen Republik und des Kaiserreichs, und von der bedeutenden Entwickelung derselben im Alterthume.

§. 461.

Fortification.

Besondere Specialwerke über Fortification (Feld- wie permanente) sind von alten Schriftstellern nicht vorhanden. Unter den verloren gegangenen werden Schriften über einige Gegenstände erwähnt, welche sich auf die Fortification beziehen, so: Heliodoros Perigetes und Polemon Beschreibungen der Cecropia, der Burg von Athen, und Philon der Mechaniker über Bau von Seehäfen und das von ihm im Piräeus erbaute Arsenal. Die Regeln der antiken Fortification und der Construction von Feld- und permanenten Befestigungen sind u. A. vorzugsweise angegeben in den uns erhalten gebliebenen Werken der griechischen Schriftsteller: Thucydides, Aeneas Tacticus, Athenäos, Phylon von Byzanz, Polybius, Diodor und Arrian, der römischen: Julius Cäsar, Titus Livius, Vitruvius und Vegetius, der jüdischen: Flavius Josephus. Es lässt sich aus denselben eine vollkommene Uebersicht der Grundsätze der alten Befestigungskunst zusammenstellen, wie das auch Vegetius in seinem Werke theilweise thut (s. u.).

§. 465.

Belagerungskunst.

Dasselbe gilt von der antiken Poliorcetik; wir fügen noch hinzu:

1) Von den alten verloren gegangenen Schriften werden zwei genannt, welche sich zum Theil auf Gegenstände der antiken Belagerungskunst beziehen: Die Geschichte des trojanischen Krieges, von dem Cretenser Dictys geschrieben, und die Geschichte der Zerstörung von Troja, von einem Phrygier Dares.

2) Die Gegenstände der Poliorcetik, Mechanik und Ballistik hingen im Alterthum eng zusammen und bezogen sich auf den Angriff (hauptsächlich) wie auf die Vertheidigung von Städten. Unter den verloren gegangenen wie unter den conservirt gebliebenen Werken alter Schriftsteller sind einige über Construction und Gebrauch von Kriegsmaschinen überhaupt, Belagerungs- und Wurfmaschinen. Diese Art Schriften gehörten nach damaligen Begriffen im Ganzen zur Poliorcetik, der Kunst und Wissenschaft von der Bezwingung von Städten; es giebt sogar ein Werk von Apollodorus aus Damascus (2. Jahrh. n. Chr.) über Belagerungs- und Kriegsmaschinen), das den Titel Poliorcetica führt. Nach modernen Begriffen müssen sie aber zum Theil der Kriegsballistik zugezählt werden. Da diese letztere indessen kein Hauptzweig der alten Kunst des Angriffs und der Vertheidigung von Städten war, so sind die Schriften über Kriegsmaschinen in dem folgenden §. 466 aufgeführt.

§. 466.

Ballistik.

Die Ballistik bildete im Alterthume keinen besonderen Zweig der Kriegskunst und Kriegswissenschaft, sondern gehörte mit zur Poliorcetik. Bei ihrer Wichtigkeit aber in Bezug auf deren weitere Entwickelung in der Folgezeit muss sie, den heutigen Begriffen entsprechend, von der Poliorcetik abgezweigt werden. In der That bildet die Construction und Thätigkeit der alten Kriegsmaschinen überhaupt einen Gegenstand, der sich vollkommen selbständig vom Angriff und der Vertheidigung der Städte und von der Poliorcetik abzweigt, obschon er in engem Zusammenhange mit ihr steht. Dabei war der Hauptzweck der alten Kriegsmaschinen die Zerstörung der Stadtmauer, anfänglich aus der Ferne durch die Wurfmaschinen, dann aus der Nähe durch Mauerbrecher, Widder, Minen u. s. w.

Einige der Werke alter Schriftsteller über Kriegsmaschinen sind uns nicht erhalten worden, werden aber von späteren Schriftstellern erwähnt, — andere sind erhalten geblieben.

Zu den Ersteren gehören zehn Werke griechischer Schriftsteller, wahrscheinlich Mechaniker: Agastarch, Demetrius, Anaxagoras, Ktesiphon, Metagenes, Ichines, Hermogenes, Karpio, Argelio und Satyr.

Von den griechischen über Kriegsmaschinen schreibenden Mechanikern sind u. A. bekannt drei Heron's. Der Erste von ihnen lebte zu Ende des 2. Jahrh. v. Chr., war zu Alexandria geboren (dem Hauptsitz der antiken Gelehrten überhaupt und der Mechaniker speciell), ein Schüler des Ktesibios und Zeitgenosse des Philon von Byzanz, zweier griechischer Mechaniker; er schrieb zwei Werke über die Construction, die Maasse und die Thätigkeit von Handballisten in späterer lateinischer Uebersetzung: 1) *De constructione et mensura manuballistae* und 2) *De telis conficiendis et jaculandis*). Der zweite Hero lebte, wie man annimmt, weit später (im 7. oder 8. Jahrh. n. Chr.) und schrieb gleichfalls ein Werk über Kriegsmaschinen in lateinischer Uebersetzung: *De machinis bellicis*). Den dritten Heron erwähnt nur der Neapolitaner Marinus in der Lebensbeschreibung des Proklos.

Von dem Werke des Apollodorus aus Damascus: Poliorcetica oder von den Kriegsmaschinen, war bereits im §. 165 die Rede.

Von den römischen Schriftstellern haben Plinius der Jüngere in seiner *Historia naturae* und Marcus Vitruvius Pollio in dem Werke *De architectura* Kriegsmaschinen zum Angriff und der Vertheidigung von Städten, besonders Katapulten und Ballisten beschrieben. Auch in den Werken des Ammianus und Hegesyppus finden sich Mittheilungen über denselben Gegenstand.

Aus dem Allen ist leicht zu ersehen, welchen erheblichen Antheil an der alten Poliorcetik, als Kunst und Wissenschaft, die griechische Mechanik und Mechaniker hatten. Sie waren so zu sagen die Seele und die Hauptträger derselben in der späteren Zeit und ihnen gebührt auch die grösste Ehre des Angriffs und der Vertheidigung der Städte in jener Zeit.

Aber fast der grösste Ruhm in dieser Hinsicht fällt dem berühmten griechischen Mathematiker und Mechaniker Archimedes zu, geboren zu Syracus i. J. 287 v. Chr. Bei der Vertheidigung seiner Geburtsstadt in den Jahren 213—212 gegen die Römer unter Marcellus, entfaltete und bekundete er seine ungewöhnliche Begabung und Kenntniss in Mathematik und Mechanik. Polybius, Titus Livius, Plutarch reden ausführlich und mit Bewunderung von allen den Maschinen und mechanischen Hülfsmitteln, welche er gegen die Römer anwendete. Er hinterliess neun Werke, die auf uns gekommen sind und in den Jahren 1792 in Oxford und 1807 in Paris (die vollständigste und beste Ausgabe) herausgegeben wurden; sie sind sämmtlich mathematischen und mechanischen Inhalts und unter ihnen befindet sich keines, das sich auf Poliorcetik oder Kriegsmaschinen bezöge. So hat also Archimedes in kriegerischer Hinsicht seinen grossen Ruhm nur durch die Kunst seiner Vertheidigung von Syracus erworben, nicht aber als Theoretiker der Poliorcetik.

§. 467.

Strategie.

Die Strategie oder Kunst der Kriegführung existirte im Alterthum nicht als besonderer Zweig der Kriegswissenschaft. Die Grundgesetze derselben aber, oder besser die ursprünglichen, fundamentalen und hauptsächlichsten Anfänge derselben sind in einer oder der anderen Form in allen besseren und mächtigeren alten Werken historischen und kriegerischen Inhalts enthalten: so im Herodot, Thucydides, Xenophon, Polybius, Diodor, Dionys, Jul. Cäsar (namentlich), Titus Livius, Frontinus (ganz besonders), Arrian, Polyänus, Dio Cassius, Ammianus Marcellinus, Vegetius und Onosander (die fünf letzteren hauptsächlich). Aus ihnen lässt sich eine vollständige Uebersicht der strategischen Wissenschaft des Alterthums zusammenstellen, was zum Theil auch von Frontinus, Polyänus, Vegetius und Onosander geschah, — wie dies weiter unten dargethan wird.

Allgemein gesprochen hatten die Kriegskunst und deren verschiedene Zweige im Alterthum unzweifelhaft auch ihre Theorie oder Wissenschaft, nur bildete diese kein besonderes, selbständiges und systematisches Ganzes. Die Regeln oder Gesetze derselben waren nach deren verschiedenen Branchen in den oben angegebenen Werken zerstreut und hatten den wichtigen Vorzug, dass sie keine Frucht abstracter theoretischer Erwägungen waren, sondern direkt aus der alleinigen Quelle herflossen, aus der sie naturgemäss sich herleiten können und müssen, — aus den Thatsachen des Krieges und der verschiedenen Kriegsactionen selbst, namentlich der hervorragenden grossen und der anderen geschickten Feldherren und Heerführer des Alterthums. Deshalb wurde die gesammte Kriegskunst und Kriegswissenschaft des Alterthums überhaupt, namentlich in der späteren Zeit, in den ersten fünf Jahrhunderten n. Chr., mit Recht den Feldherren und, nach deren allgemeiner Bezeichnung bei den Griechen, den Strategen zugeschrieben und diese konnten mit Recht den allgemeinen Titel Strategen führen. Einen solchen oder ähnlichen

Titel legt ihnen allein nur der antike Schriftsteller Onosander bei, indem er sein Werk über die Kunst der Kriegführung oder die Kunst des Feldherrn — Στρατηγικὸν λόγον, Strategologie in lateinischer Uebersetzung: *de imperatoris institutione* nennt. Selbst Vegetius wendet in seinen fünf Büchern *De re militari*, die unmittelbar vom Feldherrn handeln, und besonders in dem dritten Buche über die grossen Kriegsoperationen, niemals, wie Onosander, das Wort Strategie an. Eine genauere Betrachtung der Werke dieser beiden Schriftsteller, wie auch des Frontinus und Polyänus, wird am besten das Gesagte bestätigen.

Der Zeitfolge nach betrachten wir zuerst die Werke des Frontinus und Polyänus.

§. 468.

Die Werke des Frontinus und Polyänus.

Frontinus, der zur Zeit Trajans, und Polyänus, welcher unter Marc Aurel und Commodus lebte, also nicht lange nach einander im 2. Jahrh. n. Chr., schrieben über einen und denselben Gegenstand, über Strategeme oder Kriegslisten, allerdings jeder in eigenthümlicher und nicht gleich verdienstlicher Weise. Frontinus, im Consularamte und Praetor von Rom unter dem zweifachen Consulate des Vespasian und Titus, führte einen Krieg in Britannien, wo er die in dem heutigen Wales sesshaften Silurier unterwarf; er schrieb als Kriegsmann, sein Werk ist mehr methodisch und ernst. Polyänus dagegen war ein Redner in Macedonien, Advokat am kaiserlichen Hofe, ein Gelehrter, und sein Werk behandelt die glänzendsten Thaten der berühmten Feldherren aus den vorhergegangenen Jahrhunderten. Es entspricht aber nicht immer ganz genau seinem Titel, welchem gemäss es sich auf Kriegslisten allein hätte beschränken müssen; im Ganzen bietet es übrigens Miscellen nicht ohne Bedeutung und Werth. Eine eingehendere vergleichende Kritik beider Werke wird unten folgen, nachdem wir jedes besonders betrachtet haben.

Das Werk des Frontinus führt den Titel *Strategematicon libri tres, Strategicon liber unus*, es enthält:

Im ersten Buche: Das, was vor der Schlacht geschieht. 1. Kapitel: Von der Verheimlichung der Anschläge. 2. Kapitel von Erforschung der Absichten des Feindes; 3. Kapitel, man muss sich stets der eigenen Lage und der des Feindes anpassen; — 4. Kapitel: von Führung eines Kriegsheeres durch Oerter, die vom Feinde gesperrt sind; 5. Kapitel: von dem Entkommen aus gefährlicher Lage; 6. Kapitel von Verstecken an der Marschstrasse; 7. Kapitel:

von der Verheimlichung oder Ergänzung dessen, woran wir Mangel leiden; — 8. Kapitel: von Erregung von Zwietracht inmitten der Feinde; — 9. Kapitel: von der Beendigung oder Schlichtung eines Aufstandes; — 10. Kapitel: vom Ausweichen vor einem Kampfe, den der Feind zu einer für uns ungünstigen Zeit anbietet; — 11. Kapitel: von Erweckung des kriegerischen, für die Schlacht nothwendigen Feuers bei den Truppen; — 12. Kapitel: Maassregeln gegen unvorhergesehene Furcht oder zur Aufmunterung der Truppen, wenn die Auguren oder Auspicien ungünstig sind.

Im zweiten Buche: Wie man sich während und nach der Schlacht verhalten soll. 1. Kapitel: von der Wahl des Zeitpunktes zum Beginn der Schlacht; — 2. Kapitel: von dem Schlachtfelde; — 3. Kapitel: von der Schlachtordnung; — 4. Kapitel: von den Mitteln zur Hervorbringung von Unordnungen in den feindlichen Reihen; — 5. Kapitel: von den Hinterhalten; — 6. Kapitel: von Oeffnung eines Durchlasses für den Feind, wenn derselbe einen verzweifelten Durchbruch versucht; — 7. Kapitel: von der Verheimlichung dessen, was uns ungünstig ist; — 8. Kapitel: von erneuter Entfachung des Muthes bei den Truppen; — 9. Kapitel: von der Ausnutzung des Erfolges, um den Krieg zu beendigen; — 10. Kapitel: von der Vermeidung übler Folgen im Fall des Misslingens; — 11. Kapitel: von Erhaltung Derjenigen im Gehorsam, welchen nicht zu trauen ist; — 12. Kapitel: was im Lager zu thun ist, wenn dasselbe den eigenen Truppen nicht zuversichtlich anvertraut werden kann; — 13. Kapitel: von den Erleichterungen des eigenen Rückzuges.

Im dritten Buche: Vom Angriff und der Vertheidigung der Stadt. 1. Kapitel: von dem plötzlichen Angriff mit Sturm; — 2. Kapitel: von den Mitteln, mit welchen man die Belagerten täuscht; — 3. Kapitel: von verschiedenen Mitteln plötzlicher Ueberwältigung der Städte durch Verrath; — 4. Kapitel: wie man bei den Belagerten Hungersnoth herbeiführt; — 5. Kapitel: wie man ihnen den Glauben erregt, dass man die Belagerung fortsetzen will; — 6. Kapitel: wie man die feindliche Besatzung verderbt oder vernichtet; — 7. Kapitel: von der Ableitung des Laufes der Flüsse und wie man dem Belagerten das Wasser abschneidet; — 8. Kapitel: wie man den Belagerten in Schrecken setzen kann; — 9. Kapitel: den Angriff auf solche Punkte zu richten, wo er nicht erwartet wird; — 10. Kapitel: die Belagerten in einen Hinterhalt zu locken; — 11. Kapitel: von dem fingirten Abzuge; — 12. Kapitel: wie der Belagerte seine Truppen wachsam erhält; — 13. Kapitel: wie man Boten mit Depeschen einlässt und herausbefördert; — 14. Kapitel: wie man Verstärkungen oder Proviant in die Festung bringt; — 15. Kapitel: den Glauben hervorzurufen, als hätten wir das, woran wir Mangel leiden: — 16. Kapitel: wie man Misstrauische an sich lockt oder von sich fern hält; — 17. Kapitel: von Ausfällen: — 18. Kapitel: von der Beharrlichkeit der Belagerten.

In diesen drei Büchern und 43 Kapiteln behandelt Frontinus die in den Ueberschriften bezeichneten Gegenstände keineswegs in theoretischen Abhandlungen oder dogmatischen Gesetzen, sondern ausschliesslich in Beispielen, welche aus den vorhergegangenen Kriegen und Feldzügen der verschiedenen Zeiten, Völker und namhafteren Feldherren gewählt sind und in sich die diesen Gegenständen entsprechenden Kriegslisten oder Strategeme enthalten. Dann sagt er in der Vorrede zum vierten Buch: »Nachdem ich den Versuch gemacht habe (die Leser mögen sagen, ob mit Erfolg) in drei Büchern Strategeme zu sammeln, — die Frucht meiner vielfachen Studien, — und sie mit besonderer Sorgfalt geordnet zu gruppiren, stelle ich hier (d. h. im vierten Buche) diejenigen Facta zusammen, die ich den vorher angeführten hinzuzufügen nicht für möglich hielt, da ich fand, dass sie mehr zu der Strategie, als zu den Strategemen gehören *). Und zwar nicht deshalb, weil sie nicht etwa auch einen sehr klaren Gedanken ausprägten, sondern vielmehr deshalb, weil sie von anderer Art sind und es sich ereignen könnte, dass der Leser, der zufällig auf eines dieser Facta stiesse, denken möchte, ich hätte Etwas ausgelassen. Deshalb gebe ich dieses vierte Buch als Ergänzung der übrigen und werde thunlichst dieselbe Ordnung darin befolgen, wie vorher.«

Dann geht er in diesem vierten Buche, das sich unmittelbar auf den Strategen oder Feldherrn, und die Strategie bezieht, zu kriegshistorischen Beispielen über, an denen er erläutert: im 1. Kapitel: die Disciplin; — 2. Kapitel: Wirkung der Disciplin; — 3. Kapitel: von der Begnügsamkeit; — 4. Kapitel: von der Gerechtigkeitsliebe; — 5. Kapitel: von der Beharrlichkeit: — 6. Kapitel: Milde und Mässigung in der Commandoführung: — 7. Kapitel: verschiedene Lehren bezüglich des Krieges, — im Ganzen also die moralischen Elemente des Krieges und der Heeresführung, welche sich in der That mehr auf die Strategie, als auf Strategeme beziehen.

Polyänus führt in den acht Büchern und 318 Kapiteln (von denen die letzten 20 fehlen, und das 21. nur die ersten Zeilen ohne Schluss enthält) seines Werkes über Kriegsstrategeme historische Beispiele von solchen an (in jedem Kapitel eines), die gleichfalls den vorhergegan

*) Er hält also beide Begriffe deutlich auseinander

genen Feldzügen und Kriegen aller Zeiten, Völker und Feldherren entlehnt sind. Er bringt sie aber ohne alles System und ohne strenge, besser gesagt ohne jegliche Kritik, indem er sowohl solche Kriegslisten anführt, welche im Kriege erlaubt und eines gebildeten Feldherrn würdig sind, als auch solche, welche im Gegentheil nicht erlaubt und unwürdig sind, indem sie in abscheulichen Verräthereien und feigen Tücken bestehen, welche allenfalls ganz oder halb wilden Völkern, niemals aber den wohlorganisirten Heeren gebildeter Völker und namentlich deren Feldherren nachgesehen werden können. Es ist richtig, dass Polyänus in dem siebenten Buche viele Beispiele von den allerhinterlistigsten Täuschungen und Listen der Barbaren (asiatischer, afrikanischer und europäischer Völker, von nicht griechischer und nicht römischer Abstammung) enthält, und die Vorrede besagt, dass dieses Buch bestimmt sei, zu zeigen, wozu diese Barbaren fähig seien. Nichtsdestoweniger enthalten aber auch die anderen Bücher eine Menge von Beispielen ähnlicher Art von feigen Verräthereien, welche mit unter die Kriegslisten gerechnet werden. Es ist überflüssig zu sagen, dass eine solche Art und Weise auf falscher Grundidee beruht. »Wenn,« heisst es in einem Werke der neueren Zeit*), »es im Kriege erlaubt wäre, ohne Unterschied alle Mittel zur Erlangung seiner Absichten zu benutzen, so würde die Kriegskunst, die Kunst durch Tapferkeit, Vorsicht und Geschwindigkeit den Sieg zu erringen, — sich in eine Schule der grössten Uebelthaten verwandeln. Die Menschen würden sich an den Verrath gewöhnen und sich bald der scheusslichsten Thaten rühmen. Aber es existirt ein Gesetz für die Auswahl dieser Mittel und es liegt eine Kluft zwischen List und Arglist. Die Ehre und Ehrenhaftigkeit lehren, wo die Grenzlinie zwischen jenen beiden zu ziehen ist.«

Vergleichen wir nun alle die Werke von Frontinus und Polyänus, so muss man das Erstere höherstellen als das Letztere, in jeder Beziehung. Das Erstere ist, wie gesagt, von einem Kriegsmann geschrieben, methodisch und mit mehr Kritik abgefasst (obgleich auch Frontinus nicht immer den Unterschied zwischen List und Arglist festhält), es trägt einen ernsten Kriegscharakter. Das zweite Werk ist von einem Gelehrten, nicht einem Krieger, geschrieben mit grösserer Breite, aber ohne verständigen Plan und System, ohne strenge Auswahl und in seltsamem Durcheinander von Wichtigem und Unwichtigem, Nützlichem und Unnützem, Schädlichem und Tadelnswerthem, im Kriege Erlaubtem und

*) Bibliothèque historique et militaire, publiée par Liskenne et Sauvan, T. III.; Paris 1840: »Remarques sur Polyen et Frontin«.

Nichterlaubtem, wenigstens in den regelmässig organisirten Heeren der Kulturvölker, wie es im Alterthum die Römer und Griechen und deren Feldherren waren. Daher wird Frontinus wie Polyänus, dem Ersteren weniger, dem Letzteren mehr, mit Recht der Vorwurf gemacht, dass sie Kriegslist mit Arglist, Tücke und Verrath verwechseln, welches letztere nur wilder und halbwilder Barbaren würdig erscheine.

Indessen beweisen die Beispiele selbst, welche Frontinus wie Polyänus anführen, dass im Alterthum selbst bei den fortgeschritteneren Völkern und nicht selten bei den besten Feldherren auch solche Kriegslisten, welche sich der Hinterlist nähern oder mit ihr zusammenfliessen, nicht immer für unerlaubt und unrecht gehalten wurden. Das muss nicht verwundern, denn das Völkerrecht, auch das internationale, war ein ganz anderes, wie bei den Kulturvölkern der neueren Zeit, und das, was jetzt für unerlaubt, unwürdig, tadelnswerth gilt, wurde damals gerade im Gegentheil für das Richtige gehalten.

Aus allen diesen Ursachen hatten die Werke des Frontinus und Polyänus, mit ihren Vorzügen und ihren Fehlern, um ihres Inhaltes willen im Alterthum, wie im Mittelalter und der neueren Zeit einen gewissen Werth, indem sie Beispiele von erlaubten und zweckmässigen Kriegslisten anführten, welche nachahmungswerth sind, mit diesem zugleich aber auch andere, unerlaubte und unwürdige, die zu kennen gut ist, damit man sie vermeiden oder sich vor ihnen in Acht nehmen kann. Auch in unserer Zeit ist sie zu kennen unerlässlich für einen gebildeten Militair: aber nur mit kritischer Vorsicht.

In jedem Falle steht in strategischer Hinsicht das Werk des Frontinus weit höher als das des Polyänus und verdient grosse Beachtung.

§. 169.

Das Werk des Vegetius.

Ganz anderer Art ist das, weit jene übertreffende Werk des Vegetius: *De re militari*, vom Kriegswesen. Durch diese Schrift hat er sich die Ehre und den Ruhm erworben, einer der bedeutendsten alten römischen Schriftsteller zu sein, und dieses Ruhmes genoss sein Werk auch beständig und in hohem Maasse im Mittelalter und in der Neuzeit und geniesst es noch bis auf den heutigen Tag. Die Lebensumstände des Vegetius sind unbekannt. Man weiss nur, dass er im 4. Jahrh. n. Chr. lebte, sein Werk dem Kaiser Valentinian II. 383—393 widmete, Christ war was aus seinem Vornamen Renatus, der Wiedergeborene, wie aus dem Inhalte seines Werkes hervorgeht, einem vornehmen Geschlechte angehörte und einen hohen Rang bekleidete. Die Commentatoren nennen ihn einen *vir illustris*, einer von ihnen,

Stewechius, legt ihm auf Grund einer alten Handschrift den Titel *Comes Constantinopolitanus* bei, was eine noch höhere Rangstufe bedeutet; endlich lebte er, nach den Einen in Constantinopel, nach den Anderen in Rom, vielleicht auch in Trier, wo Valentinian II. residirte. Wie gesagt aber, das Verdienst des Vegetius liegt nicht in seinem hohen Range, sondern in seinem einzigen und sehr bedeutenden Werke, das er, wie er sagt, nach alten grossen Mustern zusammengestellt hat. Selbst wenn er dies nicht bemerkt hätte, so würde sein Werk durch seinen umfangreichen Inhalt, häufige Dunkelheiten und vielfache Wiederholungen von selber seinen Ursprung aus vielen verschiedenen Quellen verrathen, mit einem Worte sich als eine Compilation darstellen. Es ist zu beklagen, dass bei Uebernahme einer so schweren Arbeit Vegetius nicht verstand, die verschiedenen Epochen des römischen Heerwesens hinlänglich zu unterscheiden, dessen Einrichtungen mit griechischen verwechselte, und nicht einmal erkannte, dass seine (des Vegetius) Schlachtordnung weit mehr der zu seinen Lebzeiten üblichen, als der älteren Schlachtordnung der römischen Legion glich. Andererseits aber war er der erste und einzige der alten Schriftsteller, der in systematischer, methodischer Weise und ziemlich ausführlich alle Zweige der Kriegskunst untersuchte und darstellte. Sodann hat kein einziger Kriegsschriftsteller der folgenden Zeiten über die Heere des Alterthums geschrieben, ohne sich auf ihn zu beziehen, und Viele, welche den Krieg im Allgemeinen behandeln, verweisen direct auf ihn. Er ist in seinen Regeln vortrefflich: seine Rathschläge an Valentinian sind voll philosophischer Weisheit und Wahrheit: alle seine Ansichten über Kriegskunst enthalten richtige Grundgedanken. Der ganze Plan seines Werkes ist ein methodischer, er enthält zuerst ein Raisonnement über Aushebung der Soldaten und kriegerische Uebungen, dann über die Legion, deren Zusammensetzung, Organisation, Aufstellung und Etat, und endlich über Taktik und die grossen Kriegsactionen. Die Zeit, in welcher er sein *opus* schrieb, war eine friedliche, und das scheint ihm die Worte eingeflösst zu haben, welche er seinen Landsleuten zuruft: »Erinnert Euch, dass nach dem ersten punischen Kriege ein 20jähriger Friede eintrat, der die bis dahin stets siegreichen Römer das Kriegshandwerk gänzlich vergessen liess und sie so entnervte, dass sie im zweiten punischen Kriege gegen Hannibal nicht Stand zu halten vermochten. Erst nachdem sie mehrere Consuln, Feldherrn und Armeen eingebüsst hatten, erlernten sie wieder den Gebrauch der Waffen und brachten damit den Sieg auf ihre Seite.«

Sein Werk ist, wie er selbst sagt, ein Auszug aus Cato Censor, Cornelius Celsus, Frontinus und Paternus, und aus den Kriegs- und Heereseinrichtungen der Kaiser Augustus, Trajan und Hadrian. Da er vorher angiebt, dass sein Werk nach alten Kriegsmustern gebildet sei, so erscheint es seltsam, einen Cornelius Celsus, Frontinus und Paternus darin zu finden, den bedeutendsten und sie Alle überstrahlenden, den grossen Julius Cäsar aber nicht! — Das Werk des Vegetius besteht aus 5 Büchern und 118 Kapiteln. Vor jedem Buche befindet sich eine Lobes-Epistel an Valentinian II. Sie sind alle sehr schwülstig, voll sklavischer Schmeichelei und Unterwürfigkeit, die Valentinian II. gegenüber gänzlich unangebracht war, einem unbedeutenden und durchaus unberühmten Kaiser, der keine einzige der hervorragenden Kriegsthaten vollbracht hat, welche Vegetius ihm zuschreibt. Diese Vorreden oder Widmungs-Episteln zeugen nur von der damals herrschenden Servilität gegen die römischen Kaiser und von dem Verfall und der Verderbtheit der litterarischen Kunst, Sprache und Styles. Als Beispiel dafür führen wir folgende Epistel an:

»Es ist seit alter Zeit üblich, dem Staatsoberhaupte dasjenige zu widmen, was als Frucht des Studiums der Künste und Wissenschaften in Bücher niedergelegt worden; wer könnte, nächst Gott, ihnen einen besseren Schutz angedeihen lassen? Und wem gezient es mehr das Beste zu wissen und das Meiste, als dem Herrscher, dessen Wissen allen seinen Unterthanen und dem öffentlichen Besten zum Nutzen gereichen kann? Dies liebte auch Octavius Augustus und nach ihm alle besten Regenten, wie es viele Beispiele kund thun. So wuchs unter dem Schutze der Regenten die Fähigkeit der Forscher, während ihre edle Kühnheit nicht strafbar erschien.

Von diesen Beispielen angelockt und da ich weiss, dass von Deiner, des besten Fürsten, Gnade noch grössere Nachsicht für Schriftsteller zu erwarten ist, als von Deinen Vorgängern, vergesse ich fast, wie sehr ich andern alten Schriftstellern nachstehe. Die Natur meines Gegenstandes beruhigt mich noch mehr, sie verlangt weder Geist noch Anmuth, denn es handelt sich nur um fleissige und gewissenhafte Erforschung der Kriegsregeln und Beispiele, welche in den Werken der verschiedenen Autoren zerstreut, zum allgemeinen Besten zusammengetragen werden sollen.

Die Aushebung der Rekruten und ihr Exercitium will ich behandeln und daran erinnern, welches der Geist der alten römischen Truppen war. Nicht als ob ich zu glauben mich erkühnte, dass Dir, unbesieglicher Kaiser, dies irgendwie unbekannt sein könnte, sondern nur, damit Du im Stande seiest, zu erkennen, wie die von Dir zum Wohle des Staates aus eigener Erleuchtung ergriffenen Maassregeln mit denen übereinstimmen, welche ehemals schon diejenigen als richtig erkannten, welche das römische Reich gegründet haben. Mögest Du in diesem kleinen

Werke die Hauptsachen beisammen finden, welche zu jeder Zeit für das Nothwendigste erachtet worden sind!«

In ähnlichem Tone sind auch die übrigen vier Einleitungen gehalten. Der Umfang des vorliegenden Werkes gestattet nicht, den Inhalt aller 5 Bücher des Vegetius eingehender zu erörtern. Wir werden daher nur den Hauptinhalt des 1., 2., 4. und 5. Buches und jedes Kapitels aus dem 3. Buche, über die grossen Kriegsactionen, angeben.

In dem 1. Buche ist in 24 Kapiteln von der Aushebung der Rekruten und den Uebungen der Neuausgehobenen die Rede.

Im 2. Buche in 24 Kapiteln von der Truppeneintheilung, der Legion, deren Zusammensetzung, Organisation, Vorgesetzten und ihren Obliegenheiten, Kriegswaffen und Maschinen u. s. w.

Im 3. Buche im 1. Kapitel: von den Heeren; — im 2. Kapitel: von der Gesundheitspflege im Heere; — im 3. Kapitel: von der Verpflegung des Heeres: — 4. Kapitel: was man beobachten muss, um Meutereien vorzubeugen; — 5. Kapitel: verschiedene Arten militairischer Signale; — 6. Kapitel: von den Sicherheitsmaassregeln bei einem Marsche in der Nähe des Feindes: — 7. Kapitel: vom Uebergange über grössere Flüsse; — 8. Kapitel: wie ein Lager aufzuschlagen ist: — 9. Kapitel: unter welchen Umständen List oder offene Gewalt anzuwenden ist: — 10. Kapitel: wie man sich verhalten soll, wenn das Heer aus Rekruten oder aus alten, aber dem Kriege entwöhnten, Soldaten besteht: — 11. Kapitel: welche Vorsichtsmaassregeln am Schlachttage zu treffen sind: — 12. Kapitel: vor der Schlacht ist die Stimmung der Soldaten zu sondiren; — 13. Kapitel: von der Auswahl eines günstigen Schlachtfeldes; — 14. Kapitel: wie das Heer sich aufstellen soll, um im Treffen unbesiegt zu bleiben; — 15. Kapitel: von den Distancen und Intervallen; — 16. Kapitel: von der Aufstellung der Reiterei; — 17. Kapitel: von einer Reserve hinter der Front: — 18. Kapitel: wo die Anführer in der Schlacht stehen sollen; — 19. Kapitel: aus welchen Mitteln man in der Schlacht der Tapferkeit und List des Feindes entgegen treten kann: — 20. Kapitel: wie viele verschiedene Schlachtordnungen es giebt, und wie man, obschon an Zahl und Kräften schwächer, doch den Sieg gewinnen kann; — 21. Kapitel: dem umfassten Gegner soll man einen Rückzug offen lassen, um den Fliehenden desto leichter dann besiegen zu können: — 22. Kapitel: wie man der Schlacht ausweicht: — 23. Kapitel: von den Kameelen und den Kataphracten: — 24. Kapitel: wie man sich gegen die Sichelwagen und die Elephanten zu verhalten hat; — 25. Kapitel: was zu thun ist, wenn ein Theil des Heeres oder das ganze sich zur Flucht wendet: — 26. Kapitel: allgemeine Kriegsregeln. Von diesen 26 Kapiteln verdienen die ersten 10 und das 26. besondere Beachtung in strategischer Beziehung, weil sie die darüber im Alterthum vorhandenen

Vorstellungen und Begriffe darstellen, — die übrigen Kapitel in gleicher Weise vom taktischen Standpunkte aus. Beim Schluss des 3. Buches sagt Vegetius, dass er in demselben das Wesentlichste, die Quintessenz der Kriegsregeln oder Fundamental-Grundsätze gegeben habe, welche von den besten römischen Schriftstellern auf Grund der Erfahrungen aller Zeiten aufgestellt und der Nachwelt überliefert worden seien: dass bei Angabe der Regeln für alle Theile des Kriegswesens er es für nöthig erachtet habe, denselben noch einige andere mit Bezug auf die grosse Kunst, zu fechten, oder besser gesagt zu siegen, hinzu zu fügen.

Im 4. Buche ist in 30 Kapiteln von Festungen oder festen Städten die Rede, von der Befestigung, dem Angriff und der Vertheidigung derselben und von allen dazu anwendbaren Mitteln, von den Kriegsmaschinen und -Geschützen zu Angriff und Vertheidigung, und von Allem, was der Belagerte wie der Belagerer zu beobachten und zu thun hat.

Das 5. Buch endlich handelt in 15 Kapiteln von den römischen Flotten und deren Anführern, von den Schiffen und deren Construction, von den Winden, von den 4 Jahreszeiten, den Stürmen, Ebbe und Fluth, von den Ruderknechten (Matrosen), von den See-Maschinen, -Geschützen und -Waffen, von den Kriegslisten zur See und von den Seeschlachten.

Man ersieht hieraus, dass das Werk des Vegetius in der That alle Zweige des Kriegswesens und der Kriegskunst umfasst, in dem Sinne und der Gestalt, wie sie im Alterthum überhaupt vorhanden waren.

§. 470.

Das Werk Onosander's.

Onosander war, nach des Suidas Angabe, ein Philosoph der platonischen Schule. Die Zeit, in welcher er lebte, ist nicht genau bekannt. Es ist nicht wahrscheinlich, dass Quintus Verannius, dem er sein Werk gewidmet hat, derselbe sei, welchen Tacitus erwähnt. Die Biographen Onosander's stellen als unzweifelhaft hin, dass er ein Zeitgenosse des Kaisers Claudius I. 41—54 n. Chr. gewesen, aber das ist dennoch zu bezweifeln. Aus dem Umstande, dass Onosander, der Philosoph, eine Anleitung für Feldherren zu schreiben wagte, muss man schliessen, dass er zu einer Zeit des äussersten Verfalls des Kriegswesens bei den Römern, also im 3., 4., oder sogar 5. Jahrh. n. Chr. lebte. Da er aber von Göttern, Opferpriestern, Opferspenden, Auspicien oder Opferanzeichen und ähnlichen heidnischen Gebräuchen und Aberglauben redet, möchte man eher annehmen, dass er im 3. Jahrh., und jedenfalls nicht später als in der 1. Hälfte des 5. Jahrh. lebte, als das Christenthum im römischen Heere noch nicht zur Herrschaft gelangt war.

Das Werk Onosander's: Στρατηγικὸν λόγον, d. h. Feldherrenwissenschaft, Strategologie, unterscheidet sich wesentlich von jenen des Frontinus und Polyänus. Die letzteren, wie aus §. 468 ersichtlich ist, enthalten keine dogmatischen Regeln, sondern lediglich nur Beispiele aus den Kriegsthaten der besten Feldherren. Das Werk Onosander's hingegen giebt kein einziges solches Beispiel, sondern nur dogmatische Regeln. Da aus dem Ganzen hervorgeht, dass Onosander aus sehr guten Quellen schöpfte, so sind in seinem Werke auch vortreffliche Regeln und Abhandlungen enthalten, welche von dem gesunden klaren Denken der Schriftsteller des Alterthums Zeugniss geben. Der Styl ist sehr elegant, obgleich er einen Hang zu rhetorischem Schmucke zeigt, der übrigens allen griechischen Schriftstellern von der Zeit der Antonine an bis zu Theodosius d. Gr. anhaftet. Eine besondere Bekanntschaft mit dem Werke Onosander's zeigte der griechische Kaiser Leo der Philosoph (886—910 n. Chr.), der es in seiner Schrift »über Kriegs-Einrichtungen« ganz aufnimmt, und im 18. Jahrh. der Marschall Graf v. Sachsen und Guischard.

In der Vorrede zu seinem Werke und in der Widmung an Quintus Verannius sagt Onosander, dass er keineswegs gebildeten und fähigen Staatsmännern Lehren in der Kunst der Heerführung ertheilen wolle, sondern nur das wünsche, dass sie sein Werk gütig aufnehmen mögen, da sie sicherlich im Stande sind, Wahrheit von der Lüge, Verdienst von Selbstüberhebung zu unterscheiden. »Ich fürchte nicht,« setzt er hinzu, »dass man mir vorwerfen werde, ich redete über längst bekannte Dinge, denn ich beabsichtige nicht, mich auf die einfache Erzählung der Kriegsereignisse zu beschränken, sondern habe den Vorsatz, in ein System zu bringen Alles das, was in den Kreis des dem Feldherrn Wissenswerthen fällt, welcher ein Heer befehligt, und dazu ist es nöthig, dass meine Leser schon einige Vorkenntnisse davon besitzen. Ich würde mich glücklich schätzen, wenn es mir gelänge, in meinem Buche eine Theorie aller Kriegsthaten der Römer aufzustellen: denn in diesem Falle wäre ich überzeugt, nicht allein, dass die Personen, denen ich es widme, mir ihre Billigung nicht vorenthalten würden, sondern auch davon, dass es ein Gegenstand des Nachdenkens für jeden guten Feldherrn des Heeres sein würde. Auf sie (diese Theorie) würden sie blicken wie auf ein der Göttin des Friedens geweihtes und der Nachwelt durch die alten Feldherrn hinterlassenes Geschenk vom Himmel. In der That finden sich in derselben sowohl die Fehler, welche die Ursachen des Missgeschickes so vieler Heerführer waren, wie auch die Gründe für die Erfolge und den Ruhm der andern, in voller Klarheit dargelegt. Wir (d. h. die Römer) mögen das Glück bei unsern Unternehmungen anrufen, dürfen aber nicht erwarten, dass es allein uns den Sieg verleihe. Diejenigen, welche den Erfolg im Kriege dem Zufall beimessen und annehmen, dass die Handlungen des Feldherrn keinen Antheil daran haben, befinden sich in einem groben Irrthum. Ebenso ungerecht ist es, das Glück wegen des Verderbens eine Armee anzuklagen und den Feldherrn der Ehre des Sieges zu berauben, indem man dem Zufall beimisst, was nur eine Folge des klugen Verhaltens des Feldherrn ist. Es ist natürlich, dass man mehr den Autoren glaubt, welche selber Erfahrungen gesammelt haben, als jenen, welche nur die Theorie kennen, obgleich häufig die Einen nur geringe Gründlichkeit und Wahrhaftigkeit, die Andern eben so wenig Genauigkeit und eigenes Erlebthaben beanspruchen können. Mein Unternehmen erfordert, dass ich hiermit einem ungerechten Vorurtheil vorbeuge. Mein Buch ist nur eine Sammlung von Bemerkungen über die hervorragendsten Kriegsereignisse des Alterthums und über die glaubwürdigsten authentischen Schriften derjenigen Kriegsleute, deren würdige Nachkommen noch die gleiche Neigung zum Kriegswesen und zum Ruhme sich bewahrt haben und darin alle übrigen Völker übertreffen. Die Regeln, welche ich aufstelle, sind also nicht von mir im Zimmer ausgesonnen, sondern das, was ich sage, ist auf die Praxis gegründet. Die Beispiele dafür finden sich in den verschiedenen von den Römern geführten Kriegen, denn ich habe sorgfältig Alles zusammengesucht, was diese grossen Lehrmeister in der Kriegskunst wirklich ausführten, um Gefahren zu vermeiden und Hindernisse zu überwinden. Ein Schriftsteller, der etwas Neues verspricht, wird Leichtgläubigen bewundernswerther erscheinen, als Derjenige, welcher dem Anspruche entsagt, Etwas zu erfinden. Nicht nach diesem Ruhme strebe ich. Ein Heerführer, der ein System des Krieges entwirft, wird sein Verdienst nicht schmälern, indem er bei Andern das seinem Gegenstande Eigenthümliche entlehnt und sich nicht damit begnügt, nur auf sich selbst hinzuweisen. Deshalb kann es meinem Buche nicht als Mangel angerechnet werden, dass ich darin von bekannten Dingen rede. Ich bekenne es offen, dass ich aus fremden Quellen geschöpft habe. Es ergiebt sich daraus für mich der Vortheil, dass man meine Wahrhaftigkeit nicht bezweifeln kann, und dass ich weniger Neider haben werde.»

Man muss zugeben, dass alle diese Gedanken und Raisonnements Onosander's sehr richtig und beachtenswerth sind, die Bedeutsamkeit und den Werth seines Werkes erhöhen, es wesentlich von den Schriften des Frontinus, Polyänus, und selbst Vegetius unterscheiden und es eines sorgfältigen Studiums würdig machen. Da es unmöglich ist, hier auf eine nähere Betrachtung seines Inhaltes einzugehen, so müssen wir uns darauf beschränken, nur den Inhalt eines jeden der 33 Capitel desselben anzugeben:

Im 1. Kapitel ist von der Auswahl des Feldherrn und den Eigen-

36*

schaften, die er haben muss, die Rede; — im 2. Kapitel: von dem Kriegsrathe; — im 3. Kapitel: von der Kriegserklärung; — 4. Kapitel: von dem Reinigungsopfer (*purificatio*, — heidnische Ceremonie) des Heeres; — 5. Kapitel: von den Märschen der Armee; — 6. Kapitel: von den Lagern; — 7. Kapitel: von den kriegerischen Uebungen in den Winterlagern oder Quartieren: — 8. Kapitel: vom Fouragieren: — 9. Kapitel: von den Spionen; — 10. Kapitel: von Wachen und Posten; — 11. Kapitel: von Unterhandlungen mit dem Feinde; — 12. Kapitel: von den Ueberläufern; — 13. Kapitel: von der Form der Lager; — 14. Kapitel: von der Geheimhaltung der Anschläge; — im 15. Kapitel: von dem extispicium (Opferceremonie vor der Schlacht, Eingeweideschau); — im 16. Kapitel: von der nothwendigen Vorsicht bei Verfolgung des fliehenden Feindes; — im 17. Kapitel: von dem Vortheil der Erlangung von Nachrichten über den Feind; — im 18. Kapitel: von der für die Mahlzeiten der Soldaten günstigsten Stunde; — 19. Kapitel: von der Nothwendigkeit, dass der Feldherr heiteren Muth zeige, auch im Missgeschick: — 20. Kapitel: in welchen Fällen man seinen Soldaten Furcht einflössen, oder ihnen Muth machen muss: — 21. Kapitel: die Armee durch den Anblick der Gefangenen ermuthigen; — 22. Kapitel: von den Schlachtordnungen; — 23. Kapitel: von den Commandos, der Losung, Zeichen und Signalen, um sich den eigenen Truppen verständlich zu machen; — 24. Kapitel: von der Ordnung in Reihe und Glied: — 25. Kapitel: von dem erforderlichen Reinhalten der Waffen und Rüstungen: — 26. Kapitel: vom Kriegsgeschrei: — 27. Kapitel: was der Feldherr während und nach der Schlacht zu bedenken hat; — 28. Kapitel: was die Vorsicht auch während eines Waffenstillstandes oder Friedens erfordert: — 29. Kapitel: von der in Bezug auf Eroberungen erforderlichen Menschenliebe; — 30. Kapitel: von der Pflicht, seine Versprechungen zu halten, selbst dem Verräther gegenüber: — 31. Kapitel: dass dem Feldherrn astronomische Kenntnisse von Nutzen sind; — 32. Kapitel: von den Belagerungen: — 33. Kapitel: wie der Feldherr sich nach glücklicher Beendigung des Krieges verhalten soll.

Schon dies genügt, um einen Begriff von der Bedeutung und dem Werthe des Onosander'schen Werkes und von dessen Inhalt in Bezug auf den Standpunkt der Strategie als Kunst und als Wissenschaft, wie auch von deren Anschauungen im Alterthum zu geben, besonders wenn man sie zugleich und vergleichend mit den Werken des Frontinus, Polyänus und Vegetius studirt.

Druck von Breitkopf und Härtel in Leipzig.

JULIUS CAESAR.

Zeichnung nach einer alten im Berliner Museum befindlichen Büste.

JULIUS CAESAR.

Zeichnung nach einer alten Camee.

Beweglicher Belagerungs Thurm

von den grossten Dimensionen

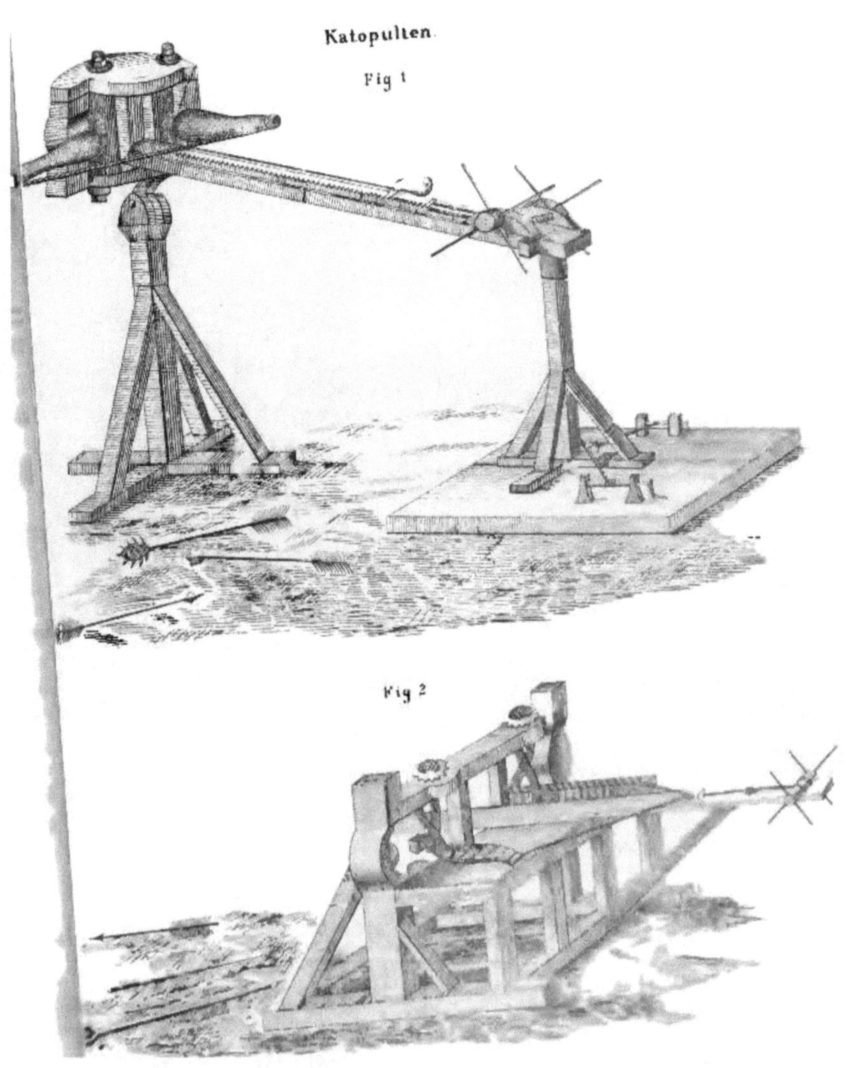
Katopulten.
Fig 1
Fig 2

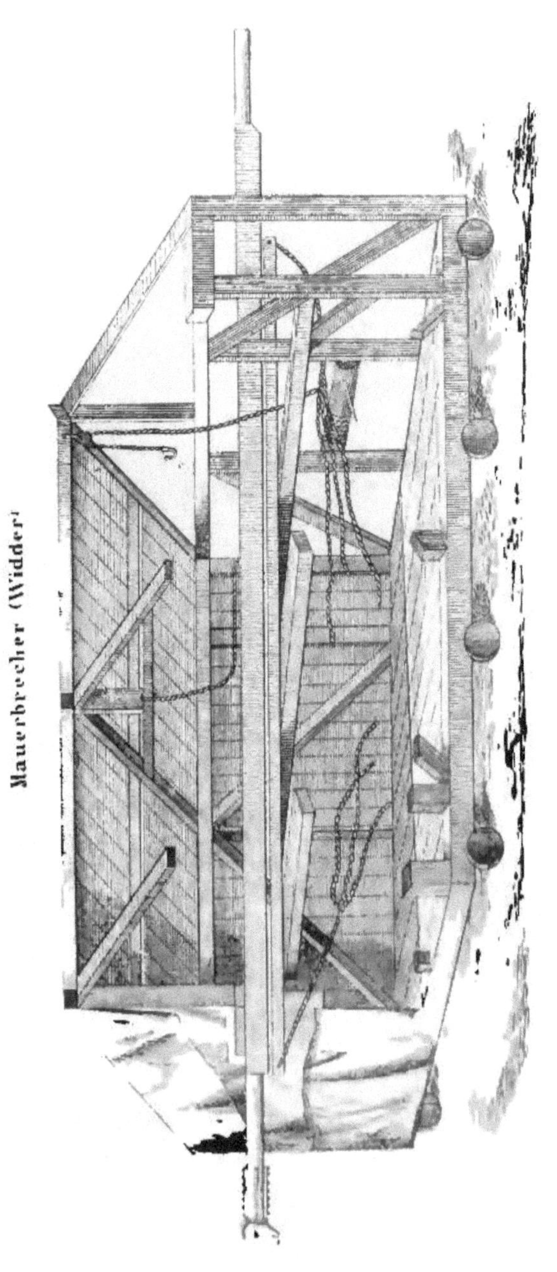

Mauerbrecher (Widder)

Ballisten

Fig 1

Fig 2.

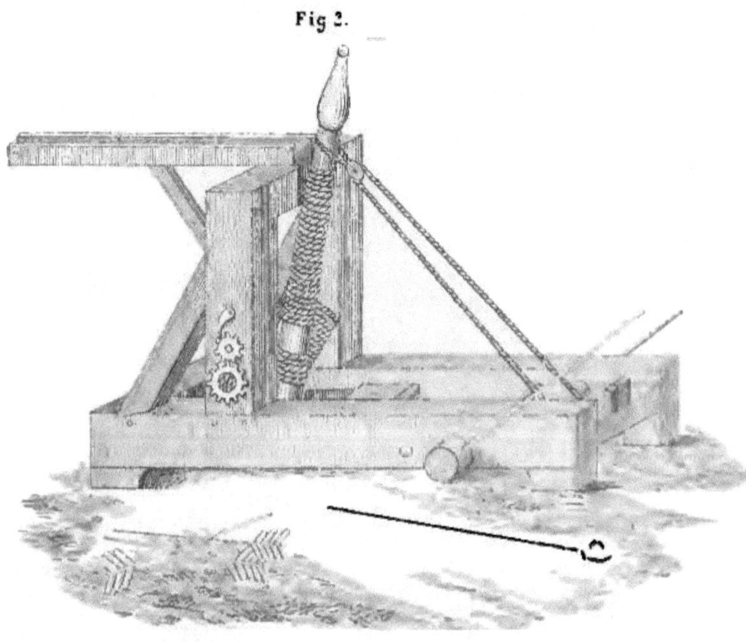

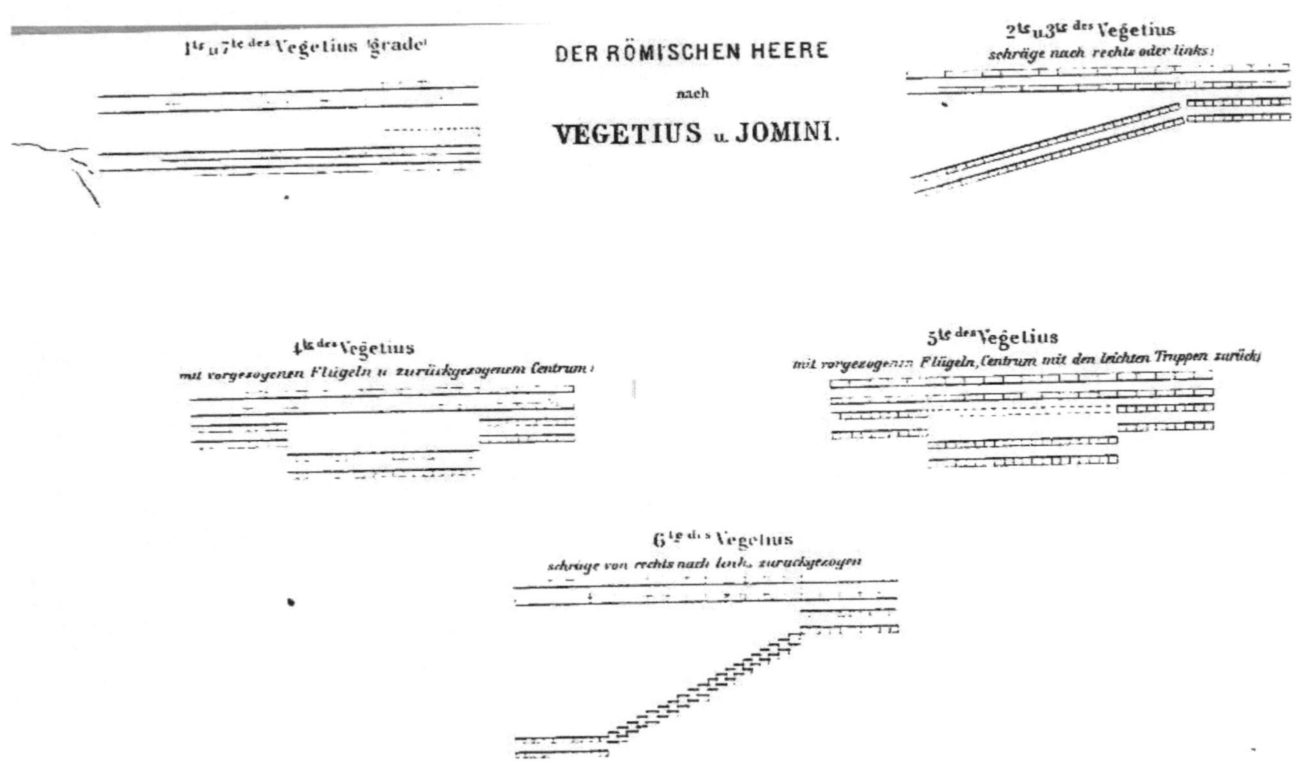
DER RÖMISCHEN HEERE
nach
VEGETIUS u. JOMINI.
1te u 7te des Vegetius (grade)
2te u 3te des Vegetius
schräge nach rechts oder links
4te des Vegetius
mit vorgezogenen Flügeln u zurückgezogenem Centrum
5te des Vegetius
mit vorgezogenen Flügeln, Centrum mit den leichten Truppen zurück
6te des Vegetius
schräge von rechts nach link, zurückgezogen

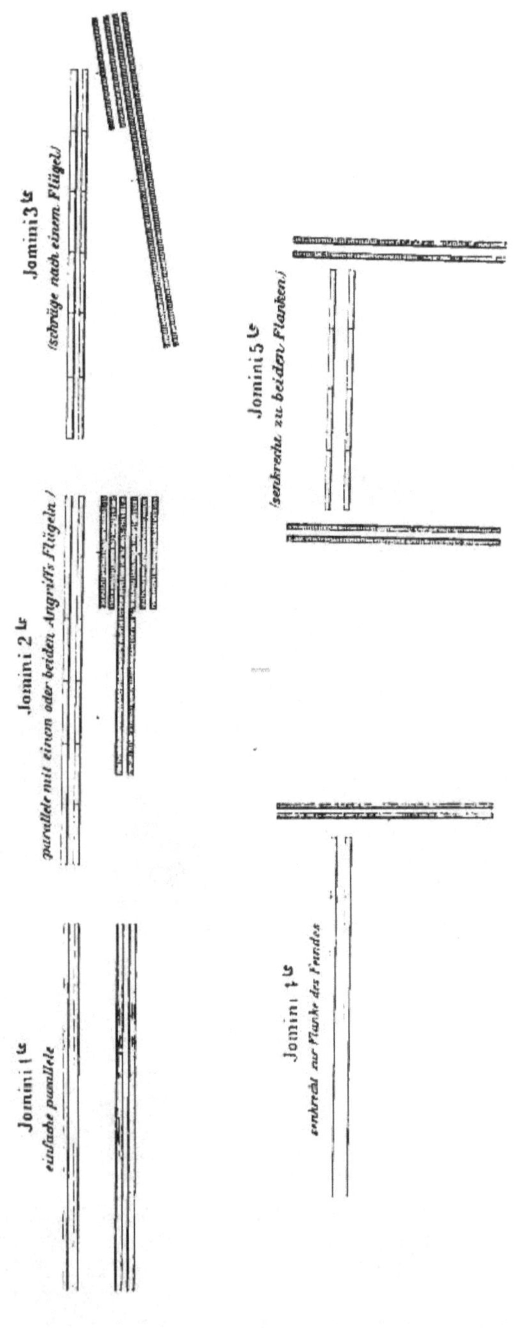
Jomini 3te
(schräge nach einem Flügel)
Jomini 2te
parallele mit einem oder beiden Angriffs Flügeln
Jomini 1te
einfache parallele
Jomini 5te
(senkrecht zu beiden Flanken)
Jomini 4te
senkrecht zur Flanke des Feindes

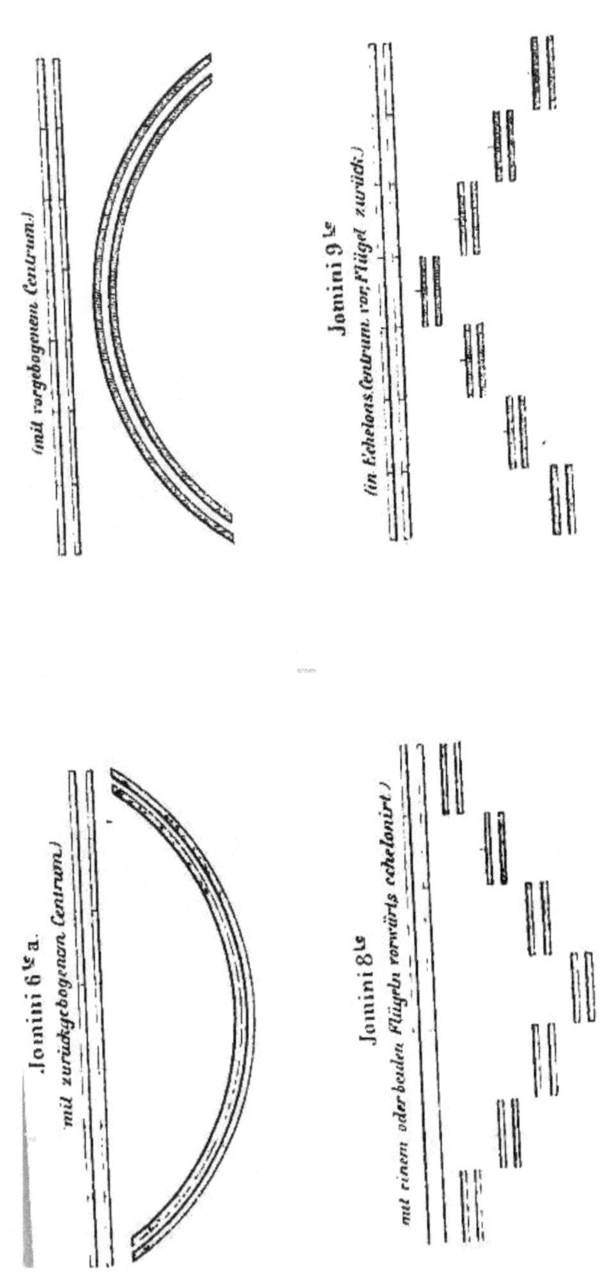
Jomini 6te a.
mit zurückgebogenem Centrum)
Jomini 8te
mit einem oder beiden Flügeln vorwärts echelonirt.)
(mit vorgebogenem Centrum.)
Jomini 9te
(in Echelons Centrum vor, Flügel zurück.)

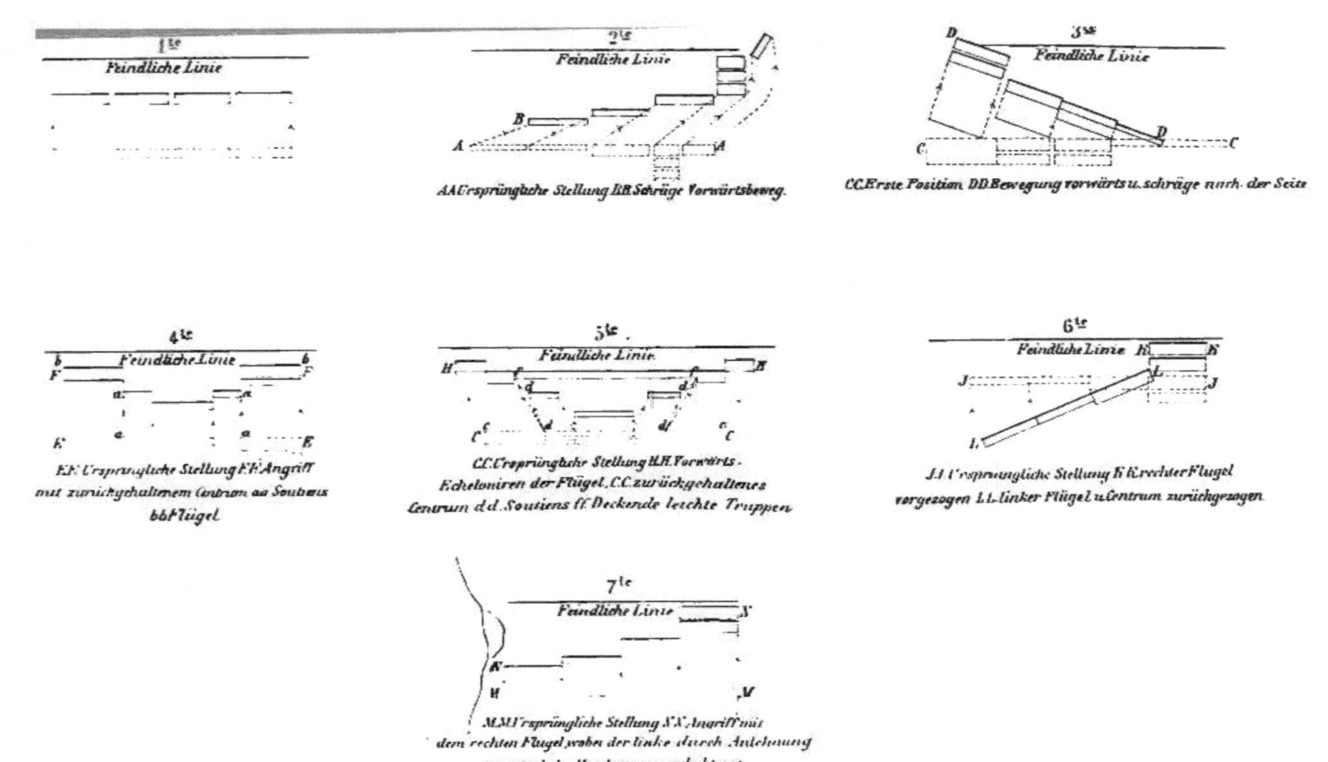
1te
Feindliche Linie
2te
Feindliche Linie
AA Ursprüngliche Stellung BB Schräge Vorwärtsbeweg.
3te
Feindliche Linie
CC Erste Position DD Bewegung vorwärts u. schräge nach der Seite
4te
Feindliche Linie
EE Ursprüngliche Stellung FF Angriff mit zurückgehaltenem Centrum aa Soutiens bb Flügel
5te
Feindliche Linie
CC Ursprüngliche Stellung HH Vorwärts-Echeloniren der Flügel, CC zurückgehaltenes Centrum dd Soutiens ff Deckende leichte Truppen
6te
Feindliche Linie
JJ Ursprüngliche Stellung KK rechter Flügel vorgezogen LL linker Flügel u. Centrum zurückgezogen
7te
Feindliche Linie
MM Ursprüngliche Stellung NN Angriff mit dem rechten Flügel, wobei der linke durch Anlehnung an natürliche Hindernisse gedeckt ist

1626/7 röm Fuss

1te Linie

2te Linie

3te Linie

Fahrbare Ballisten

Onager

Fahrbare Ballisten

VI. Centurie des Vegetius.

Schweres Fussvolk

Leichtes Fussvolk

Eliten Fussvolk

Gepanzerte Bogenschützen

II. Aufstellung der Legion in Cohorten in 2 Linien

AA 1te Linie aa 1te Cohorte zu 1000 M bb Eliten Cohorte cc Uebrige Cohorten BB 2te Linie cc Reiterei 1te Cohorte DD Uebrige Cohorten der Reiterei

III. Aufstellung der Legion in Cohorten in Form der Phalanx

aa 1te Cohorte zu 1000 M bb Eliten Cohorte cc Uebrige Cohorten AA 1te Classe Linien Fussvolk BB 2te Classe Linien Fussvolk CC 1te Classe leichten Fussvolks DD 2te Classe leichten Fussvolks EE Legionar Cavallerie FF Wurfmaschinen GG Besondere Reserven von Fussvolk u. Cavallerie

IV. Legion des Vegetius in Cohorten.

Plan eines römischen Lagers nach Hyginus

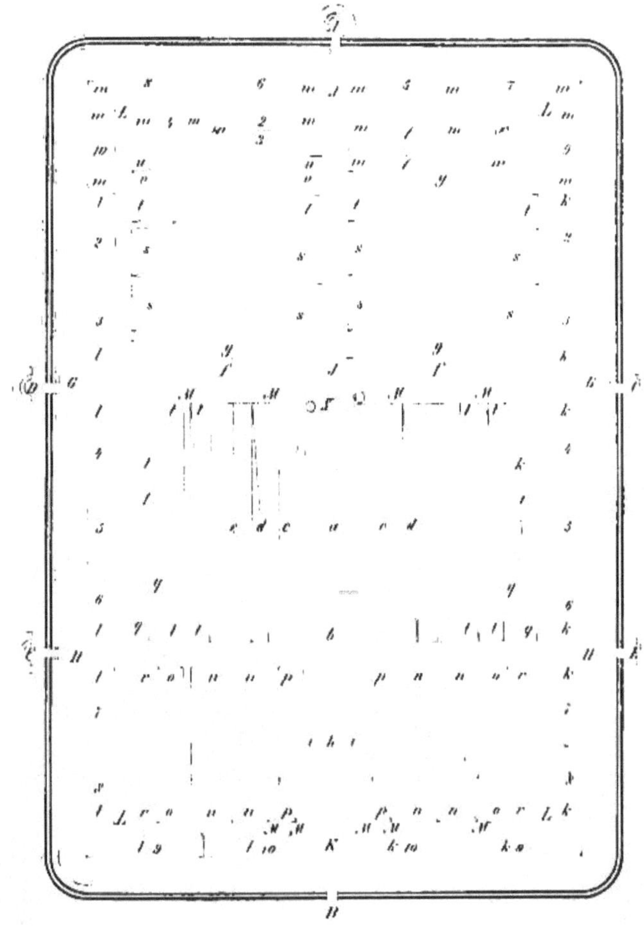

Thore A Pratoria B Decumana C u. D Rechtes u. linkes principalis E u. F Rechtes u. linkes quintana
Strassen GG via principalis HH via quintana JJ v. pratoria KK v. decumana LL v. sagularis
MM viae vicinariae X Marktplatz (Mittelpunkt Groma mit 1 Opferplatz 2 Rednerbühne 3 Wache
Zelte a des Feldherrn (pratorium b Dienerschaft) cc Zelte der zum Stabe gehörigen Offiziere
dd Pratorianische u. andere Leibgarden Cavallerie ee Pratorianische Cohorten ff Zelte der Legaten
gg der Tribunen hh des Quästors u. seiner Beamten ii Plätze für Amtsdiener kk 1te Legion
die Cohorten nach der N° 1 2 3 u. s. w. ll 2te Legion Cohorten N° 1 2 3 u. s. w. mm 3te Legion Cohorten
N° 1 2 3 u. s. w. nn 1000 M starke Hülfs Cohorten mit Reiterei oo Gleiche Cohorten ohne Reiterei
pp 500 M starke Hülfs Cohorten mit Reiterei qq Gleiche Cohorten ohne Reiterei rr Fusstruppen
der botmässigen Nationen Nationes ss Reiter Regimenter von 1000 Köpfen tt Regimenter zu 500 Reitern
uu Mauretanische Reiterei vv Marine Truppen u. leichtes Fussvolk zur Bedienung der Wurfgeschütze
w Trossknechte x Lazarethe y Handwerkstätten

Zeitfracht Medien GmbH
Ferdinand-Jühlke-Straße 7
99095 Erfurt, Deutschland
produktsicherheit@kolibri360.de